KB203161

시편 묵상·2

혜강문집·29

시편 묵상·2

시편 77편~150편

150편의 시편 366일 묵상

■

2022년 07월 20일 초판 1쇄 인쇄
2022년 07월 30일 초판 1쇄 발행

■

지 은 이 | 김 남 식
펴 낸 이 | 이재숭 · 황성연
펴 낸 곳 | 하늘기획

■

등록번호 | 제306-2008-17호
물류센타 | 경기도 파주시 광탄면 혜음로 883번길 39-32 (분수리)
주 문 처 | 하늘유통
전   화 | (031)947-7777
팩   스 | 0505-365-0691

ISBN | 979-11-92082-03-5 (03230)

혜강문집·29

시편 묵상·2

시편 77편~150편

150편의 시편 366일 묵상

김남식 지음

Meditation on Psalms
The Songs of Faith

Vol. **II**

하늘
기획

Meditation on Psalms

The Songs of Faith

Vol. II

by

Nam Sik Kim

Haneul Christian Book House

Seoul, Korea

2022

시편은 하나님 백성의 감사요, 호소이며, 절규이며, 찬탄이다. 그들은 시를 통하여 속에 있는 신앙의 열정을 육화(肉化)하고 절대자의 영광을 찬양한다.

이 시편들은 수많은 사람들의 가슴 속에 영혼의 노래로 정착하였고, 그 고백들을 통해 아름다움의 극치를 음미한다. 그래서 그리스도인의 가슴 속에 시편의 음률이 하나의 소망의 노래로 메아리친다.

이 「시편묵상」은 극동방송에서 「김남식의 시편묵상」이란 제목으로 매주 토요일과 주일 새벽에 2000년부터 3년 반 동안 방송한 원고를 묶은 것이다. 150편의 시편을 1년 366일 동안 묵상하도록 엮었다. 새벽기도, 가정예배, Q.T에서 활용할 수 있게 편집하였다. 방송시간 관계로 모두 일정한 분량의 원고를 집필하였다.

이 방송을 하면서 시편의 향기에 젖었고, 저자 자신이 은혜를 받았다. 또 필자 개인에게도 의미 있는 시간이 되었다. 2003년 2월 암 선고를 받고 수술을 받아야 했다. 그때 「시편묵상」이 방송 중이였고, 마무리 단계였다.

혼자서 기도하였다. "하나님, 저를 불러 가시려면 이 방송을 끝내고 불러 가십시오."라고 억지 기도를 하였다. 수술하기 전 주간에는 종일 녹음실에 박혀 몇 달치 녹음을 하였다. 사정을 모르는 PD는 "왜 그러느냐"고 한다.

나는 "멀리 여행을 다녀와야 한다. 사정에 여의치 않으면 못 올지도 모른다"고 하였다. 나는 살아 돌아왔고 「시편묵상」의 방송을 마쳤다. 귀한 자리를 만들어준 극동방송과 담당 PD 여러분, 청취자 여러분께 감사드린다.

이렇게 준비된 「시편묵상」은 한 어린 학생의 도움으로 타이핑되었다. 목포 재건교회 정낙준 목사의 아들 정민주 군이 이 일을 감당하였다. 정 군은 그때 중학교 2학년이었는데 나의 원고를 받아 어린 손으로 형상화시켰다 (20여 년이 지난 오늘날 정 군은 직업군인이 되어 충실히 복무하고 있다).

묻어 둔 이 원고가 하늘유통의 황성연 장로에 의해 두 권의 책으로 묶어 졌으니 감사의 인사를 드린다.

독자들에게 양해를 구할 것은 저자가 구약 신학자가 아니기에 '시편 주석'을 저술한 것이 아니라 시인의 눈으로 '시편 묵상'을 하며 시편을 가슴에 담고자 했다.

이 생명 다할 때까지 하나님을 찬양하는 시를 쓰고 싶다.

하나님, 홀로 영광 받으소서.

2022년 초여름에

혜강 **김남식**

차례 🎵

머리말 …… 5

나의 환난 날에 내가 주를 찾았으며

시편 77:1~20

1내가 내 음성으로 하나님께 부르짖으리니 내 음성으로 하나님께 부르짖으면 내게 귀를 기울이시리로다 2나의 환난 날에 내가 주를 찾았으며 밤에는 내 손을 들고 거두지 아니하였나니 내 영혼이 위로 받기를 거절하였도다 3내가 하나님을 기억하고 불안하여 근심하니 내 심령이 상하도다 (셀라) 4주께서 내가 눈을 붙이지 못하게 하시니 내가 괴로워 말할 수 없나이다 5내가 옛날 곧 지나간 세월을 생각하였사오며 6밤에 부른 노래를 내가 기억하여 내 심령으로, 내가 내 마음으로 간구하기를 7주께서 영원히 버리실까, 다시는 은혜를 베풀지 아니하실까, 8그의 인자하심은 영원히 끝났는가, 그의 약속하심도 영구히 폐하였는가, 9하나님이 그가 베푸실 은혜를 잊으셨는가, 노하심으로 그가 베푸실 긍휼을 그치셨는가 하였나이다 (셀라) 10또 내가 말하기를 이는 나의 잘못이라 지존자의 오른손의 해 11곧 여호와의 일들을 기억하며 주께서 옛적에 행하신 기이한 일을 기억하리이다 12또 주의 모든 일을 작은 소리로 읊조리며 주의 행사를 낮은 소리로 되뇌이리이다 13하나님이여 주의 도는 극히 거룩하시오니 하나님과 같이 위대하신 신이 누구오니이까 14주는 기이한 일을 행하신 하나님이시라 민족들 중에 주의 능력을 알리시고 15주의 팔로 주의 백성 곧 야곱과 요셉의 자손을 속량하셨나이다 (셀라) 16하나님이여 물들이 주를 보았나이다 물들이 주를 보고 두려워하며 깊음도 진동하였고 17구름이 물을 쏟고 궁창이 소리를 내며 주의 화살도 날아갔나이다 18회오리바람 중에 주의 우렛소리가 있으며 번개가 세계를 비추며 땅이 흔들리고 움직였나이다 19주의 길이 바다에 있었고 주의 곧은 길이 큰 물에 있었으나 주의 발자취를 알 수 없었나이다 20주의 백성을 양 떼 같이 모세와 아론의 손으로 인도하셨나이다

　　시편 77편은 사용된 동사들의 시제와 법이 불확실하기 때문에 해석하기 어려운 시 가운데 하나이다. 이 시편은 '아삽의 시'라고 하였는데, 그가 다윗 시대의 사람인지 그 후손인지 정확하지 않지만 후손으로 보는 사람들이 많다. '여두둔의 법칙에 의지하여 한 노래'라고 하였는데 여두둔은 사람의 이름으로써 그가 작곡한 곡조에 따라 노래를 불렀다는 말이다(대상 16:41).

시편 77편은 크게 두 가지로 나누인다. 1~9절과, 10~20절인데, 1~9절은 고난 중에 하나님의 은혜를 간절히 사모하며 지난날 주셨던 은혜를 회복시켜 주시기를 구하는 것이고, 10~20절은 소망 중에 드리는 절규의 기도가 찬양으로 변하는 내용이다.

1. 부르짖으며

1절에서 "내가 내 음성으로 하나님께 부르짖으리니 내 음성으로 하나님께 부르짖으면 내게 귀를 기울이시리로다"고 하였다. 시인은 하나님께 기도할 때에 '음성'을 강조하였다. 기도할 때에 조용히 기도하고 묵상 기도를 할 수 있다. 그러나 음성으로 기도하는 것은 형편이 너무 절박하여 울부짖으며 기도하는 자세이다. 이렇게 간절히 기도하면 '내게 귀를 기울이신다'. 즉 기도에 응답해 주신다고 확신하였다.

2절에서 "나의 환난 날에 내가 주를 찾았으며 밤에는 내 손을 들고 거두지 아니하였나니 내 영혼이 위로 받기를 거절하였도다"고 하였다. 시인은 환난 날에 주를 찾았다. 시인은 하나님의 약속을 기억한다. "환난 날에 나를 부르라 내가 너를 건지리니 네가 나를 영화롭게 하리로다"(시 50:15)는 말씀을 가슴에 새겼을 것이다. 시인이 하나님을 찾는 자세를 서술하였는데 '밤에는 내 손을 거두지 아니하였다'고 하였다. 구약시대에는 손을 들고 기도하는 경우가 많았다. 시인은 밤에도 손을 내리지 아니하고 계속하여 기도하였다. 또 하나님의 은혜가 아니고는 다른 위로를 받기를 거절할 정도로 철저하게 하나님을 의지하였다.

3절에서 "내가 하나님을 기억하고 불안하여 근심하니 내 심령이 상하도다(셀라)"고 하였다. 얼핏 보면 이해하기 어려운 표현이지만 여기서 시인의 신앙적 자세를 볼 수 있다. 지난날 베풀어 주신 하나님의 은혜를 생각하니 지금은 하나님과 멀리 떨어져 있는 것 같다는 의미이다. 하나님의 은혜와 사랑을 가슴에 생각하면 오늘의 모습이 너무나 안타깝다는 것이다.

4절에서 "주께서 내가 눈을 붙이지 못하게 하시니 내가 괴로워 말할 수 없나이다"고 하였다. 하나님께서는 우리를 회개시키기 위하여 우리의 잠을 거두시는 경우가 있다. 시편 127편에는 "너희가 일찍이 일어나고 늦게 누우며 수고의 떡을 먹음이 헛되도다 그러므로 여호와께서 그의 사랑하시는 자에게는 잠을 주시는도다"(시 127:2)고 하였다. 여기서 잠이란 육신의 잠과 심령의 평안을 함께 의미한다. 하나님께서는 이 잠을 거두어 가시고 고통중에서 하나님을 의지하게 하신다.

5~9절에서는 지난날의 은혜를 생각하면서 하나님 앞에 기도하는 내용이다. 지난날의 낮과 밤을 기억하고 '마음으로 간구한다'고 하였다. 하나님이 주신 고난의 의미를 바로 알게 되고, 하나님의 일을 생각하였다. '궁구하다'는 말은 '간구한다'는 뜻이다. 7절 이하에서는 지난날 주셨던 은혜의 역사로 돌아간다. 옛날에는 놀라운 은혜를 받았는데 지금은 하나님께서 버리시려고 하지 않는가 라고 생각한다는 의미이다. 이런 심정을 7~9절에서 절절이 표시하고 있다.

2. 나의 연약함이라

시인은 1~9절의 탄식을 음미해 보니 자신의 진정한 실체를 보았다. 10절에서 이것을 나타내었다. "또 내가 말하기를 이는 나의 잘못이라"고 하였다. '또 내가 말하기를'은 '그러나'라는 뜻이다. '다시 말한다'는 정도가 아니라 '그러나 내가 이렇게 생각했지만 다시 돌이켜 생각해보니'라는 의미이다. 문제는 '나의 연약함'에 있다. 이것은 하나님 앞에 자복하는 자세이다. 계속해서 11~12절에서 지난날 자기가 받은 은혜를 진술하고, 하나님의 모든 일을 묵상하고, 하나님의 행사를 깊이 생각하겠다고 하였다.

우리는 여기 나오는 진술, 묵상, 깊이 생각함이라는 단어를 주목해야 한다. 시인은 크고 기적적인 은혜만 생각하는 것이 아니라 일상의 삶에서 체험한 것을 진술하고, 묵상하고 깊이 생각한다고 하였다. 많은 사람들은 은혜라고 하면 기적적인 것만 생각하는데 우리의 일상적 삶이 은혜라는 사실을 바로 깨닫고 하나님의 이러한 은혜에 감사해야 한다.

13절에서 "하나님이여 주의 도는 극히 거룩하시오니 하나님과 같이 위대하신 신이 누구오니이까"라고 하였다. '주의 도'는 하나님의 말씀인데,

이 말씀은 '완전히 깨끗하다는 뜻이다. 그러니 이런 말씀을 주신 신이 또 어디 있느냐'라고 하였다.

3. 하나님의 위대하심

14~15절에서는 하나님의 위대하심과 하나님을 '전능왕, 그 하나님이시라'고 하면서 모든 민족 중에서 구원의 역사를 이루는 하나님을 보다 영광스럽게 해야 함을 강조한다. 하나님은 '주의 팔로 주의 백성을' 구속하셨으니 그 하나님께 영광을 돌려야 한다. 자기 백성을 구원하시는 하나님의 역사를 생각해야 한다. 하나님은 자기 팔로 자기 백성을 구원하신다. 이러한 구원의 팔을 더욱 귀하게 여겨야 하며 그 하나님을 찬양해야 한다.

16절 이하에서는 자연계를 통하여 나타나시는 하나님의 현현에 대한 묘사이다. 16절에서 "하나님이여 물들이 주를 보았나이다 물들이 주를 보고 두려워하며 깊음도 진동하였고"라고 하였는데, 이것은 창조사역에서 혼돈의 세력과의 신적 투쟁의 고대적 모티브를 반영하고 있다. 거대한 원초의 바다에서 휘몰아치는 물결은 위력적이지만 창조주 하나님의 위대하심 앞에는 무력하였다. 이것을 실증적으로 보인 것은 이스라엘 백성이 홍해를 육지 같이 건너는 위대한 사건이다. "주의 길이 바다에 있었고 주의 곧은 길이 큰 물에 있었으나"(19절)라고 하여 하나님의 위대하신 섭리를 보이고 있다.

20절에서 "주의 백성을 양 떼 같이 모세와 아론의 손으로 인도하셨나이다"고 하였다. 이것은 하나님이 직접 하는 것이 아니라 피조물을 사용하시고, 하나님의 종들을 사용하여 인도하신다는 것이다.

시편 77편은 역경의 때에 하나님을 원망할 것이 아니라 하나님을 의지하여 기도하고 오늘의 어려움이 도리어 찬양이 되게 해야 함을 교훈한다.

하나님의 인도는 하나님의 기적적인 방법을 통해서도 있어지지만 하나님께서 모세와 아론 즉 하나님의 종들을 통해 역사하여 주신다는 사실을 분명히 교훈하고 있다. 역경 속에서 하나님을 바라보자. 이것은 우리들이 새 힘을 얻는 비결이며 하나님을 영화롭게 하는 방안이다. 그래서 고통이 기도와 찬양이 되게 하자.

하나님께서 행하신 일을 잊지 아니하고

시편 78:1~11

1내 백성이여, 내 율법을 들으며 내 입의 말에 귀를 기울일지어다 2내가 입을 열어 비유로 말하며 예로부터 감추어졌던 것을 드러내려 하니 3이는 우리가 들어서 아는 바요 우리의 조상들이 우리에게 전한 바라 4우리가 이를 그들의 자손에게 숨기지 아니하고 여호와의 영예와 그의 능력과 그가 행하신 기이한 사적을 후대에 전하리로다 5여호와께서 증거를 야곱에게 세우시며 법도를 이스라엘에게 정하시고 우리 조상들에게 명령하사 그들의 자손에게 알리라 하셨으니 6이는 그들로 후대 곧 태어날 자손에게 이를 알게 하고 그들은 일어나 그들의 자손에게 일러서 7그들로 그들의 소망을 하나님께 두며 하나님께서 행하신 일을 잊지 아니하고 오직 그의 계명을 지켜서 8그들의 조상들 곧 완고하고 패역하여 그들의 마음이 정직하지 못하며 그 심령이 하나님께 충성하지 아니하는 세대와 같이 되지 아니하게 하려 하심이로다 9에브라임 자손은 무기를 갖추며 활을 가졌으나 전쟁의 날에 물러갔도다 10그들이 하나님의 언약을 지키지 아니하고 그의 율법 준행을 거절하며 11여호와께서 행하신 것과 그들에게 보이신 그의 기이한 일을 잊었도다

　　시편 78편에는 '아삽의 마스길'이라는 표현이 있다. '마스길'이란 '교훈'이라는 뜻인데 '아삽의 교훈적 시'라는 뜻이다. 아삽은 다윗 시대의 찬양대지도자로서 많은 시를 썼다. 그러나 아삽의 후손들 가운데 같은 이름을 사용하는 사람들이 많아 정확하게 기자를 지명하기에 어려움이 있다.

　　이 시편은 72절이나 되는 긴 시이며 그 내용은 이스라엘의 역사를 통하여 주시는 교훈이다. 역사란 단순히 지나간 사건이 아니라 거울과 같다. 역사의 거울을 통하여 현재를 진단하고 미래를 전망한다. 시편 78편이 연대와

문학적 구조에 대한 합의가 학자들 사이에서 이루어지고 있지 않은 상태에서 본문이 교훈하는 것을 깊이 이해하는 것이 매우 중요하다.

1~11절은 도입 부분이다. 시인의 의도가 가장 분명하게 나타난다. 시인은 역사를 통하여 주시는 하나님의 메시지를 강조하고 있다.

1. 하나님의 교훈

1절에서 "내 백성이여, 내 율법을 들으며 내 입의 말에 귀를 기울일지어다"고 하였다. 시인은 '내 백성' 즉 하나님의 백성들에게 앞으로 들여 줄 '교훈'에 주의를 기울이도록 촉구한다. '교훈'이란 '토라'인데 하나님께서 이스라엘에게 명하신 '교훈'을 말한다.

하나님의 백성은 하나님의 교훈을 들으며 하나님의 말씀에 귀를 기울려야 한다. 시인은 하나님의 교훈 즉 '토라'에 관심을 가지고 귀를 기울일 것을 강조한다.

이스라엘이 하나님의 백성으로 살아남으려면 하나님의 교훈을 듣고 그것을 실천하여야 한다. 성경은 하나님의 백성을 향하여 '들으라'고 한다. 신명기 6:4~9에서 명확하게 교훈하고 있다. '이스라엘아 들으라'는 교훈은 이스라엘 백성들의 교육헌장으로서 중요한 의미를 가지고 있다.

2절에서 "내가 입을 열어 비유로 말하며 예로부터 감추어졌던 것을 드러내려 하니"라고 하였다. 시인은 '입을 열어' 하나님의 역사를 조금씩 설명해 나간다. 시인은 비유를 통하여 교훈한다. 역사적 사건만을 말하는 것이 아니라 현재 우리들이 당면한 문제들을 쉬운 방법으로 설명하신다. 이스라엘 백성들은 두 가지 방법으로 여호와 하나님을 알게 된다. 하나는 하나님의 말씀 즉 율법을 통하여 알게 되고, 다른 하나는 하나님의 역사 즉 행동을 통해서이다.

시인은 비유를 통하여 설명하고 옛 비밀한 말씀으로 하나님의 위대한 역사를 깨닫게 하였다. 우리들은 하나님의 말씀과 역사를 통하여 우리를 향한 하나님의 뜻을 분명히 깨달아야 한다. 이것은 단순한 인간의 지식이 아니라 하나님의 역사를 분명히 아는 길이다.

2. 우리 조상들이 전한 바

3절에서 "이는 우리가 들어서 아는 바요 우리의 조상들이 우리에게 전한 바라"고 하였다. '이는'이란 말은 지금 말한 옛 비밀한 말을 가리킨다. 하나님의 말씀을 이미 들었고 또 조상들을 통하여 전해 준 것이다. 이러한 하나님의 백성은 하나님의 가르침대로 살아야 함을 교훈한다. 역사를 통하여 교훈하시는 하나님의 섭리를 분명히 아는 것이 중요하다.

4절에서 "우리가 이를 그들의 자손에게 숨기지 아니하고 여호와의 영예와 그의 능력과 그가 행하신 기이한 사적을 후대에 전하리로다"고 하였다. 하나님의 백성들은 자기가 듣고 배운 것을 지키는 것으로 끝이 나지 아니하고 이것을 후대에 전하였다. 시인은 하나님의 백성들이 배우고 깨달은 것을 숨기지 않고 다 가르쳤다고 하였다. 이것은 말씀을 통한 바른 교훈을 의미한다. 하나님의 말씀과 역사를 분명히 전파하는 것이 중요하다. 이것을 통해 하나님을 믿는 믿음이 전승된다. '여호와의 영예와 그의 능력과 그가 행하신 기이한 사적을 후대에 전하리로다'고 하였다. 하나님이 얼마나 영화로우신 지를 가르치고 하나님이 위대하신 능력과 기적들을 전파한다. 이것을 들은 후대 사람들이 하나님을 바로 믿게 됨을 강조한다.

5절에서 "여호와께서 증거를 야곱에게 세우시며 법도를 이스라엘에게 정하시고 우리 조상들에게 명령하사 그들의 자손에게 알리라 하셨으니"라고 하였다. 여호와께서는 야곱에게 그 말씀이 반드시 이루어지도록 하셨다는 증거를 주시고 그 법도를 이스라엘에게 정하셨다. 즉 하나님의 백성이 하나님의 말씀대로 살아가는 방법을 가르쳐 주셨다. 하나님은 이것을 단순한 개인적 체험이 아니라 '그들의 자손에게 알게 하라'고 하셨다. 이것을 바로 가르쳐서 그 말씀대로 살게 하신 것으로서 6절에서도 같은 내용을 교훈하고 있다.

3. 그들의 소망

7~8절에서는 "그들로 그들의 소망을 하나님께 두며 하나님께서 행하신 일을 잊지 아니하고 오직 그의 계명을 지켜서 그들의 조상들 곧 완고하고 패역하여 그들의 마음이 정직하지 못하며 그 심령이 하나님께 충성하지 아니하는 세대와 같이 되지 아니하게 하려 하심이로다"고 하였다.

여기서 말씀을 교훈하는 목적이 무엇인지를 분명히 하고 있다. 하나님께 소망을 두며 하나님의 백성으로 살아가 하나님을 섬기지 않는 세대들과 명확하게 구분하기 위함이다. 하나님의 교훈은 하나님의 백성으로 하여금 바른 삶을 살아가게 한다. 이것이 말씀이 가지는 특권이며 영광이기도 하다.

9~11절에서 "에브라임 자손은 무기를 갖추며 활을 가졌으나 전쟁의 날에 물러갔도다 그들이 하나님의 언약을 지키지 아니하고 그의 율법 준행을 거절하며"라고 하였다.

9절에서 에브라임이 하나님을 순종하는데 실패했던 때에 언급을 하고 있다. 에브라임은 요셉의 두 아들 가운데 둘째로서 그의 후손들(창 48:13~20)은 북부 족속 중에서 가장 강하고 수효가 많았다. 그들은 전쟁 때에 용맹하였고 대적들 앞에서 비겁하지 않았다. 이러한 족속이 하나님의 말씀을 순종하지 않을 때에 멸망 하고만다는 사실을 강조하고 있다. 하나님의 백성들은 하나님의 말씀을 통하여 바른 삶의 길을 가야 한다. 말씀은 단순한 예전적 가르침이 아니라 우리의 신앙과 생활의 유일한 규범이기에 우리는 이 말씀을 더욱 귀하게 여겨야 한다.

하나님의 백성은 하나님의 교훈과 행사를 잊지 아니해야 한다. 이것을 통하여 바른 믿음의 길을 배우게 되고 또 따라 가게 된다. 하나님의 백성은 자신만이 지킬 곳이 아니라 후손들에게 바로 교훈해야 한다. 여기서 신앙의 전승이 있게 되고 하나님의 영광을 드러내게 된다. 하나님은 역사를 통하여 우리에게 교훈하신다. 그 역사의 주인 되신 하나님을 바로 믿고 의지하는 것이 중요하다. 그러기에 하나님의 백성의 긍지를 가져야 한다.

낮에는 구름으로

시편 78:12~39

12옛적에 하나님이 애굽 땅 소안 들에서 기이한 일을 그들의 조상들의 목전에서 행하셨으되 13그가 바다를 갈라 물을 무더기 같이 서게 하시고 그들을 지나가게 하셨으며 14낮에는 구름으로, 밤에는 불빛으로 인도하셨으며 15광야에서 반석을 쪼개시고 매우 깊은 곳에서 나오는 물처럼 흡족하게 마시게 하셨으며 16또 바위에서 시내를 내사 물이 강 같이 흐르게 하셨으나 17그들은 계속해서 하나님께 범죄하여 메마른 땅에서 지존자를 배반하였도다 18그들이 그들의 탐욕대로 음식을 구하여 그들의 심중에 하나님을 시험하였으며 19그뿐 아니라 하나님을 대적하여 말하기를 하나님이 광야에서 식탁을 베푸실 수 있으랴 20보라 그가 반석을 쳐서 물을 내시니 시내가 넘쳤으나 그가 능히 떡도 주시며 자기 백성을 위하여 고기도 예비하시랴 하였도다 21그러므로 여호와께서 듣고 노하셨으며 야곱에게 불 같이 노하셨고 또한 이스라엘에게 진노가 불타 올랐으니 22이는 하나님을 믿지 아니하며 그의 구원을 의지하지 아니한 때문이로다 23그러나 그가 위의 궁창을 명령하시며 하늘 문을 여시고 24그들에게 만나를 비 같이 내려 먹이시며 하늘 양식을 그들에게 주셨나니 25사람이 힘센 자의 떡을 먹었으며 그가 음식을 그들에게 충족히 주셨도다 26그가 동풍을 하늘에서 일게 하시며 그의 권능으로 남풍을 인도하시고 27먼지처럼 많은 고기를 비 같이 내리시고 나는 새를 바다의 모래 같이 내리셨도다 28그가 그것들을 그들의 진중에 떨어지게 하사 그들의 거처에 두르셨으므로 29그들이 먹고 심히 배불렀나니 하나님이 그들의 원대로 그들에게 주셨도다 30그러나 그들이 그들의 욕심을 버리지 아니하여 그들의 먹을 것이 아직 그들의 입에 있을 때에 31하나님이 그들에게 노염을 나타내사 그들 중 강한 자를 죽이시며 이스라엘의 청년을 쳐 엎드러뜨리셨도다 32이러함에도 그들은 여전히 범죄하여 그의 기이한 일들을 믿지 아니하였으므로 33하나님이 그들의 날들을 헛되이 보내게 하시며 그들의 햇수를 두려움으로 보내게 하셨도다 34하나님이 그들을 죽이실 때에 그들이 그에게 구하며 돌이켜 하나님을 간절히 찾았고 35하나님이 그들의 반석이시며 지존하신 하나님이 그들의 구속자이심을 기억하였도다 36그러나 그들이 입으로 그에게 아첨하며 자기 혀로 그에게 거짓을 말하였으니 37이는 하나님께 향하는 그들의 마음이 정함이 없으며 그의 언약에 성실하지 아니하였음이로다 38오직 하나님은 긍휼하시므로 죄악을 덮어 주시어 멸망시키지 아니하시고 그의 진노를 여러 번 돌이키시며 그의 모든 분을 다 쏟아 내지 아니하셨으니 39그들은 육체이며 가고 다시 돌아오지 못하는 바람임을 기억하셨음이라 시편 78:12 이하에서는 이집트에서 하나님께서 행하시고 이스라엘의 조상들이 경험한 위대한 기사(奇事)들을 상기함으로써 역사를 통한 교훈을 주신다. 역사란 단순히 지나간 사건의 기록이 아니다. 과거를 통하여 현재를 진단하고 미래를 전망하게 하는 하나의 거울이다. 이스라엘 백성들을 향한 하나님의 역사는 특별하다. 자기 백성을 향한 하나님의 손길은 지극히 세미하여 구체적인 역사로 나타난다. 12절에서 "옛적에 하나님이 애굽 땅 소안 들에서 기이한 일을 그들의 조상들의 목전에서 행하셨으되"라고 하였다. 이것은 하나님께서 이집트에서 행하신 역사를 말하고 있다.

'소안'에 대해서는 여러 가지 논의가 있다. '소안의 평야(들)'이라고 번역되지만 가끔 '평지'나 '평평한 땅'을 의미하기도 한다. 소안(칠십인 역에는 '타니스')은 아바리스(Avaris)라고도 알려져 있다. 이집트 북동쪽에 있는 도시로서 아마도 출애굽기 1:11에 나오는 라암세스와 같은 도시일 것이다. 본문에서는 소안 지역에서의 기적과 바다를 건너는 것, 광야에서의 물의 공급에 대한 기적을 모두 연결하여 설명하는 듯하다.

1. 광야의 기적들

12~16절은 광야에서의 기적 사건들에 대한 설명이다. 13절과 15절에서 '바카'(나누다/쪼개다)라는 단어가 나오는데 이 단어는 두 개의 이미지를 제시한다. 하나님은 바다를 쪼개시고, 광야에서 반석들을 쪼개신다. 이러한 이미지의 연결을 통하여 하나님의 위대하신 역사를 우리에게 보여주고 있다. 광야 사건은 하나님이 은총의 행진이다. 출애굽하여 광야로 나가는 모든 일은 하나님의 은총 가운데서 이루어졌다. 14절에서는 하나님의 인도하심을 강조한다. "낮에는 구름으로, 밤에는 불빛으로 인도하셨으며"라고 하였으니 이것은 온전히 하나님의 주권적 역사이며 은총이다. 시인은 하나님의 자비와 은총에 대하여 노래하고 있다. 하나님의 백성의 삶은 하나님의 은총으로 유지된다. 하나님께서 모든 것을 돌보아 주시기에 이 하나님을 의지하는 것이 우리의 삶이 바른 길이다.

2. 놀라우신 하나님의 역사

17~20절에서는 앞의 부분과 다른 것을 언급하였다. 12~16절에서는 자비하시고 놀라우신 하나님의 역사에 대하여 말하였으나 17~20절에서는 이스라엘 백성들의 반역을 언급하고 있다.

17절에서 "그들은 계속해서 하나님께 범죄하여 메마른 땅에서 지존자를 배반하였도다"고 하였다. 이스라엘이 범죄에 대하여 기록하였는데 신명기 9장에 그 상세한 내용이 나온다. "너희가 다베라와 맛사와 기브롯 핫다아와에서도 여호와를 격노하게 하였느니라 여호와께서 너희를 가데스 바네아에서 떠나게 하실 때에 이르시기를 너희는 올라가서 내가 너희에게 준 땅을 차지하라 하시되 너희가 너희의 하나님 여호와의 명령을 거역하여 믿지 아니하고 그 말씀을 듣지 아니하였나니 내가 너희를 알던 날부터 너희가 항상 여호와를 거역하여 왔느니라"(신 9:22~24). 이 말씀에서 우리가 주목해야할 것은 '여호와를 격노케 하였느니라' 또는 '너희가 항상 여호와를 거역하였느니라' 등의 말이다. 이스라엘 백성의 범죄 양상을 설명하고 있는데 이들은 하나님을 항상 거역하여 행동하였다. 이스라엘 백성들은 계속하여 범죄하였는데 그들의 조상들에게 베푸신 하나님의 은혜를 잊어버리고 또 하나님께서 자기 백성의 필요를 채울 수 있는 하나님의 권세와 능력에 대하여 의문을 가지고 계속하여 범죄하였다(18~20절).

18~20절의 복합적 특성은 하나님을 시험하는 의도적이고 조롱하는 성격을 강조한다. 그들은 하나님께 음식을 진지하게 구하지도 아니하였고, 하나님이 그것을 준비하실 것인가의 여부를 살피기 위하여 기다리지도 않았다. 이러한 불신이 이스라엘로 하여금 징계를 받게 하였다.

3. 하나님의 진노

21~32절은 신뢰하지 아니하고 구원하시는 능력을 의존하지 못하였기 때문에 여호와께서 이스라엘 백성에게 진노하는 것으로 묘사하고 있다. "그러므로 여호와께서 듣고 노하셨으며 야곱에게 불 같이 노하셨고 또한 이스라엘에게 진노가 불타올랐으니 이는 하나님을 믿지 아니하며 그의 구원을 의지하지 아니한 때문이로다"(21~22절)하였으니 이스라엘이 징책을 받는

이유가 제시되었다. 이스라엘의 '믿지 않음'에 대하여 깊이 생각해야 한다. '신뢰하다(아만)'라는 단어는 여러가지 기본 개념들이 있는데 불변, 안정성, 의존함, 믿음, 신뢰 등이 그것이다. 그러니 '신뢰하다, ~를 확신하다, ~에 의존하다' 등의 개념이 가장 기본적 의미이다.

23~31절은 여호와의 행동들에 대한 역설적 요소들이 나온다. 다른 한편으로는 하나님께서 자기 백성에게 만나와 메추라기를 비처럼 부어 주심으로써 이스라엘 백성들에 대한 배려의 능력을 보여 주신다.

우리는 24, 27절에 나오는 '마타르'(비가 오다)라는 동사에 주목할 필요가 있다. 여호와는 바알처럼 풍요와 풍부의 '비'를 주실 수 있다. 바람들과 하늘들에게 명령하시는 여호와는 이스라엘의 진중에서 백성들의 진에 새들을 떨어뜨리시는데 비처럼 내리게 하였다. 만나를 주시고 메추라기를 내리시는 여호와의 능력을 의심할 자가 없다. 이러한 풍족함은 순전히 은총의 결과만이 아니다. 만나와 메추라기는 하나님의 자비의 선물이면서도 진노의 표시였다(민 11:31~35). 이것은 하나님의 은총과 심판이 얼마나 밀접한 관계가 있는 지를 보여 준다. 이스라엘 백성들은 하나님의 은총을 체험하면서도 하나님을 계속하여 거역하였다.

33~39절은 신적인 행동들과 그 결과에 대한 반영들이 나타난다. 시인은 이스라엘 사람들의 반응이 전적으로 부정적인 것이 아니었음을 강조한다.

34절에서 "하나님이 그들을 죽이실 때에 그들이 그에게 구하며 돌이켜 하나님을 간절히 찾았고"라고 한 것에서 볼 수 있다. 이스라엘 백성은 하나님을 '반석'으로 믿고 회개하며 하나님을 찾았지만(35절) 이들의 회개는 진정한 것이 아니었다(36절). 그것은 필요에 따른 것이었고 여호와에 대한 꾸준한 충성과 일관성 있는 헌신에서 비롯된 것이 아니다(37절).

그러나 "오직 하나님은 긍휼하시므로 죄악을 덮어 주시어 멸망시키지 아니하시고 그의 진노를 여러 번 돌이키시며 그의 모든 분을 다 쏟아 내지 아니하셨으니 그들은 육체이며 가고 다시 돌아오지 못하는 바람임을 기억하셨음이라"(38~39절)고 하였다. 하나님은 자기 백성들의 행위의 역사와는 반대로 그들을 용서하시는 긍휼이 넘치는 분이다. 시인은 이러한 하나님의 긍휼을 강조함으로써 하나님의 백성의 바른 삶을 강조하고 있다. 긍휼과 진노를 함께 나타내시는 그 하나님을 의지해야 한다.

자기 백성은 양 같이 인도하여 내시고

〰️ 시편 78:40~64

40그들이 광야에서 그에게 반항하며 사막에서 그를 슬프시게 함이 몇 번인가 41그들이 돌이켜 하나님을 거듭거듭 시험하며 이스라엘의 거룩하신 이를 노엽게 하였도다 42그들이 그의 권능의 손을 기억하지 아니하며 대적에게서 그들을 구원하신 날도 기억하지 아니하였도다 43그 때에 하나님이 애굽에서 그의 표적들을, 소안 들에서 그의 징조들을 나타내사 44그들의 강과 시내를 피로 변하여 그들로 마실 수 없게 하시며 45쇠파리 떼를 그들에게 보내어 그들을 물게 하시고 개구리를 보내어 해하게 하셨으며 46그들의 토산물을 황충에게 주셨고 그들이 수고한 것을 메뚜기에게 주셨으며 47그들의 포도나무를 우박으로, 그들의 뽕나무를 서리로 죽이셨으며 48그들의 가축을 우박에, 그들의 양 떼를 번갯불에 넘기셨으며 49그의 맹렬한 노여움과 진노와 분노와 고난 곧 재앙의 천사들을 그들에게 내려보내셨으며 50그는 진노로 길을 닦으사 그들의 목숨이 죽음을 면하지 못하게 하시고 그들의 생명을 전염병에 붙이셨으며 51애굽에서 모든 장자 곧 함의 장막에 있는 그들의 기력의 처음 것을 치셨으나 52그가 자기 백성은 양 같이 인도하여 내시고 광야에서 양 떼 같이 지도하셨도다 53그들을 안전히 인도하시니 그들은 두려움이 없었으나 그들의 원수는 바다에 빠졌도다 54그들을 그의 성소의 영역 곧 그의 오른손으로 만드신 산으로 인도하시고 55또 나라를 그들의 앞에서 쫓아내시며 줄을 쳐서 그들의 소유를 분배하시고 이스라엘의 지파들이 그들의 장막에 살게 하셨도다 56그러나 그들은 지존하신 하나님을 시험하고 반항하여 그의 명령을 지키지 아니하며 57그들의 조상들 같이 배반하고 거짓을 행하여 속이는 활 같이 빗나가서 58자기 산당들로 그의 노여움을 일으키며 그들의 조각한 우상들로 그를 진노하게 하였으매 59하나님이 들으시고 분내어 이스라엘을 크게 미워하사 60사람 가운데 세우신 장막 곧 실로의 성막을 떠나시고 61그가 그의 능력을 포로에게 넘겨 주시며 그의 영광을 대적의 손에 붙이시고 62그가 그의 소유 때문에 분내사 그의 백성을 칼에 넘기셨으니 63그들의 청년은 불에 살라지고 그들의 처녀들은 혼인 노래를 들을 수 없었으며 64그들의 제사장들은 칼에 엎드러지고 그들의 과부들은 애곡도 하지 못하였도다

　　시편 78편은 역사를 통한 하나님의 교훈을 제시하고 있다. 하나님은 지나간 시간들을 단순한 흐름으로 끝내는 것이 아니라 그 역사를 통하여 우리의 현재를 진단하고 미래를 전망하게 된다. 시편 78편은 이스라엘의 역사를

통하여 하나님의 역사하심을 보여주고 있으며 그 역사를 통한 하나님의 심판을 교훈한다.

1. 하나님의 진노

40~41절은 하나님의 진노의 어두운 그늘과 이스라엘의 거룩한 자에 대한 지속적인 시험 아래서 광야 생활을 말하고 있다. 40절에서 "그들이 광야에서 그에게 반항하며 사막에서 그를 슬프시게 함이 몇 번인가"라고 하였다. 이것은 이스라엘 백성의 죄악된 양상을 지적하였다.

이스라엘 백성은 광야 생활에서 하나님의 은혜를 기억하지 않았고 오히려 반항하였다. 뿐만 아니라 "그들이 돌이켜 하나님을 거듭거듭 시험하며 이스라엘의 거룩하신 이를 노엽게 하였도다"(41절). 이스라엘 백성의 잘못된 행동은 망각에 있다. 하나님의 은혜를 잊어버리는 잘못으로 인하여 하나님을 시험하고 거역하였다. 하나님의 은혜를 잊어버리는 것은 인간이 범하는 큰 죄악 가운데 하나이다. 하나님의 권능과 사역을 기억하지 못하는 죄악은 너무나 크고 위험한 것이다.

2. 하나님의 구원

42~55절에서 하나님의 권세와 구원의 행위들이 묘사되기도 있다. 42절에서 "그들이 그의 권능의 손을 기억하지 아니하며 대적에게서 그들을 구원하신 날도 기억하지 아니하였도다"고 한 후에 계속하여 광야의 역사를 소개하고 있다. 여기에 나오는 모든 행동은 '그가 원수로부터 그들을 속량했던 날'에 집중된다. 이러한 언급은 출애굽 사건에서의 구원에 관한 것이다. 하나님의 구원은 놀랍고 주권적인 것이다.

43절에서 "그 때에 하나님이 애굽에서 그의 표적들을, 소안 들에서 그의 징조들을 나타내사"라고 하였다. '기사'란 기이한 일이며 하나님의 징조를 말한다. 우박이 떨어지고 짐승이 죽는 등 전에 보지 못한 기이한 일들이 일어나는데 이것이 바로 '징조'라는 뜻이다. 이 징조는 하나님이 심판한다는 징조이며 또 하나님이 구원하신다는 징조이다. 그래서 하나님을 거역하고 반항할 때는 심판하시는 징조이고 , 하나님을 믿고 의지할 때는 구원의 징조이다.

하나님이 보여 주시는 여러 가지 징조들은 구원과 심판이라는 두 가지 역사를 보여준다. 51절에 나오는 이집트의 장자의 죽음은 하나님의 진노를 나타내는 길을 준비하기 위해 천사들을 보내는 극적인 묘사의 장점이다 (45~50절). 이 구절은 출애굽기 12:23에 나오는 문설주에 피를 바르는 기록에 연유한다.

이스라엘 사람들이 '기억하지 못했던' 행위 가운데서 하나님의 집중적 행위는 52~55절에 나온다. 52절에서 "그가 자기 백성은 양 같이 인도하여 내시고 광야에서 양 떼 같이 지도하셨도다"고 하였다. 하나님은 자기 백성을 이집트로부터 안전하게 이끌어 내시고 광야 길을 가게 하시며 인도하셨다.

52~53절은 방황할 때 이스라엘 사람들을 인도하시고 돌보았던 것을 요약하고 있다. 53절의 "그들을 안전히 인도하시니"라는 표현에서 구체적으로 나타난다. 하나님께서는 자기 백성이 거룩한 땅에서 살도록 하기 위하여 그곳으로 인도하기까지 안전하게 보호하셨다(55절). 하나님은 '그들을 그의 성소의 지경'으로 인도하신다고 하였다. '성소의 지경'이란 하나님의 임재의 증표이다. 그들을 인도하시기 위하여 '또 나라를 그들의 앞에서 쫓아내시며'(55절) 이것은 가나안 칠 족을 쫓아내신 하나님의 역사를 가리킨다.

하나님께서는 자기 백성을 구하시기 위하여 이방을 내어 쫓으신다. 이것을 주권적 역사이며 자기 백성을 향한 열정이요 사랑이다. 하나님은 자기 백성들에게 '줄로 저희 기업을 분배하셨다'. 여기서 토지의 공개념이 형성된다. 유대인들은 땅을 사고 팔 수가 없다. 그 이유는 땅의 소유자가 하나님이시기 때문이다.

3. 하나님의 은혜

56절에서 "그러나 그들은 지존하신 하나님을 시험하고 반항하여 그의 명령을 지키지 아니하며"라고 하였으니 이스라엘의 완악함과 범죄를 가리킨다. 그들은 하나님의 놀라운 은혜를 받았으나 '지존하신 하나님을 시험하며 반항'하였다. 이것이 범죄한 인간의 모습이다. 하나님께서 놀라운 은혜를 베풀어 주셨으나 그 은혜에 감사하지 못하고 하나님을 시험하려는 인간들이다.

60절에 보면 "사람 가운데 세우신 장막 곧 실로의 성막을 떠나시고"라고 했는데 실로는 가나안에 있던 초창기의 여호와의 신앙의 장소였으며, 이곳은 여호수아가 땅을 취한 후에 언약궤를 모신 회막을 세웠던 곳이고(수 18:1), 사무엘이 엘리의 지도하에서 섬겼던 곳이다(삼상 1:9,3:1). 언약궤를 빼앗겼던 때인 주전 1천 년경에 실로는 블레셋인들에 의해서 파괴되었다(삼상 4:, 렘 7:19, 26:6). 그러니 이스라엘 백성들이 언약궤를 모시고 가나안 땅에 들어가서 제일 먼저 모신 곳이 실로인데, 이 언약궤를 빼앗기게 되었다.

61절에서 "그가 그의 능력을 포로에게 넘겨주시며 그의 영광을 대적의 손에 붙이시고"라고 하였다. 하나님께서는 범죄한 이스라엘 백성들을 징계하시고 하나님의 영광인 언약궤를 원수들의 손에 붙이시는 비극의 역사를 허락하셨다.

62절에는 "그가 그의 소유 때문에 분내사 그의 백성을 칼에 넘기셨으니"라고 했는데, 하나님의 백성이 많이 주고, 기업에 분을 내어 망하게 하였다. 이들의 비참함은 극에 달한다. 63절에서 보듯이 "그들의 청년은 불에 살라지고 그들의 처녀들은 혼인 노래를 들을 수 없었으며"라고 했는데, 청년들이 전쟁에 나가 죽게 되자 처녀들이 결혼 대상이 없어지는 비극적 양상이 온다고 하였다.

64절에는 "그들의 제사장들은 칼에 엎드러지고 그들의 과부들은 애곡도 하지 못하였도다"고 하였으니 엘리 제사장의 가정에서 이런 현상이 일어났다. 실로의 제사장들 즉 홉니와 비느하스가 그날에 살해당하였고, 비느하스의 아내가 언약궤를 빼앗겼다는 소식을 듣고 충격을 받아 조산하고 죽어 남편을 애도할 수 없었다(삼상 4:17~22). 언약궤는 하나님이 이스라엘과 함께 한다는 표시이며 하나님의 현존의 표시였다. 이러한 언약궤를 잃어버리는 것은 크나큰 비극이 아닐 수 없었다. 이것은 불신 백성들을 향한 하나님의 심판이다.

이스라엘의 역사를 통하여 하나님의 놀라운 역사를 보게 된다. 하나님은 자비와 긍휼을 베푸시지만 거역하는 자에게는 징계의 채찍을 드신다. 믿고 의지하는 자에게 위로와 사랑의 손길을 펴시지만 거역하는 자에게 징계하시는 하나님을 바라보아야 한다. 자기 백성을 양같이 인도하시는 하나님의 손길을 기억하고 나아가는 믿음의 자세가 필요하다.

주께서 잠에서 깨어난 것처럼

시편 78:65~72

65그 때에 주께서 잠에서 깨어난 것처럼, 포도주를 마시고 고함치는 용사처럼 일어나사 66그의 대적들을 쳐 물리쳐서 영원히 그들에게 욕되게 하셨도다 67또 요셉의 장막을 버리시며 에브라임 지파를 택하지 아니하시고 68오직 유다 지파와 그가 사랑하시는 시온산을 택하시며 69그의 성소를 산의 높음 같이, 영원히 두신 땅 같이 지으셨도다 70또 그의 종 다윗을 택하시되 양의 우리에서 취하시며 거짓 양을 지키는 중에서 그들을 이끌어 내사 그의 백성인 야곱, 그의 소유인 이스라엘을 기르게 하셨더니 72이에 그가 그들을 자기 마음의 완전함으로 기르고 그의 손의 능숙함으로 그들을 지도하였도다

시편 78편에서 하나님은 자기 백성들을 징계하시기도 하지만 그들을 인도하셔서 도움의 손길을 펴시고 보호하신다. 하나님께서는 하나님을 거역하는 북부 이스라엘 지역을 계속 거부하시지만 그곳에서 자신이 택한 다윗을 왕으로 세우셔서 남 유다와 아름다운 관계를 유지하신다.

1. 주께서 깨어나사

65~72절은 33~39절에 나타나는 역사에 대한 결과와 상응하며 하나님의 백성들이 취해야 할 삶의 자세에 대해 깊은 교훈을 하고 있다. 65절에서 "그 때에 주께서 잠에서 깨어난 것처럼, 포도주를 마시고 고함치는 용사처럼 일어나사"라고 하였다. 여기서 하나님을 '자다가 깬 자'로 묘사하고 있

다. 성경의 다른 부분에서 하나님이 수면에 대하여 말하고 있다. 시편 7:7, 35:23, 44:24, 59:5~6 등에서는 시인은 하나님께 깨어나사 자기 백성을 구하여 주시기를 기도하고 있다.

시인은 하나님께서 자다가 깬 자와 같이 전연 희망이 없는 상태에서 역사해 주시기를 호소하고 있다. 스가랴 2:13에서는 바벨론 포로로부터 귀환을 하나님께서 자신의 거처에서 깨어나신 것으로 묘사하고 있다. 하나님의 깨어나심은 모든 불확실성을 종결시키는 것을 은유적으로 표현한 것이다. 하나님이 깨어나사 역사하시면 모든 문제가 해결된다.

시인은 하나님을 '포도주를 마시고 고함치는' 용사로 묘사하고 있다. 이것은 하나님이 술에 취한 존재로 묘사한 것이 아니라 흥분제로서의 포도주를 의미한다. 하나님께서 갑자기 일어나 역사하시는 것이 마치 포도주를 마시고 흥분하여 소리 지르는 것과 같다는 의미이다. 하나님이 깨어 역사하시면 인간은 아무런 가치를 발할 수가 없다. 하나님께서 주무시듯이 가만히 있으면 인간은 더욱 처참해 지지만 하나님이 역사하시면 모든 것이 해결된다.

66절에서 "그의 대적들을 쳐 물리쳐서 영원히 그들에게 욕되게 하셨도다"라고 하였다. 이것은 골리앗 사건으로 더욱 구체화 되었다. 블레셋에게 눌려서 고통당하는 이스라엘을 구하시기 위하여 다윗을 들어 골리앗을 물리치셨다. 거대한 장군 골리앗이 어린 소년에 의해 망하는 것은 단순한 사건이 아니라 하나님의 위대하심을 전파하는 기적적 사건이다. 이것은 '하나님이 하셨다'라는 위대한 선언이다. 그래서 원수들을 욕되게 하신 것이다.

하나님의 백성들의 승리는 단순한 승리가 아니라 하나님의 승리이다. 우리들의 승리로 인하여 하나님의 승리를 체험하게 하며 나아가 하나님의 역사를 드러낸다. 이것은 오늘의 우리들에게 중요한 교훈이 된다. 우리의 실패는 하나님의 실패와 직결되고 우리의 승리는 하나님의 영광이 된다. 그러므로 하나님의 백성은 하나님의 영광을 위한 삶을 살아야 한다.

2. 국가의 흥망

67절에서 "또 요셉의 장막을 버리시며 에브라임 지파를 택하지 아니하시고"라고 하였다. 그전까지 실로 지방을 중심으로 정치가 이루어졌는데 이곳은 요셉 지파의 영역이다. 하나님께서는 요셉의 장막을 싫어 버리고 에브라임 지파를 택하지 아니 하셨다. 인간의 관점에서 보면 에브라임 지파의 누구를 내세워 나라를 새롭게 하리라고 생각하기 쉬우나 하나님께서는 인간들의 이러한 생각을 깨치고 다윗을 들어 나라를 바로 세우셨다. 이것은 하나님의 전적인 은혜를 말한다. 국가의 흥망은 하나님의 손에 달렸다. 하나님이 지켜 주시고 역사하시면 하나님의 놀라운 역사가 이 땅에 이루어진다.

68절에서 "오직 유다 지파와 그가 사랑하시는 시온산을 택하시며"라고 하였다. 이것은 창세기 49:8~10의 유다 지파에 대한 야곱의 예언과 직결된다. '홀이 유다에서 떠나지 않겠다'고 했는데, 이것은 유다 지파에서 예수 그리스도가 나실 것을 예언하신 것이며, 유다 지파가 왕의 지파로 특성을 가지리라는 예언이다.

하나님께서는 시온산을 택하셨다. 이곳에 성전을 짓게 했고 장막을 치게 했다. 하나님은 이렇게 필요한 때에 필요한 사람을 세우시고 역사하신다. 이것이 하나님이 방법이다. 하나님께서는 이들에게 큰 복을 내려 주셨으니 69절 이하에 나타난다.

69절에 "그의 성소를 산의 높음 같이, 영원히 두신 땅 같이 지으셨도다"라고 하였다. 그러니 예루살렘, 그 성전, 그 장막이 산의 높음같이 높이 들어 쓰셨다는 말이다. 그 땅이 영원히 둔 땅과 같이 요동치 아니하고 견고하다는 뜻이다. 하나님은 그곳에 다윗을 통하여 견고한 나라를 세우고 하나님과 교통하는 장소가 되게 하셨다. 이것은 전적으로 하나님의 은혜이다. 하나님께서 세우신 위대한 역사는 하나님의 백성으로 하여금 새로운 힘과 소망을 주신다.

3. 다윗을 택하시되

70절에는 "또 그의 종 다윗을 택하시되 양의 우리에서 취하시며"라고 하였다. 하나님은 유다 지파를 통하여 역사하시고 유다 지파 가운데서도 다윗을 택하여 하나님의 위대하심을 선포하였다.

사무엘상 16장에 보면 다윗을 택한 내용이 나온다. 사울의 범죄로 인하여 새 왕을 세우시려는 하나님은 사무엘에게 이새의 아들 가운데서 택하라고 하였다. 사무엘은 이새의 여덟 아들 가운데 누구를 택할지 심각한 문제였다. 7절에 보면 "여호와께서 사무엘에게 이르시되 그의 용모와 키를 보지 말라"고 하였다. 사람은 외모를 기준으로 평가하기 쉽다. 그러나 하나님은 그렇지 아니하다. '내가 보는 것은 사람과 같지 아니하니 사람은 외모로 보거니와 나 여호와는 중심을 보느니라'고 하였다. 이것이 하나님의 판단 기준이다. 하나님은 다윗을 '양의 우리에서 취하셨다'고 했다. 중심을 보시는 하나님의 역사를 깨달아야 한다. 우리의 판단은 외모를 기준하지만 하나님은 중심을 보시기에 이 하나님의 역사를 귀중히 여기고 살려 나가야 한다.

71~72절에서 "젖 양을 지키는 중에서 그를 이끌어 내사 그의 백성인 야곱, 그의 소유인 이스라엘을 기르게 하셨더니 이에 그가 그들을 자기 마음의 완전함으로 기르고 그의 손의 능숙함으로 그들을 지도하였도다"고 하였다. 하나님께서는 중심을 보시고 비천한 가운데서 부르셔서 하나님의 뜻을 이루신다. 하나님의 역사는 인간의 지혜의 한계를 초월하고 하나님의 뜻을 이루어 나가게 한다.

하나님은 다윗을 택하여 이스라엘을 기르게 하시고 마음의 성실함으로 철저히 그 뜻을 나타내셨다. 하나님의 백성은 하나님의 영광의 도구가 되어야 하고, 음악을 연주하듯이 공교히 해야 한다. 그리하여 하나님의 뜻을 나타내고 하나님의 영광을 나타내어야 한다. 이것이 하늘 백성이 이 땅에서 사는 길이다.

주의 이름으로 영광을 위하여

시편 79:1~13

1하나님이여 이방 나라들이 주의 기업의 땅에 들어와서 주의 성전을 더럽히고 예루살렘
이 돌무더기가 되게 하였나이다 2그들이 주의 종들의 시체를 공중의 새에게 밥으로,
주의 성도들의 육체를 땅의 짐승에게 주며 3그들의 피를 예루살렘 사방에 물 같이 흘
렸으나 그들을 매장하는 자가 없었나이다 4우리는 우리 이웃에게 비방거리가 되며 우
리를 에워싼 자에게 조소와 조롱거리가 되었나이다 5여호와여 어느 때까지니이까 영원
히 노하시리이까 주의 질투가 불붙듯 하시리이까 6주를 알지 아니하는 민족들과 주의
이름을 부르지 아니하는 나라들에게 주의 노를 쏟으소서 7그들이 야곱을 삼키고 그의
거처를 황폐하게 함이니이다 8우리 조상들의 죄악을 기억하지 마시고 주의 긍휼로 우
리를 속히 영접하소서 우리가 매우 가련하게 되었나이다 9우리 구원의 하나님이여 주
의 이름의 영광스러운 행사를 위하여 우리를 도우시며 주의 이름을 증거하기 위하여
우리를 건지시며 우리 죄를 사하소서 10이방 나라들이 어찌하여 그들의 하나님이 어디
있느냐 말하나이까 주의 종들이 피 흘림에 대한 복수를 우리의 목전에서 이방 나라에
게 보여 주소서 11갇힌 자의 탄식을 주의 앞에 이르게 하시며 죽이기로 정해진 자도 주
의 크신 능력을 따라 보존하소서 12주여 우리 이웃이 주를 비방한 그 비방을 그들의 품
에 칠 배나 갚으소서 13우리는 주의 백성이요 주의 목장의 양이니 우리는 영원히 주께
감사하며 주의 영예를 대대에 전하리이다

　　시편 79편은 공동체 탄식시(communal lamet)이다. 이스라엘이 범죄 했
으며 용서를 구하고 있다는 점을 인정하면서도 국가적 재앙에 직면하여 하
나님께 기도하기를 이스라엘의 대적자들에게 행동을 해 달라는 내용이다.
상황은 매우 절박하고 절망적인데 여기서 하나님의 돌보심을 간구한다.
　　시편 79편은 44편, 74편들과 비슷한 형태이다. 고난 가운데서 하나님께
기도하는 것인데, 이 시의 배경은 주전 587년 예루살렘 함락 이후의 시기라
고 볼 수 있다. 시편 79편은 포로 기간에 팔레스타인 지역에 남아있던 공동
체에서 비롯되었고, 그 당시의 회개의 기도문과 관련이 있다.

이 시편의 문학적 구조는 명문선적 문체(名文選的文體)이다. 이 시편의 많은 언어들이 이스라엘의 애가들의 전통적 표현들을 활용하고 있는 것을 주목할 필요가 있다. 시편 79편은 크게 두 단락으로 나눌 수 있는데 1~5절은 고소, 6~13절은 탄원이다.

1. 고소

1절에서 "하나님이여 이방 나라들이 주의 기업의 땅에 들어와서 주의 성전을 더럽히고 예루살렘이 돌무더기가 되게 하였나이다"고 하였다. 이 말의 역사적 대상이 제시되지 않았으나 아마도 주전 587년에 느부갓네살이 행한 예루살렘과 성전의 파괴를 언급한 것같이 보인다.

시인은 '하나님이여'라고 부르며 시를 시작하였다. 이것은 엘로힘 즉, 전능자여 라는 의미이다. 성전이 다 파괴되었는데 하나님을 향하여 '전능자여'라고 부르고 있다. 시인은 진정한 기도의 대상인 하나님을 향하여 호소한다. '열방이 주의 기업에 들어와서 주의 성전을 더럽히고' 또 예루살렘을 멸망하게 하였다고 호소하고 있다. 성전만이 아니라 도시도 파괴되어 돌무더기가 되었다는 말이다.

이방인들이 성전을 박살내었다. 왜 이렇게 되었는가 하면 성전을 성전같이 사용하지 않았기 때문이다. 하나님의 성전은 하나님께 굴복하는 곳이다. '말씀하옵소서 종이 듣겠나이다'고 하는 곳이다. 그러니 우리는 죽고 하나님만이 사는 곳이기에 하나님의 영광을 나타내어야 한다. 이러한 성전을 귀하게 사용하지 않을 때에 하나님의 징계가 임한다. 시인은 자기들이 이렇게된 사실을 하나님께 고백하였다.

2절은 "그들이 주의 종들의 시체를 공중의 새에게 밥으로, 주의 성도들의 육체를 땅의 짐승에게 주며"라고 하였다. 1절은 기업과 물질의 망하는 모습이라고 하면, 2절은 쾌락을 즐기려는 몸을 짐승의 밥으로 주었다는 것이다.

이러한 형편은 3절에도 연결되어 "그들의 피를 예루살렘 사방에 물 같이 흘렸으나 그들을 매장하는 자가 없었나이다"고 하였다. 2~3절은 예루살렘이 함락되는 와중에 처형된 많은 사람들을 언급하고 있지만 시인은 끔찍한 사건의 결과를 말하고 있다.

예루살렘은 살아남아서 매장할 수 있는 자들보다 시체가 더 많은 죽은 도시가 되었다. 이렇게 죽었던 자들은 하나님께 예배를 드리지 않았을 것이며 시체로 인하여 성소가 더러워지고 부패한 상태가 되었다.

4절에서 "우리는 우리 이웃에게 비방 거리가 되며 우리를 에워싼 자에게 조소와 조롱거리가 되었나이다"고 하였다. 전쟁은 끝났지만 이스라엘의 고난은 계속된다. 백성들은 육체적 고난만이 아니라 이웃에게 조롱거리가 된다.

5절에서 "여호와여 어느 때까지니이까 영원히 노하시리이까 주의 질투가 불붙듯 하시리이까"라고 하였다. 앞에서는 하나님 즉 전능자여 라고 불렀는데 여기서는 '여호와여'라고 하였다. 즉 불변의 약속의 하나님이여'라는 의미이다. 이 말은 사랑의 하나님을 강조할 때에 찾는 말이다.

이렇게 징계를 받고 매를 맞는 것이 마땅하지만 그래도 '사랑의 하나님이여 긍휼의 하나님이여 우리를 불쌍히 여기소서'라는 호소이다. 하나님의 진노가 어느 때까지 임하는가라는 탄원이다. '언제까지니이까'(how long)이라는 호소는 이스라엘의 절박한 상황을 나타내 보인다.

2. 탄원

6~13절은 탄원이다. 6~7절에서 "주를 알지 아니하는 민족들과 주의 이름을 부르지 아니하는 나라들에게 주의 노를 쏟으소서 그들이 야곱을 삼키고 그의 거처를 황폐하게 함이니이다"고 하였다. 백성들은 자신들을 정복했던 열방들에게 야훼의 분노를 쏟아 붓도록 간청하고 있다. 원수들은 '주를 알지 아니하는 열방'으로 묘사하고 있는데 이들은 자기들과 전연 무관하다는 의미이다. 이들이 여호와의 성전을 파괴하고 하나님의 백성을 도륙한 자들이다. 이들에게 여호와께서 진노를 내리시기를 호소하였다.

8절에서 "우리 조상들의 죄악을 기억하지 마시고 주의 긍휼로 우리를 속히 영접하소서 우리가 매우 가련하게 되었나이다"라고 하였다. 열방들은 여호와의 관계성을 전연 알지 못하지만 하나님의 백성들은 자신들이 하나님의 뜻에 맞게 살지 못하였음을 기억해 낸다. 그들에게는 기억될 수 있는 완악한 행위들이 존재한다. 그들의 죄가 심판으로 인정하였고 심판에 대하여 논쟁하지 아니한다. 그들에게는 다른 길이 없으며 오직 하나님의 긍휼만을 호소하고 있다.

3. 호소

9~12절에서는 파멸에 처한 백성들을 구원하시는 하나님의 용서의 긍휼에 들어갈 수 있도록 하나님의 능력을 구한다. 신실한 자들의 일부는 그들을 구속하는 자의 감옥에 있다. 하나님만이 이러한 자리에서 구원하실 수 있음을 말한다.

시인은 9절에서 "우리 구원의 하나님이여 주의 이름의 영광스러운 행사를 위하여 우리를 도우시며 주의 이름을 증거하기 위하여 우리를 건지시며 우리 죄를 사하소서"라고 하였다. 하나님께서 자기 백성을 구원하시는 것은 하나님의 영광을 위하고 하나님의 이름을 위한 것이다. 시인은 이스라엘이 위기에 처하였을 때에 하나님께서 역사하신 것처럼 하나님의 창조의 능력을 호소하고 있다. 이스라엘 백성이 위기에 처한 것은 하나님의 영광을 가리우는 것이기에 하나님의 영광을 위하여 이스라엘을 구하여 달라는 호소이다.

하나님의 이름과 영광에 대한 호소는 하나님의 위대한 역사를 바라는 간절한 마음이다. 이스라엘 백성이 고통을 당하지만 그 속에서도 하나님의 이름이 존귀하게 되기를 바라는 그 열정이 이들의 자산이다.

13절에서 "우리는 주의 백성이요 주의 목장의 양이니 우리는 영원히 주께 감사하며 주의 영예를 대대에 전하리이다"고 하였다. 이 마지막 절은 죽음과 혼돈과 고립이라는 악몽의 시기가 끝난 것을 예견한다. 그들은 여호와의 백성이며 그의 양떼이기에 그의 구속이 임할 때에 영원히 하나님을 찬양할 것이다. 이 시편의 마지막은 찬양으로 마무리 된다. '하나님이여 영광을 받으소서'라는 뜨거운 호소이다.

그들에게 눈물의 양식을 먹이시며

시편 80:1~7

1요셉을 양 떼 같이 인도하시는 이스라엘의 목자여 귀를 기울이소서 그룹 사이에 좌정하신 이여 빛을 비추소서 2에브라임과 베냐민과 므낫세 앞에서 주의 능력을 나타내사 우리를 구원하러 오소서 3하나님이여 우리를 돌이키시고 주의 얼굴빛을 비추사 우리가 구원을 얻게 하소서 4만군의 하나님 여호와여 주의 백성의 기도에 대하여 어느 때까지 노하시리이까 5주께서 그들에게 눈물의 양식을 먹이시며 많은 눈물을 마시게 하셨나이다 6우리를 우리 이웃에게 다툼거리가 되게 하시니 우리 원수들이 서로 비웃나이다 7만군의 하나님이여 우리를 회복하여 주시고 주의 얼굴의 광채를 비추사 우리가 구원을 얻게 하소서

시편 80편은 공동체 탄식시의 전형(典型)이라는 데에는 이견이 없을 정도이다. 하나님의 도움을 청하는 호소, 신뢰의 고백, 간구 , 찬양의 맹세 등이 하나의 짝을 이루는 특성을 가지고 있다.

이 시편을 보면 4, 7, 19절에서 "하나님 여호와여 우리를 돌이키시고 주의 얼굴의 광채를 우리에게 비추소서 우리가 구원을 얻게 하소서"라는 후렴이 나온다. 그러니 이 시편은 구조면에서 세 부분으로 되어 있다는 뜻이다.

1. 간구

1~3절은 하나님의 이름을 부름과 간구이다. 1절에서 "요셉을 양 떼 같이 인도하시는 이스라엘의 목자여 귀를 기울이소서 그룹 사이에 좌정하신 이여 빛을 비추소서"라고 하였다.

시인은 '요셉'의 이름을 거론하였다. 남북조 시대에 북쪽은 열 지파, 남쪽은 유다 지파와 베냐민 지파로 나누어졌다. 그러나 남쪽은 유다 지파가 크고 베냐민 지파가 작아서 거의가 유다 지파였다. 그래서 유다국이라고 부르기도 한다. 이때의 북쪽 지파들의 대표는 에브라임과 므낫세 지파였는데 이들은 요셉의 아들이기에 요셉 지파라고 한다. 그래서 요셉이 거명 되었다.

이 시편에서는 여호와의 위대한 이름 중의 하나로 '목자'가 거론된다. 목자라는 이름은 시편 23편과 여기서만 나오는 것으로 매우 특이하다. 성경의 표현대로 하면 하나님은 목자요 그의 백성은 양이다. 예수님은 요한복음 10장에서 '나는 선한 목자'라고 하였다. 목자와 양의 관계는 여러 가지로 표현되지만 예수님의 말씀처럼 "내 양은 내 음성을 들으며 나는 그들을 알며 그들은 나를 따르느니라"(요 10:27)는 특성을 가지고 있다. 하나님의 백성은 하나님의 양으로서 하나님의 음성을 듣고 그 말씀을 따라야 한다. 이것이 양의 특성이며 특권이다. 이것은 구약의 시편이나, 예수님이 말씀을 통하여 우리에게 구체적으로 교훈하고 있다.

시인은 이 시편에서 '이스라엘의 목자여 귀를 기울이소서'라고 하였다. 이 말은 지금까지 기도하였는데 그 기도가 금방 이루어지지 않으니 응답해 달라는 호소이다. 또 시인은 '그룹 사이에 좌정하신 자여 빛을 비추소서'라고 하였다. 그룹이란 하나님을 가까이 모시는 천사들이다. 하나님의 보좌 가까이에서 하나님의 음성을 듣고 하나님께 봉사하는 자들이다. 하나님께서 거기서 빛을 비추어 주소서 라고 호소한다.

우리들이 기도할 때에 즉시 응답되지 못하는 경우도 있다. 그러나 그 와중에서 하나님의 역사하심을 바라는 것이 무엇보다 귀하다는 사실을 보여준다.

2절에서 "에브라임과 베냐민과 므낫세 앞에서 주의 능력을 나타내사 우리를 구원하러 오소서"라고 하였다. 앞에서 말한 바와 같이 북쪽 지파의 중요한 지파가 에브라임과 므낫세 지파였다. 베냐민은 일부가 북쪽에 있었다. 이들에게 '주의 능력' 즉 하나님의 크신 능력을 나타내어 주어 우리를 구원하러 오소서라고 호소하고 있다.

1~2절의 간구에서 네 개의 명령형이 사용되고 있다. 귀를 기울이소서, 빛을 비추소서, 능력을 내소서, 오소서 등이다. 이 단어들은 여호와께서 모세를 부르시면서 "내가 보았고 내가 들었고 내가 살폈으므로 내가 인도하러 왔다"(출 3:7~8)는 말씀과 연관이 있다. 시인은 하나님께 간절히 호소한다.

3절에서 후렴으로 노래하고 있는데 "하나님이여 우리를 돌이키시고 주의 얼굴빛을 비추사 우리가 구원을 얻게 하소서"라고 하였다. 이 말씀은 7, 19절에서도 반복되고 있는데 탄원을 종결짓기도 하고 요약하기도 한다. 이 말씀은 '하나님, 우리를 돌아오게 하소서' 또는 '하나님, 우리를 돌이키소서'라고 번역할 수 있다. 하나님의 역사는 하나님의 백성을 회복시킨다. '회복'이라는 말은 육체적 안녕과 영적 평안을 아울러 강조하고 있는데 주의 얼굴 빛을 비추시면 하나님의 위대한 역사가 나타난다.

2. 고발

4~7절은 고발이다. 하나님을 부르고 간구한 후에 이 시편은 고발을 제기한다. 고발은 삼중적으로 행하여 지는데 내적인 것(우리), 외적인 것(그들 혹은 원수들), 신적인 존재(당신) 등으로 나타난다.

4절에서 "만군의 하나님 여호와여 주의 백성의 기도에 대하여 어느 때까지 노하시리이까"라고 하였다. 여기서 하나님의 이름이 매우 길고 구체적으로 불리우고 있다. 하나님을 '만군의 하나님 여호와'라고 하였으니 하나님의 능력과 자비하심을 아울러 호소하는 것이다. 만군의 하나님 여호와 앞에서 우리는 양이요 하나님은 목자이다. 그러기에 왕 되시고 목자되신 하나님께서 언제까지 노하시겠습니까?라고 간구하는 것이다. '언제까지 입니까?'란 탄식에서 일반적으로 나타나는 요소이다. 이것은 백성들의 인내가 거의 소모되었다는 것을 암시한다. 힘들고 어려운 과정에서 하나님께서 빨리 역사해 주시기를 바라는 애절함이 있다.

5절에서 "주께서 그들에게 눈물의 양식을 먹이시며 많은 눈물을 마시게 하셨나이다"고 하였다. 기도의 응답이 늦어지니 울면서 계속 기도한다는 의미이다. 울면서 기도하니 눈물이 입 안으로 줄줄 들어간다는 말이다. 하나님의 응답을 기다리며 눈물로 기도할 때에 우리도 모르는 사이에 눈물과 콧물이 입으로 들어가는 절박한 상태를 말하고 있다. 그래서 하나님을 향하여 '속히 도우소서'라고 간절히 호소한다.

3. 호소

6절에서 "우리를 우리 이웃에게 다툼거리가 되게 하시니 우리 원수들이 서로 비웃나이다"고 하였다. 원수들이 이스라엘을 점령하여 이것은 내 것이라고 서로 싸우며, 이들이 이스라엘을 향하여 '꼴 좋다'고 비웃는 정경이다. 그래서 하나님께 호소한다. '하나님이여 이런 형편이니 우리를 불쌍히 여겨 주소서'라고 간구하는 것이다. 원수들이 이렇게 비웃으면 하나님의 영광이 어떻게 되는지를 생각하는 것이다.

7절에서 "만군의 하나님이여 우리를 회복하여 주시고 주의 얼굴의 광채를 비추사 우리가 구원을 얻게 하소서"라고 하였다. 우리의 힘으로 돌이키지를 못한다. 하나님이 간섭하셔야 돌이킬 수 있다. 여기서 '돌이킨다'는 것은 새롭게 한다는 의미이다. 하나님이 역사하셔야 이것이 가능하다. 시인은 '주의 얼굴의 광채를 비추사 우리로 구원을 얻게 하소서'라고 하였다. 하나님이 역사하시고 주관하셔야 가능하다는 말이다.

하나님께서 우리를 향해 얼굴을 비춰시면 구원의 역사가 일어난다. 하나님의 백성들에게 실패와 고통이 올 때에 이 기회에 하나님과의 관계를 바로 보아야 한다. 하나님은 우리의 왕이시고 목자이시기에 하나님의 손길을 의지하는 것이 새로워짐의 길이다. 우리들은 이러한 하나님의 역사를 앙망하고 힘들고 어려울 때에 하나님의 손길을 부여잡자.

주의 얼굴의 광채를 우리에게 비추소서

시편 80:8~19

8주께서 한 포도나무를 애굽에서 가져다가 민족들을 쫓아내시고 그것을 심으셨나이다 9주께서 그 앞서 가꾸셨으므로 그 뿌리가 깊이 박혀서 땅에 가득하며 10그 그늘이 산들을 가리고 그 가지는 하나님의 백향목 같으며 11그 가지가 바다까지 뻗고 넝쿨이 강까지 미쳤거늘 12주께서 어찌하여 그 담을 허시사 길을 지나가는 모든 이들이 그것을 따게 하셨나이까 13숲 속의 멧돼지들이 상해하며 들짐승들이 먹나이다 14만군의 하나님이여 구하옵나니 돌아오소서 하늘에서 굽어보시고 이 포도나무를 돌보소서 15주의 오른손으로 심으신 줄기요 주를 위하여 힘있게 하신 가지니이다 16그것이 불타고 베임을 당하며 주의 면책으로 말미암아 멸망하오니 17주의 오른쪽에 있는 자 곧 주를 위하여 힘있게 하신 인자에게 주의 손을 얹으소서 18그리하시면 우리가 주에게서 물러가지 아니하오리니 우리를 소생하게 하소서 우리가 주의 이름을 부르리이다 19만군의 하나님 여호와여 우리를 돌이켜 주시고 주의 얼굴의 광채를 우리에게 비추소서 우리가 구원을 얻으리이다

시편 79편은 이스라엘의 남북조가 다 멸망하여 바벨론으로 포로 잡혀 간 후에 거기서 회복을 간구하는 내용이다. 80편은 연대기적으로 보면 그것보다 더 일찍이 북쪽 이스라엘이 멸망하고 남쪽 유다가 남아 있을 때에 기록된 것으로 추정된다. 시의 내용 중에 북쪽 이스라엘과 관련된 내용이 많기 때문이다.

3, 7, 19절이 후렴의 형태로서 '주의 얼굴의 광채를 우리에게 비추소서 우리가 구원을 얻으리이다'라고 노래하고 있다. 이 구절이 시편 80편의 중심축을 이루고 있으며 이 말씀이 주는 교훈을 깊이 받아야 한다.

1. 한 포도나무를

8절에서 "주께서 한 포도나무를 애굽에서 가져다가 민족들을 쫓아내시

고 그것을 심으셨나이다"고 하였다. 성경에는 이스라엘이나 성도를 포도나무로 비유하는 표현들이 자주 나온다. 예수님도 요한복음 15장에서 "나는 포도나무요 너희는 가지니"라고 하였다. 시인은 하나님의 백성을 포도나무로 표현하여 '주께서 한 포도나무를 애굽에서 가져다가'라고 하였다. 이 포도나무를 가나안 땅에 심었다고 함으로써 하나님의 은총을 강조하고 있다.

8~19절은 '포도나무 비유'로서 하나님의 백성들의 삶을 묘사하고 있다. 8~11절은 하나님의 구원 행위에 대하여 구체적으로 그리고 있다. "주께서 그 앞서 가꾸셨으므로 그 뿌리가 깊이 박혀서 땅에 가득하며"(9절)라고 하여 하나님의 사전 준비를 보여 주고 있다. 이스라엘 백성이 가나안 땅에 들어가기 전에 그곳은 상당한 수준의 문화를 가지고 있었다. 땅도 잘 정리 되었고 준비된 곳이었다.

하나님은 이스라엘 백성을 준비된 땅에 보내어 어려움을 겪지 않게 하시고 그 땅에 뿌리를 내려 번성하도록 하였다. 10~11절에서도 이스라엘의 번성을 시적으로 묘사하고 있다. '산들', '백향목', '바다', 그리고 '강' 등으로 이스라엘의 영역을 설명하고 있다. 이스라엘이 이주한 그 땅은 남쪽의 시내산 지역으로부터 북쪽에 레바논 백향목까지를 서쪽으로는 지중해 바닥사로부터 동쪽으로는 유브라데스 강 뚝까지 였으니 이것은 다윗이 이룬 통일제국을 의미한다.

하나님의 은혜로 이러한 땅을 차지한 이스라엘 백성은 어떻게 살았는가? 12절에서 그 양상이 묘사되었다. "주께서 어찌하여 그 담을 허시사 길을 지나가는 모든 이들이 그것을 따게 하셨나이까"라고 하였다. 이것은 포도밭의 모습에 대한 극적 전환이다. 암울한 재앙이 8~11절의 성공을 압도한다. 이스라엘 백성은 왕성하였으나 결국에는 실패하고 만다. 다윗이나 솔로몬시대에 그 위세를 세계에 펼쳤으나 '주께서 어찌하여 그 담을 허시사'라고 했으니 국경선이 헐어졌다. 그러니 아무리 강한 군대를 가지고 있다고 해도 하나님께서 국경선을 허시면 별 수 없이 망하고 만다.

"숲 속의 멧돼지들이 상해하며 들짐승들이 먹나이다"(13절)고 하였으니

돼지나 들짐승은 이방을 비유한 말이다. 하나님이 버리시면 멸망의 길로 갈 수밖에 없는 인간이기에 인간의 무의미함을 다시 한 번 깨닫게 한다.

2. 간절한 기도

시인은 14절에서 간절한 기도를 한다. "만군의 하나님이여 구하옵나니 돌아오소서 하늘에서 굽어보시고 이 포도나무를 돌보소서"라고 하였다. 4절에서도 '만군의 하나님이여'라고 하였고 19절에서도 같은 표현이 나온다. 하나님은 전능하신 왕이라는 표현이며 언약의 하나님이라고 고백한 것이다. 시인은 하나님께 기도하기를 '돌아오소서 하늘에서 굽어보시고 이 포도나무를 돌보소서'라고 하였다. 하나님께서 굽어보시고 '너는 그렇게 하면 안 된다'고 권고해 달라는 호소이다. 하나님이 깨닫게 해 주시지 않으면 인간 스스로 깨닫지 못한다. 그래서 하나님께서 채찍으로 치시든지, 사랑으로 돌보시든지, 하나님의 역사가 나타날 때에 진정으로 깨닫게 된다. 시인은 하나님이 권고하여 주시기를 기도하였다.

15절에서 "주의 오른손으로 심으신 줄기요 주를 위하여 힘있게 하신 가지니이다"고 하였다. 왜 포도나무를 권고해 주셔야 하는가 '주의 오른손으로 심으신 줄기요 가지'이기 때문이다. 지금까지 이스라엘 백성이 살아 온 것은 그들의 힘이 아니라 하나님의 능력에 의해서이다. 하나님의 오른손으로 여리고 성을 함락하였고 이스라엘의 하나님의 이름을 높게 하였다.

이런 하나님의 백성들이니 잘못이 있더라도 권고해 달라는 호소이다. 이것은 하나님의 자비를 바라는 것이며 하나님의 이름이 높아지기를 기도하였다.

3. 불신앙의 결과

16~17절에서 "그것이 불타고 베임을 당하며 주의 면책으로 말미암아 멸

망하오니 주의 오른쪽에 있는 자 곧 주를 위하여 힘있게 하신 인자에게 주의 손을 얹으소서"라고 하였다.

하나님이 세우신 성벽들이 무너지고 불타는 비참함이 왔다. 하나님의 뜻대로 사용하지 않으면 멸망하고 만다는 하나님의 뜻을 분명히 하고 하나님의 도우심을 호소하였다. '주를 위하여 힘있게 하신 인자에게 주의 손을 얹으소서'라고 하였다. 시인은 하나님이 한 번 불쌍히 여겨 주서서 주의 능력의 손을 얹으시면 다 회복된다고 믿고 기도하였다. 이것이 하나님의 역사이다. 하나님이 한번 작용하시면 모든 것이 회복된다. 하나님의 역사를 믿고 하나님께 순종하는 것이 최선의 길이다. 우리들에게도 어려움이 닥칠 때에 하나님이 한번 역사해 주시기를 호소해야 한다. 하나님이 한번 손을 얹고 역사하시면 회복하게 되니 이것을 바로 믿어야 한다.

18절에서 "그리하시면 우리가 주에게서 물러가지 아니하오리니 우리를 소생하게 하소서 우리가 주의 이름을 부르리이다"고 하였다. 주께서 역사하시면 회복이 되고 이것을 체험한 백성들은 물러가지 아니한다. 18절은 시인의 맹세이다. '우리가 주의 이름을 부르리이다'고 하였다. 하나님이 회복시켜주시면 하나님의 영광을 위하여 하나님을 섬기고 하나님의 이름을 부르겠다는 맹세이다. 하나님 앞에서 구원 받은 자의 맹세가 필요하다. 이것은 하나님의 역사에 대한 감사와 하나님이 백성의 헌신의 결단이다. 그러기에 하나님을 위한 영광의 삶을 살아야 한다.

19절에서 "만군의 하나님 여호와여 우리를 돌이켜 주시고 주의 얼굴의 광채를 우리에게 비추소서 우리가 구원을 얻으리이다"고 하였다. 하나님은 자기 백성을 지키신다. 그러기에 하나님을 통하여 구원을 체험하고 영광을 돌려야 한다.

하나님이 우리를 향하여 얼굴을 비취시면 우리에게 생명의 역사가 일어난다. 하나님의 사랑의 손길이 있고, 영광스러운 역사가 있기에 하나님의 얼굴이 우리를 향하도록 기도해야 한다.

내가 너를 건졌고

시편 81:1~7

1우리의 능력이 되시는 하나님을 향하여 기쁘게 노래하며 야곱의 하나님을 향하여 즐거이 소리칠지어다 2시를 읊으며 소고를 치고 아름다운 수금에 비파를 아우를지어다 3초하루와 보름과 우리의 명절에 나팔을 불지어다 4이는 이스라엘의 율례요 야곱의 하나님의 규례로다 5하나님이 애굽 땅을 치러 나아가시던 때에 요셉의 족속 중에 이를 증거로 세우셨도다 거기서 내가 알지 못하던 말씀을 들었나니 6이르시되 내가 그의 어깨에서 짐을 벗기고 그의 손에서 광주리를 놓게 하였도다 7네가 고난 중에 부르짖으매 내가 너를 건졌고 우렛소리의 은밀한 곳에서 네게 응답하며 므리바 물 가에서 너를 시험하였도다 (셀라)

시편 81편은 시편 50, 95편과 밀접한 관계를 가지고 있다. 이 세 시편들은 강론과 교훈이라는 설교적 문체를 가지고 있다. 또 이 시편들은 제의적 특징을 가지고 있는 것으로 종종 묘사되고 있다. 시편 81편은 이스라엘이 절기를 맞았을 때에 하나님이 주신 은혜를 찬양한 것이다. 이스라엘 백성들은 유월절, 오순절, 초막절을 가장 큰 절기로 지켰다. 그 중에 초막절은 수장절이라고 하여 추수 후에 저장을 마침으로 감사하는 절기와 같이 지켰다.

이러한 절기를 맞았을 때에 찬양한 것이 이 시편이다. 절기란 지난날에 주셨던 하나님의 은혜를 감사하며 지킨 것이다. 절기 때에 하나님의 은혜를 찬송하고 그 이름에 합당한 영광을 돌리는 것이 이 시편이다.

이 시편에는 '아삽의 시'라는 표기가 있는데 아삽은 다윗 시대의 찬양대 지휘자였다. 이 시편의 곡조는 '깃덧'에 맞추었다고 하는데 '깃덧'은 문자 그대로 번역하면 '기쁜 곡조'인데 아마 현악기의 이름 같기도 하고 감격스러운 내용으로 되어 있다고 본다.

시편 81편은 두 단락으로 되어 있다. 1~7절은 찬송의 축제로의 부름이고 8~16절은 신탁이다. 하나님의 백성들이 하나님께 찬양하며 영광 돌리는 감격의 노래이다.

1. 찬송의 축제

1절에서 "우리의 능력이 되시는 하나님을 향하여 기쁘게 노래하며 야곱의 하나님을 향하여 즐거이 소리칠지어다"고 하였다. 여기 나오는 '높이 노래하라'와 '즐거이 소리치라'는 같은 말로서 하나님께 찬양다운 찬양을 드리라는 뜻이다. 우리가 '능력되신 하나님께' 찬양해야 한다. 하나님은 우리를 구원하시는 능력을 발휘하셨다. 그의 능력으로 우리가 삶을 얻었고 하나님의 백성이 되었으니 이 하나님을 찬양하여야 한다. 우리가 하나님을 찬양하되 '높이 노래해야' 한다. 이 말은 열정을 가지고 열심으로 노래하라는 뜻이다. 형식이나 억지로 하는 것이 아니라 정성을 다하여 열정으로 노래해야한다.

1절 후반부에 '야곱의 하나님께' 즐거이 노래해야 한다. 야곱의 하나님은 은혜의 하나님을 말한다. 부족한 자를 받아 주시고 새롭게 하시는 그 하나님을 찬양해야 한다.

2절에서 "시를 읊으며 소고를 치고 아름다운 수금에 비파를 아우를지어다"고 하였다. 사람은 뜨거운 사랑을 받게 되면 입에서 나오는 말들이 시가 된다. 하나님의 은혜를 통하여 하나님의 사랑을 뜨겁게 체험하였기에 모든 말이 아름다운 시와 같이 되었다. '소고를 치고 아름다운 수금에 비파를 아우를지어다'고 하였다. 현악기를 연주하면서 찬양하고 여러 가지 악기들을 사용하여 찬양의 역사를 이룬다. 이러한 찬양은 하나님의 백성이 누리는 최고의 영광이다.

2. 찬양의 시기

3절에서 "초하루와 보름과 우리의 명절에 나팔을 불지어다"고 하였다. 이것은 언제 찬양할 것이냐라는 시기를 제시하였다. 초하루란 1월 1일, 2월 1일 등 달이 시작하는 날을 말하고, 보름이란 달이 꽉 찼다는 말이다. 초하루와 보름과 명절에 찬양해야 하는데, 그때 드리는 제사에 대해서는 민수기 28:11~15에 구체적으로 나와 있다. 하나님의 백성들은 받은 은혜를 날마다 감사해야 한다. 그렇지 않으면 은혜의 역사를 망각하고 자기 뜻대로 모든 것을 해결하려고 하는 경향들이 있다.

4절에서 "이는 이스라엘의 율례요 야곱의 하나님의 규례로다"고 하였다. 하나님께 찬양하고 영광을 돌리는 것은 인간들의 마음에서 우러나온 것이 아니라 하나님의 규칙이라는 말이다.

하나님의 백성은 하나님의 규칙을 따라야 한다. 이것은 하나님의 백성의 삶의 지표이다. 하나님께 찬양하는 것은 하나님의 백성의 규칙인데 새 달이 시작할 때에 찬양하고, 보름에 찬양하고, 절기에 찬양하며 살아가는 역사가 나타나야 한다. 지속적인 신앙을 통하여 하나님의 영광을 나타내는 신앙의 찬양이 있어야 한다.

하나님의 규칙이 과소평가되는 것은 우리들이 가장 경계해야 할 일이다. 시대가 바뀌고 세상 풍조가 변하여도 하나님의 규칙은 변하지 않는다. 영원하신 하나님의 변치 않는 규칙을 통하여 우리들은 하나님의 영광을 드러낸다.

3. 기적적 은혜

5절에서 "하나님이 애굽 땅을 치러 나아가시던 때에 요셉의 족속 중에 이를 증거로 세우셨도다 거기서 내가 알지 못하던 말씀을 들었나니"라고 하였다. 시인은 지난날 베풀어 주신 은혜를 다시금 일깨운다. 출애굽의 기적적 은혜를 회상한다. 이것은 그들이 직접 체험한 것이 아니라 그들의 조상들이 경험했던 것을 회상한다. 우리들은 성경에 나타난 은혜를 회상한다. 그 체험들이 나의 체험이 되고 그 감사가 우리의 감사가 된다. 출애굽한지 450년이나 지난 시점에서 지난날의 은혜를 회상하고 하나님께 감사드리게 된다.

시인은 '거기서 내가 알지 못하던 말씀을 들었나니'라고 하였는데 이집트의 말을 들었다고 보는 사람도 있으나 그 뜻은 '자기들이 기대하지 못했던 말을 들었다'는 뜻이다. 도저히 생각할 수도 없는 말을 들었다는 뜻이니 이것은 하나님의 구원의 역사를 의미한다. 그러니 하나님께 찬양하자는 것이다.

6절에서 "이르시되 내가 그의 어깨에서 짐을 벗기고 그의 손에서 광주리를 놓게 하였도다"고 하였다. 이 말은 종살이에서 해방시켜 주었다는 뜻이다. 이스라엘 백성들은 이집트에서 고통스러운 벽돌을 졌고, 여자들은 손에 광주리를 들고 일을 해야만 하였다. 이러한 어려움에서 해방시켜 주셨으니 이 하나님께 감사해야 한다. 하나님은 이스라엘 백성들을 노예의 상태에서 해방시켜 주시고 안식의 기쁨을 주셨다. 이것은 하나님의 백성들이 누리는 최고의 영광이요 축복이다. 우리가 받은 안식의 복을 즐거이 노래해야 한다.

7절에서 "네가 고난 중에 부르짖으매 내가 너를 건졌고 우렛소리의 은밀한 곳에서 네게 응답하며 므리바 물 가에서 너를 시험하였도다 (셀라)"고 하였다. 출애굽기 2:23, 14:10 등에 보면 이스라엘 백성들이 이집트에서의 박해가 너무 심하자 하나님께 부르짖었다. 이러한 기도를 들으시고 하나님이 건져 주셨다. '뇌성의 은은한 곳에서 네게 응답하며'라고 하였는데, 이것은 시내 산에서 율법을 주실 때에 벼락치고 뇌성이 들리는 것을 가리킨다. 또 하나님께서는 므리바 물가에서 시험하였다고 했는데 이 말은 훈련하였다는 뜻이다.

하나님은 이스라엘 백성들을 이집트의 종살이에서 건져 주셨다. 이것은 하나님의 특별한 은혜요 사랑이다. 이것을 체험한 하나님의 백성들이 찬양하고 감사해야 한다. 오늘의 우리들도 이런 감격의 역사를 체험하였으니 하나님께 찬양 드리는 삶을 월초에, 보름에, 절기에 그리고 날마다 이루어 나가야 한다.

네 입을 크게 열라 내가 채우리라

시편 81:8~16

8내 백성이여 들으라 내가 네게 증언하리라 이스라엘이여 내게 듣기를 원하노라 9너희 중에 다른 신을 두지 말며 이방 신에게 절하지 말지어다 10나는 너를 애굽 땅에서 인도 하여 낸 여호와 네 하나님이니 네 입을 크게 열라 내가 채우리라 하였으나 11내 백성이 내 소리를 듣지 아니하며 이스라엘이 나를 원하지 아니하였도다 12그러므로 내가 그의 마음을 완악한 대로 버려 두어 그의 임의대로 행하게 하였도다 13내 백성아 내 말을 들 으라 이스라엘아 내 도를 따르라 14그리하면 내가 속히 그들의 원수를 누르고 내 손을 돌려 그들의 대적들을 치리니 15여호와를 미워하는 자는 그에게 복종하는 체할지라도 그들의 시대는 영원히 계속되리라 16또 내가 기름진 밀을 그들에게 먹이며 반석에서 나오는 꿀로 너를 만족하게 하리라 하셨도다

시편 81편은 이스라엘 백성들이 절기를 맞을 때에 하나님의 은혜를 찬양 한 것이다. 이스라엘 백성들은 유월절, 오순절, 초막절을 중요한 절기로 지 켰다. 이런 절기에 하나님의 은혜를 감사하며 찬양하였다.

이 시는 '아삽의 시, 인도자를 따라 깃딧에 맞춘 노래'이다. 아삽은 우리 가 잘 아는 대로 다윗 시대의 찬양대 지휘자이다. 이 시의 곡조는 '깃딧에 맞춘'것이라고 하였는데, 깃딧을 글자 그대로 번역하면 '기쁜 곡조'라는 뜻 이다. 아삽의 선창에 따라 이 곡으로 노래한 것으로 본다. 하나님께서는 이 스라엘 백성들을 애굽에서 구원하시고 그들을 가나안 땅으로 인도하셨다. 하나님이 이스라엘 백성에게 강조한 것이 8절에 나온다.

1. 이스라엘아 들으라

"내 백성이여 들으라 내가 네게 증언하리라 이스라엘이여 내게 듣기를 원하노라"고 하였다. 하나님은 이스라엘을 향하여 '내 백성'이라고 하였다. 이것은 하나님이 주신 최고의 호칭이다. 하나님의 은혜로 구원을 받아 하나님이 백성이 되었다는 말이다.

이들이 하여야 할 일이 무엇인가? 그것은 하나님의 말씀을 듣는 것이다. '들으라'라는 말은 히브리어로 '쉐마'이다. 이 교훈은 신명기에 나타난다. "이스라엘아 들으라 우리 하나님 여호와는 오직 유일한 여호와시니 너는 마음을 다하고 뜻을 다하고 힘을 다하여 네 하나님을 사랑하라"(신 6:4)고 하였다.

이 말씀은 이스라엘의 교육헌장이다. 어릴 때부터 하나님의 말씀으로 가르치고 그 말씀대로 살아야 함을 강조한다. 하나님의 백성은 하나님의 말씀을 들어야 한다. 그래서 "내 백성이여 들으라"고 하였다. 우리가 하나님의 음성을 듣고자 할 때에 하나님은 우리에게 증거해 주신다. 또 "이스라엘이여 내게 듣기를 원하노라"고 하여 하나님의 역사를 나타내신다.

9절에서 "너희 중에 다른 신을 두지 말며 이방 신에게 절하지 말지어다"고 하였다. 하나님께서 이스라엘 백성을 구원하시고 새로운 민족이 되게 하셨으니 다른 신을 절대로 섬기지 말라고 하셨다. 하나님이 제일 싫어하는 죄는 다른 신을 섬기는 것이다. 하나님 한 분 외에는 다른 신을 섬기지 말아야 한다. 이것은 하나님의 백성의 삶의 자세이며 끝까지 지켜야 할 원리이다.

2. 하나님과 성도의 관계

10절에는 매우 중요한 교훈이 있다. "나는 너를 애굽 땅에서 인도하여 낸 여호와 네 하나님이니 네 입을 크게 열라 내가 채우리라 하였으나"라고 하였다. 여기 나오는 '나는' 여호와 하나님이다. 그 하나님이 '너'를 인도 하셨다.

여기서 하나님과 성도의 관계가 나온다. 이것은 '나와 너'의 관계이다. 그런데 여기서 우리가 주목해야 하는 것은 '너희'라는 복수를 사용하지 않고 '너'라는 단수를 사용한 점이다. 이것은 내가 너를 지명하여 불러 내 것이라는 의미이다.

하나님은 이들에게 '입을 크게 열라'고 하였다. 이것은 매우 적극적인 표현이다. 하나님께 입을 크게 열어 구하라는 것이다. 우리들이 자신의 생계 문제만을 위하여 기도할 것이 아니라 보다 큰 것을 위해 구하여야 한다. 하나님은 이러한 적극적 명령을 하신 후에 '내가 채우리라'고 약속이다. 이것은 하나님의 분명한 약속이다. 믿고 구하면 하나님께서 응답해 주시겠다는 말씀이다. 오늘의 우리들도 보다 크고 담대하게 기도하자. 그리하면 하나님께서 우리에게 큰 것으로 채워 주신다. 이러한 확신을 가지고 하나님께 나아가는 것이 우리들의 믿음의 자세이다.

11절에서 "내 백성이 내 소리를 듣지 아니하며 이스라엘이 나를 원하지 아니하였도다"고 하였다. 하나님께서 채워 주시겠다고 하였으나 이스라엘 백성들은 믿지 아니하였다. 이것이 죄악된 인간의 모습이다. 하나님의 사랑을 경험하면서도 이 하나님을 진정으로 믿지 아니한 자들이다. 하나님의 사랑을 받고도 그 사랑을 바로 지키지 아니하는 자들이 모습에서 우리들의 그림자를 볼 수 있다. 하나님의 사랑이 단순한 논리가 아니기에 우리의 삶에서 이것을 구체화해야 할 것이다.

12절에서 "그러므로 내가 그의 마음을 완악한 대로 버려 두어 그의 임의대로 행하게 하였도다"고 하였다. '그러므로'라는 말이 주는 함축적 의미를 살펴야 한다. 하나님께서 이스라엘에게 아무리 '내가 너에게 넉넉히 채워 주겠다'고 하였지만 이스라엘 백성들은 '아닙니다 내 힘대로 해 볼게요'라고 빗나가자 하나님은 '오냐 네 마음대로 해 봐'라고 하신 것이다. 하나님은 이스라엘 백성들의 강퍅한 마음을 그대로 버려두고 자기 멋대로 하도록 하였다. 이들이 하나님의 은혜를 잊었기 때문에 이렇게 된 것이다. 범죄한 인간의 모습을 보여 주는 장면이다.

3. 신탁

13절 부터는 하나님의 은혜로 돌아오게 되면 어찌 되느냐를 보여 준다. 13절에서 "내 백성아 내 말을 들으라 이스라엘아 내 도를 따르라"고 하였다. 하나님은 완악한 이스라엘에게 권고하셨다. 하나님의 권고를 듣고 순종하게 되면 어떻게 회복될 것인지를 보여 준다.

지난날에 패역했을지라도 이제 하나님을 청종하며 하나님의 말씀을 따르는 것이 하나님의 백성의 길이다. 이것이 하나님의 은혜의 길이기에 더욱 감사하는 삶을 살아야 한다.

14절에서 "그리하면 내가 속히 그들의 원수를 누르고 내 손을 돌려 그들의 대적들을 치리니"고 하였다. 우리가 하나님의 말씀을 청종하면 하나님께서 원수들을 꼼짝하지 못하도록 만드신다. 여기에 중요한 교훈이 있다. 우리가 하나님을 의지하고 그 말씀을 청종하기만 하면 된다. 나머지 문제는 하나님께서 해결해 주신다. 하나님의 백성은 이것을 믿고 따라야 한다.

15절에서는 "여호와를 미워하는 자는 그에게 복종하는 체할지라도 그들의 시대는 영원히 계속되리라"고 하였다. 여호와를 미워하는 이들을 향하여 하나님이 간섭하시면 꼼짝없이 순종하게 된다는 교훈이다. 이것이 억지 복종이다. 우리는 감사함으로 순종해야 한다.

'그들의 시대는 영원히 계속하리라'고 하였는데 여기서 '그들'이 누구인지 논란이 많으나 하나님의 성도들이 영원하다는 뜻이다.

16절에서 "또 내가 기름진 밀을 그들에게 먹이며 반석에서 나오는 꿀로 너를 만족하게 하리라 하셨도다"고 하였다. 하나님께서는 영적인 축복만이 아니라 생활의 축복도 주시니 밀과 꿀로 먹이신다. 그리하여 만족의 삶을 살게 하신다. 하나님 편에 서는 것이 문제의 해결책이다. 그리하면 하나님께서 모든 것을 정리해 준다. 우리는 입을 넓게 벌리자. 주께서 채워 주신다.

빈궁한 자에게 공의를 베풀며

시편 82:1~5

1하나님은 신들의 모임 가운데에 서시며 하나님은 그들 가운데에서 재판하시느니라 2 너희가 불공평한 판단을 하며 악인의 낯 보기를 언제까지 하려느냐 (셀라) 3가난한 자 와 고아를 위하여 판단하며 곤란한 자와 빈궁한 자에게 공의를 베풀지며 4가난한 자와 궁핍한 자를 구원하여 악인들의 손에서 건질지니라 하시는도다 5그들은 알지도 못하고 깨닫지도 못하여 흑암 중에 왕래하니 땅의 모든 터가 흔들리도다

시편 82편은 8절로 된 짧은 시이지만 그 의미나 형식에서 특성을 가지고 있다. 학자들 사이에는 이 시의 형태를 '내러티브의 문맥을 가진 시'라 고 하기도 하고 선지자적 특성을 가지고 있다고도 한다. 또 어떤 사람들은 '서 기관적 예언'의 특징을 가지고 있는 것으로 보기도 한다.

이 시는 하나님의 백성을 다스리는 사람에게 주신 말씀이다. 다스리는 사람 가운데도 재판장에 대한 언급이다. 1~4절에는 다스리는 자에 대한 하 나님의 징계가 나와 있어 다스리는 자도 이렇게 조심해야 한다는 경계가 나 와 있다.

1. 모임 가운데에 서시며

1절에서 "하나님은 신들의 모임 가운데에 서시며 하나님은 그들 가운데 에서 재판하시느니라"라고 하였다. 시편 82편은 도입부도 없이 판결하시는

동안 신적 존재들의 공회 또는 회의 가운데 서 계시는 하나님을 집중적으로 언급함으로 시작된다. 그분은 회의를 주재하면서 확실히 주관하고 있다. '하나님이' 모든 것을 주장하고 계신데 이 하나님은 여호와이며 '모든 신들보다 크신 왕'(시 95:3)이다. 이 하나님이 '하나님의 회' 가운데 계신다. 여기서 '하나님의 회'가 무엇인지 논란이 되고 있다. 어떤 이들은 신적 존재의 모임이라고 보기도하나 하나님의 백성의 모임이라고 보는 것이 타당하다.

하나님은 자기 백성을 다스리신다. '하나님이 회 가운데 서시며'라고 한 것은 다스리기 위하여 활동하는 모습을 말한다. 하나님은 자기 백성을 다스리는 역사를 하신다. 이 하나님이 '재판장들 중에서 판단하신다'. 이것은 맡겨서 일하게 하신 자인 재판장들 중에서 역사하시는 하나님을 그리고 있다. 하나님은 자기 백성을 그대로 버리시는 분이 아니다. 다스리시고 인도하시기에 하나님의 백성은 하나님이 통치 아래서 살아간다. 하나님이 주권과 통치를 인정하고 하나님의 영광을 위해 살아가야 한다.

2절에서 "너희가 불공평한 판단을 하며 악인의 낯 보기를 언제까지 하려느냐 (셀라)"고 하였다. 악인들이 뇌물을 바치니까 범죄도 적당히 봐 주는 잘못된 재판을 한다는 것이다. 2절은 질문의 형태로 되어진 고발의 표현인데 이스라엘의 사법 절차의 특징으로 보인다. 질문 형식을 사용하는 것은 사람들에게 범법 행위를 설명하는 기회를 주는 것이다. 그러니 '언제까지 하려느냐'라는 표현은 대답을 요구하는 질문이 아니라 고소와 '그치라'는 명령형의 효과를 나타내 보인다. 언제까지 이런 짓을 하려느냐고 꾸짖고 당장 그칠 것을 명령하는 말씀이다.

2. 하나님의 백성의 사회적 의무

3~5절은 2절의 질문에 따른 일련의 명령들로 구성되어 있다. "가난한 자와 고아를 위하여 판단하며 곤란한 자와 빈궁한 자에게 공의를 베풀지며 가난한 자와 궁핍한 자를 구원하여 악인들의 손에서 건질지니라 하시는도다

그들은 알지도 못하고 깨닫지도 못하여 흑암 중에 왕래하니 땅의 모든 터가 흔들리도다"고 하였다.

이 말씀은 하나님의 백성의 사회적 임무를 상기시켜 준다. 하나님의 백성은 인간 사회에서 스스로를 보호할 수 있는 물질과 권력을 가지지 못한 자를 위해 바른 판결을 해야 한다. '고아와 가난한 자를 위하여 판단하며'라고 하였는데 이들은 억울함을 많이 당한다. 왜냐하면 뇌물을 가져다 줄 힘이 없기 때문이다. 그래서 따돌림 당하고 억울함을 당하는데 하나님의 백성은 이것을 해결해야 한다. 그 다음을 보면 '가난한 자와 궁핍한 자에게 공의를 베풀며'라고 하였다. 가난한 사람을 위하여 공의를 실천할 뿐 아니라 그들에게도 공의롭게 대하여야 한다. 무조건적 수용이 아니라 하나님을 중심한 판단이어야 한다. 가난한 자를 위하여 바른 행동을 하지 못한 것을 지적하고 하나님의 백성은 하나님의 뜻에 따라 사랑과 공의를 실천해야 함을 교훈한다.

4절에서는 더 적극적인 교훈을 하고 있다. "가난한 자와 궁핍한 자를 구원하여 악인들의 손에서 건질지니라 하시는도다"고 하였다. 악인들의 손에 빠져 나쁜 길로 가지 않도록 지도하고 인도하라는 교훈이다.

3~4절은 가난하고 궁핍한 자에 대한 단어들을 반복함으로써 효과를 나타내는 특수 형태이다. '가난한' - '고아' - '곤란한' - '빈궁한' - '고아' 등으로 이어지는 표현은 반복 효과를 강조하고 있다. 하나님께서는 재판장과 지도자들이 사회의 소외된 자들, 즉 가난한 자들, 억압 받는 자들, 가족의 지원이 없는 자들을 보호할 것을 기대하고 있다. 그 사례가 욥에게 나온다. 욥은 부유했던 시절에 법적 사건이 다루어지던 곳인 성문에 나가서 '부르짖는 가난한 자'와 도와줄 자가 없는 고아를 구원하였다(욥 29:12~13).

욥은 자신의 임무를 더 구체적으로 설명하였다. "나는 맹인의 눈도 되고 다리 저는 사람의 발도 되고 빈궁한 자의 아버지도 되며 내가 모르는 사람의 송사를 돌보아 주었으며 불의한 자의 턱뼈를 부수고 노획한 물건을 그 잇새에서 빼내었느니라"(욥 29:15~17)고 하였다. 가난한 자를 돌보아야 하는 사회적 책임을 강조한다. 이것은 우리들이 외면할 문제가 아니라 사회 속에서 그들을 돌보는 우리의 임무이다. 그러나 문제는 이러한 사회적 임무를 외면하는 점이다. 은혜를 말하고 하나님의 축복을 말하면서 주변에 있는 가난하고 고통을 겪는 자를 외면하는 것은 하나님의 백성의 자세가 아니다.

3. 지도자의 문제들

5절에서 "그들은 알지도 못하고 깨닫지도 못하여 흑암 중에 왕래하니 땅의 모든 터가 흔들리도다"고 하였다. 이 구절은 논란이 되는 것으로서 '그들'이 누구냐라는 점이다. 가난한 자로 보는 사람도 있고, 하나님의 백성 즉 지도자로 보는 경우도 있는데 후자의 경우가 맞다고 본다.

지도자들이 무지하고 또 감각이 없어서 흑암 중에 사는 것 같다. 이것은 범죄한 지도자들의 모습인데 바로 판단의 기준을 상실한 그들의 비극적 모습이다. 그들이 '흑암' 중에 왕래하는데, 재판장들이 행한 부당한 판결로 인해 생기는 흑암이거나 어둠으로 인하여 자기들의 잘못된 행위를 감추는 것이거나 하나님의 방식을 알고 이해하기를 거부하는 그런 자세를 의미한다.

하나님을 떠나면 흑암 중에 빠질 뿐이다. 그리하면 '땅의 모든 터'가 흔들리게 된다. 하나님을 떠난 자의 바탕은 송두리째 흔들리는데, 이것은 하나님이 우리의 바탕이시기 때문이다.

하나님의 백성은 사회적 책임을 가지고 있다. 우리가 전도를 정의할 때에 흔히 복음을 전하는 것으로만 생각하기 쉽다. 그러나 전도란 '은혜를 선포하고 정의를 실천하는 것'(preaching grace and doing justice)이다. 이 두 가지는 별개의 것이 아니라 하나님이 주신 사명이요 동전의 양면과 같은 것이다. 우리들이 외면하기 쉬운 가난하고 외로운 자들에게 관심과 사랑을 베푸는 것이 하나님의 백성의 임무이기에 이것을 바로 실천해야 한다.

다 지존자의 아들들이라

시편 82:6~8

6내가 말하기를 너희는 신들이며 다 지존자의 아들들이라 하였으나 7그러나 너희는 사람처럼 죽으며 고관의 하나 같이 넘어지리로다 8하나님이여 일어나사 세상을 심판하소서 모든 나라가 주의 소유이기 때문이니이다

시편 82편의 저작 연대는 여호사밧 왕 때라고 본다. 역대하 19장 5절부터 나오는 내용을 보면 유다와 여호사밧 때에 여호사밧 왕이 온 나라를 순행하면서 곳곳에 재판장들을 세워 놓고 그들에게 백성을 다스리는 방안을 가르쳤다. 하나님의 심정으로, 하나님의 대행자로 백성을 다스려야 된다고 가르쳤다. 그때에 그 가르침을 듣던 사람 중에 믿음의 사람 아삽이 이 시편을 쓴 것으로 본다. 그러나 이러한 것은 정확하다고 할 수 없으나 일반적 배경으로 이해되고 있는 형편이다.

1. 하나님의 백성

6절은 5절의 연속이다. "내가 말하기를 너희는 신들이며 다 지존자의 아들들이라 하였으나"라고 하였다. 왜 재판장을 '신들'이라고 하였는가? 라는 문제가 제기된다. 그것도 하나님의 통치를 대행하기 때문에 그렇게 표현하였다. 여기서 신은 히브리어로 '엘로힘'인데 전능하신 하나님을 의미한다. '다 지존자의 아들들이라 하였으나'라고 하였는데 '너는 하나님의 아들

들이다'라는 뜻이다. 이것은 재판장들이 하나님의 마음으로 다스려야 할 것을 교훈한다. 예수님께서도 시편 82편을 인용하여 말씀하셨다. "예수께서 이르시되 너희 율법에 기록된 바 내가 너희를 신이라 하였노라"(요 10:34)고 하였다.

하나님의 백성은 이 땅에서 하나님의 대행자이며 하나님의 권위를 가지고 나아가는 자이다. 이러한 위대한 축복을 받았는데 그것을 바로 지키지 못하였다. 그래서 6절에 '하였으나'라고 했다. 이것은 문제가 있다는 말이다. 하나님이 맡기셨는데 맡은 자들이 그렇게 하지 않았다.

2. 하나님의 자녀

그렇게 하여 어떻게 되었는지 7절에서 말하고 있다. "그러나 너희는 사람처럼 죽으며 고관의 하나 같이 넘어지리로다"고 하였다. 자기에게 주어진 사명을 바로 감당하지 못하면 아무것도 아닌 존재가 되고 만다. 하나님이 존귀한 자로 세워 주셨으면 존귀하게 그 사명을 감당해야 한다. 그렇게 하지 않으면 신적인 지위를 빼앗기고 '인간의 사망의 운명'을 경험하게 된다. '너희는 사람처럼 죽으며'라고 하였다. 보통 인간과 꼭 같은 존재가 되었다. 하나님이 특별하신 사명을 주었는데 그 사명을 받은 자같이 살지 않았기 때문에 아무런 결과가 없이 범인같이 죽게 된다.

하나님의 백성은 하나님의 백성다운 삶을 살아야 한다. 이것은 인간들이 추구해야 할 기본자세이다. 우리는 이것을 간파하기 쉽다. 하나님의 자녀로서의 삶을 살아야 하고 이것을 삶의 현장에 적용해야 한다. 하나님의 백성에게는 택함 받은 존귀함이 있다. 천사도 흠모할 만한 소중함이 있는데 이것을 귀하게 여겨야 한다. 하나님의 백성은 그다운 삶의 스타일이 있어야 한다. 이것은 하나님의 백성이 누리는 특권이요 영광스러운 길이다. 우리들은 이것을 소중히 여겨야 한다. 그렇지 못하면 아무런 가치가 없는 존재가 되어 사람처럼 죽을 수밖에 없다.

또 '방백의 하나 같이 엎드러지리로다'고 하였다. 세상의 많은 사람들은 왔다가 간다. 역사 세계에서 기억할 수 없을 정도의 많은 사람들이 왔다가 가 버렸고 사람들의 기억에서 사라지는 존재가 되었다. 그러나 하나님의 뜻대로 산 사람들은 지금도 흠모의 대상이 된다. 요셉의 경우를 보면 한 나라를 통치하는 위치에 있으면서 하나님의 심정으로 다스렸다. 그래서 지금도 요셉을 의로운 통치자로 여기고 그를 흠모한다.

다니엘은 식민지 출신 청년으로 바벨론을 다스리고, 메데 파사를 다스렸다. 그는 이 나라를 다스릴 때에 자기의 지식이나 경험으로써가 아니라 하나님의 마음으로 다스렸다.

이러한 하나님 중심의 통치의식이 있어야 하는데 이 땅의 수많은 통치자들은 자기의 지식이나, 군사력 혹은 조직력으로 통치하려고 하다가 기억에서 사라지고 만다. 시인은 이것을 '방백의 하나같이 엎드러지리로다'고 표현하였다. 하나님을 떠난 자의 말로가 이러하다. 자신의 능력을 의지하지만 이것은 아무것도 아니다. 그래서 보통 사람같이 죽으며 옛날의 방백같이 엎드러지게 된다.

3. 하나님의 일군

시인은 8절에서 하나님께 간청하고 있다. "하나님이여 일어나사 세상을 심판하소서 모든 나라가 주의 소유이기 때문이니이다"고 하였다. 하나님을 향하여 '일어나소서'라고 하는 것은 탄식시에서 발견되는 간구에서 찾아볼 수 있는 표현이다.

8절을 깊이 생각해 보면 탄원보다는 환호처럼 보인다. 간구의 의미는 하나님께서 재판관들이 행하지 않던 것을 행하도록 촉구하는 것이다. 시인은 하나님께 '가만히 있지 마시고 한번 일어나사 역사하여 주십시오' 라고 간구하고 있다. 사람들이 볼 때에 하나님께서 가만히 앉아 뒷짐지고 있는 것 같다. 그러나 하나님이 일어나서 세상을 판단하시면 모든 것이 순조롭게 된다. 이 땅의 죄악을 멸하시고 하나님의 의를 드러내는 위대한 역사가 일어난다. 세상이 악하여지고 통치자들이 오만하면 하나님이 일어나 역사하신다. 이것은 하나님의 주권적 역사이며 하나님만이 하실 수 있는 일이다.

하나님은 시대마다 필요한 하나님의 일군을 활용하셨다. 요셉을 통하여 애굽을 통치하시고 다니엘로 하여금 바벨론을 다스리게 하셨다. 그리하여 하나님의 뜻을 이 땅에 나타내셨는데 오늘의 시대에도 그렇게 하신다.

시인은 더 구체적인 결과를 제시한다. '모든 열방이 주의 기업이 되겠음이니이다'고 하였다. 이 말씀을 깊이 살펴보면 '모든 열방이 주의 기업이기 때문입니다'라는 표현이다. 이 세상의 모든 나라가 하나님의 것이다. 사람도 하나님의 것이요 권력도 하나님의 것이다. 그러기에 하나님이 일어나셔야 하고 간섭하셔야 한다는 말이다.

우리는 이 말씀에서 국가의 통치철학을 발견할 수 있다. 하나님의 주권적 통치가 국가와 국민의 전 영역에 구체적으로 드러나는 역사가 있어야 한다는 것을 배운다. 인간의 통치는 유한하고 자기중심적이다. 그래서 자기의 영광을 위하여 하나님을 거역하다가 결국은 망하고 만다. 역사 세계의 수많은 독재자가 그러하였다. 이러한 역사의 교훈을 정확히 보고 하나님 중심의 통치 철학이 정립되어야 한다.

하나님의 심정으로 나라를 다스리는 통치자가 일어나 하나님을 경외하는 역사가 있기를 기도해야 한다. 이것이 우리가 이 땅에서 받을 수 있는 축복 가운데 하나이기에 이런 역사가 일어나도록 하나님의 백성들은 계속적인 기도를 하여야 한다.

하나님이여 침묵하지 마소서

시편 83:1~8

1하나님이여 침묵하지 마소서 하나님이여 잠잠하지 마시고 조용하지 마소서 2무릇 주의 원수들이 떠들며 주를 미워하는 자들이 머리를 들었나이다 3그들이 주의 백성을 치려 하여 간계를 꾀하며 주께서 숨기신 자를 치려고 서로 의논하여 4말하기를 가서 그들을 멸하여 다시 나라가 되지 못하게 하여 이스라엘의 이름으로 다시는 기억되지 못하게 하자 하나이다 5그들이 한마음으로 의논하고 주를 대적하여 서로 동맹하니 6곧 에돔의 장막과 이스마엘인과 모압과 하갈인이며 7그발과 암몬과 아말렉이며 블레셋과 두로 사람이요 8앗수르도 그들과 연합하여 롯 자손의 도움이 되었나이다 (셀라)

시편 83편은 일반적으로 민족의 탄식시로 분류된다. 이런 형태의 시에는 몇 가지 특성이 있는데, 시인은 여호와께 원수들에게 포위되어 있는 자기 백성을 도와 달라고 호소하고 있다. 시인은 이러한 기도의 근거를 이방민족의 죄악에서 찾는다. 이스라엘 민족의 죄악에 대하여 말하는 것이 아니기에 회개의 요청이 없다.

시인은 하나님께 잠잠히 계시지 말고 일어나서 원수들을 물리쳐 달라고 기도한다. 옛날에 하나님께서 이스라엘의 원수들을 물리치신 곳을 회상하며 하나님이 역사하여 주시기를 호소한다(9~12절). 이 시편의 기록 연대를 규정하기 어렵다. 여러 나라의 이름들이 나오기 때문에 쉽게 규정할 수 있을 것 같으나 이 모든 나라들이 한꺼번에 이스라엘을 공격한 때가 없기 때문에 혼란에 빠질 수 있다.

역대하 20장을 이 시의 배경으로 보는 사람들이 많다. 역대하 20장 1절에 "그 후에 모압 자손과 암몬 자손들이 몇 마온 사람들과 함께 와서 여호사밧을 치고자 한지라"고 하였다. 이 말씀은 19장과 연결되어 있음을 보인다. 여기 나오는 모압과 암몬은 롯의 후손인데 그것도 정상적으로 낳은 자손이 아니라 친딸과 사이에 생긴 자식들이다. 이 민족은 도덕적으로 형편이 없고 호전적이어서 전쟁을 좋아하여 이스라엘을 공격하였다.

역대하 20장을 역사적 배경으로 보는 견해가 우세하며 이것을 통하여 하나님의 백성을 공격하는 이방인들의 행동을 볼 수 있다.

이 시편의 문학적 구조는 복잡하지 않다. 1~8절은 하나님께서 일어나 역사해 주시기를 바라는 청원이다. 또 9~18절은 원수들을 물리쳐 달라는 간구의 연속이다.

1. 하나님께 드리는 탄식

1절은 하나님께 드리는 탄식이다. "하나님이여 침묵하지 마소서 하나님이여 잠잠하지 마시고 조용하지 마소서"라고 하였다. 여기서 하나님은 '전능자'를 말한다. 그러니 전능하신 하나님이여 일어나 역사하소서라는 뜻이다. 고통을 겪고 있는 이스라엘의 입장에서 보면 하나님께서는 침묵하고 이스라엘에게 냉담하는 것 같이 보였다. 그래서 마음 속으로 '하나님이여 이런 일이 왜 일어납니까? 하나님이 일어나 역사하셔서 저들을 놀라게 해 주소서'라고 호소한다. 시인은 '침묵하지 마소서', '잠잠하지 마소서', '고요하지 마소서'라고 삼중으로 강조하여 호소하고 있다. 하나님이 일어나 역사하시면 모든 것이 해결된다는 확신 속에서 이런 기도를 드린다.

2절에서 "무릇 주의 원수들이 떠들며 주를 미워하는 자들이 머리를 들었나이다"고 하였다. '무릇'이란 1절의 역사가 일어나야 할 이유를 말하고 있다. 하나님이 역사하셔야 할 이유는 '주의 원수가 떠들기' 때문이다. 여기서 떠든다는 것은 함부로 지껄이며 떠드는 것을 말한다. '하나님이 어디 있어'

라고 떠들고 야단치는 모습이다. 오늘의 시대에도 이런 자들이 많다. 다른 종교들이 일어나고 이단이 활개치는 그런 양상을 말하는데 이때 하나님께서 일어나사 한번 역사하여 달라는 호소이다.

또 다른 이유는 '주를 미워하는 자가 머리를 들었기' 때문이다. '머리를 들었다'는 것은 고개를 쳐들고 꺼떡거린다는 말이다. 그러니 말만 아니라 행동까지 교만한 자들이 날뛰기 때문에 하나님께서 일어나 역사해 달라는 것이다.

2. 교만한 자의 간계

3절에서 "그들이 주의 백성을 치려하여 간계를 꾀하며 주께서 숨기신 자를 치려고 서로 의논하여"라고 하였다. 교만한 자는 스스로 교만한 것만 아니라 남을 멸시하는 일을 서슴치 않는다. 그래서 이들은 하나님의 백성을 치기 위하여 온갖 행동을 한다.

시인은 '간계를 꾀하며'라고 표현하였다. 이 말은 정면으로 공격하지 않고 옆으로 쳐들어오는 것을 말한다. 간계를 꾀하는 것은 교묘한 속임수를 쓰는 것인데 이것이 악인의 행동 유형이다. '주의 숨긴 자를 친다'고 하였다. 주의 숨긴 자는 주의 백성을 말한다. 하나님의 은혜를 입은 자로서 하나님이 숨긴 백성이다. 원수들은 이들을 치기 위하여 서로 의논하여 함께 이런 짓을 한다.

4절에서 "말하기를 가서 그들을 멸하여 다시 나라가 되지 못하게 하여 이스라엘의 이름으로 다시는 기억되지 못하게 하자 하나이다"고 하였다. 이들의 간계는 매우 치밀하고 철저하였다. 이스라엘의 이름을 완전히 없애 버려 누구도 이름을 기억하지 못하게 하려는 것이다. 그러니 민족말살정책이라고 할 수 있다. 악인들은 더욱 악하여져서 하나님의 백성을 철저히 짓밟으려고 한다. 이것은 죄악된 인간의 극심한 표출이다. 하나님과 하나님의 백성을 이렇게 대적한다.

3. 악인들의 동맹

5절에서 "그들이 한마음으로 의논하고 주를 대적하여 서로 동맹하니"라고 하였다. 마귀의 행동에 따르는 악한 자들은 자기들끼리 동맹을 한다. 일심으로 의논하고 서로 언약했다고 한다. 악한 자의 단결을 말한다. 하나님을 거역하는 자는 자기네끼리 협약하고 언약을 맺는 이른바 '범죄 동맹'을 한다. 역사 세계를 통하여 이러한 분류들이 계속 있었다.

6~8절은 이런 자들로 단결한 민족들을 말하고 있다. 에돔, 이스마엘, 모압, 하갈인을 비롯하여 그발, 암몬, 아말렉, 블레셋, 두로 , 앗수르 등 모든 이방 민족들이 총동원되었다.

이 민족들은 하나님의 백성들을 공격하는데 마음을 합하고 행동을 같이하였다. 8절의 "롯 자손의 도움이 되었나이다"라는 말씀이 보여 주듯이 이스라엘을 대적하는 주동 세력이 롯 자손임을 알 수 있다(6절). 이러한 절박한 상황에서 시인은 하나님께 호소한다. 하나님께서 일어나사 도와주시기를 간구하고 있다. 절박한 상황에서 하나님의 도우심만이 문제를 근본적으로 해결하는 길이다. 오늘의 우리들이 이 땅에서 살아갈 때에 절박한 일들이 많다. 대적자들은 힘을 합하여 하나님의 백성을 공격하려고 한다. 그들은 범죄 동맹을 맺고 자기들이 가진 모든 것을 동원하여 하나님의 백성을 공격한다. 이러한 때에 우리들이 할 수 있는 일이 무엇인가? 하나님께서 일어나 역사해 주시기를 기도하는 길 밖에 없다. 하나님 외에는 우리를 구하여 줄 자가 없으니 하나님께 기도하는 신앙의 자세를 가져야 한다.

믿음의 기도는 역사하는 힘이 크다. 또 하나님의 역사가 나를 향하도록 하신다. 이런 기도의 위력을 믿고 하나님께 호소하는 것이 삶의 길이다. 우리가 기도할 수 있다는 사실이 얼마나 귀한지를 알아야 한다. 하나님은 우리에게 기도의 자세를 허락하셨으니 힘들고 어려울 때에 하나님께 호소하자. '여호와여 일어나소서, 침묵하지 마소서'라고 기도하고 하나님이 역사해 주시기를 바라자.

여호와라 이름하신 주만

시편 83:9~18

9주는 미디안인에게 행하신 것 같이, 기손 시내에서 시스라와 야빈에게 행하신 것 같이 그들에게도 행하소서 10그들은 엔돌에서 패망하여 땅에 거름이 되었나이다 11그들의 귀인들이 오렙과 스엡 같게 하시며 그들의 모든 고관들은 세바와 살문나와 같게 하소서 12그들이 말하기를 우리가 하나님의 목장을 우리의 소유로 취하자 하였나이다 13나의 하나님이여 그들이 굴러가는 검불 같게 하시며 바람에 날리는 지푸라기 같게 하소서 14삼림을 사르는 불과 산에 붙는 불길 같이 15주의 광풍으로 그들을 좇으시며 주의 폭풍으로 그들을 두렵게 하소서 16여호와여 그들의 얼굴에 수치가 가득하게 하사 그들이 주의 이름을 찾게 하소서 17그들로 수치를 당하여 영원히 놀라게 하시며 낭패와 멸망을 당하게 하사 18여호와라 이름하신 주만 온 세계의 지존자로 알게 하소서

시편 83편의 배경에 대하여 여러 가지 논란이 있으나 역대하 20장을 배경으로 보는 것이 일반적인 견해이다. 9~18절은 원수들에 대한 하나님의 심판을 구하는 간구이다. 이 부분은 원수들을 다양한 형태로 심판해 달라고, 구하는 생생한 기도이다. 심판의 요청들은 여호와께서 과거에 자기 백성을 공격했던 자들을 얼마나 엄하게 다루셨던가에 대한 언급을 포함하고 있는 이스라엘의 구원사의 전통에 근거하고 있다.

시인은 18절에서 기도의 목적을 제시하였다. "여호와라 이름하신 주만 온 세계의 지존자로 알게 하소서"라고 하였다. 여기서 시인의 신앙적 자세가 나온다. 원수들이 악하니 멸하여 달라는 것이 아니라 하나님의 하나님 되심을 나타내어 달라는 호소이다.

1. 역사의 모델

9절에서 "주는 미디안인에게 행하신 것 같이, 기손 시내에서 시스라와 야빈에게 행하신 것 같이 그들에게도 행하소서"라고 하였다. 시인은 하나님께서 원수들을 징치하신 역사적 사건을 들어서 오늘의 원수들도 멸하여 주기를 호소한다. '미디안인에게 행하신 것같이'라는 말은 사사기에 나오는 기드온의 시대에 하나님께서 미디안 백성을 치신 것을 말한다. '기손 시내에서 시스라와 야빈에게 행하신 것같이'는 여기서 드보라가 나가 싸워서 물리친 전쟁을 말한다.

이 두 사건은 적은 수의 군인들이 원수의 강력한 군사력을 물리친 공통점을 가지고 있다. 이것은 하나님의 역사로 승리한 '하나님의 전쟁'이다. 옛날에 원수들을 철저히 물리쳐 주신 하나님께서 오늘의 원수들을 물리쳐 달라는 것이다. 역사적 사건을 들어서 그들의 어려움을 해결해 달라고 기도하는 자세는 하나님의 궁극적 승리를 믿는 신앙의 고백이다.

10절에서 "그들은 엔돌에서 패망하여 땅에 거름이 되었나이다"고 하였다. 이것은 역사적 사건으로서 사사기 4장에 나타난다. 하나님의 역사로 승리하게 되자 죽은 자들의 시체가 거름이 될 정도였다.

시인은 이런 승리를 달라고 호소하고 있다. 하나님이 역사하셔서 원수들을 철저히 짓밟아 버리는 하나님의 완전하신 승리를 보여 달라는 것이다.

2. 역사의 사례

11절에는 "그들의 귀인들이 오렙과 스엡 같게 하시며 그들의 모든 고관들은 세바와 살문나와 같게 하소서"라고 하였다. '귀인'이란 앞에 나오는 암몬과 모압에서 자손의 귀인들을 말한다. '오렙과 스엡'은 미디안 전쟁 때 나오는 적의 대장이었다(삿 7장). '세바와 살문나'도 미디안의 왕들인데 기드온이 죽인 자들이다. 시인은 여기서도 역사적 사건을 예로 들었다. 미디안 사람들의 패배와 기드온이 그들의 지도자들을 처형한 것을 상기시키고 있다. 여호와와 그 백성을 위협했던 원수들을 하나님께서 철저히 부수신 것을 말한다.

12절에서 "그들이 말하기를 우리가 하나님의 목장을 우리의 소유로 취하자 하였나이다"고 하였다. 이것은 대적들의 계획이다. '하나님의 목장'이란 하나님이 주신 복된 가나안 땅을 말한다. 악한 자들은 이 땅을 빼앗아 자기 것으로 하려는 계획을 하였다. 악한 자들은 항상 이러한 계획을 한다. 하나님의 것을 빼앗고 하나님의 백성을 해 하려는 계획과 행동을 한다. 이것은 옛날이나 지금이나 다름이 없는 악인의 행동 양식이다.

이러한 악한 자의 행동에 대하여 하나님의 백성이 취해야 할 일이 무엇인가? 악인의 방법으로 대응하는 것이 아니라 하나님의 방법으로 대응해야 하는데 13절에 그것이 나온다. "나의 하나님이여 그들이 굴러가는 검불 같게 하시며 바람에 날리는 지푸라기 같게 하소서"라고 하였다. 바람에 굴러가는 검불에 무슨 의미가 있으며 바람에 날리는 지푸라기에 무슨 가치가 있는가? 바람이 불면 다 날아가 버리는 무의미한 것이 아닌가? 하나님의 입김 앞에 지푸라기처럼 날아가는 악인들의 모습을 소원하고 있다. 이것은 하나님의 역사로 가능한 일이기에 우리는 하나님의 손길을 고대해야 한다.

14~15절에서 "삼림을 사르는 불과 산에 붙는 불길 같이 주의 광풍으로 그들을 쫓으시며 주의 폭풍으로 그들을 두렵게 하소서"라고 하였다. 하나님께서 벼락을 치실 때에 불이 번쩍하듯이 하나님의 권능으로 간섭해 달라는 호소이다. '주의 광풍으로' 원수들을 물리쳐 달라는 간절한 호소가 있다. 하나님의 역사는 원수들을 패퇴시키신다. 이것은 하나님의 방법으로 승리케 하시는 위대한 역사이다. 하나님이 일어나시면 모든 것이 해결 된다.

16절에 "여호와여 그들의 얼굴에 수치가 가득하게 하사 그들이 주의 이름을 찾게 하소서"라고 하였다. 원수들이 낭패를 당하여 지금까지 자기가 의지했던 신이나 물질 또는 권력이 아무것도 아님을 알고 얼굴이 붉어지게 되며, 마지막에는 하나님의 이름을 부르며 하나님께 나아가게 해 달라는 호소이다. 시인은 원수를 멸하는 궁극적 목적이 어디에 있는지를 분명히 하고 있다. 그들이 악하니 이 세상에서 제거하여 달라는 것이 아니라 하나님의 이름을 찾게 해 달라는 것이다. 이 말씀은 우리에게 중요한 것을 교훈한다. 원수의 멸망이 아니라 원수의 구원에 초점을 맞추는 하나님의 백성의 바른 관점을 보여 준다.

3. 역사의 교훈

17~18절은 결론 부분으로 원수들에 대한 마지막 처리를 제시하고 있다. "그들로 수치를 당하여 영원히 놀라게 하시며 낭패와 멸망을 당하게 하사 여호와라 이름하신 주만 온 세계의 지존자로 알게 하소서"라고 하였다.

17절은 아직도 회개하지 않는 자를 말한다. 끝까지 대적하는 자들이 '수치를 당하여 놀라게 하시고 낭패와 멸망을 당하게 해 달라'는 것이다. 하나님께 돌아오면 모든 것이 해결되는데 악한 자들이 하나님께 나아오지 않을 때에 그들을 격동시켜 하나님께 돌아오게 해 달라는 호소이다.

18절은 기도의 결과인데, 하나님을 거역하는 자들이 여호와께서 온 세상의 지존자로 다스리신다는 것을 알게 해 달라는 것이다. 이것은 하나님께 근본적으로 대적하는 자들이 하나님의 우주적 주권을 인정하는 방식으로 그들의 행동 유형이 바뀌기를 요청한다. 여호와를 아는 것은 하나님의 이름을 인정하고 하나님의 뜻에 순종하는 것을 의미한다. 이것은 구약에 나타나는 오래된 전통이다.

시편 83편의 마지막을 하나님의 권세와 은총이 원수들에게 나타남을 강조하는 것으로 마무리 된다. 하나님의 심판의 궁극적 목적은 원수들을 멸망시키는 것이 아니라 그들이 수치를 당하다가 회개하고 하나님께 돌아오며, 온 세상에 여호와의 이름만을 드러내고 영광 돌리는데 있다. 원수의 멸망이 아니라 원수의 회개를 바라는 그 열망이 오늘의 우리에게도 있어야 한다.

주의 집에 사는 자들은 복이 있나니

시편 84:1~4

1만군의 여호와여 주의 장막이 어찌 그리 사랑스러운지요 2내 영혼이 여호와의 궁정을 사모하여 쇠약함이여 내 마음과 육체가 살아 계시는 하나님께 부르짖나이다 3나의 왕, 나의 하나님, 만군의 여호와여 주의 제단에서 참새도 제 집을 얻고 제비도 새끼 둘 보금자리를 얻었나이다 4주의 집에 사는 자들은 복이 있나니 그들이 항상 주를 찬송하리 이다 (셀라)

시편 84편은 일반적으로 예루살렘 성전에 대한 헌신을 표현하는 시로 분류한다. 그러나 어떤 이들은 찬양시로 분류하여 여호와께 속한 모든 것을 칭송함으로써 하나님의 영광을 드러내는 것으로 보고 있다. 이 시편은 '고라 자손의 시, 인도자를 따라 깃딧에 맞춘 노래'라고 소개되고 있다. 그냥 '고라 자손의 시'라고 하였으니 이 시를 쓴 사람이 누구인지 정확하게 알 수가 없다. 이 시편이 강조하는 것은 하나님의 전을 사모하는 마음, 하나님과 교통하는 장소인 성막을 사모하는 마음이다. 그러니 '주의 전을 사모하는 자가 되게 하소서'라는 열망이 담겨 있다.

시편 84편의 문학적 구조는 매우 단순한 것처럼 보인다. 1~4절은 여호와의 전에 대한 간구를, 5~7절은 순례자의 안녕을 제시하는 단락이며, 8~9절은 여호와가 기름부으신 자에 대한 짧은 중보기도이며, 10~12절은 이 시편의 마지막 부분으로 여호와를 향한 예배에 참여하는 즐거움에 대한 묵상이다.

1~4절은 여호와의 성전을 그리워하는 내용이다. 이 구절에 나오는 언어들은 시편 42편의 열정과 대조를 이룬다. 하나님과 하나님의 전을 사모하는

그 마음은 하나님의 백성에게 큰 위로와 축복이다.

1. 주의 장막이

1절에서 "만군의 여호와여 주의 장막이 어찌 그리 사랑스러운지요"라고
하였다. 시인은 하나님을 '만군의 여호와여'라고 불렀다. '만군'이란 천군
천사로 다스리시는 능력의 왕을 말한다. 그러니 온 세상을 다스리시는 왕이
시라는 말이다. 하나님은 만왕의 왕이시며, '여호와' 즉 '약속의 하나님',
'불변의 약속의 하나님'이시다. 이스라엘 백성들은 하나님을 여호와라고
부를 때에 하나님과의 언약관계를 강조한다. 그러니 여호와란 '사랑의 하
나님'이라는 의미로 사용된다.

시인은 찬탄의 고백을 한다. '주의 장막이 어찌 그리 사랑스러운지요'라
고 하였다. 이것은 당시의 성막을 가리키는 말이다. 외형으로 보면 '천막'에
불과하지만 이것이 귀한 것은 '주의 장막'이기 때문이다. '주의 장막'이란
주님이 거하시는 처소이기에 귀한 곳이다. 하나님이 계신 곳은 존귀하다.
외모로는 천막에 불과하지만 하나님이 임재하신 곳이기에 소중하다. 그러
므로 여기서 얻을 수 있는 교훈은 장소성이 아니라 임재성이다. 하나님이
임재하시기에 존귀하다.

이 원리는 우리들의 삶에서도 구체화된다. 하나님이 임재하실 때에 초라
한 우리의 예배당이나 사는 집도 귀하게 된다. 하나님이 임재하시기 때문에
그러하다. 이 성막에서 하나님이 은혜를 주시고 새로운 힘을 주시기에 사랑
스럽다.

2. 주의 궁정이

2절에서 "내 영혼이 여호와의 궁정을 사모하여 쇠약함이여 내 마음과 육
체가 살아 계시는 하나님께 부르짖나이다"고 하였다. 시인은 하나님의 전

을 사모하였다. 그것도 영혼이 사모하였고 그 대상이 왕 되신 하나님이 거하시는 '여호와의 궁정'이다. 시인은 '여호와의 궁정을 사모하여 쇠약함이여 내 마음과 육체가 생존하시는 하나님께 부르짖나이다'고 하였다. 너무 사모하고 사모하다가 쇠약해졌다고 하였다. 하나님의 전에 올라가서 찬양을 하고, 기도하며, 하나님의 음성을 듣기를 원하는데 그렇게 하지 못하니 너무 사모하다가 쇠약해졌다. 그래서 '내 마음과 육체도 생존하시는 하나님께 부르짖나이다'고 하였다. 시인은 하나님께서 빨리 간섭하여 주시기를 기다렸으나 빨리 역사해 주시지 않으시니 안타까워서 하나님께 부르짖고 기도하였다.

하나님의 전을 너무 사모하다가 하나님을 의지하는 믿음이 약하여졌다. 그것이 심령이 쇠약해지는 것이다. 하나님을 잘 믿는 성도라 할지라도 시험이 오래 계속되면 마음이 쇠약해질 수가 있다. 여기서 벗어나는 길은 하나님께 부르짖는 것 즉 기도하는 것 밖에 없다.

3절에서 "나의 왕, 나의 하나님, 만군의 여호와여 주의 제단에서 참새도 제 집을 얻고 제비도 새끼 둘 보금자리를 얻었나이다"고 하였다. 시인은 하나님을 극진한 칭호로 부른다. '나의 왕 나의 하나님 만군의 여호와여'라고 하였다. 시인은 '우리'라는 말을 사용하지 않고 '나'라는 말을 통해 하나님과의 개인적 관계를 강조하고 있다. '하나님은 나의 왕이십니다'고 고백함으로써 하나님께서 나를 건지시고, 보호해 주시고, 인도해 주셨다는 사실을 확인하고 있다.

'주의 제단에서 참새도 제 집을 얻고 제비도 새끼 둘 보금자리를 얻었나이다'고 하였다. 이 말은 성막에 참새가 들어와서 집을 지었다는 것이 아니다. 예루살렘 성막은 시온산에 있기에 성막 옆의 나무에 참새도 깃들고 제비도 집을 짓는다는 말이다.

그러니 참새와 제비도 하나님의 임재를 상징하는 하나님의 성막 가까이에서 살 수 있도록 허락하셨다는 뜻이다. 하나님은 이런 적은 날짐승 하나까지 버려두시지 않고 보호하시는데 하물며 하나님의 자녀를 그대로 버리시겠느냐 라는 고백이다.

3. 주의 집에

4절에서 "주의 집에 사는 자들은 복이 있나니 그들이 항상 주를 찬송하리이다"고 하였다. 하나님을 모시고 사는 자가 복이 있다. 이것은 하나님의 은혜의 역사이며 하나님께 감사하며 나아가는 축복이다.

'복'이란 노력의 댓가로 주어진 것이 아니라 사랑과 긍휼로 주신 것이다. 주의 집에 거하는 것 자체가 축복이라는 사실을 깊이 기억해야 한다.

하나님의 전을 귀중하게 여기고 거기에 거하는 것이 우리들이 받을 수 있는 최고의 축복이다. 우리들은 이 축복을 귀하게 여기고 더욱 키워 나가야 한다.

'그들이 항상 주를 찬송하리이다'고 하였다. 찬송이란 하나님을 높여 노래 부르는 것이다. 찬송이란 단순한 음악이 아니라 하나님께 복을 받아야 나오는 곡조 있는 기도이다.

우리의 삶에서 하나님의 집에 거하는 축복을 체험하고 하나님을 찬송하는 나날이 되게 해야 한다. 우리의 입술에 찬송이 끊어지지 않고 날마다 시간마다 하나님의 이름을 높이는 역사가 있어야 한다.

하나님은 참새나 제비에게도 사랑과 은총을 베푸신다. 하물며 하나님의 백성에게는 놀라운 축복을 베풀어 주시지 않겠는가? 우리는 이 역사를 믿고 하나님께 감사하고 찬양해야 한다.

우리의 생명이 다 할 때까지 주의 전에 머물며 하나님의 이름을 찬양하는 삶이 이루어졌으면 한다. 이것이 하나님의 축복이며 우리를 향하신 사랑의 역사이다. 그러기에 우리는 은혜 속에서 살아간다.

시인은 여호와의 성전을 그리워하여 쇠약해졌다. 이런 열망이 우리의 마음속에 살아 역사하여야 한다. 하나님의 전을 사모하는 뜨거운 마음이 우리 속에서 일어났으면 한다.

그 마음에 시온의 대로가 있는 자

시편 84:5~8

5주께 힘을 얻고 그 마음에 시온의 대로가 있는 자는 복이 있나이다 6그들이 눈물 골짜기로 지나갈 때에 그 곳에 많은 샘이 있을 것이며 이른 비가 복을 채워 주나이다 7그들은 힘을 얻고 더 얻어 나아가 시온에서 하나님 앞에 각기 나타나리이다 8만군의 하나님 여호와여 내 기도를 들으소서 야곱의 하나님이여 귀를 기울이소서 (셀라)

시편 84편은 여호와의 성전 뜰에서의 예배에 참여하는 기쁨을 누릴 수 있는 순례자를 그리워하는 내용이다. 하나님의 백성이 하나님만을 그리워하는 것은 시편 여러 곳에서 표현되고 있다. 특히 시편 27:4, 42:1~2, 122:1~4, 137:5~6 등에서 뚜렷하다. 순례와 축제는 종교 생활의 보편적 요소들이다. 순례와 축제는 영적인 실체들과 관련이 있고 하나님의 백성의 삶에 생동감을 불어 넣는다.

이렇게 되지 못할 때에 문제가 생긴다. 2절에서 "내 영혼이 여호와의 궁정을 사모하여 쇠약함이여"라고 하였다. 하나님의 전을 너무 사모하다가 자기가 쇠약하게 되었다는 고백이다.

이러한 상황에서 하나님을 사모하는 간절한 마음이 5절에 표현되고 있다. "주께 힘을 얻고 그 마음에 시온의 대로가 있는 자는 복이 있나이다"고 하였다.

1. 이중적 행복

4~5절은 이중적 행복(아쉬레)을 말하고 있는데 영속적인 성전 거주자의 기쁨(4절)과 순례자들이 기쁨(5절)을 연관시키고 있다. 축복과 기쁨은 제사장들과 레위인들에게 금지된 것이 아니다. 그 마음에 순례를 행하고 있는 자들은 여호와에게서 힘을 얻어 눈물 골짜기로 행할지라도 승리하게 된다.

시인은 "그 마음에 시온의 대로가 있는 자는 복이 있나이다"고 하였다. 그냥 '시온의 대로'라고 하지 않고 '그 마음에 시온의 대로'라고 하였다. 원래 예루살렘에 올라가는 길은 잘 닦여져 있다. 옛날에는 오솔길 밖에 없었으나 예루살렘으로 가는 길은 큰 길이었다. 마음이 하나님을 앙망하고 하나님을 향하는 자가 복이 있다. 하나님의 은혜를 사모하고 하나님의 영광을 바라는 것이 중요한데 이것은 인간의 노력으로 되는 것이 아니라 '주께 힘을 얻는 것'으로 되어진다. 시인은 예루살렘을 사모하는 마음이 단순하게 주어지는 것이 아니라 '주께 힘을 얻을 때'에 가능하다는 것을 제시하고 있다.

우리의 모든 삶은 하나님의 힘을 얻을 때에 바로 유지 된다. 우리의 노력보다 하나님의 능력이 앞서야 모든 것이 가능하다. 그래서 시인은 이 원리를 강조하였다. '주께 힘을 얻으면 우리의 삶이 보다 힘 있고 풍요로워진다. 이것은 하나님의 백성들이 누리는 최고의 길이다. 우리의 모든 것이 하나님의 힘을 얻음으로써 이루어져야 한다.

2. 순례자들의 길

6~7절은 성전으로의 여행 속에 힘든 지역을 지나고 있는 순례자를 묘사하고 있다. 6절에서 "그들이 눈물 골짜기로 지나갈 때에 그 곳에 많은 샘이 있을 것이며 이른 비가 복을 채워 주나이다"고 하였다. 여기서 '그들이' 누

구인가? 마음에 시온의 대로가 있는 자를 말한다. 이들은 여호와에게서 힘을 얻어 눈물 골짜기를 행하여도 잘 견디게 된다.

'눈물 골짜기'가 어디를 가리키느냐에 대한 논의가 많다. 학자들 가운데는 이곳이 아마도 바다에서 아코(Acco)를 지나 메롬(Marom)의 물로 인도하는 메마른 골짜기의 윗부분에 위치한 갈릴리의 작은 마을이라고 지적하는 사람도 있다. 이들의 주장에 의하면 사마리아 지역에서 단까지의 순례 여정을 기손 계곡을 따라 바다에 이르고, 해변을 따라 아코에 이르며, 바카 골짜기를 따라 메롬에 이르고 거기서 북쪽으로 기샬라와 케데쉬를 거쳐서 단에 이른다고 가정하고 있다. 게다가 예루살렘에서의 축제에 참석하는 자들이 고통의 골짜기를 지나야 할 것을 말하고 있는데 이것은 우리들에게 영적 교훈을 준다. 하나님의 말씀대로 살아가지만 우리들에게 눈물 골짜기와 같은 어려움이 있기에 좌절하고 낙망하는 경우가 많다.

그러나 하나님은 자기 백성을 버리시지 않으시고 새로운 복을 주신다. "눈물 골짜기로 지나갈 때에 그곳에 많은 샘이 있을 것이며"라고 하였다. 눈물의 골짜기로 나아갈 때에 힘들고 고통스러우나 하나님을 더욱 가까이 하는 것이 하나님의 백성의 삶의 자세이다. 오늘의 우리들이 비록 눈물 골짜기로 행하더라도 하나님께서 지켜 주시고 하나님의 사랑을 더욱 귀하게 여기는 놀라운 은혜를 체험하게 된다.

시인은 "이른 비가 복을 채워 주나이다"고 하였다. 아무리 골짜기에서 샘이 솟아나도 위에서 비가 내리지 않으면 별 효과가 없다. 농사를 지을 때에 가뭄을 당하여 지하수를 뽑아 올리는 것도 중요하지만 하늘에서 비가 내리면 풍족하게 해결되는 것을 알 수 있다.

유대 지방에는 1년에 두 번의 큰 비가 내리는데 10월 중순부터 내리는 비를 '이른 비'라고 하고, 3월 중순부터 오는 비를 '늦은 비'라고 한다. 그러니 이른 비가 내리지 않으면 파종을 하지 못하고, 늦은 비가 오지 않으면 곡식에 알맹이가 들지 않는다. 이런 상태에서 하나님께서는 은혜를 베푸시고 더 큰 사랑을 주시는데 이것이 하나님의 축복이요 사랑이다. 그러므로 우리들도 고통의 골짜기에서 좌절하지 말고 하나님의 은혜의 역사를 체험해야 한다.

7절에서 "그들은 힘을 얻고 더 얻어 나아가 시온에서 하나님 앞에 각기 나타나리이다"고 하였다. 하나님의 백성은 역경에서 좌절하지 않고 하나님의 힘을 얻고 더 얻게 된다. 이것은 은혜를 사모하는 하나님의 백성이 누리는 축복이다. 하나님이 주시는 이른 비가 내리고 샘이 솟는다. 여기서 중요한 것은 '하나님 앞에'이다. 하나님 앞에 서는 것이 하나님의 백성의 길이기에 우리는 이것을 귀하게 여겨야 하다. 우리들이 이 땅에서 살 때에 하나님께로부터 힘을 얻어야 한다. 이것은 하나님의 백성이 누리는 최고의 은총이다. 하나님이 주시는 힘으로 역경을 이기게 된다.

3. 시인의 기도

8절에서 "만군의 하나님 여호와여 내 기도를 들으소서 야곱의 하나님이여 귀를 기울이소서 (셀라)"라고 하였다. 시인은 '만군의 하나님 여호와여'라고 불렀다. 이것은 하나님의 전능하심을 강조하는 말이다. 이 세계를 다스리시는 하나님께서 기도를 들어주시기를 호소하고 있다. 또 '야곱의 하나님이여'라고 하였다. 이 말은 '택한 자의 하나님' 이라는 뜻이다. 야곱은 택하심을 받은 표상이다. 에서와 야곱 가운데서 하나님은 야곱을 택하시고, 그를 훈련시키시고, 귀한 역사를 이루게 하셨다.

시인은 '만군의 하나님 여호와'를 부르고 '야곱의 하나님'을 불러 기도하였다. 기도란 우리의 문제를 해결하는 첩경이다. 그러기에 힘들고 어려워도 하나님께 기도하면 문제가 해결된다. 시인은 '그 마음에 시온의 대로가 있는 자는 복이 있다'고 하였다.

우리의 마음도 하나님을 향해 나아가야 하고, 힘들고 어려운 골짜기를 지날지라도 하나님이 도우심을 받게 된다. 이런 소망이 있으니 오늘의 고통을 이긴다.

내 하나님의 성전 문지기로 있는 것이 좋사오니

시편 84:9~12

9우리 방패이신 하나님이여 주께서 기름 부으신 자의 얼굴을 살펴 보옵소서 10주의 궁정에서의 한 날이 다른 곳에서의 천 날보다 나은즉 악인의 장막에 사는 것보다 내 하나님의 성전 문지기로 있는 것이 좋사오니 11여호와 하나님은 해요 방패이시라 여호와께서 은혜와 영화를 주시며 정직하게 행하는 자에게 좋은 것을 아끼지 아니하실 것임이니이다 12만군의 여호와여 주께 의지하는 자는 복이 있나이다

시인은 시온으로 향하는 순례자의 삶을 그리워하고 그 마음에 시온의 대로가 있는 자가 복이 있다고 하였다. 비록 고통의 골짜기를 지날지라도 하나님의 역사하심을 믿을 때에는 하나님의 위대하신 은혜를 경험하게 된다.

이것을 위하여 시인은 하나님께 기도하였다. 8절의 기도에서 "만군의 하나님 여호와여 내 기도를 들으소서 야곱의 하나님이여 귀를 기울이소서"라고 하였다. 기도는 우리의 문제를 해결하는 첩경이기에 하나님의 역사를 믿는 바른 자세가 필요하다.

1. 기름부음 받은 자들을 위한 기도

시인은 9절에서 '기름부음 받은 자를 위한 기도'를 하였다. "우리 방패이신 하나님이여 주께서 기름 부으신 자의 얼굴을 살펴보옵소서"라고 하였다. '우리 방패'와 '주의 기름 부으신 자'는 일반적으로 왕에게 적용된다. 전

쟁으로 인하여 피난 생활을 하는 와중에서 '우리 방패이신 하나님이여'라고 불렀다. 이것은 재난에서 구원해 주실 분은 하나님뿐이시라는 고백이다.

하나님은 우리들에게 은혜를 베풀어 주시지만 원수들이 우리를 대적할 때에 하나님은 원수로부터 막아 주신다. 여기서 말하는 방패는 손 방패가 아니라 큰 방패이다. 손 방패는 주로 칼싸움에서 막을 때에 사용하지만 큰 방패는 나무로 크게 만들고 거기에 두꺼운 가죽을 덧입힌다. 그래서 날아오는 화살이나 창을 막는다. 우리들의 영적 생활에서 언제 화살이 날아올지 모르고 어디서 날아올지도 모른다. 그러나 하나님께서 큰 방패가 되셔서 이 모든 것을 막아 주신다. 여기서 '기름 부으신 자'가 누구인가? 다윗을 말한다. 하나님께서는 다윗을 기름부어 세우셨다. 그러나 '기름 부으신 자'는 다윗의 후손이신 예수 그리스도를 상징한다.

시인은 '주의 기름 부으신 자의 얼굴을 살펴보옵소서'라고 하였다. 이 말은 주의 기름 부으신 자 때문에 우리를 불쌍히 여겨달라는 의미이다. 우리는 부족하고 허물이 많지만 예수 그리스도 때문에 긍휼을 베풀어 달라는 호소이다. 우리의 부족과 연약함을 깨닫고 하나님의 위대하신 손길을 바라기 위해서는 예수 그리스도를 의지하여야 한다. 이것이 하나님의 백성의 삶의 자세이다.

2. 하나님의 성전 문지기

10절에서 "주의 궁정에서의 한 날이 다른 곳에서의 천 날보다 나은즉 악인의 장막에 사는 것보다 내 하나님의 성전 문지기로 있는 것이 좋사오니"라고 하였다. 시인은 여기서 하나님을 바라는 이유를 고백하였다. 하나님이 왜 은혜를 베풀어 주셔야 하는가 하면 하나님 외에는 의지할 자가 없기 때문이다. 시인은 '주의 궁정에서의 한 날이 다른 곳에서의 천 날보다 낫다'고 하였다. 시인은 성막에 나가는 것을 하나님의 궁정으로 나아가는 것이라고 표현하였다. 이것은 하나님의 전에 대한 표현이다. 하나님의 백성이 하나님의 궁정 즉 예배당에 와서 예배하며 하루를 보내는 것은 다른 곳에서의 천 날보다 낫다고 하였다.

이것은 하나님의 백성의 최고의 행복이다. 하나님의 궁정에서 하나님과 교제하는 삶이란 영광스럽고 소중하다. 그러므로 우리들은 하나님의 전에 나아갈 때마다 감사와 감격을 가져야 한다.

시인은 계속하여 뜨거운 가슴을 펼쳐 고백한다. '악인의 장막에 거함보 다 내 하나님 문지기로 있는 것이 좋사오니' 라고 하였다. 악한 자의 집에서 잘 먹고 잘 사는 것보다 하나님의 성막의 문지기가 되는 것이 더 낫다는 고 백이다. 하나님의 집에서는 직분이 계급이 되지 않는다. 하나님이 주신 은혜 에 따라 자신의 임무를 다하는 것이 중요하다. 시인은 '하나님의 집'과 '악 인의 장막'을 대조시키고 있다. 이것은 진정한 가치가 무엇인지를 보여주는 것으로서 하나님의 집에서의 영광스러운 삶의 모습을 강조하는 것이다.

오늘의 그리스도인들은 하나님의 집의 존귀함을 잊어버릴 때가 많다. 우 리 주변에 너무 많은 교회당이 있기에 교회당의 신성을 생각지 않는다. 그 러나 우리는 하나님의 전에서 하나님과 교제하는 삶의 귀중함을 깨닫고 이 시인과 같은 고백을 해야만 한다.

11절에서 "여호와 하나님은 해요 방패이시라 여호와께서 은혜와 영화를 주시며 정직하게 행하는 자에게 좋은 것을 아끼지 아니하실 것임이니이다" 고 하였다. 여기서 '해'란 모든 은혜를 주시는 분이라는 말이다. '해'는 모든 은혜의 구원이란 의미로 사용된다. 왜냐하면 사람에게 필요한 것이 모두 해 로부터 오기 때문이다. 해로 인해 풀이 자라고 그것을 소와 양들이 먹고, 사 람들은 짐승의 고기를 먹는다. '하나님의 해'이다. 모든 은혜의 근원이 하나 님이시라는 뜻이다. 더 나아가 하나님은 '방패'이시다. 악한 자로부터 지켜 주시는 분이라는 말이다. 하나님은 자기 백성을 먹이실 뿐만 아니라 지키시 는 은혜를 베풀어 주신다.

한 걸음 더 나아가 '여호와께서 은혜와 영화'를 주신다. 하나님께서는 사 모하는 심령들에게 은혜를 주신다. 은혜란 값없이 주시는 선물이다. 이런 은혜를 주실 뿐만 아니라 은혜를 입은 자에게 영화까지 주신다. 이 말은 우리가 하나님의 자녀라는 것을 알도록 생활의 축복을 주셔서 다른 사람들로 하여금 깨닫게 하신다는 뜻이다. 하나님을 의지하는 백성들에게 이러한 축복을 주시니 모든 것이 감사하고 우리의 삶이 하나님을 의지하는 것이어야 함을 보여준바.

하나님은 '정직히 행하는 자에게 좋은 것을 아끼지 아니하실 것이라'고 하였다. 하나님 앞에 바로 살면 하나님께서는 좋은 것을 아끼지 않고 풍성하게 주신다. 하나님 앞에 정직하게 살고 하나님께 영광 돌리며 하나님의 뜻대로 산다면 하나님께서는 풍성하게 채워 주신다.

3. 하나님의 돌보시는 역사

11절에서 하나님의 돌보심의 역사를 볼 수 있다. 하나님은 자기 백성에게 은혜와 영화를 주시고 좋은 것을 아끼지 않으신다. 이런 축복을 받은 하나님의 백성은 감사의 삶을 살아야 한다.

12절에서 "만군의 여호와여 주께 의지하는 자는 복이 있나이다"고 하였다. 이 말씀은 이 시의 결론이다. 자신의 부족과 연약함을 알고 하나님께 의지하는 자가 이러한 복된 자리에 이르게 된다. 이런 자는 마음이 가난하여 은혜를 사모하는 시온의 대로가 있고, 하나님의 전에 나아와 예배하는 것을 세상의 기쁨보다 더 좋아하고, 하나님의 은혜를 받으려는 간절한 마음을 가지게 된다. 비록 이들이 눈물 골짜기로 지나게 될지라도 원망하지 않고 하나님의 축복을 체험하며 감사의 삶을 살게 된다. 그러기에 이것은 기쁨이요 감사이다. 하나님은 우리의 해와 방패이시기에 우리를 먹이시고 또 보호하여 주신다. 이 은혜를 통하여 하나님의 위대하심에 감사하고, 하나님의 영광을 위한 삶을 살게 된다.

우리의 마음에 시온의 대로가 있어 하나님의 은혜 속에서 승리해야 하리라.

주의 땅에 은혜를 베푸사

시편 85:1~3

1여호와여 주께서 주의 땅에 은혜를 베푸사 야곱의 포로 된 자들이 돌아오게 하셨으며
2주의 백성의 죄악을 사하시고 그들의 모든 죄를 덮으셨나이다 (셀라) 3주의 모든 분
노를 거두시며 주의 진노를 돌이키셨나이다

시편 85편은 여호와의 은총과 구원 사역에 대한 기도이다. 유대인들이
바벨론 포로에서 돌아온 후에 하나님의 긍휼과 사죄해 주신 은혜를 감사하
며 하나님께 다시 간구하는 내용이다.

1~7절에서는 고난의 상황들이 묘사되어 있다. 시인은 이 고난이 여호와
의 진노와 불쾌함의 결과로 보고 있다. 그래서 하나님 앞에서 '은혜를 베푸
시고, 포로에서 돌아오게 하시고, 죄악을 사해 주시기'를 간구하고 있다.

1. 사죄의 은혜 회상

1~3절은 이미 받은 사죄의 은혜를 회상하는 내용이며, 4~7절은 새로운
간구이다. 시인은 하나님을 향하여 도우심의 역사를 호소하고 있다. 1절에
서 "여호와여 주께서 주의 땅에 은혜를 베푸사 야곱의 포로 된 자들이 돌아
오게 하셨으며"라고 하였다. 시인은 자기가 기도할 대상을 분명히 알고 '여
호와여'라고 불렀다. 이스라엘 백성들은 하나님과의 언약관계를 강조할 때
에 '여호와'라는 호칭을 많이 사용하였는데 이것은 '변치 않은 약속을 주신

하나님이여'라는 의미이다. 자기 백성에게 약속을 주신 하나님께 찬양하고 기도한다.

시인은 '주께서 주의 땅에 은혜를 베푸사'라고 하였다. 여호와 우리 주께서 '주의 땅' 곧 가나안에 은혜를 베풀어 주심을 회상한다. 하나님이 주신 가나안 땅은 하나님께서 이스라엘에게 복 주시기 위하여 주신 땅이다. 그러나 이스라엘 백성들이 이 땅을 잘못 사용함으로써 바벨론 70년의 포로생활을 하게 하였다. 그 기간 동안 땅은 안식하였고 포로에서 돌아온 이스라엘 백성들이 다시 농사를 짓게 되었다. 그래서 하나님의 은혜를 체험하고 감사하게 된다.

하나님이 주신 땅, 하나님이 주신 기업을 하나님의 뜻대로 사용하지 않으면 이것은 은혜가 되지 않는다. 가나안 땅은 원래 젖과 꿀이 흐르는 곳이었으나 하나님의 뜻대로 걸어가지 않을 때에 하늘이 철과 같이 되고, 땅이 놋과 같이 되겠다고 하였다(레 26:19). 하늘이 철과 같이 되었다는 것은 하늘이 굳게 닫히는 것을 말하는데 비 한 방울 오지 않는 상태이다. 비가 오지 않고 바람이 계속 부니 먼지가 땅에 가득하고 이것이 굳어졌다는 의미이다. 그러나 이제 포로에서 돌아와 새로운 삶을 시작하면서 하나님을 섬기겠다는 각오를 하였다. 그래서 '주께서 주의 땅에 은혜를 베푸사'라고 하였다. 포로에서 돌아온 것은 온전히 하나님의 은혜이다. 시인은 이러한 간접 화법으로 하나님의 은혜를 노래하였다.

2. 죄악을 사하시고

2절에서 "주의 백성의 죄악을 사하시고 그들의 모든 죄를 덮으셨나이다"고 하였다. 이 말씀은 사람들이 포로에서 그냥 돌아와서는 아무런 소용이 없다는 뜻이다. 그냥 돌아오면 옛날의 상태로 되돌아가고 말기에 그들의 죄악을 사하여야 한다는 의미이다.

'죄악을 사한다'는 말의 원래의 뜻은 죄악을 치워버리고 말끔하게 청소하였다는 의미이다. 우리 말에서는 '사하시고'라고 하였는데, 이것은 완전히 해결하였다는 뜻이다. 또 '그들의 모든 죄를 덮으셨나이다'고 하였다. 이말은 더러운 것이 많이 있을 때에 그 위에다 흙을 덮어 깨끗하게 한다는 뜻이다. 그러니 인간들이 가지고 있는 모든 죄악들을 근본적으로 해결하신다는 의미이다.

인간들에게는 근본적 치유가 필요하다. 눈에 보이는 것만 치료하는 것이 아니라 뿌리까지 치료하여야 문제가 해결된다. 이스라엘 백성을 포로된 상태에서 해방시키는 것으로 문제가 해결되지 않는다. 그들의 근원적인 죄를 치료하지 않으면 지난날의 상태로 되돌아간다.

이스라엘 백성이 포로에서 돌아오는 것이 중요하지 않고 그들의 마음을 고치고 죄에서 용서받은 상태로 돌아와야 한다. 그렇게 되어야 원상복구가된다.

하나님의 백성들은 지난날 받은 은혜를 감사하고 그것을 통하여 베풀어주시는 하나님의 은혜를 생각해야 한다. 이것은 과거의 거울을 통하여 미래를 전망하는 신앙적 자세이다.

하나님께로 돌아가는 것이 인간이 누리는 축복의 길이다. 우리의 현실이 순탄하지 못할지라도 우리를 도우시는 하나님께 나아가는 것이 우리의 문제를 해결하는 첩경이다.

시인은 이스라엘의 포로 귀환을 말하면서 그들의 죄악이 용서받음을 강조하였다. 이것은 하나님의 백성의 기본적 자세를 말한다. 하나님의 은혜로 우리의 죄가 사함받는 것이 귀하고 소중하다는 사실을 기억해야 한다.

3. 모든 분노를 거두시며

3절에서 "주의 모든 분노를 거두시며 주의 진노를 돌이키셨나이다"고 하였다. 하나님께서는 이스라엘 백성을 바벨론 포로에서 해방시킬 때에 주의 모든 분노를 거두셨다. 하나님께서 예레미야에게 예언하실 때에 70년

동안 이 땅이 휴경하겠다고 하였다. 이것은 하나님의 징계가 무제한이 아님을 보여준다. 하나님이 징계하시는 것은 그들이 돌이키라고 채찍질하는 것이다. 그러니 하나님의 백성에게는 하나님의 채찍만 있을 뿐 형벌이란 없다.

채찍과 형벌은 그 의미가 다르다. 채찍이란 회개를 촉구시키는 것이기에 돌이키면 문제가 해결된다. 그러나 형벌은 죄를 지은 만큼 맞아야 한다.

하나님의 백성에게는 형벌이 없다. 주님께서 대신 당하셨기에 우리에게는 형벌이 없고 다만 채찍만 있을 뿐이다. 하나님은 인자하신 분이다. "인자를 천대까지 베풀며 악과 과실과 죄를 용서하리라"(출 34:7)라고 하였다. 그래서 악인의 죄는 삼, 사대까지 보응하시고 인자는 수 천대까지 베풀어 주신다.

하나님의 인자와 사랑을 베푸시기를 좋아 하신다. 그러나 자기 백성이 잘못된 길로 갈 때에 징계하시지만 그들이 회개하면 그 죄를 용서하여 주시는 분이다. 이스라엘 백성들이 바벨론 포로생활을 통하여 고통을 당하였으나 그들이 회개할 때에 채찍을 멈추시고 새로운 길을 주신다. 이것은 하나님의 원리이며 행동 패턴이다. 하나님께 회개하고 나가기만 하면 문제가 해결되는 사랑의 원리이다.

오늘의 우리에게도 이런 은혜가 주어졌다. 하나님을 떠나면 징계를 받으나 회개하고 돌아오면 용서를 받는 믿음의 원리가 있기에 우리는 하나님의 백성으로써 삶을 산다. 인간을 향한 하나님의 진노를 돌이키실 때에 하나님의 백성은 새로운 삶을 살게 된다. 이것이 하나님의 백성이 누리는 축복이며 바른 길이다. 하나님께서 모든 죄를 덮으시면 새로운 존재가 된다. 새로운 피조물이기에 감사의 삶을 살고 하나님의 영광을 드러내게 된다. 여기서 우리의 삶이 다시 출발한다. 하나님의 영광을 위한 삶을 산다.

우리에게 향하신 주의 분노를 거두소서

시편 85:4~7

4우리 구원의 하나님이여 우리를 돌이키시고 우리에게 향하신 주의 분노를 거두소서 5 주께서 우리에게 영원히 노하시며 대대에 진노하시겠나이까 6주께서 우리를 다시 살리 사 주의 백성이 주를 기뻐하도록 하지 아니하시겠나이까 7여호와여 주의 인자하심을 우리에게 보이시며 주의 구원을 우리에게 주소서

이 부분은 여호와의 구원 사역에 대한 탄원이다. 시인은 하나님께 '돌리소서' 즉 '회복하소서'라고 기도한다. 회개하고 돌이키면 회복시키는 하나님이시기에 기도드린다. 기도란 하나님께 우리의 소원을 아뢰이고 하나님의 도우심을 구하는 신앙의 길이다. 기도를 통하여 하나님께 가까이 나아가고 하나님을 영화롭게 한다. 이것은 하나님의 절대주권에 대한 신뢰이며, 하나님의 백성의 신앙고백이다.

1. 우리 구원의 하나님

4절에서 "우리 구원의 하나님이여 우리를 돌이키시고 우리에게 향하신 주의 분노를 거두소서"라고 하였다. 시인은 '우리 구원의 하나님'이라고 하였다. 자기들은 포로에서 돌아와 가나안 땅에서 살고 있었다. 그러나 아직도 돌아오지 못한 자들을 돌이키시고, 자기들도 완전한 은혜를 누리게 해

달라고 기도하는 것이다. 하나님께서 은혜를 주시고 우리를 붙잡으셔야 옛 모습으로 돌아가지 아니한다. 인간이란 너무 연약하여 하나님이 간섭하시지 않으시면 다시 옛날 방식대로 살아간다.

시인은 이런 자리에 이르지 않게 해 달라고 하나님께 기도한다. 또 아직도 포로에서 돌아오지 못한 자들을 위해 기도하고 또 돌아왔으나 언제든지 실수할 수 있는 자들을 위해 기도한다. 우리의 기도는 삶의 전 영역에서 이루어져야 한다. 모든 일을 기도로 시작하고 기도로 그쳐야 한다. 기도란 단순한 호소가 아니라 하나님의 뜻을 내 뜻으로 바꾸는 신앙의 역사이다.

시인은 하나님께 기도하였는데 그 이유가 5절에 나온다. "주께서 우리에게 영원히 노하시며 대대에 진노하시겠나이까"라고 하였다. 하나님께서 영원히 노하시며 대대에 진노하시겠는가? 그렇지 않다는 것을 설명하기 위하여 수사적 질문을 하였다.

하나님의 노하심은 삼 사대에 이르고 은혜는 천대까지 간다. 이런 하나님이 영원히 노하시고 대대에 징벌을 내리시지 않음을 믿는 믿음으로 가득하였다. 하나님이 함께 하실 때에 우리의 문제가 해결 된다는 확신 속에서 하나님께 질문하였다.

인간이 당하는 고난에서 회복되는 필수 조건은 하나님의 진노를 누그러뜨리는데 있다. 하나님이 노하시면 모든 것이 망하고 만다. 그러기에 하나님께서 진노를 푸시도록 기도하는 것이 하나님의 백성의 길이다. 인간의 행복은 인간의 노력의 산물이 아니라 하나님의 은혜에서 나온다. 아무리 인간이 노력할지라도 하나님의 은혜가 함께 하시지 않으시면 우리는 죄악의 길에 빠질 수밖에 없다. 시인은 하나님께서 영원히 진노하지 않고 대대에 분을 내시지 않을 것을 믿고 하나님께 호소하고 질문하였다.

2. 우리를 다시 살리사

6절에서 "주께서 우리를 다시 살리사 주의 백성이 주를 기뻐하도록 하지 아니하시겠나이까"라고 하였다. 이 말씀은 하나님께 드리는 간절한 기도인데 사람들의 삶을 위협하는 오랜 기간의 진노에 대한 경험이 바탕에 깔려 있다. 하나님이 5절과 같은 분이 아니시기 때문에 영원히 노할 수가 없으며, 이 하나님이 우리를 '살려주시기를' 기도하였다. 시인은 우리를 '살리소서'라고 하였는데 이 말은 '새롭게 하소서'란 뜻을 가지고 있다.

옛날의 구약 성경에는 '소생케 하소서'라고 하였다. 하나님이 우리를 살려 주셔야 한다. 하나님은 생명의 하나님이시다. 자기 백성을 살리시고 영원한 삶의 길로 인도하신다. 하나님의 살리심을 경험하지 못하면 인간의 삶은 멸망하고 만다. 우리들은 힘들고 어려운 상황에서 하나님께 소생시켜 주시기를 기도해야 한다. 하나님의 생기가 임하여야 생명이 약동한다. 하나님이 역사하셔서 우리가 소생하면 새로운 역사가 일어난다.

시인은 우리를 살리시면 '주를 기뻐한다'고 하였다. 하나님의 은혜를 깨닫고 하나님을 기뻐하는 삶을 산다. 이것은 하나님의 백성의 길이다. 하나님을 기뻐하게 하는 것이 아니라 하나님을 나의 기쁨으로 하는 일이다.

웨스터민스터 소요리문답 제 1문에 '사람의 제일 되는 목적은 하나님을 영화롭게 하고 영원토록 그를 즐거워하는 것'이라고 하였다. 이것은 인간의 존재 목적을 보여 주는데 하나님의 백성들이 어떻게 살아가야 하는 지를 교훈한다.

구원받은 백성은 하나님을 기뻐한다. 이것은 하나님 중심주의이며, 하나님 중심의 세계관을 말한다. 하나님을 기뻐하는 삶이 영위될 때에 하나님의 은혜를 체험한다. 우리의 삶에 '하나님을 기뻐하라'는 표어가 있어야 한다. "또 여호와를 기뻐하라 그가 네 마음의 소원을 네게 이루어 주시리로다"(시 37:4)고 하신 말씀에서 여호와를 기뻐하는 자가 누리는 복을 알 수 있다. 하나님을 기뻐하면 우리 마음의 소원까지 이루어 주신다. 우리들의 일상적 삶의 중심에 하나님이 늘 계시고, 그 하나님을 기뻐하는 자세를 가져야 한다. 이것이 하나님의 백성들의 기본된 자세이다.

3. 우리에게 주소서

7절에서 "여호와여 주의 인자하심을 우리에게 보이시며 주의 구원을 우리에게 주소서"라고 하였다. 시인은 어려움 가운데 하나님의 인자하심을 보이시도록 즉 증명해 주시기를 기도하고 있다. 여호와는 원래 인자하신 분이다. 이 하나님께서 인자하심을 우리에게 보여주시기를 호소한다. 하나님의 인자가 우리에게 나타나는 증거가 무엇인가? 그것은 우리를 고치시는 것이다. 하나님이 우리의 심령을 고쳐 주셔야 우리들이 새로운 존재가 된다.

우리들이 어려움을 겪을 때에 하나님은 그 어려움에서 벗어나도록 우리를 고쳐주시고 새롭게 하신다. 이것이 하나님의 은혜요 사랑이다. 하나님의 인자하심을 우리에게 보이시는 가장 큰 표적은 구원이다. 하나님의 구원 역사로 인하여 우리는 새 생명을 얻었는데 이것은 독생자의 희생을 통하여 이루어졌다. 바울은 "자기 아들을 아끼지 아니하시고 우리 모든 사람을 위하여 내주신 이가 어찌 그 아들과 함께 모든 것을 우리에게 주시지 아니하시겠느냐"(롬 8:32)라고 하였다.

구원은 최고의 사랑의 표이다. 이 사랑만 바로 알고 의지하면 하나님께서 모든 것을 보너스로 주신다. 구원의 역사를 귀하게 여기고 하나님을 의지하는 삶을 살 때에 우리 하나님의 귀한 축복을 받게 된다. 하나님은 은혜의 하나님이다. 우리가 돌이키면 모든 것을 용서하시는 분이다. 이 하나님을 기뻐하는 삶을 사는 것이 하나님의 백성이 누려야 할 길이다.

우리를 향한 분노를 그치시고 사랑의 빛을 비추일 때에 우리는 하나님의 은혜에 감사하고 감격하게 된다. 그래서 하나님을 내 삶의 중심에 모시고 우리의 생각, 말, 행동이 하나님께 집중되는 역사를 이루게 된다. 이 하나님을 기뻐하자.

여호와께서 좋은 것을 주시리니

시편 85:8~13

8내가 하나님 여호와께서 하실 말씀을 들으리니 무릇 그의 백성, 그의 성도들에게 화평을 말씀하실 것이라 그들은 다시 어리석은 데로 돌아가지 말지로다 9진실로 그의 구원이 그를 경외하는 자에게 가까우니 영광이 우리 땅에 머무르리이다 10인애와 진리가 같이 만나고 의와 화평이 서로 입맞추었으며 11진리는 땅에서 솟아나고 의는 하늘에서 굽어보도다 12여호와께서 좋은 것을 주시리니 우리 땅이 그 산물을 내리로다 13의가 주의 앞에 앞서 가며 주의 길을 닦으리로다

시편 85편은 사죄의 은혜를 주신 하나님께 대한 신앙고백을 하고(1~3절), 다시 하나님의 은총을 구하는 기도로 시작된다(4~7절). 오늘의 말씀은 기도를 드린 후에 하나님께서 그 기도를 들으실 것이라는 확신과 담대함을 신앙으로 표시한 것이다. 이 말씀은 확신의 메시지라고 부른다.

이 시가 언제 쓰여졌는 지에 대하여 논란이 있으나 이스라엘이 바벨론 포로에서 돌아온 후에 쓴 것이라고 본다. 하나님의 은총을 감사하고, 하나님께서 아직도 포로에서 돌아오지 못한 자들과 자신들을 지켜 주시기를 호소하고 있다.

1. 화평을 말씀하실 것이라

8절에서 "내가 하나님 여호와께서 하실 말씀을 들으리니 무릇 그의 백

성, 그의 성도들에게 화평을 말씀하실 것이라 그들은 다시 어리석은 데로 돌아가지 말지로다"고 하였다. 시인은 하나님께서 이런 말씀을 하실 것이 분명하다고 하였다.

'무릇'이란 말은 '대체로'라는 뜻이다. 하나님은 '그 백성 그 성도에게' 말씀하신다. '그 백성'이란 자기 백성을 말하며, '성도'란 거룩한 무리를 말한다. 하나님의 백성은 거룩한 무리이다. 하나님의 은혜로 죄사함을 받았으니 거룩한 백성이 되었다. 이것은 자신의 공로로 된 것이 아니라 하나님의 놀라운 은혜로 되어졌다. 이런 하나님의 백성이 성도이다.

하나님은 '화평을 말씀하신다'는 '너희에게 평화가 있어라'고 말씀하신다는 뜻이다. 하나님과 화평이 있는 것이 바로 하나님의 은혜를 입은 증거이다. 우리들이 사죄의 은총을 체험하면 하나님과 화평하게 되고 다른 사람과도 화목의 삶을 살게 된다. 이것은 하나님 앞에서 새롭게 거듭난 사람의 은혜의 역사이다. 하나님께서는 예수님을 화목제물로 삼으셔서 하나님과 인간 사이에, 또 인간과 인간 사이에 화평을 주시고 하나님의 사랑을 실천하게 하셨다.

시인은 '그들은 다시 어리석은 데로 돌아가지 말지로다'고 하였다. 여기서 '그들'은 성도들을 가리키고, '어리석은 데로 돌아간다'는 것은 '함부로 행동한다'는 뜻이다. 그러므로 하나님의 자녀가 된 자는 하나님의 자녀답게 함부로 행동하지 말고 하나님의 영광을 위하여 살아야 한다는 말이다. 여기서 우리는 '다시'라는 말에 주목해야 한다. 이것은 '옛날에는 어리석다'는 의미인데 하나님의 자녀 된 자는 옛날의 상태로 돌아가서는 아니된다는 가르침이다.

2. 영광이 우리 땅에 머무르이다

9절에서 "진실로 그의 구원이 그를 경외하는 자에게 가까우니 영광이 우리 땅에 머무르리이다"고 하였다. 이 말씀은 8절의 말씀에 대해 보충적 설명을 하고 있는데 망령된 데로 돌아가지 않는 것은 '경외'하는 자가 된다는 말이다. '경외'란 무서워서 복종하는 것이 아니라 존경으로 순종하는 것을 의미한다. 하나님께 올바른 태도를 가지고 나아가면 '영광이 우리 땅에 거한다'. 이것은 하나님이 같이 하신다는 의미로서 임마누엘이란 뜻이다.

시인은 선언적 자세를 취하고 있다. 하나님을 경외하는 자에게 하나님이 함께 하신다고 선언한다. 이것은 하나님의 백성들이 누리는 최고의 영광이며, 하나님과의 화평의 결과이다. 10절과 11절에서 "인애와 진리가 같이 만나고 의와 화평이 서로 입 맞추었으며 진리는 땅에서 솟아나고 의는 하늘에서 굽어보도다"고 하였다. 하나님께서 인간 세계에 구체적으로 계시는 것은 예수 그리스도께서 인간의 몸을 입으시고 이 땅에 오셨기 때문이다. 그래서 학자들은 이 구절을 오실 그리스도를 통해서 완성된 임마누엘의 복을 바라보면서 예언한 내용으로 보고 있다. '긍휼과 진리가 같이 만나고'라고 하였는데 하나님은 긍휼이 많으신 하나님이면서도 진리의 하나님이시다. 하나님은 놀라우신 사랑으로 자기 아들을 이 땅에 보내셔서 십자가에 못 박히게 하였다. 이 십자가에서 긍휼과 진리가 만난다.

그 다음에 보면 '의와 화평이 서로 입맞추었으며'라고 하였다. 의로우신 분이 우리의 죄를 대신해 주심으로 우리를 화평케 하였다. 그래서 의와 화평이 서로 입맞추었다고 한 것이다. 엄격하여 도저히 죄를 용납하지 못하는 의가 그리스도의 십자가를 통하여 화평과 하나가 되었고, 하나님의 백성들이 새로운 삶을 살아가도록 하여 주신다.

'진리는 땅에서 솟아나고 의는 하늘에서 굽어보도다'고 하였다. 이것은 하나님의 구원사역이 하늘과 땅에 충만한 것임을 가리킨다. 예수 그리스도는 하나님이시면서 사람의 몸을 입으시고 완전한 사람으로 이 땅에 오셨다. 이러한 예수님으로 인하여 하늘과 땅에 구원의 역사가 충만하게 되었다. 요한은 예수님을 말할 때에 "은혜와 진리가 충만하더라"(요 1:14)고 하였다. 이것은 예수님의 속성을 가장 정확하게 표현한 것으로서 시편의 이 구절과 연결된다.

3. 여호와께서 좋은 것을 주시리니

12절에서 "여호와께서 좋은 것을 주시리니 우리 땅이 그 산물을 내리로다"고 하였다. 지금까지 영적 문제에 대하여 논의하였으나 여기서는 생활의 문제를 말한다.

하나님의 은혜를 받은 사람이 농사를 지으려고 할 때에 하나님께서 좋은 것을 주시고 땅이 그 산물을 낸다고 하였다. 하나님께서는 영적 은혜를 받아 살아가는 사람들에게 생활의 복도 내려 주신다. 하나님과 동행하는 귀한 은혜를 받고 하나님과 화평의 관계를 유지하며 믿음으로 살 때에는 하나님께서 생활면에서도 축복하시고 그 소산을 풍성하게 하여 주신다.

13절에서 "의가 주의 앞에 앞서 가며 주의 길을 닦으리로다"고 하였다. 이 말씀은 그리스도께서 오실 때의 모습을 묘사하고 있다. 예수님이 오시기 전에 세례 요한이 와서 길을 닦아 놓았다. 요한은 '회개하라'고 외치면서 의를 선포함으로서 그리스도가 오시는 길을 예비하였다. 또 '의가 주의 앞에 앞서 가며 주의 길을 닦으리로다'고 하였는데 '종적'이란 '가신 자취'를 의미한다. 성도들은 주님의 자취를 따라가는 자들이다. 앞서 가신 주님을 따라 믿음의 삶을 사는 백성들을 말한다.

이 짧은 말씀에서 하나님의 백성들이 어떻게 살아야 하는지를 교훈하고 있다. 하나님의 백성들은 하나님과 함께 함으로 화평을 누리고 주님이 가신 발자취를 따라가야 한다. 이것이 믿음의 삶이며 하나님을 영화롭게 하는 길이기에 우리들은 이러한 삶을 살아야한다.

하나님은 자기 백성에게 좋은 것을 채워 주시기에 하나님의 은혜를 사모하는 것이 이 땅의 삶을 풍요롭게 하는 길이다. 하나님은 영육 모든 면에서 자기 백성을 지키시고 축복하시는 분이다. 이 하나님께 영광을 돌리는 삶을 살아야 하고 앞서 가신 주님을 따라 가야 한다. 이것이 성도의 길이요 복된 길이다.

나는 가난하고 궁핍하오니

시편 86:1~6

1여호와여 나는 가난하고 궁핍하오니 주의 귀를 기울여 내게 응답하소서 2나는 경건하오니 내 영혼을 보존하소서 내 주 하나님이여 주를 의지하는 종을 구원하소서 3주여 내게 은혜를 베푸소서 내가 종일 주께 부르짖나이다 4주여 내 영혼이 주를 우러러보오니 주여 내 영혼을 기쁘게 하소서 5주는 선하사 사죄하기를 즐거워하시며 주께 부르짖는 자에게 인자함이 후하심이니이다 6여호와여 나의 기도에 귀를 기울이시고 내가 간구하는 소리를 들으소서

시편 86편은 개인적 탄식시이다. 시인은 개인적인 문제를 안고 하나님께 간구하고 호소하는 내용이다. 시인은 매우 고통스러운 처지에 있고 위험에 처해 있다. 그래서 하나님을 향해 도움을 호소한다.

이 시편은 '다윗의 기도'인데 어려움 속의 기도라고 할 수 있다. 이 시의 배경에 대해서는 여러 가지 논란이 있어서 정확하게 알 수가 없지만 시의 내용을 보아 다윗이 사울의 추적을 받을 때 피신하면서 드린 기도라고 보는 것이 유력하다. 다윗은 사울의 추적 때문에 13년 이상 피신 생활을 하였다. 다윗은 오늘 죽을지 내일 죽을지 모르는 곤고한 생활을 하였다. 이러한 어려움 속에서 하나님의 도우심을 구하는 기도를 하였다.

1~6절은 하나님의 자비로우신 반응을 구하는 기도이다. 여기에 나타나는 언어들은 시인이 하늘의 주 야훼로부터 자비와 보호를 구하는 간구와 관련된다.

1. 여호와여

1절에서 "여호와여 나는 가난하고 궁핍하오니 주의 귀를 기울여 내게 응답하소서"라고 하였다. 다윗의 기도를 보면 하나님을 부르는 명칭이 때에 따라 다르게 나타난다. 여기서는 '여호와'라고 불렀다. 여호와는 '언약의 하나님으로 자기 백성을 돌보시는 하나님'이라는 뜻을 가지고 있다. 하나님의 언약을 강조할 때에 '여호와'라는 호칭을 사용한다. 시인은 언약의 하나님을 '여호와여'라고 불렀다. 기도의 내용도 중요하지만 기도의 대상을 명확히 하는 것도 매우 중요하다. 어떤 분에게 기도하느냐에 따라 기도의 자세와 응답이 달라진다.

'여호와여 나는 가난하고 궁핍하오니'라고 하였다. 자신의 고난이 극도에 달했다는 것을 아뢰는 말이다. '가난하고'란 마음의 상태를 말하는데 마음이 더욱 괴롭다는 것을 나타낸다. 여기서는 삶의 여건들이 궁핍하였다. 다윗은 마음으로 고통을 당하고 생활의 궁핍함을 겪는 비참한 상태에 있었다. 다윗은 자기의 처지를 있는 그대로 내어 놓았다. 솔직한 다윗의 태도를 주목해야 한다. 기도의 대상을 바로 부르고 자신의 처지를 있는 그대로 고백하는 진지한 자세가 기도의 중요한 요소이다. 시인은 '귀를 기울여 내게 응답하소서'라고 하였다. '귀를 기울여'란 말은 하나님이 정말 내 기도를 듣고 계신다는 증거를 보여 달라는 의미이다. 고통의 자리에서 하나님을 향해 기도할 때에 하나님의 응답을 간구하는 자세가 있어야 한다.

2. 종을 구원하소서

2절은 1절의 기도를 드리는 이유를 제시한다. "나는 경건하오니 내 영혼을 보존하소서 내 주 하나님이여 주를 의지하는 종을 구원하소서"라고 하였다. 다윗은 스스로 '경건하다'고 하였는데 이것은 교만한 말이 아니라 난외의 설명처럼 '주께서 은혜를 주신 자'이다. 경건이란 순종과 신뢰를 같이 가지고 있는 마음의 상태를 말한다. 그러니 하나님 앞에서의 바른 마음의 자세를 가리킨다. 다윗은 '내 영혼을 보존하소서'라고 기도하였다. 이 말은 이미 영혼의 구원을 받았으니 자기의 영혼을 보존해 달라는 기도이다. 그러면 '영혼이 보존된다'는 것의 의미가 무엇인가? 이것은 하나님이 나와 함께 하시고, 하나님과 동행함으로써 늘 살아있는 상태를 말한다. 임마누엘을 체험하는 신앙을 의미한다.

시인은 '내 주 하나님이여' 라고 하였다. 이것은 자신과 하나님과의 관계를 나타낸다. '하나님이 나에게 은혜를 주셔서 구원해 주셨으니 하나님은 나의 주인입니다'라는 고백이다.

이 하나님을 향하여 '주를 의지하는 종을 구원하소서'라고 하였다. '종'이란 봉사와 관계가 있다. 다윗은 하나님을 의지하는 종이다. 자기를 따르는 400명을 먹여야 하고, 돌보아야 한다. 이런 상태에서 하나님만 의지하였고, 그 하나님께 호소하였다.

3절에서 "주여 내게 은혜를 베푸소서 내가 종일 주께 부르짖나이다"고 하였다. 다윗은 기도의 근거를 자신에게 두지 않았다. 2절에서 '나는 경건하오니'라고 하였지만, 이것이 기도의 근거가 되지 못한다. 하나님의 백성의 기도는 하나님의 긍휼에 호소하는 것이다. 하나님의 긍휼하심이 있기에 그 하나님께 기도한다. 시인은 '종일 주께 부르짖나이다'고 하였다. 쉬지 않고 하나님께 부르짖는 상태를 말한다. 하나님께 간절한 기도를 드린다는 의미이다. 기도란 단회적 행위가 아니라 계속하여 드려야 하는 마음의 고백이다.

4절에서 "주여 내 영혼이 주를 우러러보오니 주여 내 영혼을 기쁘게 하소서"라고 하였다. 시인은 하나님을 믿고 바라보았다. 이것은 기도하고 하나님이 주실 것을 소망하는 자세를 말한다. 항상 깨어서 주님을 생각하는 자세를 가진 시인은 하나님께 진지한 고백을 한다.

'주여 내 영혼을 기쁘게 하소서'라고 하였다. 2절에서는 '내 영혼을 보존하소서'라고 하였고 여기서는 '내 영혼을 기쁘게 하소서'라고 하였다. 하나님이 함께 하시고 기도에 응답하실 때에 영혼이 기쁘게 된다.

3. 주는 선하사

5절에서는 "주는 선하사 사죄하기를 즐거워하시며 주께 부르짖는 자에게 인자함이 후하심이니이다"고 하였다. 시인은 하나님을 향해 '주는 선하십니다'고 하였다. 왜 선하신가? '사죄하기를 즐거워하시며 인자함이 후하시기' 때문이다. '사죄하기를 즐기시며'란 '부족한 자라도 받아주시는 분이라'는 말이다. 비록 부족하고 연약해도 하나님이 받아주심을 믿기에 이런 기도를 드린다.

하나님은 '주께 부르짖는 자에게 인자하심이 후하시다'. 하나님의 사죄는 인자에서 나온다. 구원은 하나님의 사랑에서 나오고 심판은 하나님의 진리에서 나오는 것과 같은 이치이다.

시인은 6절에서 "여호와여 나의 기도에 귀를 기울이시고 내가 간구하는 소리를 들으소서"라고 하였다. 6절은 1절과 같은 내용으로서 '나의 기도에 귀를 기울이소서'라는 말에 집약된다. 하나님의 약속을 믿고 약속대로 구하였으니 응답하소서 라는 의미이다. 이것은 시인의 교만이 아니라 하나님의 역사를 바라보는 시인의 심정을 나타낸 말이다.

하나님을 향한 전적 신뢰와 전적 순종을 바탕으로 기도하였고, '나의 간구하는 소리를 들으소서'라고 하여 그의 간절함을 나타낸다. 하나님께 기도드릴 때에 간절함이 있어야 한다. 이것은 하나님의 백성의 기본된 자세이다. 아무런 생각없이 단편적으로 기도하는 것이 아니라 하나님의 역사를 신뢰하고 응답해 주실 것을 믿는 믿음으로 간절한 기도를 드려야 한다. 곤고하고 궁핍할 때에 기도를 통해 문제를 풀어 나가야 한다. 이것이 하나님의 백성들이 살아가야 할 바른 길이다.

나의 환난 날에 내가 주께 부르짖으리니

시편 86:7~13

7나의 환난 날에 내가 주께 부르짖으리니 주께서 내게 응답하시리이다 8주여 신들 중에 주와 같은 자 없사오며 주의 행하심과 같은 일도 없나이다 9주여 주께서 지으신 모든 민족이 와서 주의 앞에 경배하며 주의 이름에 영광을 돌리리이다 10무릇 주는 위대하사 기이한 일들을 행하시오니 주만이 하나님이시니이다 11여호와여 주의 도를 내게 가르치소서 내가 주의 진리에 행하오리니 일심으로 주의 이름을 경외하게 하소서 12주나의 하나님이여 내가 전심으로 주를 찬송하고 영원토록 주의 이름에 영광을 돌리오리니 13이는 내게 향하신 주의 인자하심이 크사 내 영혼을 깊은 스올에서 건지셨음이니이다

시편 85편과 86편은 우리들에게 많은 교훈을 준다. 두 시편이 기도에 관한 것이지만 85편은 국가적 어려움을 극복하기 위한 기도였고, 86편은 개인적 어려움을 놓고 기도한 것이다.

86편은 '다윗의 기도'인데 사울에게 추적당하는 도피 생활 가운데서 하나님의 도우심을 바라는 기도이다. 그가 고통 속에서 오직 하나님의 도우심을 바라는 열정으로 하나님께 기도한 시이다. 문제를 해결하기 위해 노력하는 방법은 사람에 따라 다르다. 다윗은 하나님을 신뢰함으로써 기도하였고, 기도의 응답을 바라는 간절한 마음으로 간구하였다.

7~13절은 여호와 하나님의 절대적 주권의 확증이다. 이 부분이 시편 86편의 핵심이다. 7~13절은 두 부분으로 되어있는데 7~9절은 하나님의 주권이 다른 것과 비교가 불가능하다는 것을 말하였고, 10~13절은 하나님의 길을 가르쳐 달라는 간구(10절)와 감사 기도의 맹세(11~12절)로 되어 있다.

1. 하나님의 주권

7절에서 "나의 환난 날에 내가 주께 부르짖으리니 주께서 내게 응답하시리이다"고 하였다. 이것은 확신의 고백이다. 6절까지 하나님께 이렇게 해주시옵소서라고 기도하였는데 이 기도가 확신으로 변하였고, 확신이 변하여 '감사와 찬양'이 되고, 감사와 찬양이 '증거'가 되는 영적 성장의 모습을 보여준다.

시인은 '응답해 주소서'가 아니라 '응답하시리이다'라고 하였다. 하나님께서 분명히 주신다는 것을 믿고 고백하는 자세이다. 성경은 우리에게 이러한 자세를 교훈하고 있다. "그를 향하여 우리가 가진바 담대한 것이 이것이니 그의 뜻대로 무엇을 구하면 들으심이라 우리가 무엇이든지 구하는 바를 들으시는 줄을 안즉 우리가 그에게 구한 그것을 얻은 줄을 또한 아느니라"(요일 5:14~15)고 하였다.

우리의 욕심이 아니라 하나님의 뜻에 따라 구하면 하나님이 응답하여 주신다. 이것은 하나님의 백성의 신앙고백이요 믿음의 자세이다.

8절에서 "주여 신들 중에 주와 같은 자 없사오며 주의 행하심과 같은 일도 없나이다"고 하였다. 이 세상에 신이라고 불리우는 것이 많이 있으나 참신은 하나님 한 분 뿐이시라고 고백한다. 이런 고백은 우리들이 기도할 대상이 누구인지를 정확하게 보여 주는 것으로서 중요한 의미를 가진다. 기도의 대상이 누구인지를 분명히 알고 기도하는 자세를 가져야 한다.

'주의 행사와 같음도 없나이다'고 하였는데, '주의 행사'란 '주님이 하신 일' 즉 창조, 구원, 섭리, 인도 등을 의미한다. 세상을 지으신 분이 하나님이시요, 죄인을 구원하신 분도 하나님이며, 자기 백성을 지키시고 인도하시는 분도 하나님이시다. 이런 분이 또 세상에 어디 있는가? 이 하나님을 믿고 의지함으로써 세상에서 하나님의 역사를 찬양하며 감사하게 된다.

9절은 "주여 주께서 지으신 모든 민족이 와서 주의 앞에 경배하며 주의 이름에 영광을 돌리리이다"고 하였다. 시인은 하나님의 위대하심을 말하고 이 땅의 모든 민족들이 하나님께 나아와 경배한다고 하였다. 세상의 민족들이 주님을 주님으로 섬기고, 주님을 진짜 주인으로 섬기는 역사가 일어난다. '경배'란 완전한 굴복을 말하는데 열방들이 하나님께 완전히 굴복하며 하나님의 이름을 영화롭게 한다.

하나님이 지으신 모든 열방이 와서 하나님 앞에 경배하고, '하나님이 이렇게 위대하신 분이구나'라고 감탄하며 영광을 돌린다. 하나님의 백성들은 은혜를 받은 자리에 그대로 있을 것이 아니라 이것을 증거 하여야한다. 이 증거를 통하여 하나님의 이름이 더욱 넓게 드러나게 된다.

2. 주는 위대하사

그 이유가 10절에 나온다. "무릇 주는 위대하사 기이한 일들을 행하시오니 주만이 하나님이시니이다"고 하였다. '무릇'이란 진리를 일반화 시키는 의미이다. '주는 광대하사' 그 능력을 세상에 드러내는데, 기사를 행하시는 분이다. 하나님의 기사는 보다 넓고 보다 강하게 나타난다. 세상의 어느 누구도 흉내 낼 수 없다. 그래서 시인은 '주만 하나님이시니이다'고 고백하였다. 주님만 참으로 전능하신 분이시고 역사하시는 분이라고 하였다. 주님만이 하나님이시다. 이 땅에 수많은 신들이 있을지라도 이들은 거짓되고 헛된 것들이다. 하나님만이 유일하신 하나님이시기에 이 하나님을 의지하여 기도하며, 그 기도의 응답으로 열방들이 경배하고 하나님의 이름에 영광을 돌리게 해야 한다.

11절에서 "여호와여 주의 도를 내게 가르치소서 내가 주의 진리에 행하오리니 일심으로 주의 이름을 경외하게 하소서"라고 하였다. 시인은 '여호와의 도'로 가르쳐 주기를 호소하였다.

시인은 지금까지 한 기도가 하나님의 진리를 어느 정도 알았기 때문에 드릴 수 있었다. 그러나 기도할수록 깨닫는 것이 자신의 부족이다. 그래서 하나님께 주의 도로 가르쳐 주기를 호소하고 있다. 하나님의 가르침을 따라 사는 자는 하나님의 영광을 위해 나아간다. 이것은 하나님의 백성이 누리는 축복이요 감사이다. 시인은 하나님께서 가르쳐 주시기를 기도하였다. 왜 가르쳐 달라고 하는가? '내가 주의 진리에 행하오리니'라고 하였다. 하나님의 말씀을 바로 배워 그대로 행하겠다는 서원이다. 우리는 배움으로 끝나는 것이 아니라 이것을 실천하여야 한다.

예수님은 이것에 대하여 구체적으로 교훈하셨다. "너희가 나를 사랑하면 나의 계명을 지키라"(요 14:15)고 하였다. 이처럼 하나님을 사랑하는 자는 하나님의 말씀을 지킨다. 다윗은 '하나님의 도를 가르쳐 주소서, 내가 그대로 지키겠습니다'라고 고백하였다. 하나님의 말씀에 대한 이러한 믿음의 자세가 있어야 하나님을 영화롭게 하며, 하나님의 이름을 세상에 증거하며 하나님의 나라를 확장한다.

3. 영광을 돌이오리니

12절에서 "주 나의 하나님이여 내가 전심으로 주를 찬송하고 영원토록 주의 이름에 영광을 돌리오리니"라고 하였다. 이것은 11절의 결과이다. 주의 도를 가르쳐 주셨고, 그 진리대로 행하고, 성령으로 사로잡아 주니 '주의 이름에 영화를 돌리게' 된다. 시인은 '내가 전심으로 찬송한다'고 하였다. 정성을 다하여 찬송을 해야 한다. 이것은 단순한 노래가 아니라 하나님의 백성의 신앙고백이기에 더욱 귀하다. 이렇게 찬송하여 하나님의 이름에 영화를 돌린다.

13절은 스올에서의 구원을 통하여 하나님을 찬양하게 된다. 하나님의 백성은 하나님께 부르짖고, 기도의 응답을 체험한다. 또 주의 도를 가르침 받아 그대로 행하고, 전심으로 찬양하여 하나님의 이름에 영화를 돌린다. 이러한 고백적 삶이 우리의 생활 속에서 이루어져야 하고, 일상의 삶에 감격을 주어야 한다.

은총의 표징을 내게 보이소서

시편 86:14~17

14하나님이여 교만한 자들이 일어나 나를 치고 포악한 자의 무리가 내 영혼을 찾았사오며 자기 앞에 주를 두지 아니하였나이다 15그러나 주여 주는 긍휼히 여기시며 은혜를 베푸시며 노하기를 더디하시며 인자와 진실이 풍성하신 하나님이시오니 16내게로 돌이키사 내게 은혜를 베푸소서 주의 종에게 힘을 주시고 주의 여종의 아들을 구원하소서 17은총의 표적을 내게 보이소서 그러면 나를 미워하는 그들이 보고 부끄러워하오리니 여호와여 주는 나를 돕고 위로하시는 이시니이다

다윗은 시편 86:11~13에서 하나님 앞에 서원적 감사 기도를 드렸다. '주의 도를 가르쳐 주소서'라고 하였고, '주의 이름을 경외하게 하옵소서'라고 기도하였다. 그 후 하나님을 찬양하는 생활을 계속할 수 있기를 소원하였다. 시인은 자신의 생활에 필요한 것을 달라고 기도하지 않고 하나님의 은혜 가운데서 하나님과 바른 관계를 유지하고 하나님의 이름을 찬양하기를 원하였다. 하나님의 백성들이 어떻게 기도하느냐에 대한 모범적 대답이 여기 있다. 필요한 것을 구하기 전에 하나님의 영광을 소원하는 믿음의 자세를 여기서 배울 수 있다.

1. 직접적 고발

14~17절은 '고발, 확증, 그리고 간구'의 주제이다. 1~6절에서의 탄식이

이 단락에서 다시 나타난다. 직접적 고발이 14절에 나온다. "하나님이여 교만한 자들이 일어나 나를 치고 포악한 자의 무리가 내 영혼을 찾았사오며 자기 앞에 주를 두지 아니하였나이다"고 하였다. 이 말씀을 깊이 살펴보면 사용된 언어가 확고하고 실제적 상황을 묘사하고 있다. 하나님의 백성이 하나님을 찬양하고 감사를 드린 후에 주변을 살펴보니 아직도 원수들이 있음을 본다. 하나님의 은혜로 문제가 다 해결된 것으로 생각하였으나 원수들이 남아 있어 하나님의 백성을 해치려고 한다.

시인은 하나님께 고발한다. 교만한 자와 강포한 자가 치려고 한다. 교만한 자는 자기가 하나님인 것같이 행동하고 모든 것을 자기 뜻대로 하려고 한다. 이것이 교만한 자의 특징이다.

여기서 교만한 자는 사울을 가리킨다. 그는 처음에는 겸손한 사람이었다. 이스라엘 백성들이 그를 왕으로 삼으려고 하자 그는 도망가서 이삿짐 밑에서 숨을 정도였다. 이런 사울이 나중에는 하나님의 명령을 거역하고 교만하여졌고, 다윗을 죽이려고 하였다. 왜 교만한 자가 다윗을 치려고 하였는가? 그것은 그가 하나님의 자리에 앉으려고 했기 때문이다. 교만은 패망의 지름길이다. 하나님 보다 자기를 더 내세우고 다른 사람보다 자기가 앞서면 이것은 패망으로 달려가는 증상이다.

'포악한 자의 무리가 내 영혼을 찾았사오며'라고 하였다. 교만을 유지하기 위하여 자기의 더 높은 자리를 유지하기 위하여 강제로 남을 해쳐야 하기 때문이다. 왜 이렇게 강포하여졌는가? 시인은 정확한 대답을 하였다. '자기 앞에 주를 두지 아니하였나이다'고 하였다. 나에게 주님이 계신 것을 모르기 때문에 이러한 결과가 왔다. 주님이 계시지 않기에 자기가 주인 노릇을 하려고 했기에 이렇게 되었다.

2. 풍성하신 하나님이시오니

15절에서 "그러나 주여 주는 긍휼히 여기시며 은혜를 베푸시며 노하기를 더디하시며 인자와 진실이 풍성하신 하나님이시오니"라고 하였다. 여기서 '그러나'라고 하였다. 포악한 자와 교만한 자가 일어나 자기를 죽이려고 하지만 '그러나 주여'라고 하였다. 역경 가운데서 우리는 하나님을 의지하는 '그러나'를 경험해야 한다. '그러나 주여 주는 긍휼히 여기시며'라고 하였으니 하나님이 불쌍히 여기신다는 말이다. 아무리 악한 자가 죽이려고 해도 하나님이 불쌍히 여기시면 모든 문제가 해결된다.

하나님께서 긍휼히 여기셔서 '은혜를 베푸신다'. 하나님의 긍휼이 우리의 심령과 생활에 은혜로 나타난다. 하나님께서는 긍휼이 많으시기에 은혜로 우리를 대접하신다.

하나님은 '노하기를 더디하신다'. 사울이 계속하여 반역해도 하나님은 기다리셨다. 그러나 그의 죄악이 관영하면 하나님이 손을 대신다. 사울은 엔돌 무녀에게 점을 치고 나온 후부터 완전히 망하는 길로 갔다. 하나님은 회개의 기회를 주시고 노하시를 더디 하시는 분이다.

또 '인자와 진실이 풍성하신 하나님'이시다. 하나님께서는 인자와 진실이 있다. 인자란 사랑을 의미하는데 회개하는 자에게 사랑을 베푸시고, 돌아오는 자에게 사랑으로 대접하신다. 또 하나님께서는 진실 즉 진리가 있다. 하나님은 인자로 세상을 구원하시고 진실로 세상을 심판하신다. 이러한 하나님의 성품이 시인에게 힘이 되고 소망이 된다. 아무리 교만한 자와 강포한 자가 공격할지라도 하나님이 함께 하시기에 이들을 이기고 하나님을 바라게 된다.

3. 인자와 진실의 하나님

16절에서 "내게로 돌이키사 내게 은혜를 베푸소서 주의 종에게 힘을 주시고 주의 여종의 아들을 구원하소서"라고 하였다. 시인은 인자와 진실을 가지신 하나님이시니 '내게로 돌이키사 나를 긍휼히 여기소서'라고 하였다. 그러니 하나님께서 자기에게 긍휼을 베풀어 주셔야겠다는 말이다. 다윗은 자기가 어떤 존재라는 것을 알았다. 자기는 부족하기에 하나님께서 힘을 주시고 북돋아 주시기를 호소하였다. '주의 종에게 힘을 주소서'라고 하였다. 종은 힘이 있어야 일을 한다. 그는 도망 다니는 신세이기에 마음은 곤고하고 생활을 궁핍하여 힘이 없고 능력이 없었다. 이런 상황에서 하나님께서 힘을 주시기를 소원하였다.

'주의 종에게 힘을 주소서'란 '주의 종에게 긍휼을 베푸소서'라는 의미이다. 하나님이 함께 하시면 힘을 얻고 하나님의 역사를 드러내게 된다. 그러므로 시인의 가슴에는 하나님의 위대하신 힘이 임하기를 소원하는 마음이 가득하였다. 또 '주의 여종의 아들을 구원하소서'라고 하였다. 앞에서는 '주의 종에게 힘을 주소서'라고 하였고 여기서는 '주의 여종의 아들을 구원하소서'라고 하였다. 같은 말을 다르게 표현한 것으로서 자기의 어머니도 주의 여종이라는 뜻이다. 여종의 아들이니 자기도 주의 종이라는 말이다.

17절에서 "은총의 표적을 내게 보이소서 그러면 나를 미워하는 그들이 보고 부끄러워 하오리니 여호와여 주는 나를 돕고 위로하시는 이시니이다"고 하였다.

시인은 '은총의 표징'을 요청하였다. 여기서 요구된 '징조'는 일종의 하나님의 행위의 증거를 말한다. 다윗은 은총의 표징을 요청하였는데 그 이유가 '그러면'에서 나온다. '나를 미워하는 그들이 보고 부끄러워 하오리니'라고 하였다. 다윗을 미워하는 사울이 다윗이 받은 하나님의 은총의 표징을 보고 부끄러워 한다는 말이다. 자기들이 죽이려고 하는 다윗이 도리어 하나님께 은혜와 복을 받는 것을 볼 때에 교만하고 강포한 자가 부끄러워하게 된다.

이 시를 통하여 하나님이 성도를 대하는 자세와 인간들이 성도를 대하는 자세가 다르다는 것을 알 수 있다. 이 시는 절묘하게 작성되었고 명령적 간구라는 특성을 가지고 있다. 이 시편의 핵심은 7~12절의 기도들로 넘어가는 9~10절에 있다. 시인은 고난 중에도 하나님을 의지하고 하나님께 간구하여 모든 문제를 해결하려고 하였다. 시인은 하나님께 헌신하는 한 가지 목적을 가지고 기도하며 감사하며 역경을 이겨 나갔다.

하나님의 성이여

시편 87:1~4

1그의 터전이 성산에 있음이여 2여호와께서 야곱의 모든 거처보다 시온의 문들을 사랑하시는도다 3하나님의 성이여 너를 가리켜 영광스럽다 말하는도다 (셀라) 4나는 라합과 바벨론이 나를 아는 자 중에 있다 말하리라 보라 블레셋과 두로와 구스여 이것들도 거기서 났다 하리로다

시편 87편의 시온은 하나님의 도시이며 모든 사람들을 위한 생명의 중심이라고 찬양하는 시다. 이 시편은 '구약에서 가장 순수한 시온의 노래'라고 할 수 있다.

이 시는 '고라 자손의 시 곧 노래'라고 되어 있다. 고라는 모세와 아론을 반역하다가 망하였으나 그의 자손은 다 망하지 않았다. 하나님께서는 아비의 죄를 아들이 책임지지 않고, 아들의 죄를 아비가 책임지지 않는다고 하였다(겔 18장). 이런 하나님의 말씀에 따라 고라는 망하였으나 그의 자손들은 살아남았고 하나님의 성전에서 봉사하였는데 찬양대로, 문지기로 수종들었다. 고라의 자손들 가운데는 찬양대를 지휘하는 인도자들이 있었고 그들 중 누가 이 시를 쓴 듯하다.

이 시의 저작 시기에 대해서는 여러 가지 논의가 있다. 어떤 사람들은 히스기야가 앗수르의 18만 5천 명의 대군을 기도로 물리친 후에 고라의 자손이 그때의 감격을 생각하여 지은 것이라고 보고 있다. 그러나 어떤 학자들은 이스라엘 백성들이 70년간의 바벨론 포로생활을 하다가 돌아왔는데 그

때는 숫자도 보잘 것 없고 서글픈 여건이었기에 이들을 격려하기 위하여 고라의 자손이 이 시를 썼다고 본다.

그 시기에 대한 정확한 논의가 없으나 중요한 것은 이 시의 주제가 시온을 하나님의 도시로 본 점이다. 이것은 세계 선교의 예언으로 볼 수 있다. 예수 그리스도께서 오셔서 하나님의 교회를 통하여 세계를 복음화 할 것을 예언하는 시이다.

구약의 '성전'은 신약에서 '교회'를 의미한다. 하나님은 교회를 통하여 세계가 복음화 되기를 원하신다. 그래서 교회는 하나님의 집이며 복음의 산실로서 신앙의 본거지이다.

1. 하나님의 터전

1절에서 "그의 터전이 성산에 있음이여"라고 하였다. 여기서 '터전'이란 하나님이 은혜를 주시고, 복을 주시며, 구원을 주시는 기초가 되는 곳을 말한다. 그 터전이 성산에 있으니 곧 예루살렘을 말한다. 이것을 오늘의 말로 표현하면 은혜를 주시는 터전이 하나님의 교회에 있다라고 할 수 있다.

이사야는 "그러므로 주 여호와께서 이같이 이르시되 보라 내가 한 돌을 시온에 두어"(사 28:16)라고 하였다. 여기서 '한 돌'이란 예수 그리스도를 가리킨다. 성경은 그리스도를 반석이라고 하였다. 시인이 말한 '그 터전이'라는 말은 '기초석'을 의미한다. 이것은 머릿돌인데 예수 그리스도가 바로 머릿돌이다. 예수 그리스도를 믿으면 단단히 서고 부끄러움을 당하지 않고 하나님이 주시는 복을 받게 된다.

2절에서 "여호와께서 야곱의 모든 거처보다 시온의 문들을 사랑하시는도다"고 하였다. '야곱의 모든 거처'가 어디인가? 야곱의 후손들이 이스라엘 전역에 흩어져서 살고 있다. 열 두 지파들이 흩어져 사는데 이것보다 시온을 더 사랑하였다. 하나님이 야곱의 터전은 사랑하지 않았다는 말이 아니다. '보다'라는 비교법에서 그 의미를 알 수 있다. 야곱의 모든 터전을 사랑하지만 그것보다 시온의 문들을 더 사랑한다는 표현이다.

하나님은 시온으로 들어가는 문을 더 사랑하신다고 하였다. 세계의 모든 백성이 회개하고 들어가서 은혜를 입는 그곳을 더 사랑하신다. 하나님의 백성들은 이러한 은혜의 길을 사모하고 그곳으로 향해 나아가야 한다.

우리는 어느 곳에서나 하나님과 교통하고 하나님의 축복을 받을 수 있다. 그러나 하나님께 공적 예배가 드려지는 교회당의 중요성을 바로 알고 이것을 소중하게 여겨야 한다. 사람들이 모여서 성경공부를 하고, 선교훈련을 받는 것도 좋지만 먼저 하나님께 예배드리는 신앙생활을 이루어 나가야 한다. 예배에 대한 소중함이 사라져 가고 있는 이때에 우리들은 하나님을 경외하는 믿음의 생활이 주는 복을 체험해야 한다. 시온의 문들을 사랑하시는 하나님은 오늘도 자기 앞에 나아와 예배하는 자를 소중히 여기신다. 이런 하나님의 역사를 바로 깨닫고 예배하는 삶을 살아가야 한다.

2. 하나님의 성

3절에서 "하나님의 성이여 너를 가리켜 영광스럽다 말하는도다 (셀라)"고 하였다. 여기 나오는 '하나님의 성이여'는 '시온이여'라는 말이다. '영광스럽다'는 것은 '존귀하다'는 뜻이다.

하나님의 교회는 영광스럽고 존귀하다. 지상교회가 비록 문제를 안고 있지만 하나님께서 임재하시고 주장하시기에 귀하고 영광스럽다. 교회당의 건물이 웅장하고, 많은 교인들이 모여서 영광스러운 것이 아니라 하나님이 함께 하시기에 그러하다.

하나님의 교회는 존귀하다. 건물이 교회가 아니라 지체된 한 사람 한 사람이 교회이다. 그래서 우리의 존재 가치를 정확하게 알고 하나님의 영광을 나타내어야 한다.

교회가 영광스럽게 되려면 '교회다워야' 한다. 교회가 교회답기 위해서는 교회의 임무를 다해야 한다. 교회는 바른 예배, 바른 성례, 바른 권징이라는 삼대 표지가 있다. 이것이 행해져야 교회이다. 또 교회는 다섯 가지 기능을 가지는데 예배, 전도, 교육, 봉사, 친교의 기능을 가지고 있다. 그중에서 첫째 되는 것은 예배이다. 그러나 오늘날 예배의 본질이 흐려지는 것을 볼 수 있다. 하나님을 경배하고 찬양하는 예배의 순수함을 지키기 위하여 우리 모두가 노력해야 한다.

3. 하나님의 교회

4절에서 "나는 라합과 바벨론이 나를 아는 자 중에 있다 말하리라 보라 블레셋과 두로와 구스여 이것들도 거기서 났다 하리로다"고 하였다. '라합'이라는 말의 난외주를 보면 '애굽'이라고 하였는데 라합은 애굽의 상징이다. '라합과 바벨론' 즉 '애굽과 바벨론'은 세상의 상징이다. '라합과 바벨론이 나를 아는 자 중에 있다'란 말은 이스라엘이 인간적으로 볼 때 너무 적어서 예루살렘이 별 것 아니고 시온산이 별것 아니지만 이스라엘이 하나님 앞에 바로 섰을 때 하나님은 이스라엘을 사용하셔서 바벨론을 구하되 그중에서 하나님을 바로 믿는 자를 구원하신다는 말이다. 또 애굽에서도 믿는 자를 구원하신다.

'보라 블레셋과 두로와 구스여'라고 하였다. 여기 나오는 나라들은 별로 큰 나라들이 아니다. 블레셋은 도시 국가 다섯이 합친 것이고, 두로와 시돈은 하나의 도시 뿐이며, 구스는 이디오피아를 말한다. 이곳의 사람들도 예수 그리스도를 믿어 하나님의 자녀가 된다는 말이다. 하나님의 교회가 교회다워지면 하나님의 교회를 통하여 강대국이나 약소국이 구원을 받게 된다.

하나님의 교회가 교회다워지기 위하여 모든 지체들이 하나님께 붙어 있어야 하고, 교회가 할 일 특히 바른 예배를 드리며 하나님의 영광을 나타내는 역사를 이루어야 한다.

지존자가 친히 시온을 세우리라

시편 87:5~7

5시온에 대하여 말하기를 이 사람, 저 사람이 거기서 났다고 말하리니 지존자가 친히 시온을 세우리라 하는도다 6여호와께서 민족들을 등록하실 때에는 그 수를 세시며 이 사람이 거기서 났다 하시리로다 (셀라) 7노래하는 자와 뛰어 노는 자들이 말하기를 나의 모든 근원이 네게 있다 하리로다

시편 87편은 고라 자손의 시이다. 성전에서 찬양대를 지휘했던 고라 자손 가운데 한 사람이 쓴 것이다. 이 시의 저작 연대에 대해서 여러 가지 논란이 있으나 포로 이후로 보는 것이 일반적 경향이다.

이스라엘 백성이 포로되어 70년간 고생하다가 자유함을 얻었다. 이들은 예루살렘 성전의 재건과 예루살렘 성을 중건하는 사명을 가지고 돌아왔다. 그들이 돌아올 때에는 그 땅은 황무지가 되었고 돌아온 사람들의 수도 많지 않았다. 그들은 착잡한 심정 속에서 하나님께 기도하였는데 '하나님이여, 이 땅이 황무하였고, 이 땅을 재건하기에는 우리의 힘이 너무 약합니다' 고 고백하였다. 진정한 기도는 자신이 처한 환경을 알 때에 드려진다. 이것은 자기의 실체를 바로 보고 거기서 하나님의 도우심을 구하는 역사가 있음을 교훈한다.

1. 시온을 세우리라

5절에서 "시온에 대하여 말하기를 이 사람, 저 사람이 거기서 났다고 말

하리니 지존자가 친히 시온을 세우리라 하는도다"고 하였다. 여기서 '이 사람, 저 사람'은 '이방인'을 말한다. 이방인이 '거기서' 났다고 했는데 거기가 바로 '시온'이다. 시온이란 교회를 의미하는데 '교회에서 났다, 이방인이 났다'는 말로서 이방인이 복음을 믿어 거듭났다는 말이다. 이방인이 예수를 믿어 거듭나서 하나님의 백성이 되었다는 뜻이다.

하나님이 택하시고 부르시면 누구나 하나님의 백성이 된다. 신앙이란 인간의 노력으로 되는 것이 아니라 하나님의 은혜로 되어지기에 하나님의 절대주권에 속하는 일이다.

"지존자가 친히 시온을 세우리라 하리로다"고 하였다. 지존자가 누구인가? 하나님을 가리킨다. 하나님은 지존자 즉 지극히 존귀하신 분이다. 그 하나님이 시온 즉 교회를 세우신다. 이방인을 불러 자기 백성이 되게 하시고 교회의 회원이 되게 하셨다. 이 말씀은 세계적인 선교의 열매를 하나님이 주시겠다는 약속이다. 하나님의 백성에게 교회는 삶의 중심이요 신앙의 요람이다. 교회를 통하여 진리를 배우고 하나님의 영광을 드러내는 놀라운 역사를 이룬다.

교회란 단순한 조직이 아니다. '그리스도의 몸'이며, 하나님의 백성의 공동체이다. 이곳에서 하나님께 경배하고 하나님의 영광을 드러낸다. 교회는 하나님이 세우신 기관이며, 하나님이 다스리시는 곳이다. 오늘의 우리들이 교회를 귀하게 여기고 그 교회를 통하여 하나님의 영광을 나타내어야 한다. 지상교회의 부정적인 모습만 드러나는 오늘의 현실에서 하나님의 존귀하심을 더욱 생각하는 믿음의 자세가 필요하다.

2. 민족들을 등록하실 때

6절에서 "여호와께서 민족들을 등록하실 때에는 그 수를 세시며 이 사람이 거기서 났다 하시리로다 (셀라)"고 하였다. 하나님께서 민족들을 등록하신다고 하였는데 이것은 이방 민족들을 천국시민으로 입적시킨다는 말이다. 어린 아이가 태어나면 호적에 입적시키듯이 이방인들을 하나님께서 부르셔서 자기 백성을 삼으시는 놀라운 역사를 보여준다. 등록이 되었다면 그 집 자녀가 된 증거인 것처럼 천국의 생명책에 기록되면 하나님의 자녀가 된 것이 분명하다.

'등록하실 때에는 그 수를 세시며'라고 하였다. 이 말은 '택한 자가 정해졌다'는 뜻이다. 아무나 다 천국에 가는 것이 아니라 하나님의 택한 백성만이 하나님의 자녀가 된다는 말이다.

우리는 여기서 하나님의 '선택 교리'를 배우게 된다. 하나님께서는 창세전에 자기 백성을 택하였고, 그 백성을 통하여 하나님의 뜻을 이룬다. 그러면 선택의 기준이 무엇인가? 인간들의 의나 공로가 아니라 하나님의 절대주권이며 하나님의 뜻이다.

하나님은 '이 사람이 거기서 났다'고 하신다. 이 말은 '이 사람이 교회를 통하여 구원받았다'는 뜻이다. 전도란 단순히 교인의 수를 늘리고 교세를 확장하는 것이 아니라 하나님으로 말미암아 하나님의 백성이 생기고, 그들이 하나님의 영광을 드러내는데 있다.

전도의 궁극적 목적은 하나님의 영광을 나타내는 데 있다. 영혼구원을 통하여 하나님의 나라가 확장되고 하나님의 영광이 더욱 높아지는 데 있다. 우리는 복음 전도에 대한 새로운 열의와 헌신이 있어야 한다. 전도란 하나님의 백성이 누리는 축복이며 의무이다. 그러기에 우리는 전도의 열망을 가져야 하고, 이것으로 하나님의 역사를 확산시키는 노력을 해야 한다.

3. 은혜입은 자의 감격

7절에서 "노래하는 자와 뛰어 노는 자들이 말하기를 나의 모든 근원이 네게 있다 하리로다"고 하였다. 여기서 노래하는 자와 춤추는 자가 누구인가? 하나님의 은혜를 입은 것을 깨달아 감격하는 자들이다. 하나님의 은혜에 감격하고, 하나님의 복 주심에 감격하여 노래 부르는 자들이다. 여기서 노래란 찬송이다. 하나님의 은혜가 너무 감사하여 찬송할 뿐만 아니라 춤까지 추게 된다.

하나님의 은혜를 깊이 느끼고 너무나 감사하여 감격이 넘칠 때에 노래하고 춤을 추었으니 이것이 바로 감격하는 삶이다. 우리들의 삶에도 감격이 있어야 한다. 하나님이 나를 구원해 주셨다는 그 기쁨이 가슴 속에 벅차오를 때에 감사하며 감격하게 된다.

'사랑을 하면 시인이 된다'는 말이 있다. 극진한 사랑을 받으면 너무 감격하여 말을 해도 시와 같은 언어가 나온다는 말이다. 시란 감격의 언어이기에 우리들이 감격의 삶을 살 때에 하나님과 사람 앞에 감사를 표현하게 된다. 노래하고 춤추는 자들이 말하기를 '나의 모든 근원이 네게 있다 하리로다'고 하였다. 구원을 받은 것도 너를 통하여 받았고, 복 받은 것도 너를 통해 받았다는 말이다. 하나님께서 구원의 은혜를 교회를 통하여 주신다. 그러므로 우리는 교회를 소중히 여기고 이것을 통해 하나님의 나라를 확장하여야 한다.

이 시를 통하여 교회의 사명이 선교요 전도임을 알 수 있다. 교회가 전도하지 않으면 교회의 사명을 외면하게 되며 하나님의 뜻을 어기게 된다. 그러므로 하나님의 은혜를 체험한 사람은 감격의 삶을 살고, 이것이 전도라는 신앙적 헌신으로 아타나게 된다.

잠언 8장 18~19절에서 "부귀가 내게 있고 장구한 재물과 공의도 그러하니라 내 열매는 금이나 정금보다 나으며 내 소득은 순은보다 나으니라"고 하였다. 이 세상의 모든 물질이 자기에게 있을지라도 하나님의 사랑에서 떠나면 아무것도 아님을 보여 준다.

하나님께서는 이방인을 부르시고 그들을 택하여 구원하신다. 여기에는 종족이나 혈통의 차별이 없고, 하나님의 절대적인 주권만이 있을 뿐이다. 그리하여 하나님께 감사하고 감격의 삶을 살며 하나님의 복음을 전파해야 한다. 전도란 우리가 받은 최고의 축복이기에 이 전도의 귀한 사명을 바로 감당하기 위해 노력하자.

여호와 내 구원의 하나님이여

시편 88:1~7

1여호와 내 구원의 하나님이여 내가 주야로 주 앞에서 부르짖었사오니 2나의 기도가 주 앞에 이르게 하시며 나의 부르짖음에 주의 귀를 기울여 주소서 3무릇 나의 영혼에는 재난이 가득하며 나의 생명은 스올에 가까웠사오니 4나는 무덤에 내려가는 자 같이 인정되고 힘없는 용사와 같으며 5죽은 자 중에 던져진 바 되었으며 죽임을 당하여 무덤에 누운 자 같으니이다 주께서 그들을 다시 기억하지 아니하시니 그들은 주의 손에서 끊어진 자니이다 6주께서 나를 깊은 웅덩이와 어둡고 음침한 곳에 두셨사오며 7주의 노가 나를 심히 누르시고 주의 모든 파도가 나를 괴롭게 하셨나이다 (셀라)

시편 88편은 개인적 탄식시의 특징들을 가지고 있다. 시인은 하나님 앞에서 곤란에 대한 대응을 호소하고 있다. 이 시는 '고라 자손의 찬송시'이다. 시편 전체가 찬송시인데 여기서는 특별히 이것을 밝히고 있는 것이 특징이다. 이 시의 저자는 '에스라인 헤만'인데 헤만이라는 사람이 쓴 '마스길' 즉 '교훈적인 시'라는 뜻이다. 이 곡조의 이름은 '마할랏르안놋에 맞춘 노래'라고 하였는데, '질병의 노래'라는 뜻이다. 그러니 고통 받는 많은 사람들이 신음하면서 부르는 곡조를 말한다. 이 곡조는 아주 우울한 곡조인데 현대음악으로 말하면 '단조형' 작법으로 작곡된 곡조이다. 시편 전체에서 가장 고통 받는 내용으로 되어져 있다. 너무나 깊은 고통의 자리에서 하나님의 도우심을 구하는 간절함이 있다. 아마 시인은 영적으로나 육적으로 병든 자리에서 하나님의 도우심을 호소하였다.

1. 약속의 하나님

1절에서 "여호와 내 구원의 하나님이여 내가 주야로 주 앞에서 부르짖었사오니"라고 하였다. 시인은 하나님을 '여호와'라고 불렀다. 이것은 '약속의 하나님'을 강조할 때에 사용된다. 그러니 사랑의 하나님, 언약의 하나님이라는 의미이다. 시인은 '여호와'라고 부르면서 하나님의 언약에 대한 간절함을 보여주고 있다. 지금 자신의 형편이 너무 어렵기에 하나님의 은혜를 간절히 사모하는 마음으로 가득하다. 약속의 하나님, 사랑의 하나님이 아니고서는 자신의 문제를 풀어줄 자가 없음을 나타낸다.

시인은 여호와를 '내 구원의 하나님'이라고 불렀다. 여기서 우리가 주목해야 할 것은 복수가 아닌 단수형의 표현이다. '우리'라고 하지 않고 '내' 하나님이라고 하였다. 이것은 하나님과의 직접적 관계를 강조하는 것으로서 하나님의 위대한 역사를 표현한 것이다.

이어서 기도의 내용이 나온다. "내가 주야로 주의 앞에 부르짖었사오니"라고 하였다. 여기서 주야란 단순히 낮과 밤을 가리키는 것이 아니라 '쉬지 않고 주실 때까지 기도했다'는 뜻이다. 하나님께 기도하는 사람들은 계속해서 기도해야 한다. 예수님은 "항상 기도하고 낙심하지 말아야"(눅 18:1)한다고 하셨다. 기도하다가 그쳐 버리는 일을 하지 말라는 것이다. 중지하는 일을 해서는 안 된다는 말이다.

시인은 주야로 '주의 앞에' 기도하였다. 기도를 들으시는 분이 '주님'이시기에 낙심하지 말고 기도하되, '부르짖는 기도' 즉 '간절한 기도'를 해야 함을 강조한다. 절박한 상황에 있기에 하나님께 기도하는 뜨거운 가슴이 있어야 한다.

2. 기도의 응답

2절에서 "나의 기도가 주 앞에 이르게 하시며 나의 부르짖음에 주의 귀를 기울여 주소서"라고 하였다. 1절에서 그렇게 간절히 기도한 것은 2절과 같은 응답을 받기 위함이다. '나의 기도가 주의 앞에 달하게 하시며'라고 하였다. 나의 기도가 주님 앞에 이르는 역사를 호소하였다. 우리가 누구에게 전화할 때에 접속이 되지 않으면 전화가 되지 않는 것처럼 하나님께 나의 기도가 이르지 못하면 아무런 소용이 없다.

시인은 "주의 귀를 나의 부르짖음에 기울이소서"라고 하였다. 이것은 모든 기도를 상세하게 들어달라는 말이다. 시인은 자기의 기도가 하나님께 이르기를 호소하였다. 하나님의 응답을 바라는 열망으로 이런 기도를 드렸다.

3절에서 "무릇 나의 영혼에는 재난이 가득하며 나의 생명은 스올에 가까웠사오니"라고 하였다. 시인은 자기가 왜 이처럼 처절하게 기도해야 하는지를 지적하였다. '내 영혼에 곤란이 가득하기' 때문이다. 그에게 영적 고난이 있었다는 말이다. 시인은 '나의 생명은 음부에 가까이 왔사오니'라고 하였다. 음부란 지옥을 말하기도 하지만 여기서는 죽음을 의미한다. 영적 위기를 겪고 죽음의 문턱에서 고통당하는 모습을 그리고 있다.

4절에서 "나는 무덤에 내려가는 자 같이 인정되고 힘없는 용사와 같으며"라고 하였다. 이 말은 주위 사람들이 죽은 자 취급을 하고 있다는 말이다. 너무나 큰 고통을 겪기에 살았어도 산 자와 같이 보이지 않는 상태를 말한다. 영적으로 위기를 겪으면 자신의 문제로만 끝나는 것이 아니라 다른 사람들에게서 죽은 자 취급을 당하는 그런 형상이 된다. 하나님과의 관계 단절은 살았다고 하나 진정한 삶이 아닌 것임을 보여 준다.

3. 역경에서의 고통

5절에서 "죽은 자 중에 던져진 바 되었으며 죽임을 당하여 무덤에 누운 자 같으니이다 주께서 그들을 다시 기억하지 아니하시니 그들은 주의 손에서 끊어진 자니이다"고 하였다.

시인은 자신의 처지를 '죽은 자 중에 던져진 바' 되었다고 했다. 즉 시체와 같은 존재가 되었다는 말이다. 하나님께 완전히 버림받은 것 같은 존재가 되었으니 이것이 자기에게 가장 큰 고통이라는 고백이다.

하나님께 버림받은 것 같은 영적 위기는 인간의 삶을 송두리째 흔들어 놓는다. 우리가 살아가는 존재 기반은 하나님과의 관계를 유지하는데 있다. 하나님이 나의 주가 되시면 이것을 통하여 하나님의 위대한 힘을 공급받을 수 있다.

6절에서 계속하여 '주께서'라는 표현을 하고 있다. 자신의 모든 문제는 주님으로 말미암아 해결될 수 있음을 보여 주는 말씀이다. 지금 죽음의 골짜기에서 어려움을 겪는 것은 주께서 버리신 것 같이 보이지만 진정으로 '아닙니다. 당신은 나의 주인이십니다. 구원자이십니다'라는 고백이 깔려 있다. 자신의 부족을 바로 알고 하나님의 도우심을 구하는 것이 하나님의 백성의 삶이다. 하나님이 버리신 것 같으나 실상은 하나님의 보호가 필요함을 보여준다.

7절에서 "주의 노가 나를 심히 누르시고 주의 모든 파도가 나를 괴롭게 하셨나이다 (셀라)"고 하였다. 자기가 겪는 환난은 하나님의 진노이며 채찍이다. 이것은 보통 있는 환난이 아니라 하나님이 멀리 계시는 듯한 어려움이다. 모든 어려움이 하나님에게서 나오니 하나님의 자비와 도우심이 무엇보다 필요함을 가리킨다. 이것은 우리들이 이 땅에서 살아가는 방법이기에 이것을 귀하게 여겨야 한다.

영적 위기는 모든 어려움의 출발이다. 이것을 극복하기 위해서는 하나님의 사랑의 은혜를 위해서는 하나님의 사랑의 은혜를 체험해야 한다. 이것이 하나님의 백성의 바른 길이며, 승리로 나아가는 길이다. 그러기에 우리는 어려움 속에서도 하나님을 바라보자.

아침에 나의 기도가 주의 앞에 이르리이다

시편 88:8~18

8주께서 내가 아는 자를 내게서 멀리 떠나게 하시고 나를 그들에게 가증한 것이 되게 하셨사오니 나는 갇혀서 나갈 수 없게 되었나이다 9곤란으로 말미암아 내 눈이 쇠하였나이다 여호와여 내가 매일 주를 부르며 주를 향하여 나의 두 손을 들었나이다 10주께서 죽은 자에게 기이한 일을 보이시겠나이까 유령들이 일어나 주를 찬송하리이까 (셀라) 11주의 인자하심을 무덤에서, 주의 성실하심을 멸망 중에서 선포할 수 있으리이까 12흑암 중에서 주의 기적과 잊음의 땅에서 주의 공의를 알 수 있으리이까 13여호와여 오직 내가 주께 부르짖었사오니 아침에 나의 기도가 주의 앞에 이르리이다 14여호와여 어찌하여 나의 영혼을 버리시며 어찌하여 주의 얼굴을 내게서 숨기시나이까 15내가 어릴 적부터 고난을 당하여 죽게 되었사오며 주께서 두렵게 하실 때에 당황하였나이다 16주의 진노가 내게 넘치고 주의 두려움이 나를 끊었나이다 17이런 일이 물 같이 종일 나를 에우며 함께 나를 둘러쌌나이다 18주는 내게서 사랑하는 자와 친구를 멀리 떠나게 하시며 내가 아는 자를 흑암에 두셨나이다

시편 150편 가운데 가장 우울하고 답답한 상태에서 쓰여진 시가 시편 88편이다. 영적 위기로 인하여 하나님께 버림받은 것 같은 상황에서 하나님의 도우심을 간구하는 시인의 애절함이 있다. 이 시의 곡조가 '질병의 노래' 또는 '고통자의 노래'라는 이름으로 불리운 것만 보아도 이 시가 주는 의미가 무엇인지 분명하다.

시인은 고통 속에서 '여호와 내 구원의 하나님이여'라고 하나님을 부른다. 이렇게 한 것은 하나님은 내 구원의 주님이시라는 신앙에서 온 것이며 하나님의 사랑과 전능하심을 의지하며 도우심의 손길을 호소하는 것이다.

하나님을 '내 구원의 하나님이여'라고 부를 수 있는 그 믿음이 가장 소중하고 아름답기에 우리도 이러한 고백을 할 수 있어야 한다.

1. 멀리 떠나게 하시고

8절에서 "주께서 내가 아는 자를 내게서 멀리 떠나게 하시고 나를 그들에게 가증한 것이 되게 하셨사오니 나는 갇혀서 나갈 수 없게 되었나이다"고 하였다. 우리가 역경 속에서 고통을 당할 때에 아는 사람이 가까이 있고, 믿음이 좋은 사람이 위로하여 준다면 얼마나 귀한일인가? 그러나 우리가 고통 중에 빠지면 많은 사람들이 다 떠나고 마는 것을 경험하게 된다.

시인은 '주께서 내가 아는 자로 내게서 멀리 떠나게 하시고'라고 하였다. 이것은 자기를 떠난 사람을 원망하지 않는다는 뜻이다. 주께서 사람들을 다 떠나게 하였으니 그 사람들을 원망하지 않고 주님만 의지한다는 신앙의 고백이다. 하나님께서는 자기를 아는 사람에게서 격리시키셨다. 그래서 하나님 외에는 의지하고 매달릴 때가 없으니 하나님을 의지한다는 고백이다. 또 '나를 그들에게 가증되게 하셨사오니 나는 갇혀서 나갈 수 없게 되었나이다'고 하였다. '가증되다'란 말은 원래는 '더럽다'는 뜻이다. 병으로 오래 고생하니 친구들도 더럽다고 외면하는 그런 자세를 말한다.

이런 형편에서 다른 사람이 찾아오지 않으면 내가 찾아가면 되겠으나 그렇게 할 힘마저 없는 상황이다. 자기 몸이 너무 약하기 때문에 걸어갈 수도 없고 만나서 대화하기도 어렵게 되었다. 너무나도 고통스럽고 처절한 형편이다. 여기서 하나님을 의지하게 된다.

2. 내 눈이 쇠하였나이다

9절에서는 "곤란으로 말미암아 내 눈이 쇠하였나이다 여호와여 내가 매일 주를 부르며 주를 향하여 나의 두 손을 들었나이다"고 하였다. 3~8절에서 시인이 당하는 고난을 묘사하고 있다. 너무나 어렵고 힘들기에 눈물로 하나님께 기도하였다. 그러자 이제는 눈마저 침침하게 되었다는 말이다.

육신의 눈은 이렇게 쇠하여졌으나 영적 눈은 쇠하지 않았다. 주를 향하여 매일 기도하였다. 손을 들고 하나님께 항복하였고, 전심으로 기도하는 자세를 가졌다. 시인의 마음에는 주님이 주시는 상황에 무조건 순복하며 나아가겠다는 자세를 가졌다. 하나님의 역사에 대하여 순종하는 것이 하나님의 백성이 취해야 할 자세이기에 시인은 이것을 고백하였다.

10절에는 "주께서 죽은 자에게 기이한 일을 보이시겠나이까 유령들이 일어나 주를 찬송하리이까 (셀라)"라고 하였다. 이 말씀은 하나님께 영광을 돌리기 위하여 하나님의 기사 즉 기이하고 놀라운 일을 보고, 체험하고 그것을 증거해야겠다는데 죽은 자가 그것을 어떻게 하겠느냐라는 뜻이다.

'유령들이 일어나 주를 찬송하리이까'라고 했으니 죽은 영혼이 어떻게 찬송을 하는가? 하나님의 나라에 가서 찬송할지는 몰라도 이 땅에서 하나님을 찬양할 수 없다는 말이다. 그러나 좀 더 찬송할 수 있게 해 주옵소서라는 호소이다. 고통을 이기게 하시고 살려 주셔서 주의 기사를 찬양하고 하나님의 영광을 드러내게 해 달라는 가장 절박한 호소를 하였다.

11절에서 "주의 인자하심을 무덤에서, 주의 성실하심을 멸망 중에서 선포할 수 있으리이까"라고 했다. 우리는 주의 '인자하심'과 '성실하심'을 이 세상에 나가 증거해야 한다. 주의 인자하심이란 '사랑'을 말하며, 성실하심이란 '진리'이다. 하나님의 사랑과 진리가 선포되어야 한다. 선포란 널리 퍼뜨리는 것이다. 듣든지 아니 듣든지 선포해야 한다. 이것은 하나님의 백성의 축복이며 사명이다. 하나님의 백성은 선포의 역사를 통해 하나님의 사랑과 진리를 전한다.

3. 잊음의 땅에서

12절에서 "흑암 중에서 주의 기적과 잊음의 땅에서 주의 공의를 알 수 있으리이까"라고 하였다. 시인은 자기의 고난이 오래되고, 기도를 해도 응답이 없는 것을 '흑암'이라고 표현하였다. 또 '잊음의 땅'이라고 하였으니 기도의 응답이 없는 상태를 가리킨다. 살아서 하나님의 역사를 자랑하여야 하는데 죽으면 이것을 어찌할 수 있을 것인가? 13절에서 "여호와여 오직 내가 주께 부르짖었사오니 아침에 나의 기도가 주의 앞에 이르리이다"고 하였다. 시인은 '여호와여'라고 간절히 부른다. 오직 하나님만 부르며 하나님께 호소한다. 여호와만이 기도를 들으시는 분이시다. '아침에 나의 기도가 주의 앞에 이르리이다'고 하였는데 하루가 시작되는 저녁에 기도하면 아침에 그 기도가 응답되는 역사를 믿었다. 저녁에 기도하고 아침이면 응답되는 하나님의 놀라운 사랑을 경험한다.

시인은 14~15절에서 자기가 겪고 있는 고통을 말하고 있다. 하나님이 자기의 영혼을 버리시고, 얼굴을 숨기시는 듯한 상황을 설명하고 있다. 이것은 하나님이 은혜를 베풀지 아니하신다는 말이다. 시인의 고난은 어릴 때부터 시작되었고 너무나 고통스러워 죽음의 자리에 있는 듯한 처지에까지 가게 되었다. 여기서 우리가 보아야 할 것은 인간의 나약함이 극에 달하는 것은 하나님의 외면이 아니라 이 고통을 통하여 하나님께 더 가까이 나아가기를 재촉하는 것이다. 16~18절에서는 하나님께서 모든 것을 다 끊으셔서 하나님의 진노를 나타내셨다고 하였다. 하나님의 진노는 너무 커서 인간의 힘으로는 어쩔 수 없음을 고백한다.

하나님께서 사랑하는 자와 친구를 멀리 떠나가게 하고, 아는 자를 흑암에 두어 어느 누구를 의지할 수 없는 비참하고 고독한 상황에 처하게 하였다. 영적 고통과 육신의 질병은 시인으로 하여금 사회적 고립을 당하게 하였다.

이런 상황에서 하나님을 의지하는 것이 유일한 길이기에 시인은 질병과 고독의 자리에서 살아계신 하나님을 의지하게 된다. 오늘의 우리들이 고통과 사회적 정황에서 고통을 당하여도 우리에게는 하나님이 계시기에 그 하나님을 의지해야 한다. 이것이 우리의 삶이며 길이다.

여호와의 인자하심을
영원히 노래하며

시편 89:1~4

1내가 여호와의 인자하심을 영원히 노래하며 주의 성실하심을 내 입으로 대대에 알게 하리이다 2내가 말하기를 인자하심을 영원히 세우시며 주의 성실하심을 하늘에서 견고히 하시리라 하였나이다 3주께서 이르시되 나는 내가 택한 자와 언약을 맺으며 내 종 다윗에게 맹세하기를 4내가 네 자손을 영원히 견고히 하며 네 왕위를 대대에 세우리라 하셨나이다 (셀라)

시편 89편은 오고 오는 세대가 야훼를 찬양할 것이라고 시인의 고백과 1-2절의 찬양의 선언으로 시작한다. 이 시편은 감격으로 시작하였으나 38절부터는 어려운 상황을 기록하고 있다. 앞부분에서는 하나님께서 다윗에게 어떤 언약을 하셨고, 그 하나님이 어떤 분이시라는 것을 기록하였다. 이 시의 저자인 시인 에단이 마스길 즉 '교훈적 시'로 지었는데, 어려움과 고통 속에서 그 어려움을 내어 놓고 억지로 간청하는 것이 아니라 '하나님이 이렇게 귀하시다'는 것을 길게 설명하고 있다.

하나님께서 문제를 해결해 주시는 분이라는 엄격한 원리를 제시하시고, 하나님의 백성들이 하나님께 기도하는 놀라운 역사를 소개하고 있다. 시인은 1~2절에서 찬양의 선언을 한다.

1. 찬양의 선언

1절에서 "내가 여호와의 인자하심을 영원히 노래하며 주의 성실하심을 내 입으로 대대에 알게 하리이다"고 하였다. 시인의 처음부터 자기가 가지고 있는 믿음을 고백하였다. 시인은 자기가 하나님께 속해 있음을 고백하고 하나님과 자신의 관계를 설명한다. 시인은 '우리가'라고 하지 않고 '내가'라고 하였다. 내가 하나님을 바로 믿고 하나님을 의지하는 것이 중요하다. '여호와의 인자하심을 영원히 노래하며'라고 하였다. 약속의 하나님이신 여호와는 은혜의 하나님이며, 사랑의 하나님이다. 이런 하나님의 인자하심 즉 사랑을 영원히 노래한다고 하였다. 우리가 어떤 상황에 처해 있을지라도 하나님의 사랑은 변치 않는다. 그래서 이 사랑을 영원히 노래해야 한다. 하나님의 변치 않는 사랑으로 인하여 우리가 새 힘을 얻게 되기에 우리는 하나님의 긍휼하심을 항상 바라보아야 한다.

또 '주의 성실하심을 내 입으로 대대에 알게 하리이다'고 하였다. 노래하는 것은 단순한 곡조가 아니라 주님을 증거하는 것이다. 히브리서 기자는 이것을 분명히 설명하고 있다. "그러므로 우리는 예수로 말미암아 항상 찬송의 제사를 하나님께 드리자 이는 그 이름을 증언 하는 입술의 열매니라"(히 13:15)는 말씀에서 '입술의 열매'를 강조한다. 우리는 하나님의 사랑과 진리를 오고 오는 세대에 전파해야 한다. 이것은 하나님의 백성들의 복 받은 삶이요 고백의 역사이다. 약속의 하나님을 찬양하는 믿음의 삶을 살아야 한다.

2절에서 "내가 말하기를 인자하심을 영원히 세우시며 주의 성실하심을 하늘에서 견고히 하시리라 하였나이다"고 하였다. 이 말씀은 1절을 확대하여 서술한 것이지 다른 말이 아니다. '인자하심을 영원히 세우시며'라고 하였다. 여기서 '세우신다'란 말은 하나님께서 사랑의 법, 은혜의 법을 주셨다가 어느 날 갑자기 취소하시는 이런 일이 없으시다는 뜻이다. 하나님의 사랑을 영원히 세우시고, 폐하지 아니 하신다는 의미이다.

하나님의 사랑은 변치 아니 하신다. 인간의 사랑은 여건에 따라 변하고 자기의 마음에 따라 변할 수 있으나 하나님의 사랑은 처음이나 나중이나 동일하다. 그래서 시인은 하나님의 인자하심이 변치 않는다는 것을 선포하고 자랑하려고 하였다. 또 '주의 성실하심을 하늘에서 견고히 하시리라'고 하였다. 이 말의 뜻은 주의 성실 즉 진리는 어느 누구도 손댈 수 없다는 것이다. 땅의 것 같으면 사람들이 방해하고 어떻게 훼손할 수 있지만 하늘에 있기 때문에 아무도 침범할 수 없다.

하나님의 성실하심은 하나님의 진실하심을 말하고 약속을 반드시 지키심을 의미한다. 이것은 절대 변치 않는다. 우리에게 문제가 생겼을 때에 이것을 해결해 주시마고 하신 하나님의 약속은 변치 않는다. 그러므로 우리들은 이 시인과 같은 자세로 나아가야 한다. '하나님은 저런 분이시구나'라는 것을 세상의 모든 사람들이 알도록 바르게 증거 하는 것이 중요하다.

시인은 이러한 찬양의 선언을 한 후에 3절부터 하나님이 어떤 분이시라는 것을 말한다. 1~2절에서는 하나님의 인자와 성실에 대하여 말하였고, 3절 이하에서는 하나님의 구체적인 모습을 말하고 있다.

2. 언약의 하나님

3절에서 "주께서 이르시되 나는 내가 택한 자와 언약을 맺으며 내 종 다윗에게 맹세하기를" 이라고 하였다. 여기서 언약의 하나님을 묘사하였다. 하나님은 택한 자와 언약을 맺으셨다. 여기에 대한 설명이 필요하다. 이 말은 '하나님은 인자하신 분이시다'라는 것을 교훈한다.

이 사람은 착하고, 저 사람은 그렇지 않은데 하나님께서 착한 사람만 골라서 택하신다면 하나님이 인자하신 분이 아니다. 전부가 멸망 받아야 할 인간들이지만 하나님의 사랑으로 자기 백성들을 택하여 부르셨다. 이것은 하나님의 선택의 교리이다.

하나님이 왜 이렇게 택하시는가? 그것은 하나님께서는 긍휼하시기 때문이다. 그러니 택함 그 자체가 하나님의 놀라운 인자를 보여 주시는 것이다. 이런 사랑을 입었기에 하나님께 감사해야 한다.

'내 종 다윗에게 맹세하기를'라고 하였으니 이 언약을 세상의 언약과는 완전히 다르다. 세상의 언약은 쌍방이 도장을 찍어야 하지만 하나님의 언약은 하나님만 도장을 찍는 일방적 언약이다. 하나님은 "내가 나를 두고 맹세하노니"(히 6:13~16)라고 하였다. 하나님은 최고의 하나님이시기에 이 하나님이 스스로 언약을 하신다.

3. 하나님의 역사

4절에서 "내가 네 자손을 영원히 견고히 하며 네 왕위를 대대에 세우리라 하셨나이다 (셀라)"고 하였다. 이 말씀의 배경은 사무엘하 7장에 있다. "네 집과 네 나라가 내 앞에서 영원히 보전되고 네 위가 영원히 견고하리라 하셨다 하라 나단이 이 모든 말씀들과 이 모든 계시대로 다윗에게 말하니라"(삼하 7:16~17)는 말씀에서 하나님의 언약이 나타난다.

이 언약은 다윗의 육신의 혈통으로는 완전히 이루어지지 않았으나 다윗의 자손으로 오신 예수 그리스도를 통하여 완전히 이루어졌다. 예수 그리스도는 영원히 왕 노릇하시는 분이시기에 그 약속이 성취되었다. 하나님의 약속은 반드시 이루어진다. 하나님의 인자와 성실하심이 영원하기에 그 언약을 통하여 하나님의 위대하신 역사를 반드시 이루신다.

우리가 살아가는 이 땅에는 여러 가지 문제들이 있다. 그러나 하나님의 약속을 바라보면 우리는 이 문제들을 이길 수 있다. 하나님의 인자하심과 성실하심이 영원하시기에 우리는 이것을 바라보고 고통의 언덕을 넘어야 한다. 하나님의 언약을 믿는 하나님의 백성들은 힘든 세상을 보는 것이 아니라 하나님의 역사를 바라본다. 고통의 언덕 너머 있는 하나님의 사랑의 세계를 소망하며 우리가 당하는 어려움을 이긴다. 그래서 우리는 찬양하고 감사의 제사를 드린다.

하늘이 주의 것이요

시편 89:5~11

5여호와여 주의 기이한 일을 하늘이 찬양할 것이요 주의 성실도 거룩한 자들의 모임 가운데에서 찬양하리이다 6무릇 구름 위에서 능히 여호와와 비교할 자 누구며 신들 중에서 여호와와 같은 자 누구리이까 7하나님은 거룩한 자의 모임 가운데에서 매우 무서워할 이시오며 둘러 있는 모든 자 위에 더욱 두려워할 이시니이다 8여호와 만군의 하나님이여 주와 같이 능력 있는 이가 누구리이까 여호와여 주의 성실하심이 주를 둘렀나이다 9주께서 바다의 파도를 다스리시며 그 파도가 일어날 때에 잔잔하게 하시나이다 10주께서 라합을 죽임 당한 자 같이 깨뜨리시고 주의 원수를 주의 능력의 팔로 흩으셨나이다 11하늘이 주의 것이요 땅도 주의 것이라 세계와 그 중에 충만한 것을 주께서 건설하셨나이다

시편 89편은 교훈시로서 사람들에게 진리를 가르치기 위하여 쓴 것이다. 1~37절은 아름답고 웅장한 시어(詩語)로 되어 있고, 38~52절은 슬픈 내용으로 되어 있다. 여호와 하나님을 찬양하며 그 언약을 소망하는 하나님의 백성들의 삶을 노래하고 있다. 1~2절은 찬양의 선언으로서 중요한 의미를 가지며, 3~4절에서는 하나님의 인자와 성실에 대한 신뢰로 가득하다.

5절부터는 그 내용이 확장되어 나가고 있다. 이미 나타난 하나님의 인자하심과 성실하심에 대한 내용을 지금가지 지나온 세대를 돌아보면서 하나님께 찬양하는 내용이다.

1. 주의 기이한 일

5절에서 "여호와여 주의 기이한 일을 하늘이 찬양할 것이요 주의 성실도

거룩한 자들의 모임 가운데에서 찬양하리이다"고 하였다. 여기서도 하나님을 '여호와'라고 부르고 있다. 이것은 언약의 하나님을 부르는 믿음의 태도이다. 즉 언약의 하나님, 사랑의 하나님이라는 뜻이다. 그리고 난 후에 여호와를 '주'로 표현하고 있다. '주의 기사'란 주의 백성을 구원하시기로 언약하신 것을 이루시는 모든 일을 가리켜서 말하는 것이다. '기사'란 원래 기이한 일을 가리키는데 예상하지 못한 하나님의 놀라운 역사가 기이한 일이라는 말이다.

하나님의 역사는 모두 '주의 기사'이다. 이스라엘 백성을 애굽에서 인도하여 내신 하나님께서 광야 생활을 통하여 놀라운 역사를 주셨다. 주의 기사는 반복되어 나타났는데 이러한 기사를 하늘이 찬양한다. 하나님의 보좌를 옹위하고 있는 천사들이 하나님의 기이한 역사를 찬양한다.

베드로는 이것을 구체적으로 설명하고 있다. "이 섬긴 바가 자기를 위한 것이 아니요 너희를 위한 것임이 계시로 알게 되었으니 이것은 하늘로부터 보내신 성령을 힘입어 복음을 전하는 자들로 이제 너희에게 알린 것이요 천사들도 살펴 보기를 원하는 것이라"(벧전 1:12)고 하였다. 이것은 그리스도의 고난을 통해서 구원해 주시는 은혜를 말한다.

하늘의 천사들만 찬양하는 것이 아니라 '거룩한 자의 회중' 즉 교회도 찬양한다는 말이다. 하나님의 교회는 주의 성실을 찬양한다. 이것은 하나님의 백성이 누리는 영광의 역사이다.

2. 여호와와 비교할 자

6절에서 '무릇 구름 위에서 능히 여호와와 비교할 자 누구며 신들 중에서 여호와와 같은 자 누구리이까'라고 하였다. 여기서 '무릇'이란 일반적 진리를 선포할 때 사용되는 용어이다. 하나님은 비교할 수 없는 분이시다. 그러므로 하나님의 언약을 믿어야 하고 그분의 성품을 의심해서는 안 된다.세상의 그 누구와도 비교할 수 없는 하나님의 존재와 역사를 우리들의 귀중하게 여기고 순종해야 한다.

하나님은 유일하신 분이다. 많은 신들 중의 한 분에 아니라 절대자이시다. 이 하나님만이 우리를 구원하시기에 우리는 종교다원주의를 배격한다. 기독교는 다른 종교보다 우월한 것이 아니라 유일한 것임을 분명히 해야 한다. 그래서 이 하나님은 그 누구와도 비교할 수 없는 유일하신 구세주이시기에 우리는 이 하나님을 찬양하여 영광을 돌려야 한다.

7절에서 "하나님은 거룩한 자의 모임 가운데에서 매우 무서워할 이시오며 둘러 있는 모든 자 위에 더욱 두려워할 이시니이다"고 하였다. 6절에서 하나님은 그 누구와도 비교할 수 없는 분이라고 하였고 7절에서는 하나님께서 자기 백성을 다스리실 때에 엄위하게 다스리신다고 하였다.

왜 이와 같이 하시는가? 사랑하는 자일수록 철저하게 간섭하시기 때문이다. 택한 백성이 하나님의 뜻에서 떠나 자기 마음대로 살아가면 하나님께서 심하게 징계하신다. 버릴 사람이라면 징계를 하지 않지만 자기 백성으로 삼으신 자들이기에 바로 세워 하나님의 역사를 나타내게 한다.

8절에서 "여호와 만군의 하나님이여 주와 같이 능력 있는 이가 누구리이까 여호와여 주의 성실하심이 주를 둘렀나이다"고 하였다. 여기에 나오는 하나님의 명칭에 주의할 필요가 있다. '여호와', '만군의 하나님', '주'라고 부른다. 여호와를 '만군의 하나님'이라고 부르고 있다. 이것은 능력의 통치자라는 의미로서 하나님께서 하늘과 땅을 모두 다스리심을 강조한다. 그러니 하나님은 '다스리는 자의 다스리는 자'이시다. 이 하나님은 능하신 분이시며 어느 누구도 비교할 수 없는 분이시다. 이 하나님의 모든 부분에 성실함이 가득하다. 하나님은 약속을 분명히 지키시기에 우리들의 하나님 중심의 삶을 살아가야 한다.

3. 역사적 사건

시인은 9절 이하에서 하나님의 권능이 어떻게 나타났는지 역사적 사건을 들어서 설명하고 있다. 9~10절에서 "주께서 바다의 파도를 다스리시며 그 파도가 일어날 때에 잔잔하게 하시나이다 주께서 라합을 죽임 당한 자 같이 깨뜨리시고 주의 원수를 주의 능력의 팔로 흩으셨나이다"고 하였다.

하나님께서는 바다의 흉용을 다스리신다. 왜냐하면 하나님이 지으셨기 때문이다. '흉용'이란 바다의 파도가 험하게 치는 모습을 말하는데 이스라엘 백성들이 홍해를 건널 때에 하나님의 놀라운 역사가 나타났다. 바다를 다스리시는 하나님의 위대하신 손길을 통하여 우리는 하나님의 권능과 역사를 보게 된다. 우주를 통치하시는 하나님이시기에 그분의 능력을 더욱 귀하게 여긴다.

10절에서 '라합을 죽임 당한 자 같이 깨뜨리시고'라고 하였는데 여기서 라합은 애굽을 가리킨다. 하나님은 애굽을 가루로 만들어 버리셨다는 말이다. 그 당시 애굽은 강국이었고 이스라엘과 비교도 되지 않는 나라였다. 이런 나라를 하나님이 박살을 내신 것이다. 여기에 '주의 능력의 팔'이 역사하셨는데 이것은 하나님의 '이적'을 말한다. 하나님은 능력의 팔로 모든 원수들을 물리치시고 하나님의 영광을 드러내게 하신다.

11절에서 "하늘이 주의 것이요 땅도 주의 것이라 세계와 그 중에 충만한 것을 주께서 건설하셨나이다"고 하였다. 하나님이 왜 이같이 간섭하실 수 있는가? 모든 것이 주의 것이기 때문이다. 하늘도 주의 것이요 땅도 주의 것이기에 하나님의 영광을 생각하게 된다. 하나님의 백성은 하나님의 인자하심과 성실하심을 신뢰한다. 이것은 하나님의 사랑을 받은 자들이 가지는 복이며 특성이다. 이런 원리에 따라 하나님의 백성으로서의 삶을 살게 된다. 하늘이 주의 것이요 땅도 주의 것이다. 그러기에 이 우주의 주인을 섬기고 감사의 역사를 날마다의 생활에서 나타내게 된다. 하나님의 절대 주권을 믿는 하나님의 백성은 더 큰 은혜와 사랑 속에서 살아가야 한다. 오늘의 우리는 하나님의 우주적 주권을 믿고, 여기에 따른 승리의 삶을 살기 위해 노력해야 한다. 이것이 하늘 백성의 삶이다.

우리의 방패는 여호와께 속하였고

시편 89:12~18

12남북을 주께서 창조하셨으니 다볼과 헤르몬이 주의 이름으로 말미암아 즐거워하나이다 13주의 팔에 능력이 있사오며 주의 손은 강하고 주의 오른손은 높이 들리우셨나이다 14의와 공의가 주의 보좌의 기초라 인자함과 진실함이 주 앞에 있나이다 15즐겁게 소리칠 줄 아는 백성은 복이 있나니 여호와여 그들이 주의 얼굴 빛 안에서 다니리로다 16그들은 종일 주의 이름 때문에 기뻐하며 주의 공의로 말미암아 높아지오니 17주는 그들의 힘의 영광이심이라 우리의 뿔이 주의 은총으로 높아지오리니 18우리의 방패는 여호와께 속하였고 우리의 왕은 이스라엘의 거룩한 이에게 속하였기 때문이니이다

　　시편 89편은 크게 두 내용으로 되어 있다. 1~37절은 하나님의 은혜와 위대하심에 대한 찬양이며, 38~52절은 이스라엘의 실패에 대한 내용이다. 이러한 구성은 다른 시편들과 정반대이다. 일반적으로 시편들은 앞부분에 괴로움과 어려움을 다루고 있다. 역경 중에서 하나님께 간구하니 하나님이 문제를 해결해 주신다. 그래서 뒷부분에 가서 문제를 해결해 주신 하나님을 찬양하는 것으로 구성되어 있다.

　　그러나 시편 89편은 정반대이다. 앞부분에서 하나님을 찬양하고, 뒤에서는 자신의 어려움을 호소하고 있다. 시인은 자신의 어려움보다 하나님이 이런 분이시라는 것을 강조함으로써 하나님의 역사를 나타낸다. 시인은 하늘과 땅, 그 중에 충만한 것이 다 하나님의 것이라고 강조하고 있는데, 그것을 통하여 하나님을 찬양한다.

1. 주께서 창조하셨으니

12절에서 "남북을 주께서 창조하셨으니 다볼과 헤르몬이 주의 이름으로 말미암아 즐거워하나이다." 다볼과 헤르몬은 이스라엘에 있는 산이다. 다볼산은 해발 5백 미터 정도의 그리 높지 않은 산이고, 헤르몬산은 해발 2,814미터의 높은 산이다. 그러니 높은 산이나 낮은 산이 다 하나님의 것이라는 말이다.

이 모든 세계가 주의 이름으로 즐거워한다. 하나님께서 우리의 주인이 되신 것을 믿으며 이 하나님께 영광을 돌리게 된다. 하나님은 이 세상 모든 것을 지으신 분이시기에 이 하나님께 영광을 돌리는 것이 무엇보다 귀하고 중요하다. 이것은 세계를 보는 우리의 관점을 제시한다. 산이나 바다, 나무나 돌, 이 모든 것을 하나님이 지으셨기에 이 하나님께 영광을 돌리는 삶을 살아야 함을 강조한다.

13절에서 "주의 팔에 능력이 있사오며 주의 손은 강하고 주의 오른손은 높이 들리우셨나이다" 하였다. 하나님께 천지 만물을 창조하시고 이러한 것들을 관리하시는데 '주의 팔에 능력이 있다'고 하였다. 이것은 '하나님의 직접적인 간섭'을 말한다. 하나님은 팔로 또 오른손으로 역사하심을 강조한다. 시인은 이렇게 고백한 것은 하나님이 팔을 펴서 역사하시면 자기가 당하고 있는 문제들이 다 해결될 수 있다는 뜻이다. 하나님이 다스리실 때에는 어려움이 없고, 하나님의 역사만이 드러난다.

하나님이 다스리실 때에는 원리가 있다. 그 원리가 14절 이하에서 나온다. 14절에서는 "의와 공의가 주의 보좌의 기초라 인자함과 진실함이 주 앞에 있나이다"고 하였다. 하나님이 세계를 다스리시고 인생을 다스리시는 기초가 무엇인가? 그것은 '의'이다. 하나님께서는 모든 일을 옳게 하시고 완전하게 하신다. '의'란 원래 '완전'이란 뜻을 가지고 있다. 하나님은 완전한 방법으로 이 세상을 다스리신다.

'의와 공의가 주의 보좌의 기초'라고 하였다. 공의란 의를 공평하게 적용하는 것이다. 하나님은 부자와 가난한 자, 높은 자와 낮은 자를 차별하시지 않고 공평하게 처리하시는데 이것이 하나님의 보좌의 기초이다. '인자함과 진실함이 주 앞에 있나이다'고 하였다. 주님 앞에 인자와 진실이 먼저 행한다는 의인적 표현을 하고 있다.

이러한 공의의 실천을 어떻게 하는가? 그것은 사람을 통해서이다. 하나님의 백성들을 통하여 하나님의 인자와 진실을 나타내고, 사랑과 구제를 하며 전도하게 한다. 거짓으로 가득한 이 땅에 하나님의 역사를 나타내는 것이 무엇보다 귀하고 소중하다.

2. 복이 있나니

15절에서 "즐겁게 소리칠 줄 아는 백성은 복이 있나니 여호와여 그들이 주의 얼굴 빛 안에서 다니리로다"라고 하였다. '즐거운 소리'가 무엇인가? 복음을 말한다. 하나님의 이러한 복된 소식을 아는 자가 복이 있는 자라는 말이다. 하나님의 음성을 듣고 기뻐할 줄 아는 자가 복 있는 사람이다. 물질이나 권력이 많은 것이 아니라 하나님의 복음이 우리 속에 있을 때에 진정한 복을 누리게 된다.

'여호와여 그들이 주의 얼굴빛에 다니며'라고 하였다. '얼굴빛에 다닌다'란 말은 하나님을 모시고 산다는 말이다. 하나님의 얼굴빛을 비추시는 그 빛 아래서 걸어가고 있다는 말이다. 하나님의 백성은 이러한 기쁨의 삶을 살아간다. 이 기쁨은 하나님의 주시는 것이며 하나님의 빛에 따른 것이다.

16절에서 "그들은 종일 주의 이름 때문에 기뻐하며 주의 공의로 말미암아 높아지오니"라고 하였다. 하나님의 은혜를 입고, 하나님의 진리를 바로 알아 하나님의 말씀을 따라 살아가면 하나님의 얼굴빛 가운데로 다니는데, 종일 다닌다는 말이다. '주의 의로 인하여 높아지오니'라고 하였는데, 주의 의를 내가 받아드리니 내가 의롭게 된다는 말이다. 우리가 예수 그리스도를 믿을 때에 예수님의 의가 나의 의가 된다. 하나님의 의로 우심이 우리에게 역사할 때에 우리들도 그 의를 힘입어 바로 살아가게 된다.

3. 힘의 영광

17절에서 "주는 그들의 힘의 영광이심이라 우리의 뿔이 주의 은총으로 높아지오리니"라고 하였다. 그들에게 주님이 힘의 영광이시다. 하나님의 백성이 능력있게 살아가는 것은 하나님이 능력을 주셨기 때문이다. 하나님의 백성이 능력있게 살아가면 그 능력을 보고 하나님이 높아진다. 그 힘이 하나님께로부터 왔다는 것을 사람들이 인정하게 된다는 말이다. 이런 하나님의 역사를 우리들이 자랑하여야 한다. '우리 뿔이 주의 은총으로 높아지오리니'라고 하였는데, 여기 나오는 '뿔'은 '힘' 또는 '능력'을 말한다. 우리가 능력이 있는 것이 아니라 하나님의 은총을 받았기 때문이라는 의미이다. 우리가 하나님의 은총을 받았으니 이 은총으로 인해 더욱 높아진다.

18절에서 "우리의 방패는 여호와께 속하였고 우리의 왕은 이스라엘의 거룩한 이에게 속하였기 때문이니이다"고 하였다. 방패란 보호해 주는 것인데 우리의 방패는 군사력이 아니라 하나님이시다. 이스라엘의 다스리는 왕도 하나님께 속해 있다.

이것은 하나님의 주권성(主權性, Lordship)을 강조하는 말이다. 하나님의 하나님 되심을 바로 믿고 나아가는 것이 하나님의 백성의 삶이다. 우리의 힘도 우리 것이 아니라 하나님에게서 온다. 그러므로 이 하나님을 영화롭게 하는 삶을 살아야 한다. 우리의 방패는 여호와이시다. 모든 것이 하나님의 능력으로 되어지기에 이 하나님의 영광을 위하여 우리들의 삶을 구체화 시켜야 한다. 우리에게 고난의 바람이 와도 하나님의 능력으로 맞는 역사를 체험해야 한다.

내 팔이 그를 힘이 있게 하리로다

시편 89:19~24

19그 때에 주께서 환상 중에 주의 성도들에게 말씀하여 이르시기를 내가 능력 있는 용사에게는 돕는 힘을 더하며 백성 중에서 택함 받은 자를 높였으되 20내가 내 종 다윗을 찾아내어 나의 거룩한 기름을 그에게 부었도다 21내 손이 그와 함께 하여 견고하게 하고 내 팔이 그를 힘이 있게 하리로다 22원수가 그에게서 강탈하지 못하며 악한 자가 그를 곤고하게 못하리로다 23내가 그의 앞에서 그 대적들을 박멸하며 그를 미워하는 자들을 치려니와 24나의 성실함과 인자함이 그와 함께 하리니 내 이름으로 말미암아 그의 뿔이 높아지리로다

하나님을 찬양하며 자기의 필요를 하나님께 간구하는 시인은 시편 89편을 통하여 자신의 간절함을 내보이고 있다. 시인은 인자하심과 진실하심이 충만하신 하나님이시라고 하면서 하나님을 찬양하였다. 하나님의 백성은 하나님의 은총에 감사하고 찬양하는 사람이다. 하나님의 영광을 드러내기 위하여 자기가 가진 모든 것을 하나님을 위해 활용하는 자들이다. 그러기에 하나님의 역사를 더욱 귀하게 여기는 신앙의 자세가 필요하다.

1. 주의 성도에게 주신 말씀

시인은 19절부터 '주의 성도에게 주신 말씀'이라고 하여 하나님이 주신 말씀의 존귀함을 강조하였다. 우리의 믿음은 하나님의 말씀을 바탕으로 하

기에 이 말씀에 대한 바를 이해가 필요함을 강조한다. 19절에서 "그 때에 주께서 환상 중에 주의 성도들에게 말씀하여 이르시기를 내가 능력 있는 용사에게는 돕는 힘을 더하며 백성 중에서 택함 받은 자를 높였으되"라고 하였다. 여기서 '환상 중에'라는 단어를 주목할 필요가 있다. 이것은 환상을 보고 싶어서 볼 것이 아니라 하나님 쪽에서 열어 보며 주신 것이란 말이다. '환상 중에' 란 하나님이 주신 '계시'를 말한다. 하나님께서 하나님의 깊으신 뜻을 열어보여 주셨다는 뜻이다. 환상을 이렇게 보여 주신 것 자체가 은혜이다. 이것은 하나님의 '계시의 은총'인데 이것으로 하나님의 뜻을 깨닫는 것보다 더 큰 은혜가 없다.

이런 계시를 '주께서' 주셨다. 계시의 주체는 주님이시지 우리가 아니다. 우리가 기도를 많이 했기에 계시를 주시는 것이 아니라 하나님의 은혜로 이 계시를 주신 것이다. '주께서 환상 중에 주의 성도에게 말씀하시기를'이라고 하였다. 하나님께서 은혜로운 말씀을 주셨다는 것이다. 하나님이 성도들에게 주신 말씀이 무엇인가? '내가 돕는 힘을 능력있는 자에게 더하며 백성 중에서 택한 자를 높였으되'라고 하였다.

하나님의 백성은 하나님의 '돕는 힘'을 받아야 한다. 우리의 힘으로 살아가는 것이 아니라 하나님의 돕는 힘이 있어야 한다. 하나님의 백성은 이 힘을 의지하여 살아가며 하나님의 영광을 나타낸다. 이 힘을 누구에게 주는가? '능력있는 자에게 더하며'라고 하였다. 이 말은 이미 받은 능력을 바로 사용하는 자에게 더 큰 능력을 주신다는 말이다. 하나님은 '택한 자를 더 높이신다' 여기서 택한 자의 대표는 다윗이다. 하나님은 백성 중에서 택하였다고 했는데 이것은 같은 사람들 중에서 택하였다는 말이다.

하나님이 자기 백성을 택하여 높여 주신다. "너희는 택하신 족속이요" (벧전 2:9)라고 하여 그들은 왕같은 제사장으로 삼았고, 거룩한 나라로 삼았고, 하나님의 소유된 백성이 되게 하였다. 이와 같은 하나님의 역사가 자기 백성에게 이루어 졌으니 이 백성은 하나님의 영광의 도구가 된다.

2. 거룩한 기름을 부어

20절에서 "내가 내 종 다윗을 찾아내어 나의 거룩한 기름을 그에게 부었도다"고 하였다. 하나님은 '내가' 이 역사를 이룬다고 하시고 다윗을 '내 종'이라고 하였다. 종은 '봉사자'이다. 하나님은 다윗을 택하셔서 봉사자가 되게 하였다. 하나님이 '찾았다'고 하였는데 이 말은 '나를 다 아신다'는 뜻이다. 하나님은 우리의 모든 것을 다 아신다. 약점도 아시고 장점도 아신다. 이런 우리를 찾아 거룩한 기름을 부어 주신다 이 말은 성령의 은혜를 부어 주신다는 뜻이다. 하나님은 자기 백성의 모든 것을 아신다. 이런 우리를 부르셔서 성령의 역사를 체험하게 하시고 하나님의 백성으로서의 삶을 살게 하신다.

21절에서 "내 손이 그와 함께 하여 견고하게 하고 내 팔이 그를 힘이 있게 하리로다"고 하였다. 하나님의 손이 저와 함께 한다. '내 손'이라고 하였으니 하나님의 직접적인 역사를 가르친다. 하나님의 손이 나를 붙잡으시면 모든 것이 이루어진다. 견고하여지고, 팔이 힘을 얻게 된다. 하나님이 우리를 붙잡아 주시면 우리는 강한 힘을 얻어 승리한다. 하나님께서 '내 팔이 그를 힘있게 하리로다'고 하였으니 이 하나님의 역사를 믿어야 한다.

22절에서 "원수가 그에게서 강탈하지 못하며 악한 자가 그를 곤고하게 못하리로다"고 하였다. 다윗에게는 많은 원수들이 있었다. 그의 일생은 전쟁 속에서 살아갔다. 하나님이 함께 하실 때에 다윗이 가는 곳마다 이기게 하여 주셨다. 하나님의 백성들이 하나님의 말씀대로 살려고 할 때에 원수들의 극심한 도전이 있다. 그러나 하나님이 힘주시고 함께 하시면 승리하게 된다. 우리에게 중요한 것은 하나님의 함께 하심이다. 하나님이 함께 하시면 원수들이 공격하지 못한다.

3. 승리의 삶

24절에서 "나의 성실함과 인자함이 그와 함께 하리니 내 이름으로 말미암아 그의 뿔이 높아지리로다"고 하였다. 하나님이 원수들을 물리치시니 하나님의 백성은 승리의 삶을 살아가게 된다. 하나님의 성실하심과 인자하심이 자기 백성과 함께 할 때에 하나님의 위대한 역사가 일어난다. 여기서 주목해야 할 것은 '내 이름을 인하여'이다. 하나님의 이름 때문에 하나님의 백성이 능력을 받게 된다. '뿔'이란 능력이다. 그 뿔이 높아진다는 것은 그의 능력이 있음이 세상에 더욱 널리 전하여 진다는 말이다. 하나님이 함께 하시면 더 큰 힘을 얻게 되고 하나님께 가까이 나아가 하나님의 역사를 나타낸다.

25절에서 "내가 또 그의 손을 바다 위에 놓으며 오른손을 강들 위에 놓으리니"라고 하였다. 하나님은 자기 백성들 보다 앞서 행하신다. 그래서 원수들을 물리치셔서 승리하게 하신다. 우리의 전쟁은 믿음의 전쟁이며 영적 전쟁이다. 우리의 대장되신 그리스도께서 앞서 행하셔서 우리의 원수를 물리쳐 주신다. 그러기에 우리는 승리하며 감사하게 된다. 하나님의 백성은 대장되신 그리스도를 따르기만 하면 된다. 그리스도께서 승리하였으니 우리도 반드시 승리한다. 우리의 이김은 그리스도의 이김이며, 영광의 이김이다.

하나님은 자기 백성에게 말씀을 주셨다. 이것 자체가 축복이며 은혜이다. 하나님은 성도들에게 능력주시기를 원하신다. 이 능력이 어떤 것인가? '돕는 능력'이다. 이런 능력을 받는 자가 하나님의 영광을 찬미하고 다른 사람을 돕게 된다.

오늘의 우리들은 하나님의 도우심의 은혜를 체험해야 한다. 이것은 하나님의 놀라운 역사이다. 이 은혜를 입은 자들은 자기만을 위하여 사는 것이 아니라 다른 사람을 돕는 삶을 살아가게 된다. 도우시는 하나님으로 인하여 큰 힘을 더하여 가는 하나님의 백성들의 바른 자세가 있어야 하며, 이것으로 인해 하나님의 영광을 드러내어야 한다.

주는 나의 아버지시오

시편 89:25~37

25내가 또 그의 손을 바다 위에 놓으며 오른손을 강들 위에 놓으리니 26그가 내게 부르기를 주는 나의 아버지시요 나의 하나님이시요 나의 구원의 바위시라 하리로다 27내가 또 그를 장자로 삼고 세상 왕들에게 지존자가 되게 하며 28그를 위하여 나의 인자함을 영원히 지키고 그와 맺은 나의 언약을 굳게 세우며 29또 그의 후손을 영구하게 하여 그의 왕위를 하늘의 날과 같게 하리로다 30만일 그의 자손이 내 법을 버리며 내 규례대로 행하지 아니하며 31내 율례를 깨뜨리며 내 계명을 지키지 아니하면 32내가 회초리로 그들의 죄를 다스리며 채찍으로 그들의 죄악을 벌하리로다 33그러나 나의 인자함을 그에게서 다 거두지는 아니하며 나의 성실함도 폐하지 아니하며 34내 언약을 깨뜨리지 아니하고 내 입술에서 낸 것은 변하지 아니하리로다 35내가 나의 거룩함으로 한 번 맹세하였은즉 다윗에게 거짓말을 하지 아니할 것이라 36그의 후손이 장구하고 그의 왕위는 해 같이 내 앞에 항상 있으며 37또 궁창의 확실한 증인인 달 같이 영원히 견고하게 되리라 하셨도다 (셀라)

시편 89편은 긴 시편이다. 1~37절이 하나의 단락이 되고 38절부터 이 시의 본론을 거론하고 있다. 1~37절은 하나님의 인자하심, 하나님의 위대하심, 하나님의 은혜로운 약속을 계속하여 노래하고 있고, 38절에 가서 오늘의 우리들의 처지가 이러하다고 고백한다.

1~18절에서 하나님은 인자하심과 성실하심이 풍성하신 분이라고 하며 하나님께 감사와 찬양을 드렸다. 19~37절에서는 하나님의 인자하심과 진실하심이 성도들에게 주신 말씀 즉 하나님의 언약 속에 나타났다고 노래한다. 이 내용을 보면 모두 다윗을 두고 한 말이다. 다윗에게 이러한 언약을

베푸셨다는 것이다. 이것은 다윗이 하나님의 백성을 대표하는 의미를 가지고 있다. 그러므로 이 말씀은 우리를 향한 하나님의 언약이다.

1. 그의 손

25절에 보면 "내가 또 그의 손을 바다 위에 놓으며 오른손을 강들 위에 놓으리니"라고 하였다. 여기서 '그의 손'이란 누구의 손을 말하는가? '다윗의 손' 즉 하나님의 택한 자의 손이다. 하나님께서는 그의 손을 '바다 위와 강들 위에 세우겠다'고 하였다. 여기서 '바다'란 세력의 범위를 넓힌다는 뜻인데 하나님의 '바다를 지배하시는' 또는 '바다를 좌우하시는' 것을 말한다. 이스라엘은 해양국이 아니며 바다에 약하였다. 그러나 다윗의 시대에 와서 바다에 대해 강한 모습을 보여 주었다. 솔로몬 시대에는 배를 만들어 여러 곳에서 보물을 가지고 왔다.

하나님의 특별하신 은혜로 이 바다와 같은 세상을 우리 손 안에 두게 하시고 하나님의 영광을 위하여 사용하게 하신다.

또 '강들 위에'라고 하였는데 '강들'이란 문명이 꽃피는 곳이다. 세계 문명은 강을 끼고 형성되었다. 중국, 이집트, 인도, 메소포타미아 문명이 모두 강을 중심으로 이루어졌는데 이런 문명들을 하나님이 주관하시고 역사하여 주신다. 그러니 세상의 모든 것은 하나님의 주권 아래 있다. 하나님 이 세상을 다스리시니 하나님의 백성은 하나님의 영광을 찬미하며 하나님을 더욱 높이어야 한다.

2. 나의 아버지시요

26절에서 "그가 내게 부르기를 주는 나의 아버지시요 나의 하나님이시요 나의 구원의 바위시라 하리로다"고 하였다. 이것은 신앙고백이다. 자기가 이 세상을 지배하는 임금이지만 자기를 내세우지 않고 하나님을 더 높이는 신앙을 고백하였다.

'주는 나의 아버지시요'라고 하였다. 내가 이렇게 잘 되도록 하신 분은 나의 아버지 되신 하나님께서 은혜를 베풀어 주셨기 때문이란 말이다. 여기서 '아버지'란 말은 '사랑의 관계'를 강조하는 뜻이다. 이것은 은혜의 관계이며, 생명의 관계이다. 하나님이 나의 아버지가 되시고 나는 그 백성이 된다는 말씀이다. 그 다음에 '나의 하나님이시요'라고 하였다. 하나님은 '엘로힘'이라는 말인데 '권능자'를 뜻한다. 하나님은 위대하신 왕이시오 나를 다스리시는 분이시다 라고 하였다.

시인은 '나의 아버지', '나의 하나님'이라고 하고서 '나의 구원의 바위'라고 하였다. 이것은 구원받은 자의 입장에서 볼 때에 무너지지 않는 '구원의 기초'라는 의미이다.

시인은 최고의 하나님께 최고의 고백을 하였다. 하나님의 위대하심과 신앙을 높이고 찬양하였으니 하나님이 더 높이 들어 사용하실 것이다.

27절에서 "내가 또 그를 장자로 삼고 세상 왕들에게 지존자가 되게 하며"라 하였다. 하나님께서 시인의 고백을 귀하게 여기서 '장자로 삼았다'고 하였다 '장자'란 모든 자의 으뜸간다는 말이다. 하나님은 '너는 나의 장자다'고 하였고, 이름만 장자가 아니라 세계 열왕의 으뜸이 되게 하여 명실상부한 하나님의 장자답게 하여 주신다.

28절에서 "그를 위하여 나의 인자함을 영원히 지키고 그와 맺은 나의 언약을 굳게 세우며"라고 하였다. 하나님은 자기 백성을 위하여 인자함을 영구히 지키고 언약을 굳게 세우신다고 하였다. 하나님은 약속대로 행하시는 분이시기에 언약하신대로 역사하시는 분이다. 이 하나님은 29절에서 "또 그의 후손을 영구하게 하여 그의 왕위를 하늘의 날과 같게 하리로다"고 하였다. 다윗을 향한 하나님의 축복은 다윗 개인에게만 주어진 것이 아니라 그 후손에게도 임하는데 '하늘의 날과 같게 하겠다'고 하였으니 '영원히 은혜를 베푸신다는 말씀이다. 하나님을 바로 섬기면 하나님의 위대한 역사가 아름답게 이루어지며 자손들에게까지 귀하게 나타남을 보이신다.

3. 만일

30절에서 32절까지의 말씀을 보면 '만일'이라는 말로 시작하여 하나님의 말씀을 버리고 규례대로 하지 아니하면 "내가 회초리로 그들의 죄를 다스리며 채찍으로 그들의 죄악을 벌하리로다(32절)"고 하였다. 하나님의 교훈은 단순한 선언이 아니라 우리가 지켜야 할 명제이다. 이 말씀을 지키지 아니하면 하나님께서 지팡이와 채찍으로 우리를 다스리시고 징계하신다고 분명히 선언하고 있다.

'그러나' 33~34절에서 우리에게 위로와 소망을 주신다. "그러나 나의 인자함을 그에게서 다 거두지 아니하며"라고 하였다. 자기 백성이 하나님의 말씀을 지키지 않을 지라도 하나님은 인자 즉 사랑을 거두지 않고, 한번 약속하신 성실도 폐하지 아니하신다. 하나님은 한 번 약속한 것은 반드시 지키시는 분이다. '만일' 자기 백성이 하나님에게서 떠나고 하나님의 말씀을 거역할지라도, 한 번 약속하신 것은 반드시 지키신다.

35~37절에서 하나님께서는 약속을 지키시고, 영구한 은총을 비유적으로 설명하고 있다. 해가 늘 있는 것처럼 다윗의 후손에게 주시는 은혜도 계속된다고 하였다(36절). 이것은 시적으로 비유하여 '궁창의 확실한 증인인 달 같이 영원히 견고하게 되리라 하셨도다'고 하였다(37절). 달은 밤에 떠서 밤의 모든 것은 보는 증인이다. 이 달이 영원하듯이 하나님의 은혜와 축복도 영원하다는 것을 우리에게 제시한다.

하나님은 자기를 높이는 자를 높이 들어 바다와 강을 다스리게 하신다. 이 백성은 하나님을 향하여 '나의 아버지, 나의 하나님, 나의 구원의 반석'이라고 고백한다. 이것은 하나님의 백성의 최고의 고백이다. 만일 하나님의 백성이 하나님의 말씀을 기키지 아니하면 하나님은 때려서라도 바로 잡으시고, 돌이키게 하신다. 이것이 하나님의 은혜요 사랑이다.

우리는 이 사랑을 받았으니 하나님께 감사를 드려야 한다. 이것은 하나님의 백성의 믿음의 자세이며 삶의 향기이다. 하나님께 우리의 사랑을 고백하면 하나님은 더 큰 은혜로 우리에게 복 내려 주신다.

그의 칼은 둔하게 하사

시편 89:38~45

38그러나 주께서 주의 기름 부음 받은 자에게 노하사 물리치셔서 버리셨으며 39주의 종의 언약을 미워하사 그의 관을 땅에 던져 욕되게 하셨으며 40그의 모든 울타리를 파괴하시며 그 요새를 무너뜨리셨으므로 41길로 지나가는 자들에게 다 탈취를 당하며 그의 이웃에게 욕을 당하나이다 42주께서 그의 대적들의 오른손을 높이시고 그들의 모든 원수들은 기쁘게 하셨으나 43그의 칼날은 둔하게 하사 그가 전장에서 더 이상 버티지 못하게 하셨으며 44그의 영광을 그치게 하시고 그의 왕위를 땅에 엎으셨으며 45그의 젊은 날들을 짧게 하시고 그를 수치로 덮으셨나이다 (셀라)

시편 89편은 긴 시로서 '에스라인 에단의 마스길'이라고 되어 있다. 솔로몬 시대에 지혜자로 이름났던 에단이란 사람이 쓴 것으로 보고 있다. 이 시를 쓴 배경을 보면 솔로몬이 죽고 그의 아들 르호보암이 왕이 된 후 이스라엘은 남과 북으로 두 쪽이 났다. 열 지파는 북쪽으로 가고, 유다 지파와 베냐민 지파만이 남은 초라한 나라가 되었다. 통일 제국을 자랑하던 다윗의 후손이 조그마한 나라가 되고 말았다. 그런 상황에서도 하나님의 긍휼로 나라가 섰는데 르호보암이 교만해지자 하나님께서는 애굽왕 시삭을 들어 유다를 치셨다. 이렇게 어려운 상황에서 이 시가 쓰여진 듯하다.

시편 89편은 그 배열이 다른 시와 반대가 된다. 보통 자기의 형편을 고백하고 하나님께서 도와주시기를 호소하는 것이 관례이다. 하나님의 도움을 받은 후 그 은혜가 감사하여 하나님께 감사와 찬양과 영광을 드리는 것으로 되어 있다. 그러나 이 시편은 정반대이다. 먼저 하나님의 위대하심을 찬양하고 그 다음에 자신의 어려움을 호소한다. 1~18절까지에서 하나님의 인자하심과 성실하심을 찬양하고 19-37절에서는 하나님의 언약 가운데 하나님의 인자와 성실이 나타난다고 노래하였다. 38절부터 새로운 주제를 다루고 있다.

1. 그러나

38절에서 "그러나 주께서 주의 기름 부음 받은 자에게 노하사 물리치셔서 버리셨으며"라고 하였다. '그러나'라고 하여 새로운 시의 내용을 나타내고 있다. '그러나'는 반의(反意)접속사인데 모든 것을 다시 생각하게 한다. 하나님의 약속은 이렇게 흔들림이 없는데 '그러나' 우리들은 왜 이렇게 비참한가를 생각하게 하고, 자기들이 현재 처해 있는 형편을 아뢰이는 것이 38절 이하의 내용이다.

시인은 앞에서 하나님의 은혜와 사랑을 노래하였는데, 지금 이 백성들이 왜 이와 같은 고통을 당하고 있는지를 생각하였다. '주께서 주의 기름 부음 받은 자를 노하사 물리쳐 버리셨다'는 것이다. 주의 기름 부음 받은 자가 누구인가? 다윗, 솔로몬, 르호보암이 아닌가? 이 왕들이 모두 기름부음을 받았다. 기름부음을 받았다는 것은 하나님이 '구별하여 세우셨다'는 말이다. 왜 이렇게 하시는가? '나의 심정으로 백성을 다스리라'는 뜻이다.

하나님의 성품에 참예한 자가 되는 것(벧후 1:4)은 하나님의 백성의 기본된 자세이다. 우리는 이 시편에서 주, 주의 뜻이라는 표현에 주목해야 한다. 이것은 하나님 중심의 위대한 역사를 강조하는 표현이다. 하나님은 왕을 폐위시키고 왕이기는 하지만 능력을 발휘하지 못하는 허수아비가 되게 하셨다. 하나님 중심의 역사를 하지 않으면 이런 결과를 나올 수 있다.

39절에서 "주의 종의 언약을 미워하사 그의 관을 땅에 던져 욕되게 하셨으며"라고 하였다. 하나님께서는 자기 종들과 언약을 맺으셨다. 그러나 그의 종들이 이 약속을 파기하여 버렸기에 하나님도 그 언약을 그에게 중지하셨다는 말이다. 그것뿐만 아니라 왕관을 벗겨 땅에 던지셨으니 왕의 권위가 상실되고 왕 노릇을 제대로 하지 못하는 비참한 상황이 되었다.

하나님을 거역하고 하나님의 언약을 파기하면 이런 결과가 온다. 하나님이 외면하시면 이 땅에서 버림받는 비참한 상황이 되어진다. 이렇게 되면 세상이 하나님의 백성을 우습게 보게 되는데 그 양상이 40절 이하에서 계속 묘사되고 있다.

2. 그의 모든 울타리를

40절에서 "그의 모든 울타리를 파괴하시며 그 요새를 무너뜨리셨으므로"라고 하였다. 울타리를 파괴함으로 외국 군대가 마음대로 쳐 들어올 수 있게 되었다. '요새'는 지키는 장소 곧 요새지인데 이것이 다 훼파되어 버렸다. 세상의 울타리를 의지하면 하나님께서 그 울타리를 다 밀어 버리신다. 이것은 세상의 주장자는 인간이 아니라 하나님이란 사실을 우리에게 분명히 보여주고 있다. 그렇게 되면 어떻게 되는 지를 계속하여 말하고 있다.

41절에서 "길로 지나는 자들에게 다 탈취 당하며 그 이웃에게 욕을 당하나이다"고 하였다. '길로 지나는 자들' 즉 이방인을 말한다. 애굽이 쳐 들어와서 곤욕을 당하였다. 솔로몬 때에는 '금방패 200개를 만들고'라고 하였는데 이것을 모두 빼앗겨 버렸다. 하나님이 주신 보물을 다 빼앗기고 이웃에게 욕을 당하였다. 하나님을 의지하지 아니하고 하나님이 주신 돈을 의지하면 하나님께서 그 의지하는 것을 무너뜨리신다. 그래야 하나님을 의지하는 것을 배우기 때문이다. 우리가 하나님을 의지하면 하나님은 우리의 울타리가 되셔서 우리를 지키신다. 그러나 우리가 하나님을 떠나면 하나님은 외면하시고 그 울타리를 치워버려 이방인의 공격을 당하게 하신다. 그러므로 하나님만 의지하는 것이 최고의 역사이다.

3. 그의 젊은 날을 짧게 하시고

42절에서 "주께서 그의 대적들의 오른손을 높이시고 그들의 모든 원수들은 기쁘게 하셨으나"라고 하였다. 하나님께서 주의 기름부은 자를 높여야 정상인데 반대로 대적들의 오른손을 높이셨으니 대적들에게 능력을 주셨다. 또 원수들이 쳐 들어와서 울타리를 부수고 요새를 부수며 기뻐하고 즐거워하면서 피곤하지도 아니하였다. 그러니 이 땅에서 악한 자가 득세하는 것은 우리들에게도 책임이 있다. 우리가 하나님의 뜻대로 살지 아니하였기에 이런 결과가 온다. 시인은 이 원리를 알고 하나님의 백성의 회개를 말하고 있다.

43절에서 "그의 칼날은 둔하게 하사 그가 전장에서 더 이상 버티지 못하게 하셨으며"라고 하였다. 그들의 칼이 둔하게 되었다. 즉 칼을 빼니 모두 썰어 버렸고, 싸우지도 못하고 망하였다는 말이다. 그러니 하나님이 함께 하시지 않으면 전쟁을 해도 소용이 없다는 뜻이다. 무딘 칼로 무엇을 할 것인가?

44절에서 "그의 영광을 그치게 하시고 그의 왕위를 땅에 엎으셨으며"라고 하였다. 높은 이름, 왕의 이름, 하나님의 백성의 이름 등 그 영광이 사라지고 그들의 왕위가 없어지게 되었다.

45절에는 "그의 젊은 날들을 짧게 하시고 그를 수치로 덮으셨나이다 (셀라)"고 하였다. '젊은 날'에 대해서는 해석이 여러 가지이다. 다윗 왕조의 후손들이 단축케 된다는 의미도 있고, 하나님의 말씀을 순종치 아니하는 청년의 때가 짧아진다는 뜻도 있다. 우리들이 하나님을 떠나면 멸망할 수밖에 없다. 하나님께서 모든 영광을 거두시면 우리들이 망할 수밖에 없는 데 여기에 대한 우리의 기본자세가 정립되어야 한다.

하나님을 의지하는 믿음의 삶을 통해 하나님의 역사를 체험하는 하나님의 백성이 되어야 하기에 오늘도 하나님을 바라보자.

여호와여 언제까지니이까

시편 89:46~52

46여호와여 언제까지니이까 스스로 영원히 숨기시리이까 주의 노가 언제까지 불붙듯 하시겠나이까 47나의 때가 얼마나 짧은지 기억하소서 주께서 모든 사람을 어찌 그리 허무하게 창조하셨는지요 48누가 살아서 죽음을 보지 아니하고 자기의 영혼을 스올의 권세에서 건지리이까 (셀라) 49주여 주의 성실하심으로 다윗에게 맹세하신 그 전의 인자하심이 어디 있나이까 50주는 주의 종들이 받은 비방을 기억하소서 많은 민족의 비방이 내 품에 있사오니 51여호와여 이 비방은 주의 원수들이 주의 기름 부음 받은 자의 행동을 비방한 것으로소이다 52여호와를 영원히 찬송할지어다 아멘 아멘

시편 89편의 마지막 부분인 46~52절은 자신의 어려움을 내어놓고 "하나님이여 긍휼히 여기소서"라고 다시 간청하는 내용이다. 이 시편은 다른 시와 달리 하나님의 인자하심과 성실하심을 노래한 후에 자신의 어려운 형편을 하나님께 고하고 도움을 간청하는 특이한 형태로 되어졌다.

시인은 하나님의 도우심을 간구한다. 하나님께서 불쌍히 여기셔서 고통에서 구하여 주시고 새롭게 하여 주시기를 호소하였다. 이것은 하나님의 백성들이 가지는 기본된 태도이다. 하나님의 도우심이 없이는 한 순간도 견딜 수 없음을 보여준다.

1. 언제까지니이까

46절에서 "여호와여 언제까지니이까 스스로 영원히 숨기시리이까 주의

노가 언제까지 불붙듯 하시겠나이까"라고 하였다. 여기서 하나님을 여호와라고 부른 것은 언약과 관계됨을 강조하고 있다. 또 사랑의 하나님을 부를 때에 사용하는 이름이기도 하다. 그러니 변치 않는 약속의 하나님이시여, 이런 고난이 언제까지 계속되어야 합니까 라는 호소이다.

'언제까지니이까'란 말은 '오랜 고난이 하나님께 더 가까이 하게 하였다'라는 말이다. 고난은 우리에게 말로 다할 수 없는 고통이지만 고난이 깊어질수록 영원하신 하나님을 더 찾고 매달리게 된다. 그러니 고난 속에서 하나님의 도우심만이 유일한 소망이라는 것을 굳건히 해야 한다. '스스로 영원히 숨기시니이까'라고 하였다. 이 말은 한번 하나님이 나타나시면 아무리 고질적인 문제라도 당장 해결될 수 있다는 말이다. 왜냐하면 하나님은 전능하시기 때문이다. 하나님은 숨을 수 없는 분이심을 강조하는 내용으로 '하나님이여 숨기지 마시고 지금 나타내 주옵소서'라는 뜻이다.

시인은 '언제까지니이까', '숨기시리이까'라는 의문사를 사용하였는데 이것은 강조형 표현이다. '그럴 수 없다', '하나님은 그렇지 않으실 줄 믿는다'라는 뜻이다. '주의 노를 언제까지 불붙듯 하시겠나이까'라고 하였으니 이 말은 하나님의 자녀에게 계속해서 진노를 불 붙 듯하지 않으실 줄 안다는 의미이다. 시인은 46절에서 세 가지 의문사를 사용하였다. 이런 질문형 문장을 사용하여 하나님은 그렇지 아니신 분인 줄 확신하고 있다는 것을 강조한다.

2. 나의 때가 얼마나 짧은지

47절에서 "나의 때가 얼마나 짧은지 기억하소서 주께서 모든 사람을 어찌 그리 허무하게 창조하셨는지요"라고 하였다. 인생은 이 땅위에 사는 생애가 너무나 짧다고 고백하여 하나님께서 은혜를 입혀 주시지 않으시면 이 땅의 삶이 잠시도 평안이 없다고 고백한다. 그래서 '나의 때가 얼마나 짧은지 기억하소서'라고 하며 남은 생애가 하나님이 보실 때에 얼마나 되겠으며, 그러므로 빨리 회복시켜 주시기를 간구한다.

'주께서 모든 인생을 어찌 그리 허무하게 창조하셨는지요'라는 말은 얼핏 보면 '하나님이 우리를 너무 허무하게 창조하셨다'로 볼 수 있는데 그런 뜻이 아니다. '하나님의 은혜를 떠나면 인생은 허무하게 마칠 수밖에 없다'는 말이다. 그러나 하나님의 은혜가 함께 하시면 부족한 인생이라도 하나님의 자녀가 되게 하신다는 뜻이다. 인간의 삶은 짧다. 7~80년이 우리의 수명이다. 이 기간을 어떻게 보낼 것인지가 매우 중요하다. 하나님의 은혜가 아니면 인생은 허무하게 살아갈 수밖에 없음을 보여준다.

48절에서 "누가 살아서 죽음을 보지 아니하고 자기의 영혼을 스올의 권세에서 건지리이까" 하였다. 이 말은 하나님의 은혜를 입지 않고 구원을 얻을 자가 누구인가 라는 말이다. 결국은 다 죽을 수밖에 없다. 우리가 살아 있을 때에 음부에서 우리 영혼을 건짐 받아야 되는데 어느 누가 자기 힘으로 이 일을 할 수 있는가 라는 뜻이다. 우리는 하나님의 은혜가 아니면 아무 것도 할 수 없다. 하나님의 역사를 통하여 새로운 힘을 얻고 영원한 생명에로 나아가는 것이 중요하다.

49절에서 "주여 주의 성실하심으로 다윗에게 맹세하신 그 전의 인자하심이 어디 있나이까" 하였다. 이 말은 다윗에게 언약하신 그 언약을 기억해 달라는 뜻이다. '어디 있나이까'란 지금 다윗의 후손들이 이렇게 형편이 없는데, 하나님께서 그 언약을 기억하시고 그 성실하심으로 다시 한번 인자를 베풀어 달라는 호소이다. 우리는 기도할 때마다 이 언약을 붙잡고 기도해야 한다. 우리가 기도할 자격이 있어서 기도하는 것이 아니라 하나님의 인자하심을 의지하고 기도해야 한다. 이것이 하나님의 백성의 축복이며 감사의 조건이다.

3. 비방을 기억하소서

50절에서 "주는 주의 종들이 받은 비방을 기억하소서 많은 민족의 비방이 내 품에 있사오니"라고 하였다. 여기서도 '주의 종'이라고 하였다. 주의 종들이 훼방을 받는데 그것이 주님과 관계가 있다는 말이다. 주의 종들이 훼방들 받으면 하나님의 영광이 가리워진다는 뜻이다. 하나님의 종들이 회복되는 것은 하나님의 영광을 다시 나타내는 것으로서 중요한 의미를 가지기에 회복시켜 주시기를 호소하였다.

시인은 50절부터 왜 하나님이 은혜를 베풀어 주셔야 되는가 하면, 하나님의 영광을 드러내는 삶을 살아가기 위해서임을 강조하였다. '유력한 많은 민족의 비방이 내 품에 있사오니'라고 하였다. 이 말은 하나님을 모르는 많은 민족이 훼방을 하는데 그 훼방을 듣고 자기 마음이 지금 터질 것 같다는 의미이다.

이방인들이 이렇게 멸시하는데 우리가 멸시당하는 것은 괜찮으나 이것 때문에 하나님의 영광이 가리워져서 되겠느냐 라는 고백이다.

51절에서 "여호와여 이 비방은 주의 원수들이 주의 기름부음 받은 자의 행동을 비방한 것이로소이다"고 하였다. 시인은 '여호와여'라고 하여 다시 언약의 하나님을 찾았다. 51절의 말은 이방인들이 기름 부음을 받아서 세워진 그 왕을 보고 비웃는데, 이것은 그 왕을 세운 하나님을 비웃는 것이다. 그러니 하나님이여 우리를 회복시켜 주소서 라는 호소이다. 하나님의 백성의 행동은 자기 것만이 아니라 하나님의 영광과 직결된다. 그리하여 하나님께서 구원해 주시고, 베풀어 주시기를 열망한다.

52절에서 "여호와를 영원히 찬송할 지어다 아멘 아멘"이라고 하였다. 지금까지의 흐름과 다른 결론이다. 하나님의 은혜가 영원하니 영원히 찬송하는 것이다. 언약의 하나님께 영원이 찬송을 드린다. '아멘 아멘'이라고 하였다. 이것은 '진실로 진실로'라는 표현처럼 이중강조법이다. 모든 것이 하나님의 은혜로 되어지니 '아멘 아멘'이라는 말이다. 하나님께 영광을 돌리고 '아멘 아멘'으로 감사하자.

영원부터 영원까지

시편 90:1~2

1주여 주는 대대에 우리의 거처가 되셨나이다 2산이 생기기 전, 땅과 세계도 주께서 조성하시기 전 곧 영원부터 영원까지 주는 하나님이시니이다

시편 90편부터 제 4권으로 들어간다. 많은 주석가들이 이 시가 두 개의 중요한 단락(1~12절과 13~17절)으로 되어 있다고 본다. 첫 부분은 모든 사람들의 이해관계인 문제들에 관한 하나님과 인간들의 문제를 다루고 있는데 반해 두 번째 부분은 야훼와 이스라엘과 관련된 이스라엘 사람들에 대하여 다루고 있다.

1~12절의 사색 혹은 묵상은 13~17절의 간구의 배경이며 근거이다. 이 시를 보다 세밀하게 분석해 보면 하나님의 시간과 인간의 시간을 다루고 있다. 1~2절은 하나님의 시간, 3~12절은 인간의 시간에 대하여 말하고 있으며, 우리 인생들이 각자에게 주어진 시간을 의미있게 보내어야 할 것을 13~17절에서 교훈한다.

이 시는 '하나님의 사람 모세의 시'라고 그 작자를 밝히고 있다. 어떤 학자들은 90~99편이 모세의 시라고 하지만 정확하지 않다. 그러나 90편만은 모세의 작품이라고 밝히고 있다. 이 시편은 일반적으로 탄식 기도에 속한다. 불평과 간구, 개인적 탄식 등이 여러 곳에 나타나는데 이것을 통해 하나님의 역사와 인간의 행위를 비교하고 있다.

1. 주여

우리는 이 시편을 1~2절과 3~6절, 7~12절, 13~17절로 나누어서 살펴봄으로써 우리를 향한 하나님의 역사를 바로 보려고 한다. 1절에서 "주여 주는 대대에 우리의 거처가 되셨나이다"고 하였다. 시인은 하나님의 은혜와 하나님의 영원성을 가르치고 있다. 그래서 믿음의 대상인 하나님을 강조하며 하나님의 영원하심을 노래한다.

시인의 첫 마디가 '주여'이다. 하나님을 가리켜 '주'라고 하였는데, 하나님이 우리를 지으셨기에 우리의 '주인'이시다. 우리가 타락하였으나 하나님을 '주'라고 부르는 것은 이 하나님이 창조주이심을 믿기에 그러하다. 예수님은 "주여 주여 하는 자가 다 하늘나라에 들어가지 못한다"고 하였다. 입으로만 주를 부르는 것이 아니라 우리의 진정을 다하여 주를 불러야 한다.

'주는 대대에 우리의 거처가 되셨나이다'고 하였다 '대대'라는 표현을 통해 하나님의 영원성을 강조하였다. 하나님은 아담으로 시작하여 아브라함, 이삭, 야곱 등 모든 선진들에게 거처가 되었다. '거처'란 야생 동물이 기거하는 높은 바위나 산(나 2:12, 렘 9:10 등)을 가리키는데 '피난처'로 번역되기도 한다. 마사다 언덕과 같은 거대한 반석을 말하며, '안식의 처소', '보호소' 등의 뜻을 가진다.

하나님은 인간을 지으실 뿐만 아니라 우리를 돌보시고 보호하시는 분이다. 그 분을 의지하고 찾아가는 마음의 자세가 필요하다. 아무리 피난처가 있어도 찾아가지 아니하면 아무런 의미가 없듯이 하나님의 백성은 하나님을 찾아야 한다. 하나님은 우리의 피난처이다. 안식할 곳이다. 우리가 이 땅에서 어려움을 당하고 고통에 빠질지라도 하나님을 찾으면 모든 문제가 해결된다. 하나님은 우리의 '거처가 되셨다'. '거처가 되소서'가 아니라 '되셨나이다'라고 고백한다. 이것이 하나님의 백성의 삶이며 고백이다.

2. 주는 하나님이시니이다

2절에서 "산이 생기기 전, 땅과 세계도 주께서 조성하시기 전 곧 영원부터 영원까지 주는 하나님이시니이다"고 하였다. 이 말씀에서 하나님의 영원성을 강조한다. '산이 생기기 전, 땅도 세계도 주께서 조성하기 전'이라고 하였다. 하나님은 이 세계가 창조 되기 전부터 하나님이라는 말이며, 하나님의 영원성을 강조하는 뜻이다. 땅과 세계도 하나님이 만드셨고, 산도 하나님이 만드셨다는 말이다.

시인은 '영원부터 영원까지 주는 하나님이시니이다'고 하였다. 이 말은 하나님은 시작도 없고 끝도 없는 분이라는 의미이다. 하나님은 '무궁세계'에서부터 하나님이시다. 이러한 역사는 믿음의 눈으로 보게 된다. "믿음으로 모든 세계가 하나님의 말씀으로 지어진 줄을 우리가 아나니"(히 11:3)라는 말씀에서 하나님의 역사를 믿음으로 이해할 수 있음을 알게 된다.

하나님은 '영원부터 영원까지' 우리 하나님이시다. 이것이 하나님의 시간 세계이다. 인간의 시간은 유한하지만 하나님은 영원부터 영원까지 우리를 창조하시고 보호하신다. 이것을 믿는 하나님의 백성은 영원 세계를 사모하며 나아간다.

하나님은 산이 생기기 전에, 땅과 이 세계가 생기기 전부터 우리 하나님이시다. 우리는 이 하나님을 믿음의 눈으로 보아야 한다. 믿음으로 보면 모든 것이 하나님의 것으로 보인다.

시인은 하나님의 영원성을 강조한다. 이것은 다음에 나오는 인간의 유한성과 비교되는 것으로서 우리들이 깊이 통찰해야 할 문제이다. 하나님의 영원성은 우리의 실체를 바로 보게 한다. 하나님의 위대하심 앞에 순복하고 그 하나님을 통하여 우리도 영원 세계를 사모하고 살아가게 된다.

3. 우리가 누릴 복

모든 것이 급하게 변하는 세상에서 변치 않는 하나님을 믿고 의지하는 것은 우리가 누릴 복이다. 우리들이 하나님에게서 떠나려는 유혹이 있을지라도 여기에 휩싸이지 않고 하나님의 영원 세계를 바라보고 나아가야 한다. 영원하신 하나님과 변하는 세상은 대비가 된다. 그럼에도 불구하고 우리들은 하나님을 의지하기보다 인간을 의지할 때가 많다 이것이 인간의 약점임을 바로 알아야 한다.

이제 우리의 관심을 영원한 하나님께로 모아야 한다. 우리들은 변하는 이 세상에 집착하여 살았고, 여기서 만족을 구하려 하였으나 우리가 얻은 것이라고는 아무것도 없다. 이제 우리의 관심을 하나님께로 향해야 한다.

시인은 '영원부터 영원까지'라는 풍성한 시어(詩語)를 통하여 우리들에게 하나님을 생각하고 바라보게 한다. 이것은 오늘의 우리들이 가슴 깊이 새겨야 할 묵시이다. 하나님의 영원성을 통하여 인생의 유한성을 본다. 이것은 하나님의 백성들이 취해야 할 믿음의 자세이다. 또 역으로 우리의 유한을 통해 하나님의 무한을 보는 자세도 있어야 한다. 하나님은 '대대에' 우리의 거처가 되셨다. 이 말은 '언제라도', '앞으로도', '누구든지'라는 뜻이다. 그러니 하나님의 백성은 하나님을 의지하면 안식을 얻고, 보호를 받는다.

그 분은 영원부터 영원까지 하나님이시고 전능하시다. 우리가 그분을 의지하면 은혜를 입는데 이것이 우리를 향한 하나님의 은혜이다. 이 은혜를 체험한 사람은 날마다 감사의 삶을 살아가게 된다. 영원하신 하나님을 통하여 우리의 유한함을 보아야 하고, 하나님의 위대하심을 노래해야 한다.

풀은 아침에 꽃이 피어 자라다가

시편 90:3~6

3주께서 사람을 티끌로 돌아가게 하시고 말씀하시기를 너희 인생들은 돌아가라 하셨사오니 4주의 목전에는 천 년이 지나간 어제 같으며 밤의 한 순간 같을 뿐임이니이다 5주께서 그들을 홍수처럼 쓸어가시나이다 그들은 잠깐 자는 것 같으며 아침에 돋는 풀 같으니이다 6풀은 아침에 꽃이 피어 자라다가 저녁에는 시들어 마르나이다

    시편 90편 1~2절은 하나님의 영원성을 노래한 것에 비해 3~6절은 짧은 인생을 노래하고 있다. 사람을 티끌로 돌아가는 것(3절)으로 시작하여 마르는 풀로 묘사한 것(6절)으로 끝이 나는 특이한 표현이다. 여기서 인생의 유한함을 볼 수 있다. 인생은 티끌 같은 존재이며 마른 풀 같이 시들어 버리는 존재이다. 이러면서도 인간은 영원히 살 것 같이 발버둥치고 이 세상에 미련을 가지고 살아간다. 그러나 이것은 허무하며 아무런 가치도 없다.

    이 시인은 3~6절에서 인간의 유한성을 강조하고 있는데, 이 말씀은 1~2절에 나오는 하나님의 영원성과 대비되며, 우리의 유한성을 통해 하나님의 영원성을 소망하게 한다.

1. 인간의 유한성

    3절에서 "주께서 사람을 티끌로 돌아가게 하시고 말씀하시기를 너희 인생들은 돌아가라 하셨사오니"라고 하였다. 원래 하나님께서 인생을 창조하

실 때에 티끌로 돌아가게 하기 위하여 창조하신 것이 아니다. 하나님이 인간을 창조하실 때에 이 세계에 충만하고 정복하는 자로서 하나님을 섬기며 살도록 하셨다. 이러한 인간이 범죄함으로 말미암아 그 생명을 잃어버리고, 죽음과 저주의 자리에 들게 되었다. 이것에 대해서는 창세기 3장에 구체적으로 교훈하고 있다. 인생은 필경 흙으로 돌아가야 하는데 그 내용이 3절의 티끌과 같은 말이다.

영원히 살도록 지음받은 인간이 범죄함으로 말미암아 티끌로 돌아가게 되었다. 이것은 하나님을 거역한 결과이다. 우리는 영원히 살아야 할 존재이며, 하나님의 영광을 나타내어야 할 의무를 가지고 있었다. 그럼에도 불구하고 인간의 범죄로 인하여 영원에서 영벌로 비참한 자리에 이르게 되었다.

티끌로 돌아가는 인생을 보라. 흙보다 더 미약한 존재인 티끌로 돌아가는 것에 주목을 하여야 한다. 이 티끌은 1절에 나오는 '거처' 즉 피난처와 정반대의 교훈이다. 인간은 결국 티끌로 돌아가고 말 존재인데 여기에 무슨 가치가 있는가?

4절에서 "주의 목전에는 천 년이 지나간 어제 같으며 밤의 한 순간 같을 뿐임이니이다"고 하였다. 인간들의 천년이란 기간도 하나님의 영원무궁에 비교하여 보면 한 순간에 불과하다.

현대를 '장수 시대'라고 하여 1백세까지 사는 것을 바라고 여기에 대해 연구하는 사람들이 많다. 인간의 평균 연령이 길어진 것은 사실이다. 그래서 '1백세 시대'를 말하고 있다. 여기에 비하면 무드셀라가 969세까지 산 것은 엄청나게 긴 시간이다. 우리들의 머리로는 상상하기 어려운 세월이다. 그러나 하나님의 시간에서 보면 이것은 순간에 불과하고 아무것도 아니다. 우리는 1백세도 못 살면서 영원히 사는 것 같이 착각하고 행동할 때가 많다. 하나님이 보시기에 밤의 한 경점 같다.

인간은 자존자도 아니고 영원히 사는 자도 아니라 하루살이와 같은 존재이다. 그런데도 우리는 영원히 살듯이 행동하고, 마음대로 살아간다. 이것이야 말로 얼마나 어리석은 존재 방식인가? 그러므로 하나님의 백성은 영원한 천국을 소망하고 살아가야 한다. 이것이 영원을 사는 길이며, 우리의 삶이 고귀해 지는 길이다. 티끌 같은 인간이 영원히 사는 것 같은 착각으로 인해 오늘도 하나님을 거역하는 행동을 하고 있음을 밝히 알아야 한다.

2. 아침 풀같이

5절에서 "주께서 그들을 홍수처럼 쓸어가시나이다 그들은 잠깐 자는 것 같으며 아침에 돋는 풀 같으니이다"고 하였다. 시인은 6절에서 계속하여 "풀은 아침에 꽃이 피어 자라다가 저녁에는 시들어 마르나이다"고 하였다. 시인은 5~6절에서 세 개의 직유를 통하여 인생의 무상함을 말하고 있다. 인생이 무엇인가? 여기에 대하여 여러 가지 표현들이 있으나 시인의 직유를 살펴보자.

첫째, 인생은 홍수에 밀려가는 것 같다. 홍수가 일어나면 인간은 어쩔 수 없다. 거친 물 때문에 집도 농토도 한 순간에 쓸어버린다. 하나님이 간섭하시면 인생은 홍수 같이 쓸어버리게 된다. 거친 물 앞에서 인간의 무능을 보게 되고, 하나님의 엄위하신 모습을 보게 된다. 모세는 인생의 모습을 보고, 홍수에 휩쓸려 가는 인생으로 비유하였다.

둘째, 인생은 잠깐 잠자는 것 같다. 혹 꿈만 같다 그래서 옛 사람들은 인생을 일장춘몽이라고 하였다. 봄에 낮잠 잠시 자다가 꿈꾸는 것 같은 인생이다. 깨고 나면 무슨 꿈을 꾸었는지 기억도 하지 못한다. 우리 인생은 70이나 80년을 산다고 장수했다 하지만 하나님이 보시기에는 일장춘몽과 같다. '잔다'는 것은 '허무함'을 말한다. 무의식 속에서 지나간다는 말이다.

옛말에 '철나자 망령든다'는 말이 있다. 사람이 무언가를 깨닫고 인생의 도리가 무엇인지 알만하면 죽는다는 말이다. 이것이 인생이다. 이런 인생이 영원히 살고 모든 것을 아는 것같이 행동하니 하나님이 보시기에 얼마나 가련할 것인가?

셋째, 인생은 풀이나 꽃과 같다. 아침에 꽃이 피지만 저녁이 되면 시들어 버리는 것처럼 인생의 모습도 이와 같다. 이 시의 배경인 팔레스타인에는 태양이 작열하기 때문에 꽃이 빨리 시들어 버린다.

위의 세 가지 비유에서 꽃의 영상이 가장 아름답다. 꽃은 시작이 있고 끝이 있으며 또 절정이 있다. 인생도 이와 같이 절정이 있는데 이것은 직선으로 되어지는 것이 아니라 하나의 아취처럼 곡선을 그린다. 그런데 이것이 무엇인가? 햇볕에 내려 끓으면 시들어 버리는 존재가 아닌가? 우리들이 재산도 모으고, 지위도 올라가는 듯하지만 어느 날 하나님이 부르시면 갈 수밖에 없는 존재이다.

3. 하루를 천년처럼

우리 인생이 이 땅에 잠시 머물고, 하나님의 빛 앞에서 쉬 시들어 버리는 풀과 같은데, 우리는 천 년 만 년 살 듯이 행동한다. 그 많은 보화도 두고 가야 할 인생이 아닌가? 참으로 허무한 인생이다. 덧없이 왔다가 가는 인생인데 우리가 바라야 할 것이 무엇인가? 허무하기에, 덧없기에 영원하고 가치있는 것을 추구하라는 말이다.

우리의 인생이 짧으면 어떤가? 하루를 한 달처럼 살고, 10년을 100년처럼 사는 믿음의 지혜를 얻어야 한다. 하나님에게는 천 날이 하루 같고, 천 년이 한 순간 같다고 하였으니 우리가 하나님을 중심으로 살아갈 때에 하루를 천 년처럼 살 수 있을 것이다.

이것은 인간의 상상을 초월하는 계산법이다. 허무한 모습만 보지 말고 이 허무를 통하여 영원을 보는 지혜를 가져야 한다. 이 지혜를 하나님께서 주시기를 기도하고 호소해야 한다.

영원하신 하나님과 유한한 인간, 변치 않는 말씀과 변하는 세상을 비교하며 영원을 살아가자.

우리의 연수가 칠십이요

시편 90:7~12

7우리는 주의 노에 소멸되며 주의 분내심에 놀라나이다 8주께서 우리의 죄악을 주의 앞에 놓으시며 우리의 은밀한 죄를 주의 얼굴 빛 가운데에 두셨사오니 9우리의 모든 날이 주의 분노 중에 지나가며 우리의 평생이 순식간에 다하였나이다 10우리의 연수가 칠십이요 강건하면 팔십이라도 그 연수의 자랑은 수고와 슬픔뿐이요 신속히 가니 우리가 날아가나이다 11누가 주의 노여움의 능력을 알며 누가 주의 진노의 두려움을 알리이까 12우리에게 우리 날 계수함을 가르치사 지혜로운 마음을 얻게 하소서

인간의 생애는 짧을 뿐만 아니라 진노 아래서 살았고 수고에 지쳐 있으며 고난 가운데 있다. 주석가들은 이 부분의 고통을 '침울한 사색'이라고 부르기도 한다. 7~12절을 보면 주님의 진노하심으로 시작하고(7절), 주님의 진노로 끝이 난다(11절). 그 가운데는 우리의 인생은 짧을 뿐만 아니라 주의 진노로 수고와 슬픔으로 가득 차 있다. 이러한 인생의 실체를 바로 보는 것이 우리에게 중요하며 그것을 통하여 하나님의 역사를 깨닫고 감사하게 된다.

1. 하나님의 분노

7절에서 "우리는 주의 노에 소멸되며 주의 분내심에 놀라나이다"고 하였다. 앞에서는 인생의 유한성을 강조하다가. 여기서는 새로운 모티브로서

하나님의 분노가 나타난다. 왜 인생이 이렇게도 짧은가? 그것은 하나님의 분노 때문이다.

이 시는 모세의 작품이다. 모세는 그의 생애를 통하여 하나님의 분노를 많이 체험하였다. 그는 이스라엘 백성을 이끌고 광야를 지나오면서 이스라엘의 죄악과 하나님의 분노를 보았다. 어떤 때는 불뱀이, 어떤 때는 땅이 입을 벌려서 이스라엘 백성을 삼키는 무서운 일들을 보았다. 죄를 버리지 아니하면 이러한 결과가 온다. 하나님의 징계를 받아 멸망하는 비참함이 있다. 그래서 인간들이 놀란다. 하나님의 진노 앞에서 두려워 떨게 된다.

8절에서 "주께서 우리의 죄악을 주의 앞에 놓으시며 우리의 은밀한 죄를 주의 얼굴 빛 가운데에 두셨사오니"라고 하였다. 성경이 가르치는 것은 우리가 보는 우리의 죄악 문제가 아니라 하나님이 보는 우리의 죄에 대한 것이다. 사람을 실증법만 위반하지 아니하면 죄로 보지 아니하나 하나님은 은밀한 죄를 보시는 분이다. 사람의 눈에 발각되지 아니하는 완전 범죄도 하나님이 다 보신다.

8절이 교훈하는 것은 주께서 우리의 죄악을 주의 앞에 놓으신다는 것이다. 하나님이 전부를 다 놓아서 보신다는 것이다. 또 우리의 은밀한 죄를 주의 얼굴 빛 앞에 두었으니 더 이상 숨길 수가 없다. 그러니 '숨기지 말고 회개'하라고 하신다. 우리들에게 문제가 생겼을 때에 돌이켜 회개해야 한다. 우리의 죄가 무엇인지를 빨리 발견하고 회개해야 한다. 하나님은 은밀한 죄까지 모두 아시는 분이다.

'주의 앞에 놓으시며' 또는 '얼굴 빛 가운데 두신다'라는 말은 법정적 성격을 띠고 있다(삼하 12:11). 어둠 속에 감추어진 죄가 빛 가운데 드러나며 준엄한 심판을 받는다(시 19:12 참조).

우리의 죄가 사람 앞에 드러나도 수치스러운데 하나님 앞에 드러나면 어찌 되는가? 아담이 범죄한 후에 두려워서 숨어 있을 때 하나님은 '아담아 네가 어디 있느냐?'고 질문하였다. 우리를 향한 이러한 질문에 귀를 기울여야 한다. 우리에게는 삶의 길이 있다. 회개하고 돌이키면 우리들이 살게 된다. 즉 하나님이 생명을 주시기에 우리들은 이 소망을 부여잡고 살아간다.

2. 우리의 평생이 순식간에

9절에서 "우리의 모든 날이 주의 분노 중에 지나가며 우리의 평생이 순식간에 다하였나이다"고 하였다. 이 말씀은 하나님의 분노에 대한 새로운 뉘앙스를 준다. 주님의 분노로 인하여 우리의 평생은 한 순간에 사라진다. 모세는 광야 생활을 통하여 하나님의 분노를 체험하였다. 40년의 세월을 가만히 드려다 보면 주의 분노 중에서 지나갔다, 이스라엘 백성은 범죄하고 하나님은 노를 발하시는 과정이 계속되었다. 이런 것을 통하여 이스라엘은 큰 어려움을 겪고 고통 중에서 살아갔다.

우리의 인생이 끝나는데 오랜 시간이 걸리지 않는다. '순식간' 즉 한 순간이다. 우리가 한숨을 쉬는 동안에 우리의 인생이 다 가버린다. 이런 삶이 바로 우리들이다. 이제 우리는 분노의 삶을 살 것이 아니라 긍휼의 삶을 살아야 한다. 그러기 위해서는 죄를 회개하고 하나님의 뜻을 따라 사는 믿음의 자세를 가져야 한다. 이것만이 우리의 살 길이다.

10절에서 "우리의 연수가 칠십이요 강건하면 팔십이라도 그 연수의 자랑은 수고와 슬픔뿐이요 신속히 가니 우리가 날아가나이다"고 하였다. 모세는 120세를 살았으나 당시 사람들은 70세를 살았고 건강한 사람은 80세를 살았다. 시인은 우리의 평생을 숫자로 계산한다. 우리의 인생이 70~80년을 산다고 하여 제법 긴 것 같이 보이지만 실상은 한 순간 뿐이니라는 말이다.

이러한 인생에서 우리에게 남는 것이 무엇인가? 그것은 수고와 슬픔뿐이다. 인생이 하나님을 거역하고 살았기 때문에 수고와 슬픔 밖에 남는 것이 없다는 고백이다.

이스라엘 백성의 광야생활은 수고와 슬픔뿐이다. 민수기를 보면 그 실상을 알 수 있다. 믿음으로 올라갔으면 가나안의 기쁨을 누렸을 것인데 하나님을 불신 하였기에 근 40년을 광야에서 방황하여야만 했다. 그러면 우리는 어떻게 해야 하는가? 하나님을 거역하는 삶을 사는 것이 아니라 우리의 죄악을 하나님께 고하고 하나님께로 돌아와야 한다. 수고와 슬픔뿐인 인생의 모습을 바로 보고 영원을 사는 것 같이 살 것이 아니라 한 순간 한 순간을 귀하게 살아야 한다. 오늘날 인간의 수명이 많이 연장되었으나 70~80세가 기준이 되고 있는 실정에서 이 말씀의 가르침을 분명히 깨달아야 한다.

3. 누가 알며

11절에서 "누가 주의 노여움의 능력을 알며 누가 주의 진노의 두려움을 알리이까"라고 하였다. 12절에서는 계속하여 "우리에게 우리 날 계수함을 가르치사 지혜로운 마음을 얻게 하소서"라고 하였다.

인생의 무상을 말하고 있는 이 애가는 지혜의 마음을 달라는 짧은 간구로 끝난다. 우리가 죽음에 이르는 존재가 아니라고 생각하면 우리는 늘 주변을 살피게 된다. 늘 이웃과 자신을 비교하여 열등감에 빠지게 된다. 또 자신의 처지에 분노하며 살게 된다. 그러나 인생은 죽을 수밖에 없다. 죽음을 생각할 때에 우리의 인생은 심각해진다. 우리가 살아가는 짧은 시간을 의미 있고 보람있게 보내기 위해서는 지혜로워야 한다. 70년, 80년의 시간은 소중한 시간이다. 이 시간을 낭비하지 말고 귀하게 사용해야 한다.

12절을 보면 이 시가 단순히 인생의 무상이나 허무를 말한 것이 아니라 영원이라는 관점에서 짧은 인생이라도 책임있고 보람있게 살라는 교훈을 얻는다. 인생이 짧은 것을 알 때에 우리의 하루가 소중하다. 모든 것이 귀하고 소중하다. 마틴 루터는 12절을 '우리가 죽을 것을 알도록 가르치사 우리가 지혜롭게 하소서'라고 하였다. 죽음을 직면하는 지혜의 마음을 가진다. 이런 자세를 가지고 오늘을 살아가자.

아침에 주의 인자하심이

시편 90:13~17

13여호와여 돌아오소서 언제까지니이까 주의 종들을 불쌍히 여기소서 14아침에 주의 인자하심이 우리를 만족하게 하사 우리를 일생 동안 즐겁고 기쁘게 하소서 15우리를 괴롭게 하신 날수대로와 우리가 화를 당한 연수대로 우리를 기쁘게 하소서 16주께서 행하신 일을 주의 종들에게 나타내시며 주의 영광을 그들의 자손에게 나타내소서 17주 우리 하나님의 은총을 우리에게 내리게 하사 우리의 손이 행한 일을 우리에게 견고하게 하소서 우리의 손이 행한 일을 견고하게 하소서

시인은 인생의 무상함을 노래하고 영원을 살기위하여 하나님의 도움이 필요함을 고백한다. 인간이란 자기의 뜻대로 사는 존재가 아니라 하나님의 섭리 가운데서 사는 존재이다. 그러므로 인간은 하나님께 어떻게 의존하느냐에 따라 그의 삶이 이루어 질것이기에 하나님 중심의 삶을 추구해야 한다.

인간이 바로 살기 위해서는 인간의 노력보다 하나님이 주시는 지혜를 얻어야 한다. 모세는 하나님의 도움을 구하기 위하여 기도하였다. 13~17절의 기도는 인생에게 가장 필요한 간구이며 이것을 통해 하나님의 지혜를 얻게 된다. 기도란 하나님의 백성의 호흡이며 하나님께로 나아가는 영적 통로이다. 하나님의 지혜가 아니면 아무것도 할 수 없음을 알고 기도를 통해 하나님의 지혜를 얻어야 한다.

1. 여호와여 돌아오소서

13절에서 "여호와여 돌아오소서 언제까지니이까 주의 종들을 불쌍히 여기소서"라고 하였다. 모세는 첫째로 '여호와여 돌아오소서'라고 기도한다. 이렇게 갑자기 하나님을 향하여 돌아오시기를 호소하는 것은 자신의 죄 때문이다. 시인은 앞에서 자신의 죄와 하나님의 분노에 대해 깨달았다. 우리 죄에 대한 심판으로 수고와 슬픔으로 가득한 인생을 살았다. 이제 하나님께서 우리를 용서해 주시고 회복해 주시기를 간구한다.

인생의 비극은 인간이 하나님에게서 떠날 때에 생긴다. 이제 하나님께서 불쌍히 여기셔서 돌아오시기를 호소한다. 시인의 마음은 하나님이 떠난 것같이 보인다. 그래서 하나님이 돌아오시기를 간구하고 있다. 모든 문제의 해결은 하나님이 우리와 함께 하는 데서 시작된다. 하나님을 떠날 때에 문제가 생기고, 하나님께 돌아올 때에 해결된다.

14절에서 "아침에 주의 인자하심이 우리를 만족하게 하사 우리를 일생 동안 즐겁고 기쁘게 하소서"라고 하였다. 우리에게 기쁨을 주시기를 기도한다. 하나님의 인자하심으로 우리를 만족하게 해 주시기를 호소한다. 주의 인자하심이란 우리가 어려움을 당할 때에 자발적으로 확실한 도움을 준다. 이것은 강제나 의무가 아니라 하나님의 놀라운 역사이다. 그래서 시인은 아침마다 주의 인자하심을 체험하도록 기도한다. 아침에 하나님의 도우심을 구하는 기도를 함으로써 새로운 힘을 얻는다. 시인은 '우리 평생에 즐겁고 기쁘게 하소서'라고 하였다. 이것은 '우리의 모든 날'이 기쁘도록 구하는 것이다. 이 말씀은 인생의 시간을 다룬 3-12절과 상충되는 것 같이 보인다.

특히 '우리의 인생의 자랑은 수고와 슬픔뿐이라'고 한 10절과 상충되는 것 같이 보인다. 그러나 수고와 슬픔 가운데 살지만 기쁨을 잃지 않기를 구한다. 삶의 여유를 가지고 역경 가운데서도 기뻐하기를 원한다. 이것은 하나님의 은혜로만이 가능하기에 시인은 이것을 기도한다.

2. 우리를 기쁘게 하소서

15절에서 "우리를 괴롭게 하신 날수대로와 우리가 화를 당한 연수대로 우리를 기쁘게 하소서"라고 하였다. 시인은 세 번째 기도를 하고 있다. 시인은 모든 백성과 함께 오랫동안 고난을 받았다 시련과 압박을 경험하였다. 이런 아픈 때를 보냈으므로 주님께서 기쁨의 날을 채워 주시기를 기도한다. 지난날의 고통을 다 잊고 기쁨과 감사의 날이 되게 해 달라는 호소는 인간이 가지는 열망이다. 지난날의 고생은 생각하기에도 진저리가 날 수 있다. 이 고통을 다 잊어버리고 지난날 고생했던 날수와 연수대로 기쁘게 해 달라고 기도한다.

이 기도는 하나님의 백성이 간구하는 기본된 길이다. 너무나 고통스러웠던 날이 변하여 기쁨의 날이 되는 것이 얼마나 소중한 일인가? 하나님의 백성은 하나님의 위대한 힘을 믿는다. 하나님의 역사하시면 고통이 기쁨이 될 수 있기 때문이다.

하나님의 백성은 미래를 바라고 사는 사람들이다. 지난날의 고통에 집착하는 것이 아니라 미래의 기쁨에 소망을 둔다. 하나님의 역사로 우리의 삶이 새롭게 되고 고통의 날만큼이나 기쁨과 감사가 넘치기를 바라고 있다. 시인은 하나님께 기도하였다. 고통의 날만큼 기쁨의 날이 이어지기를 바랐다. 그래서 하나님의 위대한 역사를 소망한다.

3. 자손에게 나타내소서

16절에서 "주께서 행하신 일을 주의 종들에게 나타내시며 주의 영광을 그들의 자손에게 나타내소서"라고 하였다. 시인은 '주의 영광을 그들의 자손에게 나타내소서'라고 네 번째 기도를 하였다. '주의 행사'란 주님이 베푸시는 구원을 말한다. 우리에게 찾아오셔서 우리를 도와주시고 건져 주시는 구원이다. 하나님께서 자기 종들에게 자신의 일을 나타내시고 한 걸음 더 나아가 그 영광을 자손들에게 나타내 주시기를 호소하였다. 모세는 체험적 신앙을 가졌지만 그 후손들은 유약하게 자랐기 때문에 그들에게 신앙적 체험이 무엇보다 필요하다는 것을 강조한다. 자손들이 하나님의 위대하신 역사를 믿고 여기에 순응하는 것은 큰 복이다. 자기 조상들에게 베푸셨던 하나님의 놀라운 역사를 자기들이 체험하는 것이 얼마나 귀중한가? 모세는 이것을 하나님께 기도하였다. 오늘의 우리들도 우리가 체험한 신앙을 우리의 후손들이 경험할 수 있기를 기도해야 한다. 그래서 살아계신 하나님을 믿고 의지하는 산 신앙을 가져야 한다.

17절에서 "주 우리 하나님의 은총을 우리에게 내리게 하사 우리의 손이 행한 일을 우리에게 견고하게 하소서 우리의 손이 행한 일을 견고하게 하소서"라고 하였다. 시인은 여기서 다섯 번째 기도를 하고 있다. 우리에게 할 일이 있다는 것은 하나님이 주신 복이다. 이것을 견고케 해 달라는 것이다. 시인은 그 배경을 '주 우리 하나님의 은총'이라고 하였다. 우리의 손에 할 일이 있는 것은 우리가 부지런해서 되어지는 것이 아니라 하나님 그것도 '주 우리 하나님의' 은총이 임해야 가능하다. 그래서 우리의 일이 견고해지기를 기도하였다.

그런데 '견고하게 하소서'가 두 번 반복되고 있다. 우리가 티끌 같고 아침에 돋는 풀 같고 저녁에 지는 꽃 같지만 우리는 견고하게 살아야 한다. 우리들은 무익하지만 하나님의 은혜로 다른 사람을 유익하게 해야 한다. 우리는 연약하지만 우리가 짓는 집이 견고하고, 성이 견고하고, 나라가 견고하며, 교회가 견고하기를 기도한다. 인간은 별 수 없는 존재이다. 그러나 하나님이 은총을 베풀면 우리들은 귀한 존재가 되며 하나님께 영광을 돌리고 다른 사람에게 유익을 준다. 이것은 오직 은혜로만 가능하다.

그는 나의 피난처요

시편 91:1~8

1지존자의 은밀한 곳에 거주하며 전능자의 그늘 아래에 사는 자여, 2나는 여호와를 향하여 말하기를 그는 나의 피난처요 나의 요새요 내가 의뢰하는 하나님이라 하리니 3이는 그가 너를 새 사냥꾼의 올무에서와 심한 전염병에서 건지실 것임이로다 4그가 너를 그의 깃으로 덮으시리니 네가 그의 날개 아래에 피하리로다 그의 진실함은 방패와 손 방패가 되시나니 5너는 밤에 찾아오는 공포와 낮에 날아드는 화살과 6어두울 때 퍼지는 전염병과 밝을 때 닥쳐오는 재앙을 두려워하지 아니하리로다 7천 명이 네 왼쪽에서, 만 명이 네 오른쪽에서 엎드러지나 이 재앙이 네게 가까이 하지 못하리로다 8오직 너는 똑똑히 보리니 악인들의 보응을 네가 보리로다

시편 91편은 저자가 밝혀지지 않는다. 그러나 유대인들은 99편까지를 모세의 시로 보고 있으나 우리들이 정확하게 알기가 어렵다. 시편 91편을 조심스럽게 읽어 보면 모세가 광야 생활을 통하여 받았던 하나님의 은혜를 볼 수 있다. 하나님의 백성은 역경에 처해 있기에 이런 은혜의 체험을 할 수 있다. 모세가 바로 그러한 분이다. 자신의 경험을 통해 하나님의 은혜를 찬양한다. 이 시편은 두개의 중요한 부분으로 구성 되어 있다.

1~13절이 한 단락이다. 이 시편에는 1인칭과 2인칭이 번갈아가며 나오고, 이 시편이 교훈적 또는 설교적 의도를 가지고 있는 점에서 90편과 비슷하다. 1~13절까지가 핵심을 이루고 있고 14~16절은 완전히 다른 내용이다. 앞부분은 성도가 환난 중에 얻은 확신을 말한다. 지난날의 고통을 통하여 하나님의 은혜를 체험하고 하나님께 감사와 영광을 돌린다.

1. 그늘 아래 거하리로다

1절에서 "지존자의 은밀한 곳에 거주하며 전능자의 그늘 아래에 사는 자여"고 하였다. 1절은 이 시편의 일반적 주제에 대한 언급이며 '모토'라고 할 수 있다. 시인은 여호와의 성전에서 보호를 받고자 하는 자에게 '그의 믿음을 결코 헛되지 않을 것이라'고 말한다.

시인은 두개의 영상으로 하나님의 보호를 제시하는데 하나는 성전은 안전한 곳이며, 마음의 평안을 얻는 곳이라는 영상이다. '지존자'란 하나님을 말하며 지극히 존귀한 자라는 뜻이다. '은밀한 곳에 거하는 자'란 다른 사람이 알지 못하는 '하나님과의 은밀한 교통'을 하는 자란 뜻이다. 그러니 '은밀한 곳'은 성소를 통하여 주는 피난처를 암시한다. 하나님께서 보호 하신다는 의미이다.

전능하신 자의 그늘 아래는 '주의 날개 그늘'(시 17:8, 36:7, 57:1, 63:7)을 가리킨다. 이것은 시온산의 그늘과는 아무런 상관이 없고 하나님의 보호에 대한 비유적 표현이다. 하나님의 보호 아래 사는 자는 하나님께 복 받은 백성이다. 역경과 고통이 와도 여기서 승리 하는 믿음의 삶을 살게 된다. 그러므로 1절은 이 시편의 서론이요 압축판이다.

2절에서 "나는 여호와를 향하여 말하기를 그는 나의 피난처요 나의 요새요 내가 의뢰하는 하나님이라 하리니"라고 하였다. 이것은 시인의 신뢰의 신앙 고백이다. 하나님의 은혜를 체험하고 나니 '하나님은 이런 분이라'고 백하는 것이다. 시인은 하나님을 '여호와'라고 하였다. 이것은 우리가 잘 아는 대로 은혜의 하나님, 사랑의 하나님이라는 의미이다.

시인은 하나님에 대해 세 가지로 고백한다. 피난처, 요새, 의뢰하는 하나님이라고 하였다. 원수의 공격을 받을 때에 자기 백성을 지켜 주시는 피난처가 되신 하나님이다. 하나님을 의지하여 하나님의 능력의 그늘 아래 있으니 아무리 악한 자가 일어나고 전쟁이 일어나도 안전하다. 피난처가 방어적 표현이라면 요새는 공격적 표현이다. 적의 공격을 소수의 병력으로 막을 수 있는 곳이 요새이기에 악한 자가 치려고 하여도 하나님이 막아주신다. 또 '의뢰하는 하나님'이라고 하였으니 '나의 의뢰하는 전능자'라는 말이다. 공격도 방어도 하나님의 역사 안에 있으니 이 하나님을 의뢰하고 살아가는 것이 신앙인의 자세이다. 시인은 이 고백을 통하여 하나님의 역사를 노래하고 있다.

2. 그가 너를

3절에서 "이는 그가 너를 새 사냥꾼의 올무에서와 심한 전염병에서 건지실 것임이로다"고 하였다. 여기서도 '그'가라고 하였으니 하나님을 말한다. 시인은 앞의 2절의 고백에 근거하여 하나님의 구원이 어떤 것인지 가르친다. 시인은 하나님을 강조하는데 이것은 2절과 연결된다. '하나님을 하나님이시다'라는 고백이 바탕에 있다.

'새 사냥꾼의 올무'는 자연적인 재앙 보다는 인간이 만든 재앙과 위협도 말해준다. 원수는 간악하고 음흉하여 올무를 놓는 악행을 한다. '극한 염병'은 급성 전염병인데 70인 역에는 '파괴적인'으로 번역하고 있다. 그러니 남을 해치는 말은 급성 전염병과 같이 많은 사람들에게 피해를 입히는 극악한 것이다. 남을 매장 시키기 위하여 나쁜 말을 반복하는 것은 전염병과 같이 해로운 것이다.

4절에서 "그가 너를 그의 깃으로 덮으시리니 네가 그 날개 아래에 피하리로다. 그의 진실함은 방패와 손 방패가 되나니"라고 하였다. '그의 깃으로 덮으시리니'라는 은유로 하나님께서 날개 깃 으로 덮어주는 것을 묘사하였다. 마치 어미 새가 자식을 보호하는 것으로 그려지고 있다. '그의 진실함은 방패와 손 방패가 되나니'라는 말씀은 전쟁 영상에서 나온다. 큰 방패는 나무로 만들어서 겉에다 가죽을 입혀 놓은 것이다.

여기서 믿음의 전투적 성격을 두드러지게 나타낸다. 하나님의 신실하심은 방패가 되어 시인을 보호한다. 인간이 만든 무기가 다 부서져도 하나님의 무기는 안전하다. 이것은 인간의 힘으로 되어지는 것이 아니라 하나님의 능력에서 오기 때문이다.

3. 밤과 낮

5~6절에는 "너는 밤에 찾아오는 공포와 낮에 날아드는 화살과 어두울 때 퍼지는 전염병과 밝을 때 닥쳐오는 재앙을 두려워하지 아니하리로다" 고 하였다. 이 말씀은 신앙과 불신앙을 대조한 것으로 '너는 놀라지 아니할 것이다' 고 하였다. 밤에 귀신이 나타나 놀라는 것이나 낮에 날아드는 화살 즉 태양빛으로 인한 질병 등이 와도 두려워하지 않는다. 6절에서는 더 큰 정점으로 나아간다. '흑암' 은 '가장 깊은 어둠' 이며 '염병' 은 재앙이나 귀신을 말한다. 이것들이 아무리 설쳐도 하나님이 함께 하시면 두려워하지 않는다.

7절에서 "천 명이 네 왼쪽에서, 만 명이 네 오른쪽에서 엎드러지나 이 재앙이 네게 가까이 하지 못하리로다"고 하였다. 시인의 믿음은 더욱 높아졌다. 그는 죽음에 직면 하지만 살아남는다. 천명 만 명이 죽는 무자비한 살육에서도 살아남는데 이것은 은유법이다. 애굽에서 그러 하였고 전쟁에서도 그러하였다.

8절에서 "오직 너는 똑똑히 보리니"라고 하였으니 세상적 차원만이 아니라 참된 실제이며 실체이다. 하나님의 능력과 심판은 악인에게는 심판으로 의인에게는 구원으로 나타난다. 하나님의 백성은 이것을 믿고 하나님을 나의 피난처, 요새로 고백하며 의지한다. 우리에게 고난의 바람이 불어도 하나님을 의지하여 승리하자.

지존자를 너의 거처로 삼았으므로

시편 91:9~13

9네가 말하기를 여호와는 나의 피난처라 하고 지존자를 너의 거처로 삼았으므로 10 화가 네게 미치지 못하며 재앙이 네 장막에 가까이 오지 못하리니 11그가 너를 위하여 그의 천사들을 명령하사 네 모든 길에서 너를 지키게 하심이라 12그들이 그들의 손으로 너를 붙들어 발이 돌에 부딪히지 아니하게 하리로다 13네가 사자와 독사를 밟으며 젊은 사자와 뱀을 발로 누르리로다

   시인은 하나님이 우리의 피난처가 된다는 사실을 강조하고 하나님의 보호하심을 노래하였다. 천 인이 넘어지고 만 인이 엎드려지나 이 재앙이 하나님을 섬기는 자에게 다가오지 못함을 강조 하였다. 하나님은 자기 백성을 지키시고 그 백성들을 통하여 영광 받으시기를 원하신다. 시인은 이러한 하나님의 역사를 강조하고 노래한다. 시편 91편은 두 개의 중요 부분으로 구성되어 있다. 1~13절과 14~16절로 구분된다. 이 시편은 교훈과 훈계를 목적으로 한 것이며 여호와를 신뢰하는 자들의 신앙에 도전하며 강화 시키려는 의도를 가지고 있다. 이 시편에서 1인칭과 2인칭이 번갈아 나타나는 것은 오랫동안 이 시편이 교창 되었음을 보여주고 있다.

1. 너의 거처로

   9절에서는 1절과 비슷한 내용을 반복하고 있다. "네가 말하기를 여호와

는 나의 피난처시라 하고 지존자를 너의 거처로 삼았으므로" 라고 하였다. '네가 말하기를'이라고 하였는데 이 말은 자기는 이러한 신앙을 고백하였다는 뜻이다. 여기서 '네가'라는 말은 2인칭으로 사용한 시적 표현이다. '여호와는 나의 피난처라 하고 지존자로 거처를 삼았으므로'라고 고백한다. 하나님의 은혜를 받으면 이런 고백을 한다.

시인은 '피난처'와 '거처'라는 단어를 사용하고 있다. 피난처로 삼았다는 것은 하나님을 의지했다는 말이고, 그 다음에 지극히 존귀하신 분을 거처로 삼았다고 하였으니 이 말은 그 분의 뜻대로 순종하며 살았다는 의미이다. 하나님의 백성은 존귀하신 하나님을 모시고 사는 자들이다. 이들에게는 영광의 세계가 있으니 하나님의 영광이 그에게 임한 것이다. 이것은 시인의 고백이며 하나님을 영화롭게 하려는 자의 신앙이다. 10절 이하에서는 하나님의 백성에게 임하는 놀라운 역사를 보여준다.

10절에서 "화가 네게 미치지 못하며 재앙이 네 장막에 가까이 오지 못하리니" 라고 하였다. 하나님을 거처로 삼으니 임마누엘의 은혜를 체험한다. 이런 사람에게는 화가 미치지 못한다. 우리가 여기서 유의해야 할 것은 화가 없다는 것이 아니라 미치지 못한다는 점이다. 하나님을 믿고 의지하여도 우리에게 고통이 오고 어려움이 있을 수 있다. 그러나 이것이 우리를 해치지 못하게 하신다는 뜻이다. 재앙이 우리의 장막에 가까이 올 수가 없다는 말이다. 이것은 하나님의 백성들이 누리는 최고의 복이다. 하나님을 나의 거처로 삼으면 재앙이 우리를 해치지 못하도록 하나님이 보호하여 주신다는 말이다.

믿는 자에게 이것 외에 더 큰 복이 어디 있는가? 우리의 현실이 힘들고 어렵다고 하여도 하나님을 의지하고 나아가면 우리의 보호자가 되셔서 우리를 지켜주신다. 우리는 이 신앙을 의지 하고 하나님을 바라보아야 한다. 하나님을 의지 하는 자에게는 화가 미치지 못한다는 확신이 필요하다. '장막'이란 그가 어디 있든 지 신실한 자의 가정이며 거처이고 거주지이다. 하나님이 이것을 지켜주신다.

2. 그가 너를 위하여

11절에서 "그가 너를 위하여 그의 천사들을 명령하사 네 모든 길에서 너를 지키게 하심이라"고 하였다. '그가' 즉 하나님께서 너를 위하여 무엇을 하시는가? 그 사자들 즉 천사들을 명하사 네 모든 길에 너를 지키신다. 그러니 하나님께서 자기 백성을 지키시기 위하여 천사들을 보내시고 완벽하게 지켜 주신다.

성경에는 하나님께서 천사들을 보내서서 자기 백성을 지키신 사건들이 나온다. 열왕기하 6장 14절 이하에 이 사건이 자세히 기록되어 있다. 엘리사를 잡으려고 아람 군대가 도단성을 포위 하였다. 엘리사의 종들이 두려워하는데 하나님께서 그들의 눈을 열어 불말과 불병거가 산에 가득하여 엘리사를 호위하고 있는 것을 보게 하였다. 옛날 엘리사를 보호하신 하나님은 시편의 시인을 보호 하신다. 그러기에 우리는 낙망하지 않고 하나님만 의지하는 삶을 살아가게 된다.

12절에서 "그들이 그들의 손으로 너를 붙들어 발이 돌에 부딪히지 않게 하리로다"고 하였다. '그들이' 즉 그 천사들이 걸을 때마다 보호하여 주서서 발이 돌에 부딪히지 않게 하신다. 이 시의 배경이 되는 시나이 반도는 돌무더기이다. 이스라엘 백성들이 걸은 길은 시내 광야, 바란 광야, 신 광야 등 돌작들이었다. 이 말씀은 하나님께서 특별하게 보호 하여 주신다는 것을 은유적으로 표현한 말이다.

하나님은 부모들이 자기 아이가 위험을 겪거나 고통에 빠지지 않도록 보호하는 심정으로 자기 백성을 보호하신다. 우리는 이 하나님을 통하여 위대한 사랑의 보호를 체험한다. 그것은 하나님의 보호를 체험한다. 그것은 하나님의 백성이 누리는 최고의 영광이다. 우리는 오늘도 하나님의 보호의 손길을 의지하고 나아가야 한다.

3. 사탄의 위협

13절에서 "네가 사자와 독사를 밟으며 젊은 사자와 뱀을 발로 누르리로다"고 하였다. 성경에는 사단의 세력을 상징적으로 표현할 때 사자, 뱀 등으로 나타난다. 마귀의 세력을 '우는 사자 같이'라고 표현하고 있다(벧전 5:7~9). 사자는 위험한 존재이니 사탄이 바로 이러하다. 하나님의 백성을 위협한다. 독사는 간사하고 유혹하는 존재이다. 독사는 숨어 있다가 갑자기 나타나서 사람을 문다. 이러한 독사의 간사함이 마귀에게서 나타난다.

사탄은 하나님의 백성에 대하여 두 가지 방법으로 접근하는데 사자처럼 위협하고. 뱀처럼 유혹한다. 이 방법에 넘어가는 사람들이 많다. 그러나 우리가 하나님을 의지하고 하나님의 뜻대로 살면 '사자와 독사를 밟으며' 그것도 늙은 사자가 아니라 힘이 펄펄한 젊은 사자를 누르고, 뱀도 누르게 된다.

하나님께서는 자기 백성이 하나님만을 의지하고 나아가면 위협적인 사탄의 공격이 와도 담대히 걸어 갈수 있다. 또 뱀처럼 간교하게 유혹할지라도 이것을 이기게 된다. 중요한 것은 우리가 전적으로 하나님을 의지하는 일이다. 이것은 하나님의 역사를 믿고 의지 할 때에 이러한 일이 일어난다.

3~12절의 보호에 대한 은유적 표현들은 13절에서 긍정적인 복종으로 나타난다. 하나님은 자기의 사자를 보내어 자기 백성을 지키시고, 사자와 뱀의 권세를 깨트리게 한다. 하나님의 백성의 놀라운 역사를 우리들이 바로 믿고 나아갈 때 하나님은 자기 백성을 지켜 주신다.

나의 구원을 그에게 보이리라

☀ 시편 91:14~16

14하나님이 이르시되 그가 나를 사랑한즉 내가 그를 건지리라 그가 내 이름을 안즉 내가 그를 높이리라 15그가 내게 간구하리니 내가 그에게 응답하리라 그들이 환난 당할 때에 내가 그와 함께 하여 그를 건지고 영화롭게 하리라 16내가 그를 장수하게 함으로 그를 만족하게 하며 나의 구원을 그에게 보이리라 하시도다

시편 91편은 역경 가운데서 하나님의 백성을 지키시는 하나님의 은총에 대한 노래이다. 여호와는 나의 피난처라는 고백을 통하여 하나님의 영광을 선포하고 있다. 14~16절은 이 시편의 중요한 부분이다. 3~13절의 기도와 고백에 대한 응답이며 그 교훈에 권위를 부여하고 있다. 이 말씀은 야훼께 헌신된 자에게 확신이 설교된다. 하나님의 은혜를 체험한 자는 하나님의 축복에 감사하며 감격의 삶을 살아간다. 이것이 삶 속에 녹아나 하나님의 영광을 드러내게 된다.

1. 하나님의 선포

14절에서 "하나님이 이르시되 그가 나를 사랑한즉 내가 그를 건지리라 그가 내 이름을 안즉 내가 그를 높이리라"고 하였다. 이 말씀을 하나님이 선포한 것이다. '그가 나를 사랑한즉'이라고 하였는데 이는 1~13절의 은혜를 경험한 사람이다. 하나님의 백성은 하나님의 사랑을 받았기에 하나님을

사랑하게 된다. 하나님을 사랑하는 데에 특별한 방법이 없다.

요한 1서 4장에 하나님을 사랑하는 원리와 방법을 제시하고 있다. "사랑하는 자들아 우리가 서로 사랑하자 사랑은 하나님께 속한 것이니 사랑하는 자마다 하나님으로부터 나서 하나님을 알고"(요일 4:7)라고 하였다. 하나님은 사랑이시고(요일 4:8) 우리를 살리기 위하여 먼저 독생자를 주셨다고 하였다. 또 우리가 서로 사랑하는 것이 마땅하다고 하였다(요일 4:11).

구체적인 사랑의 방법이 나온다. "누구든지 하나님을 사랑하노라 하고 그 형제를 미워하면 이는 거짓말하는 자니 보는 바 그 형제를 사랑하지 아니하는 자는 보지 못하는 바 하나님을 사랑할 수가 없느니라"(요일 4:20)고 하였다. 이것은 사랑의 구체적인 방법을 우리에게 제시한다. 형제를 사랑하여 하나님의 사랑을 입증하는 것이 중요하다. "하나님을 사랑하는 것은 이것이니 우리가 그의 계명을 지키는 것이라 그의 계명은 무거운 것이 아니로다"(요일 5:3)는 말씀으로 하나님을 사랑하는 구체적인 방법이 나온다.

이렇게 하나님을 사랑하는 자를 하나님께서 '건지리라'고 하였다. 하나님을 사랑하면 우리에게 고통이 와도 하나님이 건져 주신다, 여기에서 더 나이가 '그가 내 이름을 안즉 내가 그를 높이리라'고 하였다. '건짐'은 소극적 의미로서 회복을 의미하지만 하나님의 이름을 알면 하나님께서 높여주신다. 하나님의 이름은 하나님의 주권과 특성을 나타낸다. 하나님의 이름을 알고 그 이름에 합당한 영광을 돌리면 하나님은 그를 높여 활용하신다. 이 말씀을 통하여 하나님의 백성들의 성공적인 삶의 길을 알 수 있다. 하나님의 이름을 높이고 영광을 드러내면 하나님은 그를 건지시고 높여 주신다.

2. 영화롭게 하리라

15절에서 "그가 내게 간구하리니 내가 그에게 응답하리라 그들이 환난 당할 때에 내가 그와 함께 하여 그를 건지고 영화롭게 하리라"고 하였다. 하나님의 이름을 아는 자는 하나님께 간구하게 된다. 문제가 생기면 자기 힘으로 문제를 푸는 것이 아니라 하나님께 기도하여 근본적인 해결을 도모한다. '그가 내게 간구하리니 내가 응답하리라'는 말씀으로 문제 해결의 방안을 알 수 있다.

하나님께 기도하면 하나님이 그와 함께 하시고 그를 건질 뿐만 아니라 영화롭게 한다. 하나님과 함께 하는 것은 하나님의 백성이 누리는 최고의 복이다. 하나님과 함께 하면 하나님은 그를 건지실 뿐만 아니라 영화롭게 한다. 하나님께 기도하고 문제를 풀어 나가면 믿지 않는 사람들이 하나님의 위대한 역사를 보고 두려워하며 하나님의 영광을 드러낸다. 그 결과로 하나님의 백성이 영화롭게 된다. 이것은 어려운 논의가 아니다.

모든 것을 하나님께 맡기고 하나님 중심으로 나아가면 문제가 해결된다. 이것이 하나님의 법이다. 사무엘상 2장 30절에 구체적으로 나와 있다. "나를 존중히 여기는 자를 내가 존중히 여기고 나를 멸시하는 자를 내가 경멸하리라"고 하였다. 어려움을 당할 때에 하나님께 기도하는 것은 하나님을 존중히 여기는 길이다. 우리에게 고통의 바람이 불어올 때에 하나님께 기도하자. 그리하면 모든 문제를 하나님께 해결하여 주신다. 우리는 이 원리를 믿고 하나님께 가까이 나아가야 한다.

3. 그에게 보이리라

16절에서 "내가 그를 장수하게 함으로 그를 만족하게 하며 나의 구원을 그에게 보이리라 하시도다"고 하였다. 하나님의 은혜를 받은 사람은 장수의 은혜를 체험한다. 여기서 '장수'란 단순히 오래 사는 것을 말하는 것이 아니다. 왜냐하면 백 살을 살아도 인간은 만족하지 않기 때문이다. 여기서 '만족하게 한다'는 것은 '영원한 장수' 즉 하나님이 주시는 영생을 최고의 것이고 최선의 것이다. '나의 구원을 그에게 보이리라 하시도다'고 하였다. 여기서 '구원'이란 '영생의 구원'을 의미한다. 하나님을 의지하면 영생의 축복을 주신다.

14~16절은 우리들의 관심을 가지고 보아야 할 말씀이다. 하나님이 어떤 사람을 사용하시는 지를 보여주고 우리들에게 어려움이 올 때에 이것을 어떻게 극복할 것인지를 제시한다. 우리에게 어려움이 올 때에 하나님께 기도하고 하나님의 역사를 체험하는 신앙적 자세를 가져야 한다. 하나님께 간구하는 것은 하나님의 백성이 누리는 최고의 영광이다. 고통 속에서 하나님께 '아버지여'라고 호소 할 수 있는 것이 바로 영광이며 복이다. 그런데 많은 사람들은 이 복을 제대로 누리지 못하고 있다.

우리에게 고통이 올 때에 우리는 기도해야 한다. 그리하면 하나님께서는 우리를 건지시고 영화롭게 한다. 이러한 위대한 역사가 우리에게 있으니 우리는 감사함으로 주께 아뢰어야 한다. 하나님께 기도할 수 있음이 우리의 복이다. 그러니 '기도할 수 있는데 왜 염려합니까'라는 광고 간판이 우리에게 주는 메시지를 바로 알아야 한다. 하나님께 기도하면 하나님은 응답하신다.

우리를 건지시고 영화롭게 하며 영생을 주신다. 이 은혜와 사랑을 우리의 가슴에 깊이 간직하는 것이 소중하다. 하나님의 구원을 보는 하늘 백성들의 삶이 되어야 한다. 비록 고통의 바람이 불어올지라도 하나님의 위대하신 손길을 부여잡고 하나님께 가까이 나아가는 신앙의 역사가 필요하다. 이제 우리는 하나님을 바라보자. 힘들고 어려움이 있을지라도 여기서 좌절할 것이 아니라 우리를 구하시는 하나님을 바라보며 기도하고 우리를 향해 베푸시는 사랑을 체험하는 하나님의 자녀의 삶을 살아야 한다.

주의 이름을 찬양하고

시편 92:1~6

1-3지존자여 십현금과 비파와 수금으로 여호와께 감사하며 주의 이름을 찬양하고 아침
마다 주의 인자하심을 알리며 밤마다 주의 성실하심을 베풂이 좋으니이다 4여호와여
주께서 행하신 일로 나를 기쁘게 하셨으니 주의 손이 행하신 일로 말미암아 내가 높이
외치리이다 5여호와여 주께서 행하신 일이 어찌 그리 크신지요 주의 생각이 매우 깊으
시니이다 6어리석은 자도 알지 못하며 무지한 자도 이를 깨닫지 못하나이다

시편 92편은 감사시의 장르에 속한다. 이 시편의 제목은 '안식일을 위한
노래' 임을 보여 준다. 주석가들은 안식일 예배 때에 이 시편이 불려졌다고
보고 있으나 그 내용과는 관련이 없다 그래서 이 시편을 감사시의 장르로
이해하는 것이 옳을 것이다. 이 시편은 1~6절에서 하나님의 인자하심과 성
실하신 행사에 대한 신앙이 고백되고, 7~15절에서는 하나님께서 의인과 악
인을 어떻게 간섭하시는지를 노래한다. 그러니 1~6절은 자신에게 베푸신
하나님의 은총에 관한 것이고, 7~15절은 객관적으로 세상을 보면서 하나님
께서 의인과 악인에게 이렇게 역사하시더라는 것을 노래한다.

1. 지존자를 찬양하며

1~3절은 그 내용이 붙어 있다. "지존자여 십현금과 비파와 수금으로 여
호와께 감사하며 주의 이름을 찬양하고 아침마다 주의 인자하심을 알리며

밤마다 주의 성실하심을 베풂이 좋으니이다"고 하였다. 하나님을 '지존자' 라고 불렀다. 지존자란 원래 하나님께 대한 존칭이다. 이 지존자를 찬양하며, 그 자신이 지존자와 교제하는 자라는 사실을 강조한다.

'십현금과 비파와 수금의 정숙한 소리로 여호와께 감사하며'라고 하였다. 십현금이란 줄이 열 개가 있는 현악기이다. 비파와 수금도 현악기이다. 이런 현악기를 가지고 정숙한 소리로 여호와께 감사하며 찬양한다. 우리가 하나님 앞에서 묵상하고, 찬양하거나 성경을 낭독할 때에 배경 음악으로 현악기를 사용한다. 현악기는 그 선율이 조용하게 흘러가기 때문에 마음을 차분하게 한다.

우리가 하나님을 찬양하고 예배할 때에 조용한 현악기를 사용하는 것이 좋다. 그 특성이 이 시편에 구체적으로 나와 있다. '수금의 정숙한 소리' 라고 하였는데 수금도 똑 같은 소리가 아니다. 수금도 어떤 곡은 중간에 스타캇토를 넣어서 탁탁 뜯으며 연주하는 곡도 있는데, 그런 식으로 하는 것이 아니고 조용한 선율을 따라 정숙한 소리로 여호와께 감사하라는 의미이다.

우리가 하나님께 찬양할 때 에 마음에 깊이 생각하고 찬양해야 한다. 찬양은 하나님을 향한 것이기에 초점을 하나님께 모아야 한다. '아침에 주의 인자하심을 나타내며'라고 하였다. 하루를 시작하는 아침에 주의 인자하심 즉 '내가 너와 같이 있다. 내가 너를 사랑한다'는 사랑을 부여잡고 나아간다. 아침마다 '하나님이 나의 아버지시다'라는 것을 기도와 찬양으로 확인하고 시작하는 것이 중요하다.

'밤마다 주의 성실하심을 베풂이 좋으니이다'고 하였으니 아침에 하나님의 인자로 하루를 시작하였는데 밤이 되니 온 종일 생활이 하나님의 성실하심 속에서 이루어졌음을 고백한다. 하루를 지나고 그날을 되돌아보면 하나님의 사랑과 성실하심 속에서 지나 왔음을 알게 된다. 이것은 하나님의 백성이 누리는 복이다.

2. 내가 높이 외치리이다

4절에서 "여호와여 주께서 행하신 일로 나를 기쁘게 하셨으니 주의 손이 행하신 일로 말미암아 내가 높이 외치리이다"고 하였다. 시인은 여호와여 즉 언약의 하나님이 언약을 강조하며 하나님께 노래한다. '주의 행사로 나를 기쁘게 하셨으니'라고 하였다. 지난날 살아 온 모든 것이 '주님이 행하셨더라'는 고백이다.

우리의 삶은 우리들의 노력의 산물이 아니라 하나님의 행사에 따른 것이다. 우리의 삶 전체가 하나님의 역사 속에 이루어진다는 사실을 강조한다. 하나님의 행사로 나를 기쁘게 하셨으니 이것이 신앙인의 고백이다. 또 '주의 손이 행하신 일로 말미암아 내가 높이 부르리이다'고 하였으니 이 말은 너무 감격스럽다는 뜻이다. 하나님이 나를 이끌어 당신의 도구로 사용하셨으니 이것이 너무 기쁘고 감격스럽다는 말이다.

5절에서 "여호와여 주께서 행하신 일이 어찌 그리 크신지요 주의 생각이 매우 깊으시니이다"고 하였다. 여기서 '주의 행사'란 객관적인 무엇을 말하는 것이 아니라 주의 손으로 역사하시는 것을 말한다. 우리는 주님께 큰 것을 기대하지 않았는데 주님은 우리의 생각 이상으로 좋은 것을 주셔서 그 사랑과 은혜에 감격하게 된다. 그래서 가만히 생각해 보니 주님의 깊은 생각을 깨닫게 된다. 인간의 생각은 얕고 짧다. 그러나 하나님의 생각은 깊고 놀라운 것인지를 깨닫게 되면 우리에게는 감탄 밖에 나올 것이 없다. 하나님의 놀라우신 역사는 우리로 하여금 하나님의 위대한 손길 앞에 찬양을 드리게 한다. 하나님의 높으시고 완벽한 생각은 우리로 하여금 새로운 힘을 가지고 살아가게 한다. 하나님의 위대하신 손길을 부여잡고 그 인도하심에 순복하는 삶이 우리에게 필요하다.

3. 알지 못하며

6절에서 "어리석은 자도 알지 못하며 무지한 자도 이를 깨닫지 못하나이다"고 하였다. 이 땅의 사람들이 깨닫지 못 하였으나 나는 깨달았다는 말이다. 이것은 내가 깨달은 것이 아니라 하나님이 깨닫게 하셨다는 말이다. 참다운 깨달음이란 우리에게 행복을 준다. 무엇이 진리이며 무엇이 비 진리임을 알게 되고, 무엇이 행복인지를 알게 될 때에 우리는 진정으로 감사를 드리게 된다. 이 땅의 지혜로는 하나님의 역사를 바로 알 수 없다. 하나님을 경외하는 것이 모든 지혜의 근본이니만큼 참 지혜를 통하여 하나님의 위대하신 역사를 깨달아야 한다.

우리들은 이 땅에서 하나님의 이름을 찬양해야한다. 하나님은 우리 삶의 근원이시기에 이 하나님을 통해 우리가 새 힘을 받기 때문이다. 아침부터 밤까지 모든 것이 하나님의 은혜로 되어진다는 사실을 가슴 깊이 새기는 것이 무엇보다 중요하다. 그런데 우리의 찬양이 음악적 기교나 인간의 감정 표출에 중점을 두는 경우가 많다. 록(Rock) 음악이 교회 안에 자리 잡아가고, 세속음악의 선율이 찬송의 곡조가 되어가고 있다.

이러한 때에 성경이 가르치는 찬양의 기준을 정립하고 하나님을 찬양하는 신앙적 역사가 있어야 한다. 찬양을 받으시기에 합당하신 하나님께 바른 찬양을 드려야 한다. '최고의 예술을 최고의 하나님께 드리는' 신앙적 자세가 필요하다. 하나님을 찬양하는 믿음의 자세를 통하여 우리가 가야 할 바른 길을 찾아야 할 것이다. 시인은 자기가 받은 은혜를 하나님을 감사의 찬양으로 승화시켰다.

이것이 바른 사랑의 자세이며 고백이다. 아침부터 밤까지 나의 모든 행사는 하나님께 있으니 이 하나님을 영화롭게 해야 한다. 주의 이름을 찬양하고 감사하는 신앙적 자세를 우리들이 가질 때에 우리는 이 땅에서 영광스러운 하나님을 힘입어 영화의 길을 갈 것이다.

여호와는 나의 바위시라

시편 92:7~15

7악인들은 풀 같이 자라고 악을 행하는 자들은 다 흥왕할지라도 영원히 멸망하리이다 8여호와여 주는 영원토록 지존하시니이다 9여호와여 주의 원수들은 패망하리이다 정녕 주의 원수들은 패망하리니 죄악을 행하는 자들은 다 흩어지리이다 10그러나 주께서 내 뿔을 들소의 뿔 같이 높이셨으며 내게 신선한 기름을 부으셨나이다 11내 원수들이 보응 받는 것을 내 눈으로 보며 일어나 나를 치는 행악자들이 보응 받는 것을 내 귀로 들었도다 12의인은 종려나무 같이 번성하며 레바논의 백향목 같이 성장하리로다 13이는 여호와의 집에 심겼음이여 우리 하나님의 뜰 안에서 번성하리로다 14그는 늙어도 여전히 결실하며 진액이 풍족하고 빛이 청청하니 15여호와의 정직하심과 나의 바위 되심과 그에게는 불의가 없음이 선포되리로다

시편 92편은 안식일의 찬송시이다. 하나님의 백성들이 하나님을 찬양하는 것은 받은 은혜에 대한 감사이며, 영광을 돌리는 것이다. 1~6절은 주의 행사를 찬양한 것인데 주의 행사는 '하나님의 인자하심과 성실하심'이다. 우리들의 일상을 되돌아보면 모두가 하나님의 은혜로 되어짐을 알 수 있다. 아침에 주의 인자하심을 나타내며 밤에는 주의 성실하심을 깨닫게 되는 하나님 중심주의 역사를 알게 된다. 아침부터 밤까지 하루 종일 하나님의 은혜가운데에서 살게 되며, 모든 것이 주의 행사와 관련되었음을 고백한다. 7절부터는 우리의 생활 속에 하나님의 행사가 구체적으로 어떻게 나타나셨는가를 말하고 있다. 악인에 대하여 먼저 말하고 이어서 시인 자신에 대해 말한다.

1. 풀 같이 자라고

7절에서 "악인들은 풀 같이 자라고 악을 행하는 자들은 다 흥왕할지라도 영원히 멸망하리이다"고 하였다. 악인들이 이 땅에서 모두 망하는 것이 아니라 사람의 눈에는 속성으로 자라는 듯한 모습을 보이기도 한다. '악인들은 풀 같이 자란다'고 하였다. 풀은 비료를 주거나 돌보지 아니해도 잘 자란다. 그러나 이러한 번성은 영원한 것이 아니라 죽음을 향해 자라는 것이다 "그들은 풀과 같이 속히 베임을 당할 것이며"(시 37:2)란 말씀처럼 악인의 번성은 죽음을 향한 전진이다. '죄악을 행하는 자는 다 흥왕하고'라고 하였다.

죄악을 행하는 자가 사람들이 보기에는 모두 잘 되는 것 같다. 굉장히 잘 되는 것 같이 보이고 번성하는 것 같이 보이지만 그들의 결국은 멸망이다. 악인들을 망해도 그냥 망하는 것이 아니라 영원히 멸망한다. 그러므로 하나님의 백성들은 악인이 이 땅에서 번성하는 것에 대해 시기하거나 가슴 아파하지 말아야 한다(시 37:1). 그들의 결국은 멸망이기 때문이다.

8절에서 "여호와여 주는 영원토록 지존하시나이다"고 하였다. 하나님은 악인의 번성과 멸망의 와중에서 영원토록 지존하시다. 하나님을 의지하고, 하나님의 말씀을 따르고 순종할 때에 하나님의 백성은 영원토록 인도하심을 받고 복을 받게 된다.

7절에 나오는 악인의 멸망과 8절의 하나님의 영원하심은 비교가 된다. 하나님의 백성들은 악인이 일시적으로 번성하는 것에 현혹될 것이 아니라 영원한 하나님의 역사를 사모하며 나아가야 한다. 인간들은 눈에 보이는 것에 집착할 때가 많다. 눈으로 보아야 믿겠다는 도마처럼 합리적이고 과학적인 것을 추구한다. 그러나 하나님의 법칙은 영원하고 하나님의 세계는 변함이 없기에 이 하나님을 믿는 것이 우리들에게 매우 중요하다.

2. 주의 원수들은 패망하리니

9절에서는 "여호와여 주의 원수들은 패망하리이다 정녕 주의 원수들은 패망하리니 죄악을 행하는 자들은 다 흩어지리이다"고 하였다. 여기서는 '주의 원수들은 곧 주의 원수들'이라고 하여 강조하고 있다. '주의 원수들'이란 7절에 나오는 악인을 말한다. 그들은 이 땅에서 무엇이 잘 되면 자기의 능력으로 된 것으로 착각하고 오만한 자가 된다. 하나님의 섭리와 역사를 생각지 아니하고 자기 마음대로 살고자 하는 자이다. 이들이 망하고 죄악을 행하는 자들은 다 흩어진다. 하나님의 때가 되면 산산조각이 나서 다 흩어지고 만다는 것이다.

10절에서 그 설명이 나온다. "그러나 주께서 내 뿔을 들소의 뿔 같이 높이셨으며 내게 신선한 기름을 부으셨나이다"고 하였다. '그러나'로 시작한다. 7~9절에 악인에 대한 하나님의 통치에 대해서 말한다. 하나님은 악인을 일정기간 동안 그냥 두신다. 그러나 죄악이 관영하면 하나님께서 역사하신다. '그러나 주께서 내 뿔을 들소의 뿔같이 높이셨으며' 라고 하였다. 여기서 뿔이란 '능력', '세력'을 말한다. 들소의 뿔이란 굉장한 힘을 가진 것이다.

뿐만 아니라 '내게 신선한 기름으로 부으셨다'고 하였다. 여기 기름은 유대인의 생활 풍습과 관련이 있다. 유대인의 집에 손님이 오면 종이 발을 씻겨 주고, 식사 자리에서 기름을 부어 준다. 사람의 신분에 따라 기름이 다르지만 일반적으로 감람나무 기름을 붓는다. 기름은 신령한 의미에서 성령의 역사를 말하지만 여기서는 '존귀한 자로 여겨 주셨다'는 뜻이다. 하나님은 자기 백성을 존귀케 할 뿐 아니라 능력을 주셨는데 다음 절에 나온다.

11절에 "내 원수들이 보응 받는 것을 내 눈으로 보며 일어나 나를 치는 행악자들이 보응 받는 것을 내 귀로 들었도다"고 하였다. 하나님이 존귀케 한 자에게도 원수가 있다. 이 원수들을 하나님이 치시고 망하게 하신다. 하나님께서 간섭하시는 것을 바로 보게 하시고 '내가 이렇게 한다'고 증거를 보이신다. 하나님이 원수들을 멸망케 하여 그 위력을 보여 주신다.

3. 종려나무 같이, 백향목 같이

12절에서 "의인은 종려나무 같이 번성하며 레바논의 백향목 같이 성장하리로다"고 하였다. 7절에서 악인은 풀같이 자란다고 하였으나 의인은 레바논의 백향목 같이 자란다고 하였다. 백향목은 나무 중의 최고의 것이다. 백향목은 잘 썩지 않고 좀이나 벌레가 먹지 못한다. 그러니 우리나라의 향나무와 같다고 보면 된다. 하나님의 백성은 백향목 같이 귀하고 아름다운 존재로 자라게 하여 주신다. 이것은 하나님의 백성에게 주시는 복이다.

13~15절에서 "이는 여호와의 집에 심겼음이여 우리 하나님의 뜰 안에서 번성하리로다 그는 늙어도 여전히 결실하며 진액이 풍족하고 빛이 청청하니 여호와의 정직하심과 나의 바위 되심과 그에게는 불의가 없음이 선포되리로다"고 하였다.

앞에 나오는 백향목을 의인화하여 사람으로 비유하였다. 이들이 여호와의 궁정에서 흥왕하게 된다. 하나님 앞에서 존귀한 자가 되어 영광을 드러낸다. 이들은 늙어도 결실하며 청청하다. 하나님을 섬기는 사람은 늙어도 기력이 쇠하지 않고 하나님과 동행한다. 신앙이 더욱 굳세지고 세월의 흐름과 함께 은혜를 간구하는 마음도 더하여 간다. 이들은 '여호와의 정직하심을 나타낸다' 하나님은 숨김없이 자기 백성들에게 역사하신다는 사실을 보여 준다. "여호와는 나의 바위시라"고 하였다. 이 말은 '나는 여호와를 의지하겠습니다' 라는 고백이다. 하나님의 백성은 하나님을 나의 바위로 고백해야 한다.

우리가 의지할 이는 오직 하나님 한 분 뿐이라는 사실을 늘 기억하고 감사해야 한다. 악인들이 일시적으로 잘 되는 것 같으나 여기에 현혹해서는 안 된다. 그들은 곧 망하고 말 것이니 우리는 우리의 바위 되신 하나님을 의지하여 하나님의 영광을 드러내어야 한다. 하나님의 백성은 백향목 같이 존귀하고 번성한다. 그래서 하나님의 영광을 드러낸다.

여호와께서 다스리시니

시편 93:1~5

1여호와께서 다스리시니 스스로 권위를 입으셨도다 여호와께서 능력의 옷을 입으시며 띠를 띠셨으므로 세계도 견고히 서서 흔들리지 아니하는도다 2주의 보좌는 예로부터 견고히 섰으며 주는 영원부터 계셨나이다 3여호와여 큰 물이 소리를 높였고 큰 물이 그 소리를 높였으니 큰 물이 그 물결을 높이나이다 4높이 계신 여호와의 능력은 많은 물 소리와 바다의 큰 파도보다 크니이다 5여호와여 주의 증거들이 매우 확실하고 거룩함이 주의 집에 합당하니 여호와는 영원무궁하시리이다

시편 93편은 하나님의 통치를 노래하였다. 이 시편의 저자와 저작 연대에 대해서는 정확하게 나와 있지 않으나 국가적으로 큰 위기를 당한 다음에 쓴 것으로 보인다. 그 이유는 3절에서 "여호와여 큰 물이 소리를 높였고 큰 물이 그 소리를 높였으니 큰 물이 그 물결을 높이나이다". 큰 물은 악의 세력을 상징하는 것으로 볼 수 있다. 이러한 고통을 하나님의 은혜로 극복하고 감사의 노래를 불렀다.

하나님의 백성들이 이 땅에 살면서 하나님의 은혜로 다스려지는 것에 감사해야 한다. 하나님의 통치는 우리들의 삶의 전부를 주장하시는 것으로써 삶의 전 영역에서 하나님의 절대주권이 역사하도록 해야 한다.

1. 여호와께서 다스리시니

1절에서 "여호와께서 다스리시니 스스로 권위를 입으셨도다 여호와께서 능력의 옷을 입으시며 띠를 띠셨으므로 세계도 견고히 서서 흔들리지 아니하는도다"고 하였다. 시인은 언약의 하나님 여호와를 말씀한다. 이 하나님은 영원 전부터 계시고 이 세상을 다스리신다.

왜 그가 다스리시는가? 하나님이 창조하셨기 때문이다. 자기가 창조하신 만물을 능력으로 다스리신다. 그의 통치는 '스스로 권위를 입으셨도다'는 말로 표현된다. 누가 권위를 세워 주신 것이 아니라 스스로 권위를 가지신다. 이 말은 하나님께서 스스로 모든 능력으로 지으신 피조물을 통치하신다는 뜻이다.

'여호와께서 능력의 옷을 입으시며 띠셨다'는 것은 하나님이 말씀하신 것과 계획하신 것을 전부 이룰 능력을 가지고 계시며, '띠신 것'은 하나님의 능력을 의인화하여 표현한 말이다. 하나님께서 능력을 가지고 이 세상을 통치하시므로 이 세계의 질서가 잡히고 바로 서며, 하나님이 계획하신 것은 조금도 흔들림 없이 이루어진다는 말이다.

2절에서 "주의 보좌는 예로부터 견고히 섰으며 주는 영원부터 계셨나이다"고 하였다. 여기서 '예로부터'란 역사성을 강조하는 것이지만 원뜻은 '영원부터'라고 할 수 있다. 하나님은 영원부터 영원까지 다스리는 분이다. 자기가 계획한 것은 조금도 바꾸지 않고 그대로 이루신다. 인간의 계획은 바뀌어도 하나님의 계획은 영원부터 영원까지 변함이 없다. '주는 영원부터 계셨나이다'고 하였다. 하나님은 영원부터 존재하실 뿐만 아니라 다스리시는 분이다. 이 하나님을 믿고 의지하는 것이 하나님의 백성이 따라야 할 길이다.

2. 이 땅의 문제들

3절에서는 이 땅에 문제가 생긴 것을 보여준다. "여호와여 큰 물이 소리를 높였고 큰 물이 그 소리를 높였으니 큰 물이 그 물결을 높이나이다" 하였다. 여기서 '큰물'이란 세계 이방 나라를 가르친다. 앗수르, 바벨론, 이집트 등의 강대국을 말한다. 이런 나라들이 끊임없이 이스라엘을 공략하였다. 앗수르는 북 이스라엘을 멸망시켰고, 바벨론은 남 유다를 멸망시켰다. 1~2절에서 하나님의 절대주권에 의한 통치가 나오는데, 3절에서는 이방 나라들이 나온다. 이것은 모순되는 것이 아니라 이방 나라의 일어나는 것도 하나님이 허용 하실 때에 가능한 말이다. 하나님의 통치는 절대적이다. 하나님의 완전하신 뜻에 따라 이 세상을 다스리시며, 비록 이방 나라들이 큰 물결과 같이 몰려올지라도 변함이 없이 통치하신다. 큰 물결과 파도 소리로 인간들을 위협할지라도 하나님은 변함없이 역사하신다.

그 이유가 4절에 나온다. "높이 계신 여호와의 능력은 많은 물 소리와 바다의 큰 파도보다 크니이다" 하셨다. 하나님은 이 세상의 그 무엇보다 위대하신 분이며 이 땅의 이방 나라들을 활용하여 이스라엘을 향한 채찍으로 사용하신다. 이 땅에서 악한 자들이 번성하고 힘을 얻는 것같이 보이지만 이런 것도 하나님이 허락하셔야 가능하다. 모든 것은 하나님의 절대적 주권 아래 있기에 시인은 '큰 파도보다 크니이다' 하였다.

하나님의 위대하심은 인간의 지혜와 능력을 초월한다. 이 하나님을 의지하는 것은 하나님은 하나님의 백성이 누릴 복이다. 하나님의 백성은 하나님만 믿고, 하나님만 순종하는 삶을 살아야 한다. 그렇게 하면 하나님께서 위대한 통치의 역사를 우리들에게 보여 주신다. 시인은 고통의 자리에서 좌절하거나 낙망하지 아니하고 하나님의 통치를 바라보았다. 이것은 역경을 어떻게 이길 것인가를 우리에게 보여 주는 계기이다.

우리들에게 고통의 바람이 불어올 때에 여기에 휘말려 낙망하지 말고 이것을 통하여 하나님께 더 가까이 나아가는 계기로 삼아야 한다. 이것이 하나님의 백성의 삶의 자세이다. 이렇게 하여야 하는가? 4절이 그 대답을 주고 있다. "높이 계신 여호와의 능력은 많은 물 소리와 바다의 큰 파도보다 크니이다"가 대답이다. 하나님이 열강보다 위대하시니 이 하나님을 의지하는 것이 우리들이 살아가는 첩경이다.

3. 주의 집에 합당하여

5절에서 "여호와여 주의 증거들이 매우 확실하고 거룩함이 주의 집에 합당하니 여호와는 영원무궁하시리이다"고 하였다. 하나님께서 이미 선지자들을 통하여 증거하여 주셨는데 그 증거들이 확실하다는 뜻이다. 성경은 우리들에게 선포된 말씀이다. 이 성경은 조금도 틀림이 없고 우리로 하여금 그것을 믿고 따르게 한다. 그러므로 주의 증거가 확실함을 분명히 해야 한다. 오늘날 일부 사람들은 성경의 진리를 확실히 표현하지 못하는 경우가 있다. 예를 들면 '성경은 진리입니다'고 해야 하는데 '성경은 진리인 것 같습니다'라는 식의 표현을 한다.

우리들은 분명히 해야 한다. 성경의 진리는 가감이 없고 변함이 없다. 그러기에 '주의 증거들이 확실'하다. 또 '거룩함이 주의 집에 합당하여'라고 하였다. 이 말은 구약의 교회를 가리키고 있다. 성전 중심의 구약 교회는 거룩함이 나타나 하나님의 백성을 새롭게 하였듯이 하나님의 교회에 거룩함이 있어야 한다. 주의 집 즉 하나님의 교회는 거룩함으로 다스려야 한다.

하나님이 주시는 거룩이 교회 속에 있어 그 거룩하심을 배우고 따라야 한다. 이것은 일시적으로만 있는 것이 아니라 영구히 있어야 할 일이다. 하나님의 교회는 영구히 거룩으로 다스려져야 한다.

이 세상이 아무리 요란하여도 하나님의 통치는 위대하시고 변함이 없다. 그러므로 세상의 고통을 통하여 하나님을 바라보는 계기를 삼아야 하는데 그것은 하나님이 이 세상을 통치하시기 때문이다. 하나님의 절대주권을 믿고 여기에 순복하는 믿음의 삶을 일구어 나가야 한다.

복수하시는 하나님이여

시편 94:1~7

1여호와여 복수하시는 하나님이여 복수하시는 하나님이여 빛을 비추어 주소서 2세계를 심판하시는 주여 일어나사 교만한 자들에게 마땅한 벌을 주소서 3여호와여 악인이 언제까지, 악인이 언제까지 개가를 부르리이까 4그들이 마구 지껄이며 오만하게 떠들며 죄악을 행하는 자들이 다 자만하나이다 5여호와여 그들이 주의 백성을 짓밟으며 주의 소유를 곤고하게 하며 6과부와 나그네를 죽이며 고아들을 살해하며 7말하기를 여호와가 보지 못하며 야곱의 하나님이 알아차리지 못하리라 하나이다

시편 94편의 구조에 대하여 학자들에 따라 다른 견해를 보이고 있다. 여러 문제들이 혼합된 합성시로 보기도 하고 보복 시편으로 보기도 한다. 그러나 93편에 이어서 하나님의 통치를 노래하고 있다. 이 시편의 구조 분석은 여러 가지로 할 수 있으나 1~7절, 8~11절과 12~15절, 16~23절로 구분하는 경우가 많다. 이러한 구분에 따라 이 시를 묵상하려 한다. 1~11절은 하나님께 계속하여 간구하는 내용이다. 1~7절은 악한 자를 심판해주시기를 구하는 기도이며, 8~11절은 악한자의 어리석음에 대한 탄식이다.

1. 복수하시는 하나님

1절에서 "여호와여 복수하시는 하나님이여 복수하시는 하나님이여 빛을 비추어 주소서"라고 하였다. 시인은 '여호와여'라고 언약의 하나님을, 영원

히 자존하셔서 언약을 지키시는 하나님이여라고 부른다. 그 하나님이 어떤 분이신가? 시인은 '보복의 하나님'인데 원문의 뜻은 '복수의 하나님'이란 말이다(렘 51:56). 즉 '완전히 복수하시는 하나님'이란 뜻이다. 히브리어 네카마(nekamah)는 개인적 보복이 아니며 억압받는 자를 구원하고 억압하는 자를 심판하는 공의를 시행하는 것이다(신 32:35~36, 사 35:4 등). '행한 대로 갚으시고' '심은 대로 거두시는' 진리를 말하고 있다.

시인은 공의가 왜곡된 것에 의분을 느끼고 그의 분노가 쌓여서 더 이상 참을 수 없어서 하나님께 기도한다. 악인들이 번성하고 교만하여 자기 뜻대로 행하기에 하나님이 개입해 주시기를 호소한다. '빛을 비추소서'라고 하였다. 이 말은 하나님이 이런 하나님이시라는 것을 분명히 알게 해 달라는 뜻이다. 하나님의 빛이 비취면 이 세상이 밝아진다. 어둠은 사라지고 하나님의 공의가 확실히 드러나는데 이런 역사가 있기를 호소하였다.

2. 심판하시는 하나님

2절에서 "세계를 심판하시는 주여 일어나사 교만한 자들에게 마땅한 벌을 주소서"라고 하였다. 시인은 하나님의 통치 범위와 보수의 범위를 '세계'로 보고 있다. 그래서 '세계를 판단하시는 주'라고 하였다. 하나님은 세상의 심판장이다(창 18:25, 시 58:11, 82:8). 하나님을 이렇게 표현하는 배후에는 예루살렘의 제의적 전통이 있다. 시인은 하나님께서 일어나시기를 호소한다. 하나님은 심판을 집행하기 위하여 일어나신다(사 3:13). '일어나다'(hinnase)는 단어는 보다 일반적으로 사용되는 '일어나다'(guma)와 '깨다'(urah)와 동의어로 사용되고 있다. 시인은 하나님이 일어나사 하나님의 심판의 확실한 증거를 보여 달라고 호소한다.

'교만한 자에게 상당한 형벌을 주소서'라고 하였다. '교만한 자'와 '일어나다'는 연관이 있다. 교만한 자는 자기를 높여 하나님을 대적하는 자이다. 교만이란 하나님을 하나님으로 받아드리기를 거부하는 것을 말한다. 교만이란 모든 죄악의 밑바탕이다. 교만은 패망의 선봉이요 죄의 뿌리이다. 하나님보다 자신을 내세우는 것이기에 여기서 문제가 생긴다. 이런 자들에게 상당한 보응을 하시기를 호소하고 있다. 교만한 자에게 합당한 벌을 내리시기를 바라고 있다.

왜 이와 같은 호소를 하는지 그 이유를 3절에서 말한다. "여호와여 악인이 언제까지, 악인이 언제까지 개가를 부르리이까"라고 하였다. 시인은 애가의 특징적 문제로서 '언제까지입니까'를 사용한다. 악인들이 번성하여 개선가를 부르는 반문체로 설명하고 있다. 하나님이 살아계시는데 어떻게 이러한 일이 일어날 수 있는지 의아스러울 때가 있다. 악의 세력이 개가를 부르고 하나님을 모독하는 일이 언제까지 계속 되어야 하는가? 그러니 하나님께서 일어나서서 역사하시고 악인들 즉 교만한 자들에게 알맞은 징벌을 하시기를 호소한다.

4절에서 "그들이 마구 지껄이며 오만하게 떠들며 죄악을 행하는 자들이 다 자만하나이다"고 하였다. '지껄인다'는 말은 '말을 쏟아낸다', '넘치게 토한다' 등의 뜻을 가지고 있다. 교만한 자들은 오만하게 홍수처럼 무례한 말을 쏟아 놓는다. 이들은 자신에 찬 말을 쏟아 놓는데 이것은 하나님을 거역하는 말들이다.'

죄악을 행하는 자들이 '다 자만한다'고 하였다. 스스로 긍지를 가지고 자기 확신에 차서 지껄인다. 4절을 조심스럽게 살펴보면 '생각', '말', '행동'이라는 세 가지 주제가 나온다. 이것은 인간의 전체를 의미한다. 교만한 자는 생각, 말, 행동에서 하나님을 거역하는 자들이다.

3. 파쇄하시는 하나님

5절에서 "여호와여 그들이 주의 백성을 짓밟으며 주의 소유를 곤고하게 하며"라고 하였다. 이들이 주의 백성을 파쇄 한다고 하였는데 시인은 백성들이 당하는 고생을 물건이 산산이 부서지는 것으로 생생하게 묘사하고 있다. 지도자들이 하나님을 섬기지 않고 교만하여 나아가면 백성들이 파쇄되는 것 같은 고통을 당한다. 지도자는 공의를 실천해야 하는데 그렇지 못하면 백성들과 그들의 산업이 붕괴되고 고통을 겪는다. 이들의 죄악된 행동이 어떤 것인가?

6절에 보면 "과부와 나그네를 죽이며 고아들을 살해하며"라고 하였다. 구약의 약자 보호법은 언약 백성들을 위하여 하나님께서 시내산에서 친히 주셨다. 하나님은 약자들을 특별히 보살핀다. 이들에게 악을 행하는 것은 하나님께서 특별히 싫어하신다. 그러나 이스라엘의 역사에서 이런 일이 종종 일어났다. 약자를 죽이는 것은 생명을 빼앗는 것만이 아니고 그들의 생존에 필요한 것을 빼앗거나 합법적 살인까지를 말한다. 과부, 나그네, 고아는 약자를 대표한다. 이들에게 사랑을 베풀어야 하는데 이들을 핍박하는 것은 하나님의 뜻에 배치된 행위이다.

7절에서 "말하기를 여호와가 보지 못하며 야곱의 하나님이 알아차리지 못하리라 하나이다"고 하였다. 악인의 말을 인용한 것인데 그들은 하나님이 그들 사회의 정의에 관심이 없다고 생각한다(욥 22:13-14, 시 10:11, 73~11). 하나님이 보지 못하고 생각지 못하니 우리의 행동을 마음대로 해도 된다고 생각한다. 이것은 하나님을 떠난 자들이 하는 행동 원리이다. 자기의 뜻이 최고이고, 하나님은 이런 일에 관심이 없다고 생각한다. 왜 이렇게 되었는가? 그것은 교만하기 때문이다.

하나님보다 자기가 높고, 자기의 생각, 말, 행동이 표준이 되기 때문이다. 하나님은 이런 자들을 징벌하신다. 하나님 앞에 겸손히 서는 것은 하나님의 백성들이 취할 기본 된 행위이다. 이 하나님을 경외하고 찬양하자.

어리석은 자들아 너희는 생각하라

8백성 중의 어리석은 자들아 너희는 생각하라 무지한 자들아 너희가 언제나 지혜로울
까 9귀를 지으신 이가 듣지 아니하시랴 눈을 만드신 이가 보지 아니하시랴 10뭇 백성
을 징벌하시는 이 곧 지식으로 사람을 교훈하시는 이가 징벌하지 아니하시랴 11여호와
께서는 사람의 생각이 허무함을 아시느니라

　시편 94편은 이 세상의 재판장이신 하나님에 대하여 노래하고 있다. '복
수하시는 하나님' 께서 인간들의 죄악에 대해 엄격하게 보응하시는 데에 대
해 기록하고 있다. 악한 자들은 고아와 과부 그리고 나그네들을 죽이고도
하나님이 이것을 어떻게 알 것이냐고 교만에 빠져 있다. 이런 인간들을 하
나님이 그냥 보고만 계시지 말고 일어나서 거기에 상응할 만한 벌을 내려
주시기를 호소하였다.

　8~11절에서는 악한 자들의 어리석음에 대한 탄식이 나온다. 악인들은 자
기가 가장 똑똑한 것 같이 생각하지만 실제로는 어리석은 자들이다. 이들에
대한 탄식은 인간들이 가지고 있는 문제의 핵심에 대한 것이다.

1. 지혜로우신 하나님

　8절에서 "백성 중의 어리석은 자들아 너희는 생각하라 무지한 자들아 너
희가 언제나 지혜로울까" 라고 하였다. 여기서 말하는 우둔한 자들과 2~7

절의 교만한 행악자들이다. 시인은 수사의문을 통해 지혜문학의 문체로서 악인들에게 정신을 차리라고 권고한다. 왜냐하면 그들이 하나님을 심각하게 생각하지 아니하기 때문이다. 시인은 '백성 중 어리석은 자들'이라고 하였는데, 이것은 최상급 표현으로 '가장 우둔한 자들'을 말한다. 그들은 '백성 중에서 짐승처럼 행동하는 자들'이었으며 영적으로 아무런 안목도 없는 자들이다(시 49:12, 73:22, 잠 30:2).

이들을 향하여 '무지한 자들아 너희가 언제나 지혜로울까'라고 하였는데, 이 말은 그들의 지성이 밝아지는 것이 아니라 '언제 하나님을 두려워할 줄 알까?'라는 뜻이다. 이들에게는 참된 지혜의 근본인 경건이 없기에 하나님을 알지 못한다. 잠언의 지혜자는 '여호와를 경외하는 것이 지식의 근본'(잠 1:7)이라고 하였다. 하나님을 경외하지 아니하면 참 지식을 얻을 수 없다. 우리들은 모든 사람들에게 참 지식을 얻는 첩경인 여호와를 경외하는 길을 가르쳐야 한다. 하나님을 경외할 때에 하나님의 관점에서 세상을 보는 지혜를 얻게 된다.

9절에서 "귀를 지으신 이가 듣지 아니하시랴 눈을 만드신 이가 보지 아니하시랴"고 하였다. 시인은 피조물의 모습을 통하여 창조주를 유추하게 한다. '귀를 지으신 자가 듣지 아니하시랴'고 하였으니, 귀를 지으신 이가 들으라고 지었는데 하나님 자신은 듣지 아니하겠느냐 라는 말이다. 이어서 눈의 문제를 동일한 방법으로 다루고 있다. 하나님은 귀와 눈을 만드시고, 이 세상의 모든 사람들 즉 악인과 선인의 모든 언어와 행동을 들으시고 보시는 분이다. 그러므로 하나님의 백성들은 이런 하나님의 섭리 앞에서 살아간다.

하나님의 백성들은 하나님이 나와 함께 하신다는 사실을 분명히 믿고 살아간다. 이것은 하나님의 임재를 체험하는 것이다. 구약에서 에녹은 '하나님과 동행하였다'고 한다. 이것은 하나님의 임재를 늘 체험하였다는 말이다. 오늘의 우리들도 하나님의 임재를 체험하며 살아야한다. 이것은 악인처럼 두려움 때문이 아니라 하나님의 임재를 통해 하나님께 감사하며 살아가는 것이다. 우리의 삶이 하나님의 임재를 느낄 때에 감격의 삶이 된다. 나를 지켜보시는 하나님을 생각한다. 이것은 나를 신앙인의 생활 자세인 신전인격자(神前人格者;CramDeo)의 삶이다. 우리가 하나님 앞에서 살아갈 때에 하나님의 영광을 드러내는 일상(日常)의 연속이 된다. 그래서 우리를 보시고 또 들으시는 하나님을 기억한다.

2. 징벌하시는 하나님

10절에서 "뭇 백성을 징벌하시는 이 곧 지식으로 사람을 교훈하시는 이가 징벌하지 아니하시랴"고 하였다. 하나님은 창조주일 뿐 아니라 열국의 재판장이시다. 이 재판장은 자기 백성도 재판하신다(5절). 하나님은 이방 나라를 징벌한다. 세계 역사를 보면 이 땅에 죄악이 관영하면 하나님이 그 나라를 징계하셔서 멸망하게 된다. 어떤 나라가 전쟁으로 망하기보다 부패와 성적 타락, 우상숭배와 교만 등으로 망하는 경우가 더 많았다. 이것은 죄악에 대한 하나님의 징계를 의미한다.

시인은 하나님을 '지식으로 사람을 교훈하시는 자'라고 하였다. 잠언 8장에 보면 하나님이 지식과 교훈의 근거라고 묘사하고 있다. 하나님은 인간으로 하여금 모든 것을 알게 하시고 바로 깨닫도록 교훈하시는 분이다. 이러한 하나님이 인간을 징치하신다. 하나님은 인간을 무지막지하게 멸망시키는 것이 아니라 바로 가르치고 교정 하셔서 새롭게 만들기를 원하신다. 그렇게 해서도 바로 서지 못하면 하나님은 징계의 손길을 펴신다.

3. 섭리하시는 하나님

하나님은 인간들에게 알맞은 계획과 섭리를 가지고 계신다. 우리는 하나님의 섭리 앞에 복종하여야 하는데 교만한 인간들은 모든 것이 자기가 잘난 것 때문이라고 생각하고 교만에 빠져 행동한다. 이런 인간을 향해 하나님은 징계의 손을 펴신다. 국가의 흥망은 하나님을 어떻게 섬기느냐에 있다. 하나님을 거역하고 우상숭배하며 부패와 음란할 때에 망하고 만다는 것을 역사가 입증하고 있다.

12절에서 "여호와여 주로부터 징벌을 받으며 주의 법으로 교훈하심을 받는 자가 복이 있나니"고 하였다. 시인은 하나님께서 여러 나라들을 가르치시고 그들이 바로 서기를 원하지만 백성들이 하나님의 뜻에 배반할 때에 징계를 받는 것을 말하고 인간의 생각에 대한 하나님의 판단을 간략하게 정리하고 있다. '사람의 생각이 허무하다'고 하였다. 이 말은 인간의 생각은 '바람'과 같고 '아무것도 아니다'(고전 3;20)란 뜻이다. 인간이란 티끌과 같은 존재이다. 그래서 인간의 생각도 허무하고 행동도 허무하다. 이러한 인간이 스스로 지혜롭게 여겨 하나님이 없다고 하고 또 자신의 얄팍한 지식으로 '나는 왜 그리스도인이 아닌가'라는 책을 쓰는 자들이 있다.

우리나라 속담에 '무식한 자는 용감하다'고 하였는데 이런 자들이 바로 여기에 속한다. 인간의 생각은 허무하다. 아침 안개와 같고 모래 위에 지은 집과 같다. 이런 인간들이 교만에 빠져 날칠 때에 하나님은 징계의 채찍을 때리신다. 그래서 인간으로 하여금 바로 서서 하나님을 경외하는 삶을 살아가도록 인도하신다.

우리들은 인간의 허무함을 알아야 한다. 하나님을 떠나면 연결되지 않은 전자 제품과 같다. 아무리 겉모양이 휘황찬란하면 무엇을 하는가? 전선이 연결되어 있지 않기에 방송국에서 보내는 각종 메시지를 수용하지 못하는 것과 같은 형편이다. 하나님과 함께 있을 때 즉 하나님의 임재를 체험 할 때에 인생의 진정한 의미를 찾게 된다. 이것이 우리들이 누리는 최선의 삶이다. 하나님은 자기 뜻대로 나아가지 않는 이방 나라들을 징치하신다. 그러기에 우리는 나라의 중심을 하나님께 맞추는 자세를 가져야한다.

백성을 버리지 아니하시며

시편 94:12~15

12여호와여 주로부터 징벌을 받으며 주의 법으로 교훈하심을 받는 자가 복이 있나니 13 이런 사람에게는 환난의 날을 피하게 하사 악인을 위하여 구덩이를 팔 때까지 평안을 주시리이다 14여호와께서는 자기 백성을 버리지 아니하시며 자기의 소유를 외면하지 아니하시리로다 15심판이 의로 돌아가리니 마음이 정직한 자가 다 따르리로다

재판장이신 하나님의 역사를 강조한 시편 94편은 보수하시는 하나님을 노래한다. 교만하고 죄악이 관영한 땅에 하나님이 일어나서서 심판하시고 역사해 주시기를 호소하고 있다. 1~11절은 하나님께서 악한 자를 간섭해 주셔서 악한 자를 다스리는 증거를 보여 달라고 호소하였고, 12절 부터는 그 내용이 완전히 달라진다. 하나님 앞에서 성도가 이 땅의 악인에게 박해를 받는 뜻을 알았다고 한다. 악인들에게 박해를 받을 때에 우리가 왜 이러한 고통을 겪어야 하느냐고 의아스럽게 생각하기 쉬운데, 이때에 자신을 돌아보고 하나님을 의지하는 중에 고통의 의미를 깨달아 알았다.

1. 역설적 진리

12절에서 "여호와여 주로부터 징벌을 받으며 주의 법으로 교훈하심을 받는 자가 복이 있나니"라고 하였다. 시인은 매우 어려운 정황에 있었다. 이제 의인의 구원 문제를 다루고 있다. 12절은 어떻게 보면 역설적 진리인

것 같다. "주로부터 징벌을 받는 자가 복이 있다"고 하였으니 얼른 이해가 가지 않는 말이다.

1~11절에 보면 악이 횡행하고 악한 자가 날뛰고 교만하게 행동하는 일들이 횡행하는데 이런 일들이 왜 일어나는 지를 깊이 생각해 보면 자신의 부족을 깨닫게 된다. 하나님께서 고통을 주시는 것은 하나님의 백성에게 복을 주시기 위함이다. 하나님은 징벌을 통하여 자신의 모습을 보게 한다. 징계에 대한 우리의 태도가 어떠해야 하는 지에 대해서는 히브리서 12장 5~13절에 자세히 나와 있다. '그 사랑 하시는 자를 징계하시고 그가 받아들이시는 아들마다 채찍질하심이니라'고 하였다. 하나님께서는 아무에게나 징계하시지 않는다. 자기 백성에게 하시고 사랑하는 자에게 하신다.

그러므로 징계를 받는 자에게 두 가지 요소가 필요하니 하나는 '가벼이 여기지 말라'는 것이며, 다른 하나는 '낙심하지 말라'는 것이다. 하나님의 징계를 받을 때에 이것을 가볍게 여기지 말고 이것을 '마음에 깊이 새기라'는 가르침이다. 또 낙심하지 말아야 하는데 하나님이 징계하시는 것은 사랑하기 때문이니 낙심하고 실망에 빠지지 말라는 것이다. 징계를 받들 때에 하나님의 말씀의 법에 비추어 보고 그 교훈에 감사하는 자세를 가지게 된다.

이것이 바로 복 있는 자의 삶이다. 우리에게 고통의 바람이 불어올 때에 좌절하여 낙심하지 말고 우리를 향하신 하나님의 섭리가 무엇인지 밝히 알아 하나님을 영화롭게 하는 삶을 살아야 한다. 시인은 이런 사람이 복이 있다고 하였다. 징계를 받는 것이 복이 아니라 징계를 통하여 하나님을 의지하는 것이 복이라는 교훈이다.

2. 이런 사람에게는

13절에서 "이런 사람에게는 환난의 날을 피하게 하사 악인을 위하여 구덩이를 팔 때까지 평안을 주시리이다"고 하였다. '이런 사람' 즉 하나님의 채찍까지도 달게 받고 그것을 통해서 하나님의 진리 말씀을 깨닫고 순종의 길로 가려는 사람에게 하나님의 역사가 나타난다. '환난의 날에 벗어나게 하사'라고 하였다. 환난이 없는 것이 아니라 환난이 있지만 그 환난에서 벗어나게 하신다. 고난을 통하여 주의 뜻을 깨닫는 자는 하나님의 은혜를 더욱 입게 된다. 하나님은 환난을 제거하여 주신다.

'악인을 위하여 구덩이를 팔 때까지 평안을 주시리이다'고 하였다. 악인의 때가 차서 심판하실 때에 구덩이를 파서 묻는다. 그러니, 하나님의 공의로 악인을 심판하시고 하나님의 백성에게는 평안을 주신다. 의인은 환난 날에서 벗어나게 된다. 악인은 처형되어 구덩이에 던지게 되고, 의인은 보전된다. 이것은 하나님이 주시는 은혜이며 복이다. 고통이 우리에게 올 때에 그 고통만 보지 말고 이것을 통하여 역사하시는 하나님의 섭리를 바라보자. 이 고통을 통해 나의 참 모습을 발견하고 모든 것을 하나님께 맞추는 믿음의 자세를 가져야 한다.

3. 자기 백성을 버리지 아니하며

14절에서 "여호와께서는 자기 백성을 버리지 아니하시며 자기의 소유를 외면하지 아니하시리로다"고 하였다. 이 말씀은 5절의 "여호와여 그들이 주의 백성을 짓밟으며 주의 소유를 곤고하게 하며"라는 말씀과 대비된다. 악인들이 이렇게 할 때에 하나님이 가만히 계시지 않고 역사하신다. 하나님은 그 백성을 버리지 아니 하신다. 악인들은 주의 백성을 파쇄하여 고통에 빠지게 하지만 하나님은 그 백성을 버리지 않는다. 그 백성이 자기 백성이기 때문이다.

때려서라도 바로 세우시는 것이 부모의 마음인데 하나님은 우리를 이와 같은 방법으로 지키시고 인도하신다. '그 기업을 떠나지 아니 하시리로다'고 하였다. 하나님께서는 자기 백성에게 준 땅에서 떠나시지 않으신다. 이것은 하나님의 임마누엘의 축복이다. 하나님은 자기 백성의 기업을 지켜 주시기에 하나님의 백성은 감사의 삶을 살아야 한다. 하나님께서는 자기 백성을 버리지 않고 떠나지 않는다. 이것이 하나님이 주시는 은혜이다. 하나님이 우리와 함께 하실 때에 우리에게 어려움이 와도 이길 수 있다. 내 힘으로 이기는 것이 아니라 하나님의 힘으로 이기기에 우리는 감사하며 주를 의지하게 된다.

15절에서 "심판이 의로 돌아가리니"란 하나님의 섭리가 늦게 이루어지는 것 같으나 결국은 전부가 옳게 된다는 말이다. 하나님은 의로우신 분이기에 모든 것을 의로 판단하신다. 그래서 하나님의 백성은 그의 앞에 복종하는 삶을 살게 된다. '마음이 정직한 자가 다 좇으리로다'고 하였으니 하나님의 뜻을 깨달았기 때문에 마음이 정직한 자는 그 뜻을 따라 다 좇아간다는 말이다. 비록 우리들에게 고통의 바람이 몰려올지라도 우리는 여기에 낙심하지 말고 하나님의 섭리하심을 바라야 한다.

하나님께서 우리를 바로 세우기 위하여 채찍으로 때리시기도 하지만 이것은 사랑의 징계이며, 이것을 밝히 깨닫는 자에게 새 힘을 주시는 분이다. 우리는 징계의 때에 하나님의 사랑과 함께 하심을 바라야 한다. 고난 그 자체만을 보지 말고 고난을 통해 역사하시는 하나님의 손길을 보아야 한다. 이것은 하나님의 사랑을 우리에게 채우는 놀라운 은혜의 역사이다. '마음이 정직한 자는 다 좇으리로다'고 했으니 이제 우리는 하나님을 따르는 삶을 살게 된다. 그리하면 우리에게 참 소망이 임하며 감사의 역사가 생기게 된다. 하나님은 그 백성을 버리지 않으며 그 기업을 떠나지 않으신다. 이 하나님을 사랑하는 것이 우리가 받을 은혜요 복이다.

여호와는 나의 요새이시요

시편 94:16~23

16누가 나를 위하여 일어나서 행악자들을 치며 누가 나를 위하여 일어나서 악행하는
자들을 칠까 17여호와께서 내게 도움이 되지 아니하셨더면 내 영혼이 벌써 침묵 속에
잠겼으리로다 18여호와여 나의 발이 미끄러진다고 말할 때에 주의 인자하심이 나를 붙
드셨사오며 19내 속에 근심이 많을 때에 주의 위안이 내 영혼을 즐겁게 하시나이다 20
율례를 빙자하고 재난을 꾸미는 악한 재판장이 어찌 주와 어울리리이까 21그들이 모여
의인의 영혼을 치려 하며 무죄한 자를 정죄하여 피를 흘리려 하나 22여호와는 나의 요
새이시요 나의 하나님은 내가 피할 반석이시라 23그들의 죄악을 그들에게로 되돌리시
며 그들의 악으로 말미암아 그들을 끊으시리니 여호와 우리 하나님이 그들을 끊으시리
로다

    시인의 자신의 경험을 바탕으로 하여 하나님의 보호를 노래하였다. 시인
은 전통적인 지혜신학의 언어로 자신의 신앙을 고백하고 있다. 그는 하나님
의 보호와 도우심에 대한 감사를 표현하고 있으며 이것을 통해 하나님께 가
까이 나아간다. 하나님이 자기 백성을 징계하는 것은 하나님의 사랑의 표현
이다. 이 하나님을 믿음으로 역경을 이기고, 하나님의 놀라운 역사를 체험
하게 된다.

1. 시인의 운명

    16절에서 "누가 나를 위하여 일어나서 행악자들을 치며 누가 나를 위하
여 일어나서 악행하는 자들을 칠까"라고 하였다. 시인은 자신의 운명에 대

하여 마지막으로 말하고 있다. 16절은 수사의 문형으로 17절의 진술을 주목하게 한다.

시인은 16절에서 하나님 외에는 아무것도 의지할 것이 없다는 것을 강조하기 위하여 의문사를 쓴다. 강한 의문형은 반대로 긍정을 강조하는 표현으로 사용된다. '누가 나를 위하여 일어나서 악행하는 자들을 칠까'라고 하였는데, 이 말은 어느 누구도 나를 도와줄 자가 없고 오직 하나님만이 나를 도와주신다는 것을 강조하는 표현이다. 하나님만이 우리의 도움이 되시기에 이 하나님을 의지하는 삶을 살아야 한다. 이제 시인은 제의 공동체 앞에서 자신의 구원체험을 말한다. 이러하여 그의 애통과 의심을 감사와 연결시키고 있다. 기도의 응답에 대한 감사의 고백은 우리의 가슴에 생명의 불꽃으로 타오르고 있다.

17절에서 "여호와께서 내게 도움이 되지 아니하셨더면 내 영혼이 벌써 침묵 속에 잠겼으리로다"고 하였다. 악인들이 하나님의 백성들을 공격하고, 죽이고, 곤고하게 하였으나 악인이 승리하지 못 하였다. 왜냐하면 하나님께서 바로 도와 주셨기 때문이다. 하나님이 도와주시지 않았다면 내 혼이 적막 중에 처하였다고 했는데, '적막'이란 '스올'을 가리킨다. 하나님께서 지켜 주셨기에 내가 살아있고 하나님을 영화롭게 하는 자리에 이르게 되었다.

2. 나를 붙으셨나이다

18절에서 "여호와여 나의 발이 미끄러진다고 말할 때에 주의 인자하심이 나를 붙드셨사오며"라고 하였다. '발'과 '미끄러지다'는 심각한 위험을 표현할 때에 사용된다. '미끄러진다'는 것은 실족하는 것을 말한다. '땅의 기초가 흔들린다'(시 82:5)는 뜻으로 사용되는데 인간의 부족과 실수를 통해 일어나는 고통이다. 이런 형편에서도 하나님께서는 인자하심으로 나를 붙들어 주셨다. 주의 사랑의 팔로 나를 붙잡아 주시기에 내가 넘어지지 않게 된다. 오늘의 우리들이 힘들고 어려운 자리에 있을지라도 하나님이 나를 지켜 주시니 내가 넘어지지 않는다. 하나님의 인자하심 즉 사랑이 나를 지켜 주시기 때문이다. 우리는 한 평생 이 사랑에 감사하며 살아간다. 하나님이 함께 해 주시는 사랑이야 말로 우리가 이 세상을 이기는 힘이 된다.

19절에서 "내 속에 근심이 많을 때에 주의 위안이 내 영혼을 즐겁게 하시나이다"고 하였다. 사람은 위태로울 때 생각도 많고 염려도 많다. 이렇게 할 것인지 저렇게 할 것인지 많은 생각을 한다. 이때에 하나님의 위안이 임하여 내 영혼을 즐겁게 하였다. 하나님은 새로운 위로로 응답하였다. 이것은 죽음에 직면하였을 때에 받는 위로이다(행 16:7, 사 66:11). 하나님의 백성은 역경의 자리에서 하나님의 진정한 위로를 체험한다. 더 이상 나아갈 곳이 없을 때에 하나님의 위로가 우리에게 임하며 그때에 우리의 영혼이 즐거워하게 된다.

20절에서 "율례를 빙자하고 재난을 꾸미는 악한 재판장이 어찌 주와 어울리이까"라고 하였다. 이 말씀은 이 시편의 핵심이다. 시인을 괴롭힌 자는 '악한 재판장'이다. 이 악한 재판장은 자기가 받은 하나님의 법에 거슬려 거꾸로 가는 자이다. 악한 재판장은 하나님의 법도를 지키지 아니하고 도리어 하나님의 말씀을 빙자하여 자기 멋대로 사는 자이다. 또 율법을 핑계하여 다른 사람을 해치는 자들이다.

이 사회에 공의가 제대로 시행되지 않고 폭력이 난무하는 것은 재판이 왜곡되고 부패하였기 때문이다. '재판은 하나님께 속한 것이다'(신 1:17). 의인은 악한 자들의 공격을 받고 있었는데 그는 재판의 부정과 부패를 보았다. 이런 자들이 어떻게 하나님과 교제를 할 수 있는가라고 질문하고 있다. 악한 재판장은 하나님과 교제할 수 없다. 하나님의 법을 어기고, 이것을 핑계하여 다른 사람을 해치는 자들이 어떻게 하나님과 교제할 수 있는가?

3. 그들이 모여

21절에서 "그들이 모여 의인의 영혼을 치려 하며 무죄한 자를 정죄하여 피를 흘리려 하나"라고 하였다. 재판장이 부패하였기에 재판이 왜곡된다. '그들이 모여'라는 말에서 모인다는 것은 단순히 모이는 것이 아니라 함께 모이고 지속적으로 모이는 것을 말하는데 이것을 의인을 죽이기 위해서 모이는 것을 말한다. 악한 자들은 모여서 악을 도모하고 다른 사람을 해치는 일을 하려고 한다. 의인의 영혼을 치려하며 무죄한 자를 정죄하여 피를 흘리려고 한다. 시인은 그들의 죄를 구체적으로 드러내며 그들을 정죄한다. 의인은 극심한 핍박을 받고 죽을 뻔 하였는데 하나님께서 이 고통에서 건져 주심을 더욱 강조하고 있다.

22절에서 "여호와는 나의 요새이시요 나의 하나님은 내가 피할 반석이시라"고 하였다. 자기 주변에 죄악의 요소가 극에 달 하였을 때에 하나님의 백성은 하나님을 나의 산성으로 피할 바위로 고백한다. 우리에게 고통과 어려움이 올 때에 우리들은 고통만 보는 것이 아니라 우리를 지키시는 산성이 되시고, 우리의 피할 바위가 되신 하나님을 의지해야한다. 역경 속에서 하나님을 의지하는 것이 하나님의 백성의 바른 자세이다. 우리에게 역경의 바람이 불 때에 '이 풍랑 인연하여서 주께 가까이 나아가야' 한다.

23절에서 "그들의 죄악을 그들에게로 돌리시며 그들의 악으로 말미암아 그들을 끊으시리니 여호와 우리 하나님이 그들을 끊으시리로다"고 하였다. 시인은 하나님만이 참된 재판장으로 피난처되심을 고백하여(22절), 악인의 범죄에 합당한 부메랑 효과가 있도록 구한다(23절). '그들에게로 돌리시며'란 완료형이기 때문에 '확신시 완료형'으로 볼 수 있다. 시인은 '그들을 끊으시리니'를 두 번 반복하고 있는데 이것은 하나님의 보응을 강조하기 위해서이다.

참 재판장이신 하나님은 이 땅에 하나님의 역사가 나타나기를 원하신다. 그러므로 우리는 하나님을 바라보며 하나님의 공의가 이 땅에 나타나도록 기도하고 또 이루기를 노력해야 한다.

오라 우리가 여호와께 노래하며

시편 95:1~7

1오라 우리가 여호와께 노래하며 우리의 구원의 반석을 향하여 즐거이 외치자 2우리가 감사함으로 그 앞에 나아가며 시를 지어 즐거이 그를 노래하자 3여호와는 크신 하나님 이시요 모든 신들보다 크신 왕이시기 때문이로다 4땅의 깊은 곳이 그의 손 안에 있으며 산들의 높은 곳도 그의 것이로다 5바다도 그의 것이라 그가 만드셨고 육지도 그의 손이 지으셨도다 6오라 우리가 굽혀 경배하며 우리를 지으신 여호와 앞에 무릎을 꿇자 7그는 우리의 하나님이시요 우리는 그가 기르시는 백성이며 그의 손이 돌보시는 양이기 때문이라 너희가 오늘 그의 음성을 듣거든

시편 93편부터 하나님의 통치에 대해서 노래하고 있으며 94편에서는 하나님의 심판을 중심으로 말하고 있다. 95편에서 100편까지의 시들도 하나님의 은혜로운 통치에 관한 것이다.

시편 95편의 기자가 누구인지 분명히 나와 있지 않지만 다윗의 시임이 분명하다. 왜냐하면 히브리 4장 7절에 시편 95편 7~8절의 내용이 인용되었기 때문이다. "오랜 후에 다윗의 글에 다시 어느 날을 정하여 오늘이라고 미리 이같이 일렀으되 오늘 너희가 그의 음성을 듣거든 너희 마음을 완고하게 하지 말라 하였나니"(히 4:7)란 말씀을 통해 알 수 있다.

이 시편은 '찬양'(1-7c)과 '예언적 신탁'(7d-11)의 두 연으로 구성되어 있다고 보는 것이 주석가들의 일반적 견해이다. 그러나 근래에 와서 세 연으로 나누는 학자들도 있으나 여기서는 두 연으로 나누어서 살펴보려고 한다.

1. 축제의 기쁜 노래

1절에서 "오라 우리가 여호와께 노래하며 우리의 구원의 반석을 향하여 즐거이 외치자"고 하였다. 시인은 축제의 기쁜 소리를 함께 지르자는 선창으로 시작하고 있다. 시인은 공동체를 향하여 '노래하자'고 이중적으로 부르고 있다. '오라'라는 부름으로 이 시를 시작하였는데 이것은 공간적으로 움직이자는 것이 아니라 우리의 가슴을 열자는 초대이다. 그리하여 우리 모두 여호와를 노래하자는 것이다.

'여호와께 노래하며'는 '기쁨으로 소리치자'는 뜻이다. 이 말 다음에 권유형 동사들이 계속하여 나온다. 시인은 주님을 기뻐하며, 찬양의 분위기에 동참하기를 요청한다. '즐거이 부르자'는 '경배하자'는 뜻이다(시 98:4). 사람들이 모여 큰 소리를 내고 즐겁게 떠드는 모습을 보여준다.

이 동사는 가끔 전쟁에서 경고의 소리를 뜻하며, 여기서는 왕이 장차 전쟁에서 승리할 것을 바라보며 지르는 소리이다. '우리 구원의 반석'은 하나님의 칭호이다(시 89:26). 하나님의 신뢰성과 안정성을 가리킨다. 이스라엘에서는 시온성이 반석이지만 궁극적으로는 하나님 자신이 '구원의 반석'이 되신다(사 26:4). 이 반석은 '혼돈 속의 안정'을 가리킨다.

2절에서 "우리가 감사함으로 그 앞에 나아가며 시를 지어 즐거이 그를 노래하자"고 하였다. 감사함으로 하나님께 나아가는 것은 감사 제물을 가지고 나올 수도 있으나 감사시를 읊으며 하나님 앞에 나올 수도 있다. '그 앞에 나아가며'라는 말은 '그를 맞이하자'란 뜻이다. 그들은 하나님의 임재를 구하고 있다. 하나님 앞에 감사의 찬양을 하며 나아가고 있다. '시로 그를 향하여 즐거이 부르자'란 '노래로 그를 환호하자'란 뜻으로 이 표현은 시편 93편, 96~99편에 반복되어 나타난다.

2. 크신 하나님이시요

3절에서 "여호와는 크신 하나님이시요 모든 신들보다 크신 왕이시기 때문이로다"고 하였다. 시인은 우리가 하나님을 찬양해야 할 이유를 제시하고 있는데, 이것은 하나의 신앙고백이요 선언이다. '여호와는 크신 하나님이시요'라고 하였으니 이것은 하나님이 '큰 자들 중 하나'가 아니라 '가장 크신 분'이심을 고백하는 형식이다(시 77:13).

하나님은 모든 신 위에 크신 왕이시다. 만왕의 왕이 되신 절대적 우월자이시다. 그래서 우리는 하나님을 찬양한다. 4절에서 "땅의 깊은 곳이 그의 손 안에 있으며 산들의 높은 곳도 그의 것이로다"고 하였다. 여기서 하나님이 참으로 '크신 하나님'이신 이유를 말한다. 하나님은 천지를 만드셨을 뿐만 아니라 만물을 소유하고 계신 분이다. 이것은 하나님의 완전하신 절대주권을 말한다. 하나님은 자신의 위대하심과 탁월한 왕권을 증명하다. 이 시편에 땅, 바다, 산, 깊은 곳, 높은 산 등이 나타나는데 이것은 우주를 향한 하나님의 절대주권을 묘사한 것이다. 하나님은 온 세상의 통치자이시다. 땅과 바다, 하늘과 땅속 그 모든 것을 통치하시는 분이다. 그러기에 하나님의 역사는 온 세상에 미치고, 그 영향력이 탁월하다.

5절에서 "바다도 그의 것이라 그가 만드셨고 육지도 그의 손이 지으셨도다"고 하였다. 여기서 하나의 소유권과 창조 역사를 강조하고 있다, '바다가 그의 것'이라고 하였다. 하나님은 바다를 정복하시고 굴복시켰다(시 29:10, 93:1~4). 그러므로 혼돈의 물이 다시는 쳐 들어 올 수가 없다. 하나님은 바다를 만드셨고 그것을 소유하신다. 그래서 하나님의 뜻대로 이 바다를 지배하신다. 이것은 하나님의 절대주권을 강조하는 말이다. 하나님이 만드시고, 소유하고, 통치하시는 자연계이다. '육지도 그의 손으로 지으셨도다'고 하였는데 육지는 마른 땅을 말한다. 이 말은 하나님의 창조 섭리를 강조하는 것으로서 중요한 의미를 가진다. 하나님은 모든 신들 중의 신이시고, 만왕의 왕이시기에 만물을 창조하셨을 뿐만 아니라 소유하고 통치하신다.

3. 무릎을 꿇자

6절에서 "오라 우리가 굽혀 경배하며 우리를 지으신 여호와 앞에 무릎을 꿇자"라고 하였다. 시인은 6~7절에서 새로운 전환을 시도한다. 하나님은 우리를 지으신 분이요 우리의 목자이다. 우리가 하나님께 경배하기를 요청한다. '오라'는 '들어오라' 또는 '들어가자'는 뜻이다. 1절의 '오라'와 연관되어 있는데 두 번째 부름은 첫 번째 부름을 더욱 강조하는 말이다.

'굽혀 경배하며 무릎을 꿇자'는 말에는 세 개의 동사가 연이어 나온다. 이 말은 하나님에게 합당한 존경과 경배를 드려야 한다는 뜻이다. 이 세상의 왕에게도 무릎을 꿇고 절해야 하듯이 하나님 앞에 바른 경배를 드리는 것이 중요하다. '우리를 지으신 여호와 앞에' 무릎을 꿇자고 하였으니, 하나님은 창조일 뿐 아니라 이스라엘을 지으신 분으로 강조하고 있다.

우리들은 하나님께 바른 경배를 드려야 한다. 무릎을 꿇고 하나님께 경배하는 것이 하나님의 백성의 바른 자세이다. 오늘날 하나님을 경배하는 것에 소홀한 경우가 많은데 우리들이 조심해야 할 일이다.

7절에서 "그는 우리의 하나님이시요 우리는 그가 기르시는 백성이며 그의 손이 돌보시는 양이기 때문이라"고 하였다. 시인은 3~5절에서 하나님을 3인칭으로 표현하지만 여기서는 1인칭으로 표현하여 관계성을 강조한다. '그는 우리 하나님이시요'는 언약 형식이다. 즉 이스라엘은 하나님이 친히 다스리는 백성이며, 하나님과 이스라엘은 언약관계를 맺고 있다. 그의 '기르시는 백성'은 '그의 목장의 백성'이란 뜻이다. 그래서 우리는 '그 손의 양'이다. 이것은 하나님과 이스라엘의 관계를 목자와 양으로 묘사하고 있다.

목자되신 하나님이 이스라엘을 먹이시고, 보호하시고, 인도하시는 것 같이 우리는 이런 은혜를 받았으니 하나님을 찬양하자.

그의 음성 듣거든

시 95:7d-11

7그는 우리의 하나님이시요 우리는 그가 기르시는 백성이며 그의 손이 돌보시는 양이기 때문이라 너희가 오늘 그의 음성을 듣거든 8너희는 므리바에서와 같이 또 광야의 맛사에서 지냈던 날과 같이 너희 마음을 완악하게 하지 말지어다 9그 때에 너희 조상들이 내가 행한 일을 보고서도 나를 시험하고 조사하였도다 10내가 사십 년 동안 그 세대로 말미암아 근심하여 이르기를 그들은 마음이 미혹된 백성이라 내 길을 알지 못한다 하였도다 11그러므로 내가 노하여 맹세하기를 그들은 내 안식에 들어오지 못하리라 하였도다

시편 95편은 찬양(1~7c)과 '예언적 신탁'(7d~11)이라는 두 연으로 구성되어 있다. 1~5절은 창조주 하나님에 대한 찬양이며, 6~7c는 목자되신 하나님에 대한 경배 요청이다.

언약의 주되신 하나님은 창조주이시며 이스라엘 백성들은 안식의 땅으로 인도하실 목자이시다. 이런 하나님을 섬기는 자들이 어떻게 살아야 할 것인가는 매우 중요한 주제이다.

7d~11절에서는 광야시대에 대한 반추와 순종의 요청으로 강조한다. 과거의 역사를 통하여 오늘을 진단하고 내일을 전망하는 자세를 교훈으로 있다. 7d에서 "너희가 오늘 그의 음성을 듣거든"고 하였다. 여기서 이 시편의 분위기가 완전히 달라지며 말하는 자와 말을 듣는 자, 그리고 시의 내용과 문체가 모두 달라지고 있다.

1. 반역하는 세대의 표상

여기서부터 이 시의 두 번째 단락이 시작된다. 하나님께서 친히 1인칭을 사용하여 말씀하시며 마음이 미혹된 백성들에게 교훈하신다. 또 시의 형식도 찬양에서 경고와 위협으로 넘어간다. 장소도 성전에서 므리바와 맛사로 갑자기 전환한다. 이곳은 반역하는 세대의 표상이라고 할 수 있다.

"너희가 오늘 그의 음성을 듣거든"고 하였다. 여기서 '오늘날'의 초점을 바꾸어준다. 구약에서 '오늘날'(신 4:40, 5:3, 6:6, 7:11, 9:3, 11:2 등)은 제의적 배경을 가진다(시 81:8).

'오늘날'은 예배에서 말씀이 선포되는 날이며, 창조와 재창조가 이루어지는 날이다. 이 날에는 마음이 강곽하게도 되고 부드럽게 되기도 한다. 하나님의 백성들은 하나님의 음성을 들어야 한다. 그 말씀을 듣고 순종하는 것이 하나님의 백성의 기본 자세이다. '그 음성'을 들을 때에 놀라운 변화의 역사가 일어난다.

2. 하나님의 경고

8절에서 "너희는 므리바에서와 같이 또 광야의 맛사에서 지냈던 날과 같이 너희 마음을 완악하게 하지 말지어다"고 하였다. 여기서 하나님의 말씀이 일인칭으로 나타나고 시인의 말은 경고의 형태로 표현된다. 시인은 회중들에게 '너희 마음을 완악하게 하지 말지어다'고 경고 하고 있다.

이러한 경고를 분명히 하기 위하여 광야 세대를 예증으로 제시한다. 광야에서 이스라엘 백성들이 불평하던 일을 상기시킨다. 므르바와 맛사는 이스라엘 백성들이 하나님께 반역한 일들의 핵심이다. '므르바'(반역)와 '맛사'(시험)는 이스라엘 백성들이 하나님과 다투고 하나님을 시험하고 격노케 한 곳이다. 이스라엘의 출애굽은 맛사에서 시작하여(출 17장) 므리바에서 마친다(민 2장).

맛사에서 이스라엘 백성들이 물이 없다고 모세에게 불평하자 하나님은 모세에게 반석을 쳐서 생수가 나게 하였다. 므리바는 광야생활을 마칠 때에 다시 물이 없어서 하나님의 임재를 의심하고, 반역하여 하나님을 격노케 한 곳이다. 여기서 모세는 반석을 명하여 물이 나게 했어야 했는데 화가 나서 반석을 두 번이나 쳐서 물이 나게 하였다. 결국 모세는 약속의 땅에 들어가지 못하였다.

시인은 이 두 사건을 통하여 광야생활의 처음부터 마지막까지 하나님을 거역한 것을 묘사하고 있다. 이들은 하나님의 임재를 의심하였는데, 시인은 너희들도 이러한 범죄를 하지 말라고 교훈한다. '너희 마음을 완악하게 하지 말지어다'고 하였는데, 이 요청은 불순종하지 않기를 권하는 것이다. 이것은 인간의 내적 자세를 말한다. 하나님을 거역하고 불순종하는 자는 마음이 완악하게 된다. 그러므로 내적으로 하나님을 의지하며 하나님께 순종하는 자세를 가지도록 해야 한다.

3. 나를 시험하고

9절에서 "그 때에 너희 조상들이 내가 행한 일을 보고서도 나를 시험하고 조사하였도다"고 하였다. 앞에 나온 '오늘날'은 여기 나오는 '그 때에'와 대조를 이룬다. '그 때'는 광야에 있던 조상들의 때이다. 여기서 '두 날'에 대해서 말하고 그 장소도 다르게 표현하고 있다.

므리바와 맛사는 반역의 장소와 반역의 시간을 말해 주고 있다. 사람들은 광야에서 하나님께 반역하였다. 그러나 지금은 예배의 때이다. 광야의 이스라엘 백성들은 '하나님께서 우리 가운데 계시는가? 아닌가? 라고 하나님을 시험하였다(출 17:7, 민 20:1 이하). 그들은 광야에서 하나님의 기적을 수 없이 보았으나 하나님의 임재를 의심하고 불순종 하였다. 이것이 바로 반역이다. 이스라엘 백성들은 하나님의 행사를 보았다. 이것은 물을 주신 사건만이 아니라 하나님의 전반적 사역을 말한다. 하나님께서 이스라엘 백성들을 광야에서 인도하실 때 주실 놀라운 역사이다. 그들은 하나님의 일을 보고도 제대로 평가하지 못하였다. 그들은 하나님을 믿지 아니 하였기에 하나님을 기피하고 거역하였다.

10절에 "내가 사십 년 동안 그 세대로 말미암아 근심하여 이르기를 그들은 마음이 미혹된 백성이라 내 길을 알지 못한다 하였도다"고 하였다. 이스라엘 백성들은 그들의 반역과 불순종으로 인해 40년간 심판을 받았다. 이 시기는 이스라엘 백성에게 심판의 시기였으나 하나님께는 '근심의 시기'였다.

하나님은 '그 세대'로 인하여 근심하였다. 여기서 '근심'이란 불만과 염려의 뜻을 나타낸다. 하나님은 이스라엘 백성들에게 큰 기대를 가졌지만 결국은 그들을 싫어하였다. 왜냐하면 그들의 죄가 극심했기 때문이다. 하나님은 이스라엘 백성들을 40년 내내 계속하여 싫어하였다.

'이르기를'이라고 했는데 이것은 뒤따라 나오는 하나님의 심판을 말해준다. 그들은 '마음이 미혹된 백성'이다. 즉 '마음으로 방황하는 자'이며, 이미 그 마음이 곁길로 간 자들이다. 그러기에 하나님의 도를 알지 못한다. 하나님의 법을 모르고 하나님의 인도하심을 모르는 자들이다.

11절에서 "그러므로 내가 노하여 맹세하기를 그들은 내 안식에 들어오지 못하리라 하였도다"고 하였다. 이것은 하나님의 맹세이며 부정적 맹세이다. '하나님은 노하여 맹세하였다.' 하나님은 자기 백성을 용서하였으나 그 백성들은 자신의 죄 값을 치러야 한다.

'그들은 내 안식에 들어오지 못하리라'고 하였다. 광야 세대는 약속의 땅에 들어가지 못한다. 그것은 하나님의 땅이기에 그 땅에 들어가지 못하면 안식하지 못한다. 광야 세대는 가나안 땅에 들어가지 못하고 광야에 묻혔다. 이것은 단순히 약속의 땅에 들어가지 못한 것만 의미 하는 것이 아니라 하나님의 말씀을 거역하는 자는 천상의 안식을 누리지 못한다는 교훈을 준다.

이 시편 95편을 히브리서 기자는 히브리서 3~4장에 걸쳐서 설명하고 있다. 하나님을 거역하는 자는 안식을 얻지 못하는데 우리는 그리스도 안에서 이미 안식을 얻었다(히 4:1). 이제는 영원한 안식에 들어가기를 노력해야 한다.

새 노래로 여호와께 노래하라

시편 96:1~6

1새 노래로 여호와께 노래하라 온 땅이여 여호와께 노래할지어다 2여호와께 노래하여 그의 이름을 송축하며 그의 구원을 날마다 전파할지어다 3그의 영광을 백성들 가운데에, 그의 기이한 행적을 만민 가운데에 선포할지어다 4여호와는 위대하시니 지극히 찬양할 것이요 모든 신들보다 경외할 것임이여 5만국의 모든 신들은 우상들이지만 여호와께서는 하늘을 지으셨음이로다 6존귀와 위엄이 그의 앞에 있으며 능력과 아름다움이 그의 성소에 있도다

시편 96편은 하나님의 왕권을 노래한 찬양시이다. 정확하게 말하고 있지 않으나 역대상 16장 23절에는 이 시편이 시편 105편과 함께 나온다. 다윗이 법궤를 예루살렘에 가져 올 때 부른 노래이다. 다윗의 작품이 거의 분명한 이 시가 언제 불리운 것인지에 대해 논란이 있으나 법궤를 모셔 올 때에 불리워졌고, 그 후에는 새해가 시작되는 장막절에 사용되었으리라고 본다(13절).

이 시편에는 두 개의 서론(1~3, 7~9절)과 두 개의 본론(4~6, 10~13절)이 있다. 시인은 우주가 하나님을 찬양하라고 말한다. 하나님은 창조주요 왕이시며 심판자이시기에 찬양해야 한다. 다른 신들은 우상이요 헛것이기에 아무것도 아니다.

1. 새 노래로 노래하라

1절에서 "새 노래로 여호와께 노래하라 온 땅이여 여호와께 노래할지어다"고 하였다. 1~3절을 보면 여섯 개의 명령형 동사가 이어져 있다. '노래하라, 노래하라, 노래하라, 송축하라, 전파하라, 선포하라'는 표현이다. 시편의 한 절에서 '노래하라'가 두 번 반복되는 절에서 빈번한 일이지만 여기서처럼 삼중적 반복은 시편 47:6에만 있는 특이한 구조이다.

이스라엘 백성들은 새해가 되어 언약 갱신을 하게 될 때에 온 공동체는 새 노래를 부르면서 그들의 받은 구원 경험을 고백하면서 하나님의 은혜를 나눈다. '새 노래'는 주로 군사적 승리 후에 부르는 노래이다. 구약에서 '새 노래'가 모두 일곱 번 나오는데(시 33:3, 40:3, 96:1, 98:1, 114:9, 149:1, 사 42:10), 이 노래들은 모두 거룩한 전쟁의 상황에서 나타난다.

시편 96편에서의 새 노래는 하나님의 구원을 총체적으로 노래한 것이다. 의식적 측면에서 보면 새 노래는 새로운 축제의 날에 부르는 노래이다. 따라서 '늘 새롭게 부르는 노래'이다.

하나님의 백성은 하나님의 구원을 노래해야 한다. 하나님의 역사로 우리가 새로운 존재가 되었으니 하나님을 찬양해야 한다. 하나님께서 우리를 끝없이 보살펴 주시는 것 같이 우리는 하나님을 늘 찬양해야 한다. '이것들이 아침마다 새로우니 주의 성실하심이 크도소이다'(애 3:23)라는 말씀처럼 찬양해야 한다.

그리고 '온 땅이여 여호와께 노래할지어다'고 하였다. '온 땅'이란 우리가 사는 땅을 말하는 것이 아니라 땅 위에 사는 모든 사람들을 말한다. 시인은 그 중에서 하나님의 백성을 염두에 두고 있다(3, 10절). 하나님의 백성은 하나님의 구원을 경험하였기에 하나님께 찬양해야 한다.

2. 그의 이름을 송축하며

2절에서 "여호와께 노래하여 그의 이름을 송축하며 그의 구원을 날마다 전파할지어다"고 하였다. 하나님의 백성은 하나님께서 행하신 일을 온 세상에 선포해야 한다. 이것은 하나님께 받은 구원의 역사가 너무 놀랍기에 이것을 찬양하는 것이 중요하다.

2절에서는 하나님의 '이름'과 하나님의 '구원'이 평행을 이룬다. 하나님의 이름은 '여호와'이다. '스스로 계신 분'이란 뜻이며 '항상 함께 하는 자'란 의미이다. 하나님은 전능자이시며 구원자이시다. 그러기에 하나님의 이름을 부르는 자는 구원을 얻는다. 여러 가지 역경과 고통 그리고 죄에서 구원을 얻는다. '그의 이름을 송축하라, 그의 구원을 날마다 선포하라'고 하였다. 하나님의 이름을 찬양해야 한다. 또 하나님의 구원 역사를 전파해야 한다. '좋은 소식을 전하는' 하나님의 백성의 자세가 있어야 한다. 이스라엘 백성의 구원은 이 땅에서만이 아니다. 종말의 날에 주시는 하나님의 구원도 포함된다. 그러므로 하나님의 구원을 '날마다' 선포해야 한다. 하나님의 백성은 이 구원을 날마다 선포해야 한다.

3절에서 "그의 영광을 백성들 가운데에, 그의 기이한 행적을 만민 가운데에 선포할지어다"고 하였다. 이 말씀은 2절을 더 구체적으로 설명하고 있다.

이스라엘 백성은 자신이 경험한 하나님의 놀라운 행적을 전해야 한다. 3절은 평행을 이룬다. '행적'은 일이다. 하나님의 놀라운 일을 말한다. 영광과 일은 관계가 있다. 모든 영광은 일로 표현되는데 하나님의 백성들이 바로 일하면 하나님께 영광이 된다.

하나님의 백성은 하나님의 영광을 위해 일해야 한다. 그래서 바울은 "그런즉 너희가 먹든지 마시든지 무엇을 하든지 다 하나님의 영광을 위하여 하라"(고전 10:31)고 하였다.

일과 영광은 하나님의 창조 사역과 구원에 연결된다. 시인은 이 사실을 바라보고 하나님을 찬양하며 전파하라고 하였다.

3. 지극히 찬양할 것이요

4절에서 "여호와는 위대하시니 지극히 찬양할 것이요 모든 신들보다 경외할 것임이여"라고 하였다. 여기서 하나님의 우월성이 드러난다. '여호와는 광대하시다'. 이것은 하나님의 존재와 능력을 말하고 있다. 이런 하나님을 극진히 찬양해야 한다. 하나님이 우리를 극진히 돌보시기에 우리도 극진히 찬양해야 한다. 하나님은 이러한 찬양을 받으시기에 합당하신 분이시다. 하나님은 위대하시며 극진하신 분이시다.

우리는 하나님을 다른 신보다 '경외'해야 한다. '모든 신'은 헛것이다. 그들은 있는 듯하나 실제로는 존재하지 않는다(5절). 우리는 하나님을 경외함으로써 원수들에게 공포를 주고 하나님의 백성에게는 경배와 찬양이 된다.

5절에서 "만국의 모든 신들은 우상들이지만 여호와께서는 하늘을 지으셨음이로다"고 하였다. 이 땅의 모든 것들은 헛것이나 하나님은 영원하다. 하나님과 인간이 만든 우상을 어떻게 비교할 수 있는가? '여호와께서 하늘을 지으셨음이로다'는 표현에서 하나님의 위대하신 역사를 볼 수 있다. 하나님의 창조는 하나님의 위대하신 능력을 보여 주는 것이다.

6절에서 "존귀와 위엄이 그의 앞에 있으며 능력과 아름다움이 그의 성소에 있도다"고 하였다. 여기 나오는 네 가지 용어는 하나님의 속성을 의인화 하였다. '존귀와 위엄'은 짝을 이루어 표현 된다. 왕의 위엄을 가리키고 이것은 존귀의 바탕이 된다. 그러니 존귀와 위엄이 하나님의 시종처럼 나아가고 있다. 참된 존귀와 위엄은 하나님께만 있다.

'능력과 아름다움'은 의인화된 표현이다. 하나님의 능력과 아름다움이 성소에 있다. 이 성소는 천상의 처소이거나 회복된 성전일 수 있고 또 일반적으로 성전을 가리킨다. 하나님의 백성은 하나님을 찬양하고 극진히 영광 돌려야 한다. 우리는 '최고의 하나님께 최고의 영광을 돌리는' 삶의 자세를 가져야 한다. 이것이 하나님의 백성의 바른 길이며 복된 삶이다.

여호와께 돌릴지어다

시편 96:7~13

7만국의 족속들아 영광과 권능을 여호와께 돌릴지어다 여호와께 돌릴지어다 8여호와의 이름에 합당한 영광을 그에게 돌릴지어다 예물을 들고 그의 궁정에 들어갈지어다 9아름답고 거룩한 것으로 여호와께 예배할지어다 온 땅이여 그 앞에서 떨지어다 10모든 나라 가운데서 이르기를 여호와께서 다스리시니 세계가 굳게 서고 흔들리지 않으리라 그가 만민을 공평하게 심판하시리라 할지로다 11하늘은 기뻐하고 땅은 즐거워하며 바다와 거기에 충만한 것이 외치고 12밭과 그 가운데에 있는 모든 것은 즐거워할지로다 그 때 숲의 모든 나무들이 여호와 앞에서 즐거이 노래하리니 13그가 임하시되 땅을 심판하러 임하실 것임이라 그가 의로 세계를 심판하시며 그의 진실하심으로 백성을 심판하시리로다

시인은 7절 이하에서 새로운 찬양을 시작하면서 서론을 새롭게 제시하고 있다. 시인은 이 땅의 모든 백성들이 하나님을 찬양하도록 권고하고 있다. 시인 1~6절에서 '찬양'과 '선포'라는 두 가지를 강조하고 있다. 7절 이하에서는 실제 생활 속에서 하나님을 높이며 찬양해야 할 것을 강조하고 있다. 찬양이란 우리의 입술로만 되어지는 것이 아니라 삶의 전체를 통하여 드려지는 것이어야 한다.

1. 여호와께 돌릴지어다

7절 이하의 말씀의 제의적 배경을 보면 성전 문 앞 광장에서 이루어지는

장면 같다. 그러나 그 범위가 점점 넓어져 인간 세상뿐만 아니라 모든 피조물로 하여금 하나님을 찬양하게 한다. 7절에서 "만국의 족속들아 영광과 권능을 여호와께 돌릴지어다 여호와께 돌릴지어다"고 하였다. '만방의 족속들'은 번역하기가 매우 어려운 단어이다. 이 단어는 일반적으로 한 사회의 사회구조로서 대가족 혹은 지파를 가리킨다. 그러니 가족관계와 공동적인 이익이 있는 그룹을 말한다.

'만방의 족속'은 '가족'이라는 의미로 사용되며 여기에 '나라'가 포함되기도 한다. 더 나아가 시편 29편 1절에서는 천상의 존재를 가리킨다. 만방의 족속은 하나님을 믿는 자이며 그리스도를 구주로 고백한 자로서 세계 어디에 있든지 모든 하나님의 백성을 말한다. 이런 백성들이 하여야 할 일이 있다.

'영광과 권능'을 여호와께 돌려야 한다. '영광과 권능'은 여러 곳에서 평행을 이룬다(시 20:1, 대상 16:28, 시 89:13, 잠 20:29, 벧전 4:11). 하나님의 백성이 구원의 은혜를 입었으니 영광과 권능을 여호와 하나님께 돌려야 한다. 이것은 하나님께서 행하신 놀라운 일을 인정하고 선언하는 것이다. '하나님의 하나님 되심'을 인정하고 이것은 온 세상에 선언하는 것이 하나님의 백성들이 해야 할 일이다.

2. 예물을 들고 들어갈지어다

8절에서 "여호와의 이름에 합당한 영광을 그에게 돌릴지어다 예물을 들고 그의 궁정에 들어갈지어다"고 하였다. 시인은 8절에서 좀 더 구체적으로 설명하고 있다. '여호와께 합당한 영광'은 하나님의 행하신 놀라운 행적을 높이 찬양하는 것이다(시 66:2). 우리의 모든 것은 하나님의 은혜로 되어졌다. 이러한 하나님께 영광을 돌리는 것은 하나님의 백성이 마땅히 행해야 할 길이다.

'예물을 들고 그의 궁정에 들어갈지어다'고 하였으니 하나님의 백성은 하나님께 나아갈 때 정성으로 예물을 마련해야 한다. '그의 궁정에 들어갈 지어다'고 하였는데 예루살렘 성전에는 여러 개의 뜰이 있다. 헤롯의 성전에는 이방인의 뜰, 여인의 뜰, 이스라엘의 뜰과 제사장의 뜰이 구별되어 있다. 시인은 이방인들로 하여금 이스라엘의 뜰로 들어오라고 초청한다. 하나님의 백성은 하나님이 계신 궁정으로 나아가야 한다. 정성으로 예물을 준비하며 하나님께 경배와 찬양을 드려야 한다.

9절에서 "아름답고 거룩한 것으로 여호와께 예배할지어다 온 땅이여 그 앞에서 떨지어다"고 하였다. 하나님의 백성들은 하나님께 절하며 경배한다. 이 말씀은 하나님의 백성의 성결된 생활을 강조한다. 하나님을 경배하며 성결의 삶을 통하여 하나님께 영광을 돌려야 한다.

'온 땅이여 그 앞에서 떨지어다'고 하였는데 인간이 아무리 거룩하다고 해도 인간의 능력으로 하나님 앞에 설 수가 없다. 그러기에 하나님 앞에서 두려워 할 수밖에 없다.

3. 여호와께서 다스리시니

10절에서 "모든 나라 가운데서 이르기를 여호와께서 다스리시니 세계가 굳게 서고 흔들리지 않으리라 그가 만민을 공평하게 심판하시리라 할지로다"고 하였다. '모든 나라 가운데서 이르기를'이란 말은 3절의 명령과 비슷하다. 그러나 그 내용에 있어서 보다 구체적이다. 이 말씀 중에는 외칠 세 개의 메시지가 있다.

첫째, 여호와께서 통치하신다. 하나님의 왕권 행사를 강조하는 것으로서 하나님의 주권이 강조되고 있다.

둘째, 세계가 굳게 서고 흔들리지 않으리라 하였다. 여기서 세상의 안정이 강조되는데, 하나님이 만드신 세상은 아무도 흔들 수 없도록 굳게 세워졌다.

셋째, 그가 만민을 공평히 판단하시리라는 말씀이다. 하나님께서 세상을 심판하신다. 그것도 공평하고 올바르게 판단하신다. 새로운 질서가 자연과 역사에 함께 나타나신다. 하나님의 새로운 역사가 나타나기에 찬양과 영광이 드러나게 된다.

12절에서 "밭과 그 가운데에 있는 모든 것은 즐거워할지로다 그 때 숲의 모든 나무들이 여호와 앞에서 즐거이 노래하리니"고 하였다. 여기서 '밭'은 들을 가리킨다. 이곳은 야생동물의 거처이다. 밭에 있는 것들이 즐거워한다. '삼림의 나무'들은 자연계뿐만 아니라 성전에 있는 나무까지 포함한다. 성전에는 감람나무와 백향목이 있다. 이 나무들은 특별한 상징적 의미가 있는데, 보이지 않는 하나님의 신비로운 축복을 상기시킨다(사 55:12). '그가 임하시되'를 두 번 반복하고 있는데 일상생활 속에서의 하나님의 임재를 말하고 있다. 그가 임하시되 땅을 판단하러 임하실 것임이라.

13절에서 "그가 임하시되 땅을 심판하러 임하실 것임이라 그가 의로 세계를 심판하시며 그의 진실하심으로 백성을 심판하시리로다"고 하였다. 하나님의 심판은 보복적이 아니다. 하나님의 심판은 의와 절대적 공정성으로 이루어진다. 하나님은 진실하시기에 공의로운 심판을 하신다. 이스라엘 백성들은 큰 구원을 체험하였다. 그들은 찬양함으로써 하나님의 통치를 노래한다.

하나님의 백성의 이러한 역사는 인간에게 제한되는 것이 아니라 자연과 우주에 나타난다. 하나님은 창조주이시고 심판주이시다. 이 세상의 감추인 모든 것을 드러낸다. 거짓 신의 헛됨을 드러내고, 하나님의 영광을 드러낸다. 이런 하나님을 찬양 하는 것이 하나님의 백성의 삶이다. 우리의 일상을 통하여 이 세계를 다스리시는 하나님을 찬양한다.

땅은 즐거워하며

시편 97:1~6

1여호와께서 다스리시나니 땅은 즐거워하며 허다한 섬은 기뻐할지어다 2구름과 흑암이 그를 둘렀고 의와 공평이 그의 보좌의 기초로다 3불이 그의 앞에서 나와 사방의 대적들을 불사르시는도다 4그의 번개가 세계를 비추니 땅이 보고 떨었도다 5산들이 여호와의 앞 곧 온 땅의 주 앞에서 밀랍 같이 녹았도다 6하늘이 그의 의를 선포하니 모든 백성이 그의 영광을 보았도다

시편 97편은 '여호와의 왕권'을 노래하는 찬양시이다. 8절에 보면 전쟁의 승리가 나타나는데, 거룩한 용사이며 왕이신 하나님의 승리를 축하하는 노래가 나온다. 여호와는 왕으로서 온 땅을 통치하신다. 이 통치는 하나님의 하나님 되심을 명확하게 보여준다.

이 시편의 구조에 대한 논란들이 있으나 1~6, 7~9, 10~12절로 나누는 것이 일반적인 경향이다. 1~6절은 하나님의 통치가 위엄으로 나타나는데 여러 가지 형태로 보여 준다. 자연계의 현상을 통하여 하나님의 위엄을 교훈하고 있다.

1. 땅은 즐거워 하며

1절에서 "여호와께서 다스리시나니 땅은 즐거워하며 허다한 섬은 기뻐할지어다"고 하였다. 시인은 '여호와께서 다스리시나니'라고 선언하고 있

다. 이 말씀은 '경배 형식'으로 되어졌는데. 하나님께서는 왕으로 온 세상에게서 경배를 받으신다는 뜻이다. 하나님의 통치는 위대하고 전능하다.

어느 누구도 흉내 낼 수 없는 권능을 가지셨기에 하나님의 통치는 치밀하고 철저하다. "땅은 즐거워하며"라는 말은 '땅에 있는 사람들이 즐거워하는 것'을 말한다. 땅은 우주이다. 그러기에 우주에 존재하는 모든 사람이 기뻐하는 삶을 살아간다. "허다한 섬은 기뻐할지어다"고 하였는데 이 섬은 지중해에 섬들을 말하지만 더 넓게 보면 땅끝까지이다. 그러니 이 세상에서 가장 먼 곳을 말한다.

이 말씀이 가르치는 것은 하나님은 어디서나 다스리시는 분이라는 사실이다. 온 땅에 있는 사람들이 찬양하며 먼 섬에 있는 사람들도 찬양한다. '땅'에서 '섬'으로 그 주제가 바뀐다.

2. 그의 보좌의 기초

2절에서 "구름과 흑암이 그를 둘렀고 의와 공평이 그의 보좌의 기초로다"고 하였다. 이 말씀은 고대 전통을 사용하여 하나님의 신현을 묘사하고 있다. 자세히 보면 자연현상(구름과 흑암)과 하나님의 도덕적인 모습(의와 공평)이 함께 나오는 것이 특이하다.

'구름과 흑암'은 '가장 어두운 구름'을 말하며 감추어져 있음을 의미한다. 하나님의 통치에 대하여 인간들이 온전히 알 수 없는 것을 말한다. '구름과 흑암'을 통한 하나님의 신현을 시내산에서도 나타났다. 하나님께서 율법을 주실 때에 그 산에 구름이 가득하고 캄캄한 가운데 하나님의 음성이 들렸다.

시편에서 보면 하나님께서 자신의 종들을 위하여 '구름과 흑암' 가운데 강림하신다(시 18:7~15, 50:3). 하나님께서 '어둠'이라는 신비와 위엄을 통해 그 역사를 나타내신다. "의와 공평이 그의 보좌의 기초로다"고 하였다. 하나님은 왕으로 나타나신다. '보좌'가 바로 왕권과 직결된다. 하나님의 보좌는 하나님의 통치를 가리킨다. '보좌의 기초'란 보좌가 세워진 발판이나 이것을 받쳐 주는 기둥으로 볼 수 있다.

'의와 공평'은 모든 왕권의 기초이며 하나님께서 이 세상을 어떻게 다스리시는가를 보여 준다. 의는 생명과 평화(샬롬)을 만드는 공정성(Rightness)이요, 공평은 의를 따라 내리는 결심과 행동이다. 하나님은 이 세상을 의와 공평으로 통치하신다. 악한 자를 징계하시고, 의로운 자를 세우신다. 또 약한 자를 도우시고 강한 자를 억제하신다.

3절에서 "불이 그의 앞에서 나와 사방의 대적들을 불사르시는도다"고 하였다. 여기서 하나님의 신현을 보다 구체적으로 그리고 있다. 폭풍과 지진 현상들이 나타나는데 번개가 칠 때 세상이 떨리는 현상이다. 시인은 하나님의 능력과 의를 찬양하면서 추상적으로 묘사하지 않고 하나님과의 개인적인 만남으로 그리고 있다. 그러므로 하나님은 자연 속에서만 나타나는 것이 아니라 역사 속에서도 나타나 '사방의 대적들'을 불사르신다. '불이 그의 앞에서 나와'란 '하나님이 그의 앞에 불을 보내시어'라는 뜻이다. '불'은 하나님의 신현을 나타내는 중요한 의미를 가지고 있다(출 19:18, 24:17, 신 5:4, 9:10, 시 50:3 등). 이 은유는 화산이나 폭풍에서 나왔을 수 있는데 하나님의 거룩성을 강조한다.

3. 땅이 보고 떨었도다

4절에서 "그의 번개가 세계를 비추니 땅이 보고 떨었도다"고 하였다. 여기서는 번개와 화산 영상이 함께 있다. 번개와 지진을 통하여 하나님이 가까이 오고 계심을 말한다. 하나님이 얼마나 무서운지, 얼마나 크게 역사하시는 지를 보여 주고 있다.

'불과 번개'는 하나님의 불가항력적 위엄이며 하나님의 능력과 분노를 의미한다. 고대 사람들은 번개를 두려워하였고, 하나님의 나타나심으로 보았기에 '그의 번개'라고 하였다. 성경에 보면 천둥은 하나님의 소리(시

29:23 이하, 104:7)요, 번개는 그의 화살과 창(시 144:6, 합 3:11)이라고 묘사하였다. 번개가 칠 때에는 땅이 두려워서 떨었다. 여기서는 하나님의 강림을 말하기에 그 두려움이 더욱 강하게 묘사되고 있다.

이 세상의 모든 것은 하나님 앞에서 두려워 떤다. 제 아무리 강한 자라고 해도 하나님의 능력 앞에는 아무것도 아니다. 하나님의 위대하심이 이렇게 나타나기에 하나님의 백성은 항상 하나님만 바라보아야 한다.

5절에서 "산들이 여호와의 앞 곧 온 땅의 주 앞에서 밀랍 같이 녹았도다"고 하였다. 산이란 이 세상에서 가장 안전하고 견고한 곳이다. 이 산이 약한 밀랍 같이 녹아 버린다. 이 세상의 힘 있는 자들이 아무리 자랑을 할지라도 하나님의 능력 앞에서는 밀랍 같이 녹아 버린다. 여기서 하나님의 위대하심이 나타난다. '온 땅의 주'는 하나님의 왕권을 가리킨다. 하나님은 온 우주의 통치자요 주인이시다. 하나님은 이스라엘 백성만이 아니라 온 세상을 위해 역사하시는 분이다.

6절에서 "하늘이 그의 의를 선포하니 모든 백성이 그의 영광을 보았도다"고 하였다. 땅은 심판을 통하여 하나님이 다스리시는 것을 보았는데 여기서는 '하늘'이 나온다. '하늘'은 천사들을 가리킨다. 천상의 천사들이 온 세상에 하나님의 의를 증거한다. 천사들은 구원의 소식과 하나님의 영광을 전하는 사자들이다.

이 말씀에서 '그의 의'와 '그의 영광'이 평행을 이룬다. 하나님의 의에는 구원의 개념이 있다. 하나님은 자기 백성을 향한 구원 계획을 가지시고 실천하신다. '모든 백성'이 하나님의 영광을 본다. 하나님은 만민 앞에 나타나시며 그들에게서 영광을 받으신다. 하나님의 통치에 순복하는 자들은 하나님께 순복하고 영광을 돌리자. 이것이 하나님의 백성의 바른 길이며, 위대하신 하나님께 나아가는 길이다.

주는 온 땅 위에 지존하시고

시편 97:7~9

7조각한 신상을 섬기며 허무한 것으로 자랑하는 자는 다 수치를 당할 것이라 너희 신들아 여호와께 경배할지어다 8여호와여 시온이 주의 심판을 듣고 기뻐하며 유다의 딸들이 즐거워하였나이다 9여호와여 주는 온 땅 위에 지존하시고 모든 신들보다 위에 계시니이다

하나님의 하나님 되심을 바로 알 때에 하나님의 백성은 하나님의 위대하심에 찬양을 하게 된다. 시편 97편 1~6절에서 교훈한 것과 같이 하나님은 이 세상의 모든 것보다 초월하신 분이다. 자연계를 지배하시고 그것을 통치하시는 분이다.

하나님의 통치로 땅이 즐거워하고 허다한 섬들이 기뻐한다. 이것은 하나님의 위대하심을 보이는 것이고, 자연계의 현상을 통하여 그 능력을 보이시는 하나님의 모습을 보여준다.

7~9절은 한 걸음 더 나아가 하나님은 이 세상의 모든 신들 위에 뛰어나신 분이심을 교훈한다. 하나님은 이 세상의 만물만을 지배하시는 분이 아니라 모든 신들 위에 계신 분이다.

1. 여호와께 경배할지어다

7절에서 "조각한 신상을 섬기며 허무한 것으로 자랑하는 자는 다 수치를

당할 것이라 너희 신들아 여호와께 경배할지어다"고 하였다. 시인은 하나님의 신현이 이방인에게 미치는 영향을 말한다.

하나님의 오심은 이스라엘 백성에게만이 아니라 이방인이나 우상을 섬기는 자들에게도 영향을 미친다. 이것은 온 세상을 향한 하나님의 절대주권을 의미한다. 이 땅에 우상을 섬기는 자들이 아무리 많을지라도 하나님은 영광 중에 오셔서 이 우상들을 종결시킨다. 우상 숭배는 하나님이 가장 싫어하는 죄악으로서 마지막 날에 하나님의 심판을 받는다.

그리스도의 복음이 들어가는 곳에 변화의 역사가 일어나는 것을 볼 수 있다. 우상 문화가 붕괴되고 하나님 중심의 새로운 문화가 형성되어지는 사실은 역사가 증명한다. '조각 신상'이란 사람들의 손으로 조각된 인공물을 말한다. 이것들은 나무나 돌 또는 금속으로 만들어지는 경우가 많다. 자기 손으로 만든 것을 섬기는 어리석음이 있으니 이것이 바로 인간의 비극이다.

'허무한 것으로 자랑하는 자'라고 하였으니 이것은 우상숭배자의 비극적 모습이다. 이들은 허무한 것에 긍지를 가지고 있다. 우상 숭배를 자랑하고 이것을 영광스럽게 생각한다. 이러한 자들이 다 수치를 당한다. 우상을 숭배하였으나 그것으로부터 아무런 도움을 받지 못한다. 인간의 노력이 실패하고 조롱당하는 비극적 경과가 나타난다.

'너희 신들아 여호와께 경배할지어다'고 하였는데 '너희 신들'은 '헛된 우상'을 가리킨다. 우상들도 하나님을 경외해야 한다. 하나님은 온 우주의 통치자이시기에 모든 존재들이 이 하나님을 섬겨야 한다. 조각 신상을 섬기는 어리석은 자들로 인하여 이 세상은 더욱 어두워진다. 우상 숭배를 자랑으로 여기고 마음 뿌듯하게 생각하는 자들은 결국에 가서 수치를 당한다. 하나님만이 세계를 통치하시기에 하나님 중심의 삶을 살아가야 한다. 현대인들은 손으로 조각하지 않은 우상을 섬기는 경우가 많다. 과학의 우상 지성의 우상 물질의 우상 등 우리의 생각이 하나님의 지혜보다 더 높은 데 두는 어리석은 자들이다.

이렇게 하는 자들은 다 수치를 당한다. 이 세상을 통치하시는 하나님께서 모든 것을 바로 주관하시기 때문이다.

2. 시온이 주의 심판을 듣고

8절에서 "여호와여 시온이 주의 심판을 듣고 기뻐하며 유다의 딸들이 즐거워하였나이다"고 하였다. 8절은 7절과 대조를 이룬다. 우상을 숭배하는 자들은 수치를 당하지만 하나님을 섬기는 자는 기쁨을 누린다.

시온의 백성들은 참된 하나님의 통치를 보며 기뻐하고 즐거워한다(시 48:11). 하나님은 자기 백성들 속에 직접적으로 개입하여 놀라운 영향을 미친다. '주의 판단'이 구체적으로 무엇인지 정확하게 나타나지 않지만 원수의 군대를 무찌르고 자신의 백성을 구원하시는 것을 말한다. 하나님의 승리를 말하며 원수를 물리치시는 하나님의 역사를 의미한다. '주의 판단'을 여러 가지로 해석할 수 있으나 싸워서 이기는 모습으로 보는 것이 적합하다. 하나님은 원수의 세력을 무찌르시는 분이시다.

'시온이 주의 심판을 듣고 기뻐하며'라고 하였는데 무엇을 들었는지 구체적으로 나타나 있지 않으나 '주의 판단'으로 보는 것이 옳을 것이다. 7절과 연결하여 볼 때 우상 숭배를 하는 자가 곤욕을 당하고 하나님의 백성들이 승리의 소식을 듣는 것을 말한다. 하나님의 승리는 하나님의 백성의 승리이다. 이 하나님을 섬기는 백성들은 승리의 삶을 살아가게 된다. 하나님의 승리 속에 우리의 승리를 찾는 노력이 있어야 한다.

'유다의 딸들이 즐거워하였나이다' 고 하였다. '유다의 딸'은 '유다의 성읍들'을 가리킨다. 이것은 보다 넓게 보면 하나님의 교회, 하나님의 백성이라고 볼 수 있다. 하나님의 백성과 교회들은 하나님의 위대한 통치로 인하여 즐거워하고 기뻐한다. 세상의 조건으로 기뻐하는 것이 아니라 하나님으로 인한 기쁨이어야 진정한 기쁨이 된다. 7절과 8절은 정반대이다. 우상을 섬기는 자들은 수치를 당할 것이나 하나님을 섬기는 자는 하나님으로 인하여 기쁨을 누린다.

3. 온 땅이 지존하시고

9절에서 "여호와여 주는 온 땅 위에 지존하시고 모든 신들보다 위에 계시니이다"고 하였다. 히브리어 성경에 보면 '키'라는 단어가 9절 처음에 나오는데 이 단어는 '왜냐하면'이란 뜻이다. 7~8절의 이야기를 하고 '왜냐하면' 9절의 내용이 설명된다. '여호와는 온 땅 위에 지존하시고'라고 고백한다. 하나님의 존귀하심을 보여 주는 표현이다. 하나님은 최고의 존귀하신 하나님이다. 그래서 이런 하나님을 믿기에 우리가 이 땅에서 기뻐하며 감사하는 삶을 살게 된다. 또 하나님은 '모든 신들보다 위에 계시니이다.' 이 말은 '가장 높으십니다'라는 뜻이다. 하나님은 이 세상을 다스리는 최고의 하나님이다. 시인의 하나님의 절대성을 강조한다.

이것은 단순히 우월성을 말하는 것이 아니라 하나님의 절대성을 나타내는 것이다. 하나님은 절대적 힘을 가지셨기에 이 세상의 모든 신들을 통치하시는 분이다.

우리들이 살아가는 이 시대에 하나님을 섬기기보다 조각한 신상을 섬기거나 또 손으로 만들지 아니한 우상을 섬기는 자들이 많다. 이들은 자기가 하나님보다 높은 지위에 있다고 착각하고 하나님의 자리에 서려고 하는 자들이다. 이들은 결국 망하고 만다. 모든 신들 위에 계신 하나님께서 이 세상을 통치하시고 하나님의 계획에 따라 이끌어 가시니 하나님의 백성은 하나님을 통해 기쁨을 누린다. 우리의 삶이 하나님을 영화롭게 하는 것이 되기 위하여 우리의 관심을 하나님께 모으자.

너희여 악을 미워하라

시편 97:10~12

10여호와를 사랑하는 너희여 악을 미워하라 그가 그의 성도의 영혼을 보전하사 악인의 손에서 건지시느니라 11의인을 위하여 빛을 뿌리고 마음이 정직한 자를 위하여 기쁨을 뿌리시는도다 12의인이여 너희는 여호와로 말미암아 기뻐하며 그의 거룩한 이름에 감사할지어다

시편 97편에서는 우상을 섬기는 자의 어리석음과 하나님을 섬기는 자의 기쁨을 비교하여 말하고 있다. 우상을 섬기면서 스스로 잘난 체하는 자들이 종국에 가서는 부끄러움을 당하는 사실을 보여 주고 있다. 이것은 어리석은 자의 전형이다. 하나님의 높으심과 통치하심을 믿는 자들은 하나님으로 인하여 기뻐하고 감사하는 삶을 살아가게 된다. 이것은 하나님의 절대주권을 믿는 하나님의 백성의 기본 자세이다. 이러한 대비 이후에 10절에 와서 갑작스러운 전환이 온다. 하나님을 바로 알고 하나님의 전능하심을 믿는 자들이 어떻게 해야 할 것인지를 보여준다.

1. 악을 미워하라

10절에서 "여호와를 사랑하는 너희여 악을 미워하라 그가 그의 성도의 영혼을 보전하사 악인의 손에서 건지시느니라"고 하였다. 여기서 하나님의

백성에 대한 교훈이 나온다. 하나님의 백성이 어떻게 살아야 할 것인지를 보여준다. 우리들은 '여호와를 사랑하는 너희여'라는 칭호에 주목해야 한다. 우리가 누구인가? 시인은 '여호와를 사랑하는 너희'라고 하였다. 이것은 하나님의 백성의 특성을 가장 분명하게 보여주는 표현이다.

하나님의 사랑을 받은 우리들은 하나님을 사랑한다. 이것은 하나님의 백성의 최고의 영광이다. 하나님의 극진한 사랑을 받은 사람들은 하나님을 사랑한다. 하나님의 백성들의 사랑은 '달빛 사랑'이다. 달은 발광체가 아니라 반사체이다. 태양 빛을 받은 만큼 반사하여 보름달도 되고 반달도 된다. 하나님의 백성들의 사랑도 이와 같다. 받은 사랑만큼 반사한다. 우리 스스로 빛을 내지 못하고 하나님의 사랑을 받은 대로 빛을 반사한다. 우리들은 이러한 하나님의 사랑에 감사하는 자가 되어야 한다. 받은 만큼 반사하는 노력을 해야 하고 하나님을 영화롭게 해야 한다.

시인은 이들에게 '악을 미워하라'고 한다. 영어 번역본 가운데 '주께서 악을 미워하는 자를 사랑하신다'(RSV)고 한 것도 있다. 하나님을 섬기는 자들은 하나님이 승리하셨기에 악에서 승리해야 한다. 하나님의 백성은 악을 미워한다. 왜냐하면 하나님이 악을 미워하시기 때문이다. 하나님을 사랑하는 자는 하나님 중심적인 삶을 살아간다. 하나님이 싫어하시는 것을 우리도 싫어해야 한다. 악이란 하나님을 거역하는 것이다. 그러므로 악을 미워하는 것을 다르게 표현하면 하나님을 사랑하고 순종하는 삶이다. 이것은 긍정적인 삶의 자세이다.

하나님을 사랑하면 자연히 악을 미워하게 된다. '그가 그의 성도의 영혼을 보전하사 악인의 손에서 건지시느니라'고 하였다.

하나님은 자기 백성을 보존해 주신다. 악한 자들이 아무리 날뛸지라도 하나님은 자기 백성의 방패가 되시고 보호자가 되신다. 하나님이 우리의 영혼을 지켜 주시는 것 보다 더 귀하고 소중한 것이 없다. 하나님께서 자기 백성을 악인의 손에서 건지신다. 우리는 염려하지 말아야 하고 하나님만 의지하는 삶을 살아야 한다. 이것이 하나님의 백성이 누리는 영광스러운 삶이다. 하나님만 의지하면 우리에게 어떤 재난이 와도 이길 수 있으며 하나님을 영화롭게 하게 된다.

2. 빛을 뿌리고

11절에서 "의인을 위하여 빛을 뿌리고 마음이 정직한 자를 위하여 기쁨을 뿌리시는도다"고 하였다. 여기서 '의인'이 나온다. 의인은 앞에 나오는 성도를 말한다. 의인은 하나님과의 언약관계에 있는 자들이다. 자신의 능력으로 의롭게 된 것이 아니라 하나님의 사랑과 은혜로 의롭다함을 받은 자들이다. 성도들이 '의인'이라고 불리우는 것은 자기의 노력이나 공로로 되어지는 것이 아니라 하나님의 은혜로 되어진다. 이것을 분명히 하는 것이 무엇보다 중요하다.

'빛을 뿌리고'라고 하였다. 이것은 시적 영상을 우리에게 보여 주는 것이다. 빛을 씨처럼 뿌리는 것을 말하는데 어둠 속에 씨가 뿌려져서 새로운 생명으로 돋아나오고 새로운 추수에의 기대로 가득한 묘사이다. 여기 나오는 빛은 하나님의 '구원'을 말한다. 그러니 하나님의 선하심과 축복을 말한다. 하나님은 의인을 위하여 빛을 뿌려 주신다. 거기서 풍성한 열매가 있고 어둠을 밝히는 역사가 나타난다.

또 '마음이 정직한 자를 위하여 기쁨을 뿌리시는도다'고 하였다. 하나님께서는 빛만 뿌려주시는 것이 아니라 정직하게 살아가는 자에게 기쁨을 뿌려 주신다.

하나님이 조명해 주실 때에 내가 죄인인줄을 알고 회개하게 된다. 이런 자가 바로 마음이 정직한 자다. 하나님은 이들에게 기쁨을 주신다. 이것은 하나님의 백성이 맺는 열매이다. 성령의 열매 가운데 '희락'이 있는 것을 주목해야 한다. 하나님을 섬기는 자는 정직한 영을 소유하게 되고 그에게는 기쁨을 주신다. 우리들은 이러한 하나님의 기쁨을 받아 '항상 기뻐하라'는 말씀의 원리를 지켜야 한다.

3. 감사할지어다

12절에서 "의인이여 너희는 여호와로 말미암아 기뻐하며 그의 거룩한 이름에 감사할지어다"고 하였다. 우리들이 이 땅에서 진정한 기쁨을 누리는 삶을 살아야 함을 강조한다. '여호와로 말미암아 기뻐하라'고 하였다. 기쁨의 원천이 하나님이시기에 이 하나님으로 인하여 기뻐하는 자가 되어야 한다. 세상이 주는 것은 일시적이고 변한다. 그러나 하나님은 영원하시고 변치 않으신다. 하나님으로 인하여 기뻐해야 한다.

'그의 거룩한 이름에 감사할지어다'고 하였다. 여기서 '이름'이란 여호와 하나님이다(출 3:15). 그러니 그 이름에 감사하라고 하였다. 하나님의 거룩한 이름은 우리를 다스리시는 바탕이다. 하나님의 이름은 여호와 즉 영원자존자이시고, 변치 않으시는 언약의 하나님이다. 이 이름에 감사하는 바른 자세를 가져야 한다.

이스라엘 백성들이 포로 이후에는 세상 왕들의 도움을 받지 못하고 모든 신 위에 크신 신이신 하나님의 도움을 받았다. 하나님께서는 자기 백성을 친히 다스리시고 인도하신다. 하나님의 백성들이 세상의 열국에 포위 되어 있을 때에 바라볼 곳이 없으나 오직 전능하신 하나님 한 분을 의지하게 된다. 하나님을 의지하는 자는 빛 속에 다니고 기쁨을 누리게 된다.

이 시편에서 왕 되신 하나님은 온 세상 앞에 나타나신다. 하나님은 공의와 정의로 이 세상을 다스리신다. 그리하여 세상 모든 나라와 민족이 하나님을 경배한다. 하나님을 대적하는 자는 명망하고, 우상숭배자는 부끄러움을 당한다. 그러나 하나님의 백성이 이 세상에 나타날 하나님의 신현을 보고 기뻐하며 즐거워한다.

우리 하나님의 구원을 보았도다

시편 98:1~3

1새 노래로 여호와께 찬송하라 그는 기이한 일을 행하사 그의 오른손과 거룩한 팔로 자기를 위하여 구원을 베푸셨음이로다 2여호와께서 그의 구원을 알게 하시며 그의 공의를 뭇 나라의 목전에서 명백히 나타내셨도다 3그가 이스라엘의 집에 베푸신 인자와 성실을 기억하셨으므로 땅 끝까지 이르는 모든 것이 우리 하나님의 구원을 보았도다

시편 98편은 여호와의 왕권을 찬양하는 시이다. 97편에서는 하나님의 통치를 노래하고 98편에서는 하나님의 구원에 대하여 찬양하고 있다. 하나님께서 자기 백성을 날마다 다스리시고 인도하여 주시기에 하나님의 백성이 하나님을 찬양하는 것은 지극히 당연한 일이다. 이것보다 더 중요한 것은 하나님이 주신 구원을 찬양하는 일이다. 영원히 죽을 수밖에 없던 우리들을 구원해 주셨으니 이 하나님께 감사와 찬양을 드리는 것이 하나님의 백성들이 취해야 할 자세이다. 하나님의 구원 역사는 하나님의 특별하신 은혜로 되어지는 것이기에 늘 찬양해야 한다.

시편 98편의 내용 분해는 일반적으로 1~3절, 4~6절 그리고 7~9절로 나누고 있다. 이런 구분대로 98편을 묵상하여 본다.

1. 새 노래로 찬송하라

1~3절은 하나님의 구원 역사에 대한 찬양이다. 이미 있었던 하나님의 구

원을 다시 한번 되새기고 하나님께 찬양하라는 내용이다. 1절에서 "새 노래로 여호와께 찬송하라 무릇 기이한 일을 행하사 그의 오른손과 거룩한 팔로 자기를 위하여 구원을 베푸셨음이로다"고 하였다.

시편 96편에서도 "새 노래로 여호와께 노래하라"고 하였고, 여기서는 "새 노래로 여호와께 찬송하라"고 하였다. '새 노래'는 구원의 노래이다. 구원받은 사람은 새로운 피조물이 되어 하나님을 찬양한다. 구원받은 백성의 노래가 바로 새 노래이다. 시인은 새 노래로 여호와께 찬양하라고 초청한다. 이것은 구원받은 백성들이 하나님을 영화롭게 하는 역사이다. 이 노래는 구원의 노래이며 하나님을 영화롭게 하는 노래이다.

'그는 기이한 일을 행하사'라고 하였는데 이 말은 새 노래로 여호와께 찬양해야 할 이유이다. 하나님은 자기 백성을 위하여 기이한 일을 행하였다. 이것은 인간의 머리로 이해할 수 없는 일을 말한다. 하나님의 구원 역사는 기이한 일이다. 그 대표적 사례가 하나님께서 이스라엘 백성을 구원하셔서 가나안 땅으로 인도 하신 일이다. 하나님께서 이스라엘을 인도하실 때 블레셋 길로 인도하시면 두 주간 만에 갈 수 있는데, 불기둥과 구름 기둥으로 인도하여 홍해 길로 가게 하시고 40년 동안 행진케 하였다. 이것이 하나님의 기이한 일이다. 이러한 구원 역사는 하나님만이 베푸시는 신비의 역사이다. 그래서 시인은 이것을 '기이한 일'이라고 표현하였다.

'그의 오른손과 거룩한 팔로 자기를 위하여 구원을 베푸셨음이로다'고 하였다. 여기 나오는 '팔'과 '손'은 하나님의 능력을 가리킨다. 특별히 '오른손'이라고 하였는데 하나님의 손으로 묘사된 것은 하나님이 직접적으로 역사하심을 의미한다. '거룩한 팔'은 하나님께서 자기 백성을 건지실 때에 특별히 사용하신 방법을 의미한다.

'자기를 위하여 구원을 베푸셨음이로다'고 하였는데 하나님께서 자기 백성을 구원하시는 목적은 '자기를 위하여' 즉 하나님 자신의 영광을 위하는데 있다. 하나님은 자기의 영광을 위하여 택한 백성을 구원하셨으니 구원받은 자들은 하나님께 영광을 돌리고 찬양해야 한다.

2. 그의 구원을 알게 하시며

2절에서 "여호와께서 그의 구원을 알게 하시며 그의 공의를 뭇 나라의 목전에서 명백히 나타내셨도다"고 하였다. '그의 구원'이란 '승리'를 말하는데, 하나님께서 구원의 역사에 대한 계시를 주심으로 그 구원을 알게 된다.

성경은 우리들에게 구원을 알게 하는 계시이다. 누구든지 성경의 가르침을 통하여 구원의 확신을 가지게 되며 우리를 향하신 하나님의 뜻을 알게 된다. 그러므로 하나님의 말씀인 성경을 바로 연구하여 하나님께 바로 나아가는 사람이 되어야 한다. 또 '그의 공의를 뭇 나라의 목전에서 명백히 나타내셨도다'고 하였다. 이 말은 이스라엘의 구원사에 자주 나타나는 표현이다. 하나님께서 자기 백성을 구원하시는 것은 하나님의 '인자의 열매'이다. 구원은 우리를 향한 하나님의 사랑의 증거이다.

하나님께서는 이집트와 블레셋 등 여러 나라에 하나님의 능력을 나타내셨다. 이스라엘 백성을 이집트에서 구원하여 가나안 땅으로 인도하신 하나님은 가나안 칠족을 멸하셨다. 그들은 죄악으로 가득하였고 하나님이 그들을 멸하심으로 하나님의 의를 나타내셨다.

오늘날 고고학적 발굴을 통하여 여러 나라들의 역사적 자취가 드러나고 있다. 거기 보면 여러 나라들이 우상숭배를 하며 소돔과 고모라처럼 사회적 타락상을 보이고 있다. 하나님이 이들을 심판하심으로써 하나님의 의를 보이셨다. 하나님이 '옳다'는 고백을 하게 한다. 하나님은 자시 백성을 의로 구원하시고, 그리스도께서 죄의 대가를 지불하셨기에 의로운 존재가 되게 하였다. 하나님께서는 자기 백성의 의를 세계 이방 나라들의 눈앞에 밝히 보여 주신다. 세계를 향하여 하나님의 의로우심과 능력을 나타내신다. 하나님의 백성들은 여호와의 구원의 역사를 귀하게 여겨야 하고 하나님의 의를 세계에 선포하는 노력을 해야 한다. 이것은 우리가 받은 복이며, 의무이다.

3. 하나님의 구원을 보았도다

3절에서 "그가 이스라엘의 집에 베푸신 인자와 성실을 기억하셨으므로 땅 끝까지 이르는 모든 것이 우리 하나님의 구원을 보았도다"고 하였다. 이 말씀은 1~2절을 종합해서 표현한 것이다.

'그가 이스라엘의 집에 베푸신 인자와 성실을 기억하셨다'고 하였다. 이 것은 하나님께서 아브라함과 언약을 맺으신 것을 기억하게 한다. '이스라엘 집'과 '우리 하나님'이 나오고 '기억하는' 언약의 형태가 있다. 이스라엘 백성은 불성실 하였으나 하나님은 의롭고 성실하신 분이다. 그리하여 약속을 지키고 그 약속을 통하여 하나님의 구원 역사를 드러낸다.

하나님이 이스라엘을 구원하신 사건은 단순히 이스라엘 백성에게만 국한 된 것이 아니라 '땅의 모든 끝' 즉 이 세상을 대상으로 한다. '땅의 모든 끝이 우리 하나님의 구원을 보는 것'(시 2:7, 22:27, 59:13, 67:7, 72:8, 사 45:22, 52:10)은 구약 성경에서 매우 중요한 사상이다. 이것은 구약의 선교적 배경을 보여 주는 특별한 의미를 가진다. 이스라엘의 구원은 내적 정당성으로 되어지는 것이 아니라 하나님의 주권적 섭리에 의하여 이루어진다. 그것은 하나님께서 영광 받으시기 위한 것이요 또 온 세상에 하나님의 뜻을 나타내기 위한 것이다.

우리의 구원도 이와 같다. 우리의 의로움이 아니라 하나님의 사랑으로 이루어진다. 그기에 이것을 세상에 나타내어야 하고 하나님께 영광을 돌려야 한다. '새 노래로 여호와께 찬송'하는 하나님의 백성의 삶을 사는데 우리의 정성을 모아야 한다.

수금으로 여호와를 노래하라

시편 98:4~6

4온 땅이여 여호와께 즐거이 소리칠지어다 소리 내어 즐겁게 노래하며 찬송할지어다 5 수금으로 여호와를 노래하라 수금과 음성으로 노래할지어다 6나팔과 호각 소리로 왕이 신 여호와 앞에 즐겁게 소리칠지어다

　

시편 98편은 여호와의 왕권에 대한 찬양이다. 1~3절은 하나님의 구원에 대한 찬양이다. 하나님께서 자기 백성을 택하시고 그 백성들에게 구원의 놀라운 축복을 주셨다. 이 구원을 세계 각지에 퍼지게 하나님의 역사가 더욱 드러나게 하신다.

하나님의 백성은 이 구원을 찬양해야 한다. 새 노래로 여호와께 찬양하며 구원의 역사를 드러내어야 한다. 하나님이 우리를 구원하신 것은 '자기를 위하여' 즉 하나님의 영광을 위하여서이다. 이러한 구원을 받았으니 하나님께 찬양하는 삶을 살아가야 한다. 이것이 하나님의 백성의 기본 된 자세이며 원리이다. 4절 이하에서는 이 구원의 역사를 온 땅에 전해야 할 것을 보여준다. 4~6절은 왕이신 하나님께 대한 찬양으로서 백성이 지켜야 할 자세이다.

1. 즐겁게 노래하며

4절에서 "온 땅이여 여호와께 즐거이 소리칠지어다 소리 내어 즐겁게 노

래하며 찬송할지어다"고 하였다. 여기서 '온 땅이여'가 강조되고 있다. 하나님의 구원은 이스라엘 민족에게만 국한된 것이 아니라 온 세상을 대상으로 한다.

하나님의 복음은 온 세상에 선포되어야 한다. 이 사명을 이스라엘 백성들이 가졌으나 감당하지 못하였다. 그러나 그리스도께서 오셔서 영적 이스라엘을 택하시고 세계를 향한 복음 사역을 감당하게 하셨다. 오늘의 우리들은 온 땅에 복음을 선포하는 위대한 사명을 감당해야 한다. 이것은 하나님의 백성의 특권이며 사명이다. 그리하여 온 땅이 여호와께 즐겁게 찬양하게 해야 한다. 우리는 세계를 향한 선교의 사명을 가지고 있다. 나라와 종족을 초월한 모든 족속에게 그리스도의 복음을 선포해야 한다. 그리하여 온 땅이 하나님의 이름을 찬양하며 하나님께 영광을 돌리게 해야 한다.

시인은 세상을 향한 하나님의 구원 계획을 바라보면서 온 세상으로 하여금 하나님을 찬양하기를 열망한다. 시인의 꿈은 단순히 옛날의 한 열정가가 가진 환상이 아니라 오늘의 우리들이 가져야 할 꿈이며 열망이다. 우리의 가슴 속에 '세계의 복음화'라는 열망이 있다. 이것은 우리의 힘을 자랑하려는 것이 아니라 하나님의 영광을 드러내어 이 땅이 사랑과 의로 다스려 지기를 바라는 것이다.

온 땅이 '즐겁게 노래하며 찬송할지어다'고 했는데 이 말은 '경배의 소리를 발하라'(삼상 10:24) 또는 '왕 만세'라는 뜻이다. 복음이 선포되어 온 땅에서 경배의 소리가 들리고 왕이신 하나님께 '만세'를 부른 역사를 기대한다. 그러면 어떻게 노래를 불러야 하는가?

2. 수금과 음성으로

5~6절에서 그것이 나온다. 5절에서 "수금으로 여호와를 노래하라 수금과 음성으로 노래할지어다"고 하였다. 하나님께 찬양하는데 수금과 음성으로 하라고 하였다. 수금은 현악기인데 오늘날의 바이올린이나 첼로와 같은

악기로 반주하면서 하라는 것이다.

오늘날 교회에서 사용하는 악기를 보면 너무나 다양하고 또 예배 음악의 근본에서 벗어난 것들이 많이 있어 새로운 정비가 요구되고 있는 실정이다. 우리는 찬양의 악기에 대해서 보다 깊은 연구를 하여야 한다. 또 '음성'으로 찬양하라고 하였다. 음성은 하나님이 주신 최고의 악기이다. 이 세상의 그 무엇도 하나님이 주신 신비의 음성을 능가할 수 없다. 일부 교파에서는 '무악기파'라고 하여 교회의 찬양에서 일체의 악기를 사용하지 않고 음성으로만 하는 '아카펠라'를 고집하고 있다.

5절을 보면 '수금과 음성'으로 찬양하라고 하였으니 악기도 사용하고 음성으로도 하라는 구체적인 교훈이 나온다. 그러므로 우리들은 어느 한 쪽에만 치우치지 말고 우리의 진정을 담아 찬양해야 한다. 찬양에서 음악도 중요하지만 우리의 마음의 자세가 더욱 중요하다. 하나님을 향한 열정과 감사가 함께 하는 자세가 있어야 한다. 이것은 온 마음을 다하여 찬양하는 태도이다. 우리의 삶이 찬양으로 연속되어지기를 열망한다. 입술로만의 찬양이 아니라 우리의 삶 전체가 하나님께 찬송하는 것이어야 한다.

3. 나팔과 호각소리로

6절에서 "나팔과 호각 소리로 왕이신 여호와 앞에 즐겁게 소리칠지어다"고 하였다. 여기에 다른 악기가 나오는데 '나팔과 호각'이다. 이것은 '은 나팔과 뿔 나팔'이라고 번역되기도 한다. 여기에 두 가지의 나팔이 등장하는 것이 흥미롭다. 분위기를 고조시키기 위한 것으로 신년 축제 때에 어울리는 악기라고 해석하는 학자도 있다. 나팔은 우렁찬 소리를 내는 악기로서 장엄한 개선가를 부를 때에 사용된다. 호각은 뿔로 만든 나팔로서 주로 신호를 보내는데 사용된다. 이러한 악기들을 통하여 찬양한다. 여기서 찬양받으시는 대상이 나와 있다. '왕 여호와 앞에' 찬양해야 한다. 음성과 모든 악기를 통하여 하나님께 찬양해야 한다. 왕이신 여호와는 영원히 찬양을 받으실 분이다. 우리는 왕 되신 하나님께 찬양을 해야 하는데 예배 음악에 대한 보다 깊은 관심과 연구를 해야 한다.

오늘날 우리의 예배음악이 변질되어 가는 모습을 볼 수 있다. 젊은이들의 기호에 맞춘다고 찬송가를 재즈화하여 부르는 사람도 있고, 복음성가에서 가사나 곡이 교회에서 사용되기 어려운 것들이 있음을 본다. 찬양이란 사람을 위한 것이 아니다. 어느 연령층이나 어떤 계층을 위한 것이 아니라 하나님을 위한 것이다. 하나님께 찬양하는 바른 자세가 있어야 받으시기에 합당한 찬양을 하게 된다.

하나님의 백성이 찬양하는 것은 구원의 은혜에 감격하였기 때문이다. 하나님이 주신 은혜가 너무도 감사하여 하나님께 영광을 돌리게 된다. 악기와 음성으로 찬양하고, 우리의 삶 전체를 통하여 찬양해야 한다. 이것이 구원받는 백성의 삶이요 고백이다. 우리나라의 유명한 여성 가수의 간증이 있다. 처음에는 먹고 살기 위하여 노래를 불렀고, 그 다음 인기가 올라가자 노래를 위해 노래를 불렀으며, 후에 하나님을 만난 후에는 주님을 위해 노래한다고 하였다. 같은 사람이지만 어떤 자세로 노래하느냐에 따라 전체적 변화가 온다. 하나님을 위하여 노래하는 자세가 필요하다. 바울은 "그런즉 너희가 먹든지 마시든지 무엇을 하든지 다 하나님의 영광을 위하여 하라"(고전 10:31)고 하였다.

우리에게 이런 자세가 있어야한다. 음성으로 하던 악기로 하던 하나님을 진정으로 찬양하는 바른 자세를 가져야 한다. 내 속의 모든 것을 드려 하나님께 영광 돌리는 자세가 있어야 한다. 왕 되신 하나님께 음성과 악기로 정성으로 찬양하여 우리의 생활에서 감사와 감격을 나타내어야 한다. 찬양 할 수 있음이 축복임을 늘 깨달아 감사하자.

그 백성을 심판하시리로다

시편 98:7~9

7바다와 거기 충만한 것과 세계와 그 중에 거주하는 자는 다 외칠지어다 8여호와 앞에서 큰 물은 박수할지어다 산악이 함께 즐겁게 노래할지어다 9그가 땅을 심판하러 임하실 것임이로다 그가 의로 세계를 판단하시며 공평으로 그의 백성을 심판하시리로다

시편 98편에서는 하나님을 찬양하는 하나님의 백성의 자세를 그리고 있다. 하나님의 구원을 찬양해야 하며, 왕 되신 하나님의 위대하심을 찬양해야 한다. 하나님의 백성들은 음성과 악기로 정성을 다하여 찬양해야 한다. 이것은 영광 받으시기에 합당하신 하나님께 드리는 우리의 정성이며 헌신이다. 음률도 중요하지만 하나님께 나의 전부를 드리는 드림의 역사가 중요하다.

1. 다 외칠지어다

7~9절에서는 온 세상의 재판장이신 하나님께 드리는 찬양이다. 하나님은 이 세상을 창조하셨을 뿐만 아니라 주장하시고 인도하신다. 이 하나님께서는 종국에 가서 세상을 심판하신다. 이런 하나님께 영광을 돌리며 찬양하는 것이 무엇보다 중요하다. 7절에서 "바다와 거기 충만한 것과 세계와 그 중에 거주하는 자는 다 외칠지어다"고 하였다. 시인의 가슴 속에 하나님 통치에 대한 환상은 넓어진다. 인간만이 하나님의 것이 아니라 이 세상의 생

물과 무생물까지 하나님의 것이며 하나님을 찬양해야 한다는 말이다. '바다와'라고 하였으니 바다도 하나님께 외쳐 찬양하라는 말이다. 파도 소리나 바람 소리가 단순한 자연적 현상만이 아니라 하나님을 찬양하는 소리이다.

흔들리는 잎새에서 가을이 오는 것을 듣는 것은 시인들만의 섬세한 감정이 아니다. 하나님의 백성들은 이 보다 더 순수한 마음으로 하나님의 소리를 들어야 한다. 바람 소리에서 하나님의 메시지를 듣고, 파도 소리에서 위대한 찬양을 들어야 한다.

시인은 바다도 외치고 이 땅에 있는 모든 것들이 외치라고 한다. '외친다'란 말은 '뇌성 치듯 큰소리로 환호하라'는 뜻이다. 그러니 단순히 노래하는 것이 아니라 감사와 감격으로 하나님께 환호하며 찬양하라는 뜻이다. 하나님께서 만물을 창조하신 것은 그 피조물들이 하나님을 찬양하고 영광 돌리게 하기 위함이다. 하나님이 만드신 만물들이 소리 높여 하나님을 찬미하게 해야 한다.

우리는 자연계의 현상을 단순히 하나의 현상으로 볼 것이 아니라 그 자연을 주장하시는 하나님의 손길을 보아야 하고 자연이 전하는 하나님에의 찬양을 들어야 한다. 우리가 신비주의자가 되자는 것이 아니다. 모든 것을 하나님의 창조 역사에 초점을 맞추고 여기에 따른 하나님의 섭리를 보아야 한다. 파도 소리에서 하나님의 손길을 느끼고, 바람 소리에서 하나님의 음성을 들을 수 있는 영적 삶이 필요하다.

성자 프랜시스는 새와 대화하였다고 한다. 구체적으로 어떻게 했으며 그것이 과연 가능한 것인가라는 논란이 있을 수 있지만 생물들의 움직임과 음성을 통하여 하나님의 음성을 들을 수 있다. 우리는 이런 것을 신비주의라고 매도하기보다 하나님의 백성의 영적 섬세함과 그것을 통한 하나님의 은총 체험으로 보아야 한다. 하늘과 땅과 바다 그리고 거기 충만한 모든 것이 하나님을 찬양한다. 시인은 생물과 미생물들도 하나님께 외쳐 찬양하라고 한다. 온 세상이 하나님을 찬양하는 위대한 역사를 이루어야 한다.

2. 큰 물은 박수할지어다

8절에서 "여호와 앞에서 큰 물은 박수할지어다 산악이 함께 즐겁게 노래할지어다"고 하였다. '큰 물이 박수한다'는 것은 홍수가 큰 소리를 내고, 파도가 바위에 부딪혀 내는 큰 소리를 말한다. 이 시편의 바탕에는 태고의 혼돈의 물이라는 영상이 가려 있다. 홍수와 파도 소리가 단순한 파열음이 아니라 하나님의 위대하심을 나타내는 박수 소리와 같음을 보여 준다. 하나님의 음성을 자연의 변화를 통하여 듣는 역사가 일어나는데 이것은 하나님이 주시는 위대한 손길에 순복할 때 가능하다.

'산악이 함께 즐겁게 노래할지어다'고 하였다. 앞의 '큰 물'과 뒤의 '산악'이 짝을 이루고 있다. 이것은 아래로 내려가는 물과 위로 치솟은 산악이 함께 소리를 내며 하나님을 찬양하는 것으로 그리고 있다. 우리는 이 말씀을 통해 자연의 오케스트라를 보는 듯하다. 큰 물과 높은 산 즉 자연의 모든 것이 하나님을 찬양하는 거대한 오케스트라와 같다.

'천지창조'와 같은 음악을 들으면 자연의 신비한 모든 것이 드러나고 있음을 안다. 새 소리, 나무 잎이 흔들리는 소리, 빗소리, 파도 소리 등 모든 것이 하나님을 찬양한다. 우리들이 자연계를 볼 때에 단순한 자연 현상으로만 보지 말고 하나님의 위대한 오케스트라로 보자. 그렇게 보면 모든 것을 하나님의 관점에서 볼 수 있을 것이다.

3. 그의 백성을 심판하시리라

9절에서 "그가 땅을 심판하러 임하실 것임이로다 그가 의로 세계를 판단하시며 공평으로 그의 백성을 심판하시리로다"고 하였다. 여기서 하나님이 재판장으로 임하신다는 것을 강조하였고, 기쁨과 두려움이 겹치고 있다. 시인은 찬양의 이유를 제시한다. 온 세계가 하나님을 찬양해야 할 이유는 하나님께서 '임하실 것'이기 때문이다.

하나님께서 오심은 역사적이고 보편적 사건이 된다. 우리는 하나님의 오심에 주목해야 한다. 하나님은 왕으로 오신다. 스가랴 9장 9절에서 "보라 네 왕이 네게 임하신다"고 예언한 말씀을 주목해야 한다. 왕으로 오시는 하나님은 '자기 땅을 심판하신다.' 여기서 땅이란 땅에 있는 만민을 가리킨다. 하나님이 오셔서 심판하시는데 멸망 받을 자에게 멸망을, 구원받을 자에게는 구원을 주신다.

하나님이 오셔서 의로 세계를 심판하시며 공평으로 백성들을 심판하신다. 이 세상의 재판은 인간의 감정이 개입할 수 있기에 완벽한 공평을 이루기에 어려움이 있다. 그러나 하나님은 공평으로 이 세상을 판단하시기에 편향이나 오판이 있을 수 없다.

하나님은 종말의 때에 이 땅에 오신다. 그때에는 최후의 심판이 있고, 영생과 영벌이라는 상반된 결과가 나온다. 하나님은 임박하게 오신다. 우리는 그 하나님의 오심을 고대하며 종말적인 삶을 살아야 한다. 하나님을 고대하는 삶을 통해 우리의 하루하루가 하나님을 찬양하는 것이어야 한다.

시편 98편에는 특수주의와 보편주의가 아울러 나타난다. 온 세상 앞에서 이스라엘의 선택을 말하는데 이것이 특수주의이다. 또 온 세상을 구원하시는 하나님의 보편주의적 자세를 볼 수 있다. 그러나 우리는 특수주의와 보편주의의 관점을 구분하지 말고 하나님은 세상의 평화를 위하여 왕으로 오시고, 재판장으로 오신다는 사실을 분명히 하며 그 하나님을 찬양해야 한다. 우리는 마음과 정성을 다해 하나님을 찬양해야 한다. 그리하여 우리의 삶이 하나님을 찬양하는 삶이 되게 해야 한다.

여호와께서 다스리시니

시편 99:1~5

1여호와께서 다스리시니 만민이 떨 것이요 여호와께서 그룹 사이에 좌정하시니 땅이 흔들릴 것이로다 2시온에 계시는 여호와는 위대하시고 모든 민족보다 높으시도다 3주의 크고 두려운 이름을 찬송할지니 그는 거룩하심이로다 4능력 있는 왕은 정의를 사랑하느니라 주께서 공의를 견고하게 세우시고 주께서 야곱에게 정의와 공의를 행하시나이다 5너희는 여호와 우리 하나님을 높여 그의 발등상 앞에서 경배할지어다 그는 거룩하시도다

시편 99편은 '여호와께서 다스리시니'로 시작되고 있어서 '야훼의 등극시'로 부르는 학자들도 있고, '야훼의 통치시'로 부르는 학자도 있다. 이 시편은 앞에 나오는 시편들과는 다른 분위기를 보여주고 있다.

시편 99편은 '하나님의 거룩하심'을 주제로 한다. 이 시편에서 모세, 아론, 사무엘이 등장하는 것은 특이하다. 시편 제 4권에는 모세에 대한 언급이 많다. 모세의 이름이 6회 나오며, 시편 90편은 표제가 모세의 시이며, 모세가 아론과 함께 나오는 경우가 세 번이다.

시편 99편은 구조적으로 복잡하지 않다. 내용을 분해할 때에 1~5, 6~9절로 2장으로 나누는 경우가 있고, 사람들에 따라서 3장 혹은 4장으로 나누기도 한다. 우리는 2장으로 나누는 방식을 취한다. 이 시편의 중심 주제는 '거룩하신 하나님'이다. 하나님의 거룩하심이 범우주적인 통치, 왕권, 이스라엘의 역사와 관련되어 나온다. 이 시편은 '여호와께서 다스리신다'와 '그는 거룩하시다'가 절묘하게 연결되고 있다.

1. 여호와께서 다스리시니

1절에서 "여호와께서 다스리시니 만민이 떨 것이요 여호와께서 그룹 사이에 좌정하시니 땅이 흔들릴 것이로다"고 하였다. 시인은 하나님의 왕권을 찬양함으로 시를 시작한다.

하나님은 만민의 왕이시며 만왕의 왕이시다. 그 앞에서는 열국이 떨며 땅이 진동한다. 하나님의 통치는 공정한 통치이며 완전한 통치이다. 하나님께서 역사하시니 만민이 떠는 데 여기서 만민이란 가나안 백성들만 말하는 것이 아니라 온 세상 거민을 말한다. 하나님이 역사하시면 인간은 두려워 떨 수밖에 없다. 왜냐하면 하나님의 통치는 엄위하시고 공정하기 때문이다.

이 시편에서 하나님을 '그룹 사이에 좌정하신 분'으로 묘사하고 있다. 그룹은 신비로운 천상의 존재로서 에덴 동산을 지키며, 바람과 폭풍의 그림을 의인화 한 것이다. 또 그룹은 날개를 단 짐승으로, 인간이나 동물의 얼굴을 가진 존재로 그려지고 있다.

여기서 '그룹'은 하나님의 보좌의 유추로서 법궤와 밀접한 연관성을 맺고 있다. 하나님은 그룹 사이에 좌정하신 분이다. 그 앞에서 만민이 떨고 요동하리라고 하였다. 하나님은 그룹 보좌에 앉으신 거룩한 왕이시다. 그룹의 날개로 지지되는 보좌이다. 이 점이 앞에 나오는 96, 97, 98편과 다르다. 앞의 시들은 하나님의 초월성이 이스라엘의 경계를 초월하여 온 세상 창조물에 임하신다고 보지만 99편에서는 하나님의 능력이 이스라엘에 좌정하고 있는 것을 보여준다.

2절에서 "시온에 계시는 여호와는 위대하시고 모든 민족보다 높으시도다"고 하였다. 하늘의 하나님은 시온에 임재 하신다. 하나님께서 시온 즉 예루살렘에 임재하실 때에 온 세상이 두려워하게 된다. '시온에서 위대하시다'는 말은 시온이 이 땅의 중심이 된다는 의미이다. 여기서 시온이란 예루살렘을 말하는데 하나님께서 이곳에서 왕이 되시어 온 세상을 다스리신다.

하나님은 '위대하시고, 높으시다'. 이것은 하나님의 특성을 가장 분명히 보여주는 것으로서 하나님의 위대하심을 묘사한다. 하나님의 통치는 분명하고 공평한 것이기에 하나님의 백성을 여기에 순종하는 삶을 살아야 한다. 위대하신 하나님께 순복하는 삶이야말로 가장 위대하고 복된 것이다.

2. 그는 거룩하심이로다

3절에서 "주의 크고 두려운 이름을 찬송할지니 그는 거룩하심이로다"고 하였다. 시인은 하나님의 크고 두려운 이름을 찬송하라고 하였다. 하나님의 이름은 두려움을 불러일으킨다. 이것은 하나님의 권능과 역사를 보여 주는 것으로서 영원하시고 전능하시며 변치 않으시는 하나님의 이름이다.

'그는 거룩하시다'고 하여 하나님의 거룩성을 강조하고 있다. 하나님의 이름이 거룩하듯이 하나님이 거룩하다. 시편에서 '거룩하다'는 개념은 여러 가지 형태로 나타내고 있다. 하나님의 이름이 거룩하다(시 33:21, 103:1, 105:3, 106:47, 111:9). 시온산은 거룩한 산이다(시 2:6, 3:4, 15:1, 43:3, 45:21, 87:1, 99:9). 하나님의 집은 거룩한 집이다(시 11:4, 138:2, 45:21). 거룩한 팔(시 98:1), 거룩한 기름(시 89:20) 등의 표현이 나온다.

이 모든 것은 하나님의 거룩성을 나타내는 것으로서 하나님의 백성이 그 이름을 찬송해야 할 것을 강조하는 말이다. 하나님은 '내가 거룩하니 너희도 거룩하라'고 하였다. 하나님의 백성은 하나님의 거룩을 본받아 거룩의 삶을 살아야 함을 교훈한다.

3. 정의를 사랑하느니라

4절에서 "능력 있는 왕은 정의를 사랑하느니라 주께서 공의를 견고하게 세우시고 주께서 야곱에게 정의와 공의를 행하시나이다"고 하였다. 여기서는 통치의 일반적 원리를 말하고 있다. 시인은 하나님의 거룩성만 강조하는 것이 아니라 공의와 정의를 집행하시는 하나님의 모습을 그리고 있다.

'왕의 능력'이란 해석하기가 어렵다. 한글 개역개정성경의 번역은 이 말씀을 쉽게 이해하기가 어렵다. 강조되어야 할 것은 하나님은 거룩하신 하나님이라는 사실이다. 하나님의 거룩은 단지 능력으로만 나타나는 것이 아니라 의로 나타난다. 하나님은 율법을 세우시고 이스라엘 백성으로 하여금 의롭게 살게 하신다.

이스라엘은 하나님의 의와 공의에 대해 증인으로 살아야 한다. 이것은 하나님의 백성들의 삶의 길이다. 그리스도의 증인이어야 하고, 향기와 사신이 되어야 한다. 그래서 이 세상을 향하여 공의를 드러내어야 한다.

5절에서 "너희는 여호와 우리 하나님을 높여 그의 발등상 앞에서 경배할지어다 그는 거룩하시도다"고 하였다. 시인은 하나님의 백성으로 하여금 하나님을 높이라고 하였다. '그 발등상 앞에서'는 여러 가지 해석이 나오는데 성전, 법궤, 시온, 예루살렘, 온 땅 등으로 해석할 수 있으나 법궤나 시온을 가리키는 것이 옳은 해석이다. 법궤는 '하나님의 발등상'이다. 하나님은 자신의 발을 법궤 위에 두신다. 하나님의 법궤 위에 보이지 않는 왕이신 하나님이 좌정해 계신다.

예배자들은 하나님의 거룩하심에 머리 숙여야 한다. 하나님은 자신의 의로 거룩하심을 드러내고 있다. 우리는 하나님의 거룩을 찬양하며 하나님이 거룩하신 것 같이 우리도 거룩의 삶을 살아야 한다. 하나님의 통치는 위대하시고 엄위하시다. 우리는 이 통치 앞에 두려워 떨며 순복하여야 한다. 하나님께 순복하는 자의 삶을 통하여 하나님의 영광을 드러내는 것이 중요하다. 우리의 고백은 하나님의 은혜를 바탕으로 한다. 하나님의 은혜 가운데서 찬양하고 감사하며 영광 돌리는 삶이 무엇보다 필요하다.

243 *Meditation on Psalms*

그들을 용서하신 하나님

시편 99:6~9

6그의 제사장들 중에는 모세와 아론이 있고 그의 이름을 부르는 자들 중에는 사무엘이 있도다 그들이 여호와께 간구하매 응답하셨도다 7여호와께서 구름 기둥 가운데서 그들에게 말씀하시니 그들은 그가 그들에게 주신 증거와 율례를 지켰도다 8여호와 우리 하나님이여 주께서는 그들에게 응답하셨고 그들의 행한 대로 갚기는 하셨으나 그들을 용서하신 하나님이시니이다 9너희는 여호와 우리 하나님을 높이고 그 성산에서 예배할지어다 여호와 우리 하나님은 거룩하심이로다

우리는 하나님의 거룩을 찬양한다. 주일 아침예배 때에 '거룩 거룩 거룩 전능하신 주여 이른 아침 우리 주를 찬송합니다' 고 찬양한다. 이러한 찬양은 우리의 고백이며, 하나님 앞에 두렵고 떨리는 심정으로 서는 것을 말한다. 하나님의 백성이 하나님의 임재를 체험하며 하나님을 찬양하는 것은 최고의 영광이며 복이다. 모세와 아론과 사무엘이 이러한 임재를 체험하였다.

이 시편의 후반부에서는 하나님의 거룩을 찬양하고 경배할 것을 요청하고 있다. 우리가 하나님을 찬양하는 것은 단순한 노래가 아니라 하나님께 영광을 돌리는 믿음의 자세이다.

1. 그들이 간구하매

6절에서 "그의 제사장들 중에는 모세와 아론이 있고 그의 이름을 부르는 자들 중에는 사무엘이 있도다 그들이 여호와께 간구하매 응답하셨도다"고 하였다. 하나님의 속성을 가장 분명하게 드러내는 것은 율법이나 규칙을 주는 것이 아니라 은총을 베푸는 데 있다. 시인은 하나님의 은총을 구속사적으로 예증하기 위하여 모세, 아론, 사무엘을 등장시켰다.

이 세 사람은 모두 제사장과 중보자의 역할을 하는 것으로 보기도 하지만 모세와 아론은 제사장을, 사무엘은 선지자를 대표한다고 볼 수 있다. 이들은 모두 하나님의 거룩한 임재를 체험한 사람들이다. 모세는 거룩한 하나님을 시내산에서 만났다(출 3:5). 모세는 '네가 선 곳은 거룩한 땅이니 네 발에서 신을 벗으라'는 하나님의 음성을 들었고, 하나님의 임재를 체험하였다. 아론은 그의 아들들이 하나님 앞에 다른 불을 드리다가 불타 죽는 무서운 경험을 하였다. 사무엘은 선지자로서 이스라엘 역사가 거룩한 역사여야 함을 보여주었다. 그래서 사울 왕이 망령되어 행할 때 책망하였고 새로운 왕을 세우기도 하였다.

'그의 이름을 부르는 자'는 이들의 기도를 강조한다 하나님께 기도할 때에 하나님이 응답하시는 것을 보여 준다. 모세, 아론, 사무엘의 역사를 통하여 하나님의 백성의 거룩성이 강조된다.

7절에서 "여호와께서 구름 기둥 가운데서 그들에게 말씀하시니 그들은 그가 그들에게 주신 증거와 율례를 지켰도다"고 하였다. 구름 기둥은 하나님을 감추지만 하나님의 임재를 상징한다(출 13:21 이하, 민 12:5, 14:14). 광야에서 하나님은 구름 기둥으로 모세와 아론을 만나셨다. 사무엘도 성전에서 말씀하시는 하나님을 만났다.

출애굽기 33장 9절에 보면 "모세가 회막에 들어갈 때에 구름 기둥이 내려 회막 문에 서며 여호와께서 모세와 말씀하시니"라고 하였다. 하나님께서 모세와 말씀하시기 위하여 구름 기둥으로 나타나셨다. 하나님의 백성은 하나님의 증거와 율례를 지켜야 한다. 특히 지도자들이 하나님의 말씀을 솔선하여 지켜야 한다. 선지자와 제사장은 하나님의 음성을 들을 뿐만 아니라 이것을 지키고 전수하는 사명을 가지고 있다.

오늘의 우리들도 거룩한 제사장으로서 하나님의 증거와 율례를 지켜야 한다. 이것은 거룩하신 하나님을 믿는 하나님의 백성들의 가장 기초적 자세이다. 우리는 하늘의 새로운 시민이 되었기에 하나님의 말씀을 지키고 또 바로 전달하여야 한다. 오늘날 하나님의 말씀에 대한 왜곡들이 많은 때에 말씀을 바로 지키는 신앙인의 자세가 무엇보다 필요하다. 세상은 바뀌어도 말씀은 불변하다는 사실을 믿을 때에 하나님의 거룩하심과 전능하심을 더욱 귀하게 드러내어야 할 것이다.

2. 용서하신 하나님

8절에서 "여호와 우리 하나님이여 주께서는 그들에게 응답하셨고 그들의 행한 대로 갚기는 하셨으나 그들을 용서하신 하나님이시니이다"고 하였다. 하나님은 그들 즉 앞에 말한 세 사람에게 응답하셨다. '그들의 행한 대로 갚기는 하셨으나'라고 하였으니 모세, 아론, 사무엘이 잘못을 범하였을 때에 그들을 채찍으로 때리신 하나님이시다. 하나님께서는 언약을 파기하는 자에게 징계를 하신다(출 37:6 이하). 이것은 하나님의 거룩성을 나타내는 핵심이다.

하나님의 백성이 하나님의 말씀을 어기면 하나님께서 징계하신다. 이것은 공의로우신 하나님을 보여 주는 것으로서 어느 누구에게나 꼭 같이 행하신다. 이 구절에 대한 해석은 여러 가지이다. 그러나 중요한 것은 하나님께서 죄에 대하여 징계하신다는 점이다. 하나님의 징계는 공평하다. 사람을 기준 하는 것이 아니라 하나님의 말씀이 중심이다.

'그들을 용서하신 하나님이시니이다'고 하였다. 하나님께서 우리의 행함에 때라 판단하시면 우리들은 모두 죽을 수밖에 없는 존재이다. 그러나 하나님은 '용서하신' 하나님이다. 하나님은 채찍으로 때리기도 하시나 용서하는 하나님이다. 이 하나님을 믿기에 우리는 하나님의 구원을 찬미하게 된다. 하나님의 사함은 단순한 것이 아니라 택한 백성을 향하신 하나님의 역사이다. 이러한 사함을 받은 자들은 하나님께 감사와 찬양을 드려야 한다. 이것은 하나님의 역사를 말하며 하나님의 백성의 감격의 삶을 말한다.

3. 하나님은 거룩하시도다

9절에서 "너희는 여호와 우리 하나님을 높이고 그 성산에서 예배할지어다 여호와 우리 하나님은 거룩하심이로다". 시인은 하나님의 거룩하심을 다시 한번 강조하면서 이 시를 마무리 하고 있다. 여호와 우리 하나님은 거룩하신 분이다. 이것은 우리 신앙의 바탕이며 하나님의 백성이 살아가는 푯대이다. 이 하나님께 경배하고 찬양하는 믿음이 있어야 한다.

여호와 하나님을 높이고 경배하는 믿음은 우리들이 가져야 할 기본적 자세이다. 우리는 하나님의 거룩을 노래하는 신앙을 가져야 하고 이것을 통해 우리의 신앙을 전파해야 한다.

시인은 이 시에서 징계하시고 용서하시는 하나님을 강조한다. 우리가 잘못하였을 때에 하나님은 징계의 채찍을 때리시지만 회개할 때에 용서하시는 하나님이시다. 이 두 가지 특성이 하나님의 백성에게 함께 나타나기에 우리는 하나님의 명령을 지켜야 한다.

거룩하신 하나님을 믿기에 우리도 거룩의 삶을 살아야 한다. 이것은 우리 노력으로 되어지는 것이 아니라 하나님의 은혜로 되어진다. 하나님의 은혜가 임할 때에 우리는 하나님께 찬양을 드리고 감사의 삶을 산다. 거룩의 본체이신 하나님을 바라고 그 하나님을 닮아가는 하나님의 백성의 삶은 오늘의 시대에도 귀하게 이루어져야 한다. 그래서 '내가 거룩하니 너희도 거룩하라'고 하신 말씀을 생활 속에 이루어 나가야 한다.

기쁨으로 여호와를 섬기며

시편 100:1~5

1온 땅이여 여호와께 즐거운 찬송을 부를지어다 2기쁨으로 여호와를 섬기며 노래하면서 그의 앞에 나아갈지어다 3여호와가 우리 하나님이신 줄 너희는 알지어다 그는 우리를 지으신 이요 우리는 그의 것이니 그의 백성이요 그의 기르시는 양이로다 4감사함으로 그의 문에 들어가며 찬송함으로 그의 궁정에 들어가서 그에게 감사하며 그의 이름을 송축할지어다 5여호와는 선하시니 그의 인자하심이 영원하고 그의 성실하심이 대대에 이르리로다

시편 100편은 감사의 시이고, 찬양시이다. 하나님께 예배하러 나가는 자가 가져야 할 마음의 자세를 설명해 주고 있는 말씀이다. 이 시편 속에는 두 개의 부름(1, 4절)과 두 개의 찬양이 있으므로(3, 5절) 순례자와 제사장이 돌아가며 부르는 교성곡이라고도 할 수 있다. 이 찬양은 시편 95:1~7과 구조와 내용면에서 비슷하다. 하나님의 백성들이 어떻게 감사해야 할 것인지를 가르쳐 주고 있는데 우리들은 이 시를 통하여 하나님을 섬기는 믿음의 자세가 어떠해야 하는 지를 분명히 해야 한다.

1. 예배의 부름

1~2절은 예배의 부름이다. 1절에서 "온 땅이여 여호와께 즐거운 찬송을 부를지어다"고 하였다. 시인이 말한 온 땅은 우리들이 딛고 다니는 땅을 말하는 것이 아니라 온 세계를 말한다. 온 세상이 하나님 찬양해야 한다. 하나

님은 만민의 하나님이 시므로 모든 백성이 그 분을 찬양해야 하며 경배해야한다. 이것이 신앙의 보편성이다. 하나님을 찬양하고 경배하는 것은 우리가 하나님을 어떻게 믿을 것인지를 보여 주는 중요한 요소이다. 만민의 하나님을 만민이 찬양하는 것은 우리들의 기본 된 자세이다.

'여호와께 즐거운 찬송을 부를지어다'고 하였다. 이 말은 환호성을 지르며 찬양하라는 뜻이다(시 98:4 상). 우리의 예배에서 기쁨과 즐거움은 매우 중요한 요소이다. 감격에 차서 하나님을 찬양하는 것은 하나님의 백성이 행해야 할 길이다. 하나님의 백성은 자기중심적인 생각을 버리고 오직 하나님만 바라보며 감격에 찬 소리를 질러야 한다. 우리가 하나님의 이름을 부르며 찬양하는 것은 중요한 역사이다.

2절에서 "기쁨으로 여호와를 섬기며 노래하면서 그의 앞에 나아갈지어다"고 하였다. 우리들이 겪는 슬픔과 고통을 벗어버리고 기쁨으로 하나님을 찬미해야 한다.

여기서 '여호와를 섬기며'라는 말은 넓은 의미로 하나님과 인간의 관계를 말하고 좁은 의미로는 하나님께 드리는 예배를 말한다. 하나님의 백성은 하나님을 섬기는 자들이다. 하나님과 바른 관계 정립을 통하여 우리의 본분을 깨닫는 자들이다. '노래하면서 그의 앞에 나아갈지어다'고 하였다. 이것은 하나님이 임재하시는 성전으로 나아가는 것을 말한다. 하나님께 나가는 자는 노래하며 간다. 이것은 억지로 나아가는 것이 아니라 하나님이 주시는 은혜로 기뻐하며 나가는 것이다.

성령의 열매 가운데 하나가 희락이다. 하나님은 자기 백성을 향하여 기뻐하라고 하였다. 이 기쁨은 억지가 아니라 하나님이 주시는 기쁨이며 하나님의 영광을 위한 것이다.

시인은 예배의 부름에서 노래하며 하나님께 나아가기를 강조하고 있다. 우리가 하나님을 찬양하는 그 자세가 우리의 삶에서도 구체적으로 나타나야 한다. 우리들은 문제의 와중에서 허우적거리지 말고 하나님께 모든 것을 맡기며 노래하며 즐겁게 나아가자. 이것이 하나님의 백성의 자세이다.

2. 언약의 헌신

3절은 언약의 헌신이다. "여호와가 우리 하나님이신 줄 너희는 알지어다 그는 우리를 지으신 이요 우리는 그의 것이니 그의 백성이요 그의 기르시는 양이로다"고 하였다. 이 말씀은 이 시편의 중심이다. 시인은 예배 공동체를 향하여 하나님의 언약이 무엇인지를 깨닫게 한다. 시인은 '여호와가 우리 하나님이시다'고 하게 말하고 있다.

'여호와가 우리 하나님이심'은 우리들의 신앙의 근본이다. 이것은 우리를 향하신 하나님의 언약이다. 하나님은 전능하신 분이며, 우리를 사랑하시는 분이다. 하나님은 한 분이신 하나님이며 영광의 역사를 드러내시는 분이다. '여호와가 우리 하나님'이라는 기본적 원리를 정확하게 하는 것이 중요하다. '너희는 알지어다'고 하였다. 이것은 지식으로 동의하는 것이 아니라 온 몸으로 인정하는 것이다. 즉 하나님의 계명과 요구를 기쁨으로 받아들이는 것을 말한다.

하나님의 백성은 하나님을 만나고, 전체적으로 헌신하고, 하나님을 기뻐한다. 하나님의 살아계심과 임재만이 우리를 깨우는 역할을 한다. 우리는 이것을 알아야 한다. '그는 우리를 지으신 이요'라고 하였다. 이것은 하나님이 우리를 창조하셨다는 뜻이 아니라 하나님의 백성으로 형성하셨다는 뜻이다(사 29:23, 43:1, 60:21). 하나님의 백성은 하나님의 피조물이요 하나님의 위대한 작품이다. 이 하나님을 통하여 우리는 자신의 참 모습을 알 수 있다.

'우리는 그의 것이다.' 우리는 우리의 것이 아니라 하나님의 것이다. 우리는 새로운 피조물이요(고후 5:17) 하나님의 소유물이다. 우리는 이러한 원리를 분명히 하여야 한다.

'그의 기르시는 양이로다'고 하였는데 이것은 많이 사용되는 은유이다. 우리는 하나님의 백성이고 하나님이 기르시는 양이다. 하나님의 보호에 의하여 살아가는 존재이기에 자신의 무엇을 자랑하는 것이 아니라 하나님의 역사만을 나타내어야 한다.

3. 예배의 중요성

4절은 예배의 부름이다. "감사함으로 그의 문에 들어가며 찬송함으로 그의 궁정에 들어가서 그에게 감사하며 그의 이름을 송축할지어다". 제사장이 순례자들을 격려하는데 하나님께 공식적으로 나아오는 것의 중요성을 말한다.

시인은 절묘한 표현을 하고 있다. '감사함으로 그의 문에 들어가며 찬송함으로 그의 궁정에 들어가는' 것을 묘사하고 있다. 이것은 하나님께 나아와 예배를 드리는 것을 말한다. 궁정 즉 하나님의 보좌 앞에 나아가는 것이야 말로 최고의 복이다. '그에게 감사하라'고 하였는데 하나님께 감사하는 것은 개인적인 일이 아니라 모든 예배하는 공동체의 일이다. 하나님의 백성은 모두 하나님께 감사해야 한다. 즐거이 노래하며 우리의 전부를 드리는 위대한 역사를 이루어야 한다.

5절은 회중의 반응이다 "여호와는 선하시니 그의 인자하심이 영원하고 그의 성실하심이 대대에 이르리로다"고 하였다. 시인은 왜 하나님을 찬양하고 그에게 감사해야 하는지 그 이유를 제시하고 있다. 이 표현은 제의적 용법이다(시 106:1, 107:1). 또 회중들의 반응이기도 하다. 하나님은 선하시고, 인자하시고, 성실하시다. 선하심은 하나님의 속성이다. 하나님의 은총은 순간적으로 되어지는 것이 아니라 하나님의 특성이다. 하나님은 성실하셔서 우리들이 믿을 수 있는 분이다. 하나님의 집에 기쁨과 즐거움으로 들어가는데 이것이 예배의 본질이다. 여기서 하나님을 만나고 찬양한다. 예배를 통하여 하나님과의 언약관계를 다시 한번 깨닫게 된다.

내가 완전한 길을 주목하오리니

시편 101:1~5

1내가 인자와 정의를 노래하겠나이다 여호와여 내가 주께 찬양하리이다 2내가 완전한 길을 주목하오리니 주께서 어느 때나 내게 임하시겠나이까 내가 완전한 마음으로 내 집 안에서 행하리이다 3나는 비천한 것을 내 눈 앞에 두지 아니할 것이요 배교자들의 행위를 내가 미워하오리니 나는 그 어느 것도 붙들지 아니하리이다 4사악한 마음이 내게서 떠날 것이니 악한 일을 내가 알지 아니하리로다 5자기의 이웃을 은근히 헐뜯는 자를 내가 멸할 것이요 눈이 높고 마음이 교만한 자를 내가 용납하지 아니하리로다

시편 101편은 '다윗의 시'라고 저자가 소개되어 있다. 이 시편은 일반적으로 '제왕시'라고 불리운다. 또 문장 속에서 제왕시의 특징적 단어들이 나오고 있는데(1, 2, 6, 8절 등) 이 표현들을 통하여 왕의 통치 이념을 제시하고 있다.

이 시가 언제 쓰여졌는 지에 대해서는 여러 가지 논의들이 있으나 학자들은 다윗이 법궤를 예루살렘으로 모시고 올 때에 이 시를 쓰지 않았을까 추측한다. 왜냐하면 하나님 중심으로 나라를 다스리기 위하여 법궤를 모시고 왔기 때문이다.

다윗은 법궤를 모셔 오기를 간절히 사모하였으나 처음에는 실패하고, 그 다음에 모셔 오게 되었다. 이것은 하나님 중심으로 살고, 하나님 중심으로 백성을 인도하고, 하나님 중심으로 나라를 다스리겠다는 결심을 나타낸다. 이런 때에 이 시를 써서 하나님께 찬양한 것으로 생각할 수 있다.

이 시편의 내용 구분은 여러 가지로 할 수 있으나 1~5절, 6~8절로 나눌 수 있다. 이 시편의 배경은 신년 축제나 왕의 등극식에서 사용되었다고 볼 수 있다.

1. 주께 찬양하리이다

1절에서 "내가 인자와 정의를 노래하겠나이다 여호와여 내가 주께 찬양하리이다"고 하였다. 여기서 '찬양하리이다'란 말은 찬양의 서론으로 볼 수 있다.

시인은 '인자와 정의'를 찬송한다고 하였는데 이것은 하나님의 통치의 두 기둥이다. 하나님께서 이 세상과 인간들을 다스리실 때에 인자와 공의로 다스리신다. 그러니 하나님이 베푸신 덕을 찬송한다는 말이다. '인자'는 사랑을 말한다. 그 사랑은 그냥 사랑이 아니라 '부족한 자를 사랑'하는 것을 가리킨다. 아무런 자격도 없는 자를 사랑하여 주신다는 말이다. 하나님은 인간들을 인자로 대하여 주시니 감사를 드리게 된다. 하나님의 속성의 다른 측면은 '공의'이다. 하나님께서 정의를 실현하는 것을 말한다. 하나님은 인자와 공의라는 두 특성을 가지고 있기에 하나님의 백성은 이것을 찬송한다.

시인은 '여호와여 내가 주께 찬송하리이다'고 다시금 고백한다. 인자와 공의가 주께만 있기에 하나님을 찬양하겠다고 한다. 찬양은 감사와 순복의 고백이다. 하나님께 감사하고 순종하며 복종하는 것이다.

2. 완전한 길을 주목

2절에서 "내가 완전한 길을 주목하오리니 주께서 어느 때나 내게 임하시겠나이까 내가 완전한 마음으로 내 집 안에서 행하리이다"고 하였다. 다윗은 여기서 일인칭으로 하나님께 서원한다. 공의에 따라 살고 순종할 것을 서원한다. 다윗은 이 언약을 통하여 궁중의 호화스러움에 빠지지 않고 하나님에 대한 책임을 성실히 수행하겠다고 칼빈은 이 구절을 주석하고 있다. '내가 완전한 길을 주목 하오리니' 라고 하였는데 완전한 길이란 무흠한 길이며 온전한 삶을 추구하는 것이다. '완전한 길' 이란 그 다음에 나오는 '완전한 마음' 과 평행을 이룬다. 왜냐하면 마음이 곧아야 행동이 바르기 때문이다.

'내가 주목 하오리니'는 그 의미가 정확하지 않다. 이 표현은 시편과 지혜문학의 특성을 보여 주는 것으로서 '숙고하다', '가르치다' 등의 의미를 가지고 있다. '주께서 어느 때나 내게 임하시겠나이까'라고 하였다. 이 말에 대한 해석은 여러 가지이지만 하나님과의 동행을 사모하는 간절한 마음을 표현하고 있다 주님이 언제 나와 함께 하실까 라는 간절한 마음이 있어야 한다. 하나님이 함께 하는 것이 우리들의 가장 큰 복이기에 임마누엘 삶을 사모하여야 한다.

3절에서 "나는 비천한 것을 내 눈 앞에 두지 아니할 것이요 배교자들의 행위를 내가 미워하오리니 나는 그 어느 것도 붙들지 아니하리이다"고 하였다. 시인은 자신의 입장을 부정적으로 먼저 진술하고 있으며 악을 완전히 멀리 하겠다는 결의를 표명하고 있다. '비루한 것'은 '없다'와 '유익한 것' 이란 단어의 합성어로서 '가치가 없는', '유익한 것이 없는'이란 뜻이다. 쓸모없는 사람이나 물건을 가리킬 때 사용된다(시 18:4).

시인은 배도자의 행위를 눈앞에 두지 않겠다고 한다. 가치 없는 것에 우리의 관심을 모으는 비극적인 삶이 있어서는 안 된다. 하나님을 떠난 세계관은 아무런 가치가 없다. 하나님보다 물질이나 권력에 치우치다가 아무것도 건지지 못하는 비극이 온다. 시인은 배도자의 행위를 미워한다고 하였다. 그들의 행위는 하나님을 떠난 행위이며 철저히 자기중심의 행동이다. 이것의 마지막은 멸망이기에 하나님의 백성은 배도자의 행위를 미워한다.

'그 어느 것도 붙들지 아니하리이다'고 하였는데 이 말은 '네게 붙어 있도록 하지 않으리라'는 뜻이다. 배도자의 행위를 미워하고 그들을 따르는 일을 하지 않겠다는 결심이다.

오늘의 우리들에게 이런 결심이 필요하다. 하나님의 뜻을 떠나 인간의 욕심대로 가다가는 멸망 밖에 없으니 우리들은 배도자의 행위를 미워하고 우리가 그것을 따르지 않게 노력하며 결심해야 한다.

3. 내게서 떠날 것이니

4절에서 "사악한 마음이 내게서 떠날 것이니 악한 일을 내가 알지 아니하리라"고 하였다. 이 말씀은 하나님께 순종을 다하며 악을 멀리하고, 불순물을 버리고 청결함을 추구하는 의미이다. '사악한 마음'이란 내적 방향이 왜곡된 것을 말한다. 우리의 마음이 왜곡되면 우리의 행동에 문제가 생긴다. 행동은 마음의 산물이기에 우리가 어떤 마음을 가지는 것인가가 매우 중요하다.

'내게서 떠날 것이니'란 '내가 멀리 하리라'는 말이다. 악한 자의 행동을 따르지 않고 사특한 마음을 멀리하여 하나님만 의지하겠다는 결심이다. '악한 일을 내가 알지 아니하리로다'는 악한 일에 동참하지 않겠다는 말이다. 악을 멀리하고 그것을 따르지 않는 자세를 의미한다. 여기서 '안다'란 경험이며 전적인 반응을 뜻한다.

5절에서 "자기의 이웃을 은근히 헐뜯는 자를 내가 멸할 것이요 눈이 높고 마음이 교만한 자를 내가 용납하지 아니하리로다"고 하였다. 이 말씀은 왕의 통치 원리를 의미한다.

왕은 적극적인 행동을 한다. 악인들에게 심한 벌을 내릴 것을 선언한다. 왕은 악인의 생각과 성향까지도 벌하리라고 한다. '은근히 헐뜯는 자를 내가 멸할 것이요'고 하였는데 험담하는 자, 남의 명예와 인격을 허는 자를 '멸한다'고 했는데, 이 말은 '침묵시킨다'는 뜻도 있는데, 그들을 사형시킨다는 말이다(레 19:16).

'눈이 높고 마음이 교만한 자'를 용납지 않고 멸하겠다고 하였다. 공의의 하나님을 믿는 왕은 이 땅에 공의를 실현하려고 노력하였다. 오늘의 우리들도 하나님의 공의를 실천하기 위해 노력해야 한다.

악을 행하는 자는

시편 101:6~8

6내 눈이 이 땅의 충성된 자를 살펴 나와 함께 살게 하리니 완전한 길에 행하는 자가 나를 따르리로다 7거짓을 행하는 자는 내 집 안에 거주하지 못하며 거짓말하는 자는 내 목전에 서지 못하리로다 8아침마다 내가 이 땅의 모든 악인을 멸하리니 악을 행하는 자는 여호와의 성에서 다 끊어지리로다

'제왕시'인 이 시편은 왕이 어떤 직무를 감당해야 할 지를 묘사하고 있다. 왕은 단순한 통치자가 아니라 언약의 당사자로서 자신의 직무를 말하고 있다. 왕은 하나님의 특별한 은총을 받은 자로서 하나님의 의를 수행해야 한다. 왕은 의의 화신이 되어야 하고 자기에게 맡겨진 백성들을 바로 다스려야 한다. 그러나 이 땅의 사람들은 많은 문제 속에 살고 하나님을 섬기기보다 자기 뜻대로 하려고 한다. 그래서 배도자의 길을 가고 하나님을 반역하는 행동을 한다.

왕은 하나님을 거역하는 자를 철저히 징계하겠다고 결심하고 이것을 구체적으로 제시하고 있다. 이 시편은 왕의 통치 철학이며, 왕의 직무를 말한 것이다. 왕은 하나님을 대신하여 이 땅에 공의를 실현해야 한다. 이것은 하나님이 주신 특권이요 직무이기에 왕은 이것을 지킬 것을 서원하고 있다.

1. 나를 따르리로다

6절에서 "내 눈이 이 땅의 충성된 자를 살펴 나와 함께 살게 하리니 완전한 길에 행하는 자가 나를 따르리로다"고 하였다. 이 말씀은 5절과 대조를 이룬다. 5절에서는 악한 자를 징계하겠다고 하였으나 여기서는 충성된 자를 찾아 함께 가겠다고 하였다.

'이 땅의 충성된 자'는 하나님께 충성하는 자이다. 충성된 자는 하나님의 성산과 하나님의 땅에 거하게 된다. 이 땅에는 하나님께 충성하기보다 이 땅의 권력자에게 충성하는 사람들이 많다. 이들은 정권이 바뀌면 투옥되고 고난을 겪는 것을 우리는 보아 왔다. 하나님께 충성하는 자는 사람이 보기에는 보잘 것 없어도 하나님의 놀라운 역사를 경험하게 된다.

'살핀다'는 말은 '돌본다'는 뜻으로(창 44:21, 시 33:18, 렘 39:12) 왕은 하나님께 충성하는 자를 돌보아 주신다. 뿐만 아니라 왕과 함께 거하게 한다. '거한다'는 것은 단순히 함께하는 것이 아니라 왕과 함께 일하는 자란 뜻이다. 이런 자들은 왕의 은총을 받는다. 그들은 왕과 함께 시온에 살 것이며, 하나님께서 그들에게 의를 주신다.

'완전한 길에 행하는 자'는 2절과 짝을 이룬다. 2절에서는 완전한 길을 추구하였고, 여기서는 신하들 가운데 완전한 자를 찾고 있다. 이들은 왕을 수종하고 하나님을 섬기는 귀한 사명을 감당한다. 하나님께 충성하면 이런 결과가 온다. 하나님은 왕을 통하여 충성된 자를 돌보고, 왕과 함께 일하게 하고, 나아가서 하나님의 영광을 드러낸다.

오늘의 우리들이 관심을 가져야 할 것은 만왕의 왕 되신 하나님께 충성하는 것이 얼마나 귀하고 소중하며, 하나님이 그를 높이 들어 사용하신다는 원리이다. 이 원리는 만고불변의 것인데 이 땅의 사람들은 이것을 외면하고 자기 뜻대로 살다가 멸망의 길로 간다. 우리들은 하나님께 충성하는 삶을 살아야 한다. 이것은 이 땅의 영광만을 바라보는 것이 아니라 영원한 세계를 사모하여 '하나님의 상 주심'을 바라는 삶이다.

2. 거짓을 행하는 자

7절에서 "거짓을 행하는 자는 내 집 안에 거주하지 못하며 거짓말하는 자는 내 목전에 서지 못하리로다"고 하였다. 거짓을 행하는 자와 거짓말하는 자가 함께 나온다. 이런 표현은 지혜 문학에 자주 나타나는 단어이다.

왕은 거짓 행위를 하고 거짓말하는 자를 미워한다. 이것은 하나님을 섬기는 왕의 통치 철학이다. 지나간 역사를 보면 통치자가 망한 이유 중의 하나가 주변의 아부와 감언이설에 통치자의 본분을 잃어 버렸기 때문이다. 듣기 좋은 말로 아부하고 돌아서서는 배신하는 자들로 인하여 통치자가 망하고 만다.

다윗은 거짓 행위를 하는 자는 '내 집안에 거주하지 못한다'고 하였는데 여기서 '집'이란 왕실이나 왕궁을 말하는 것이 아니라 온 나라를 뜻한다. 또 거짓말을 하는 자는 '내 목전에 서지 못하리로다'고 했는데 '견고히 서지 못한다'는 말이다. 거짓말을 하는 자는 왕에게서 어떤 은총도 받지 못한다.

우리는 여기서 다윗 왕이 부정과 불법을 척결하기 위하여 어떤 노력을 하는 지를 보여준다. 통치자는 주변의 부정을 철저히 척결해야 한다. 그렇지 못할 때에 나라 전체가 고통을 당하는 비극을 겪는다.

우리나라의 경우를 보면 통치자나 그 주변 사람들의 부정으로 인하여 온 국민이 고통을 겪는 슬픈 역사들이 있었고 또 계속되고 있다. 이것을 어떻게 극복할 것인가가 통치자의 자세이다. 이 자세는 인간적 청렴이나 노력의 영역에서는 가지기 어렵다. 하나님의 공의를 믿고 하나님의 언약을 이 땅에 실천하는 책무를 절감할 때에 가능하다고 본다.

하나님의 중심의 통치 철학이 있어야 한다. 모든 근거를 하나님에게서 찾는 신앙적 노력이 통치자에게 있을 때에 그 국가와 사회는 새로운 변혁을 경험하게 된다. 우리는 다윗을 통하여 이것을 배워야 한다. 하나님과의 언약을 어떻게 지킬 것인가 생각하고 노력하는 자세가 있어야 한다.

3. 악을 행하는 자

8절에서 "아침마다 내가 이 땅의 모든 악인을 멸하리니 악을 행하는 자는 여호와의 성에서 다 끊어지리로다"고 하였다. 왕은 서원으로 이 시를 마무리 하고 있다. 악인은 결국에 가서 버림을 받고 의인은 구원을 받는다.

왕은 이스라엘 사회에서 재판장의 권위를 행사할 수 있다. 다윗 왕은 하나님의 종으로서 예루살렘을 재판한다. '아침마다' 왕은 공의를 실천한다. 이 땅에 악인들이 많고 하나님을 거역하는 자들이 많다. 왕은 법적으로 어려운 문제를 다룬다. 그것을 아침마다 즉 날마다 이런 역사를 한다. 왕의 서원은 그의 통치 철학으로서의 특성을 가진다. 왕은 이 땅의 악인들을 멸하기 위해 공의를 집행한다. '여호와의 성에서 다 끊어지리로다'고 하였다. 여호와의 성에서 죄악의 요소를 소탕하고 하나님의 성이 되게 하려는 서원이다. 왕은 자신의 직무를 감당하기 위하여 최선을 다한다. 불의와 불법을 제거하고 하나님의 인자와 공의가 다스려지는 나라가 되기를 갈망한다.

이 땅의 그리스도인들이 나라와 민족을 위하여 기도해야 할 이유가 여기 있다. 경제적 부흥이 목적이 아니라 하나님의 인자와 공의가 실현되는 나라가 되고, 통치자들이 하나님과의 언약 관계 속에서 국가를 통치하도록 기도해야 한다.

우리들은 죄악 세상 속에 살지라도 하나님의 주권적 역사로 이 땅에 하나님의 나라가 건설되도록 기도해야 한다. 이것이 하나님의 백성이 누리는 복이며 사명이다. 다윗이 왕의 직무를 노래하였는데 그 원리가 오늘의 우리들에게도 실현되어지도록 날마다 기도해야 한다. 하나님의 뜻이 하늘에서 이루어진 것 같이 땅에서도 이루어지기를 기도하자.

여호와여 내 기도를 들으시고

시편 102:1~11

1여호와여 내 기도를 들으시고 나의 부르짖음을 주께 상달하게 하소서 2나의 괴로운 날에 주의 얼굴을 내게서 숨기지 마소서 주의 귀를 내게 기울이사 내가 부르짖는 날에 속히 내게 응답하소서 3내 날이 연기 같이 소멸하며 내 뼈가 숯 같이 탔음이니이다 4 내가 음식 먹기도 잊었으므로 내 마음이 풀 같이 시들고 말라 버렸사오며 5나의 탄식 소리로 말미암아 나의 살이 뼈에 붙었나이다 6나는 광야의 올빼미 같고 황폐한 곳의 부엉이 같이 되었사오며 7내가 밤을 새우니 지붕 위의 외로운 참새 같으니이다 8내 원 수들이 종일 나를 비방하며 내게 대항하여 미칠 듯이 날뛰는 자들이 나를 가리켜 맹세 하나이다 9나는 재를 양식 같이 먹으며 나는 눈물 섞인 물을 마셨나이다 10주의 분노 와 진노로 말미암음이라 주께서 나를 들어서 던지셨나이다 11내 날이 기울어지는 그림 자 같고 내가 풀의 시들어짐 같으니이다

이 시편의 표제는 '고난 당한 자가 마음이 상하여 그의 근심을 여호와 앞에 토로하는 기도'라고 되어 있어 '개인 애가'의 특성을 보인다. 그러나 공예배 때에 사용된 것 같아 공동체의 기도라는 면도 있다(18절).

시인은 자신의 '애가'를 부르지만 예루살렘이 구원받기를 간구하였다. 초대 교회에서는 이 시편을 일곱 개의 참회시 중 다섯 번째 것으로 삼았다. 초대교회가 이 시를 참회시에 넣은 것은 재앙과 병에 대한 묘사가 죄에 대한 고백으로 여겼기 때문이다(10절).

이 시편의 통일성에 대해서는 여러 가지 논란들이 있으나 '개인 애가'의 특성으로 보는 것이 무난하다. 내용 분해도 다양한 의견들이 있으나 1~11, 12~22, 23~28절의 삼 구분으로 보는 것이 일반적이다.

1. 내 기도를 들으시고

1절에서 "여호와여 내 기도를 들으시고 나의 부르짖음을 주께 상달하게 하소서"라고 하였다. 시인은 중한 병에 걸려 하나님께 자기의 아픔과 정황을 하소연하며, 하나님의 얼굴을 바라보며 치료의 손길을 구한다. 1~7절은 시인의 외로운 심정을 그대로 고하고 있다. 자신의 처지가 지붕 위의 외로운 참새와 같고(7절), 고통 속에서 지내고 있음을 고백한다. 시인은 개인 애가에서 빈번하게 나타나는 전형적인 기도 형식으로 시를 시작한다. '여호와여'라고 하나님을 부르는 데, 이것은 하나님의 언약을 통해 자신을 계시하는 분이다. 이 하나님께 기도를 한다. 시인은 '나의 기도', '나의 부르짖음'을 강조한다. '나의 부르짖음'이란 '도움을 구하는 부르짖음'으로서 '나의 기도'와 같은 의미를 가지고 있다. 하나님의 백성이 하나님께 부르짖는 것이 가장 중요하다. 하나님의 역사를 믿고 하나님께 호소하는 자세를 말하고 있는데 시인의 절박한 사정을 전제한 기도이다.

2절에서 "나의 괴로운 날에 주의 얼굴을 내게서 숨기지 마소서 주의 귀를 내게 기울이사 내가 부르짖는 날에 속히 내게 응답하소서"라고 하였다. 시인은 절박한 상황에서 기도한다. '나의 괴로운 날'이란 시인이 병들어 괴롭고, 원수의 박해로 계속되는 괴로운 날이다. '주의 얼굴을 내게 숨기지 마소서'라고 하였는데 '주의 얼굴'이란 하나님의 임재를 상징한다. 하나님께서 자신의 얼굴을 시인에게 감추지 말고 임재하여 달라는 호소이다.

시인의 호소는 더욱 간절하여진다. '주의 귀를 기울이사 내가 부르짖는 날에 속히 내게 응답하소서'라고 하였다. 시인은 하나님의 개입을 간절히 기다린다. 하나님이 함께 하셔야 문제가 풀린다는 것을 확신하고 있다.

2. 연기 같이 소멸하며

3절에서 "내 날이 연기 같이 소멸하며 내 뼈가 숯 같이 탔음이니이다"고 하였다. '무릇'이란 '왜냐하면'이라는 이유를 나타내는 말이다. 인생이 연기같이 소멸되는 허무한 존재이기에 하루 하루가 아무런 의미도 없이 지나간다. '내 날'이 이 시편에서 네 번 나온다. 인생이 연기 같고(3절), 그림자 같고(11절), 풀의 쇠잔함 같고(11절 하), 중도에 쇠약해지고 단축되었다(23절, 2회)고 표현한다.

이것은 인생의 순간성 또는 허무성을 강조하는 것으로서, 시인은 식물이 시드는 영상을 통하여 자신이 소멸해 감을 묘사하고 있다. 이러한 인생의 문제를 하나님께 내어 놓고 하나님의 개입을 호소하고 있다.

4절에서 "내가 음식 먹기도 잊었으므로 내 마음이 풀 같이 시들고 말라 버렸사오며"라고 하였다. 시인은 병든 상태와 그 영향을 말하고 있다. '음식'은 원어에서 '떡'을 가리키지만 여기서는 일반적인 음식으로 이해하는 것이 좋다. 시인은 고난이 심하여 식욕을 잃어 버렸고, 자기 자신이 풀같이 시들어가는 절박한 모습을 그리고 있다. 시인은 자신을 잡초에 비교하는 절망감과 고독감에 휩싸여 있다.

5절에는 "나의 탄식 소리로 말미암아 나의 살이 뼈에 붙었나이다"고 하였다. 시인의 건강은 극도로 쇠하여져서 피골이 상접하는 처지에까지 이르렀다. 그리하여 하나님의 도우심을 간구하였다.

6절에서 "나는 광야의 올빼미 같고 황폐한 곳의 부엉이 같이 되었사오며"라고 하였다. 시인은 자신의 외로움을 새로 묘사하고 있다. 당아새가 어떤 새인지 정확하지 않으나 부엉이와 같이 부정한 새이다. 시인은 병들어 부정한 자로 여겨지고 외로움 가운데서 비참하게 지나고 있다. '황폐한 곳' 즉, 죽음의 가까운 곳에서 새처럼 처량하게 운다.

7절에서 "내가 밤을 새우니 지붕 위의 외로운 참새 같으니이다"고 하였다. 시인의 외로움을 "참새 같으니이다"고 하였다. 시인의 외로움을 간절하게 묘사하고 있는데, 지붕 위의 외로운 참새는 혼자서 고통을 당하며 힘들어 하는 영상이다.

3. 원수들의 비방

8절에서 "내 원수들이 종일 나를 비방하며 내게 대항하여 미칠 듯이 날뛰는 자들이 나를 가리켜 맹세하나이다"고 하였다. 여기서는 원수들이 나타나 시인이 병든 것을 이유삼아 훼방한다. 아마 하나님께 벌을 받아 이렇게 되었다고 비난하였을 것이다. '미칠 듯이 날뛰는 자'란 '나를 조롱하는 자'들이다. 이들이 시인을 걸고 맹세한다. 하나님의 백성을 해치기 위하여 못된 맹세를 하는 자들이다.

9절에서 "나는 재를 양식 같이 먹으며 나는 눈물 섞인 물을 마셨나이다"라고 하였다. 재는 슬픔과 애곡 또는 비참함과 회개를 상징한다. 고대 이스라엘 백성들은 금식하고 애곡할 때에 재를 머리에 뿌리거나 재 위에 앉았다. 그러니 시인은 고통 중에서 하나님께 회개하는 모습을 보여 준다.

10절에는 "주의 분노와 진노로 말미암음이라 주께서 나를 들어서 던지셨나이다"고 하였다. 시인은 자신이 겪는 신체적 아픔과 죽음의 위협이 어디서 왔는지를 말하고 있다. 하나님께서 노하셨기에 이러한 고통이 왔다고 했다. 시인은 자신의 위기가 하나님의 심판 때문이라고 말한다. 하나님께서 자신을 들어서 던지셨다고 한다. 폭풍처럼 고통의 바람이 불어올 때에 이것을 헤쳐 나갈 길은 하나님의 도움 밖에 없으니 하나님의 손길을 호소한다.

11절에서 "내 날이 기울어지는 그림자 같고 내가 풀의 시들어짐 같으니이다"고 하였다. 시인의 인생을 '기울어지는 그림자'로 묘사하였다. 이것은 해질 때의 그림자이므로 순식간에 사라지고 어둠에 삼켜질 존재이다. '풀 같이 쇠잔'하다고 했으니 뿌리 없는 잡초는 태양볕에 시들어버리고 마는 모습이다. 아무리 푸르름을 자랑하지만 하나님의 빛 앞에서는 아무것도 아닌 존재이다. 시인은 고통스럽고 외로운 자신의 처지를 하나님께 호소한다. 이런 어려움 속에서 하나님께서 역사하지 않으시면 아무것도 할 수 없음을 알고 간절한 마음으로 기도하고 호소한다. 이것이 인생의 길이다.

시온을 긍휼이 여기시리니

시편 102:12~22

12여호와여 주는 영원히 계시고 주에 대한 기억은 대대에 이르리이다 13주께서 일어나사 시온을 긍휼히 여기시리니 지금은 그에게 은혜를 베푸실 때라 정한 기한이 다가옴이니이다 14주의 종들이 시온의 돌들을 즐거워하며 그의 티끌도 은혜를 받나이다 15이에 뭇 나라가 여호와의 이름을 경외하며 이 땅의 모든 왕들이 주의 영광을 경외하리니 16여호와께서 시온을 건설하시고 그의 영광 중에 나타나셨음이라 17여호와께서 빈궁한 자의 기도를 돌아보시며 그들의 기도를 멸시하지 아니하셨도다 18이 일이 장래 세대를 위하여 기록되리니 창조함을 받을 백성이 여호와를 찬양하리로다 19여호와께서 그의 높은 성소에서 굽어보시며 하늘에서 땅을 살펴 보셨으니 20이는 갇힌 자의 탄식을 들으시며 죽이기로 정한 자를 해방하사 21여호와의 이름을 시온에서, 그 영예를 예루살렘에서 선포하게 하려 하심이라 22그 때에 민족들과 나라들이 함께 모여 여호와를 섬기리로다

시편 102:12~22는 시온의 회복에 대한 시인의 열망을 그렸다. '주께서 일어나사 시온을 긍휼히 여기시리니'(13절)라고 소망하고 있다. 시인의 소망은 자신의 참회나 애통이나 비하에 있지 않기에 하나님을 바라본다. 고통과 역경에 빠져 있기에 하나님을 바라고 소망하는 것이 무엇보다 중요하다. 시인은 시온의 회복을 소망한다. 시온의 회복은 이 세상의 중심이 하나님으로 이루어지고, 시온에서 하나님의 이름을 선포하는 위대한 역사를 열망하고 있다.

1. 하나님의 역사

12절에서 "여호와여 주는 영원히 계시고 주에 대한 기억은 대대에 이르리이다"고 하였다. 여기서 '여호와여'라고 부르는 것은 찬양 형식으로 하나님의 역사를 강조한다. '주는 영원히 계시고'라고 하였는데 이 세상의 모든 것은 없어져도 하나님은 변치 않으시고 영원히 계심을 강조하여 강한 대조를 하고 있다. 사람은 변하지만 하나님은 변치 않으신다. 이러한 변치 않는 하나님의 위로의 힘이 되고 있다. '주의 기념 명칭'이란 예레미야 애가 5장 19절에서는 '주의 보좌'로 나온다. 하나님의 이름이 모든 세대마다 불리워져야 한다는 말이다. 그리하여 하나님의 이름과 왕권이 찬양을 받는다.

13절에서 "주께서 일어나사 시온을 긍휼히 여기시리니 지금은 그에게 은혜를 베푸실 때라 정한 기한이 다가옴이니이다"고 하였다. 시인은 지난 날을 되돌아보고 미래의 역사를 하나님께 맡긴다. 과거의 하나님의 구원 행동은 이스라엘 백성들이 포로에 잡혀감으로써 모호하게 되었기 때문에 시인은 미래를 바라보고 하나님께 직접 호소한다.

하나님께서 시온을 회복시켜 주시기를 기도하고 있는데, 하나님의 과거의 행적이 아니라 미래의 행적을 통하여 위로 받기를 열망하고 있다. '주께서 일어나사'라고 하여 하나님께서 자기 백성을 위하여 행동을 취해 달라는 호소이다. 그리하여 시온을 긍휼히 여기시는 역사 즉 시온이 재건되어지기를 바라고 있다. 시인은 하나님의 구원을 반복하여 기도하고 있다. 하나님께서 자기 백성을 구하여 주시고, 시온의 회복을 위해 일어나 역사하기를 구하고 있다.

2. 티끌도 은혜를 받나이다

14절에서 "주의 종들이 시온의 돌들을 즐거워하며 그의 티끌도 은혜를 받나이다"고 하였다. '주의 종'이 누구냐에 대해서 여러 가지 논의들이 있으나 하나님께 예배하는 자로 본다.

'시온의 돌들을 즐거워하며'는 시온의 현재 모습을 드러내고 있다. 시온이 파괴되어 돌들이 굴러다니는데 이 돌들을 하나님께서 시온을 회복시켜 주실 것을 바라고 기뻐한다. 하나님의 회복의 역사는 무너진 돌 더미에서도 새로운 역사를 이루실 것이기에 하나님을 영화롭게 하는 것이 중요하다.

15절에서 "이에 뭇 나라가 여호와의 이름을 경외하며 이 땅의 모든 왕들이 주의 영광을 경외하리니"라고 했다. 이것은 하나님께서 역사 속에 개입하신 결과를 말한다. 여기에 이방 나라와 열왕이 등장한다. 그들이 여호와의 이름을 경외하고, 하나님의 영광을 경외한다. 하나님의 역사 세계 속에 개입할 때에 인간들은 하나님의 역사 앞에 항복한다. 아무리 힘센 국가나 왕이라도 하나님의 이름을 두려워하고, 경외하는 삶을 살게 된다.

16절에서 "여호와께서 시온을 건설하시고 그의 영광 중에 나타나셨음이라"고 하였다. 열국들이 두려하는 이유는 하나님이 시온을 세우시기 때문이다. 포로기가 끝나고 포로 후기가 시작되는 기간이고 또 예루살렘 성을 재건하는 모습이다. 열국이 두려워하는 또 다른 이유는 하나님의 영광이 나타나는 것이다. 하나님께서 시온을 새롭게 하시니 열국과 열왕들이 두려워하게 된다.

17절에서 "여호와께서 빈궁한 자의 기도를 돌아보시며 그들의 기도를 멸시하지 아니하셨도다"고 하였다. 17~21절은 백성들에 대하여 말하고 있다. 시온의 재건은 '헐벗은 자'의 기도에 대한 하나님의 응답이다. 이들의 간구를 하나님께서 외면치 아니하셨다. 빈궁한 자의 기도를 들어주시는 하나님은 우리의 기도를 들어주신다. 힘들고 어려울 때에 좌절하거나 낙심하지 말고 하나님께 기도해야 한다. 우리의 기도를 들으시는 하나님께 모든 것을 아뢰일 때에 하나님께서 응답하시고 회복의 은총을 주신다.

3. 장래 세대를 위하여

18절에서 "이 일이 장래 세대를 위하여 기록되리니 창조함을 받을 백성이 여호와를 찬양하리로다"고 하였다. 시인은 선지자의 말을 기록하듯이 자신의 말을 기록한다. 이것은 장래 세대를 위한 것이다. '창조함을 받을 백성' 즉 '창조될 백성'은 이스라엘의 새로운 창조를 의미한다. 이들이 하나님을 찬송한다. 하나님의 백성은 하나님을 찬송한다. 지난날의 모든 것은 벗어 버리고 새로운 피조물로서 하나님께 영광 돌린다. 하나님의 위대한 역사를 기록한 필요가 있다. 우리에게 주어진 하나님의 놀라운 역사들을 다음 세대들을 위해 기록해야 한다. 기록을 남기지 않는 사람들의 비극적 결과를 우리를 볼 때가 있다. 하나님의 영광을 위하여 기록을 남기자.

19절과 20절에서 "여호와께서 그의 높은 성소에서 굽어보시며 하늘에서 땅을 살펴보셨으니 이는 갇힌 자의 탄식을 들으시며 죽이기로 정한 자를 해방하사"라고 하였다. 하나님은 높은 보좌에서 이 땅의 가장 비천한 자의 탄식을 들으시는 분이다. 죄수의 탄식을 듣고 죽이기로 작정한 자를 해방시키시는 하나님이시다. 포로된 자를 해방시키는 하나님은 오늘의 우리들이 가지고 있는 문제들을 풀어 주신다. 높은 하늘에서 우리를 살피시는 하나님의 역사를 믿고, 이 하나님께 기도하고 감사하는 삶을 살아야 한다. 이것은 하나님의 역사에 대한 찬양이며 감사이다.

21~22절에서 "여호와의 이름을 시온에서, 그 영예를 예루살렘에서 선포하게 하려 하심이라 그 때에 민족들과 나라들이 함께 모여 여호와를 섬기리로다"고 하였다. 시온이 회복되면 새로운 변화가 생긴다. 열국의 백성들이 시온으로 올라와 하나님께 경배를 드리게 된다. 이것은 시온에 대한 예언과 소원이 성취되는 때를 말한다, 하나님의 백성들은 시온의 회복을 간구한다. 이것은 단순한 역사가 아니라 세계의 틀을 바꾸는 것이다. 하나님이 역사하시면 무너진 시온이 회복되고 흩어진 돌들이 소리를 지른다. 우리들은 과거의 일에 집착하는 것이 아니라 새롭게 하시는 하나님의 미래계획을 바라보아야 한다. 하나님은 자기 백성을 향하여 위대한 계획을 가지고 계신다. 우리는 이것을 소망하며 나아가야 한다.

천지는 없어지려니와

시편 102:23~28

23그가 내 힘을 중도에 쇠약하게 하시며 내 날을 짧게 하셨도다 24나의 말이 나의 하나님이여 나의 중년에 나를 데려가지 마옵소서 주의 연대는 대대에 무궁하니이다 25주께서 옛적에 땅의 기초를 놓으셨사오며 하늘도 주의 손으로 지으신 바니이다 26천지는 없어지려니와 주는 영존하시겠고 그것들은 다 옷 같이 낡으리니 의복 같이 바꾸시면 바뀌려니와 27주는 한결같으시고 주의 연대는 무궁하리이다 28주의 종들의 자손은 항상 안전히 거주하고 그의 후손이 주 앞에 굳게 서리이다 하였도다

시편 102편은 고통 받는 인간의 모습과 하나님의 돌보심을 간구하는 내용으로 되어 있다. 시인은 질병과 외로움으로 인해 지붕 위의 외로운 참새와 같은 삶을 살아갔다. 그 와중에서 하나님의 돌보심을 바라고, 하나님이 개입하셔서 모든 것을 바로잡아 주시기를 호소하였다.

23~28절에 시인은 다시 자신의 질병과 고통 문제를 내어 놓고 있다. 하나님께서 자신의 건강을 회복시켜 주시기를 기도하며 호소한다. 인생의 짧은 날을 하나님의 영원하심과 대조시키고 있다. 인생의 삶이란 안개와 같은 것이지만 하나님은 영원하고 변함이 없으신 분임을 분명히 하고 있다. 천지는 없어져도 하나님은 영존하신다. 이사야는 "풀은 마르고 꽃은 시드나 여호와의 말씀은 영원히 서리라"(사 40:8)고 하였다. 우리는 이런 하나님을 믿고 의지하며 바라본다.

1. 중년의 위기

23절에서 "그가 내 힘을 중도에 쇠약하게 하시며 내 날을 짧게 하셨도다"고 하였다. 하나님께서 나의 중년에 내 힘이 빠지게 하여 일찍 죽는 자리에 이른다. 중년의 나이는 인생의 황금기이다. 가정적으로나 사회적으로 안정한 시기이며 자신에게 주어진 능력에 따라 충성하며 나아가는 시기이다. 그러나 이 시기에 문제가 생겨 죽음의 문턱을 넘나들게 되었다는 것이다.

오늘의 우리들에게도 중년의 위기가 온다. 40대 한국 남성의 사망률이 매우 높다는 사실을 볼 때에 중년기 위기가 간단히 볼 문제가 아니라는 것을 알게 된다. 시인은 이러한 위기가 하나님에게서 온다는 것을 강조한다. 하나님이 우리의 힘을 빼시면 어쩔 수 없는 것이 인생의 길이다. 그러기에 우리의 모든 것을 하나님께 맞추는 신앙의 삶을 영위해야 한다.

24절에서 "나의 말이 나의 하나님이여 나의 중년에 나를 데려가지 마옵소서 주의 연대는 대대에 무궁하니이다"고 하였다. 시인은 중년에 자기를 데려가지 말기를 간청하였다. 하나님의 일을 할 나이요 사명도 아직 완수하지 못했는데 하나님이 불러 가시면 어떻게 하겠냐는 말이다.

이사야 38장 10절에 "내가 말하기를 나의 중년에 스올의 문에 들어가고 나의 여생을 빼앗기게 되리라 하였도다"고 하였다. 이 말씀은 중년에 죽음을 당하여 하나님이 주신 사명을 감당하지 못하면 어찌 할까라는 심정이다. 시인은 중년에 데려가지 말아달라고 기도하였다. 오늘의 우리들에게도 이러한 기도가 필요하다. 우리의 사명을 다 감당하는 날 하나님 앞에 가야 할 것이니 하나님의 특별하신 섭리를 간구해야 한다.

2. 하나님의 솜씨

25절에서 "주께서 옛적에 땅의 기초를 놓으셨사오며 하늘도 주의 손으로 지으신 바니이다"고 하였다. 하늘과 땅 모든 것이 하나님께서 지으셨다. 우리는 이 하나님의 솜씨에 감사와 감탄을 한다. 창조주 하나님을 믿는 신앙이야 말로 우리들의 믿음의 기초이다. 우리는 하나님의 창조를 통하여 이 세계를 바라본다. 하나님의 놀라운 솜씨는 하나님의 능력과 주권을 나타내는 표본이다. 하나님의 백성은 하나님의 창조를 찬양한다. 하늘과 땅, 바다와 모든 것을 하나님이 지으셨으니 우리는 감사하고 찬양하며 하나님의 영광을 드러내게 된다.

26절에서 "천지는 없어지려니와 주는 영존하시겠고 그것들은 다 옷 같이 낡으리니 의복 같이 바꾸시면 바뀌려니와"라고 하였다. 천지는 영원한 것의 상징이다. 그러나 하나님과 비교하면 낡은 옷과 같다. 창조주와 피조물 사이에는 근본적으로 차이가 있다. 피조물들은 옷같이 헤어지고 낡아진다. 그러나 하나님은 영원히 존재하시고 늘 새로운 역사로 우리에게 다가오신다. 인간들은 안개와 같이 소멸되는 존재인데도 영원히 살 것 같이 자만하는 경우가 많다. 하나님이 보시기에 얼마나 가소로운 일인가?

영원하신 하나님을 믿고 의지하는 우리들은 우리들의 제한된 모습을 바로 알고 영존하시는 하나님을 의지하는 삶을 살도록 노력해야 한다. 천지는 없어져도 하나님은 영원하시다는 위대한 고백이 우리의 삶에서 구체적으로 나타나야 한다. 우리들의 삶이란 의복과 같다. 처음 보기에는 좋은 것 같으나 세월이 지나면 낡아서 입지 못한다. 이런 우리들이 영원히 사는 것 같이 자만하니 스스로를 돌아보아야 한다.

3. 주는 한결같으시고

27절에서 "주는 한결같으시고 주의 연대는 무궁하리이다"고 하였다. 시인은 영원한 것과 일시적인 것을 비교해서 하나님의 왕권을 강조한다. 하나님이 한결같으시다는 것은 하나님에게는 변함이 없다는 말이다. 또 하나님의 연대가 무궁하다는 것은 하나님이 알파와 오메가가 되신다는 뜻이다. 하나님은 변함이 없고 무궁하심을 강조한다. 이런 하나님을 믿는 것이 하나님의 백성의 복이며 남들이 부러워하는 역사이다. 하나님의 무궁성과 탁월성은 우리들의 신앙의 근본이다. 이 하나님을 섬기며 감사의 삶을 사는 것이 최고의 영광이기에 이것을 고백하며 나아가야 한다.

28절에서 "주의 종들의 자손은 항상 안전히 거주하고 그의 후손은 주 앞에 굳게 서리이다 하였도다"고 하였다. 시인은 28절에서 결론을 내리고 있다. '주의 종들의 자손이 항상 있고'란 예루살렘이 재건되어 하나님의 백성들이 그곳에 거하게 된다는 말이다. 하나님의 백성이 하나님 앞에 서는 믿음의 역사가 무엇보다 소중하다.

'그의 후손은 주 앞에 굳게 서리이다'는 말은 '당신의 보호하시는 임재 앞에'라는 뜻이다. 하나님의 백성은 하나님의 땅에서 하나님의 보호를 받으며 살아가는 존재이다. 그러기에 역경이 와도 하나님을 의지하는 삶을 살며 역경 속에서 하나님을 바라보는 영적 역사를 이룬다. 이 시편은 1~11절과 23~28절이라는 두개의 개인 애가가 13~22절의 시온을 중심에 두고 노래하고 있다. 시인은 인생의 덧없음과 하나님의 영원함을 비교하고 있다. 안개 같은 인생이 영원히 살듯이 행동하는 것은 얼마나 어리석은 일인가?

이 시편은 고통당하는 자를 위한 기도이다. 고난당하는 자들을 위하여 말씀으로 위로하여야 하는데, 고난당하는 자들이 하나님의 언약의 백성이요, 하나님께서 치료의 역사를 나타내시리라는 것을 분명히 해 주어야 한다.

우리에게 고난의 바람이 불어올 때에 여기에 좌절하고 낙망하지 말고, 하나님의 돌보심과 치료해 주심을 바라야 한다. 질병과 고통의 바람이 우리에게 온다. 그러나 치료하시는 하나님의 손길이 있기에 우리는 새 힘을 얻어 하나님을 바라본다.

내 영혼아 여호와를 송축하라

시편 103편 1~5

1내 영혼아 여호와를 송축하라 내 속에 있는 것들아 다 그의 거룩한 이름을 송축하라 2내 영혼아 여호와를 송축하며 그의 모든 은택을 잊지 말지어다 3그가 네 모든 죄악을 사하시며 네 모든 병을 고치시며 4네 생명을 파멸에서 속량하시고 인자와 긍휼로 관을 씌우시며 5좋은 것으로 네 소원을 만족하게 하사 네 청춘을 독수리 같이 새롭게 하시는도다

다윗의 시인 시편 103편은 "내 영혼아 여호와를 송축하라"는 말로 시작하고 마친다. 시편 103편부터 107편까지 찬양시가 연속되고 있으며 103편은 그것을 열어주는 열쇠 구실을 한다. 시인은 죄 사함을 받고(3절), 병과 죽음에서 건짐을 받은 후(4, 5절) 자신의 체험을 사람들 앞에서 말하며, 그들을 위로하고 교훈하며 또 권면한다.

이 시편은 세 연으로 되어 있다. 1~5절은 찬양의 서문으로서 시인이 체험한 하나님의 은택을 노래한다. 6~18절은 찬양의 본론으로서 하나님의 의로우심과 인자하심을 노래하고 있다. 19~22절은 찬양의 결론으로 하늘과 땅의 모든 존재들이 하나님을 찬양하라고 권면한다.

1. 여호와를 송축하라

1절에서 "내 영혼아 여호와를 송축하라 내 속에 있는 것들아 다 그의 거

룩한 이름을 송축하라"고 하였다. 시인은 자기 자신에게 여호와를 송축하라고 하였는데 '송축하라'는 말은 '찬양하기로 결심하다' 또는 '찬양하기를 힘쓰다'라는 뜻을 가지고 있다. '내 영혼아'라고 하였으니 이 말은 내면적 인격의 총체를 가리키는 '내 자신'과 같은 뜻이다.

시인은 마음과 뜻과 성품을 다해 하나님을 송축하라고 자기 자신에게 타이르고 있다. 이것은 하나님이 우리 복의 근원이요 생명을 주신 분이시기 때문이다. 우리가 하나님을 찬양해야 할 이유가 여기에 있다.

'다 그의 거룩한 이름을 송축하라'고 하였는데 '이름'이란 거룩한 이름이다. 하나님의 이름은 초월성을 가진다. 하나님의 이름은 '여호와'인데 그 의미가 모세에게 처음으로 계시되었고(출 38:6), 시내산 금송아지 사건 이후 하나님은 모세의 간청을 들으시고(출 33:13), 자신의 이름이 무엇을 뜻하는지를 말씀하신다(출 34:6). '여호와'라는 이름은 하나님의 언약 관계를 강조하는데 '언약 백성에게 인자하심을 베푼다'는 의미이다. 자기 백성을 돌보시고 약속을 지키시는 언약의 하나님이라는 것을 강조한다. 시인은 '내 속에 있는 것들아'라고 하였는데, 자신의 내면에서부터 하나님을 찬양해야 함을 말한다. 히브리인들은 우리 신체의 내부에 우리의 의지와 감정이 담긴 것으로 보았기에 이러한 표현이 전달된다.

2. 은택을 잊지 말라

2절에서 "내 영혼아 여호와를 송축하며 그의 모든 은택을 잊지 말지어다"고 하였다 여호와를 찬양해야 할 이유는 하나님의 모든 은택을 잊지 않기 위해서이다. 우리가 무엇을 잊지 않기 위해서는 반복하여 암송한다. 특히 노래로 만들어서 암송하면 잊히지 않는 것이 우리들이 일상생활에서 경험하는 일이다. 이와 같이 우리들이 하나님의 은혜를 잊지 않기 위하여 찬양해야 한다.

'은택'이란 '은혜', '은덕'이라는 의미를 가지고 있는데 '일'이라는 뜻이다. 하나님의 은혜와 일을 잊지 말라고 권한다. 특히 신명기 6장 12절에서는 "너는 조심하여 너를 애굽 땅 종 되었던 집에서 인도하여 내신 여호와를 잊지 말고"라고 하였다. 하나님의 구원 역사를 잊지 말고, 날마다 기억하며 찬양하라는 교훈이다. 하나님이 우리를 구원하신 위대한 사건을 우리가 잊어버릴 때가 많다. 하나님의 구원은 우리를 향한 최고의 기적이며 복이기에 이것을 늘 기억하고 하나님께 찬양하여야 한다.

3절에서는 "그가 네 모든 죄악을 사하시며 네 모든 병을 고치시며"라고 하였다. 3~5절에는 여섯 개의 '찬양형 분사'가 이어지고 있다. 용서하다, 고치다, 구속하다, 관 씌우다, 채우시다, 새롭게 하시다는 단어가 계속 나온다. 이 말들은 하나님께서 자기 백성을 전적으로 돌보아 주심을 강조한다. 하나님의 변함없는 사랑을 나타내는 단어들이다.

3절에는 하나님의 용서와 병 고치심이 나온다. 이것은 인간에게 베푸시는 하나님의 최고의 사랑이다. '죄악'이라고 하였는데, 이것은 근본적으로 하나님의 뜻을 왜곡시키는 죄이다(시 32:1, 51:2, 90:8). 모든 인간의 죄는 하나님의 뜻을 왜곡시키는 데서 출발하였다. 인간들이 이러한 죄를 범할지라도 그 죄를 회개하고 하나님께 용서를 구하면 사하여 주신다. 우리가 자백할 때에 하나님은 용서하여 주시는데(요 11:9), 이것은 하나님만이 하실 수 있는 위대한 역사이다. 시인은 병을 고쳐주시는 하나님을 노래한다. 죄로 인하여 병들고 거의 죽음의 문턱에까지 갔을 때에 하나님께서 버리지 아니하고 낫게 해 주신 구원의 은혜를 체험하였다.

죄 사함과 병 고침의 은혜를 체험하였기에 하나님께 영광을 돌리는 찬양을 계속해야 한다. 이것이 하나님의 백성들의 삶의 자세이며, 찬양의 이유이다.

3. 청춘을 독수리같이

4절에서 "네 생명을 파멸에서 속량하시고 인자와 긍휼로 관을 씌우시며"라고 하였다. 여기 나오는 '파멸'은 '구덩이'라는 뜻인데 무덤 또는 음부를 의미한다. 하나님께서는 자기 백성을 죽음의 자리에서 구원하셨다. 도저히 살아날 수 없는 위험의 자리에서 건지시는데 이것은 하나님의 절대적 은혜의 산물이다. 그러기에 하나님께 찬양하며 영광을 돌려야 한다. '인자와 긍휼로 관을 씌우신다'고 하였다. 이것은 은유로서 왕이 대관식에서 왕관을 쓰는 것이나 결혼식 때에 신랑과 신부가 관을 쓰는 것을 묘사한다. 죄와 질병으로 죽을 수밖에 없던 우리들이 그 고통에서 건짐을 받고 다시 살아났을 뿐만 아니라 하나님의 인자와 긍휼로 단장시키시니 이 하나님께 감사의 찬양을 드려야 한다.

5절에서 "좋은 것으로 네 소원을 만족하게 하사 네 청춘을 독수리 같이 새롭게 하시는도다"고 하였다. 시인은 탈진했던 사람이 새 힘을 얻는 것으로 묘사하고 있다. '좋은 것으로 네 소원을 만족케 한다'고 하였다. '네 소원'은 '네 입'이라는 의미도 있다. 좋은 것으로 입을 만족케 하시는 하나님의 사랑을 말하고 있다. 하나님은 '좋은 것' 혹은 '선한 것'으로 만족하게 하신다. 여기서 '만족하게 한다'는 말은 전체적으로 좋은 영양을 주는 것을 뜻한다. 그러니 좋은 양식을 주어 영양을 북돋아 준다는 것이다. 여기서 한 걸음 더 나아가 '네 청춘으로 독수리 같이 새롭게 하신다'고 하였다. 독수리는 젊음과 활기의 상징이다. 새 중의 왕이라고 불리우는 독수리는 창공에 쉽게 오른다.

하나님은 자기 백성을 사랑하여 이러한 위대한 역사를 하신다. 독수리처럼 하늘에 나르며 하나님의 역사를 노래한다. 우리들에게도 이런 모습이 있어야 한다. 하나님의 백성은 힘들고 어려울 때에도 낙심하지 않고 하나님의 세계를 바라본다. 죄를 용서하시고 병을 고치시며 독수리처럼 힘을 주시는 하나님을 찬양해야 한다.

노하기를 더디 하시고

시편 103:6~9

6여호와께서 공의로운 일을 행하시며 억압 당하는 모든 자를 위하여 심판하시는도다 7 그의 행위를 모세에게, 그의 행사를 이스라엘 자손에게 알리셨도다 8여호와는 긍휼이 많으시고 은혜로우시며 노하기를 더디 하시고 인자하심이 풍부하시도다 9자주 경책하지 아니하시며 노를 영원히 품지 아니하시리로다

시인은 시편 103편의 앞부분에서 개인적 차원에서 자신이 받은 구원의 은총을 노래하였으나 6절 이하에서는 이스라엘을 위하여 베풀어 주신 하나님의 구원 활동을 노래하고 있다. 시인은 개인의 감사 노래가 공동체의 찬양이 되도록 승화시켰다. 찬양은 단순히 개인의 노래로 끝나지 않는다. 개인의 고백들이 모여 공동체의 노래가 된다. 이것이 하나님의 백성들이 누릴 최고의 영광이며 감격이다. 이 시편에서 시인은 이러한 감사를 가슴에 담아 수많은 사람들의 가슴에 공감의 물결을 불러일으킨다. 이것이 신앙이요 고백이다.

1. 공의로운 일을 행하시며

6절에서 "여호와께서 공의로운 일을 행하시며 억압당하는 모든 자를 위하여 심판하시는도다"고 하였다. '여호와께서 공의로운 일을 행하신다'고

하였는데 하나님께서 사죄해 주시고 은혜를 주시는 것은 하나님의 의로운 통치이다. 하나님은 지난날에도 그렇게 통치하셨고 앞으로도 그렇게 하신다. 하나님의 의는 변함이 없다. 인간들은 상황에 따라 변하지만 하나님은 언제나 변하지 않으신다. 하나님은 변함없이 의를 실천하신다.

구약에 나오는 '의'는 추상적 개념이 아니다. 구체적인 것으로서 어려운 사람에게 도움을 주어 건지며, 고치고, 약한 자의 편을 들어주는 행동이다. 하나님은 이러한 일을 행하신다. 하나님께서 의를 행하시는 방법 가운데 하나가 '압박 당하는 모든 자를 위하여 변호하시는 일'(삿 5:11, 시 36:6, 119:7)이다. 이스라엘 백성이 고통을 당할 때에 하나님은 우리를 외면하지 않으시고 우리를 변호해 주시는데 모르드개를 변호하신 하나님의 역사에서 더욱 뚜렷하게 나타남을 알 수 있다.

7절에서 "그의 행위를 모세에게, 그의 행사를 이스라엘 자손에게 알리셨도다"고 하였다. 하나님께서 베푸신 의로운 일들, 즉 구원의 역사 중에서 가장 중요한 일 가운데 하나는 모세를 통하여 주신 계명이다. 본문에 나오는 '행위'라는 말은 원래 '길'이라는 뜻으로서 은유적 측면에서 '계명'(시 18:2, 25:4,9, 37:34), '도리'(창 19:31), '도덕적 행동이나 성격'(시 39:1, 50:23)의 의미를 가지고 있다.

시편 103편 7절에 나오는 '행위' 즉 '길'과 그 다음에 계속되는 '행사'는 평행을 이룬다. 이것은 하나님의 '뜻'과 '계획'과 '계시'를 의미한다(출 33:13, 신 32:4, 사 55:8, 58:2, 시 18:20). 하나님은 모세를 선지자로 세우고 그를 통하여 자신을 계시하였다. 따라서 시인은 하나님께서 모세에게 주신 계시를 노래하였다. 하나님이 주신 계시는 인간이 누리는 최고의 복이다. 여기에 우리들이 어떻게 믿으며 어떻게 살 것인가라는 원리와 방법이 계시되어 있기 때문이다. 시인은 하나님께서 모세에게 주신 계시 중 최고의 것인 하나님의 이름을 찬양하고, 하나님의 놀라운 역사를 이스라엘 백성들에게 알렸다. 이것이 하나님의 섭리이며 역사이다.

8절에서 "여호와는 긍휼이 많으시고 은혜로우시며 노하기를 더디 하시

고 인자하심이 풍부하시도다"고 하였다. 시인은 하나님의 존재와 활동을
아주 규모있게 설명하고 있다. 그 표현 방법도 놀라와 점점 고조되어 가는
시적(詩的) 극치를 보이고 있다.

2. 자비와 은혜로우신 하나님

8절은 시편 103편의 핵심이다. 이 표현은 출애굽기 34장 6절과 밀접한 관
계가 있다. 하나님은 자비로우시고 은혜로우신 분이라는 표현은 하나님의
특성과 활동을 가장 정확하게 보여준다. 자비, 은혜, 인내는 하나님의 고유
한 모습이며 활동의 특성이다. '자비로움'은 주로 하나님에게만 사용되었
으나(신 4:31, 대하 30:9) 하나님을 믿고 의지하는 사람도 자비를 베풀어야
한다. '은혜'는 하나님의 고유한 특성이다. 은혜의 본체가 되신 하나님을 믿
고 의지하는 것이 중요하며 값없이 주시는 은혜에 감격해야 한다.

자비와 은혜가 풍성하신 하나님은 우리들의 삶의 근원이다. 이 하나님을
의지하고 나아가는 것이 우리가 가야 할 기본이다. 우리를 향하신 하나님의
자비와 은혜를 가슴 깊이 간직하는 삶이 있어야 한다.

하나님은 노하기를 더디 하시며 인자하심이 풍부하시다. 하나님은 참으
신다. 인간들의 범죄와 완악함을 보시고 인간들이 회개하기를 참고 기다리
신다. 인간들은 조급하여 참지 못하지만 하나님은 풍성한 인자하심으로 자
기 백성이 돌이키기를 참고 기다리신다. 그러기에 우리들의 구원이 이루어
졌고, 하나님은 인자심이 나타났다.

하나님이 우리의 행위에 바로 노하시면 우리는 멸망의 길로 갈 수밖에
없다. 그러나 하나님께서 노하기를 더디 하시기에 우리들에게 회개의 기
회를 주시고 돌이키게 하신다. 자비와 은혜와 인내는 하나님의 특성과 활
동을 압축하여 표현한다. 이 하나님을 믿고 나아가는 믿음의 삶을 살아야
한다.

3. 노를 영원히 품지 아니하시는

9절에서 "자주 경책하지 아니하시며 노를 영원히 품지 아니하시리로다"고 하였다. '경책하다'는 말은 법적 용어로서 '논쟁하다', '싸우다', '잘못을 가리다'는 뜻이다. 여기서 '자주 경책치 아니하시며'라는 말은 인간은 한 번 잘못한 것을 가지고 두고두고 꾸짖지만 하나님은 문제가 생길 때마다 꾸짖지 않는다는 말이다. '노를 영원히 품지 않는다'에서 '품는다'란 말은 노를 계속하여 품고 풀지 않을 때에 사용하는 동사이다(렘 3:5, 12).

구약에서 하나님의 진노는 매우 중요하다. 분노는 잘못을 판단하고 꾸짖는 힘이다. 그러니 인간이 가지고 있는 감정과 의지를 일부라고 할 수 있다. 하나님에게 진노가 없다면 하나님의 선하심은 아무런 가치가 없을 것이다. 하나님은 심판주로서 이 세상을 판단하시고 그것으로 균형을 이루어 나가시는 분이다.

하나님의 분노는 세상의 부패에 대한 하나님의 정당한 반응이다. 하나님의 분노가 나타나지 않으면 이 세상은 도덕과 윤리에서 부패해지고, 개인과 사회의 존립 기반이 무너지고 만다. 그러나 하나님은 늘 분노하시는 분이 아니다. 하나님이 늘 분노하신다면 이 땅에서 살아남을 자가 아무도 없다. 다 멸망당하고 말 것이다.

하나님은 노하기를 더디 하시는 분이다. 시인은 하나님의 자비와 분노의 한계를 말하고 있다. 하나님의 분노에는 한계가 있으나 하나님의 자비에는 끝이 없다(시 30:5). 우리는 이런 하나님을 믿기에 우리의 부족을 고백하고 하나님의 자비의 손길을 소망한다. '노하기를 더디 하시는 하나님' 얼마나 감사하고 그리운 이름인가? 이 하나님이 계시기에 오늘 하루도 감사의 삶을 살며 하나님께 영광을 돌린다.

이는 하늘이 땅에서 높음 같이

시편 103:10~14

10우리의 죄를 따라 우리를 처벌하지는 아니하시며 우리의 죄악을 따라 우리에게 그대로 갚지는 아니하셨으니 11이는 하늘이 땅에서 높음 같이 그를 경외하는 자에게 그의 인자하심이 크심이로다 12동이 서에서 먼 것 같이 우리의 죄과를 우리에게서 멀리 옮기셨으며 13아버지가 자식을 긍휼히 여김 같이 여호와께서는 자기를 경외하는 자를 긍휼히 여기시나니 14이는 그가 우리의 체질을 아시며 우리가 단지 먼지뿐임을 기억하심이로다

다윗은 시편 103편을 통하여 하나님을 찬양하는 근거를 제시하고 있다. 만유의 주재이신 하나님이기에 우리들이 하나님을 찬양한다. 시인은 '내 영혼아 여호와를 송축하라'는 말로 시를 시작하고 마무리한다. 하나님의 백성은 모든 것을 찬송으로 시작하고 마무리 하여야 한다.

시인은 노하기를 더디 하시는 하나님을 찬양하고 또 10~14절에서는 우리를 불쌍히 여기시는 하나님을 찬양하라고 권고한다. 우리를 있는 그대로 심판하시면 다 죽을 수밖에 없는데 하나님의 무한하신 자비로 우리를 용서하여 주시는 그 은혜에 감사하고 찬양을 드려야 한다.

1. 인간의 회복을 위한 심판

10절에서 "우리의 죄를 따라 우리를 처벌하지는 아니하시며 우리의 죄악을 따라 우리에게 그대로 갚지는 아니하셨으니"라고 하였다. 하나님은

우리의 죄악을 따라 갚지 아니하셨으니라고 하였다. 하나님은 우리의 죄와 죄악을 심판하신다. 그러나 하나님이 죄를 심판하시는 궁극적 목적은 인간의 파괴가 아니라 회복이다. 만약 우리를 행한 죄악 그대로 심판하시면 살아남을 자가 하나도 없다. 인간들은 절망할 수밖에 없다. 여기에 하나님의 사랑이 나타난다. 하나님은 징벌하시면서도 자신의 자비와 인자하심으로 분노와 노염을 억제하신다. 이것이 하나님의 사랑이며 은혜이다.

10절의 말씀은 하나님의 자비가 벌보다 우월함을 보여 준다. 하나님은 우리를 우리가 행한 죄대로 처치하지 아니하신다. 하나님의 은혜는 진노보다 항상 위에 있다. 이러한 사랑을 받은 하나님의 백성은 하나님을 찬양해야 한다. 하나님은 무조건적인 선택과 사랑이 없었다면 우리들이 더 이상 살아갈 수가 없고 하나님을 아버지로 부를 수가 없다.

하나님은 자기 백성들에게 놀라운 사랑을 베푸신다. 이 사랑은 인간의 논리를 초월한 것이며 하나님의 궁극적 역사이기에 더욱 존귀하다. 우리의 삶은 하나님의 은혜 속에서 이루어진다. 우리의 존재 자체가 하나님의 섭리 속에 있기에 노함보다 사랑이 더 크신 하나님을 기억하고 살아가야 한다.

2. 우리의 죄과를

11~12절에서 "이는 하늘이 땅에서 높음 같이 그를 경외하는 자에게 그의 인자하심이 크심이로다 동이 서에서 먼 것 같이 우리의 죄과를 우리에게서 멀리 옮기셨으며"라고 하였다.

여기서 시인의 절묘한 표현법을 볼 수 있다. 시인은 하나님의 측량할 수 없는 자비와 인자하심을 수직적 축(하늘과 땅)과 수평적인 축(동과 서)으로 표현하고 있다.

시인은 '이는'이라고 하였는데, 이 말은 '왜 그러느냐 하면'이라는 뜻이다. 그 이유를 구체적으로 설명하고 있다. 그러면 그 이유가 무엇인가? 하늘과 땅, 동과 서 라는 표현으로 설명하고 있다. 하늘이 얼마나 높은 지 알 수가 없다. 사람의 머리로서 측량할 수 없는 하나님의 사랑이다. 그래서 '하늘이 땅에서 높음 같이'라는 표현을 하였다. 하나님은 자기를 경외하는 자에게 이렇게 사랑을 베풀어 주신다.

하나님의 인자하심은 이렇게 높다 그리하여 이 세상의 누구도 흉내 낼 수 없는 역사를 이루시고 세상의 손길을 펴주신다. 우리들은 이러한 하나님의 인자를 통하여 죄 용서함을 입었고 하나님께 영광을 돌리는 삶을 살아가게 된다.

시인은 하늘이 얼마나 높은 지 알 수 없듯이 동과 서가 얼마나 넓은 지 알수 없는 절묘한 표현으로 연결한다. 이것은 하나의 측량할 수 없는 것으로 더욱 측량할 수 없는 다른 것을 설명하는 표현 기법이다. 하나님의 인자하심이 얼마나 높으며 하나님의 용서가 얼마나 넓은 지 알 수가 없다. 이것은 인간의 이해를 초월한 하나님의 특별한 은혜와 사랑이라고 할 수 있다.

하나님은 '우리 죄과'를 우리에게서 멀리 옮기셨다. 여기서 '죄과'란 '반역과 그 결과'인데 이것도 완전히 옮기신 하나님이다. 시인은 '우리 죄과', '우리에게서'라는 표현을 하였다. 이 말에는 시인 자신도 사죄의 은총에 참여하고 있음을 나타낸다. 이 시는 이러한 의미에서 공동체적 성격을 분명히 드러내고 있다. 개인의 고백으로 끝나는 것이 아니라 이것이 공동체의 고백으로 승화되는 믿음의 자세를 보여준다.

3. 불쌍히 여기시나니

13절에서 "아비가 자식을 긍휼히 여김 같이 여호와께서는 자기를 경외하는 자를 긍휼히 여기시나니"라고 하였다. 이 말씀은 11~12절과 같은 것을 말하지만 새로운 이미지로 표현한다. 11~12절은 하나님의 인자를 '하늘과 땅', '동과 서'로 시공계의 축으로 묘사하였으나 13절은 '부자 관계'로 묘사하고 있다. 자식에 대한 부모의 사랑은 끝없다. 이것은 인간에게 주어진 최고의 사랑이며 역사이다.

이사야 49장 15절에 "여인이 어찌 그 젖 먹는 자식을 잊겠으며 자기 태에서 난 아들을 긍휼히 여기지 않겠느냐 그들은 혹시 잊을지라도 나는 너를 잊지 아니할 것이라"고 하였다. 부모의 사랑과 하나님의 사랑을 비교하여 표현하였다. 부모의 사랑을 비교할 수 없는 것처럼 하나님의 사랑은 인간의 말로 표현 할 수 없다. 이러한 사랑이 우리에게 임하였으니 이것이 우리가 받은 놀라운 복이다.

시인은 '하늘과 땅', '동과 서'라는 표현에 이어서 '아버지와 아들' 이미지로 하나님의 사랑을 그리고 있다. 이것은 하나님의 백성이 받는 최고의 사랑이며 은혜이다.

14절에서 '이는 그가 우리의 체질을 아시며 우리가 단지 먼지뿐임을 기억하심이로다'고 하였다. 하나님께서는 왜 우리를 죄악대로 심판하지 않고 불쌍히 여기시는가? 그 이유가 14절에 나와 있다. 하나님은 우리가 얼마나 약한 존재인지를 아시기 때문이다. 하나님은 '우리의 체질', 즉 '우리의 뼈대'를 아신다. 인간의 체질은 흙으로 만들어졌다(창 2:7). 그래서 14절 하반절에서 '진토'라고 표현하였다. 성경에서 '진토'는 가장 보잘 것 없고, 비참한 상태를 말해 준다(시 119:25, 욥 4:19, 10:9, 전 3:20). 인간은 흙에서 왔기에 흙으로 돌아간다(창 3:19). 이러한 인간이다.

하나님은 인간의 연약함을 아시고 그대로 징계하지 않으시고 무한하신 자비를 베풀어 주셨다. 우리들은 이 하나님께 영광을 돌리고 찬양해야 한다. 우리의 체질을 아시는 하나님은 부모의 심정으로 우리를 용서하시고 보살펴 주신다. 우리는 이 은혜를 가슴 깊이 새겨야 하고 찬양을 드려야 한다.

끝없는 하나님의 사랑은 인간의 사랑에 비교할 수 없다. 어버이날이 되면 우리들은 '높고 높은 하늘이라 말들 하지만'이라는 노래를 부른다. 그보다 더한 하나님의 사랑이 우리에게 임하셨으니 우리가 어찌 감사와 찬양을 하지 않을 수 있는가? 우리의 체질을 아시는 인자하신 하나님께 영광의 찬양을 돌리자.

인생은 그 날이 풀과 같으며

🔆 시편 103:15~18

15인생은 그 날이 풀과 같으며 그 영화가 들의 꽃과 같도다 16그것은 바람이 지나가면 없어지나니 그 있던 자리도 다시 알지 못하거니와 17여호와의 인자하심은 자기를 경외하는 자에게 영원부터 영원까지 이르며 그의 의는 자손의 자손에게 이르리니 18곧 그의 언약을 지키고 그의 법도를 기억하여 행하는 자에게로다

시편 103편을 통하여 자비롭고 은혜로우신 하나님을 찬양하고 있다. 시인은 사죄의 은총을 체험하고, 병과 죽음에서 건짐을 받은 귀한 역사를 통하여 하나님의 은혜를 찬양한다. 찬양은 단순한 입술의 노래가 아니다. 가슴에서 나오는 노래이며 정성으로 드리는 입술의 찬미이다. 하나님을 찬양하는 사람들은 은혜의 체험을 한 사람들이다. 자기가 경험한 하나님의 은혜를 노래하며, 이것이 개인의 찬송에서 공동체의 찬송으로 승화하게 한다.

시인은 시편 103편 9~14절에서는 인간의 연약함에 초점을 맞추었다. '진토'와 같은 인간의 모습을 보고 이런 인간에게 은혜를 베푸시는 하나님을 찬양하였다. 15~18절은 각도를 달리하여 유한한 인간을 조명한다. 인간이란 무엇인가? 때가 있고 기한이 있는 존재이기에 우리의 모습을 바로 보는 역사가 있어야 한다.

1. 들의 꽃과 같도다

15절에 "인생은 그 날이 풀과 같으며 그 영화가 들의 꽃과 같도다"고 하였다. 시인은 여기서 인간의 무상함을 말하고 있다. '인생'이란 '죽을 수밖에 없는 인생'이란 뜻이다. 인간이 아무리 강하다고 하여도 풀처럼 연약한 존재이다(시 90:3).

이 땅에서 인간은 제일 강한 듯이 움직이지만 그 실체를 보면 너무나 약하다. 이름 없는 들풀같이 꺾어지는 약한 존재이다. 이러니 인간의 모습을 바로 아는 것이 무엇보다 중요한 일이다. 인간의 영광스러움도 들의 꽃과 같다. 반짝 그 영화가 나타나지만 시들어 버리는 존재이다. 우리나라 옛말에 '화무십일홍'(花無十日紅)이라는 말이 있다. 꽃이 그 아름다움을 자랑할지라도 열흘을 가지 못한다는 말이다. 이것이 인생인데도 사람들은 영원히 살듯이 움직이고 있다.

이사야는 이것을 더욱 구체적으로 설명하고 있다. "풀은 마르고 꽃은 시드나 우리 하나님의 말씀은 영원히 서리라 하라"(사 40:8)는 말씀에서 인간의 유한성을 강조하고 하나님의 영원성을 노래한다. 아무리 자기의 젊음과 능력을 자랑할지라도 하나님 앞에서는 아무것도 아님을 보인다.

2. 인생무상

15절에서 강조되는 '인생무상'을 하나님의 위대하심과 영원하심에 비교할 때에 인간이 무엇인지를 다시 한번 깨닫게 하여 준다.

16절에서 "그것은 바람이 지나가면 없어지나니 그 있던 자리도 다시 알지 못하거니와"라고 하였다. 여기서 새로운 모티브가 제시된다. 인간이 풀과 같고 들꽃 같은 존재인데 여기에 더하여 바람이 불어온다. 이 말씀은 유대 지방의 기후와 연관하여 생각해야 정확하게 이해할 수 있다. 유대 지방에서는 서풍이 불면 비가 온다. 서풍은 지중해의 습기를 품고 와서 비를 떨어뜨린다. 엘리야가 기도하게 하여 비가 오는 것을 알았다. 반대로 동풍이 불면 정반대의 현상이 일어난다. 아라비아 사막의 뜨거운 바람이 불어와 모든 것을 말라버리게 한다.

풀과 들꽃은 약하디 약하다. 여기에 뜨거운 사막의 바람이 몰아치면 그 꽃들은 순식간에 말라버리고 만다. 뜨거운 동풍이 불면 너무 건조하여 식물의 싹을 마르게 한다.

인생도 이와 같다. 약하고 볼품없는 인간에게 뜨거운 고난의 바람이 불면 말라 시들어 버리고 만다. 인생을 공격하는 고난의 바람은 시도 때도 없이 우리들에게 엄습하니 고통만이 가중될 뿐이다.

바람이 지나가면 그곳이 어디인지 알 수 없을 정도가 된다. 이것이 인생의 길이다. 고난의 바람 앞에 형체도 없이 사라지는 인생이기에 무엇을 자랑할 것인가? 하나님의 인생의 고통을 불쌍히 여기시고, 인간들의 죄를 불쌍히 여기신다. 이것이 하나님의 놀라운 사랑이며 은혜이기에 우리는 이것을 기억한다.

3. 영원부터 영원까지

17절에서 "여호와의 인자하심은 자기를 경외하는 자에게 영원부터 영원까지 이르며 그의 의는 자손의 자손에게 이르리니"라고 하였다. 이 절은 '그러나'로 시작한다. 인간이 연약하고 보잘 것 없으나 '그러나' 하나님께서 인자하심으로 돌보셔서 위대한 역사가 일어난다. '하나님의 인자하심' 즉 하나님의 사랑은 자기 백성들에게 이해할 수 없는 은혜를 베푸신다.

누구에게 은혜를 주시는가? 시인은 '자기를 경외하는 자'라고 못 박고 있다. 하나님을 전적으로 신뢰하고 하나님께 절대 복종하는 자가 경외하는 자이다. 하나님의 인자가 그에게 미치는데 '영원부터 영원까지' 또 '자손의 자손에게' 미치게 한다.

모세는 일찍이 이 원리를 제시하였다. "그런즉 너는 알라 오직 네 하나님 여호와는 하나님이시요 신실하신 하나님이시라 그를 사랑하고 그의 계명을 지키는 자에게는 천대까지 그의 언약을 이행하시며 인애를 베푸시되"(신 7:9)라고 하였다. 하나님의 복은 천대까지 또 영원까지 자손의 자손에게까지 내려진다. 이것이 하나님을 경외하는 자기만이 아니라 자손이 복을 받는다. 우리는 여기서 '언약의 자녀'의 중요성을 배우게 된다. 하나님을 믿고 의지하면 자기 당대만이 아니라 자손의 자손에게까지 복을 주시니 우리의 신앙을 보다 새롭게 하고, 하나님을 경외하는 삶을 살아야 한다.

18절에서 "곧 그의 언약을 지키고 그의 법도를 기억하여 행하는 자에게로다"고 하였다. 이 말씀은 17절의 '주를 경외하는 자'가 어떤 사람인지를 구체적으로 보여준다. 이들은 하나님의 언약을 지키고 율법을 실천하는 자이다. 여기 나타나는 '언약'은 '시내산 언약'을 말한다. 하나님의 백성이 시내산에서 하나님과 언약을 맺었는데 그 언약에는 하나님의 백성의 특권(출 19:5-6)과 의무(출 20:17, 20:22~23:33)가 함께 있다.

시인은 18절에서 '언약을 지키는 것'과 '법도를 행하는 것'을 함께 말하고 있다. 하나님과 맺은 언약을 굳게 지키는 자들은 영원히 살 것인데, 이들의 삶을 하나님이 보장해 주신다.

이러한 하나님의 인자하심을 받은 자들은 그 사랑에 감사하며 겸손하게 하나님의 뜻을 따라 가야 한다. 하나님은 자비롭고, 은혜롭고, 노하기를 더디 하시며 인자하심이 풍성하다. 하나님의 백성도 하나님을 닮아 하나님의 성품을 가져야 한다. 우리에게 주신 하나님의 은혜를 우리들은 겸손하게 받아야 한다.

하나님을 향한 우리의 찬양이 언약을 지키시는 하나님께로 나아가야 한다. 하나님의 놀라운 사랑은 오늘도 우리에게 귀하게 나타나는데 우리는 이것을 감사하며 살아야 한다.

언약을 지키시는 하나님을 찬양하는 삶이 날마다 계속되어지도록 노력하자.

여호와의 천사들이여 여호와를 송축하라

시편 103:19~22

19여호와께서 그의 보좌를 하늘에 세우시고 그의 왕권으로 만유를 다스리시도다 20능력이 있어 여호와의 말씀을 행하며 그의 말씀의 소리를 듣는 여호와의 천사들이여 여호와를 송축하라 21그에게 수종들며 그의 뜻을 행하는 모든 천군이여 여호와를 송축하라 22여호와의 지으심을 받고 그가 다스리시는 모든 곳에 있는 너희여 여호와를 송축하라 내 영혼아 여호와를 송축하라

하나님을 찬양하라는 시인의 호소는 다양한 부분에서 구체적으로 제시되고 있다. 하나님은 노하기를 더디 하시며, 우리의 연약함을 아시고 또 연약을 지키시는 분이시기에 이 하나님께 영광을 돌리고 찬양해야 한다. 시인은 이제 '인생무상'의 언덕을 넘어서 온 세계를 통치하시는 하나님을 바라보고 이 시를 마무리한다(19~22절). 시인은 하나님의 선하심을 찬양하다가 마지막으로 하나님의 위엄을 찬양한다. 이 시의 서두에 '여호와를 송축하라'로 시작하여 시를 마침에도 같은 표현을 하고 있다.

하나님을 찬양할 것은 인간만이 아니다. 모든 피조물이 하나님을 찬양해야 하고 천군천사들도 찬양해야 한다. 왜냐하면 하나님께서 만물을 통치하시기 때문에 통치를 받는 피조물들이 찬양하는 것이 마땅하다.

1. 하나님의 왕권

19절에서 "여호와께서 그의 보좌를 하늘에 세우시고 그의 왕권으로 만

유를 다스리시도다'고 하였다. '여호와께서 그의 보좌를 하늘에 세우셨도다'라는 말은 천하의 모든 것이 하나님의 통치 아래 있다는 뜻이다. 하나님의 왕권은 하늘에 있다. 11절에서는 "하늘이 땅에서 높음 같이"라고 하였는데 여기서는 '하늘에 그 보좌를 세우심'을 찬양한다. '세웠다'는 말은 모든 도전을 물리치고 견고하게 하셨다는 전투적 배경을 가지고 있다. 그러므로 누가 감히 하늘의 보좌를 넘겨 볼 수 있는가?

하나님의 통치는 이 세상에 미친다. 그 누구도 도전할 수 없는 위대한 역사이다. 하나님의 왕권은 역사의 모든 가변성과 우연성을 넘어 온 세상을 다스리신다. 이 세상의 강대국들이 한 시대를 호령하였으나 이것은 일시적이요 국지적인 것이었다. 그보다 더 강한 나라가 나타나면 망할 수밖에 없는 것이 역사의 흐름이었다. 알렉산더 대왕이 그러했고, 칭기스칸과 나폴레옹이 그러하였다. 독일과 일본이 그러했고, 소련이 그러했다.

이 모든 나라들은 망하였으나 하나님의 통치는 영원토록 이루어졌고 또 그 성취가 완벽하였다. 그래서 '만유를 통치하신다'고 하였다.

2. 하나님의 능력

20절에서는 "능력이 있어 여호와의 말씀을 행하며 그의 말씀의 소리를 듣는 여호와의 천사들이여 여호와를 송축하라"고 하였다. 이제 시인은 천사들에게 여호와를 찬양하라고 권한다. 천사가 누구인가? 하나님의 보좌 주위에서 하나님을 찬양하는 존재들이다(시 6: , 욥1:2).

20절에서 천사들을 '능력있는 자'라고 표현하였다. 이 표현은 구약에서 한번만 나타나며, '용사'라는 뜻을 가지고 있다. 천사들은 하나님의 말씀을 이루는 일을 한다. 성경에는 천사들이 찬양한 기사가 나온다. 예수님께서 탄생하셨을 때에 "하늘에는 영광이요 땅에서는 기뻐하심을 입은 사람들 중에 평화로다"(눅 2:14)고 하였다. 천사들이 하나님의 말씀을 행하고 또 찬양하는 역사가 강조되고 있다. 천사들이 찬양하듯이 우리들도 하나님을 찬양해야 한다. 우리는 천사보다 존귀한 자이다. 우리는 하나님의 은혜로 구속함을 받았으니 존귀한 자이다(히 1:14). 그러기에 우리는 영광의 찬양을 드려야 한다.

21절에서 "그에게 수종들며 그의 뜻을 행하는 모든 천군이여 여호와를 송축하라"고 하였다. 여기서는 '천군'에 대하여 말한다. 천군은 하늘의 별들(시 148:2~3), 혹은 천상의 군대들일 수 있고 아니면 이 두 가지를 모두 말할 수도 있다. 천군은 하나님을 섬기는 자들이며 기본적으로 하나님의 뜻에 순종하는 자들이다.

하나님의 뜻을 이 땅에 이루는 하나님의 군사들이다. 시인은 여기서 하나님의 왕권을 강조하고 있다. 천상의 능력있는 자들과 천사들과 천군들은 하나님을 섬기며, 하나님의 뜻을 실천하며, 그 뜻을 따라 영원토록 그를 즐거워하고 찬양해야 한다. 찬양은 인간들의 것만 아니라 모든 피조물들이 해야 할 일이다. 하나님의 통치를 받은 피조물들은 하나님을 찬양하고 영광을 돌려야 할 것을 강조하고 있다. 천군들의 찬양은 우리들에게 바른 찬양의 삶을 강조한다. 이것은 오늘의 우리들이 하나님을 어떻게 찬양해야 할 것인지를 가르치는 것으로서 우리의 모범이다.

3. 하나님의 송축

22절에서 "여호와의 지으심을 받고 그가 다스리시는 모든 곳에 있는 너희여 여호와를 송축하라 내 영혼아 여호와를 송축하라"고 하였다. 시인은 이 시의 마무리 부분에서 모든 피조 세계에게 여호와를 찬양하라고 권고한다. 하나님은 창조주이시며 왕이시다. 모든 피조물들은 이것을 분명히 알아야 한다. 여호와의 지으심을 받았으니 그 창조주께 영광을 돌리고 찬양하는 것이 마땅하다.

이 시의 마지막 부분은 시의 첫 부분으로 돌아간다. '내 영혼아 여호와를 송축하라'고 권한다. 이것은 자기 자신을 향한 권고요 호소이다. 시의 서두에서 '여호와를 송축하라'와 마지막에 나오는 이 노래의 의미가 다르다. 그는 인생의 유한성과 죄악성을 뼈저리게 느꼈고, 진토와 같은 인생의 모습을 보았다. 그러나 하나님께서는 자기를 버리시지 아니하셨으니 그 은총을 체험하며 하나님께 영광을 돌린다. 마지막 송영은 시인의 가슴 밑바닥에서 우러나는 찬양이다. 인생의 고통을 다 겪은 후 오직 하나님께 영광을 돌리는 신앙의 고백을 하고 있다.

시인은 자신이 겪은 모든 고통을 소화하고 하나님의 인자하심과 인내하심을 바라보며 하나님께 찬양을 드린다. 애통할 수밖에 없는 상황에서 도리어 하나님을 찬양하는 신앙의 모습을 보여 준다. 시인은 죄악에 빠졌으며, 죽을병에 걸렸고, 파멸에 던져졌지만 하나님께서는 그의 죄를 용서하시고, 병에서 고쳐 주시며 새 생명을 주시고 새 힘을 얻게 하셨다. 시인은 하나님의 인자하신 역사를 체험하였는데, 이것은 하나님의 속성에서 나온 것이다.

하나님은 우리가 어떤 존재인지 너무나 잘 아신다. 우리를 불쌍히 여기시고 돌보아 주시는 분이다. 이러한 은혜를 받았으니 하나님께 감사하는 믿음의 삶을 살아야 한다. 신약의 성도들은 시편 103편의 시인보다 더 큰 하나님의 은혜를 체험한 자들이다. 그리스도의 보혈로 죄 사함을 받았고, 새로운 피조물이 되었다. 우리는 개인의 찬양에서 시작하여 공동체의 찬양으로 승화된 신앙을 가져야 한다. 모든 사람들이 '내 영혼아 여호와를 찬양하라'고 외치며 천군천사들도 하나님께 영광 돌리고 찬양하는 삶이 계속되어지기를 노력하자.

바람을 자기 사신으로 삼으시고

시편 104:1~4

1내 영혼아 여호와를 송축하라 여호와 나의 하나님이여 주는 심히 위대하시며 존귀와 권위로 옷 입으셨나이다 2주께서 옷을 입음 같이 빛을 입으시며 하늘을 휘장 같이 치시며 3물에 자기 누각의 들보를 얹으시며 구름으로 자기 수레를 삼으시고 바람 날개로 다니시며 4바람을 자기 사신으로 삼으시고 불꽃으로 자기 사역자를 삼으시며

시편 104편은 시적인 가치 면에서 가장 아름다운 시 가운데 하나이다. 이 시편은 자연을 노래하였는데 히브리 서정시로서 창세기 1장의 창조 이야기와 밀접한 연관성을 가지고 있다. 시인은 풍성한 시적 감성으로 하나님의 세계를 보았고, 자연을 통하여 주시는 하나님의 메시지를 가슴에 받아드렸다.

시인은 세상의 아름다움과 그 배후에 있는 창조주 하나님의 지혜와 은총과 영광을 노래한다. 시어(詩語)도 매우 아름다워 자기가 가진 전통적 신앙을 시로 승화시킨 귀한 표현들이다. 그러니 하나님이 주신 창조신앙을 자신의 언어를 통하여 형상화하였다.

시편 104편은 개인적 찬양시이다. 이 시는 '창조'를 주제로 하고 있는데 그 바탕에는 창세기 1장의 창조 기사가 있다. 시편 104편과 창세기 그 구성 면에서 매우 비슷하여 독자들에게 창조 사역의 시적(詩的) 표현이라는 감동을 주고 있다.

1. 여호와를 송축하라

1절에서 "내 영혼아 여호와를 송축하라 여호와 나의 하나님이여 주는 심히 위대하시며 존귀와 권위로 옷 입으셨나이다"고 하였다. 시인은 스스로 '여호와를 송축하라'고 하였다. '찬양하라'는 부름에서 하나님을 예배하고 있으며 하나님의 위대하심을 노래하고 있다.

시인의 이러한 노래의 배경에는 하나님의 창조 역사가 계신다. 시인은 마음속으로 창조 기사를 묵상하고 있다. 창세기 1장에서 하나님의 창조 행위가 한 단계씩 이루어질 때마다 '하나님이 보시기에 좋았더라'가 반복적으로 나타난다. 시인은 이 시편을 통하여 창조에서 나타난 하나님의 영광과 아름다움을 묵상하며 찬양한다.

시인은 '내 영혼아 여호와를 송축하라'고 외친다. 이것은 하나님의 위대하심을 보고 지르는 탄성이다. 그러니 '여호와를 송축하라'는 말은 하나님이 지으신 모든 피조물을 향하여 하나님을 높이고 하나님을 찬양하라는 뜻이다.

시인은 '여호와 나의 하나님이여'라고 하나님을 부른다. 스스로 계신 분 언약의 하나님을 부르는 호칭이다. 이 말은 '하나님은 전능자이시다'라는 것으로 자신의 체험적 신앙을 바탕으로 한 것이다.

'주는 심히 위대하시나이다'고 하였다. 시인은 자신의 체험을 통하여 하나님은 다 헤아릴 수 없고 측량할 수가 없다고 하였다. 인간들에게도 능력이 있으나 하나님의 능력 앞에서는 아무것도 아니고 일시적이고 유한한 것임을 고백한다. 시인은 하나님이 위대하시고 무한한 역사를 노래하고, 이 하나님께 영광을 돌린다. 하나님은 '존귀와 권위를 입으셨다'. 하나님은 존귀하신 분이다. 또 권위 즉 위엄을 가지신 분이다. 고대 세계에서 존귀와 권위는 신성을 표현할 때 사용된다(시 93:1, 96:6, 욥 37:22, 40:10). 이 두 용어는 왕에게 적용되는 특성을 가지고 있다.

2. 빛을 입으시며

2절에서 "주께서 옷을 입음 같이 빛을 입으시며 하늘을 휘장 같이 치시며"라고 하였다. 이 구절은 창세기의 창조 기사와 연관이 있다. 하나님의 첫 창조는 '빛이 있으라'(창 1:3)로 나타나는데, 여기서는 '주께서 옷을 입음 같이 빛을 입으시며'라고 표현하고 있다.

시인은 하늘에 나타난 빛을 보며 하나님의 신현을 말하고 있다. 하늘의 빛은 영광스러운 왕의 옷을 입은 하나님께서 강림하시는 것과 같다(딤전 6:16). 시인은 빛 속에 거하시는 하나님을 생각하고 노래하고 있다. '하늘을 차일같이 펴셨으며'라고 하였는데, 하늘은 마치 온 땅 위에 펼쳐진 휘장과도 같다(사 40:22, 슥 12:1). 하늘은 사람들이 친 장막의 지붕 같은 것이며, 하나님께서 하늘을 만드실 때에 휘장을 치듯 간단하게 지으셨다.

시인은 하늘 위에 계신 하나님을 묵상한다. 이것은 하나님과 자신의 거리를 인정하는 것으로서 자기는 이 땅에 있으나 하나님은 하늘에 살고 계신다. 그러기에 이 하나님께 영광을 돌리고 찬양한다.

3. 하나님의 왕궁

3절에서 "물에 자기 누각의 들보를 얹으시며 구름으로 자기 수레를 삼으시고 바람 날개로 다니시며"라고 하였다. 창조 기사를 보면 하나님께서 위의 물과 아래의 물을 만드셨다. 아랫물은 바다의 물일 것이고, 위의 물은 궁창일 것이다.

하나님은 하늘에 자신의 왕궁을 지으셨다. 여기 나오는 물은 궁창의 물이다. 그러니 하나님은 하늘 바다 위(창 1:7)에 견고한 기둥을 세우고 자신의 집을 지으신 분이다. '누각'이란 지붕 위에 높은 기둥을 세우고 만든 건물인데(왕상 17:19, 23, 왕하 1:2, 4:10), 여기서 '누각'이란 '높은 집'을 의미한다. '물에 자기 누각의 들보를 얹으시며'란 '그의 궁전을 하늘에 세우셨다'(암 9:6). 여호와는 홍수 위에 좌정하셨다(시 29:10)는 말씀과 같다. 이 표현은 하나님의 우주적 주권을 강조하는 것이다. 하나님은 하늘 바다와 하늘 홍수를 정복하신 '하늘의 왕'(시 29:10)이다.

이 시편의 아름다운 표현이 계속된다. '하나님은 구름으로 자기 수레를 삼으셨다.' 구름은 하나님이 타는 수레이다(시 18:10, 사 19:1, 단 7:13, 마 24:30). 왕이 빛나는 자기 수레를 타고 다니듯이 하나님은 구름을 타시는 분이다(시 68:4). 이 표현은 원래 가나안 폭풍의 신 바알의 칭호였으나 하나님의 칭호로 사용되었다. 또 '바람 날개로 다니신다'고 하였다. 이것은 구름이나 바람이라는 자연현상을 의인화하여 말하는 것이 아니라 천상의 영물을 가리키는 표현으로 볼 수 있다. '바람 날개로 다니시는 하나님', 이 얼마나 아름다운 표현인가?

4절에서 "바람을 자기 사신으로 삼으시고 불꽃으로 자기 사역자를 삼으시며"라고 하였다. 하나님은 하늘 장막 즉 천궁(天宮)에 영광스럽게 거하신다. 하나님은 빛 속에 거하시고 구름과 바람을 타시고 화염을 뿌리며 거니신다. '바람으로 자기 사신을 삼으시며'에서 바람이란 '날개를 단 말'처럼 하나님의 사자이다. 또 '화염'은 하나의 종으로 묘사된다. '바람 날개'와 '화염'은 단순한 자연 현상이 아니라 바람의 형상으로 그려진 그룹들과 하나님을 찬양하는 여섯 날개를 가진 불타는 사람들(사 6:2)을 연결하여 생각할 수 있다. 이 세상의 모든 것이 하나님의 종이다. 하늘의 천군 천사, 그룹과 스랍들은 말할 것도 없고 모든 피조물들은 하나님의 종이기에 왕 되신 하나님께 영광을 돌려야 한다.

시인은 스스로 하나님을 찬양하라고 외친다(1절). 왜냐하면 하나님은 위대하시고 영광스럽기 때문이다. 이 하나님은 하늘 바다 위에 자신의 왕권을 세우시고 빛과 물과 화염과 바람 등 모든 것을 종으로 사용하신다. 1~4절의 내용은 창조 기사에서 첫째 날의 역사를 노래하고 있다. 하나님의 창조 역사를 최고의 시어(詩語)로 표현한 시인의 고백을 통하여 하나님을 바라보아야 한다.

물이 산들 위에 솟아올랐으나

시편 104:5~9

5땅에 기초를 놓으사 영원히 흔들리지 아니하게 하셨나이다 6옷으로 덮음 같이 주께서 땅을 깊은 바다로 덮으시매 물이 산들 위로 솟아올랐으나 7주께서 꾸짖으시니 물은 도 망하며 주의 우렛소리로 말미암아 빨리 가며 8주께서 그들을 위하여 정하여 주신 곳으로 흘러갔고 산은 오르고 골짜기는 내려갔나이다 9주께서 물의 경계를 정하여 넘치지 못하게 하시며 다시 돌아와 땅을 덮지 못하게 하셨나이다

시인은 시편 104편에서 하나님이 하신 위대한 역사들을 노래하고 있다. 1~4절에서 하늘 위의 물을 정복하시고 천상 왕궁의 기초를 굳건히 세우신 하나님께서 5~9절에서 하늘 아래의 물을 정복하시고 땅의 기초를 견고하게 하신다. 이 부분은 '땅'으로 시작하고(5절) '땅'으로 마친다(9절). 원래 바다가 땅을 뒤덮고 있었는데 하나님은 우뢰소리를 발하여 그들을 격퇴시키시고 바다의 경계를 세우시며 다시는 바다가 땅을 덮지 못하게 하셨다.

하나님은 혼돈의 물을 산과 골짜기에 흐르게 하신다. 그리하여 혼돈이 사라지고 질서가 세워지며 이제 만물이 살 수 있는 정상적인 상태가 되었다. 이러한 하나님의 위대하심을 노래하는 것이 인간의 본분이며 받은 복이다. 시인은 창세기의 창조 사역과 연결하여 특성있는 시어(詩語)로 하나님을 찬양하고 있다.

1. 땅의 기초

5절에서 "땅에 기초를 놓으사 영원히 흔들리지 아니하게 하셨나이다"고 하였다. 하늘의 궁궐이 천상의 물 위에 견고하게 서 있는 것처럼 땅도 견고하게 서서 흔들리지 않게 되었다. 왜냐하면 하나님께서 든든한 기초 위에 땅을 세우셨기 때문이다. 시인의 눈으로 볼 때에 땅이 바다 위에 굳게 서 있는 것은 기적이다. 땅이 물 위로 솟아나는 것은 혼돈에서 질서로 넘어가는 첫 단계였다.

하나님은 혼돈의 바다를 정복하시고 땅을 드러내셨다(시 24:2). 그러므로 땅의 기초는 영원히 흔들리지 않는다. 땅이 견고하게 선 것은 창조주 하나님의 능력을 증거하기 위함이다(시 93:1). 하나님은 능력으로 땅을 조성하시고 흔들리지 않게 하셨다. 이 하나님으로 인하여 우리는 이 세상에서 굳게 서고 하나님의 영광을 찬미하게 된다. 하나님의 하나님 되심을 믿는 우리들은 하나님의 영광을 선포하며 자랑하여야 한다. 이것은 우리들의 사명이며 복이다.

5절에서 시인은 하나님의 창조 사역 중 땅을 창조하신 것을 구체적으로 설명하고 있다. 창세기 사건을 시적으로 표현한 이 시편을 통하여 하나님의 위대하심을 노래한다. 6절에서 "옷으로 덮음 같이 주께서 땅을 깊은 바다로 덮으시매 물이 산들 위로 솟아올랐으나"라고 하였다. 처음에는 태고의 홍수인 '바다'가 온 땅을 옷처럼 덮고 있었다(창 1:2). 가장 높은 산도 태초의 바다에 쌓여 있었다.

오늘 우리들이 딛고 있는 땅과 산들은 원래 바다 아래 감추어져 있었다. 지금도 일부는 물 속에 잠겨 있다. 지구 표면의 3분의 2가 바다이고, 땅은 3분의 1 밖에 되지 않는 것을 보아도 알 수 있다. 이 시편의 주제어는 '하나님'이다. 하나님께서 땅을 감싸고 계시고, 물이 산들을 덮도록 되어 있다. 그런데 하나님께서 인생들을 살게 하시려고 땅을 만드셨으니 이 하나님께 감사하는 것이 무엇보다 소중하다.

2. 혼돈의 바다

7절에서 "주께서 꾸짖으시니 물은 도망하며 주의 우렛소리로 말미암아 빨리 가며"라고 하였다. 우리들이 살고 있는 땅이 아직도 혼돈의 바다에 갇혀 있을 때에 하나님께서 찾아오셔서 호령하였다.

하나님은 '물아 낮은 데로 내려가라'고 호령하였다. 바다는 혼돈의 세력을 대표한다. 하나님은 구체적으로 우뢰로써 꾸짖었다. 우뢰는 하나님의 무기이다. 하나님께서 천둥소리로 무섭게 말씀하실 때 바다와 깊음은 도망쳤다. 창세기는 이 사건을 "하나님이 이르시되 물 가운데에 궁창이 있어 물과 물로 나뉘게 하시고 … 그대로 되니라"(창 1:6), 또 "하나님이 이르시되 천하의 물이 한 곳으로 모이고 물이 드러나라 하시니 그대로 되니라"(창 1:9)라고 표현하였다.

시인은 창세기의 기사를 시적으로 표현하여 하나님의 말씀을 '우뢰소리'라고 하였다. 우뢰소리는 구체적으로 물을 꾸짖는 소리이다. 이것은 구약의 신앙고백으로 중요한 의미를 가지고 있다. "그는 바다를 꾸짖어 그것을 말리우시며 모든 강을 말리시나니"(나 1:4, 사 50:2, 시 19:15).

하나님이 개입하시면 모든 것이 정리가 되고 혼돈의 물이 도망을 간다. 이와 같이 우리들의 삶에 혼돈이 일어날 때 하나님이 개입하셔서 꾸짖으시면 모든 것이 원상으로 돌아간다.

하나님은 어지러움(카오스)의 하나님이 아니라 질서(코스모스)의 하나님이다. 이 하나님을 믿고 하나님의 질서에 따라 살면 모든 문제가 해결되어진다.

3. 하나님의 질서

8절에 "주께서 그들을 위하여 정하여 주신 곳으로 흘러갔고 산은 오르고 골짜기는 내려갔나이다"고 하였다. 하나님의 무서운 호령을 듣자마자 혼돈의 물이 물러가 하나님께서 정하여 주신 장소에 이르게 되었다. 여기서 '정하여 주신 곳'이 어디인지 정확하게 알 수 없으나 그 다음에 나오는 '산은 오르고'와 연결할 때에 해석이 가능하다. 하나님이 호령할 때에 도망친 물이 '산은 오르고 골짜기는 내려갔다'고 할 수 있다.

6~9절의 주제어는 '바다'이다. 혼돈의 물이 가득하였으나 하나님의 호통으로 인하여 질서가 잡히고, 하나님의 도구로 사용된다. 그러니 혼돈의 물로 하나님의 역사에 따라 창조 질서를 세우는 데 사용된다. 이것은 우리에게 중요한 교훈을 한다. 보잘 것 없고, 거친 것일지라도 하나님의 호령 앞에서는 하나님의 질서를 세우는 존재로 변한다. 이것은 구원 사역과 연결시킬 수 있다. 죄인인 우리들이 하나님의 자녀로 거듭나게 하고 영광의 도구가 되게 하신 것을 생각할 때에 감사드리지 않을 수 없다.

9절에서 "주께서 물의 경계를 정하여 넘치지 못하게 하시며 다시 돌아와 땅을 덮지 못하게 하셨나이다"고 하였다. 창세기에 이것을 구체적으로 기록하고 있다. "하나님이 이르시되 천하의 물이 한 곳으로 모이고 뭍이 드러나라 하시니 그대로 되니라"(창 1:9). 이제 태초의 땅을 뒤덮고 있던 물이 한 곳으로 모이게 되었다. 하나님께서 물의 경계를 정하셨기 때문에 물이 그것을 침범할 수 없게 하였다. 이것은 하나님 중심의 우주관을 보여 준다. 하나님께서 창조적 능력으로 이 세상을 만드시고 또 아름답게 섭리하신다. 이것은 하나님의 주권적 역사요 초월적 능력이다.

시인은 창세기 1장의 창조 기사를 시적으로 아름답게 표현하고 있다. 이것은 오늘의 우리들에게도 귀한 교훈으로 신앙의 지침이 되고 있다. "태초에 하나님이 천지를 창조하시니라"(창 1:1)는 말씀은 우리들의 신앙의 기초가 된다. 이 창조 신앙을 바탕으로 우리의 신앙과 삶이 영위되어 나간다. 창조신앙(창 1:1)에서 구속신앙(요 3:16)이 나오고 여기서 재림신앙(계 22:20)이 나온다. 우리는 천지를 창조하시고 호령하시는 하나님의 엄위하심을 바라보고 이 하나님께 영광과 찬양을 드리는 하나님 중심의 삶을 이루어야 한다.

양식을 주셨도다

시편 104:10~18

10여호와께서 샘을 골짜기에서 솟아나게 하시고 산 사이에 흐르게 하사 11각종 들짐승에게 마시게 하시니 들나귀들도 해갈하며 12공중의 새들도 그 가에서 깃들이며 나뭇가지 사이에서 지저귀는도다 13그가 그의 누각에서부터 산에 물을 부어 주시니 주께서 하시는 일의 결실이 땅을 만족시켜 주는도다 14그가 가축을 위한 풀과 사람을 위한 채소를 자라게 하시며 땅에서 먹을 것이 나게 하셔서 15사람의 마음을 기쁘게 하는 포도주와 사람의 얼굴을 윤택하게 하는 기름과 사람의 마음을 힘있게 하는 양식을 주셨도다 16여호와의 나무에는 물이 흡족함이여 곧 그가 심으신 레바논 백향목들이로다 17새들이 그 속에 깃들임이여 학은 잣나무로 집을 삼는도다 18높은 산들은 산양을 위함이여 바위는 너구리의 피난처로다

시인은 시편 104편 10~18절에서 새로운 영상으로 접근하고 있다. 이 부분은 '산'으로 시작하여(10절), '산'으로 마친다(18절). 또 두 가지 내용으로 나누어지는데 10~13절은 '샘으로 솟아나다'(10절)로 시작하여 '산에 물을 주신다'(13절)로 마친다. 하나님께서 정복하신 물이 이제는 지하수가 되어 산과 골짜기에 흐르며, 들짐승이 마시고, 공중의 새들이 나뭇가지에 깃들고 노래하는 모습을 그리고 있다.

14~18절은 '가축'으로 시작하여(14절) '산양'으로 마친다(18절). 이 소절은 앞부분과 비슷하나 새로운 시상(詩想)을 이어가고 있다. 여기서는 들과 밭과 포도원과 감람원, 그 안에 살고 있는 사람과 가축, 그리고 산과 그 안에 있는 나무들과 새들과 야생동물이 다 기뻐하며 사는 모습을 그리고 있다.

1. 골짜기에서 솟아나게 하시고

10절에서 "여호와께서 샘을 골짜기에서 솟아나게 하시고 산 사이에 흐르게 하사"라고 하였다. 하나님은 태고의 물을 다스려 샘을 만드셨다. 즉 골짜기에서 솟아나는 샘은 원래 태고에 있던 깊음에서 나온 것이다.

이 위험했던 물을 하나님께서 샘으로 가두시고 뽑아 내서서 골짜기에서 솟아나게 하시고 산 사이에 흐르게 하셨다. 그리하여 산짐승들이 마시는데 11절에 구체적으로 나온다. "각종 들짐승에게 마시게 하시니 들나귀들도 해갈하며"라고 하였다. 태고의 혼돈의 물은 더 이상 땅을 침범할 수 없을 뿐 아니라 이제는 땅의 짐승들을 위한 유익한 물이 되게 하셨다.

하나님은 물까지 통치하신다. 지상에서 위험했던 물이 이제는 하나님의 피조물들에게 유익하게 되었다. 죽음의 물이 생명의 물이 되었다. '각종 들짐승'과 '들 나귀'는 평행을 이룬다. 앞의 것은 포괄적이고 뒤에 나오는 것은 구체적이다. 구체적인 데서 구체적인 것으로 표현되고 있으니 들 나귀는 들의 각 짐승의 대표적 묘사이다.

12절에서 "공중의 새들도 그 가에서 깃들이며 나뭇가지 사이에서 지저귀는도다"고 하였다. '그 가'란 '나뭇가지'를 의미한다. 그러니 '공중의 새들도 샘물 곁에 깃들이며, 우거진 나뭇잎 사이에서 지저귄다'라고 쉽게 번역할 수 있다.

이것은 아름답고 평화로운 서정적 표현이다. 새들이 나무 가지 사이에서 노래 부르고 있다. 하나님이 정복하시고 단물로 만들어주신 생수를 먹게 하시며 즐거워하는 모습이다. 땅 위에 하나님이 주신 평화가 가득함을 그리고 있다.

2. 땅을 만족시켜 주는도다

13절에서 "그가 그의 누각에서부터 산에 물을 부어 주시니 주께서 하시는 일의 결실이 땅을 만족시켜 주는도다"고 하였다. 이것도 시적 표현이다. '하나님께서 자신의 누각에서 산에 물을 주신다'는 표현은 '하늘에서 비가 내리는 것'을 신앙의 눈으로 보고 시어(詩語)로 표현한 것이다.

하늘의 누각에 계신 하나님께서 하늘의 바다에서 땅에 물을 내려 주신다. 하나님은 하늘의 창을 열어 비를 내려 주신다(창 7:11, 8:2, 말 3:10). 이렇게 하여 온 땅에 열매가 가득하여 '주의 행사의 결과가 땅에 풍족해진다'.

14절에서 "그가 가축을 위한 풀과 사람을 위한 채소를 자라게 하시며 땅에서 먹을 것이 나게 하셔서"라고 하였다. 이 구절은 삼행으로 되어 있는데 '가축'과 '사람', '풀'과 '채소'와 '식물'이 평행을 이루고 있다. 채소는 사람과 가축의 식물이 되는 것을 아름답게 묘사하고 있다. 하나님은 인간이나 동물에게 식물을 주신다. 생태계의 보존을 통하여 하나님이 주신 리듬을 지켜야 한다. 오늘날 자연 훼손이나 환경오염, 동식물 남획 등으로 생태계가 파괴되는 것을 본다. 이것은 하나님의 창조 질서를 파괴하는 것으로 삼가야 할 일이다. 자연 속에서 동식물과 공존하는 것이 인간의 기본 자세이다. 이것을 명확히 하여 하나님의 창조 세계를 지켜 나가야 한다.

15절에서 "사람의 마음을 기쁘게 하는 포도주와 사람의 얼굴을 윤택하게 하는 기름과 사람의 마음을 힘 있게 하는 양식을 주셨도다"고 하였다. 하나님은 사람에게 먹을 것만 주시지 않으시고 인간을 기쁘게 하는 것도 주셨다. 여기 나오는 곡식, 포도주, 기름은 가나안 땅의 삼대 농산물이다(신 12:17). 하나님은 이것으로 사람들이 기쁘게 되기를 원하셨다. 포도주는 사람을 기쁘게 하고, 기름은 피부 보호제나 치료하는 약으로 또는 각종 예식에 사용되었다. 양식은 인간들에게 힘과 에너지를 공급한다. 하나님은 우리의 필요를 채워 주실 뿐만 아니라 우리의 소원까지 만족하게 하신다. 그러기에 이 하나님을 찬양해야 한다.

3. 레바논의 백향목

16절에서 "여호와의 나무에는 물이 흡족함이여 곧 그가 심으신 레바논 백향목들이로다"고 하였다. '여호와의 나무'는 '큰 나무' 또는 '강한 나무'를 말한다. 여기서는 '레바논 백향목'이라고 분명히 지적하고 있다. 나무 중에 가장 크고 좋은 나무는 레바논의 백향목이다. 그래서 왕들은 이것으로 성전과 궁궐과 성과 도시를 만들었다. 시인은 하나님이 '심으신' 나무라고 하였다. 그 나무는 하나님에게서 나왔으니 하나님의 것이다. 이런 나무들도 하나님이 주신 생수를 흡족하게 마신다. 하나님의 심으신 나무가 하나님이 주신 물로 풍성하게 돼서 온 땅은 만족감으로 충만해진다.

17절에서 "새들이 그 속에 깃들임이여 학은 잣나무로 집을 삼는도다"고 하였다. 나무들이 수분을 흡족하게 받아 튼튼하게 자란다. 여기에 각종 새들이 날아와 둥지를 튼다. 여기에 '학'이라는 이름이 나온다. 다른 번역에는 '황새'라고도 나온다. 이 새는 어릴 때는 너무 사랑스러우며, 그 둥지가 너무 커서 높은 나무 위에 집을 짓는다. 또 자기 자식을 정성으로 돌보며, 해마다 자기 보금자리로 돌아온다. 시인은 많은 새들 가운데서 학 혹은 황새를 대표로 꼽고 있다. 어떤 새인지가 중요한 것이 아니라 이 새들도 하나님이 주신 것을 먹고 마시는 하나님의 것이라는 점이 중요하다.

18절에서 "높은 산들은 산양을 위함이여 바위는 너구리의 피난처로다"고 하였다. 높은 산은 사람들에게 별 필요 없는 것 같이 보이지만 하나님은 그것도 특별한 용도로 구별해 놓으셨는데, 곧 신앙의 집이다. '산양'은 사람의 눈에 잘 띄지 않지만 하나님이 돌보신다. 높은 산에 있는 바위는 너구리의 피난처이다. 그러니 이 세상 어느 하나도 버릴 것이 없고 하나님의 손길 안에 있음을 보여준다.

시인은 높은 산과 깊은 계곡, 울창한 숲과 넓은 들판. 아름다운 정원과 향기로운 포도원을 마음속에 그리며 하나님이 주시는 조화와 통일성을 노래하였다. 이 모든 것의 주인은 하나님이심을 분명히 하고 있다.

주께서 하신 일이 어찌 그리 많은지요

🌀 시편 104:19~24

19여호와께서 달로 절기를 정하심이여 해는 그 지는 때를 알도다 20주께서 흑암을 지어 밤이 되게 하시니 삼림의 모든 짐승이 기어나오나이다 21젊은 사자들은 그들의 먹이를 좇아 부르짖으며 그들의 먹이를 하나님께 구하다가 22해가 돋으면 물러가서 그들의 굴 속에 눕고 23사람은 나와서 일하며 저녁까지 수고하는도다 24여호와여 주께서 하신 일이 어찌 그리 많은지요 주께서 지혜로 그들을 다 지으셨으니 주께서 지으신 것들이 땅에 가득하니이다

시편 104편과 창세기의 창조 기사 사이에는 독특한 연관성이 있다. 시인은 19-24절에서 창조의 넷째 날에 등장한 해와 달을 본다. 그리고 해와 달이 낮과 밤을 만들며, 이 두 가지의 숨바꼭질로 모든 생물의 활동과 휴식이 결정되는 것을 보게 된다. 밤은 짐승의 시간이요 낮은 사람의 시간이다. 이러한 우주의 배열 배후에 하나님의 오묘한 지혜가 있기에 시인은 경탄하고 하나님을 찬미한다.

이 연은 '정하다'로 시작하여(19절) '다 지으셨다'로 마무리한다(24절). 이것은 하나님의 특별하신 역사를 노래하는 것으로서 우리들의 가슴에 하나님의 역사를 깨닫게 한다.

1. 절기를 정하기고

19절에서 "여호와께서 달로 절기를 정하심이여 해는 그 지는 때를 알도

다"고 하였다. 여기에 '달'이 '해'보다 먼저 나온다. 어떤 학자들은 당시에 는 태음력을 사용하였기에 달이 먼저 나온다고 말하고 있으나, 19절과 20 절을 연결하여 볼 때 19절의 '달'과 '해가 짐'이 20절의 '밤이 됨'과 22절의 '해가 돋으면'과 짝을 이루고 있음에 집중하는 것이 옳을 것이다.

달은 절기를 정하기 위하여 만드셨다. 여기서 '절기'란 큰 축제일 또는 성회로 모이는 절기를 말하는 것 같다. 해는 그 지는 것을 안다고 하였는데, 해는 시간을 정하는 일을 한다고 의인화 시킨 것이다. 여기 나오는 달과 해 는 독자적으로 신적 능력을 가진 것이 아니라 창조주의 지배 아래 있는 피 조물이며, 이것들이 자연계의 생태 리듬을 만들어 주는 것을 강조한다.

이방 사람들은 해와 달을 인간과 가장 가까운 신으로 섬기지만 여호와 하나님의 유일 신앙을 가진 시인이 볼 때 이것들은 단지 창조주께서 시간과 때를 만든 피조물에 불과하다. 해와 달은 매우 중요하지만 하나님의 손 안 에 있다.

20절에 "주께서 흑암을 지어 밤이 되게 하시니 삼림의 모든 짐승이 기어 나오나이다"고 하였다. '흑암'은 원래 '깊음 위에 있는'(창 1:2) 것으로서 하 나의 실체이다. 하나님께서 빛을 창조하시고 보시기에 좋았더라고 하였으 나 어둠에 대해서는 말씀하지 않았다. 시편 104편에서는 '주께서 흑암을 지 어 밤이 되게 하신다'고 하였다. 즉 어둠도 하나님의 손 안에 있고 하나님의 뜻을 이루기 위해 만들어 진 것이다.

하나님이 어둠을 만드신 목적은 밤을 만들기 위함이다. 어둠과 밤이 다 하나님의 통치 아래 있다. 어둠이 깃들면 모든 삼림의 짐승들이 기어 나 와 활동을 한다. 밤은 짐승을 위한 시간인데 이것이 창조주 하나님의 계 획이다.

2. 먹이를 하나님께 구하다가

21절에서 "젊은 사자들은 그들의 먹이를 쫓아 부르짖으며 그들의 먹이를 하나님께 구하다가"라고 하였다. 젊은 사자는 앞에 나오는 삼림의 모든 짐승의 대표이다. 젊은 사자가 그 먹이를 쫓아 부르짖으며 그 식물을 구하듯이 삼림의 모든 짐승들이 다 먹이를 찾아 하나님께 구하고 있다. 시인의 귀에는 짐승들의 부르짖음이 하나님께 일용할 양식을 달라고 간청하는 기도 소리로 들린다.

이 땅에 있는 생명체들은 강하거나 약하거나, 크거나 작거나 모두 하나님을 의존한다. 이것은 하나님이 우주의 주재자이심을 분명히 보이는 것이며, 하나님께서 모든 생물을 교훈하기에 시인은 그 하나님께 경탄한다.

22절에 "해가 돋으면 물러가서 그들의 굴 속에 눕고"라고 하였다. 19절에서는 해가 지는 것을 말하였는데, 여기서는 해가 돋는 것을 말하여 아름다운 조화를 이루고 있다.

'그들이 물러간다'는 주어는 복수형으로서 단순히 사자만 가리키는 것이 아니라 모든 삼림의 짐승을 말한다. 해가 질 때에 짐승들이 다 물러간다. 이 두 시간 사이에 젊은 사자의 활동이 이루어진다. 해가 돋는 것은 단순한 자연계의 변화가 아니라 하나님의 섭리를 구체적으로 보여주는 역사이다. 시인은 이것을 시적 언어로 아름답게 묘사하고 있다. 해가 지면 산짐승들이 기어 나와 밤새도록 활동하다가 해가 뜨면 모두 물러가 자기의 굴에 눕는다고 표현하여 하나님의 섭리를 극대화시켰다.

3. 저녁까지 수고하는도다

23절에서 "사람은 나와서 일하며 저녁까지 수고하는도다"고 하였다. 하나님께서는 산짐승들이 굴에 들어가 모두 쉴 때에 사람들로 하여금 일하게 하셨다. 동물들은 밤에 움직이고 사람은 낮에 일한다.

우리들이 낮에 땀 흘려 일 하는 것은 하나님을 기쁘시게 하는 일이다. 낮에는 열심히 일하고 밤에는 편히 쉬는 것이 인간의 생활 리듬이다. 이 리듬에 따라 일하는 것이 가장 정상적인 일이다. 이 세상의 모든 것이 하나님의 정하신 운동의 리듬에 따라 움직인다. 하나님께서 인간들에게 바른 삶의 길을 주셨는데, 이것은 하나님이 정하신 리듬에 따라 사는 일이다.

하나님의 백성들은 하루의 소중함을 안다. 그래서 아침에 일찍 일어나 종일 열심히 일하고 밤에는 편히 쉬어 새 힘을 보충 받는다. 이런 삶의 자세가 영적으로나 육적으로나 건강을 가져다준다.

24절에서 "여호와여 주께서 하신 일이 어찌 그리 많은지요 주께서 지혜로 그들을 다 지으셨으니 주께서 지으신 것들이 땅에 가득하니이다"고 하였다. 이것은 시인의 탄성이다. 하나님께서 어떻게 여러 가지 일을 다 하실 수 있을까 실로 놀랍고 경탄스럽다는 말이다. 하나님의 지혜로 이 모든 것을 만드셨으니 시인은 여기서 '지혜 모티브'를 제시한다. 하나님을 찬양하면서 특히 하나님의 지혜를 찬양한다.

시인은 이 세상을 바라보면서 다양성 속에서 통일성을 발견하고 하나님의 지혜에 놀라지 않을 수 없다. '하나님의 부요가 땅에 가득하다'고 하였는데, 여기서 '부요'란 하나님이 만드신 모든 물건을 의미한다. 하나님께서는 우리들에게 다양한 도구를 주시고 또 식물을 주셨다. 이 모든 것은 하나님의 영광을 위한 존재들이다.

시인은 이 세계를 바라보며 하나님의 위대한 역사에 감탄을 한다. 하나님이 이렇게 역사하셨으니 우리가 감사하지 않을 수 없다는 것이다. 시편 104편은 창세기 1장과 비슷하면서도 다르다. 창세기 1장은 하나님의 창조 사역을 순서대로 묘사하고 있으나 시편 104편은 하나님이 만드신 모든 것을 바라보며 하나님의 깊으신 지혜를 느끼고 있다.

시인은 단순히 창조계를 보는 것이 아니라 창조계의 질서와 그 안에 있는 기쁨과 즐거움을 보고 있다. 오늘의 우리들도 하나님의 세계를 볼 때에 표피만 볼 것이 아니라 내면세계에서 하나님의 역사를 보아야 한다.

259

Meditation on Psalms

거기에는 크고 넓은 바다가 있고

시편 104:25~26

25거기에는 크고 넓은 바다가 있고 그 속에는 생물 곧 크고 작은 동물들이 무수하니이다 26그 곳에는 배들이 다니며 주께서 지으신 리워야단이 그 속에서 노나이다

시편 103편과 104편은 여러 가지로 공통점이 있다. 103편은 다윗의 시로서 다윗이 죄를 범했다가 회개하면서 지은 시로서 주로 구원에 대한 감사와 찬송을 하였다. '내 영혼아 여호와를 송축하라'로 시작하였는데, 104편은 같은 말로 시작하고 마무리한다. 그러니 시편 104편은 103편과 대조적인 시이다. 시편 104편은 만물을 바라보면서 이것을 하나님의 창조 기사와 연결하여 노래한다. 창세기 1장의 기사와 비교가 될 정도로 구체적으로 노래한다.

시인은 하나님의 오묘한 솜씨를 노래하며 하나님의 지혜를 찬양하고 있다. 하나님의 놀라운 지혜가 이 세상을 만들고 또 유지한다는 위대한 역사를 아름다운 시어(詩語)를 통하여 노래하고 있다.

시인은 25~26절에서 바다로 그 주제를 돌린다. 하나님이 다스리시고 정복하신 바다에도 대소 생물이 수 없이 있다. 바다 위로는 배들이 다니고 그 안에는 하나님이 지으신 리워야단이 놀고 있다. 리워야단은 혼돈의 바다 짐승이었는데 하나님의 애완용 물고기가 되었다.

시인은 하늘과 땅 그리고 바다를 주관하시는 하나님의 위대하심을 노래

하고 있다. 하나님은 모든 것을 주장하시는 분이다. 그러기에 우리들은 하나님의 그 손길을 의지하고 살아간다.

1. 크고 넓은 바다

25절에서 "거기에는 크고 넓은 바다가 있고 그 속에는 생물 곧 크고 작은 동물들이 무수하니이다"고 하였다. 시인의 관심은 이제 바다로 향한다. 그러나 이 바다는 6절 이하에 나오는 '깊음'과는 다르다. 그 바다는 태초의 혼돈의 바다였는데 여기 나오는 것은 땅과 맞물려 있는 바다를 말한다.

시인은 하나님의 능력의 크심을 바다에서 깨달음을 노래한다. 앞에서는 하나님의 권능을 해와 달과 같은 우주의 창조물을 통하여 노래하였으나 여기서는 하나님께서 바다 속의 각종 생물들을 두시고 또 키우시는 것을 노래하고 있다. 하나님은 크고 위대한 것으로만 모든 것을 통치하시는 것이 아니라 세미한 작은 부분까지 지으시고 다스리심을 보여 주는데 바로 바다의 생물들을 예시하였다. 바다에는 수많은 고기들이 살고 있다. 크고 작은 이 고기들은 하나님이 만드신 것이요 하나님의 백성들을 위하여 존재한다. 바다 속의 대소 고기 떼들을 보고 시인은 감격하였고 하나님의 영광을 드러내었다.

우리는 여기서 하나님이 지으신 생태계의 특성을 보아야 한다. 크고 작은 고기들은 각자의 생활 리듬이 있다. 거기에 따라 모두가 살아가게 되어 있는데 인간들이 잘못하여 이런 생태계를 파괴시킨다. 하나님께서는 고기 떼에게도 천적을 주어 그 숫자를 자연스럽게 조정하게 하신다. 그러나 인간들의 부주의로 바다가 오염되고 변형된 고기들로 인하여 생태계가 파괴되는 것을 볼 수 있다. 우리가 자연계를 정복하는 것(창 1:28)은 단순히 다스리는 것이 아니라 하나님의 창조 질서를 그대로 유지하고 보존하는 것이다.

시인은 넓고 큰 바다와 무수한 고기떼를 보고 감격한다. 이것은 하나님의 역사를 바라보는 믿음의 산물이다. 하늘과 땅 그리고 바다는 모두 하나님이 주관하시는 것이고, 이 모든 것은 하나님의 백성을 위하여 주신 것이기에 우리는 감사의 눈으로 이것을 보아야 한다. 시인의 관점을 우리들이 배워야 한다. 자연을 단순한 자연 현상으로 보는 것이 아니라 하나님의 손길의 산물이라고 보아야 한다. 여기서 감탄이 나오고 찬미가 솟아난다.

2. 바다를 지으셔서

26절에서 "그 곳에는 배들이 다니며 주께서 지으신 리워야단이 그 속에서 노나이다"고 하였다. 하나님께서 바다를 지으셔서 인간들에게 주실 때에 우리가 그것을 사용하도록 하였다.

바다에 배가 다니게 하였는데, 이것은 운반 수단으로서 소중하다. 하나님께서 바다를 만드실 때에 인간들이 이 바다를 이용하여 유익하게 사용하도록 하였다. 우리는 바다의 소중함을 알아야 한다. 각종 고기와 해산물의 생산만이 아니라 운반 수단으로서도 효과 있게 사용할 수 있음을 알아야 한다. '주의 지으신 리워야단이 그 속에 노나이다'고 하였는데, 리워야단이란 태초의 용이요 혼돈의 짐승이었는데, 이제는 하나님의 애완용이 되었다. 하나님이 이 짐승을 사육한 것 같이 유순하게 되었다.

여기서 우리는 중요한 것을 배울 수 있다. 수중 생물 중 가장 거센 것으로는 리워야단이 시편과 욥기에 나온다. 거칠고 억센 혼돈의 짐승이다. 그러나 하나님이 역사하시니 유순한 애완용이 되었다. 이것이 하나님의 위대한 역사이다. 아무리 거친 것이라도 하나님이 역사하시면 순하게 된다. 바다 속의 리워야단이 그러하듯이 우리 인간의 거친 심성도 하나님의 손길 앞에서는 유순한 존재로 변한다.

3. 변화시키는 하나님의 손길

모든 것을 변화시키시는 하나님의 손길을 보아야 한다. 자연계를 변화시켜 하나님의 섭리대로 이끌어 나가시니 이 하나님께 영광을 돌리며 사는 것이 중요하다. 인간이 범한 죄는 자연계로 하여금 가시와 엉겅퀴를 내게 하였다. 이것은 자연이 저주를 받은 것이요 하나님의 징계의 산물이다.

그러나 그리스도께서 구속하여 주시니 새로운 역사가 일어난다. 모두가 새로운 존재로 변화하는데 시인은 시편 104편에서 '리워야단'을 그렇게 묘사하고 있다. 거칠고 강한 것도 하나님이 유순하게 하신다. 우리 인간의 경우도 그러하다. 하나님의 역사로 변화 받은 사람은 강퍅한 성격이 변하여 부드러워지고 남을 시기하고 미워하던 사람이 용서하고 사랑하게 된다. 이러한 하나님의 역사는 우주에 작용한다. 하나님의 영광을 나타내는 변화이다. 시인은 주옥같은 언어의 파편들을 모아 하나님의 솜씨를 노래하고 있다.

시편 104편에서 시인은 자연계의 여러 가지를 바라보는데 25~26절에서는 바다를 다스리시는 하나님을 찬양하라고 권한다. 하나님의 다스림은 자연의 각 영역에서 구체적으로 나타나고 있다.

바다의 주인이신 하나님은 우리들의 삶의 전 영역에서 하나님이 주신 문화사명(창 1:28)을 감당하도록 한다. 이것은 하나님을 영화롭게 하는 길이며, 우리들이 달려가야 할 길이다. 망망한 바다는 단순히 바닷물에 모인 곳이 아니다.

하나님의 손길이 있고, 하나님의 뜻이 작용하는 위대한 바다이다. 우리는 파도 소리에서 하나님의 음성을 듣고, 수많은 고기들에게서 창조의 섭리를 깨달아야한다.

먼지로 돌아가나이다

시편 104:27~30

27이것들은 다 주께서 때를 따라 먹을 것을 주시기를 바라나이다 28주께서 주신즉 그들이 받으며 주께서 손을 펴신즉 그들이 좋은 것으로 만족하다가 29주께서 낯을 숨기신즉 그들이 떨고 주께서 그들의 호흡을 거두신즉 그들은 죽어 먼지로 돌아가나이다 30주의 영을 보내어 그들을 창조하사 지면을 새롭게 하시나이다

시인은 시편 104편에서 '주의 하신 일이 어찌 그리 많은 지요'라고 감탄의 소리를 발하고 있다. 이 시편은 개인 찬양시로 '창조'를 다루고 있다. 시편 104편의 구조는 창세기 1장의 천지 창조 기사와 비슷하다. 시인은 창조의 순서에 따라 시적 묘사를 하고 있다.

하나님은 이 세상의 모든 것을 만드시고 그것들을 통하여 하나님의 백성들은 하나님의 놀라우신 역사를 찬양해야 한다. 찬양은 하나님의 백성들이 누리는 최고의 복이다. 정성을 다하여 하나님을 찬양하는 것은 우리가 가진 희망이요 영광이다. 시인은 다양한 이유로 하나님께 찬양하라고 한다.

1. 때를 따라 먹을 것을

27절에서 "이것들은 다 주께서 때를 따라 먹을 것을 주시기를 바라나이다"라고 하였다. 여기서의 '이것들'은 25~26절에 나오는 고기 떼들과 리워야단만을 말하는 것이 아니라 앞에서 말한 모든 종류의 짐승들을 가리킨다

고 볼 수 있다. 27~30절은 이 시편의 결론 부분이기에 앞서 나오는 짐승들의 하나님께 식물을 구하는 것을 집약적으로 설명하고 있다. 이 땅의 생물들은 스스로 살아가는 것이 아니라 하나님께서 돌보아 주셔야 그들의 삶을 영위할 수 있다.

모든 생물들은 하나님을 의지해야 한다. 이것은 하나님을 의지하는 자에게 하나님께서 어떻게 역사하시는 지를 보여 주는 말씀이다. 하나님을 의지하면 하나님께서 아버지처럼 돌보아 주신다. 시인은 '때를 따라' 식물을 주시기를 호소한다. 이것은 하나님의 돌보심의 역사를 강조하는 것이다. 하나님은 우리를 돌보실 때에 '때를 따라' 역사하신다. 이것은 하나님의 섭리이다. 우리는 이것을 의지하며 나날의 삶을 살아가야 한다.

예수님께서 제자들에게 기도를 가르치실 때에 '일용한 양식을' 구하게 하였다. 이것은 때를 따라 주시는 하나님의 사랑이다. 이것이 가장 구체적으로 나타난 것은 이스라엘 백성이 광야 생활을 할 때에 만나를 내리신 사건이다. 하나님은 때를 따라 만나를 내려 주시고 하나님의 백성으로 하여금 하나님의 영광을 위하여 살아가게 하였다.

2. 주께서 손을 펴신즉

이러한 원리가 오늘의 우리들에게도 적용되는데 28절에서 구체적으로 묘사하고 있다. "주께서 주신즉 그들이 받으며 주께서 손을 펴신즉 그들이 좋은 것으로 만족하다가"라고 하였다. 주님께서 주실 때에 이 땅에 존재하는 모든 것들이 취한다. 이들은 기다리고 있다가 하나님이 주시는 것을 받아먹는다. 이것은 이 땅의 생존 원리이다. 우리가 우리 마음대로 살아가는 것 같으나 하나님이 역사하지 않으시면 아무것도 할 수 없다. 하나님이 주셔야 먹을 수가 있다.

하반절에서 하나님이 주시는 모습을 '손을 펴시는' 영상으로 구체화 시켰다. 이 영상은 농부가 자기 가축을 먹이는 것과 같고 부모가 자기 자식을 돌보고 먹이는 모습이다. 하나님께서 손을 펴신 즉 이 땅의 생물들이 좋은 것으로 만족하심을 보여 준다. 하나님께서 피조물을 돌보아 주셔야 다른 문제가 해결된다.

하나님이 손을 펴실 때에 문제가 해결된다. 이것은 만물을 주관하시는 하나님의 사랑의 역사를 강조하는 것이다. 하나님이 역사하셔야 한다. 사람의 노력으로 되어지는 것이 아니라 하나님의 손길에 모든 것이 달려 있다. 하나님은 우리를 향하여 사랑의 손길을 펴신다. 이것은 하나님의 놀라운 역사이며 하나님의 백성이 따라야 할 길이다. 우리를 향해 펴시는 하나님의 손길은 하나님의 사랑의 표현이다. 이것으로 우리가 삶을 누리고 먹을 것을 얻게 된다. 우리를 향하신 하나님의 사랑은 어느 누구도 흉내 낼 수 없는 위대한 것이다. 우리는 이 사랑을 기억하며 하나님께 감사하는 삶을 살아가야 한다.

3. 먼지로 돌아가나이다

29절에서 "주께서 낯을 숨기신즉 그들이 떨고 주께서 그들의 호흡을 거두신즉 그들은 죽어 먼지로 돌아가나이다"고 하였다. 이 말씀은 만물의 먹이만 하나님의 손에 있는 것이 아니라 그들의 목숨도 하나님께 있음을 강조하는 내용이다. 하나님께서 자신을 감추시면 그들은 두려움에 떤다. 시편에서 '얼굴을 감추다'는 표현은 '분노하다'는 뜻으로 사용되기도 하지만 여기서는 하나님이 돌보시는 은총을 거둔다는 뜻이다(시 30:7). 하나님께서 잠시라도 자신의 은총을 거두고 돌보지 않으시면 인생은 죽을 수밖에 없다. 그러므로 우리의 존재는 하나님의 섭리에 달려 있다.

우리들이 존재하는 것은 하나님의 손길에 달렸기에 하나님을 의지하며 나아가는 자세가 필요하다. 하나님이 우리를 외면하시면 우리들의 존재는 아무것도 아니다. 시인은 인간의 생명에 대하여 보다 구체적으로 설명하고 있다. 하나님께서 만물의 호흡을 취하시면 다 흙으로 돌아갈 수밖에 없다고 하였다. 하나님께서 인간을 창조하실 때에 코에 생기를 불어 넣으시니 '생령'이 되었다고 하였다. 그래서 생명을 얻고 살게 되었고 하였다. 그래서 생명을 얻고 살게 되었는데 하나님이 이 생기를 거두어 가시면 모든 생물은 흙으로 돌아갈 수밖에 없다.

만물의 생명과 죽음이 하나님께 달려 있다. 아무리 강한 존재 일지라도 하나님이 이 생명을 거두시면 그저 흙으로 돌아갈 뿐이다. 그러니 오직 여호와 하나님만이 모든 생명의 주인이시다. 모든 피조물은 하나님을 전적으로 의지해야만 한다.

30절에서 "주의 영을 보내어 그들을 창조하사 지면을 새롭게 하시나이다"고 하였다. 이 세상에는 죽음과 위험이 있지만 하나님이 주신 생명이 자연계를 지배하신다. 죽음이 물러가고 생명이 이 땅에 왔다. 옛 시대가 물러가고 새 시대가 온다. 하나님의 창조는 오늘도 이루어지고 있다. 하나님은 자신의 '영' 즉 성령으로 새로운 사역을 하신다. 성령은 새로운 창조의 영이다. 하나님은 성령을 통하여 변화시키시고 역사하신다. 여기 나오는 '창조하다'라는 동사가 매우 의미가 깊다(창 1:1).

이 단어는 오직 하나님의 창조 활동에만 사용된다. 하나님의 창조적 역사는 지속되고 있다. 이 세상은 하나님의 새로운 창조 활동으로 가득 차 있다. 이러한 하나님의 새로운 창조에 우리들은 감탄하고 감격하며 하나님을 향한 찬미가 있게 된다.

하나님은 성령을 통하여 이 세상을 변화시키기에 우리들은 하나님의 새로운 창조 역사 앞에 감사하며 찬양해야 한다. 생명과 죽음 이 모든 것이 하나님의 손에 있다. 하나님의 도우시는 손길을 통하여 우리는 하나님께 감사하고 찬양해야 한다. 이것이 우리의 삶이요 복이다.

여호와의 영광이

🌀 시편 104:31~35

31여호와의 영광이 영원히 계속할지며 여호와는 자신께서 행하시는 일들로 말미암아 즐거워하시리로다 32그가 땅을 보신즉 땅이 진동하며 산들을 만지신즉 연기가 나는도다 33내가 평생토록 여호와께 노래하며 내가 살아 있는 동안 내 하나님을 찬양하리로다 34나의 기도를 기쁘게 여기시기를 바라나니 나는 여호와로 말미암아 즐거워하리로다 35죄인들을 땅에서 소멸하시며 악인들을 다시 있지 못하게 하시리로다 내 영혼아 여호와를 송축하라 할렐루야

시인은 시편 104편을 마무리 하면서, 이 시편의 원 주제인 '여호와의 영광'으로 돌아가고 있다. 시편 104편 전체를 통하여 이 땅에 존재하는 만물이 하나님의 영광을 드러내어야 함을 강조하고 있다. 하나님이 만물을 창조하시고 이것들을 보존하신다. 그리하여 그 피조물들의 제일 되는 목적은 하나님의 영광을 드러내는 일이다. 시인은 이 시편의 마무리 부분에서 여호와의 영광스러운 능력이 자연 세계 속에 지속적으로 나타나기를 기원하고 있다. 이것이 하나님의 뜻이며, 피로물의 본분이다.

1. 여호와의 영광이

31절에서 "여호와의 영광이 영원히 계속할지며 여호와는 자신께서 행하시는 일들로 말미암아 즐거워하시리로다"고 하였다. 이 말씀은 '여호와의 영광'과 '여호와의 즐거움'을 중심 주제로 삼고 있다. 시인은 여호와의 영광

이 계속되는 것을 강하게 소망하고 있다. '여호와의 영광'은 일반적으로 하나님께서 자신을 드러낼 때 나타나는 하나님의 거룩함과 위엄과 능력을 나타낸다(출 16:7, 10, 24:16, 17 등). 여기서는 창조주로서의 영광이 온 세상에 계속 나타나기를 구하는 기원이다. 하나님은 그 지으신 만물을 통하여 자신의 영광을 드러내신다(시 19:1, 29:9). 또 시인은 하나님께서 지으신 것을 계속 즐거워하시기를(창 1:31) 열망하고 있다. 하나님께서 피조물들을 그대로 버리신 것이 아니라 그 피조물들을 계속 즐거워하여 돌보시는 역사를 해 주시기를 구하고 있다. 하나님의 역사를 단회적 사건이 아니라 계속적으로 역사하신다. 이것을 우리는 '섭리' 또는 '보존'이라고 부르는데, 하나님의 특별하신 역사이다. '여호와는 자신께서 행하시는 일들로 말미암아 즐거워하시리로다'고 하였다. 이 말씀은 창세기 1장 31절과 연결된다. '하나님이 그 지으신 모든 것을 보시니 보시기에 심히 좋았더라'는 말씀의 연속이다. 잠언 8장 31절에 "사람이 거처할 땅에서 즐거워하며 인자들을 기뻐하였느니라"고 하였는데 여기서는 지혜를 의인화하였고, 하나님께서 이 세상을 보실 때에 하나님의 기쁨이 충만하였음을 묘사하고 있다. 우리는 이 말씀을 읽을 때에 웨스트민스터 소요리문답 제1문을 기억하게 된다. '사람의 제일 되는 목적은 하나님을 영화롭게 하고 영원토록 그를 즐거워한다'는 말씀에서 인간의 본분이 무엇인지를 알게 된다. 하나님께서도 우리를 즐거워하시기를 시인은 열망하게 된다.

32절에서 "그가 땅을 보신 즉 땅이 진동하며 산들에 접촉하신즉 연기가 발하였도다"고 하였다. 이 말씀은 앞의 내용에서 갑작스럽게 변화하는 것으로 보이기 쉽다. 그러나 이 말씀은 하나님의 엄위하심을 보여 준다. '그가 땅을 보신즉 땅이 진동하며'라고 하였는데, 하나님께서 힐끗 한번 보시기만 해도 땅이 진동한다. 즉 지진이 일어나고 화산이 폭발한다. 영원히 움직이지 않을 것 같은 땅과 산도 화산과 지진으로 흔들리고 무너진다.

시인은 이러한 사건들을 통하여 세상을 초월해 계신 전지전능하신 하나님을 생각하고 경외감을 느낀다. 하나님께서 시내산에 강림하실 때도 번개와 우레와 큰 나팔 소리로 온 산이 떨리고 화염과 흑암에 휩싸였다(출 19:16~19). 이러한 하나님의 역사에 대하여 시인은 경외감을 가진다. 하나님의 눈길 한 번에도 산과 땅이 흔들린다는 사실을 깊이 인식하며 하나님의 섭리 앞에 복종하여야 한다.

2. 여호와께 노래하며

33절에서 "내가 평생토록 여호와께 노래하며 내가 살아 있는 동안 내 하나님을 찬양하리로다"고 하였다. 여기서 시인의 서원이 나온다. 시인은 평생 동안 하나님을 찬양하기를 서원한다(시 146:2). 하나님의 영광과 사랑을 체험한 사람은 하나님을 찬양할 수밖에 없다. 찬양은 말과 행동으로 이루어지며 삶을 통하여 구체화된다. 우리가 찬양하는 것은 단순히 하나님께 감사하는 것이 아니라 우리가 하나님을 계속 의지하고 있음을 고백하는 것이다.

시인은 '내 평생에' 또 '나의 생존할 동안' 하나님을 찬양한다고 하였다. 이것은 하나님을 향한 최고의 고백이요 살아있는 자의 복이다. 구약에는 이 사상이 강조되고 있다. "죽은 자들은 여호와를 찬양하지 못하나니 적막한 데로 내려가는 자들은 아무도 찬양하지 못하리로다" (시 115:17, 6:5)고 하였다. 그러니 살아 있을 때에 하나님을 찬양하는 특권을 누리기를 원하였다. 오늘의 우리들은 그리스도 예수 안에서 영원히 하나님을 찬양하는 특권을 누리고 있다. 우리들이 하나님을 찬양할 때에 하나님의 영광을 드높일 뿐만 아니라, 우리의 삶 속에 하나님의 풍성한 은혜를 체험한다.

3. 여호와로 말미암아

34절에서 "나의 기도를 기쁘게 여기시기를 바라나니 나는 여호와로 말미암아 즐거워하리로다"고 하였다. 시인은 자신의 묵상을 하나님께 바친다(시 19:14). 이 시편에서 '묵상' 이란 시인이 쓴 시이다. 즉 자신이 쓴 시를 하나님께 바친다. 시인은 자신의 심장 즉 모든 정성으로 쓴 시를 하나님께 바치기를 원하였다. 이것은 자기가 가진 최고의 것을 하나님께 드리는 '헌상의 삶' 을 말한다. 하나님의 역사는 인간의 말로 표현할 수 없으나 그래도 우리가 가진 최고의 역사를 통해 하나님의 영광을 드러낸다. 시인은 '나는 여호와로 인하여 즐거워하리로다' 고 하였다.

이것은 시인의 삶이며 고백이다. 이 땅의 그 무엇으로 즐거워하는 것이 아니라 하나님으로 인하여 즐거워 하니 하나님은 내 즐거움의 본체요 원천이시다.

35절에서 "죄인들을 땅에서 소멸하시며 악인들을 다시 있지 못하게 하시리로다"고 하였다. 이 시의 마지막 부분에서 갑작스럽게 '죄인'과 '악인'이 나온다. 이 시편에서 한 번도 나오지 않은 주제가 여기서 강조되고 있다. 시인은 이 시를 통하여 하나님의 창조세계를 노래하였다. 창조 세계에 나타난 하나님의 영광을 드러내고 찬양하였다. 그러다가 갑자기 악인을 거론하였다. 그 이유는 하나님을 떠난 인간은 오직 자기만 생각하고 자족하기 때문에 이 세상의 참 주인이신 하나님을 생각할 수도 없고 찬양할 수도 없기 때문이다. 오히려 이 세상을 파괴시키고 오염시킨다. 악인들은 하나님의 창조 질서를 파괴하고 도덕 질서를 의도적으로 깨트린다. 이들은 하나님이 주신 특권을 거부하고 자기 뜻대로 사는 자들이다.

시인은 이런 쓰레기 같은 존재들을 하나님께서 다 정리하여 청소해 주시기를 소원한다. 그리하여 죄와 오염이 없는 세상이 이루어지고 하나님을 영원히 찬양하기를 원한다. 이것은 새로운 창조이다. 하나님의 절대적 주권이 역사하며 하나님의 영광만을 위한다. 그리하여 한 평생 여호와를 찬송한다.

그의 거룩한 이름을 자랑하라

시편 105:1~6

1여호와께 감사하고 그의 이름을 불러 아뢰며 그가 하는 일을 만민 중에 알게 할지어다 2그에게 노래하며 그를 찬양하며 그의 모든 기이한 일들을 말할지어다 3그의 거룩한 이름을 자랑하라 여호와를 구하는 자들은 마음이 즐거울지로다 4여호와와 그의 능력을 구할지어다 그의 얼굴을 항상 구할지어다 5-6그의 종 아브라함의 후손 곧 택하신 야곱의 자손 너희는 그가 행하신 기적과 그의 이적과 그의 입의 판단을 기억할지어다

시편 105편은 역사시로서 자신의 약속을 성실히 지키시는 하나님에 대하여 찬양하고 있다. 하나님은 언약의 하나님으로서 한번 약속하신 것은 반드시 이루시는 분이시다. 이 시편에서는 아브라함에서 시작하여 출애굽 사건과 가나안에 정착할 때까지 하나님이 베풀어 주신 구원의 은총을 낱낱이 들면서 그 은혜를 찬송하고 있다. 그러니 '하나님의 구원사에 대한 찬양'이다. 이 시편은 교훈적 성격을 가지고 있으나 기본적으로 제의적 찬양이다.

이 시편의 1~15절은 역대상 16장 8~22절에 나타나는데 법궤를 예루살렘에 안치하는 내용이다. 시편 105편에서는 시내산 언약이 아브라함 언약과 연결되며 그것의 성취를 그리고 있다. 시인은 1~6절에서 '예배에로의 부름'을 말한다. 여기에 두 개의 주제가 제시되는데 '그의 이름'(1 상, 3 상)과 '즐거워 하라'(3 하)로 나타난다. 찬양을 통하여 하나님의 얼굴을 구한다는 것이다. '무릇 여호와를 구하는 자'(3)는 '오, 야훼를 찾는 자들이여'라는 찬탄이다.

1. 여호와께 감사하라

1절에서 "여호와께 감사하고 그의 이름을 불러 아뢰며 그가 하는 일을 만민 중에 알게 할지어다"고 하였다. 시인은 찬양의 서문에서 명령형 찬양을 하였는데 이것은 시편에 나오는 일반적 형태이다(시 106:1, 107:1, 118:1, 136:1).

하나님의 백성들은 하나님을 찬양하기 위하여 축제로 모였다. 성전에 모인 이들에게 시인은 기도와 찬양과 감사로 축제에 동참하도록 요청한다. '여호와께 감사하라.'고 하였는데 감사도 찬양의 특징 중 하나이다. 시인은 사람들에게 하나님께 감사하라고 권고한다. 하나님의 백성은 감사의 삶을 살아야 한다.

모든 것이 하나님에게서 나오기에 감사의 고백과 찬양을 드려야 한다. '그의 이름을 불러 아뢰며' 라고 하였다. 하나님의 이름은 '여호와' 이다. 이는 스스로 계신 분이시고, 약속의 하나님이다. 하나님을 향하여 '전능하신 하나님이여' 라고 할 때에 우리에게 있는 모든 근심이 사라지고 마음 속에서 감사가 넘치게 된다. '그가 하는 일을 만민 중에 알게 할지어다' 고 하였다. '그가 하는 일' 이란 하나님께서 자기 백성에게 베푸신 것으로서 이 시편에 구체적으로 나와 있다. 하나님의 백성은 하나님의 행사를 선포해야 한다.

2절에서 "그에게 노래하며 그를 찬양하며 그의 모든 기이한 일들을 말할지어다"고 하였다. 시인은 하나님께 감사하는 방법의 하나로 노래와 찬양을 말하고 있다. 하나님을 노래하고 찬양해야 한다. 이것은 하나님의 백성들이 할 수 있는 가장 쉬운 길이다. '기이한 일들'이란 1절의 '일'과 평행을 이룬다. 하나님이 하신 일을 묵상하고 선포하는 것이 중요하다. 우리를 향하신 하나님의 기사를 보다 높이 나타내어야 한다.

2. 거룩한 이름을 자랑하라

3절에서 "그의 거룩한 이름을 자랑하라 여호와를 구하는 자들은 마음이 즐거울지로다"고 하였다. '이름을 자랑하라'는 표현은 구약에서 역대상 16장 10절과 여기에만 나오는 독특한 것이다. 하나님의 이름은 하나님의 구원의 모든 비밀과 능력을 담고 있다. 그러나 이것은 밀의적 현상이 아니라 모든 사람에게 공개된 것이다. 이 이름을 자랑하라고 하였다.

'여호와' 즉 '전능하신 하나님', '약속의 하나님'을 자랑해야 한다. 우리들은 자기의 능력이나 단체의 힘을 자랑하는 것이 아니라 하나님의 이름을 자랑하여야 한다. 무릇 여호와를 구하는 자는 마음이 즐거울지로다고 하였다. 여기서 무릇 여호와를 구하는 자(시 27:8, 40:16)라는 표현을 성소에 순례를 가는 것에 대한 전문 용어이다. '예배와 기도를 통하여 하나님을 찾는 것'을 의미한다. 이런 사람의 마음이 즐거워진다. 하나님께서 우리의 모든 어려움을 맡아 해결해 주시니 이 하나님으로 말미암아 우리의 마음이 즐거워진다.

4절에서 "여호와와 그의 능력을 구할지어다 그의 얼굴을 항상 구할지어다"고 하였다. 시인은 먼저 여호와를 구하라고 하였다. 이것은 하나님의 동행을 의미한다. 하나님이 나와 함께 하심을 구하고 하나님의 능력을 구하라고 하였다. 하나님의 능력이 우리와 함께 하시면 우리는 모든 것을 할 수 있다(빌 4:13).

시인은 '그 얼굴을 항상 구하라'고 하였다. 이것은 하나님과의 대면이요 함께 함이다. 이것을 '항상 구하라'고 하였다. 이것이 하나님의 백성의 삶의 자세이다.

3. 언약의 후손들

5~6절에서 "그의 종 아브라함의 후손 곧 택하신 야곱의 자손 너희는 그

가 행하신 기사와 그의 이적과 그의 입의 판단을 기억할지어다"고 하였다. 여기서 아브라함의 후손이 등장한다(사 41:8, 대상 16:13). 시편에서는 아브라함에 대하여 많이 언급하지 않고 있다. 그러나 아브라함의 후손은 언약의 후손이며 하나님의 약속을 계승하는 자들이다. 하나님의 백성은 하나님이 하신 일 즉 기사와 이적과 입의 판단을 기억해야 한다.

아브라함의 생애를 통하여 하나님이 베푸신 기사와 이적은 너무 많았다. 이것들은 하나님의 초자연적 능력과 사랑으로 이루어졌으며, 하나님의 하나님 되심을 나타낸다. '그의 입의 판단'이란 바른 해석이 필요한 말이다. 이것은 하나님께서 모세를 통하여 시내산에서 주신 율법을 말하는 것이 아니라 바로와 그의 백성들에게 내린 심판의 언도를 말한다(출 6:6, 7:4, 12:12, 시 105:14~15). 그 입의 판단은 역사에 나타난 하나님의 심판이다(렘 1:16, 4:12, 39:5, 52:7).

우리들은 이것을 기억해야 한다. 하나님께서 자기 백성들을 보존하시고 자기를 거역하는 자에게 철저히 심판하시는 분이심을 기억해야 한다. 여기서 우리가 주목해야 할 단어는 '그 종'이다. '그 종'(시 27:9, 36:1)은 아브라함이나 그 후손에게 모두 해당된다. 하나님의 백성은 '택하신 야곱의 자손'이다. 이들은 늘 하나님을 기억해야 하는데 시인은 이것을 세 가지로 지적하고 있다.

첫째, 그의 행하신 기사 즉 구원의 은혜를 기억하라고 하였다. 둘째, 그 이적 즉 하나님의 백성이 살아가는 고비 고비마다 어려움이 있을 때에 그때마다, 함께 하시는 하나님을 기억하라고 하였다. 셋째, 하나님을 거역하는 자에게 내리는 역사의 심판을 기억하라고 하였다.

우리는 하나님을 부르고 그 하나님께 감사하며 그 성호를 자랑해야 한다. 하나님의 행사를 만민에게 선포하고 역사의 주인 되신 하나님을 노래하여야 한다. 참된 예배를 통하여 하나님의 백성의 삶이 무엇보다 중요하고, 이것으로 '하나님의 하나님되심을 나타내어야 한다.'

263

Meditation on Psalms

영원한 언약이라

시편 105:7~11

7그는 여호와 우리 하나님이시라 그의 판단이 온 땅에 있도다 8그는 그의 언약 곧 천
대에 걸쳐 명령하신 말씀을 영원히 기억하셨으니 9이것은 아브라함과 맺은 언약이고
이삭에게 하신 맹세이며 10야곱에게 세우신 율례 곧 이스라엘에게 하신 영원한 언약이
라 11이르시기를 내가 가나안 땅을 네게 주어 너희에게 할당된 소유가 되게 하리라 하
셨도다

    역사시의 특성을 유지하고 있는 시편 105편은 이스라엘 백성의 역사를
중심으로 역사의 주인되신 하나님을 논하고 있다. 시편 105편 7~11절은 족
장과 맺은 언약에 대하여 말씀하고 있는데 '땅'으로 시작하여 '땅'으로 마
친다. 이 구분의 구성은 '온 땅'이라는 보편적인 데서 '가나안 땅'이라는 구
체적인 데로 옮겨 간다.

    여기에 시공(時空)을 의미하는 '모든 땅' '영원히' '그의 언약' '언약' '영
원히' '땅'이 교차대구를 이룬다. 하나님은 온 땅을 다스리시므로 땅의 일부
를 아브라함의 후손에게 주는 것에 대해 영원한 약속을 하고 있다(8,10절).
'기억하다' '아브라함' '야곱' '판단'이 반복되고 있다. 하나님은 족장과 맺은
언약을 기억하게 하신다. 이것은 변치 않는 하나님의 약속을 말하며 그 언
약으로 인하여 우리가 진정한 소망을 가진다.

1. 여호와 우리 하나님

7절에 "그는 여호와 우리 하나님이시라 그의 판단이 온 땅에 있도다"라고 하였다. '그는 여호와 우리 하나님이시라'는 명사형 구문은 앞에 있는 명령형 구문과 대조를 이루고 있다. 시인은 언약의 하나님이 누구인지를 밝힌다. 그는 여호와이시다. 약속의 하나님이요 변치 않으신 전능하신 하나님이다. 이 하나님이 우리에게 언약을 주시니 우리는 그 언약을 소망한다. 시인은 이러한 언약의 주체를 분명히 밝힘으로서 하나님의 은혜를 생각하게 한다. '그의 판단이 온 땅에 있도다'고 하였는데 이 말씀은 5절을 연상하게 한다.

하나님은 이스라엘의 민족 신이 아니라 온 세계의 하나님으로서 온 땅을 다스리신다. 그러기에 하나님의 심판과 판단은 온 땅에 가득하다. 하나님의 존재와 역사에 대하여 엄격하게 말함으로써 하나님의 백성이 취해야 할 자세를 제시한다. '그는 여호와 우리 하나님이시라'는 말은 단순히 하는 말이 아니라 우리의 신앙을 고백하는 의미 있는 표현이다.

2. 그의 언약

8절에서 "그는 그의 언약 곧 천 대에 걸쳐 명령하신 말씀을 영원히 기억하셨으니"라고 하였다. 축제에 모인 모든 회중들은 하나님께서 언약을 충실히 지키심을 무엇보다도 중요하게 생각하고, 다른 것 보다 먼저 생각해야 한다. 하나님은 자신의 주권적 통치를 온 세상 앞에 확증하셨다. 여기서 중심이 되는 주제는 하나님께서 언약을 지키셨다는 데 있다. 인간은 여러 가지 형편으로 언약을 지키지 못하지만 하나님은 변함이 없이 지키시는 분이시다. '천대에 걸쳐 명하신 말씀'이라고 하였는데 이것은 숫자상의 천대가 아니라 무제한의 시간을 의미한다(신 7:4). 명하신 말씀은 언약의 약속 특히 땅에 대한 약속이다(11절).

여기서 '말씀'과 '언약'은 평행을 이룬다. 그러나 이 두 단어가 같은 의미가 아니다. 말씀은 하나님이 선언한 것이며, 예언적인 것을 의미한다. 하나님은 '영원히 기억하셨으니'라고 하였다. 이것은 충실하게 지켰다는 뜻이다(시 8:4, 74:2, 79:8). 하나님은 자신의 약속을 지키시는 분이시다. 한번 언약한 것은 반드시 지키시는 그 하나님을 우리는 믿는다.

여기서 하나님의 백성의 삶의 자세를 찾을 수 있다. 하나님께서 약속을 지키셨으니 우리도 그것을 믿고 지켜야 한다. 하나님은 어떤 경우에도 약속을 지키시기에 이 하나님을 믿는 하나님의 백성들은 하나님의 역사를 믿고 따르는 삶을 살아야 한다.

9~10절에서 "이것은 아브라함과 맺은 언약이고 이삭에게 하신 맹세이며 야곱에게 세우신 율례 곧 이스라엘에게 하신 영원한 언약이라"고 하였다. 이스라엘을 향한 하나님의 구속사가 제시되어 있다. '아브라함에게 하신 언약'은 창세기 사건을 뒤돌아보게 한다(창 15:18, 17:2).

이 언약은 하나님께서 아브라함에게 큰 민족의 조상이 되고 복의 근원이 되리라고 하였다(창 12:2,3). 아브라함은 나이 들어 자식이 없는 상태였으나 하나님은 그의 후손이 하늘의 별처럼 바다의 모래처럼 많게 하시겠다고 하였다. 아브라함이 이것을 믿으니 하나님이 의로 여기셨다. '이삭에게 하신 맹세'는 아브라함에게 하신 언약이 야곱에게 와서 구체화되고 확인되어진다. 창세기 22장 16~18절에서 그 약속이 나온다. "이르시되 여호와께서 이르시기를 내가 나를 가리켜 맹세하노니 네가 이같이 행하여 네 아들 네 독자도 아끼지 아니하였은즉 내가 네게 큰 복을 주고 네 씨가 크게 번성하여 하늘의 별과 같고 바닷가의 모래와 같게 하리니 네 씨가 그 대적의 성문을 차지하리라 또 네 씨로 말미암아 천하 만민이 복을 얻으리니 이는 네가 나의 말을 준행하였음이라 하셨다 하니라"고 하였다.

이러한 하나님의 언약이 창세기 26장에서 완벽하게 이루어진다. 아브라함에게 맹세한 것을 이루리라(창 26:2~3)고 하였다. 아브라함에게 맹세한 것이 이삭에게서 이루어진다.

하나님은 '야곱에게 세우신 율례'라고 하였다. '율례'는 '영원한 언약'과 평행을 이루고 있다. 아브라함과 맺은 언약이 야곱을 통하여 이어지고 있다 (창 28:13~14, 35:12). 하나님의 언약 속에 율례가 포함되어 있다. 율례는 기록을 강조하는데, 이 율례는 언약의 내용을 명시하고 있다. 이 언약은 '영원한 언약'이다. 변함이 없고 끊어지지 않는 하나님의 언약이다. 그러기에 우리는 이 언약을 믿고 지키게 된다. 하나님은 변함이 없는 분이시기에 그 언약은 변함이 없다.

3. 하나님의 약속

11절에서 "이르시기를 내가 가나안 땅을 네게 주어 너희에게 할당된 소유가 되게 하리라 하셨도다"고 하였다. '이르시기를'이란 표현은 구체적인 약속을 강조하기 위하여 사용되는 용법이다. '가나안 땅'은 약속의 땅이다. 하나님이 자기 백성에게 주시마고 하신 땅이다. 이 땅을 이스라엘 백성에게 주어 하나님의 언약과 임재를 기억하게 하신다. '너희에게 할당된 소유가 되게' 하신다고 하였다. '소유'는 '몫'을 의미하는데(시 78:55, 신 32:9) 기업은 대대로 상속되는 소유요 가족의 소유이다. 지파에게 분배되고 다시 개인에게 주어진다.

이스라엘 백성은 여호와의 기업이다(시 28:9). 하나님이 지키시고 함께 하시는 백성이다. 이 백성들은 하나님의 영광을 선포하는 도구로서의 삶을 살아야 한다. 이 구절을 자세히 보면 하반절에 '너희'라는 복수형이 나오고 상반절에는 '네'라는 단수형이 나온다. 그러니 이 약속은 족장 개인들에게 준 것이나 그 안에는 그들의 후손들도 포함되어 있다. 언약의 하나님을 우리가 믿는다. 아브라함, 이삭, 야곱의 하나님이 우리 하나님이심을 믿는다.

그 땅의 나그네가 되었고

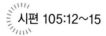
시편 105:12~15

12그 때에 그들의 사람 수가 적어 그 땅의 나그네가 되었고 13이 족속에게서 저 족속에게로, 이 나라에서 다른 민족에게로 떠돌아다녔도다 14그러나 그는 사람이 그들을 억압하는 것을 용납하지 아니하시고 그들로 말미암아 왕들을 꾸짖어 15이르시기를 나의 기름 부은 자를 손대지 말며 나의 선지자들을 해하지 말라 하셨도다

시편 105편 12~15절에서는 하나님의 약속이 가나안 땅에서 성취되어 감을 말하고 있다. 이스라엘 백성이 가나안 땅에서 아주 적은 무리였으나 하나님은 그들을 적극적으로 보호하셨고 이방 나라들은 꾸지람을 듣는다. 가나안 땅에서의 방황은 하나님의 절대적 역사를 돋보이게 한다. 이스라엘 백성은 하나님의 보호를 통하여 그들의 삶을 영위할 수 있다.

이것은 하나님의 백성들이 어떻게 살 것인가라는 문제에 대하여 해답을 준다. 하나님이 함께 하셔야 모든 것이 바르게 되어진다. 하나님의 백성들은 비록 소수일지라도 하나님의 보호 속에 살 때에 고통과 방황이 온다. 이것을 분명히 하는 것이 무엇보다 중요하다.

1. 언약의 주실 때

12절에서 "그 때에 그들의 사람 수가 적어 그 땅의 나그네가 되었고"라고 하였다. 여기서 '때'란 '이 언약을 주실 때'라는 말이다. 하나님의 약속이 이루어질 때까지 족장들은 나그네로 살았다. 그들은 가나안 땅의 '손님'이었다. 아주 적은 무리가 정착하지 못하고 여러 곳으로 방황하는 일이 계속되었다. '그들의 사람 수가 적어'라고 하였으니 이스라엘 백성들은 가나안 족속에 비하여 상대적으로 너무나 소수였음을 보여 준다. 이들은 미미한 자리에서 출발하였다. 그들에게는 희망도 없고 정처도 없는 비참한 상태가 계속되었다. 가나안 땅의 전통적 재래 문화 속에서 하나님을 섬기는 하나님 중심 문화는 소외자의 문화이며, 외면된 문화였다. 이스라엘 백성은 이러한 여건속에서 살아가게 되었으니 극도로 비참하였다. '그들의 사람 수가 적어'라는 말은 이스라엘의 실상을 보여준다. 영어 번역에는 'of little account' 또는 'yea, very few'로 번역되는데 너무나 적어 아무것도 아니라는 뜻이다. 가나안 땅의 이스라엘 백성들은 극히 적은 무리였고, '한 줌의 무리'에 불과하였다. 여기서 살아남을 길은 하나님을 의지하는 것 밖에 없다. '그 땅의 나그네가 되었고'라고 했는데 이스라엘 백성들은 반유목민이어서 어느 곳에 정착하지 못하고 이곳저곳에 떠돌아 다녔다. 이것은 창세기에 나타나는 족장의 삶이었다(창 12:1~6, 10, 20:1, 26:1, 28:2 등). 나그네의 삶이란 오늘의 성도들에게도 그대로 나타난다. 우리가 이 땅에 정착하여 사는 듯 하여도, 우리는 나그네며 손님의 삶을 살게 된다.

2. 이스라엘 백성의 방황

13절에는 "이 족속에게서 저 족속에게로, 이 나라에서 다른 민족에게로 떠돌아다녔도다"고 하였다. 이것은 이스라엘 백성들의 방황하는 모습을 보여 주는 표현이다. 족장들은 하나님의 명령에 따라 움직였다.

아브라함은 갈 바를 알지 못하고 갈대아 우르를 떠났다. 북쪽으로 가다가 하란에 갔다. 하란은 시리아의 끝인데 여기서 아버지 데라가 죽었다. 하나님은 아브라함에게 '가나안으로 가라'고 명령하시자 여기에 순종하여 그 곳으로 갔다. 다시 블레셋으로, 또 애굽까지 가게 되었다.

그러니 정처 없는 삶을 살았다. 여러 나라 여러 민족 속에서 왔다 갔다 하면서 고통당하였다. 인간적 측면에서 보면 비굴하고 거지 취급을 받았다. 그러나 하나님의 명령에 무조건적으로 순종하는 자세로 살았기에 하나님의 인도함을 받았다. 하나님께 순종하는 삶이 가장 귀하고 소중하다. 아브라함은 아무것도 없는 상황에서 하나님만 의지하여 의젓한 삶을 살았다. 이삭과 야곱도 그러하였다. 이것이 족장들의 삶의 모습이다.

오늘의 우리들도 가진 물질로 사람을 평가하는 것이 아니라 하나님의 명령에 순종하는 것으로 평가해야 한다. 하나님의 뜻을 따르면 감사의 삶이 영위된다. 비록 어렵고 고통스러워도 하나님의 인도하심을 받게 된다. 하나님의 인도하심은 인간의 생각을 초월하는 위대한 것이다. 하나님의 완전한 계획에 따라 인간들을 인도하시고 궁극적으로 하나님의 뜻을 이루게 된다.

3. 언약의 성취

14~15절에서 "그러나 그는 사람이 그들을 억압하는 것을 용납하지 아니하시고 그들로 말미암아 왕들을 꾸짖어 이르시기를 나의 기름 부은 자를 손대지 말며 나의 선지자들을 해하지 말라 하셨도다"고 하였다. 이스라엘 백성이 매우 적은 수로 나그네의 생활을 하고, 여러 나라 여러 민족에게 소외당하는 존재였다. 그럼에도 불구하고 하나님은 이미 언약을 이루시고 계셨다. 하나님은 족장들의 위기 가운데 개입하였다. 왜냐하면 그것은 하나님의 약속을 위협하는 위기였다. 하나님은 사람들이 족장을 해하는 것을 용납하시지 아니하였다. 그들이 하나님의 백성을 해치는 것은 하나님에 대한 도전이었다.

하나님은 '모든 나라 왕을 꾸짖었다.' 바로를 꾸짖고(창 12:17) 그랄 왕 아비멜렉을 꾸짖어(창 20:2) 하나님의 백성을 보호하셨다. 하나님은 당시의 실권을 가진 왕들을 꾸짖어 하나님의 역사와 의를 나타내셨다. 하나님은 '나의 기름 부은 자를 손대지 말며 나의 선지자를 해하지 말라'고 하였다.

'나의 기름 부은 자'는 메시야를 말하는데 족장들은 기름 부은 자를 말하는 것이 아니지만 이 말을 사용한다. 창세기 23장 6절에서 아브라함이 '하나님의 방백'으로 불리워진다. 그렇다고 아브라함이 메시야라는 말은 아니다.

여기서 '기름 부은 자'가 누구인지 이해하기 어렵다. 그러나 이 용어는 하나님께 부름 받고 특별한 일을 하도록 임무가 주어진 자들을 의미한다 (사 45:1). 이것은 족장들에게 특별한 임무가 주어진 것을 가르친다. '나의 선지자'란 모든 족장들 중에 아브라함에게만 사용되었다(창 20:7). 선지자의 기원이 언제부터인지 정확하게 알 수 없으나 하나님의 '대변자'라는 뜻이다.

하나님은 모든 나라 왕들에게 엄하게 명령하신다. '나의 기름 부은 자를 만지지 말고 나의 선지자를 해하지 말라'고 하신다. 하나님이 함께 하실 때에 세상의 어느 누구도 해치지 못한다. 우리는 하나님의 역사를 바로 알고 여기에 순종하는 믿음의 삶을 살아야 한다.

가나안 땅에서 이리저리 방황하듯이 하나님의 백성은 이 땅에서 고통을 당하며 나그네의 삶을 살아간다. 그러나 하나님이 함께 하시고 지키실 때에 이 모든 어려움을 이기고 살아가게 된다. 나그네 같은 생활 속에서 우리는 하나님을 의지하며 하나님의 인도하심에 순종해야 한다. 이것이 승리의 길이며 하나님을 영화롭게 하는 길이다. 족장들을 인도하신 하나님이 오늘의 우리들도 인도하신다. 그 인도에 따라 감사의 삶을 사는 것이 무엇보다 소중하다. 하나님이 함께 하시는 승리의 삶이 우리 가운데서 이루어지기를 노력해야 한다.

한 사람을 앞서 보내셨음이여

시편 105:16~22

16그가 또 그 땅에 기근이 들게 하사 그들이 의지하고 있는 양식을 다 끊으셨도다 17그가 한 사람을 앞서 보내셨음이여 요셉이 종으로 팔렸도다 18그의 발은 차꼬를 차고 그의 몸은 쇠사슬에 매였으니 19곧 여호와의 말씀이 응할 때까지라 그의 말씀이 그를 단련하였도다 20왕이 사람을 보내어 그를 석방함이여 뭇 백성의 통치자가 그를 자유롭게 하였도다 21그를 그의 집의 주관자로 삼아 그의 모든 소유를 관리하게 하고 22그의 뜻대로 모든 신하를 다스리며 그의 지혜로 장로들을 교훈하게 하였도다

시인은 요셉 이야기를 통하여 역사의 주인되신 하나님의 위대한 손길을 설명하고 있다. 요셉은 고통당하는 하나님의 백성을 묘사하고 있으며 이것을 통하여 하나님의 백성이 어떻게 살아야 할 것을 보여준다. 요셉은 종으로 팔렸지만 아브라함이나 모세처럼 하나님의 종이 된다. 요셉은 종이 되어 그 몸에 쇠사슬이 매였지만(18절) 후에는 높은 자리에 앉아 자기 뜻대로 모든 사람을 주관하게 된다. 요셉은 애굽에 갈 때 그 발에 차꼬가 채이지만 그 후손들이 애굽에서 나올 때에 은금을 가지고 떠난다. '들어가고'와 '떠나고'의 차이, '철'과 '은금'은 차이는 너무나 멀다. 그러나 하나님은 종인 요셉을 통하여 이스라엘을 해방시키는 위대한 역사를 이루어 나가신다.

1. 요셉 이야기

16절에 "그가 또 기근이 들게 하사 그들이 의지하고 있는 양식을 다 끊으

셨도다"고 하였다. 여기서 요셉 이야기가 시작된다. 요셉이 애굽으로 팔려가는 것도 하나님의 기적적인 섭리이며 사람의 계획과 기대와는 달리 요셉을 통하여 하나님께서 일하심을 보여준다.

'그가 또 그 땅에 기근이 들게 하사'는 창세기 41장 54절에 묘사된 기근이다. 이 기근은 애굽 뿐만 아니라 온 가나안 땅에 임한 것이다(창 42:54). 이 기근은 하나님의 주권적 역사로 임하였다. 하나님은 자연과 역사의 주인이 되시기에 기근을 주기도 하고 거두기도 하신다. '그들이 의지하는 양식을 다 끊으셨도다'고 하였으니 일용한 양식이 없어짐을 말한다. 극심한 기근으로 이 땅이 양식이 다 사라지고 사람들은 고통 가운데서 살아야 한다. 인간들이 양식을 취하는 것은 우리들의 노력의 결과가 아니라 하나님의 특별하신 은혜요 섭리이다. 하나님의 백성은 이러한 손길을 의지하고 하나님께 영광을 돌려야 한다.

17절에서 "그가 한 사람을 앞서 보내셨음이여 요셉이 종으로 팔렸도다"고 하였다. 이 말씀은 창세기에 나오는 요셉 이야기의 핵심을 지적하고 있다. 요셉이 형들의 시기에 의해 애굽에 팔려 갔으나 하나님은 이것을 주관하여 하나님의 뜻을 이루게 하신다. 한 사람 요셉이 애굽에 팔려갔으나 그로 인하여 하나님의 뜻이 이루어지고 자기 백성에게 큰 복이 된다(창 45:5, 7). 하나님은 요셉을 주관하시고 그를 통하여 하나님의 섭리를 나타내신다. 우리들에게 고통의 바람이 불어와도 이것이 단순한 고통으로 끝나는 것이 아니라 이것을 통하여 하나님의 역사가 이루어짐을 믿는다. 하나님의 백성은 이런 믿음을 바탕으로 살게 된다.

2. 요셉의 고통

18절에서 "그의 발은 차꼬를 차고 그의 몸은 쇠사슬에 매였으니"라고 하였다. 요셉이 당하는 고통을 묘사하였다. 요셉을 애굽에서 수많은 고통을 당하였다. '그의 발은 차꼬를 차고 그의 몸은 쇠사슬에'는 감옥에 갇힌 것에 대한 시적 표현이다(창 39:20). 요셉은 감옥에서 고통을 당하여야 했다. 그것도 모함 때문에 겪어야만 했다. '그의 몸은 쇠사슬에 매였으니'라고 하였으니 쇠사슬에 묶인 모습이다. 그러니 발과 몸이 묶였다는 것은 손발이 묶여 완전히 움직이지 못하는 상태를 묘사한다. 요셉은 애굽에서 인간이 당하는 최고의 고통을 겪었다. 감옥에 갇히고 손발이 묶여 움직일 수 없는 상태에 처하였다. 이것은 인간들이 겪는 최고의 고통을 의미한다. 인간에게 오는 고통의 의미가 무엇인가? 이것을 통하여 하나님을 바라보는 계기가 되어야 하고, 하나님께 가까이 나아가는 길이 되어야 한다.

19절에서 "곧 여호와의 말씀이 응할 때까지라 그의 말씀이 그를 단련하였도다"고 하였다. 여기에 '말씀'과 '말씀'의 평행이 나오는데 이것은 성경 여러 곳에 나오는 표현이다(삼하 23:3, 시 19:4, 119:167~170, 잠 4:20).

'여호와의 말씀이 응할 때까지라'는 요셉에게 주신 꿈을 의미한다(창 37:5~11). 이것은 요셉이 감옥에 갇힌 죄수들에게 꿈을 해석해 주는 것으로도 볼 수 있다(창 40:5~23, 41:12~13). 어찌됐던 요셉의 꿈과 연결된 말씀이라고 볼 수 있다. '그의 말씀이 그를 단련하였도다'고 하였는데 하나님께서 요셉을 시험하신다는 말이다.

하나님은 어려움에 처한 요셉이 하나님의 말씀을 바로 의지 하는지 아닌지를 시험하신다. 우리가 어려움을 겪을 때에 이것은 우리를 향한 하나님의 시험이라고 생각해야 한다. 하나님은 우리의 고통을 통해 우리의 믿음을 테스트하시니 우리들은 여기에 통과해야 한다.

3. 요셉의 꿈 해석

20절에 "왕이 사람을 보내어 그를 석방함이여 뭇 백성의 통치자가 그를 자유롭게 하였도다"고 하였다. '왕이 사람을 보내어'는 창세기 41장 14절에 나오는 사건이다. 꿈을 해석한 요셉을 석방하기 위하여 사람을 보낸 사건의 기록이다. '뭇 백성의 통치자가 그로 자유롭게 하였도다'고 하였는데 '뭇 백성의 통치자'란 표현은 구약에서 단 한번 여기에만 나온다. 통치자는 바로를 말하는데 당시 애굽은 시리아와 팔레스타인을 다스렸다. 하나님께서는 요셉을 석방하기 위하여 바로를 활용하셨다. 이것은 역사를 주관하시는 하나님의 역사를 말하는 것으로 우리에게 중요한 교훈을 주고 있다.

21~22절에서 "그를 그의 집의 주관자로 삼아 그의 모든 소유를 관리하게 하고 그의 뜻대로 모든 신하를 다스리며 그의 지혜로 장로들을 교훈하게 하였도다"고 하였다. '그의 집의 주관자'란 요셉이 애굽의 총리가 되고, 애굽을 대표하게 되는 것을 말한다(창 41:40).

요셉이 이렇게 된 것은 자신의 능력이 아니라 하나님의 인도하시는 위대한 섭리를 말한다. 요셉은 '임의로' 즉 자신의 뜻대로 여러 관리들을 다스리고 하나님이 주신 지혜로 장로들을 교훈하는 최고의 지도자가 되었다. 이 모든 것의 원천은 하나님에게 있다. 하나님이 그로 하여금 이렇게 되게 하셨다.

요셉의 생애는 하나님의 인도와 보호 속에서 이루어 졌다. 고통이 변하여 환희가 되고 죄수의 몸에서 한 나라의 총리대신이 되었다. 형제에게 미움을 받았으나 형제를 용서하는 사람이 되었다. 성경에 나오는 수많은 인물 가운데 가장 순결한 사람 중 하나가 요셉이다. 그는 하나님 제일주의의 삶을 살았고, 그것으로 인하여 고통을 당하였으나, 하나님이 고통에서 벗어나 영화롭게 하셨다.

우리의 삶도 요셉처럼 하나님을 의지하고 하나님을 바라는 삶이되어지기를 노력해야 한다.

징조들을 행하였도다

시편 105:23~38

23이에 이스라엘이 애굽에 들어감이여 야곱이 함의 땅에 나그네가 되었도다 24여호와께서 자기의 백성을 크게 번성하게 하사 그의 대적들보다 강하게 하셨으며 25또 그 대적들의 마음이 변하게 하여 그의 백성을 미워하게 하시며 그의 종들에게 교활하게 행하게 하셨도다 26그리하여 그는 그의 종 모세와 그의 택하신 아론을 보내시니 27그들이 그들의 백성 중에서 여호와의 표적을 보이고 함의 땅에서 징조들을 행하였도다 28여호와께서 흑암을 보내사 그곳을 어둡게 하셨으나 그들은 그의 말씀을 지키지 아니하였도다 29그들의 물도 변하여 피가 되게 하사 그들의 물고기를 죽이셨도다 30그 땅에 개구리가 많아져서 왕의 궁실에도 있었도다 31여호와께서 말씀하신즉 파리 떼가 오며 그들의 온 영토에 이가 생겼도다 32비 대신 우박을 내리시며 그들의 땅에 화염을 내리셨도다 33그들의 포도나무와 무화과나무를 치시며 그들의 지경에 있는 나무를 찍으셨도다 34여호와께서 말씀하신즉 황충과 수많은 메뚜기가 몰려와 35그들의 땅에 있는 모든 채소를 먹으며 그들의 밭에 있는 열매를 먹었도다 36또 여호와께서 그들의 기력의 시작인 그 땅의 모든 장자를 치셨도다 37마침내 그들을 인도하여 은 금을 가지고 나오게 하시니 그의 지파 중에 비틀거리는 자가 하나도 없었도다 38그들이 떠날 때에 애굽이 기뻐하였으니 그들이 그들을 두려워함이로다

시인은 시편 105편 23~38절에서 출애굽과 재앙 이야기를 다루고 있다. 요셉 이야기가 끝나고 이스라엘 백성이 애굽에서 벗어나고 하나님의 특별하신 역사로 출애굽 하는 내용들을 그렸다. 히브리인들은 애굽에서 온갖 박해를 받았고, 하나님은 애굽 사람들의 완악함을 징계하여 재앙을 주셨다.

그 재앙 중에 장자의 죽음(36절)이 절정이다. 하나님께서 이스라엘 백성들을 이끌어 애굽을 피해 나오게 하시는 것으로 이 부분을 마무리하고 있다.

1. 애굽으로 감

23절에서 "이에 이스라엘이 애굽에 들어감이여 야곱이 함의 땅에 나그네가 되었도다"고 하였다. 요셉의 아버지와 형제들이 요셉의 초청을 받고 애굽에 갔는데 그때 인원이 70명이었다. 이들은 애굽에서 4백 년 동안 종살이를 하여야 했다. '함의 땅'은 애굽에 대한 시적 표현으로 이스라엘이 애굽에서의 나그네 생활을 말하고 있다. 하나님이 야곱과 그 식구들을 애굽에 인도한 것은 하나님의 놀라운 섭리의 역사이다.

24~25절에는 "여호와께서 자기의 백성을 크게 번성하게 하사 그의 대적들보다 강하게 하셨으며 또 그 대적들의 마음이 변하게 하여 그의 백성을 미워하게 하시며 그의 종들에게 교활하게 행하게 하셨도다"고 하였다. 시인은 24~25절에서 애굽에서의 생활을 간략하게 정리하고 있다. 70명이 갔으나 4백년의 세월을 거치는 동안 2백 만 명이나 되었다. 하나님은 그들을 번성하게 하였다. 바로가 철저하게 핍박하였고 그들을 구원하기 위한 역사가 이루어진다. 하나님은 주권적으로 역사하셔서 이스라엘 백성을 구원하시기 위한 위대한 사역을 하신다. 하나님은 자기 백성을 구원하시기 위하여 독특한 방법을 사용하신다. '대적들의 마음이 변하여' 이스라엘을 미워하게 하였다. 이러한 미워함도 하나님으로 인하여 되어졌다. 애굽 사람들은 교활하게 행하였다. 이들은 이스라엘을 약화시키고 그들을 영원히 종살이 시키기 위하여 다양한 방법을 사용하였다. 그 대표적인 사례가 이스라엘의 남자 아이를 죽이는 일이다. 이것은 이스라엘 민족을 멸절시키려는 애굽인들의 교활한 정책이었다. 이러한 어려움 속에서도 하나님은 이스라엘 백성들을 지키시고 인도하신다.

2. 하나님의 위대한 역사

26~27절에 "그리하여 그는 그의 종 모세와 그의 택하신 아론을 보내시니

그들이 그들의 백성 중에서 여호와의 표적을 보이고 함의 땅에서 징조들을 행하였도다"고 하였다. 하나님의 역사는 위대하다. 세속 역사는 사건을 나열하지만 하나님의 역사는 이 세계에 나타나는 하나님의 행동을 나타낸다. 하나님이 역사의 주인공이고 행동의 주체이다. 모세는 하나님의 종으로서 시편에 다섯 번 나타난다(시 77:20, 103:7, 106:16, 23, 32). 아론은 모세의 대변자이다. 이들을 통하여 여호와의 표징을 즉 표적의 말씀을 보이셨다. 이것은 재앙 그 자체이거나 재앙에 대한 예언 일 것이다.

28절에 "여호와께서 흑암을 보내사 그곳을 어둡게 하셨으나 그들은 그의 말씀을 지키지 아니하였도다"고 하였다. '흑암을 보내사 어둡게 하시니'는 아홉 번째 재앙이다(출 10:21 이하). 이것은 태양신이 여호와의 능력 앞에 아무 것도 아님을 보여준다. 이 시편에 나오는 재앙기사는 출애굽기 7~12장에 있는 전통적 순서를 따르지 않고 5, 6 번째를 생략하고 있다. 28절 이하에서 재앙들이 계속 되고 있다. 우리가 주목한 말씀은 33절이다. "그들의 포도나무와 무화과나무를 치시며 그들의 지경에 있는 나무를 찍으셨도다"고 하였다. 이 말씀은 출애굽기 9장 25절에 있는 '모든 나무를 말하는 것'과 일치한다. 시인은 포도나무와 무화과나무가 애굽에서 재배되고 있었음을 잘 알고 있으며 아주 사실적으로 묘사하고 있다. 하나님의 징계가 임하니 모든 나무들이 초토화 되었다. 하나님의 역사 앞에서는 나무들이 살아남을 수 없음을 우리에게 보여준다.

3. 재앙과 탈출

34~35절은 메뚜기 재앙으로서 여덟 번째 재앙이다. 우박으로 남은 모든 것을 멸하셨다. 하나님의 재앙은 철저하였다. 하나님을 거역하는 자에게 징계 하시는 모습이다.

36절에서 "또 여호와께서 그들의 기력의 시작인 그 땅의 모든 장자를 치셨도다"고 하였다. 마지막 재앙은 장자를 치는 것이다. 이것이 왜 중요한가

하면 그 집안의 대표를 치는 것이다. 시인은 '기력의 시작'이라고 하였는데 그 뜻은 '그들의 첫 열매'라는 것이다. 즉 '그들 아들들 중 가장 좋은 꽃'이라고 번역할 수 있다. 하나님을 거역하는 자를 이렇게 철저히 징계하신다. 이 땅의 모든 것을 없애시는 하나님의 역사가 사람들의 눈에 분명히 보여주셨다. 교활한 애굽 사람들이 아무리 잔꾀를 내어도 하나님의 역사 앞에서는 아무것도 아니다. 하나님이 재앙을 계속하여 내리시니 그들이 항복할 수밖에 없다.

37절에는 "마침내 그들을 인도하여 은 금을 가지고 나오게 하시니 그의 지파 중에 비틀거리는 자가 하나도 없었도다"고 하였다. 드디어 이스라엘 백성이 해방된다. 하나님의 재앙에 그들은 항복하였고, 이스라엘을 해방시킨다. 이스라엘이 애굽을 나올 때 많은 재물을 가지고 나왔다(출 3:21, 11:2, 12:35). 그들은 노략물처럼 가지고 나왔다. 요셉이 옥에 갇힐 때에 손과 발에 쇠사슬이 묶였으나 이제 해방의 날에는 은금을 가지고 승리자처럼 나오게 된다. 은금은 종살이에 대한 보상이다. 은과 금은 고대 세계에서 가장 귀중한 금속이었다. 장식이나 보석으로 사용되고 화폐같이 상거래의 도구가 되었다. '그 지파 중에 약한 자가 하나도 없었도다'고 하였다. 이 말은 '아무도 넘어지는 자가 없었다'(사 5:27)는 말이다. 이것은 하나님의 인도가 온전하였음을 보여준다. 하나님이 역사하셔서 이스라엘을 해방 시키시니 어느 하나 약한 자가 없는 완전한 인도를 보여준다. 하나님의 인도는 완벽하다.

38절에 "그들이 떠날 때에 애굽이 기뻐하였으니 그들이 그들을 두려워함이로다"고 하였다. 이스라엘 백성이 애굽을 떠나자 애굽인들은 기뻐했다. 왜냐하면 그들로 인하여 더 무서운 재앙이 임할까 두려웠기 때문이다. 하나님이 역사하실 때 애굽인들이 두려워 떨었다. 하나님의 손길이 임하면 이 세상의 모든 것이 사라지기에 인간은 두렵고 또 두려운 삶을 살게 된다. 하나님은 이스라엘을 이같이 보존하셨다. 하나님의 영광을 드러내는 삶으로 바꾸신다. 우리는 이 역사를 사모해야 한다.

구름을 펴사 덮개를 삼으시고

🔅 **시편 105:39~41**

39여호와께서 낮에는 구름을 펴사 덮개를 삼으시고 밤에는 불로 밝히셨으며 40그들이 구한즉 메추라기를 가져 오시고 또 하늘의 양식으로 그들을 만족하게 하셨도다 41반석을 여신즉 물이 흘러나와 마른 땅에 강 같이 흘렀으니

시인은 이스라엘의 역사를 바탕으로 역사시를 펴 나간다. 4백년동안 종살이 하던 애굽을 떠나 광야 길을 가게 된다. 이스라엘의 광야생활은 하나님의 인도와 백성들의 배신 그리고 징계와 회복이 점철되었다. 이스라엘의 광야 생활은 오늘의 우리 생활의 압축판과 같다. 하나님의 보호와 인도가 늘 있으나 여기에 순종하기보다 우리 뜻대로 하려다가 징계를 받는 그러한 삶의 연속이다. 그럼에도 불구하고 하나님은 자기 백성을 버리지 않고 지켜주심을 실감한다.

1. 구름으로 불로

39절에 "여호와께서 낮에는 구름을 펴사 덮개를 삼으시고 밤에는 불로 밝히셨으며"라고 하였다. 여기서부터 광야생활 이야기가 시작된다. 하나님은 계속적으로 기적을 베푸셔서 이스라엘 백성을 지키신다. 하나님의 기적적 역사가 묘사되어 있는데 이것은 하나님의 특별한 방법이다. '여호와께서 낮에는 구름을 펴사 덮개를 삼으시고' 라고 하였다. 아주 독특한 표현

이다.

여기서 '구름'은 길을 인도하는 구름이 아니라(출 13:21, 시 78:14) 덮어 보호하시는 능력을 가르친다(출 14:19). 여기에 대하여 학자들에 따라 여러 가지 해석들이 있다. 어떤 이들은 구름을 하나님의 마차로 보고 그 위에 덮개로 덮은 이미지라고 해석하기도 한다. '구름을 펴사 덮개를 삼으시고'란 애굽인들로부터 이스라엘을 보호할 목적이었다(출 13:21). 후에는 광야의 무서운 일사광선으로부터 백성들을 보호할 목적이었다.

광야는 폭염으로 인해 질식할 것과 같은 상황이지만 구름이 버섯같이 퍼져 파라솔처럼 되어 보호하여 주니 안전할 수 있다. 또 구름은 이스라엘 백성을 인도하는 역할을 한다. 출애굽기 13장 21~22절에서 "여호와께서 그들 앞에 가시며 낮에는 구름 기둥으로 그들의 길을 인도하시고 밤에는 불 기둥으로 그들에게 비취사 낮이나 밤이나 진행하게 하시니 낮에는 구름 기둥, 밤에는 불 기둥이 백성 앞에서 떠나지 아니하니라"고 하였다.

이 기록을 통하여 하나님은 불 기둥과 구름 기둥으로 이스라엘 백성을 보호하시고 인도하시는 위대한 분이심을 보여준다. 출애굽기 40장 36~38절에 그 역사가 구체화 되어 있다. 하나님의 역사는 인간의 계획이나 계산을 뛰어넘는 위대한 것이다. 하나님만이 하실 수 있는 것이기에 인간들은 여기에 순종하며 나아가야 한다.

2. 하늘양식으로

40절에는 "그들이 구한즉 메추라기를 가져 오시고 또 하늘의 양식으로 그들을 만족하게 하셨도다"고 하였다. 이 말씀을 보면 하나님께서 이스라엘의 기도를 들으시고 그냥 메추라기와 하늘 양식을 내려 주신 것 같이 보인다. 그러나 거기에는 이스라엘의 불신과 불평이 있었다.

출애굽기 16장 2~3절에 보면 "이스라엘 자손 온 회중이 그 광야에서 모세와 아론을 원망하여 이스라엘 자손이 그들에게 이르되 우리가 애굽 땅에서 고기 가마 곁에 앉아 있던 때와 떡을 배불리 먹던 때에 여호와의 손에 죽었더라면 좋았을 것을 너희가 이 광야로 우리를 인도해 내어 이 온 회중이 주려 죽게 하는도다"고 하였다. 얼마나 엉뚱한 이야기인가? 애굽의 노예 생활에서 주인집 고기 가마 곁에 있다고 몰래 한 점씩 건져 먹던 그때가 그립다는 말이다. 노예 생활에서 육신의 배불림에만 집착하는 인간의 비참함이 있다.

출애굽기 16장 11~13절에 위대한 역사가 나타난다. "여호와께서 모세에게 말씀하여 이르시되 내가 이스라엘 자손의 원망함을 들었노라 그들에게 말하여 이르기를 너희가 해 질 때에는 고기를 먹고 아침에는 떡으로 배부르리니 내가 여호와 너희의 하나님인 줄 알리라 하라 하시니라 저녁에는 메추라기가 와서 진에 덮이고 아침에는 이슬이 진 주위에 있더니"라고 하였다. 이것이 메추라기를 주신 배경이다.

이스라엘 백성이 기도를 많이 하여 주신 것이 아니라 원망과 불평 속에서도 하나님의 하나님되심을 분명히 보이신다. 그래서 '내가 여호와 너희의 하나님인 줄 알리라'고 하였다. 하나님은 불평하는 자기 백성을 먹이심으로 '하나님의 하나님 되심'을 분명히 보이셨다. 이것은 하나님의 특별하신 역사이며, 손길이다. 이런 역사가 언제까지 계속되었는가 하면 이스라엘이 가나안 땅에 도착할 때까지이다. "그 땅의 소산물을 먹은 다음 날에 만나가 그쳤으니 이스라엘 사람들이 다시는 만나를 얻지 못하였고 그 해에 가나안 땅의 소출을 먹었더라"(수 5:12)고 하였으니 하나님의 절묘한 역사를 볼 수 있다. 하나님의 이적은 특별한 것이다. 늘 주시는 것이 아니라 필요할 때에 적절히 주시는 하나님의 역사이다. 그러므로 일상(日常)을 통해 역사하시는 하나님을 바라보고 그 하나님께 영광을 돌려야 한다.

3. 물로

41절에서 "반석을 여신즉 물이 흘러나와 마른 땅에 강 같이 흘렀으니"라고 하였다. 이 말씀을 르비딤 사건이다(출 17:1~6). 이스라엘 백성은 만나와 메추라기만으로 만족하지 못하고 물을 구하였다. 단순히 요청한 것이 아니라 불평하고 불만으로 가득하였다. 하나님은 모세에게 반석을 치게 하여 생수를 공급하시고 이스라엘 백성에게 먹이셨다. '마른 땅에 강 같이 흘렀으니'라고 하였으니 하나님의 도움이 기적적 역사임을 보여 준다. 하나님은 인간이 상상할 수 없는 위대한 방법을 통하여 자기 백성을 지켜 보호하신다. 시인은 이 짧은 몇 구절을 통하여 이스라엘 백성의 광야 생활 40년을 그리고 있다. 광야 생활은 하나님의 인도와 이스라엘의 배신, 그리고 징계와 회복이 연속되어 있다. 우리는 이것을 몇 가지로 정리할 수도 있다.

첫째, 인도이다. 39절에 나오듯 구름으로 이스라엘 백성을 인도하시고 또 보호하셨다. 그들이 가야 할 길이 어딘지 알 수 없을 때에 하나님은 불기둥과 구름 기둥으로 이스라엘을 인도하였다. 이것은 하나님의 위대한 역사이며 사랑의 표현이다. 또 이것은 보호의 기능을 한다. 구름으로 뜨거운 빛을 차단하여 '낮의 해가 상치 못하도록' 하신다.

둘째, 양육이다. 만나와 메추라기를 내려 이스라엘을 먹이셨다. 이것은 자기 백성을 양육하시는 하나님의 사랑이다. 이스라엘이 순종하고 기도 할 때에만 응답을 주신 것이 아니라 불평하고 항거할 때에도 '하나님의 하나님 되심'을 보여 주셨다.

셋째, 함께 함이다. 이스라엘 백성이 목이 마르다고 불평 할 때에 하나님은 모세를 통해 반석을 치시고 생수를 주셨다. 이것은 하나님께서 이스라엘 백성을 버리시지 않고 함께 하신다는 사실을 입증하고 있다. 이것은 하나님의 백성들이 믿고 따라야 할 소망의 길이다.

아브라함을 기억하셨음이로다

시편 105:42~45

42이는 그의 거룩한 말씀과 그의 종 아브라함을 기억하셨음이로다 43그의 백성이 즐겁게 나오게 하시며 그의 택한 자는 노래하며 나오게 하시고 44여러 나라의 땅을 그들에게 주시며 민족들이 수고한 것을 소유로 가지게 하셨으니 45이는 그들이 그의 율례를 지키고 그의 율법을 따르게 하심이로다 할렐루야

시인은 시편 105편에서 역사시의 형태에 따라 이스라엘 백성의 역사를 그리고 있다. 족장과 맺은 언약을 시작으로 애굽에서의 피난살이와 종살이 요셉 이야기, 애굽에서 가나안으로 이동하는 과정에서 출애굽과 재앙 이야기를 하고 광야에서 인도하시고 만나와 메추라기를 먹이신 역사를 통해 하나님의 하나님 되심을 강조하고 있다. 이제 이 시의 결론 부분에서 아브라함 약속의 성취를 통해 예수 그리스도를 그리게 되고, 우리가 예수 그리스도를 통하여 아브라함의 씨가 되었다. 이러한 언약의 성취는 우리를 향한 하나님의 복이다.

1. 은혜를 주신 이유

42절에서 "이는 그의 거룩한 말씀과 그의 종 아브라함을 기억하셨음이로다"고 하였다. 시인은 이 시의 결론을 말하면서 서론으로 돌아간다. '이는'이라고 하였는데 이 말은 앞에 나온 37~41절까지의 하나님이 은혜 주신

이유이다. 즉, 왜 하나님이 은혜를 주셨는가를 설명하는 말이다. 시인은 하나님께서 약속을 지키신다는 근본적 사상을 말하고 있다. 하나님은 자신의 약속을 지키셨다. '이는 그의 거룩한 말씀과'라고 하였으니 하나님이 약속하신 그 말씀 즉 하나님의 약속은 깨끗하고 더러움이 없는 거룩한 말씀이다. 하나님은 약속을 지키시기에 인간들은 하나님을 향하여 '참으로 하나님이십니다'고 고백한다.

하나님이 우리를 돌보시는 이유가 무엇인가? 그것은 하나님의 약속 때문이다. 이것은 하나님의 놀라운 은혜 언약이다. 행위, 언약으로 우리를 보시면 우리들은 멸망할 수밖에 없으나 하나님의 은혜언약으로 우리를 새롭게 하신다. 아브라함이 다시 등장한다. 하나님은 창세기 15장에서 아브라함에게 그 후손들이 재물을 가지고 나올 것이라고 약속하셨다. 이 약속을 하나님께서 이루셨다. 출애굽은 단순한 역사적 사건이 아니라 아브라함과 하나님이 맺은 영원한 언약의 확증이며 성취이다. 하나님은 이 약속을 기억하시고 다 이루셨다. 하나님의 약속은 어느 하나도 변함이 없이 반드시 이루어진다.

2. 즐겁게 나오게 하시며

43절에서 "그의 백성이 즐겁게 나오게 하시며 그의 택한 자는 노래하며 나오게 하시고"라고 하였다. 이것은 이스라엘 백성이 애굽에서 나올 때에 노래를 크게 불렀던 것을 말한다. 이 말씀에 '즐거움'과 '노래'가 평행을 이룬다. 이 즐거운 '새 출애굽'에 대한 종말론적인 기쁨이다. 그러니 승리의 노래이고 감사의 노래이다.

이스라엘 백성들이 출애굽하면서 노래를 부른 것은 홍해 언덕에서이다. 출애굽기 14장 30절에 "그 날에 여호와께서 이같이 이스라엘을 애굽 사람의 손에서 구원하시매 이스라엘이 바닷가에서 애굽 사람들이 죽어 있는 것을 보았더라"고 하였다. 이때 애굽 군인들이 한 사람도 빠짐없이 다 죽었다. 출애굽기 15장 1절에서 "이 때에 모세와 이스라엘 자손이 이 노래로 여호와께 노래하니 일렀으되"라고 하였다.

이스라엘 백성들은 자연스럽게 노래를 하였다. 이스라엘 백성들의 노래는 시적(詩的)이었고 참으로 멋있었다. "주께서 주의 바람을 일으키시매 바다가 그들을 덮었으니 그들이 흉용한 물에 납같이 잠겼나이다"(출 15:10)고 애굽 군인들의 죽음을 묘사하고 있다. 이스라엘 백성들은 노래하면서 소고를 쳤다. "아론의 누이 선지자 미리암이 손에 소고를 잡으매 모든 여인도 그를 따라 나오며 소고를 잡고 춤추니"(출 15:20)고 하였다. 요새 말로 하면 율동을 하며 찬송을 하였다는 의미이다. "미리암이 그들에게 화답하여 이르되 너희는 여호와를 찬송하라 그는 높고 영화로우심이요 말과 그 탄자를 바다에 던지셨음이로다"(출 15:21)라고 하였다.

하나님의 백성들은 그들의 구원을 이렇게 찬양하였다. 하나님께서 자기 백성을 구원하신 위대한 역사를 자랑하고 이것을 찬양으로 표현한다. 하나님의 백성은 구원의 기쁨을 노래한다. 이것은 영원을 바라보는 하나님의 역사이며 종말론적 소망의 표현이다. 이스라엘 백성들이 출애굽기에 이렇게 노래한 것 같이 오늘의 우리도 구원의 노래를 불러야 한다.

3. 땅을 그들에게 주시며

44절에서 "여러 나라의 땅을 그들에게 주시며 민족들이 수고한 것을 소유로 가지게 하셨으니"라고 하였다. 이 말씀은 11절의 '주다'와 '여러 나라'가 이어진다. 또 '소유로 취하다'가 연결된다. 이 시편은 땅에 대해 족장에게 주신 약속을 드러내고 있다. 하나님의 절대적 주권과 은총이 마지막으로 나온다. 하나님은 온 세상의 주재이시고, 온 세상을 다스리신다. 하나님의 가나안 땅만 아니라 온 나라의 땅을 소유하고 계시며 그 중 한 부분을 자기 백성에게 은총으로 주신다. '여러 나라의 땅'은 가나안 땅이다(시 78:55, 신 6:10~11). '민족들의 수고한 것'은 그들의 노동의 열매이다. 들과 밭과 집과 모든 것을 가르친다. 신명기에 땅에 대한 기록이 있다. 신명기 6장 10~12절에서 "네 하나님 여호와께서 네 조상 아브라함과 이삭과 야곱을 향하여 네게 주리라 맹세하신 땅으로 너를 들어가게 하시고 네가 건축하지 아니한 크고 아름다운 성읍을 얻게 하시며 네가 채우지 아니한 아름다운 물건이 가득한 집을 얻게 하시며"라고 하였다.

하나님의 축복은 계속된다. "네가 파지 아니한 우물을 차지하게 하시며 네가 심지 아니한 포도원과 감람나무를 차지하게 하사"라고 하였다. 여호수아 24장 13절에는 "내가 또 너희가 수고하지 아니한 땅과 너희가 건설하지 아니한 성읍들을 너희에게 주었더니 너희가 그 가운데에 거주하며 너희는 또 너희가 심지 아니한 포도원과 감람원의 열매를 먹는다 하셨느니라"고 하였다. 하나님은 이와 같은 복을 이스라엘 백성에게 주셨다. 땅에 대한 깊은 관심은 이스라엘 백성이 땅을 잃었던 시대 즉 바벨론 포로시대를 배경으로 한다. 하나님께서 이스라엘에게 땅을 주시므로 영원한 하나님의 세계를 사모하게 한다.

45절에서 "이는 그들이 그의 율례를 지키고 그의 율법을 따르게 하려 하심이로다 할렐루야"라고 하였다. 여기서는 시내산 언약을 말하고 있다. 구체적으로 십계명을 말하고 있다. 하나님의 은총과 계명 사이에 고리를 만드는 것이 십계명이다. 십계명은 사람의 행동을 규제하는 것이 아니라 하나님의 백성이 하나님께 순종하도록 하는데 있다.

신명기 4장 1~2절에 보면 "이스라엘아 이제 내가 너희에게 가르치는 규례와 법도를 듣고 준행하라 그리하면 너희가 살 것이요. 너희의 조상의 하나님 여호와께서 너희에게 주시는 땅에 들어가서 그것을 얻게 되리라"고 하였다. 하나님의 백성이 하나님의 말씀을 지키며 마지막에 '할렐루야'로 마무리한다. '여호와를 찬양하라'는 할렐루야가 우리의 찬양이요 고백이다.

주의 유산을 자랑하게 하소서

시편 106:1~5

1할렐루야 여호와께 감사하라 그는 선하시며 그 인자하심이 영원함이로다 2누가 능히 여호와의 권능을 다 말하며 주께서 받으실 찬양을 다 선포하랴 3정의를 지키는 자들과 항상 공의를 행하는 자는 복이 있도다 4여호와여 주의 백성에게 베푸시는 은혜로 나를 기억하시며 주의 구원으로 나를 돌보사 5내가 주의 택하신 자가 형통함을 보고 주의 나라의 기쁨을 나누어 가지게 하사 주의 유산을 자랑하게 하소서

시편 가운데 이스라엘의 역사를 다룬 역사시(시 78, 105, 106, 136편)들은 역사를 되돌아보며 역사의 주인되신 하나님을 더 높인다. 이 시편들은 '불순종하는 나라'와 '영원한 하나님의 사랑' 사이에 일어나는 갈등을 그리고 있다.

시편 106편은 시편 제 4권의 마지막 시편으로서 이스라엘의 긴 역사를 낭송하면서 이스라엘의 넘치는 죄와 죄가 많은 곳에 더욱 넘치는 하나님의 은총을 전하고 있다. 이 시편의 배경이 무엇인지에 대해 여러 가지 논의가 있다. 역대상 16장 34절 이하의 다윗과 연결시킬 수도 있으나 이 시편의 27, 47절 등을 보면 포로 후기로 볼 수 있다.

하나님의 백성은 온 땅에 흩어졌으며 바벨론 포로로 엄청난 고생을 당하고 있다. 이제 '다시 여러 나라로 부터 모아 주시기'를 구하고 있다. 여기에 참회기도가 있다. 지나간 역사는 조상들의 죄로 얼룩졌으나 오늘의 시대는 우리들의 죄로 얼룩져 있다.

시편 106편은 언약갱신 축제 때에 사용된 것 같다. 이 의식에서 축제 때에 사용된 것 같다. 이 의식에서 제사장들은 하나님의 의로운 사적들을 낭송하며 레위인들은 이스라엘 자손들의 죄를 열거한다. 그 후에 고백이 있다. 이 시편은 이스라엘의 역사를 관통하면서 이스라엘의 죄악과 회개가 연속적으로 나온다. 이것은 하나님의 은총을 바탕으로 한 것으로 하나님의 구원 역사를 강조한다.

1. 여호와께 감사하라

1절에서 "할렐루야 여호와께 감사하라 그는 선하시며 그 인자하심이 영원함이로다"고 하였다. 1~5절은 예배에의 부름이다. 시인은 온 회중으로 하여금 하나님을 찬양하라고 권한다. 그 중심 주제는 '하나님의 인자하심이 영원함이로다'에 있다. 영원하신 하나님의 인자가 이스라엘의 희망이다. 그래서 이 하나님을 찬양하는 것이 최고의 영광이다.

'할렐루야'로 시작한다. 이것은 시편 104편 35절과 같은 형식이다. '여호와를 찬양하라'는 말은 하나님을 찬양하는 송영이다. '여호와께 감사하라'고 하였다. 여호와께 감사해야 되기 때문에 하나님을 찬양하라고 하였다. 그 이유는 '그는 선하시며 그 인자하심이 영원하기' 때문이다. 여기에 하나님의 속성이 나온다. 하나님은 선하신 분이다. 그러기에 인간들에게 좋은 것을 주시고 유익케 하신다. 선하신 하나님은 자기 백성을 바른 길로 인도하시고 귀한 역사를 나타내게 하신다.

하나님은 인자하신 분 즉 사랑이 많으신 분이다. 그리하여 자기 백성의 죄를 용서하시고 바로 잡아 주신다. 이스라엘 백성은 수도 없이 하나님을 거역하고 범죄하였다. 하나님은 그래도 참으시고 그들을 용서하셨다. 이러한 하나님을 찬양해야 한다. 영원하신 하나님의 선함과 인자하심을 우리들이 정성을 다해 찬양하고 감사해야 한다.

2. 다 선포하라

2절에서 "누가 능히 여호와의 권능을 다 말하며 주께서 받으실 찬양을 다 선포하라"라고 하였다. 누가 하나님의 선하심과 인자하심을 전파할 수가 있느냐라는 말이다. '능하신 사적'은 하나님의 힘과 능력을 뜻한다. 이 것은 사람과 동물에게도 적용된다. 이 말은 하나님께서 역사에 행하신 큰 일을 말할 때에도 사용된다. '영예'란 하나님의 위대하심, 영화로우심을 말한다.

이러한 하나님의 위대하심을 누가 선포하여야 하는가? 사람의 힘으로는 도저히 어려운 일이다. 하나님의 일은 하나님의 은혜를 받은 자만이 할 수 있다. 사람의 생각과 다른 하나님의 역사이기에 이 하나님을 바로 의지하는 것이 무엇보다 중요하다.

3절에서 "정의를 지키는 자들과 항상 공의를 행하는 자는 복이 있도다"고 하였다. 2절에 질문에 대한 대답으로 나온다.

'공의를 지키는 자들'이란 하나님의 의에 따라 사는 자들 또는 하나님의 말씀대로 사는 자들을 의미한다. 공의를 따른 삶은 하나님의 모습을 보여 주는 것이다. 바울의 표현대로 하면 그리스도의 향기라는 뜻이다. 힘들고 어려운 여건 속에서도 하나님을 의지하며 하나님께 가까이 나아가는 삶의 자세이다.

또 '항상 의를 행하는 자'는 앞에 나온 말과 같은 뜻이다. 인간 스스로는 의롭게 될 수 없으나 믿음으로 의롭게 된다. 예수 그리스도로 말미암아 구원을 받고 믿음으로 의롭게 되는 자가 복이 있다. 이런 사람은 불평의 삶을 사는 것이 아니라 늘 감사하며 살아간다. 우리는 하나님 앞에서 늘 복 받은 자의 삶을 살아야 한다. 바울은 "하늘에 속한 모든 신령한 복을 우리에게 복 주시되"(엡 1:3)라고 하였다. 하늘의 신령한 복을 받은 자들이 하늘 백성으로서의 복된 삶을 살게 된다.

3. 기억하시며

4절에서 "여호와여 주의 백성에게 베푸시는 은혜로 나를 기억하시며 주의 구원으로 나를 돌보사"라고 하였다. 1~3절은 일반적 진리이고 4절부터는 나 자신에게 이 문제를 적용시키고 있다. 시인은 '여호와여' 즉 '언약의 하나님이시여'라고 부르고 있다. '주의 백성에게 베푸시는 은혜로 나를 기억하시며'라고 하였다. 하나님은 자기 백성에게 1~3절의 법칙대로 은혜를 베푸신다. 즉 항상 의를 행하는 자에게 복을 베푸신다.

시인은 '내가 항상 의를 행하게 하소서 그것을 통하여 복이 내게도 임하게 하소서'라고 호소한다. 이것은 하나님의 백성이 간절한 자세를 말한다. 또 '주의 구원으로 나를 권고하사'라고 하였다. 우리가 살아갈 때에 생각지 못한 어려움이 온다. 그때마다 하나님이 우리를 지켜주시고 그 어려움에서 이기게 하신다.

하나님은 자기 백성을 잊지 않고 기억하시기에 이 하나님을 의지하는 것이 최고의 복이다. 시인은 이것을 하나님께 구하였다.

5절에서 "내가 주의 택하신 자가 형통함을 보고 주의 나라의 기쁨을 나누어 가지게 하사 주의 유산을 자랑하게 하소서"라고 하였다. 여기서 '주의 택하신 자'는 이스라엘 백성이다. 이들은 또 '주의 나라'로 불리운다.

'나로 보게 하소서'는 '나도 하나님의 백성들이 누리는 축복에 동참하게 하소서'란 뜻이다. 시인은 개인의 복과 이스라엘의 복을 연결하여 설명하고 있다.

하나님의 백성은 주의 나라의 기업으로 즐거워하고 더 나아가 주의 기업과 함께 자랑하여야 한다. 그러니 개인의 행복은 나라의 행복과 연결된다. 하나님의 백성은 개인적 형통을 체험하고 나아가서 이것이 모여 하나님의 공동체의 형통이 되어야 한다. 이것을 자랑하고 소중히 여기는 삶이어야 한다.

우리 조상들처럼 범죄하여

시편 106:6~12

6우리가 우리의 조상들처럼 범죄하여 사악을 행하며 악을 지었나이다 7우리의 조상들이 애굽에 있을 때 주의 기이한 일들을 깨닫지 못하며 주의 크신 인자를 기억하지 아니하고 바다 곧 홍해에서 거역하였나이다 8그러나 여호와께서는 자기의 이름을 위하여 그들을 구원하셨으니 그의 큰 권능을 만인이 알게 하려 하심이로다 9이에 홍해를 꾸짖으시니 곧 마르니 그들을 인도하여 바다 건너가기를 마치 광야를 지나감 같게 하사 10그들을 그 미워하는 자의 손에서 구원하시며 그 원수의 손에서 구원하셨고 11그들의 대적들은 물로 덮으시매 그들 중에서 하나도 살아 남지 못하였도다 12이에 그들이 그의 말씀을 믿고 그를 찬양하는 노래를 불렀도다

　　시편에 나오는 이스라엘의 역사는 두 가지 개념 사이의 갈등을 그려내고 있다. 하나는 '불순종하는 나라'이며 다른 하나는 '영원한 하나님의 자비' 이다. 특히 시편 106편은 4권의 마지막 시편으로서 이스라엘의 긴 역사를 낭송하면서 이스라엘의 넘치는 죄와 죄가 많은 곳에 더욱 넘치는 하나님의 은총에 대하여 노래하고 있다. 역사를 조상들의 죄로 가득하였으나 오늘의 역사는 우리의 죄로 만신창이가 되었다. 조상들과 우리들은 하나님이 주신 사랑을 빙자하여 죄에 탐닉하고 반역과 죄악으로 가득한 인생을 살고 있다.

　　역사를 통하여 교훈하시는 하나님의 음성에 귀를 기울이는 것이 무엇보다 중요하다. 시편 106편 6~12절은 '열조의 범죄와 하나님의 구원 은총'을 노래하고 있다. 여기서 '인자하심', '능력', '찬송'이 이어지고 4, 8, 10절에는 '구원'이 삼중적으로 나타난다. 이 부분을 두 단락으로 나눌 수 있는데 '조상들과 우리의 범죄'(6~7절)와 '홍해에서의 기적과 구원 모델'(8~12절)로 나누인다.

1. 우리의 범죄

6~7절을 보면 현재 이스라엘 백성이 포로 생활을 하는 것은 조상의 죄로부터 당대의 죄가 쌓였기 때문이다. 마치 불타는 죄의 장작 위에 백성들이 죄의 제물이 되어 타는 것과 같다. 시인은 구원의 원형인 출애굽을 바라본다. 그러나 출애굽 때에도 조상들은 '깨닫지 못하고', '배역했다'. 문제는 이때부터 생겼다. 하나님의 기적들을 그들은 이해하지 못하였고, 출애굽과 홍해에서 하나님의 큰 기적이 나타날 때에도 그들은 반역을 하였다.

6절에서 "우리가 우리의 조상들처럼 범죄하여 사악을 행하며 악을 지었나이다"고 하였다. 시인은 악을 고백한다. 시인은 죄의 혈통적 연대성을 강조하기도 하지만 자신의 죄와 조상 세대의 죄를 고백한다. '우리도 조상과 함께 범죄했습니다'고 고백하였는데, 이것은 '우리도 조상들처럼 범죄했습니다'라는 의미이다.

시인은 조상들의 죄와 자기 죄를 연계시켰다. 자신들은 옛날 조상들이 한 것처럼 범죄를 하였다고 하였다. 이것은 자신을 정확하게 보는 관점이다. 범죄한 모든 것이 조상에게서 계승되어짐을 말한다.

'악을 지었나이다'고 하였는데 이 말은 사역형으로 '죄 있다고 정죄하다'라는 뜻이다(욥 9:20, 10:2, 시 37:33). 명사형은 '죄가 발각된 자'이다. 이 단어들은 부패한 인간의 본성을 가리킨다. 죄악을 범하여 타락하고 더러워진 인간의 실체를 강조하고 있다. 6절에는 '범죄', '사악', '악'이라는 단어가 나오는데 이 단어들은 솔로몬의 기도에 나온다(왕상 8:58). 아마 죄를 고백하는 형식인 것 같다.

2. 주의 기이한 일

7절에서 "우리의 조상들이 애굽에 있을 때 주의 기이한 일들을 깨닫지 못하며 주의 크신 인자를 기억하지 아니하고 바다 곧 홍해에서 거역하였나이다"고 하였다. 하나님께서는 모세와 아론을 통하여 많은 기적을 행하였다. 그러나 이스라엘 백성은 하나님께서 행하신 놀라운 기적의 뜻을 깨닫지 못하였다. 그들은 하나님께 충성을 해야 하는데 도리어 하나님을 배신하였다.

'거역하였나이다'란 말은 하나님의 권위를 무시하는데 사용되는 말이다(민 20:10, 사 1:20 등). 하나님의 절대 주권을 무시하고 자신이 하나님의 자리에 서려고 하는 문제들을 말한다. 하나님이 베푸신 구원의 참 뜻을 깨달아야 한다. 이것은 구원을 통하여 하나님의 영광을 드러내기 위함이다.

8~12절은 홍해에서의 기적과 구원의 모델을 다룬다. 이스라엘 백성의 하나님은 그들을 구원하신다.

8절에서 "그러나 여호와께서는 자기의 이름을 위하여 그들을 구원하셨으니 그의 큰 권능을 만인이 알게 하려 하심이로다"고 하였다. 여기서 구원의 목적이 나온다. 즉 '자기 이름을 위하여서' 구원하신다. 이것은 '하나님의 하나님 되심'을 강조하고 하나님의 영광을 나타내기 위함이다. 또 온 세상에 하나님의 권능을 나타내려고 함이다.

하나님이 자기 백성을 구원하는 것은 자기 백성의 안락만을 위한 것이 아니라 궁극적으로 '하나님의 이름을 위함'이다. 이러한 구원의 목적을 정확히 알 때에 하나님의 영광을 드러내고 하나님께 감사하는 삶을 살게 된다.

3. 마치 광야같이

9절에서 "이에 홍해를 꾸짖으시니 곧 마르니 그들을 인도하여 바다 건너가기를 마치 광야를 지나감 같게 하사"라고 하였다. 이것은 하나님의 놀라운 능력을 보여준다. 하나님은 자연을 다스리시기에 하나님이 꾸짖으시니 바다가 갈라지는 기적이 일어나고, 사람들이 바다 지나기를 광야를 지남같이 하였다. 이것은 하나님의 은총이다. 인간의 머리로 이해할 수 없는 기적적 사건이며, 그것을 통하여 '하나님의 하나님 되심'을 강조하고 있다. 하나님은 범죄한 우리를 버리시지 않으시고 기적의 은총을 부어 주셨다.

10절에서 "그들을 그 미워하는 자의 손에서 구원하시며 그 원수의 손에서 구원하셨고"라고 하였다. 하나님의 기적적 역사가 나타난다. '미워하는 자'와 '원수'의 손에서 구원하셨다고 했다. 하나님은 자기 백성을 구하시기 위하여 원수들을 제물로 활용하셨다. 하나님을 거역하는 원수들은 하나님의 영광을 나타내기 위한 제물이 된다. 이것은 하나님의 주권적 사역이며, 하나님만이 할 수 있는 역사이다.

11절에서 "그들의 대적들은 물로 덮으시매 그들 중에서 하나도 살아남지 못하였도다"고 하였다. 9절과 대비되는 말씀이다. 하나님이 꾸짖으시매 바다가 육지같이 되고, 하나님의 백성이 구원을 받았다. 그러나 반대 현상이 일어났다. 물이 덮으매 원수들은 모두 물에 빠져 죽게 되었다.

우리는 여기서 구원과 유기의 역사를 본다. 어떤 사람은 구원하시고 어떤 사람을 버리셨다. 그 기준은 그 사람의 선악이 아니라 하나님의 뜻이다. 하나님의 뜻에 합당한 자에게는 구원의 역사를 주시고, 그렇지 않는 자를 버리셨다. 우리는 하나님의 구원 역사에 대하여 감사하고 감격해야 한다. 왜냐하면 우리의 공로가 아니라 하나님의 절대적인 역사의 산물이기 때문이다. 하나님의 역사에 무조건 따르는 것이 우리의 임무이다.

12절에서 "이에 그들이 그의 말씀을 믿고 그를 찬양하는 노래를 불렀도다"고 하였다. 이 말씀은 출애굽기 14장 31절의 "이스라엘이 여호와께서 애굽 사람들에게 행하신 그 큰 능력을 보았으므로 백성이 여호와를 경외하며 여호와와 그의 종 모세를 믿었더라"는 말에 근거한다. 또 출애굽기 15장 1절에 "이 때에 모세와 이스라엘 자손이 이 노래로 여호와께 노래하니"라는 말과 연결된다.

구원받은 자들은 하나님의 역사를 믿고 하나님을 찬양한다. 이스라엘 백성은 눈앞에 벌어진 기적적 사건을 보고 '하나님의 하나님 되심'을 믿었고, 그 하나님을 찬양하였다. 이것이 하나님의 백성의 자세이다.

사막에서 하나님을 시험하셨도다

시편 106:13~15

13그러나 그들은 그가 행하신 일을 곧 잊어버리며 그의 가르침을 기다리지 아니하고 14 광야에서 욕심을 크게 내며 사막에서 하나님을 시험하였도다 15그러므로 여호와께서는 그들이 요구한 것을 그들에게 주셨을지라도 그들의 영혼은 쇠약하게 하셨도다

시편 105편에서는 하나님께서 이스라엘 백성들에게 어떤 은혜를 베풀어 주셨는 지를 역사적으로 설명하고 있다. 특히 출애굽 사건을 강조하였는데 이것은 하나님의 은혜를 강조하는 의미이다. 106편에서는 이스라엘의 거역 과 하나님의 은혜를 대조적으로 설명하고 있다. 하나님은 이렇게 신실하신 분인데 이스라엘은 하나님을 거역하고 있다는 사실을 강조하고 있다.

시편 106편 13~33절은 광야에서 범한 이스라엘의 죄악과 하나님의 진노 를 다루고 있다. 이 부분에서는 이스라엘의 죄가 여섯 가지 형태로 나온다. 모두가 하나님의 은혜를 잊어버리고 자신들이 좋아하는 것으로 행동하였 기 때문이다.

13~15절은 광야에서 하나님을 시험한 죄이다. '이에 그들이 그 말씀을 믿고 그 찬송을 불렀도다'고 한 것도 오래가지 못하였다. 그들은 하나님의 은혜를 빨리 잊어버렸고(13절) 하나님을 거역하였다. 모세는 이 점을 우려 하여 여러 번 경고하였다(신 4:9, 23, 32, 6:12 등).

1. 잊어버리며

13절에서 "그러나 그들은 그가 행하신 일을 곧 잊어버리며 그의 가르침을 기다리지 아니하고"라고 하였다.

이들은 하나님이 '행하신 일을' 잊어버렸다. 하나님이 행하신 일이 무엇인가? 그것은 하나님께서 홍해를 육지같이 건너게 하신 기적의 역사를 말한다. 이러한 은혜를 입고도 얼마 되지 않아 이것을 잊어버렸다. 그들은 속히 잊어 버렸는데, 신명기적 관점에서는 이스라엘 백성이 하나님의 구원을 잊어버림을 늘 염려하였다. 그들은 '그의 가르침을 기다리지 아니하였다.' 그들은 너무 불신하였고 조급하였다. 그래서 하나님의 은혜를 바라보는 눈이 감기게 되었고, 더 이상 하나님께 순종하지 않았다.

인간은 신실하지 못한 존재이기에 하나님의 은혜를 잊고 자기 마음대로 행동한다. 그리하여 늘 불평하여 감사가 없는 생활을 한다. 광야에서의 이스라엘 백성의 생활이 그러하였다. 오늘의 우리들에게도 이런 양상들이 나타난다. 하나님의 놀라운 은혜를 금방 잊어버리고 우리의 생각대로 살아갈 때가 많다. 그 원인은 인간의 죄악된 본성에 있다. 죄악된 인간은 하나님을 영화롭게 하기보다 자신의 유익에 모든 관심을 집중시킨다.

2. 시험하였도다

14절에 "광야에서 욕심을 크게 내며 사막에서 하나님을 시험하였도다"고 하였다. '욕심을 크게 발하며'는 늘 나쁜 욕망을 뜻하지는 않는다(신 12:20, 14:26). 그들은 사막에서 배가 고팠고, 목이 말랐다. 고기가 없어서 만나 같은 것만 먹어야 하느냐고 불평하였다.

출애굽기 17장 1~2절에 그 정황이 구체적으로 나온다. "이스라엘 자손의 온 회중이 여호와의 명령대로 신 광야에서 떠나 그 노정대로 행하여 르비딤에 장막을 쳤으나 백성이 마실 물이 없는지라 백성이 모세와 다투어 가로되 우리에게 물을 주어 마시게 하라 모세가 그들에게 이르되 너희가 어찌하여 나와 다투느냐 너희가 어찌하여 여호와를 시험하느냐"고 하였다.

하나님은 시험을 받으시는 분이 아니라 오직 '믿을 분'이시다. 하나님께서 하실 수 있느냐 없느냐를 저울질하는 것이 아니라 하나님의 역사를 무조건 믿는 것이 기본된 자세이다. 이스라엘 백성들은 광야에서 욕심을 크게 발하며 하나님을 시험하였다. 민수기 11장 4절에 그 정황이 묘사되어 있다. "그들 중에 섞여 사는 다른 인종들이 탐욕을 품으매 이스라엘 자손도 다시 울며 이르되 누가 우리에게 고기를 주어 먹게 하랴"라고 하였다.

이스라엘이 이집트에서 나올 때에 그 수가 2백만 명이나 되었다. 뿐만 아니라 다른 인종들도 따라 나왔다. 이집트 사람들과 함께 있었던 다른 인종이 따라 나왔는데 이들은 하나님을 모르는 사람들이었다. 같이 오다보니까 이들이 탐욕을 부리게 되자 이스라엘 사람에게도 감염이 되었다. 오늘의 말로 표현하면 하나님의 백성들이 세상을 따라가 세속화되었다는 의미이다. 이렇게 되다 보니 하나님 중심의 가치관보다 물질과 인간 중심의 가치관이 자리 잡게 되었다. 그 결과 '욕심'이 생겼다.

야고보서 1장 14~15절에 "오직 각 사람이 시험을 받는 것은 자기 욕심에 끌려 미혹됨이니 욕심이 잉태한즉 죄를 낳고 죄가 장성한즉 사망을 낳느니라"고 하였다. 욕심은 멸망의 지름길이다. 욕심을 막지 못하면 인간은 망하고 만다. 이스라엘 백성들은 욕심에 빠졌다. 그래서 계속하여 불평을 하였다. "누가 우리에게 고기를 주어 먹게 하랴 우리가 애굽에 있을 때에는 값 없이 생선과 오이와 참외와 부추와 파와 마늘을 먹은 것이 생각나거늘 이제는 우리의 기력이 다하여 이 만나 외에는 보이는 것이 아무것도 없도다"고 하였다.

하나님이 주신 하늘 양식인 만나의 소중함을 잊어버리고 애굽에서 먹든 음식들을 들먹이며 불평을 늘어놓았다. 이것이 죄악된 인간들의 추한 모습이다. 육신의 좋은 것을 잊어버린 인간들은 종국에 가서 이렇게 된다. 이런 문제가 왜 생겼는가? 그것은 하나님의 섭리를 믿지 아니한 것 때문이다. 하나님의 은혜를 잊어버리고 하나님을 의심하는 데서 모든 문제가 생긴다.

3. 요구한 것을 주셨을지라도

15절에 "여호와께서는 그들이 요구한 것을 그들에게 주셨을지라도 그들의 영혼은 쇠약하게 하셨도다"고 하였다. 이스라엘 백성들은 자기들이 원하던 것을 다 받았다. 그 대표적은 것이 메추라기를 주신 것이다.

민수기 11장 31절에 "바람이 여호와에게서 나와 바다에서부터 메추라기를 몰아 진영 곁 이쪽 저쪽 곧 진영 사방으로"라고 하였다. 메추라기가 너무 많이 떨어져 종일 거두어도 다 거두지 못할 정도였다. 이렇게 많이 주신 것은 은총이 아니라 심판이었다. '그 영혼을 쇠약하게 하셨도다'고 하였다. 하나님을 의지하고 소망하는 영혼은 싱싱하지만, 파리한 영혼은 불평과 불만을 가지고 살아간다.

자신의 삶이 조금 풍족해지면 하나님의 은혜를 망각하고 자기 마음대로 살아가려고 하는 것이 인생의 모습이다. 출애굽의 기적적 은혜를 입었고 만나를 먹여 주셨으나 이스라엘 백성들은 고기와 부추, 과일들을 요구하였다. 이것이 인간의 본성이다.

하나님의 은혜를 잊고 눈앞에 있는 것에만 집착하는 존재이다. 하나님을 시험하는 자에게는 재앙이 있다. 조급한 인간들이 하나님의 은혜를 잊고 자기 마음대로 살아갈 때에 심각한 문제가 등장한다. 우리는 하나님의 은혜를 늘 기억하며 하나님께 감사하는 삶을 살기 위해 우리를 향하신 하나님의 사랑을 바라야 한다.

화염이 악인들을 살랐도다

시편 106:16~18

16그들이 진영에서 모세와 여호와의 거룩한 자 아론을 질투하매 17땅이 갈라져 다단을 삼키며 아비람의 당을 덮었고 18불이 그들의 당에 붙음이여 화염이 악인들을 살랐도다

인간의 삶에서 다른 사람에 대한 호오(好惡)가 있을 수 있다. 그러나 이 것이 사람들의 감정을 격하게 하고 뜻이 맞는 사람끼리 파당을 지어 상대방 을 비방하고 규탄하는 일들로 발전될 수 있다. 사람과 사람 사이의 친밀함 은 매우 중요하다. 그러나 이것이 파당으로 발전하는 일은 우리들이 경계해 야 할 일이다. 형제를 정죄하고 공동체를 파괴시키는 것은 하나님의 뜻에 반대되는 일이다.

본문은 '고라당'의 사건을 배경으로 한다. 이스라엘 백성에게 큰 징계를 안겨 주었던 이 사건을 통하여 하나님의 백성의 취해야 할 자세가 무엇인지 를 밝혀주고 있다.

1. 질투하매

16절에 "그들이 진영에서 모세와 여호와의 거룩한 자 아론을 질투하매" 라고 하였다. 이 사건의 배경은 민수기 16장이다. 1절에 "레위 증손 고핫의 손자 이스할의 아들 고라와"라고 하였다. 레위 지파의 두목 가운데 한 사람 이 고라이다. 그래서 '고라당'이라고 한다. 그 다음에 르우벤 지파 사람들이

세 명 등장한다.

이들이 왜 반역에 가담하였는가? 시편에는 '질투하매'라고 하였다. 이들은 자기들의 직분을 하나님의 은혜로 생각하지 않고 육신적으로 보았다. 고라의 경우는 레위 지파였기에 모세와 아론과 같은 지파였다. 그러니 고라의 생각으로는 자기도 같은 지파인데 모세와 아론만이 지도자가 되어야 하느냐라는 생각이다. 또 다단과 아비람과 온은 르우벤 지파이기에 자기들의 생각으로는 자기 지파에도 지도자가 나와야 한다는 것이다. 맏아들의 지파에서 지도자가 나와야지 레위가 몇째 아들이냐는 관점이다.

이 모든 것은 '질투'에서 시작된다. 하나님을 거역하는 자들은 하나님의 역사보다 자신들의 위치와 방향을 앞세운다. 그러나 '다 하나님의 백성인데 너희만 잘 났느냐?'라는 식의 사고방식을 가져 하나님의 섭리를 무시하고 있다. 이들은 당을 지었다. "이스라엘 자손 총회에 택함을 받은 자 곧 회중에 유명한 어떤 족장 이백오십 인이 함께 일어나서 모세를 거스리니라"고 하였다. 그러니 상당히 유력한 사람 250명과 지파의 두목들이 합작하여 모세에게 항거하였다.

4절에는 "모세가 듣고 엎드렸다가"라고 하였다. 모세의 태도가 매우 귀하다. 모세는 그들과 맞서지 않고 엎드렸다. 이것은 하나님의 역사하심만을 바라는 자세이다. 하나님의 일을 하다가 오해받고 욕을 먹을 때가 많다. 그때 우리들은 자신의 처지를 해명하고 싶어 한다. 그러나 우리는 모세를 배워야 한다. 모세는 엎드려서 하나님이 해명하고 해결해 주시기를 바랐다. 우리가 엎드리면 하나님이 해명하고 해결하여 주신다.

이것은 하나님의 특별한 역사이다. 사람의 힘으로는 하기 어려운 일이지만 하나님의 역사를 분명히 믿을 때에는 가능한 일이다. 하나님은 자기 백성을 신원하시는 분이다.

시편 106편 16절에서 '성도 아론'이라고 한 말에 주목해야 한다. 이 말은 '거룩한 자'라는 뜻이다. 레위기 21장 6절에 아론의 아들들이 '하나님께 성별되었다'고 하였고, 레위인들이 '여호와 앞에 구별된 자'로 소개되고 있다.

오늘의 우리들도 '성도'라고 불린다. 이것은 우리가 거룩하다는 것이 아니라 하나님께서 거룩하게 구별하셨다는 의미이다. 하나님 앞에 구별된 우리들은 하나님의 역사를 바라야한다.

2. 땅이 갈라져

17절에서 "땅이 갈라져 다단을 삼키며 아비람의 당을 덮었고"라고 하였다. 여기서는 다단과 아비람 사건이 소개된다. 이것도 민수기 16장의 사건이다. 원래는 고라와 어떤 레위인들과 다단과 아비람이 모세를 대적한다. 여기서는 다단과 아비람만이 나온다 아마 성전 음악의 창시자가 된 고라 자손들은 암시하지 않기 위함인 듯하다.

하나님의 징계가 임하기 시작한다. 민수기 16장 31~33절에 보면 "이 모든 말을 마치자마자 그들이 섰던 땅바닥이 갈라지니라 땅이 그 입을 열어 그들과 그들의 집과 고라에게 속한 모든 사람과 그들의 재물을 삼키매 그들과 그의 모든 재물이 산채로 스올에 빠지며 땅이 그 위에 덮이니 그들이 회중 가운데서 망하니라"고 하였다.

이것은 보통 지진이 아니다. 지진이면 옆에 있는 모든 사람이 죽는데 여기서는 땅이 갈라져 그들만 땅 속에 들어가고 땅이 다시 합쳐졌다. 이것은 하나님의 특별하신 간섭이다.

민수기 16장 34~35절에서 "그 주위에 있는 온 이스라엘이 그들의 부르짖음을 듣고 도망하여 이르되 땅이 우리도 삼킬까 두렵다 하였고 여호와께로부터 불이 나와서 분향하는 이백 오십 명을 불살랐더라"고 하였다. 하나님은 인자하신 분이지만 자기를 거역하는 자들이 철저히 응징하시는 분이시다. 하나님은 사람들에게 직분을 맡기시고 이것을 잘 감당하도록 인도하시고 힘을 주신다.

3. 불이 그들의 당을

18절에서 "불이 그들의 당에 붙음이여 화염이 악인들을 살랐도다"고 하였다. '불이 붙는'것은 고라와 그 무리들을 가리킨다(민 16:17, 35). 하나님은 징계하실 때에 그냥 넘어가는 것이 아니라 철저히 하시고 그들이 조금도 거역할 수 없게 역사하시는 분이다.

고라 자손의 멸망은 '질투'에서 왔다. 하나님께서 맡기신 직분에 대해 질투하고, 하나님의 일을 하는 자들에게 경쟁의식을 가지는 원인은 직분을 인간의 관점에서 보았기 때문이다. '나도 충분히 이 일을 할 수 있다'는 식의 경쟁의식이 이런 비극을 낳는다.

오늘의 교회에서도 직분에 대한 잘못된 생각으로 인해 문제가 생기는 경우가 있다. 그 바탕에는 하나님이 주신 직분이라는 의식보다 인간의 사회적 지위로 생각하는 잘못된 의식이 있다. 그래서 서로 경쟁하고 질투하다가 문제가 생긴다. 교회 안에서 파당을 만들고, 서로를 시기하고 질투하다가 멸망의 자리에 빠지는 경우들이 있다. 이것을 극복하기 위해서는 하나님 중심적인 세계관을 가져야 한다. 우리의 모든 직분은 하나님이 주신 것이기에 하나님께 감사하며 충성하여야 한다.

또 교회 안의 다른 직분자들을 볼 때 지위의 높고 낮음이라는 차별적 관점으로 볼 것이 아니라 하나님이 주신 은사의 차원에서 보아야 한다. 하나님은 각 사람에게 알맞은 은사를 주시고 그것을 통하여 하나님께 충성하게 하셨다. 그러므로 다른 사람들이 받은 은사의 중요성을 인정해야 한다.

고라당은 하나님의 은혜보다 자신의 능력을 더 바라보다가 질투하게 되었고 그 결과 비참한 종말을 맞았다. 직분자들은 자기가 맡은 일에 충성해야 하고, 다른 사람들은 그 직분자가 받은 은사를 귀하게 여겨 기도하고 후원하는 아름다운 모습을 보여야 한다. 이것이 하나님의 백성들의 자세이다.

소의 형상으로 바꾸었도다

시편 106:19~23

19그들이 호렙에서 송아지를 만들고 부어 만든 우상을 경배하여 20자기 영광을 풀 먹는 소의 형상으로 바꾸었도다 21애굽에서 큰 일을 행하신 그의 구원자 하나님을 그들이 잊었나니 22그는 함의 땅에서 기사와 홍해에서 놀랄 만한 일을 행하신 이시로다 23그러므로 여호와께서 그들을 멸하리라 하셨으나 그가 택하신 모세가 그 어려움 가운데에서 그의 앞에 서서 그의 노를 돌이켜 멸하시지 아니하게 하였도다

하나님이 싫어하시는 것들이 여러 가지이지만 그 중에서 우상을 만들고 숭배하는 것은 하나님이 철저히 미워하신다. 십계명 가운데 첫 번째와 두 번째 계명에서 다른 신을 섬기지 못하게 하였고, 다른 신상을 만들지 말고 거기에 절하지 말라고 하였다. 하나님의 백성은 오직 하나님만 섬기며 하나님의 영광을 드러내어야 한다. 이것은 하나님의 백성의 삶의 목적이며 방법이다. 이것이 사라질 때 우리는 하나님 제일주의 보다 인간 중심주의로 빠지고 결국을 망하게 된다.

시편 106편 19~23절은 호렙산에서 금송아지를 만든 사건에 대한 것이다. 인간들의 범죄는 각자의 생각에 따라 다르게 나타난다. 이스라엘 백성은 광야에서 먹는 것 때문에 하나님을 거역하였다. 만나만으로는 살 수 없으니 다른 먹거리가 있어야 한다고 했다. 이것은 인간이 가진 '원초적 욕망'이다. 무엇을 먹을 것인가가 중요한 문제가 되어 하나님을 거역하고 모세를 원망하였다. 그 다음에는 '명예욕'으로 인해 문제가 생겼다. 고라당들이 자신들

의 지위와 모세와 아론을 비교하고, 지도자들의 리더십에 질투심을 가지고 대항하였다. 그러다가 불타 죽고, 땅에 매몰되는 등의 비극을 겪었다.

이제는 종교적 문제가 제기된다. 우상을 만들었는데 이것은 전능하신 창조주 하나님을 부인하고 인간의 손으로 만든 것을 신으로 만들었다. 이것은 하나님을 향한 배반 가운데 가장 심한 것이며 인간이 범하는 최고의 죄악이라고 할 수 있다.

1. 우상을 경배하며

19~20절에 "그들이 호렙에서 송아지를 만들고 부어 만든 우상을 경배하여 자기 영광을 풀 먹는 소의 형상으로 바꾸었도다"고 하였다. 이것은 인간이 하나님을 거역하고 스스로 만든 것을 신으로 섬기는 비극적 모습을 그리고 있다.

이스라엘 백성은 호렙에서 선택되었다. 그곳에서 하나님과 언약을 맺었고 하나님의 구별된 백성으로 살게 되었다. 그런데 바로 그곳에서 그들은 금송아지를 만든다. 이것은 자신의 신분을 잊은 것이며 창조주 하나님을 잊는 것이다. 이들의 죄는 매우 악하였다. 실수로 범죄한 것이 아니라 의도적으로 하나님을 잊었고, 의도적으로 구원 역사를 잊고 왜곡시킨다. 이것은 극악한 범죄이다. 의도적으로 하나님을 부인하는 행위였으니 징계를 받아 마땅하다.

이들은 '자기 영광을 풀 먹는 소의 형상으로 바꾸었다'. 여기서 '자기 영광'이 무엇인가? 이스라엘의 영광은 '우리가 하나님의 백성이라'고 하는데 있다. '하나님은 나의 아버지이고, 우리는 그 백성이라'고 하는 것이 최고의 영광이다. 그럼에도 불구하고 그들은 '우리는 송아지의 백성'이라고 외치게 되었다.

정말 어리석은 일이다. 그들은 하나님을 떠났기에 완전히 망할 뻔하였다. 그런데 하나님은 모세의 간구를 들으시고 그들을 구원하신다. 모세는 하나님과 이스라엘 백성들의 깨어진 관계 가운데 서게 된다. 이것이 중보자의 모습이다. 모세는 이스라엘 위해 대신 간구한다. 언약의 중보자는 깨어진 틈 사이에 자신을 던져 삶의 길로 인도한다.

2. 하나님을 잊었나니

21절에서 이스라엘 백성이 왜 그러한 범죄의 길에 빠지게 되었는지를 기록하였다. "애굽에서 큰 일을 행하신 그의 구원자 하나님을 그들이 잊었나니"라고 하였다. 여기에 문제가 있다. 하나님은 전능하신 분이다. 애굽에서 이적을 행하시고 홍해에서 이적을 행하셨다. 이것은 세상 어디에서도 찾을 수 없는 하나님의 놀라운 역사이다. 자신들을 죽음의 자리에서 건져 주신 위대한 역사이다. 이것을 잊어버렸다. 도저히 이해할 수 없는 일을 그들이 하였다.

이스라엘 사람들은 송아지를 만들었다. 송아지는 원래 애굽 사람들이 섬기는 신이다. 겨우 해방되어 나온 이스라엘이 어찌 이런 일을 하였는지 도저히 이해가 되지 않는다. 하나님을 떠난 자의 모습이 이와 같다. 자기에게 베푸신 놀라운 은혜와 사랑을 잊어버리고 다시 옛날로 돌아간다. 자기가 토한 것을 다시 먹는 짐승같이 존재가 되고 만다. 하나님을 잊을 때에 이러한 양상이 나타난다.

22절에서 하나님이 어떤 분이신지를 말하고 있다. "그는 함의 땅에서 기사와 홍해에서 놀랄 만한 일을 행하신 이시로다"고 하였다. 여기서 '함의 땅'이란 애굽을 말한다. 하나님은 애굽에서 열 가지 재앙을 내리셔서 하나님의 백성을 구원하신 분이시다. 또 홍해를 육지와 같이 가르시는 '놀랄 일'을 하셨다. 이것은 하나님의 기적적 행위를 말한다. 하나님의 기적적 사역은 자기 백성을 구원하시는 일이다. 4백년 이상을 노에 생활하던 그들을 하나님께서 구원하셨으니 이것은 기적적이고도 역사적인 사건이다.

이러한 구원의 하나님은 오늘도 역사하신다. 영원히 죽을 수밖에 없는 우리를 예수 그리스도의 십자가를 통해 구원해 주셨으니 이것이 하나님의 사랑이고 기적이다. 하나님의 구원 역사는 하나님의 위대하신 섭리 속에 이루어진다. 우리는 이것을 바로 알고 하나님의 영광을 위해 최선을 다 해야 하는데 이스라엘 백성들은 이것을 잊어버렸다.

3. 그들을 멸하리라

23절에서 "그러므로 여호와께서 그들을 멸하리라 하셨으나 그가 택하신 모세가 그 어려움 가운데에서 그의 앞에 서서 그의 노를 돌이켜 멸하시지 아니하게 하였도다"고 하였다. 이스라엘 백성이 금송아지를 만든 것은 모세가 시내산에 올라가서 십계명을 받을 때에 일어났다. 십계명에는 '우상을 만들지 말라'고 하였는데 이들은 우상을 만들었다. 하나님에 대한 정면 도전이요, 그들이 할 수 있는 최악의 범죄였다.

하나님께서는 '도저히 이들로서는 안 되겠다'고 생각하여 이스라엘 백성을 멸하려고 하였다. 그래서 새 민족을 만드는 것이 좋을 것이라고 생각하였다. 하나님과 이스라엘은 '결렬'되었다. 도저히 하나가 될 수 없는 상황이었다. 이 사이에 모세가 끼어들었다. 모세는 중보자로서 하나님 앞에 섰다. '하나님이여 이들을 멸하시면 안 됩니다. 이들을 멸하실 바에는 내 이름을 생명책에서 제거해 주옵소서'라고 하나님께 호소하였다.

모세가 생명을 걸고 기도할 때에 하나님은 모세의 기도를 들으시고 진노의 손을 거두셨다. 이것이 중보자의 자세이다. 누구 때문이라고 원망하지 않았고 도리어 자기가 모든 책임을 지려고 하는 믿음의 태도였다.

모세는 '하나님이여, 내가 이 민족의 지도자입니다. 하나님이여 이 백성이 범죄한 것은 내 책임입니다. 이 백성을 망하게 하면 안 됩니다. 그리하면 하나님의 영광이 어찌됩니까? 이들을 용서해 주십시오'라고 기도하였다. 하나님은 모세의 기도를 들으시고 '그 노를 돌이켜 멸하시지 않게 하였다' 이것이 지도자가 해야 할 자세이며 기도이다.

그들이 그 기쁨의 땅을 멸시하며

시편 106:24~33

24그들이 그 기쁨의 땅을 멸시하며 그 말씀을 믿지 아니하고 25그들의 장막에서 원망하며 여호와의 음성을 듣지 아니하였도다 26이러므로 그가 그의 손을 들어 그들에게 맹세하기를 그들이 광야에 엎드러지게 하고 27또 그들의 후손을 뭇 백성 중에 엎드러 뜨리며 여러 나라로 흩어지게 하리라 하셨도다 28그들이 또 브올의 바알과 연합하여 죽은 자에게 제사한 음식을 먹어서 29그 행위로 주를 격노하게 함으로써 재앙이 그들 중에 크게 유행하였도다 30그 때에 비느하스가 일어서서 중재하니 이에 재앙이 그쳤도다 31이 일이 그의 의로 인정되었으니 대대로 영원까지로다 32그들이 또 므리바 물에서 여호와를 노하시게 하였으므로 그들 때문에 재난이 모세에게 이르렀나니 33이는 그들이 그의 뜻을 거역함으로 말미암아 모세가 그의 입술로 망령되이 말하였음이로다

시편 105편과 106편은 이스라엘의 역사를 돌아보면서 하나님께 감사하는 찬송이다. 105편은 아브라함의 때에서 시작하여 출애굽의 역사를 들어서 노래하며 하나님의 은혜를 강조하고 있다. 그러나 106편은 하나님의 은혜와 이스라엘의 거역을 대조적으로 다루고 있다. 이스라엘의 관점에서는 거역의 역사이고, 하나님 편에서는 긍휼의 역사이다.

이러한 역사 속에서 시편 106편 24~33절에서는 세 가지 죄악을 지적하고 있다. 24~27절에서는 약속의 땅을 멸시한 죄, 28~31절에서는 브올의 바알과 연합하여 지은 죄, 32~33절은 므리바 물가에서 지은 죄를 다루고 있다. 이들은 한결같이 하나님의 은혜를 입었으나 감사하지 않고 하나님을 거역한 기록들이다.

1. 그 말씀을 믿지 아니하고

24절에서 "그들이 그 기쁨의 땅을 멸시하며 그 말씀을 믿지 아니하고"라고 하였다. 이 말씀은 민수기 13, 14장에 나오는 내용이다. 이스라엘 백성은 2년 만에 가데스 즉 유다 남쪽, 유다와 애굽의 경계지대에 왔다. 거기서 하나님의 은혜에 감사하고 기도해야 하는데, 그렇지 아니하고 가나안 땅을 탐지하였다(민 13:17-20). 정탐꾼을 보낼 때에 그곳의 지형, 주민, 토질, 자연 현상 등을 조사하게 하였다.

모세가 이렇게 정탐하게 한 것은 이 땅은 좋은 곳이고 하나님이 우리에게 허락한 곳임을 분명히 하기 위함이었다. 하나님의 약속을 크게 기억하면서 믿음의 힘을 강하게 하기 위한 것이었다. 그러나 정탐꾼들은 하나님이 주신 땅을 바로 보지 못하고 거민의 강대함에만 관심을 가졌다. 하나님이 주신 약속의 땅을 멸시하였다. 하나님의 구원의 은혜를 입었음에도 불구하고 배우지 못한 자 같이 약속의 땅을 거부하였다.

25절에서 "그들의 장막에서 원망하며 여호와의 음성을 듣지 아니하였도다"고 하였다. 거기 올라가면 낙토인데 낙토보다도 장막에 들어 앉아 있는 것이 좋다고 하였고, 서로 원망하였다. 하나님께서는 올라가라고 하였으나 이들은 올라가기를 거절하였다. 그 때의 모습을 민수기 14장 1절에서 그리고 있다. "온 회중이 소리를 높여 부르짖으며 백성이 밤새도록 통곡하였더라"고 하였다. 2~3절에서는 모세와 아론을 원망하였고, 4절에서는 애굽에 돌아가자고 하였다.

2. 하나님의 저주가

26~27절에서 이런 자에게 내린 하나님의 저주가 나타난다. 이들은 광야에서 다 죽게 되었다. 또 말할 수 없는 고생을 하였다. 하나님이 주신 낙토를 멸시하는 자에게 하나님은 징계의 채찍을 내리셨다. 하나님은 자기 백성

을 보다 좋은 곳으로 인도하시기를 원하시나 인간들이 완악하여 하나님의 인도를 거부하고 죄악의 자리로 되돌아가려고 한다. 그러나 결국에는 멸망하고 만다는 사실을 우리에게 교훈한다.

28~31절에서는 브올의 바알과 연합하여 지은 죄를 짓는 것에 대해 기록한다. 이것은 민수기 25장의 발람 사건을 말한다. 이스라엘 백성은 다시 진로를 정비하여 하나님께서 올라가라고 한 땅으로 간다.

28절에 "그들이 또 브올의 바알과 연합하여 죽은 자에게 제사한 음식을 먹어서"라고 하였다. 이들이 약속의 땅으로 올라가고 있을 때에 모압왕 발락이 당시의 유명한 선지자 발람을 찾아가서 이스라엘을 이길 수 있도록 도와달라고 하였다. 발람이 축복하면 복을 받고 저주하면 저주가 임했다.

모압왕 발락은 높은 사람들을 발람에게 보내어 이스라엘을 저주하여 자기들이 이기게 하여 주면 엄청난 선물과 높은 지위를 주겠다고 약속하였다. 발람은 어리석게도 이 유혹에 빠져서 이스라엘을 저주하려고 가다가 나귀에게 책망을 받는 사건이 생긴다. 발람은 발락의 유혹을 물리치지 못하고 이스라엘로 범죄의 길에 빠지게 하였다. 모압 사람들의 축제에 참석하여 그들의 종교의식에 동참하였다. 그래서 바알브올의 죄는 우상숭배에 대한 전문 용어가 되었다.

3. 재앙이 그들 중에

29절에 "행위로 주를 격노하게 함으로써 재앙이 그들 중에 크게 유행하였도다"고 하였다. 이스라엘의 바알브올의 범죄로 인하여 이만 사천 명이 그 자리에서 죽었다(민 25:9). 급성 전염병이 일어나 다 죽게 하였으니 이것은 하나님이 하신 일이다.

이러한 와중에 새로운 구원의 역사가 일어난다. 30절에 "그 때에 비느하스가 일어서서 중재하니 이에 재앙이 그쳤도다"고 하였다. 비느하스가 일어나 모세의 역할을 한다. 비느하스가 한 일을 '중재하니'로 표현하였다. 비느하스는 이스라엘의 범죄를 응징하였다(민 25:6~8). 하나님이 이것을 귀하게 보셨다. "그러므로 말하라 내가 그에게 내 평화의 언약을 주리니 그와 그의 후손에게 영원한 제사장 직분의 언약이라 그의 하나님을 위하여 질투하여 이스라엘 자손을 속죄하였음이니라"(민 25:12~13).

31절에 "이 일이 그의 의로 인정되었으니 대대로 영원까지로다"고 하였다. 하나님께서는 비느하스 가정에 평화의 직분을 주시고 복을 주신 위대한 역사가 임하였다.

32~33절은 므리바 물가에서 지은 죄를 기록하였다. 32절에 "그들이 또 므리바 물에서 여호와를 노하시게 하였으므로 그들 때문에 재난이 모세에게 이르렀나니"라고 하였다. 므리바는 광야 생활이 거의 끝날 때 이스라엘이 모인 오아시스였다. 이곳에서 그들은 하나님을 노하게 하였다. 모세는 더 이상 견딜 수 없어서 망령한 말을 하였다.

"너희가 어찌하여…이 광야로 인도하여 우리와 우리 짐승이 다 여기서 죽게 하느냐"(민 20:4). 모세는 하나님의 명령을 제대로 듣지 않고, 반석을 두 번이나 쳐서 물을 내게 하고 그들과 그들의 짐승을 먹였다. 백성들의 원망하는 마음을 견디지 못하고 자기 마음을 진정하지 못 하였고 반석을 두 번이나 친다. 모세는 분노하여 하나님의 거룩함을 나타내지 못하였다. 여기서 이스라엘이 하나님과 다투었다. 이리하여 '므리바'가 되었다(민 20:12-13).

33절에 "이는 그들이 그의 뜻을 거역함으로 말미암아 모세가 그의 입술로 망령되이 말하였음이로다"고 하였다. 모세 같은 위대한 지도자도 분을 참지 못하여 범죄하였으니 정말 안타까운 일이 아닐 수 없다.

모세는 하나님의 종으로서 충성을 다 하였다. 그러나 마지막에 자기 감정을 다스리지 못하고 분을 내다가 가나안 땅에 들어가지 못하였다. 여기서 지도자의 자세가 어떠해야 하는지를 보여준다. 자신의 감정을 죽여야 하고 하나님께 순종해야 한다. 자칫하면 하나님의 뜻보다 자기를 내세우는 잘못을 범하기 쉽고 그것으로 인해 하나님께 버림받은 자리에 서게 된다. 모세의 일은 우리에게 반면교사(反面敎師)가 된다.

그의 언약을 기억하시고

시편 106:34~48

34그들은 여호와께서 멸하라고 말씀하신 그 이방 민족들을 멸하지 아니하고 35그 이방 나라들과 섞여서 그들의 행위를 배우며 36그들의 우상들을 섬기므로 그것들이 그들에게 올무가 되었도다 37그들이 그들의 자녀를 악귀들에게 희생제물로 바쳤도다 38무죄한 피 곧 그들의 자녀의 피를 흘려 가나안의 우상들에게 제사하므로 그 땅이 피로 더러워졌도다 39그들은 그들의 행위로 더러워지니 그들의 행동이 음탕하도다 40그러므로 여호와께서 자기 백성에게 맹렬히 노하시며 자기의 유업을 미워하사 41그들을 이방 나라의 손에 넘기시매 그들을 미워하는 자들이 그들을 다스렸도다 42그들이 원수들의 압박을 받고 그들의 수하에 복종하게 되었도다 43여호와께서 여러 번 그들을 건지시나 그들은 교묘하게 거역하며 자기 죄악으로 말미암아 낮아짐을 당하였도다 44그러나 여호와께서 그들의 부르짖음을 들으실 때에 그들의 고통을 돌보시며 45그들을 위하여 그의 언약을 기억하시고 그 크신 인자하심을 따라 뜻을 돌이키사 46그들을 사로잡은 모든 자에게서 긍휼히 여김을 받게 하셨도다 47여호와 우리 하나님이여 우리를 구원하사 여러 나라로부터 모으시고 우리가 주의 거룩하신 이름을 감사하며 주의 영예를 찬양하게 하소서 48여호와 이스라엘의 하나님을 영원부터 영원까지 찬양할지어다 모든 백성들아 아멘 할지어다 할렐루야

시편 106편의 마지막 연인 34~48절은 약속의 땅에서 지은 범죄와 하나님의 후회에 대하여 기록되어 잇다. 이스라엘 백성들은 하나님의 놀라운 역사를 체험하였으나 이것을 금방 잊어버리고 자기 뜻대로 살아갔다. 그 결과 그들은 하나님의 징계의 채찍을 맞았고 이 땅에서 비참한 삶을 살아야만 했다.

34~48절에는 네 가지 중요한 주제들이 있다. 34~39절은 약속의 땅에서 지은 범죄를 40~42절은 이스라엘의 시련을, 43~46절은 온 회중의 기도를 다루고 있다.

1. 이스라엘의 범죄

34절에서 "그들은 여호와께서 멸하라고 말씀하신 그 이방 민족들을 멸하지 아니하고"라고 하였다. '그들은'이라고 했는데 이 때는 모세가 세상을

떠난 뒤이다. 하나님께서는 가나안 칠족을 다 멸절하라고 하였는데(신 7:1), 이들은 여호와의 명령을 지키지 아니하였다.

이스라엘 백성은 약속의 땅에 들어갔지만 그들은 하나님의 언약에 충실하지 않았다. "이방 나라들과 섞여서 그들의 행위를 배우며"(35절)라고 하였으니 종교적 혼합주의에 빠졌다. 이것은 사사기 1~3장에 상세히 기록되어 있다. "그들의 딸들을 맞아 아내로 삼으며 자기 딸들을 그들의 아들들에게 주고 또 그들의 신들을 섬겼더라"(삿 3:6)고 하였으니 이스라엘의 속화와 타락이 어느 정도인지 알 수가 있다.

시인은 지난날의 일들을 제시하여 오늘의 거울로 삼고 있다. 과거의 모습은 단순히 지나간 사건이 아니라 오늘의 우리들에게 새로운 교훈으로 다가오고 있다.

36~39절에서는 이스라엘 백성이 지은 죄에 대하여 구체적으로 말하고 있다. 이들은 제 1계명을 잊었다. 이방 족속들 속에 살았고, 그들과 결혼하는 잡혼이 성행되었다. 이스라엘 백성은 이방 족속에게 동화되어 자식을 제사하는 자리에까지 간다.

종교적인 타락은 윤리적 타락에까지 이른다. 신앙과 생활은 항상 연결되어 있기에 하나님에 대한 바른 관점을 잃으면 인간에 대한 바른 관점을 잃어버린다. 신앙이란 단순한 교리가 아니라 삶의 원천이며 살아가는 방법을 제시하는 길이다.

이스라엘 백성은 약속의 땅에서 우상을 섬기므로 스스로를 결박했다. "그들의 우상들을 섬기므로 그것들이 그들에게 올무가 되었도다"(36절)고 하였으니 하나님을 섬기지 않는 것이 얼마나 큰 고통을 가지고 오는 지를 교훈한다.

2. 이스라엘의 시련

40~42절은 이스라엘의 시련이다. 하나님께서 자기 백성을 심판하지 않을 수 없었다. 40절에서 "그러므로 여호와께서 자기 백성에게 맹렬히 노하시며 자기의 유업을 미워하사"라고 하였다. 하나님의 노가 맹렬하게 타 오

른다. 하나님께서 자기 기업을 미워하셨다. 하나님께서 맡기신 그 땅 그 기업이 그 땅의 사람들 때문에 황폐케 되었다는 말이다.

41절에 "그들을 이방 나라의 손에 넘기시매 그들을 미워하는 자들이 그들을 다스렸도다"고 하였다. 우상숭배와 도덕적 타락이 왔을 때에 하나님이 먼저 '이방 나라의 손에 붙이신다'. 그들이 하나님의 언약을 믿고 가나안을 정복하였을 때는 이방 나라들을 굴복시켰다. 그러나 하나님을 거역할 때는 이방 나라들이 그들을 주관하였다. 이것은 하나님이 하신 일이다.

42절에서 "그들이 원수들의 압박을 받고 그들의 수하에 복종하게 되었도다"고 하였다. 하나님은 자기 백성이 범죄 하였을 때에 이방 백성을 채찍으로 사용하신다. 이것은 사사기의 기록을 압축한 것으로서 하나님의 백성이 곁길로 나갈 때에 하나님은 징계를 내리심을 알 수 있다. 범죄한 이스라엘은 하나님의 징계를 받는다. 언약의 저주가 그들에게 임하였고, 그들이 가나안화 되었기 때문에 그들과 같은 운명을 당할 수밖에 없었다.

3. 이스라엘의 기도

43~46절은 하나님의 구원과 후회에 대하여 말하고 있다. 43절에서 "여호와께서 여러 번 그들을 건지시나 그들은 교묘하게 거역하며 자기 죄악으로 말미암아 낮아짐을 당하였도다"고 하였다. 이 말은 이스라엘 백성이 죄를 짓고 나서 회개하고 다시 죄를 짓고 회개하는 행위를 반복하다 보니 죄를 심상하게 여겼고, 죄짓는 것이 습관이 되었다는 뜻이다.

하나님께서 이스라엘 백성이 회개할 때에 여러 번 건지셨으나 '자기 꾀'로 거역하고 하나님을 반역하게 되었다. 이것은 인간의 죄악성을 말해 준다. 하나님 앞에 철두철미 하게 바로 서지 못하고 죄악의 습관성이 일상화 되어질 때에 심각한 문제가 생긴다.

44~46절에서 하나님의 은총을 노래하고 있다. 44절에서 "그러나 여호와께서 그들의 부르짖음을 들으실 때에 그들의 고통을 돌보시며"라고 하였다. 습관적으로 범죄하는 이스라엘이지만 그들이 회개하면 '그러나' 하나

님께서 그들을 용서해 주신다.

하나님의 사랑은 이스라엘의 죄보다 더 크시다. 이스라엘 백성들이 수없이 하나님을 반역하였으나 하나님은 크신 사랑으로 그들을 구원하셨다. 어떻게 보면 지칠 것 같은 데도 하나님은 그들을 용서하시고 구원하셨다.

"그는 은혜로우시며 자비로우시며 노하기를 더디하시며 인애가 크시사 뜻을 돌이켜 재앙을 내리지 않으신다"(욜 2:13). 사람들은 하나님의 언약을 잊어버리지만 하나님은 자신의 언약을 늘 기억하시고 반드시 이루시는 분이시다. 하나님께 바로 부르짖으면 하나님이 역사하시고 구원의 손길을 펴 주시기에 우리들이 기도할 수 있음이 말로 표현할 수 없는 은혜의 역사이다.

47~48절은 온 회중의 기도이다. 47절에서 "여호와 우리 하나님이여 우리를 구원하사 여러 나라로부터 모으시고 우리가 주의 거룩하신 이름을 감사하며 주의 영예를 찬양하게 하소서"라고 하였다.

이제 회중은 하나님 앞에 감사하고 찬양한다. 회중들은 여호와 앞에 감사하고 찬양한다. 회중들은 '여호와 우리 하나님이여'라고 부른다. 하나님은 약속의 하나님이시고 우리 하나님이시다. 하나님의 백성은 하나님의 이름을 높이고 하나님의 위대하심을 찬양한다. 인생의 궁극적 목적은 하나님을 찬양하고 영광돌리는 것이다. 하나님을 영화롭게 하고 영원토록 그를 즐거워하는 것이 최고의 임무이다.

48절에서 "여호와 이스라엘의 하나님을 영원부터 영원까지 찬양할지어다 모든 백성들아 아멘 할지어다 할렐루야"고 하였다. 48절은 시편 106편에 속하였다기보다 시편 제 4권의 전체적 송영이다. 이 송영을 통하여 시편 제 4권과 106편을 마무리한다.

시편 106편은 찬양이다. 하나님의 놀라운 행적을 찬양한다. 그러나 하나님의 크신 역사들은 하나님의 심판과 아울러 나타난다. 이스라엘 백성들은 범죄하고 회개하며 다시 범죄하는 습관적 죄를 짓고 있다. '그러나' 하나님은 그들이 회개할 때에 용서하시고 사랑을 베푸셨다. 이 하나님을 찬양하고 감사해야 한다. 아멘, 할렐루야.

진실로 그는 선하시며

시편 107:1~3

1여호와께 감사하라 그는 선하시며 그 인자하심이 영원함이로다 2여호와의 속량을 받은 자들은 이같이 말할지어다 여호와께서 대적의 손에서 그들을 속량하사 3동서 남북 각 지방에서부터 모으셨도다

시편 107편부터는 시편 제 5권이 시작된다. 시편 107편은 43절이나 되는 긴 시이지만 그 핵심 단어는 두 개이다. 하나는 '그 근심 중에'와 '그 고통에서'이고, 다른 하나는 '하나님의 인자하심과 기이하심'이다. 이 두 단어는 다른 개념이지만 역설적인 상호관계를 가지고 있다. 시인은 근심과 고통 중에 기도하였고, 하나님의 인자하심과 기이하심을 체험하고 노래한다. 이 두 가지 표현은 시편 107편의 후렴에서 4번이나 반복되고 있다. 인간의 존재는 고통을 통해 하나님의 존재를 바라본다. 시인은 고통 중에서 구원하신 하나님의 은혜를 감사하며, 하나님께 영광을 돌린다.

시편 107편은 '여호와께 감사하라 그는 선하시며 그 인자하심이 영원함이로다'(1절)로 시작하여 '지혜 있는 자들은 이러한 일들을 지켜 보고 여호와의 인자하심을 깨달으리로다'(43절)로 마친다. 그러니 시편 107편은 감사시(1~32절)와 찬양시(33~43절)로 구성되어 있다.

1~3절은 예배에의 초대이다. '여호와의 속량을 받은 자들은 이같이 말할지어다'라는 교훈이다. 1~3절은 시편 107편의 전체 서론으로서 제사장과 회중이 서로 화답하면서 모든 성도들로 하여금 하나님께 감사하라고 요청한다.

1. 여호와께 감사하라

1절에서 "여호와께 감사하라 그는 선하시며 그 인자하심이 영원함이로다"고 하였다. '여호와께 감사하라'는 말은 제사장이 외치는 소리이다. 제사장은 예배에 모인 무리들에게 하나님께 감사하라고 명하였다. 왜 감사해야 하느냐에 대한 답이 있다. '그는 선하시며 그 인자하심이 영원함이로다'고 하였다. 이 말씀은 찬송의 후렴으로서 계속하여 찬송하고 있음을 알 수 있다.

하나님은 선하신 분이다. 인간의 계획은 악하고 그 발단 자체가 문제이지만 하나님은 선하셔서 모든 것을 하나님의 섭리 속에서 선하게 이루어 나가신다. 그러하기에 하나님의 백성은 하나님을 찬양해야 한다.

하나님의 인자하심 즉 사랑은 영원하다. 인간의 사랑은 때와 상황에 따라 변하기도 하지만 하나님의 사랑은 변함이 없고 영원하다. 왜냐하면 하나님은 사랑의 본체이시기 때문이다(요 4:8). 하나님이 변함없으시니 하나님의 사랑도 변함이 없다.

우리는 변화 많은 세계 속에서 하나님의 변함이 없는 사랑을 묵상하고 이 사랑을 영원히 찬양한다. 우리들이 이 땅에서 고통과 역경을 만났을 때에 하나님은 그 풍성한 인자하심으로 우리를 구원하시고 영광 받으시기를 기뻐하신다.

하나님이 선하시고 인자하시기에 우리는 이 하나님을 찬양하고 영광을 돌려야 한다. 하나님이 선하시기에 하나님이 주신 모든 것이 귀하다. "하나님께서 지으신 모든 것이 선하매 감사함으로 받으면 버릴 것이 없나니"(딤전 4:4)라는 말씀이 그 근거이다. 우리들은 하나님이 지으신 이 세상을 믿음의 눈으로 보아야 하고 모든 것이 귀하고 감사하기에 하나님의 절대적 주권을 인정하고 그 하나님께 영광을 돌려야 한다.

하나님은 선하신 분이며 선하신 하나님이 만드신 것을 선하게 활용할 때에 감사가 나온다. 하나님이 만드신 것을 탐욕으로 사용하려고 하면 여기에 문제가 생기고 하나님을 거역하는 일들이 일어난다.

1절의 '감사하라'는 시편 제 5권을 여는 말씀으로 제 4권의 마지막 절인 "여호와 이스라엘의 하나님을 영원부터 영원까지 찬양할지어다 모든 백성들아 아멘 할지어다 할렐루야"(시 106:48)란 말씀과 절묘한 조화를 이룬다. 하나님을 찬양하여 할렐루야 아멘을 외치고 이어서 선하시고 인자하신 하나님께 감사하게 된다.

2. 여호와의 속량

2절에서 "여호와의 속량을 받은 자들은 이같이 말할지어다 여호와께서 대적의 손에서 그들을 속량하사"라고 하였다. 이것은 제사장의 말이다. '여호와께 구속함을 받은 자'란 이사야 62장 12절에 나오는 바벨론에 포로로 잡혀 갔던 자들이 돌아오는 것을 말한다. 이들은 자유를 잃은 포로생활을 하다가 해방을 입은 자들이다. 바벨론으로 포로 잡혀간 이유는 이스라엘의 죄 때문이다. 여기서 '구속받은 자'는 죄에서 용서함을 받고 하나님의 은총으로 회복을 입은 자들이다. 하나님은 우리를 죄와 죄의 속박에서 풀어주시는 분이다.

하나님의 구속 은총을 체험한 자들은 하나님의 은혜를 찬미하고 영광을 돌려야 한다. 그 입에서는 감사가 나오고 모든 것을 주장하시는 하나님께 영광을 돌리게 된다. 하나님이 모든 문제를 해결하였으니 이 하나님께 감사를 드리고 찬양하는 것이 마땅하다. 이것이 하나님의 백성의 길이다.

3. 여호와께서 대적의 손에서

2하~3절에는 "여호와께서 대적의 손에서 그들을 속량하사 동서 남북 각 지방에서부터 모으셨도다"고 하였다. 제사장이 '이같이 말하라'고 하자 회중들이 화답한다. 이 말씀은 시편 106:47에 있는 기도와 연결된 응답으로 볼 수 있다. 시편 106편은 이스라엘 역사를 출애굽으로부터 시작하여(7절), 홍해를 건너고, 광야의 방황을 거쳐 바벨론 포로(40~42절)까지를 다루며 이스라엘의 반역과 하나님의 심판을 다룬다. 107편은 이스라엘의 회복을 광야길, 감옥, 병, 바닷길로 돌아오는 것으로 묘사하고 있다. 많은 순례자들이 여러 땅으로 흩어져 살다가 이제 모두 모여서 하나님을 찬양한다.

'대적의 손에서 그들을 속량하사' 라고 하였다. 여기서 '대적'은 '고통' 혹은 '역경'이라는 의미와 '원수' 라는 의미가 있는데 '원수' 라는 말이 더 적절하다고 본다. 이스라엘 백성들은 주위에 있는 여러 대적들이 손에 붙여 수없는 고통을 당하였으나 이제 하나님께서 이들을 구속하여 주셨다.

'동서남북'이라고 하였는데, 히브리어 어순으로는 '동서북남'이 맞고. 이것은 온 세상을 뜻한다. 세상의 모든 지역을 방위로 설명하고 있는데, 어느 특정 지역만을 말하는 것이 아니라 온 세상을 의미한다. 이스라엘 사람들은 동서남북 각 '지방'에서부터 하나님께로 나아온다. 역사적으로 보면 이스라엘 백성은 앗시리아(왕하 17:6)와 바벨론(왕하 24:14, 16, 25:11)으로 끌려갔다. 선지자들은 이들이 귀환하리라고 예언하였고(렘 32:37, 겔 20:34), 이제 그 예언이 이루어져 돌아오고 있다.

이런 자들이 하나님께 감사해야 한다. 그것은 구속의 놀라운 은혜이기에 그 은혜를 체험한 자는 감사의 찬송을 드릴 수밖에 없다. 은혜는 감사로 이어진다. 이것은 하나님의 백성만이 누리는 특별한 은혜이며 역사이다. 은혜를 입은 자들은 하나님을 찬미하여 감사해야 한다.

거주할 성읍에 이르게 하셨도다

시편 107:4~9

4그들이 광야 사막 길에서 방황하며 거주할 성읍을 찾지 못하고 5주리고 목이 말라 그들의 영혼이 그들 안에서 피곤하였도다 6이에 그들이 근심 중에 여호와께 부르짖으매 그들의 고통에서 건지시고 7또 바른 길로 인도하사 거주할 성읍에 이르게 하셨도다 8 여호와의 인자하심과 인생에게 행하신 기적으로 말미암아 그를 찬송할지로다 9그가 사모하는 영혼에게 만족을 주시며 주린 영혼에게 좋은 것으로 채워주심이로다

　　시인은 모든 백성들에게 여호와께 감사하라고 한 후에 4~32절에서 네 가지 감사 제목을 제시하고 있다. 사람이 살아가는 삶의 현장에 감사의 제목이 어찌 네 가지 밖에 없을까? 하지만 시인은 중요한 것을 제시하였다.

　　4~9절에서 '광야 길에서 건짐을 받은 것을 감사하라'고 하였고, 10~16절에서는 '감옥에서 건짐을 받은 것을 감사하라', 17~22절은 '질병에서 감사하라' 고 하였으며, 23~32절은 '풍랑이는 바다에서 건짐받음을 감사하라'고 하였다. 이 감사의 조건들을 보면 1과 4가 짝을 이루고 2와 3이 짝을 이루는 유사성을 보여준다.

　　4~9절에서는 광야 사막 길에서 '거할 성' 즉 오아시스를 찾아 방황하는 무리가 나타난다. 이들은 주리고 목마른 가운데 여호와께 부르짖으니 하나님께서 고통에서 건지셨다(6절). 또 그들을 인도하여 거할 성에 이르게 하였고(7절) 그 간증을 들은 모든 회중이 여호와의 이름을 찬양하는 놀라운 역사를 그리고 있다.

1. 방황하며

4~5절에서 "그들이 광야 사막 길에서 방황하며 거주할 성읍을 찾지 못하고 주리고 목이 말라 그들의 영혼이 그들 안에서 피곤하였도다"라고 하였다. 4~9절은 이스라엘 백성이 출애굽한 후에 광야에서 길을 잃고 40년간 방황한 역사적 사실을 배경으로 하고 있다. 하나님께서 구름기둥과 불기둥으로 그들을 인도하여 주셔서 약속의 땅으로 갈 수 있었음을 배경으로 한다.

'방황하며'라고 하였는데 이 말은 '정처없이 헤매다' 혹은 '길을 잃고 헤매다'(출 23:4, 사 53:6)란 뜻이다. 이것을 문자적으로 해석하면 광야를 통과하다가 길을 잃고 헤매는 모습을 가리킨다. 구약 시대에는 광야에서 길을 잃고 죽은 자들도 있었다. 또 이 말은 신앙생활이나 윤리 생활에서 방향을 잡지 못하고 중심이 없이 헤매이는 것을 상징하기도 한다. 하나님의 백성은 그 중심에 하나님을 모시고 살아야 하는데 그렇게 되지 못하고 정처없이 다니는 경우도 있다.

이사야 선지자는 이스라엘 백성의 두 번째 출애굽을 첫 출애굽과 연결시키면서 옛 조상들이 시내 광야를 통과한 것 같이 두 번째 출애굽 즉 바벨론에서의 해방에서 시리아 광야를 거쳐 약속의 땅으로 돌아온다는 것을 강조하였다. 이런 관점에서 보면 우리가 예수 그리스도를 믿는 것도 새로운 출애굽이라고 할 수 있다. 죄악의 노예에서 해방되어 광야같은 이 세상을 지나 하나님이 약속하신 곳으로 우리가 나아간다. 하나님의 놀라운 역사를 통해 새로운 존재가 된 우리들은 하나님께 감사를 드려야 한다.

'거주할 성읍을 찾지 못하고'라고 했는데 거할 성은 마실 물과 음식이 있는 곳이며, 안전하게 쉴 수 있는 곳이고 사람이 거주하는 '오아시스'이다. 여행자는 광야의 길을 걷다가 피곤하고 지칠 때에 오아시스에서 먹고 마시고 쉬다가 다시 길을 떠난다. 그러나 길을 잃고 오아시스를 발견하지 못하여 주리고 목마르며 영혼이 속에서 피곤해지는 것 즉 생기를 잃고 시들어가는 모습을 보인다. 이것은 완전히 기진한 모습이며 거의 죽게 된 상태를 가리킨다. 하나님을 떠나 방황하는 자의 모습이 이와 같다. 하나님을 떠나면 생기를 잃어버리고 목숨이 시들어 가는 고통을 겪는다. 하나님이 우리 삶의 중심인데 이 하나님에게서 떠나는 것은 비참의 극치이다.

2. 부르짖으매

6~7절에서 "이에 그들이 근심 중에 여호와께 부르짖으매 그들의 고통에서 건지시고 또 바른 길로 인도하사 거주할 성읍에 이르게 하셨도다"고 하였다. 방황하는 이스라엘 백성은 하나님께 부르짖었다. 시편의 기도에서 부르짖음은 기도의 중요한 요소이다. 이스라엘 백성은 거의 죽게 되었을 때에 하나님께 부르짖는 것 밖에 없다. 이것은 하나님의 전능하심을 믿는 것이며 하나님만이 우리들의 살길이라는 철저한 사상에서 나온 것이다.

하나님께 부르짖을 때에 하나님의 역사가 나타난다. 하나님은 자기 백성의 기도에 응답하시는 분이며 구원의 역사로 함께 하시는 분이다. '바른 길을 인도하사 거할 성에 이르게 하셨도다'고 하였다. 길을 잃어 방황하는 자에게 바른 길로 인도하는 것은 가장 귀하다. 하나님은 그들을 안식처로 가는 바른 길 즉 '지름길'을 보이셨다. 길을 잃은 자에게 이 이상 귀하고 좋은 일이 어디 있는가?

하나님은 이스라엘 백성을 인도하여 '거할 성' 즉 사람이 사는 곳으로 인도 하신다. 광야에서 사람을 만나지 못하는 비극을 겪은 이들을 사람이 사는 곳으로 이끌어 주셨으니 이들의 기도가 응답되었다. 거의 죽게 된 상태에 빠진 이들에게 사람이 사는 곳으로 인도하시고, 먹고, 마시며 쉬게 하여 새 힘을 주셨다. 이것이 하나님의 은혜요 주시는 복이다. 하나님은 우리를 이와 같이 인도하신다. 광야에서 거의 죽게 되었으나 하나님께 부르짖으면 바른 길을 인도하시고 사람이 거하는 성으로 이끌어 주신다. 이것은 하나님의 백성만이 누리는 최고의 복이다.

3. 찬송할지로다

8~9절에 "여호와의 인자하심과 인생에게 행하신 기적으로 말미암아 그를 찬송할지로다 그가 사모하는 영혼에게 만족을 주시며 주린 영혼에게 좋은 것으로 채워주심이로다"고 하였다. 이 시편이 포로 후기의 신자들에게 적용될 때에 이 '광야'는 메소포타미아에서 고향으로 올 때에 넘어야 하는 시리아 아라비아 사막을 의미한다. 거칠고 메마른 이 사막을 건널 때에 하나님의 놀라운 은혜를 경험하게 된다.

바벨론에서의 해방은 두 번째 출애굽이다. 이스라엘 백성들은 지난날의 고통을 돌아보고 하나님의 인자하심과 돌보심을 생각하고 찬양하였다. 시인은 '여호와의 인자하심과 인생에게 행하신 기적으로 말미암아 그를 찬송할지로다'고 하였다. 하나님이 행하신 모든 일은 인간의 머리로는 도저히 이해가 되지 않는 것들이다. 이것은 하나님의 사랑의 표현이고 자기 백성에게만 베푸시는 역사이다. 하나님의 백성은 이것을 생각하고 하나님께 찬송하였다.

9절은 광야 길을 걸으며 목말라 죽어가고 배고파 죽어가는 자들에 대한 말이다. 물과 양식이 다 떨어진 여행들은 오직 하나님의 인자하심만을 바라보고 사모하였다. 하나님은 이렇게 사모하는 자에게 좋은 것으로 채워 주신다. 그러므로 하나님의 백성은 하나님의 돌보심을 사모하고 살아야 한다. 사모하는 영혼에게 좋은 것을 주시는 하나님이시기에 입을 크게 벌려 부르짖었다. 하나님은 우리를 인도하시어 거할 성으로 이끄신다. 이 하나님의 섭리를 바라는 것이 우리들의 최선의 삶이요 길이다.

쇠빗장을 꺾으셨음이로다

🌟 **시편 107:10~16**

10사람이 흑암과 사망의 그늘에 앉으며 곤고와 쇠사슬에 매임은 11하나님의 말씀을 거역하며 지존자의 뜻을 멸시함이라 12그러므로 그가 고통을 주어 그들의 마음을 겸손하게 하셨으니 그들이 엎드러져도 돕는 자가 없었도다 13이에 그들이 그 환난 중에 여호와께 부르짖으매 그들의 고통에서 구원하시되 14흑암과 사망의 그늘에서 인도하여 내시고 그들의 얽어 맨 줄을 끊으셨도다 15여호와의 인자하심과 인생에게 행하신 기적으로 말미암아 그를 찬송할지로다 16그가 놋문을 깨뜨리시며 쇠빗장을 꺾으셨음이로다

시인은 고통 중에 경험한 하나님의 기이한 인자하심에 대하여 감사하고 있다. "여호와께 감사하라 그는 선하시며 그 인자하심에 영원함이로다"(1절)로 시작하여 "지혜 있는 자들은 이러한 일들을 지켜보고 여호와의 인자하심을 깨달으리로다"(43절)로 끝맺는다. '인자하심'에서 시작하여 '인자하심'으로 끝나는 이 시편에서 4~32절은 네 가지 감사 제목을 제시한다.

4~9절은 광야 길에서 건짐을 받은 것을 감사하라는 내용이다. 이 연에서는 '광야 사막길'에서 '거할 성' 즉 오아시스를 찾아 방황하던 무리가 나타난다. 이들은 '주리고 목마를' 가운데(5절) '그들이 근심 중에 여호와께 부르짖으매 그들의 고통에서 건지시고'(6절) 또한 하나님은 그들을 '바른 길'로 인도하사 '거할 성'에 이르게 하신다(7절). 이리하여 이들은 자신의 간증을 듣는 온 회중으로 '여호와의 인자하심과 인생에게 행하신 기이한 일을

인하여 그를 찬송할지로다'라고 권한다(8절). 시인은 두 번째 감사 제목을 제시한다.

10~16절에서 '감옥에서 건짐을 받은 것을 감사하라'고 한다. 두 번째 그룹이 감사를 드리는데 이들의 성격은 앞부분과 다르다. 이들은 더럽고 어두운 감옥에 던져진 자들이었다. 이런 감옥에서 자유와 해방을 맛보고 하나님을 찬양한다. 하나님은 자기 백성을 여러 가지 상황에서 건져 주신다. 이것은 하나님의 인자하심의 표현인데, 역경 중에 있는 이들을 건져 하나님의 영광을 드러내게 하신다.

1. 곤고와 쇠사슬에 매임

10절에서 "사람이 흑암과 사망의 그늘에 앉으며 곤고와 쇠사슬에 매임" 이라고 하였다. 옛날 감옥의 형태는 여러 가지로서 집이나 구덩이 또는 옥 형태를 가졌으나 모두가 세상에서 가장 더럽고 무섭고 고통스러운 곳이다. 성경에는 감옥에 대한 기사가 많이 나온다. 애굽에서는 '왕의 죄수를 가두는 옥'(창 34:20, 40:3)이 있었다. 블레셋 사람들은 삼손을 쇠사슬에 묶어 감옥에 가두었다(삿 16:21). 앗시리아에서는 '감옥'을 두고 배반한 이스라엘 왕 호세아를 감금하였다(왕하 17:4). 시편 107편에 나오는 감옥은 구덩이 형태였기 때문에 '어둠'으로 묘사하고 있다. 구덩이 아래에는 진흙이 있는데(슥 9:11, 렘 38:6), 이것은 무덤처럼 스올의 영역으로 여겨졌다. 감옥에 던져지면 거의 죽은 자의 땅에 가깝다고 생각할 수밖에 없었다. 그래서 '흑암'과 '사망' 같이 표현된다.

'사망의 그늘'은 시편 23:4에 있는 '사망의 음침한 골짜기'와 같은 표현이다. 여기 나타나는 '사망'은 최상급을 가리킨다. 따라서 '가장 어두운 그림자'를 의미한다. 어둠이 사망의 무서운 그림자처럼 그를 덮고 있다. 절망과 두려움 속에서 그들은 '곤고함'(고통, 가난)에 매여 있다. 그의 마음은 곤고하였고 몸은 '쇠사슬'에 매였다. 어두운 감옥에 갇혀 있는 것만 해도 힘들고 어려운데 쇠사슬에 묶여 있기까지 하였으니 그의 고통은 극에 달해있고, 더 이상 여기서 벗어날 길이 없을 정도였다.

2. 하나님의 말씀을 기억하며

11절에서 "하나님의 말씀을 거역하며 지존자의 뜻을 멸시함이라"고 하였다. 이들이 감옥에 간 이유를 설명하고 있다. 이들은 '하나님의 말씀' 즉 '하나님의 법'을 거역하였고, '지존자의 뜻'을 멸시하여 감옥에 갔다. 이들은 하나님께서 그들을 향해 가지고 계신 선하신 뜻을 무시하였고, 하나님의 지혜를 저버리고 고집스러운 죄의 길을 걸었다(잠 1:30, 사 5:24).

성경에는 하나님의 선하신 뜻을 거역하다가 고통당한 사람들에 대한 기록들이 많다. 엘리 제사장의 아들들은 하나님의 뜻을 거역하는 불량자가 되었고(삼상 2:22~36), 이스라엘 백성들이 하나님의 말씀을 거역하고 멸시하다가 바벨론에 포로로 잡혀 갔다(사 40:2, 대하 36:16). 오늘의 우리도 하나님의 뜻을 무시할 때에는 고통을 당한다는 것을 배워야 한다.

12절에서 "그러므로 그가 고통을 주어 그들의 마음을 겸손하게 하셨으니 그들이 엎드러져도 돕는 자가 없었도다"고 하였다. 하나님의 뜻을 거역하는 자의 비참한 모습이다. '수고'는 '힘든 노동'을 가리키며, '엎드러지다'는 말은 '비틀거리다'라는 뜻이다. 그러니 비틀거리다가 넘어지는 모습니다.

이들의 마음은 고통으로 가득하였다. 또 엎드러져도 돕는 자가 없는데 이것은 넘어졌는데도 일으켜 세우는 자가 없다는 말이다. 인간이 당하는 최고의 고통으로서 완전히 망해가는 모습을 보인다. 하나님을 거역하면 이러한 결과가 온다. 사람들에게서 버림받고 외면당하게 된다. 하나님은 우리 삶의 바탕을 제공하며, 하나님을 떠날 때는 끝없는 비참함을 겪는 것이 인생의 모습임을 우리는 기억해야 한다.

3. 여호와께 부르짖으매

13~14절에서 "이에 그들이 그 환난 중에 여호와께 부르짖으매 그들의 고통에서 구원하시되"라고 하였다. 이 말씀을 하나님의 섭리를 보여주는 강조점이다. 우리가 비록 하나님의 말씀을 거역하고 하나님의 뜻을 멸시한 죄로 감옥에 갇히고, 쇠사슬에 매이고, 절망 가운데 있을지라도 근심 중에 하나님께 부르짖으면 하나님의 구원이 임한다. 이것은 하나님의 놀라운 은혜요 사랑이다.

하나님은 부르짖는 자들을 죽음의 그늘에서 인도하여 내시고 '그들의 얽어 맨 줄을 끊으셨도다.' 줄을 끊는 것은 죄수에게 해방을 주는 것에 대한 의인법이다. 옛날에는 얼마나 감옥에 있어야 한다는 정확한 형량 언도가 없었기에 죄수들은 절망 가운데 살았다. 그런 중에 하나님이 찾아오셔서 줄을 끊으시고 자유를 주신다. 우리가 여기서 주목해야 하는 것은 인간으로는 누구도 감옥의 빗장을 풀 수 없지만 오직 하나님만이 이것을 풀어주신다. 하나님은 '우리의 해방자이시며 구원자'이시다.

15~16절에서 "여호와의 인자하심과 인생에게 행하신 기적으로 말미암아 그를 찬송할지로다 그가 놋 문을 깨뜨리시며 쇠 빗장을 꺾으셨음이로다"고 하였다. 여기서 다시 이 시의 후렴이 나온다. 하나님의 인자하심을 찬송하라고 말씀하면서 그 이유를 제시한다.

16절은 이사야 45장 1~2절과 비슷하다. 놋 문을 부수고 쇠 빗장을 꺾는 것은 이 세상에서 가장 강한 것을 깨트리는 것이다. 이 세상의 아무리 강한 것이라고 해도 하나님의 능력 앞에는 아무것도 아니다. 감옥에 갇혀 무섭고, 외롭고, 배고픔을 겪고, 절망에 빠져 있을지라도 하나님의 은총이 임하면 모든 쇠사슬을 꺾으시고 자유로운 존재로 새롭게 하여 주신다. 그리하여 새 힘을 얻게 된다. 이 하나님을 어떻게 찬양하지 않을 것이며, 영광을 돌리지 않을 것인가? 죽음의 감옥에서 건져 주신 하나님을 찬양하자!

그의 말씀을 보내어 그들을 고치시고

시편 107:17~22

17미련한 자들은 그들의 죄악의 길을 따르고 그들의 악을 범하기 때문에 고난을 받아 18그들은 그들의 모든 음식물을 싫어하게 되어 사망의 문에 이르렀도다 19이에 그들이 그들의 고통 때문에 여호와께 부르짖으매 그가 그들의 고통에서 그들을 구원하시되 20 그가 그의 말씀을 보내어 그들을 고치시고 위험한 지경에서 건지시는도다 21여호와의 인자하심과 인생에게 행하신 기적으로 말미암아 그를 찬송할지로다 22감사제를 드리 며 노래하여 그가 행하신 일을 선포할지로다

우리들이 이 땅에서 살아갈 때에 건강하고 평안하기를 원한다. 그러나 우리의 삶에는 고통의 바람이 불어 힘들고 어려울 때가 많다. 이러할 때에 하나님을 바라보고 도우심을 간구하는 것이 중요하다. 감사해야 할 세 번째 주제로 질병에서 건짐을 받은 것을 감사하라(17~22절)고 하였다. 하나님은 치료하시는 하나님이시기에 자기 백성들을 구하시고 강건케 하시는 분이 다. 질병의 고통에서 건져 주신 하나님께 감사해야 한다.

1. 미련한 자들은

17절에서 "미련한 자들은 그들의 죄악의 길을 따르고 그들의 악을 범하 기 때문에 고난을 받아"라고 하였다. 시편의 표현에서 미련한 자란 '그의 마음에 이르기를 하나님이 없다'고 하고 '부패하고 그 행실이 가증하니 선

을 행하는 자가 없는' 자들이다(시 14:1). 예레미야는 "내 백성은 나를 알지 못하는 어리석은 자요 지각이 없는 미련한 자식이라 악을 행하기에는 지각이 있으나 선을 행하기에는 무지하도다"(렘 4:22)고 하였다. 우리들은 흔히 미련한 자라고 하면 머리가 나쁜 자로 생각한다. 그렇지가 않다. 오히려 악을 행하는데에는 천재적 두뇌를 가진 사람들이다. 그러므로 악을 행하는데 똑똑한 자이기에 하나님 앞에서는 극히 미련한 자이다. 왜냐하면 자신의 행위로 인해 곤란이 오기 때문이다.

미련한 자의 상황은 '죄악의 연고로 곤란을 당하매'라는 말로 표현되었다. 자신의 죄로 인하여 끝없는 고통을 당한다. 여기서 '곤란'은 '질병'을 의미하는데 이런 표현이 성경 여러 곳에서 나온다(시 6:2, 103:3, 레 26:16, 신 28:20~22 등). 이 말씀은 죄와 질병의 관계를 설명하고 있다. 죄는 하나님의 뜻을 거역하는 것이기에 하나님을 향한 반역이고 또한 어리석은 행동이다. 죄는 고통과 파멸을 가져오기에 이 세상에서 가장 어리석은 일이다.

2. 사망의 문에

18절에서 "그들은 그들의 모든 음식물을 싫어하게 되어 사망의 문에 이르렀도다"고 하였다. 여기 나오는 '그들은'이란 '영혼'을 말하는 것이 아니라 '입맛'의 상태를 말한다. 즉 이들은 병들어 '식욕'을 상실하였다는 뜻이다. 아무것도 먹고 싶지 않아 결국은 '사망의 문에 가깝게 되었다'. 피골이 상접하여 이미 죽은 자처럼 되었다. 병든 자의 처참한 환경을 이와 같이 묘사하고 있다. 옛날의 아름답고 싱싱한 모습은 사라져 버렸고, 죽음의 문턱에 서 있다.

시인은 '사망의 문'이라고 하였는데, 무덤이 집처럼 문을 가지고 있음을 상기시킨다. 사람이 죽어 이 문으로 들어간다. 성경은 죽음에 대하여 여러 가지 양태로 설명하고 있다. 죽음을 하나의 영역이라기보다 약하고 고통스럽고 힘이 없는 상태로 묘사하는 기록들이 많다. 완전히 죽은 자들은 더 이상 산 자의 땅으로 돌아올 수 없도록 지키는 문이 있다(시 6:3). 하나님의 뜻을 거역하는 자들에게 이러한 고통이 있다. 죽음의 길목에서 말로 다할 수 없는 어려움을 겪고 파멸의 상처를 안는다. 이것이 하나님을 거역하는 자의 삶이다.

19~20절에서 "이에 그들이 그들의 고통 때문에 여호와께 부르짖으매 그가 그들의 고통에서 그들을 구원하시되 그가 그의 말씀을 보내어 그들을 고치시고 위험한 지경에서 건지시는도다"고 하였다. 이것은 이 시의 후렴인데 부르짖으니 하나님께서 고쳐 주신다는 말씀이다. 죽음의 문턱에 있는 자가 다시 살길은 하나님께 부르짖는 것 밖에 없다.

인간이란 간악한 존재여서 평소에는 자기 뜻대로 살다가 고통을 겪고 죽음의 문턱에 서게 되면 하나님께 부르짖는 것이 일반적 사례이다. 그들의 기도를 들으신 하나님은 말씀으로 그들을 고치신다. '그가 그의 말씀을 보내어 그들을 고치시고'라고 하였다. 하나님이 보내시는 말씀은 아마 제사장이나 선지자를 통해 주시는 치료의 말씀인 듯하다(사 55:11, 시 147:15).

성경에는 이런 사례들이 많이 있다. 한나가 아이가 없어 고생하고 하나님께 기도할 때 엘리 제사장이 그 사실을 알고 '평안히 가라'고 말한다. 아람장군인 나아만이 엘리사에게 왔을 때, 엘리사는 치료의 말씀을 준다. 병든 자들이 성전의 뜰에서 기다릴 때, 제사장이 치료의 말씀을 주면 이들이 나음을 받고 성전 안으로 들어간다. 하나님은 자신의 말씀을 자기 종을 통해 보내어 치료하시는 분이시다(시 30:2).

오늘의 우리들에게는 치료자이신 예수 그리스도가 있다. 예수님은 병든 자를 고치시고 그들에게 '평안히 가라'고 하신다. '위험한 지경에서 건지시도다'고 하였는데 여기서 '지경'이란 '구덩이'를 가리킨다(시 30:3). 예레미야 애가 4장 20절에서는 '함정'이라고 번역하였다. 그러니 병들어 죽을 뻔했던 사람이 구덩이에 던져질 뻔 하였고 혹은 던져졌는데 하나님께서 그를 건지시어 그 죽음의 함정에서 벗어나게 하셨다는 말이다. 하나님은 부르짖는 자에게 치료하는 역사를 하신다. 이것은 하나님의 절대적 사역이며 그것을 통하여 하나님께서 영광을 받으신다. 오늘의 우리들도 하나님의 뜻을 배반하면 고통과 질병이 오고 하나님을 바라고 호소할 때에 치유의 역사가 일어난다는 사실을 기억해야 한다.

3. 기적으로 말미암아

21~22절에서 "여호와의 인자하심과 인생에게 행하신 기적으로 말미암아 그를 찬송할지로다 감사제를 드리며 노래하여 그가 행하신 일을 선포할지로다"고 하였다. 죽을 병에 걸렸던 사람이 살아났으므로 이제 그는 하나님의 인자하심을 찬송할 수밖에 없다(21절). 하나님의 위대하신 솜씨를 찬송한다. 죽음에서 건지신 것이 '기이한 일' 즉 기적과 같은 일이기에 하나님의 인자하심과 그 역사를 찬송하는 것이 하나님의 백성의 삶이요 바른 길이다. 우리에게 베풀어 주신 하나님의 위대한 솜씨를 찬송하자. 이것은 우리의 가슴 밑바닥에서 나오는 감격이며, 어느 누구와도 비교할 수 없는 독특한 역사이다. 찬송만이 아니라 제사장을 그에게 감사제를 드리라고 권한다. 감사제를 드릴 때 찬송과 제사를 같이 드려야 한다. 감사제는 말과 행동으로 드리는 제사이다. 감사제는 하나님의 도움에 대한 제사를 드림으로써 감사를 공적으로 표현할 뿐만 아니라 하나님이 베푸신 구원을 말과 행동으로 전하는데 있다(레 7:11~14, 22:29~30, 시 116:12~19).

어리석어 하나님을 배반하여 죽을 병에 걸렸으나 하나님께서 용서하여 주시고 치료하여 주셨으니 이 하나님의 은혜에 감사하고 이러한 구원의 사실을 후대에 알려야 한다. 이것이 구원받은 백성이 감당해야 할 중요한 사명이다. 우리는 죽음의 문턱에 서는 듯한 질병에 걸릴 경우가 있다. 그때마다 치료하시는 하나님을 바라보며 그 손길을 고대하고, 치유받은 후 감사제를 드리자.

물결도 잔잔하게 하시는도다

시편 107:23~32

23배들을 바다에 띄우며 큰 물에서 일을 하는 자는 24여호와께서 행하신 일들과 그의 기이한 일들을 깊은 바다에서 보나니 25여호와께서 명령하신즉 광풍이 일어나 바다 물결을 일으키는도다 26그들이 하늘로 솟구쳤다가 깊은 곳으로 내려가나니 그 위험 때문에 그들의 영혼이 녹는도다 27그들이 이리저리 구르며 취한 자 같이 비틀거리니 그들의 모든 지각이 혼돈 속에 빠지는도다 28이에 그들이 그들의 고통 때문에 여호와께 부르짖으매 그가 그들의 고통에서 그들을 인도하여 내시고 29광풍을 고요하게 하사 물결도 잔잔하게 하시는도다 30그들이 평온함으로 말미암아 기뻐하는 중에 여호와께서 그들이 바라는 항구로 인도하시는도다 31여호와의 인자하심과 인생에게 행하신 기적으로 말미암아 그를 찬송할지로다 32백성의 모임에서 그를 높이며 장로들의 자리에서 그를 찬송할지로다

시인은 시편 107편 4~32절에서 네 가지의 감사 제목을 제시하였다. 광야 길에서 건짐을 받은 것을 감사하며(4~9절), 감옥에서 해방된 것(10~16절)과 질병에서 건짐 받은 것을 감사하고(17~22절), 23~32절에서는 풍랑이는 바다에서 건짐 받은 것을 감사하라고 하였다.

이 부분에서는 바다에서 항해하며 사업하는 자들이 나온다. 그들은 바다에서 풍랑을 만나 고통당하는데, 이것은 첫째 연에서 광야에서 길을 잃고 방황하는 자의 이야기와 비슷하다. 이들은 여행 중에 고통을 당하였고, 그고통 속에서 하나님께 부르짖어 구원을 받는다. 광야와 바다는 비슷한 점이 많다. 광야는 모래의 바다이고, 바다는 물의 바다이다. 둘 다 길을 찾기가 어렵고, 또 무서운 혼돈의 세력이다. 여기서 하나님의 위대하신 역사가 나타나 구원 역사를 이루신다. 네 가지 감사에서 1과 4, 2와 3연이 짝을 이루어 비슷한 특성을 보이고 있다.

1. 여호와께서 행하신 일

23~24절에서 "배들을 바다에 띄우며 큰 물에서 일을 하는 자는 여호와께서 행하신 일들과 그의 기이한 일들을 깊은 바다에서 보나니"라고 하였다. 이 연에서는 하나님의 선하심과 인자하심에 대한 마지막 예증이 제시되고 있다.

시인은 여기서 새로운 역사를 소개한다. 바다에서 하나님의 은총을 체험한 사람들을 소개한다. 히브리인들은 원래 항해에 익숙한 사람들이 아니었으며, 그들은 바다를 항상 두려운 곳으로 생각하였다. 팔레스타인에 있는 대부분의 항구는 불레셋이나 가나안 사람들이 오랫동안 사용하고 있었기 때문에 히브리인 중에 해양업에 종사하는 사람들이 별로 없었다. 그러나 솔로몬 시대부터 국제 무역이 활발해져서 지중해와 인도양까지 무역하게 되었다.

큰 바다를 항해하는 사람들은 '여호와의 행사'를 체험한다. 여기서 '여호와의 행사'란 바다에 폭풍이 일어나는 것을 말한다(욘 1:4). 바다가 흉용해지고 파도가 거세게 일어나며, 폭우가 쏟아지는 것을 볼 때에 하나님의 위엄과 능력을 본다. 구약에서 바다는 혼돈과 항상 연관되어 있다(시 18:16, 24:2, 29:3, 32:6). 바다에서 장사하는 사람들이 태초에 있었던 혼돈이 새롭게 일어나는 것을 본다.

2. 여호와께서 명령하신즉

25~27절에 "여호와께서 명령하신즉 광풍이 일어나 바다 물결을 일으키는도다 그들이 하늘로 솟구쳤다가 깊은 곳으로 내려가나니 그 위험 때문에 그들의 영혼이 녹는도다 그들이 이리저리 구르며 취한 자 같이 비틀거리니

그들의 모든 지각이 혼돈 속에 빠지는도다"고 하였다. 25절에 나오는 광풍은 하나님이 보낸 사자이다(시 104:4). 시편 148편에서 "불과 우박과 눈과 안개와 그의 말씀을 따르는 광풍으로 다 여호와를 찬양하게 한다"(8절)고 하였다. 하나님의 말씀을 따라 광풍이 일어나고 걷잡을 수 없는 파도가 일어난다.

26절에 나오는 '그들'은 배가 아니라 선원을 가리킨다. 산더미 같은 파도가 몰려 올 때, 배를 타고 항해하던 자들은 하늘까지 올라갔다가 바다의 깊은 데까지 내려간다. 배가 요동하므로 선원들이 고통을 당하는 것을 묘사하는 말이다. 이리하여 '그들의 영혼이 녹는다.' 이 말은 그들이 어찌해야 할지를 알지 못하는 것을 말한다. 그들은 술 취한 사람들처럼 비틀거린다.

27절에 보면 '지각이 혼돈하다'고 하였다. '지각'이란 '항해술'을 의미한다. 파도가 일어 배가 곤두박질하고 멀미를 하는 상황에서 그들이 가진 항해술이 아무런 도움이 되지 못한다. 어릴 때부터 배운 항해술이라고 할지라도 무서운 자연의 변화 앞에는 아무런 구실을 하지 못한다. 파선 직전의 비참한 모습이 여기 나타난다.

28~29절에서 "이에 그들이 그들의 고통 때문에 여호와께 부르짖으매 그가 그들의 고통에서 그들을 인도하여 내시고 광풍을 고요하게 하사 물결도 잔잔하게 하시는도다"고 하였다. 이 부분에서 후렴이 다시 한번 나타난다. 바다의 혼돈과 공허 가운데서 근심하던 그들은 하나님께 부르짖었고, 구원을 얻었다. 그들은 이제 '죽었구나'라고 생각하였다. 그들에게 하나님의 역사가 나타난다. 갑자기 광풍이 멎었고 파도가 잔잔해졌다.

이것은 바다가 그냥 평온해진 것을 말하는 것이 아니라 하나님께서 광풍을 '평정케'하셨다. 즉 '다스리셨다'. 하나님은 미친 듯이 휘몰아치는 광풍도 정복하시고 다스리신다. 이것은 하나님의 위대한 손길이며 역사이다. 우리가 살아가는 삶의 현장에서 고통의 바람이 쉴 새 없이 불어온다. 여기에 인간의 항해술이란 아무 소용이 없다. 하나님께서 역사해 주실 때에 이것들이 평정됨을 알 수 있다.

3. 여호와께서 인도하시는도다

30절에서 "그들이 평온함으로 말미암아 기뻐하는 중에 여호와께서 그들이 바라는 항구로 인도하시는도다"고 하였다. 제1연에서 광야에서 방황하는 자들이 하나님의 은총으로 '거할 성'을 찾게 된 것처럼 항해자들도 드디어 '소원의 항구'로 들어오게 되었다. '항구'라는 단어는 구약 성경에서 단 한번 이 시에서만 나타난다. 항구는 선원들에게 생명과 안식의 장소이다. 하나님은 선원들에게 기쁨을 주었고, 그들이 그리던 항구에 들어옴으로써 안식과 평안을 누린다. 우리들이 광풍 이는 바다와 같은 이 땅에서 어디로 가야 좋을지 알지 못하였으나 하나님의 인도를 통해 갈 길을 알고 새로운 생명을 얻게 되었으니 이것이 우리가 받은 최고의 복이다.

31~32절에서 "여호와의 인자하심과 인생에게 행하신 기적으로 말미암아 그를 찬송할지로다 백성의 모임에서 그를 높이며 장로들의 자리에서 그를 찬송할지로다"고 하였다. 배를 타고 항해하는 사람들이 폭풍우 속에서 하나님의 인자하심을 체험하고 항구로 돌아온 후, 성전에 나아와 예배하는 공동체와 함께 하나님을 높이고 찬양하게 된다.

'백성의 회'란 예배하기 위하여 모인 회중들의 모임을 가리킨다(시 22:22, 25). 여기에는 '장로'들이 있는데, 이들은 나이든 사람이든가 아니면 백성들의 지도자를 말한다. 풍랑에서 구원받은 사람들은 자신들이 체험한 것을 온 회중과 지도자들이 모인 곳에서 간증하고 함께 예배한다. 이것이 하나님의 백성의 자세이다. 역경과 고난 속에서 하나님께 호소하여 건짐을 받으면 이것을 다른 사람에게 간증해야 하고, 고통의 자리에서 구해 주신 하나님께 경배를 드려야 하는 것이 하나님의 백성의 자세이다.

시인은 감사의 조건들을 네 가지로 제시하였다. 우리는 '범사에 감사하라'고 하신 하나님의 가르침을 지켜야 하며 감사의 삶을 통해 하나님을 찬송해야 한다. 고통과 역경이 우리에게 올 때에 낙심하고 좌절할 것이 아니라, 하나님께 호소하여 고치심의 역사를 체험하는 우리가 되어야 한다.

강이 변하여 광야가 되게 하시며

🌀 **시편 107:33~38**

33여호와께서는 강이 변하여 광야가 되게 하시며 샘이 변하여 마른 땅이 되게 하시며 34그 주민의 악으로 말미암아 옥토가 변하여 염전이 되게 하시며 35또 광야가 변하여 못이 되게 하시며 마른 땅이 변하여 샘물이 되게 하시고 36주린 자들로 거기에 살게 하사 그들이 거주할 성읍을 준비하게 하시고 37밭에 파종하며 포도원을 재배하여 풍성한 소출을 거두게 하시며 38또 복을 주사 그들이 크게 번성하게 하시고 그의 가축이 감소하지 아니하게 하실지라도

시편 107편의 배경은 22절에 나오는 "감사제를 드리며 노래하여 그가 행하신 일을 선포할지로다"에서 나타난다. 신앙공동체는 하나님께 감사의 제물을 드리고 있다. 아마도 제물을 드리기 전의 예배 시간에 이 시를 낭송한 듯하다.

32절에 보면 "백성의 모임에서 그를 높이며 장로들의 자리에서 그를 찬송할지로다"고 하였다. 많은 백성들과 장로들의 자리를 함께 하고 하나님께 찬양하였다.

또 3절에서 "동서남북 각 지방에서부터 모으셨도다"고 하였다. 즉 축제에 참석하는 자들이 세계 각지에서 나아와 성소에 모인다. 구속받은 순례자들은 이 노래를 부르기 위하여 땅의 사방에서 모인다.

33절 이하에서 온 회중들이 하나님을 찬양하기 시작한다. 이 부분은 앞부분의 주제와 비슷하지만 형식이 다르다. 앞부분은 감사로 이끌어 가지만

이 부분은 찬양으로 이끌어 간다. 또 하나님의 도덕적 통치를 찬양하면서 지혜를 얻도록 깨우친다. 하나님은 자연계와 인생을 모두 다스리신다. 하나님의 통치를 깨닫고 순종하는 것이 참다운 지혜이다. 그래서 '여호와를 경외하는 것이 지식의 근본'이라고 하였다. 반대로 하나님의 통치를 거부하는 것이 미련함의 극치이다.

33~43절에서는 구약의 구원 역사 중 기본적인 사건들을 열거한다. 하나님은 자기 백성들을 위하여 홍해를 가르기도 하시고, 이스라엘을 가나안으로 인도하여 그곳에 정착하게 하셨다. 이것은 인생의 성공과 실패, 부와 가난, 역경과 구원의 교차를 통하여 인간을 주관하시고 그 운명을 바꾸시는 하나님의 능력을 노래하고 있다.

1. 강이 변하여

33절에서 "여호와께서는 강이 변하여 광야가 되게 하시며 샘이 변하여 마른 땅이 되게 하시며"라고 하였다. 성경에서 '강'이란 영원히 흐르는 물줄기를 가리킨다(시 46:4). 그러나 물이 계속하여 흐르는 것도 하나님의 손에 달려있다. 세상의 거대한 강들도 하나님의 다스림에 순복한다. 아무리 큰 강이라도 물줄기는 하나님께서 움직이신다. 시인은 강이 변하여 광야가 되고, 샘이 변하여 마른 땅이 되게 하는 하나님의 위대하심을 노래한다.

이 세상의 삶이 바로 이것이다. 사람들이 제 아무리 자기의 능력을 자랑할지라도 하나님의 손길 앞에서는 아무것도 아닌 것이 인생이다. 아침 안개와 같고 새벽이슬과 같은 존재이기에 하나님의 빛이 비치면 그대로 말라버릴 수밖에 없다. 시인은 자연 현상을 바꾸시는 하나님의 역사를 노래하였다. 자연이 아무리 능력 있는 것 같이 보일지라도 하나님 앞에서는 아무것도 아니다. 하나님의 절대주권을 노래하였다.

34절에서 "그 주민의 악으로 말미암아 옥토가 변하여 염전이 되게 하시며"라고 하였다. 이것은 역사적 사건으로 소돔과 고모라의 멸망을 말한다.

사람의 죄악이 도시와 문화에 오는 저주의 원천이다. 소돔과 고모라의 경우에 하나님을 떠나 자기 마음대로 산 자들 때문에 멸망 받았다.

'옥토로 염전이 되게' 하신다고 하였다. '염전'은 소금밭인데 쓸모없는 땅이다. 옥토는 비옥한 땅이며 젖과 꿀이 흐르는 땅이다. 이 두 땅은 철저히 비교가 된다. 하나님을 거역하는 자의 삶은 자신의 멸망뿐만 아니라 도시와 문화의 멸망을 초래한다. 이것은 인간이 가진 문화사명(창 1:28)이 얼마나 귀중한 것인지를 우리에게 보여준다.

문화란 단순한 지식의 산물이나 역사의 보고가 아니다. 하나님을 섬기는 자의 모든 지적 활동이기에 이 문화를 통해 이 땅에 하나님의 뜻이 이루어진다. 한 사람의 범죄는 문화 전체에 파멸을 가져다 준다.

2. 광야가 변하여

35절에 "또 광야가 변하여 못이 되게 하시며 마른 땅이 변하여 샘물이 되게 하시고"라고 하였다. 반대 현상이 일어난다. 강이 마르고, 샘이 그치게 할 뿐 아니라 광야를 저수지로, 마른 땅을 샘으로 만드신다. 이러한 운명의 역전은 하나님께 달려 있다. 하나님은 복을 저주로 바꿀 수가 있고, 또 저주를 복으로 바꿀 수가 있는 분이다. 하나님은 인생의 운명을 역전시킬 능력을 가지신 분이다. 사람의 눈으로 볼 때에 도저히 불가능한 일이 일어났다. 광야가 변하여 못이 되고 마른 땅에서 샘물이 나게 하셨으니 이것이 바로 하나님의 위대한 역사이다.

여기 나오는 '못'과 '샘물'은 오아시스를 가리킨다. 하나님을 사막에 오아시스를 만드시는 위대한 능력자이다. 이 위대하심이 우리의 삶에도 작용하여 광야가 변하여 오아시스가 되게 한다. 우리들은 역경의 광야에서 방황할 때에 위대하신 하나님의 손길을 고대하자. 이 하나님이 우리를 새롭게 하시고 새 힘을 주신다.

3. 주린 자들로

36~38절에서 "주린 자들로 말미암아 거기에 살게 하사 그들이 거주할 성읍을 준비하게 하시고 밭에 파종하며 포도원을 재배하여 풍성한 소출을 거두게 하시며 또 복을 주사 그들이 크게 번성하게 하시고 그의 가축이 감소하지 아니하게 하실지라도"라고 하였다. 이 말씀을 배고픈 자가 비옥한 땅에 거하게 될 뿐 아니라 그들도 성 안에서 안전하게 살게 된다는 말이다. 옛날 가난한 자들은 성 밖에 살았다. 성 안에 사는 것은 높은 신분의 상징이었다.

이들에게는 풍성한 소출이 있다. 밭과 포도원의 소산과 풍성하게 된다. 옛날에는 소작하며, 아내와 자식을 종으로 팔았는데 이제 그들도 자신의 땅을 소유하게 되었다. 밭과 포도원은 풍요의 상징이다. 한때, 이들은 몹시 가난하게 살았다. 이들에게 하나님의 복이 넘치게 나타난다(겔 36:30, 사 49:19 이하). 가난한 자가 부하게 되는 것은 자기 노력도 필요하지만 근본적으로 하나님이 복을 내리셔야 가능하다.

이들은 추수의 복만 아니라 번성의 복을 받는다. 38절에 "또 복을 주사 그들이 크게 번성하게 하시고"라고 하였다. 하나님의 복이 계속 증가하여 그들의 잔이 넘치는 것과 같은 역사가 일어난다.

하나님은 인생의 운명을 바꾸시는 능력이 있다. '가난하게도 하시고 부하게도 하시는' 능력을 가지신 하나님이시기에 이 하나님을 의지하고 사는 것이 인생의 본분이다. 그러나 인간들은 자신의 삶을 자기가 주장하려고 한다. 모든 것이 자기 뜻대로 되리라 생각하고 마음대로 행한다. 우리의 삶은 하나님께 달려 있다. 이 하나님을 바로 의지하는 것이 최선의 삶이다.

강이 변하여 사막이 되게 하시는 하나님이 우리에게 복을 주사 우리로 하여금 하나님의 영광을 위한 삶을 살도록 만들어 주시기를 기도해야 한다. 우리는 하나님의 영광의 도구이기에 그분의 능력 앞에 순종하며 감사의 찬송을 드려야 한다.

여호와의 인자하심을 깨달으리로다

시편 107:39~43

39다시 압박과 재난과 우환을 통하여 그들의 수를 줄이시며 낮추시는도다 40여호와께서 고관들에게는 능욕을 쏟아 부으시고 길 없는 황야에서 유리하게 하시나 41궁핍한 자는 그의 고통으로부터 건져 주시고 그의 가족을 양 떼 같이 지켜 주시나니 42정직한 자는 보고 기뻐하며 모든 사악한 자는 자기 입을 봉하리로다 43지혜 있는 자들은 이러한 일들을 지켜 보고 여호와의 인자하심을 깨달으리로다

인간의 운명을 주관하시는 하나님은 강이 변하여 사막이 되게도 하시고, 사막이 변하여 오아시스가 되게도 하신다. 이것은 하나님의 위대하시고 독특한 은혜의 역사이다. 이 세상의 모든 것을 주장하시기에 그 피조물들이 하나님의 영광을 드러내는 삶을 살게 한다. 시인은 다시 한 번 운명을 역전시키시는 하나님에 대하여 노래하고 있다. 인생은 하나님의 손 안에 있는 존재로서 우리들이 무엇을 할지라도 하나님의 역사 안에서 살아 갈 수밖에 없다. 하나님은 우리로 '부하게도 하시고 가난하게도 하신다.' 우리는 하나님의 인도하심에 따라 순종하며 나아가는 것이 무엇보다 중요하다. 이것이 하나님의 백성의 삶이며 방향이다.

1. 그들의 수를 줄이시며

39절에서 "다시 압박과 재난과 우환을 통하여 그들의 수를 줄이시며 낮

추시는도다"고 하였다. 여기서 갑자기 주제가 뒤바뀐다. 35절 이하에 나오면 복이 뒤바뀌어 저주가 임한다. 왜 이렇게 되었느냐에 대해서는 여러 가지 논의들이 있으나 아마 사람들은 하나님이 부어주신 복에 긴장을 잃고 인생을 역전시키는 하나님을 잊어버린 것으로 볼 수 있다.

모든 것이 형통하게 되면 스스로 잘 나서 이런 복을 누리는 것으로 착각하게 되고 죄에 빠지게 된다. 이것은 이스라엘의 역사에서 수 없이 나타나는 현상이다. 구원받은 백성들이 자신의 안락에 취하여 영적으로 나태해지고 타락하게 된다. 이때 하나님이 그들의 삶에 개입하셔서 그들을 낮추시고 고통을 주신다. 하나님께서는 자만하는 이스라엘 백성들에게 외부의 적들과 자체의 독재자들에게서 압박과 곤란을 당하게 하신다. 그들의 인구도 감소되어 군대를 유지할 수 없을 정도로 비참하게 된다.

하나님은 하나님의 은혜를 잊어버리고 자고하는 자들을 철저히 징계하신다. 모든 것이 하나님에게서 나왔기에 하나님의 영광을 나타내는 것이 인생의 본분인데 이것을 잊어버리면 하나님이 그들을 낮추시고 그들의 모든 자랑을 깨트리신다. 이것이 하나님의 섭리 과정이다. 순종하고 감사하는 자에게 위대한 역사를 보이시고, 거역하는 자를 패망의 길로 인도하시는 하나님이시다. 인생의 길이 다시 역전될 수 있기에 우리는 하나님의 역사에 감사하며 순종하는 삶을 살아야한다.

2. 유리하게 하시나

40절에 "여호와께서 고관들에게는 능욕을 쏟아 부으시고 길 없는 황야에서 유리하게 하시나"라고 하였다. 여기서 '고관'들이란 이스라엘의 높은 자들이다. 이들은 기득권을 가진 자들이며 부와 권세와 명예를 모두 가진 자들이다. 이들에게 하나님은 능욕을 부으셨다. 하나님은 사람의 지위와 체면을 보지 않으신다.

이스라엘의 마지막 두 왕인 여호야김과 시드기야가 말할 수 없는 수모를 당하였다. 이들은 길 없는 광야를 거처 바벨론까지 끌려갔고, 시드기야는 눈까지 뽑혔다. 하나님은 지도자를 더 철저히 징계하신다. 그들이 받은 사명이 크지만 이것을 바로 감당하지 못하였기에 더 큰 심판을 당한다. 지도자의 잘못은 한 사람의 잘못으로 끝나는 것이 아니라 수많은 사람들에게 피해를 주기 때문에 그들이 감당해야 할 책임이 크고 또 그들의 잘못에 대한 징계가 클 수밖에 없다.

41절에서 "궁핍한 자는 그의 고통으로부터 건져 주시고 그의 가족을 양 떼 같이 지켜 주시나니"라고 하였다. 하나님은 방백들을 징계하시지만 연약한 자들은 돌보신다. 여기 나오는 '궁핍한 자'와 앞 절에 나오는 '고관'은 좋은 대조가 된다. 하나님은 궁핍한 자를 돌보시되 '곤란에서 높이 드신다'고 하였다. 이 말은 어려움에서 건지신다(시 59:1)는 뜻이다. 하나님은 그들은 고난에 빠져 있게 하지 않으시고 어려움에서 높이 들어 건지신다. 이것이 하나님의 사랑이고 은혜이다. 이 하나님의 사랑을 돌려야 한다.

'그 가족을 양 떼 같이 지켜 주신다'고 하였다. 이 말씀은 목자가 양을 인도 하듯이 하나님께서 인도하시며 번성하게 하신다는 뜻이다(욥 21:11, 겔 36:37). 하나님은 궁핍하고 고난당하는 자를 구하시고 그들을 번성케 하여 주신다.

여기서 우리가 주의해야 할 것은 방백처럼 힘을 가지고 물질이 풍부한 사람을 하나님이 물리치시고 가난하고 궁핍한 사람을 복 주신다는 말이 아니다. 풍부한 것이 불의이고, 가난한 것이 의가 아니다. 문제는 하나님을 바로 섬기느냐 아니냐에 있다. 물질이나 권력의 소유가 잘못이 아니라 이것을 어떻게 조성하고 사용하느냐에 판단의 기준이 있다.

우리들이 가진 모든 것은 하나님께서 주신 것이기에 이 하나님께 영광을 돌리는 삶의 자세가 있어야 한다. 우리가 가진 물질, 재능, 건강, 지위가 모두 하나님의 영광을 나타내기 위한 하나님이 주신 도구임을 기억해야 한다.

3. 정직한 자는

42~43절에서 "정직한 자는 보고 기뻐하며 모든 사악한 자는 자기 입을 봉하리로다 지혜 있는 자들은 이러한 일들을 지켜 보고 여호와의 인자하심을 깨달으리로다"고 하였다. 시인은 하나님의 건지시는 손길이 회중의 눈에 어떻게 나타나는 지를 표현하고 있다. 하나님을 섬기는 경건한 자들은 자신의 운명이 역전되는 역사 속에서 하나님의 손길을 본다. 하나님께서 흥하게도 하시고 망하게도 하심을 바로 알고 이 하나님의 역사를 바라보며 감사를 드린다.

이들은 감사 축제를 통하여 하나님께 감사하고 그 가슴 밑바닥에서 감사를 체험한 사람들이다. 은혜의 체험을 통하여 감사의 찬송을 드릴 수 있음이 하나님의 은혜요 사랑이다. 하나님이 역사하시면 하나님을 거역하던 사람들이 모두 하나님 앞에서 입을 다문다. 그 능력 앞에 어느 누가 무엇이라고 말할 수 있을까? 하나님의 백성들은 하나님의 은혜로운 행동을 주의하여 보고 그 역사를 통해 믿음을 계속 지켜 나가야 한다. 시인은 지혜문학의 특성을 살려 구원을 자기 것으로 삼는 역사를 강조한다. 하나님은 역경과 고통 중에서도 우리를 버리지 아니 하신다. 하나님은 고통 중에 부르짖는 우리의 기도를 들으시며 하나님의 특별하신 방법으로 우리를 구원하신다.

그러므로 우리에게 어떤 역경과 고난이 와도 낙심하거나 좌절하지 말아야 한다. 우리의 삶을 하나님이 주장하시고 인도하시기 때문이다. 우리가 고통을 당할 때에 하나님을 바라보자. 하나님은 선하신 손길로 우리를 구원하시고 우리의 운명을 역전시키신다. 그러므로 고통 가운데 우리를 만나 주시고 새롭게 하시는 하나님을 의지하는 지혜로운 자가 되어야 한다. 우리를 향하신 '주의 인자하심'을 바로 알고 감사의 삶을 사는 것이 무엇보다 중요하다.

내가 새벽을 깨우리로다

시편 108:1~4

1하나님이여 내 마음을 정하였사오니 내가 노래하며 나의 마음을 다하여 찬양하리로다 2비파야, 수금아, 깰지어다 내가 새벽을 깨우리로다 3여호와여 내가 만민 중에서 주께 감사하고 뭇 나라 중에서 주를 찬양하오리니 4주의 인자하심이 하늘보다 높으시며 주의 진실은 궁창에까지 이르나이다

시편 108편은 구조 형태에서 시편 57:7~11(108:1~5)과 60:5~12(108:6~13)을 합친 것이다. 그러니 특별히 다른 내용을 가진 두 가지를 하나로 묶었기에 이해하기에 어려움이 있다. 그러나 이 시편은 아름다운 균형을 가지고 있는 하나의 작품으로서 특성을 가진다. 이 시편의 역사적 배경에 대해서도 여러 가지 주장들이 있다. 이 작품의 배경이 포로기나 그 이후라고 보는 학자도 있고, 주전 9세기의 유다왕 여호람 시대로 보는 사람도 있다. 그러나 중요한 것은 이 시편을 통하여 주시는 메시지이다. 우리를 향하신 하나님의 음성을 듣는 것이 무엇보다 중요하다.

1. 내 마음을 정하였사오니

1절에서 "하나님이여 내 마음을 정하였사오니 내가 노래하며 나의 마음을 다하여 찬양하리로다"고 하였다. 시인은 안정감을 찾고 확신에 넘쳐서 새로운 세계에 접근하고 있다. 그는 마음의 문을 열고 하나님께 감사와 찬

양을 드린다. 이것은 구원의 체험이고 아침에 부르는 노래이다(시 46:5, 90:14, 143:8).

시인은 '하나님이여'라고 부른다. 이것은 '언약의 하나님이여'라는 의미인데, 하나님의 약속을 상기시키고 자기 신앙을 고백하는 것이다. 하나님을 하나님이라고 부를 때에 바른 관계가 형성되고 하나님을 영화롭게 하는 역사가 일어난다. '내 마음을 정하였사오니'라고 하는 말은 '충성을 확인하는 형식'이다. 즉 어떤 상황에서도 마음이 흔들리지 않고 하나님을 신뢰하겠다는 고백이다.

하나님의 백성에게는 이러한 고백이 필요하다. 마음을 확정하여 변함없이 하나님을 신뢰하는 자세가 있어야 한다. 우리들은 하나님을 섬긴다고 하면서 우리들의 형편에 따라 우리의 신앙생활이 흔들리는 경우가 많다. 흔들리는 바다 물결 같이 굳게 뿌리를 내리지 못하는 경우가 많다. 이러한 때에 하나님을 향하여 우리의 신앙을 고백하여야 한다. 마음을 정하고 보니 하나님을 찬양하는 믿음의 자세를 가지게 된다. 이것은 마음의 자세를 가지게 된다. 이것은 마음에 평안이 온 태도를 말한다. 마음이 평안하면 기쁨의 삶을 살게 된다. 하나님을 향하여 마음을 확정하면 하나님이 주시는 평안이 있고 감사의 삶을 사는 역사가 일어난다. 이것이 하나님의 백성의 바른 자세이다.

2. 내가 새벽을 깨우리로다

2절에서 "비파야, 수금아, 깰지어다 내가 새벽을 깨우리로다"고 하였다. 시인은 자신이 하나님을 찬양하도록 분발하고 있다(사 52:1, 삿 5:12). '비파야 수금아'라고 하였다. 시인은 악기 연주를 통하여 자신의 감사를 표현하고 싶어 한다. 시인이 이렇게 노래한 것은 하나님을 함께 노래한 사람들에게 영감을 불어 넣기 위함이다. 악기 연주와 찬양을 통하여 하나님의 사랑을 노래하고 그곳에 참여하는 모든 사람들이 공감대를 가질 수 있도록 한다. 시인은 자신만 깨는 것이 아니라 악기도 깨운다. 함께 깨어 하나님을 찬양하자는 간절한 소원이다. 우리의 정성을 다하여 하나님을 찬미하는 것이 무엇보다 소중하다. 시인은 더 나아가 '내가 새벽을 깨우리로다'고 하였다. 하나님께서 원래 새벽을 깨우시는 분인데, 시인이 깨우려고 한다. 이것은 그가 하나님의 일을 하려고 하는 열망이다.

흔히 이 구절을 해석 할 때에 새벽기도회에 나오거나 이른바 '아침형 인간'으로 설명하는 경우가 있는데 이것은 바른 해석이 아니다. 하나님이 새벽을 깨우시는 일을 하기에 시인도 하나님의 일을 하려는 열망을 가지고 있음을 말한다. 우리는 시인처럼 하나님을 향해 감격하고 흥분하여야 한다. 악기를 통해 하나님을 찬양하고 모든 회중이 같은 열정을 가지고 찬양해야 한다.

우리 시대에 신앙의 열정이 사라져 가고 있음이 안타깝다. 이것은 하나님을 만나는 체험적 신앙이 사라져 가는 양태이며 인간들이 신앙의 중심이 되는 비극적 모습이다. 잃어버린 신앙의 열정을 회복하기 위해 노력해야 한다. 비파와 수금을 깨우고 잠든 우리의 영성을 깨워 새벽을 깨우시는 하나님의 사역에 동참하여야 한다.

3. 주를 찬양하오리니

3절에서 "여호와여 내가 만민 중에서 주께 감사하고 뭇 나라 중에서 주를 찬양하오리니"라고 하였다. 이제 시인은 큰 회중들 앞에서 노래한다. 히브리시의 형태를 볼 때 애가에서 감사와 찬양으로 넘어갈 때 자주 '만민'과 '이웃 나라'가 등장한다(시 22:22~26, 108:3). 시인은 다시 한번 '여호와여'라고 부른다. 이것은 시인의 고백을 다시 한번 다짐 하는 것으로서 이 시의 바탕을 형성한다. '만민 중에서 주께 감사하고 이웃 나라 중에서 주를 찬양하는 것'은 하나님의 백성의 최고의 영광이다.

하나님을 이웃 나라 중에서 찬양하는 것은 예루살렘의 제의적 전통이기에 이것은 단순한 찬양의 문제가 아니라 하나님을 영화롭게 하는 길이다. 모든 나라가 하나님의 영광을 찬양하도록 우리 모두가 감사의 제물이 되어야 한다. 우리의 찬양은 단순히 몇 몇 사람들에게서만 이루어지는 것이 아니라 하나님의 영광이 세계 모든 백성들 속에 구체화 되어 지도록 노력해야 한다. 시인은 열망에 세계 만민 속에 찬양과 경배로 나타나야 한다. 이것은 하나님의 백성이 누리는 최고의 영광이며 감격이기에 우리도 우리의 모든 정성을 모아 하나님께 영광을 돌려야 한다.

4절에서 "주의 인자하심이 하늘보다 높으시며 주의 진실은 궁창에까지 이르나이다"고 하였다. 시인의 관심은 '만민'에게서 '하늘과 궁창'으로 옮겨 간다. 시인이 강조한 것은 하나님의 인자하심과 진실이다. 이것은 하나님의 대표적 속성으로서 하나님의 백성이 믿고 따라야 할 일이다.

하나님의 인자하심을 하늘과 같다. 하늘 가득히 하나님의 사랑이 있기에 이 세상을 다스리신다. 또 하나님의 진실은 궁창에게까지 미친다. 이것은 하나님의 위대하심을 측량할 수가 없다는 말이다. 인간의 생각으로 아무리 궁리하여도 하나님의 오묘하심과 위대하심을 가름할 수가 없다. 하나님의 백성들은 위대하신 하나님을 찬양하고 영광을 돌려야 한다. 그러기 위하여 우리의 마음에 감격이 있어야 하고 하나님을 찬양하는 열정을 가지며 하나님의 일에 참여해야 한다.

하나님이 하시는 여러 가지 사역들이 우리의 헌신을 부르고 있다. 우리가 새벽을 깨우는 열정을 품고 하나님의 나라를 확장하는 도구로 우리 자신을 드려야 한다. 헌신의 제물은 자기 자신을 모두 드린다. 내가 가진 가장 좋은 것을 하나님의 영광을 위해 드리는 역사가 있어야 한다. 이것이 하나님의 백성이 가야할 길이다.

우리에게 응답하사

시편 108:5~6

5하나님이여 주는 하늘 위에 높이 들리시며 주의 영광이 온 땅에서 높임 받으시기를 원하나이다 6주께서 사랑하시는 자들을 건지시기 위하여 우리에게 응답하사 오른손으로 구원하소서

시편 108편은 시편 57:7~11과 60:3~12와 같은 형식으로 이루어져 있다. 형식상의 구성요소와 같다. 그러나 시편 57:7~11은 개인적 탄식시의 형태인 반면에 여기서는 한 공동체의 대표자가 공동체 전체를 대신하여 탄식하고 있다(시 108:11~14). 시편 60편은 내용들이 결정적 부분으로서 중요한 의미를 가지고 있다. 이 시편을 구분할 때에 4절과 5절을 연결하는 경우가 많으나 여기서는 이것을 나누어 살펴본다.

1. 주의 영광이

5절에서 "하나님이여 주는 하늘 위에 높이 들리시며 주의 영광이 온 땅에서 높임 받으시기를 원하나이다"고 하였다. 시인은 다시 '하나님이여' 라고 부른다. 이것은 시인의 고백이며 그의 신앙과 생활의 근거임을 나타낸다.

'주는 하늘 위에 높이 들리시며'라고 하였는데 이 말은 '하늘 위에 높이 나타나신다'는 의미이다. 하나님은 하늘 위에 높이 계셔서 누구든지 찾고자 하는 자는 모두 하나님을 찾을 수 있다는 말이다. 하나님을 진심으로 찾는 자는 하나님을 만날 수 있다. "너희가 온 맘으로 나를 구하면 나를 찾을 것이요 나를 만나리라"(렘 29:13)고 하신 말씀대로이다.

하나님은 높이 계셔서 자기 백성이 찾으시기를 원하신다. 이것은 인생을 향한 하나님의 사랑이며 은혜이기에 이것을 받은 사람은 더욱 큰 역사를 체험하게 된다. 높이 들린 하나님의 존재는 어떠한가? 시인은 "주의 영광이 온 땅에서 높임 받으시기를 원하나이다"고 하였다. 온 세계 위에 하나님의 영광이 드러난다. 하나님의 위대한 역사는 온 세계에 적용된다.

시인은 '원하나이다'고 하였다. 하나님께서는 우리를 통하여 영광을 온 세계에 나타나는 것을 원하신다는 뜻이다. 이것은 하나님의 백성이 가진 의무이며 이루어야 할 역사이다. 우리의 삶이 자신의 안락에만 있는 것이 아니라 하나님의 영광을 드러내는데 그 의미가 있다. 웨스트민스터 소요리문답 제 1문에 '사람의 제일되는 목적은 하나님을 영화롭게 하고 영원토록 그를 즐거워하는 것'이라고 하였다. 이것이 하나님의 백성의 삶이다. 우리가 무엇을 먹고 마실지라도 하나님의 영광을 위해야 한다(고전 10:31). 이것은 하나님의 백성들이 하나님의 이름을 높이고 영광을 드러내어야 한다.

어떤 사람들은 자기가 받은 은사를 자신의 풍요로운 삶을 위해서만 사용하려고 하는 경우들이 있다. 그러나 우리들은 하나님의 영광을 위해 사용해야 한다. 마음을 정하여 하나님을 찬양하고, 마음을 기울여서 찬양한다고 하였다. 이러기 위해서는 하나님이 주신 은혜를 깊이 묵상해야 하며 감사해야 한다. 그 다음에 자신의 재능을 다하여 하나님을 찬양해야 한다. 그러니 재능이나 악기는 보조적 역할을 할 뿐이다. 하나님께 영광을 돌리고 하나님을 찬미하기 위해서는 기술을 연마할 필요가 있다. 그렇게 할 때에 많은 사람들에게 희망과 기쁨을 줄 뿐 아니라 하나님이 기뻐하시고 더 많은 것으로 풍성케 하여 주신다. 하나님은 하늘에 계셔서 이 세상을 보시고 그것을 통하여 하나님의 역사를 선포한다. 그 하나님을 의지하는 것이 우리들의 임무이며 복이다. 하나님의 영광이 이 세상에 더욱 펼쳐지기를 '원해야' 한다.

2. 우리에게 응답하사

6절에서 "주께서 사랑하시는 자들을 건지시기 위하여 우리에게 응답하사 오른손으로 구원하소서"라고 하였다. 시인은 역사적 상황을 바탕으로 하여 기도하고 있다. 한 쪽에서 전쟁을 하고 있는데 다른 쪽에서 쳐들어와 곤경에 빠져 있게 되었고, 이 때 하나님께 기도하기를 '주의 사랑하는 자들을 건지시기 위하여'라고 하였다.

그러면 주의 '사랑하는 자'가 누구인가? 시인 자신이요 이스라엘이다. 다윗과 그 나라를 건지기 위하여 하나님이 역사해 주시기를 호소하였다. 우리가 기억해야 할 것은 '나는 주의 사랑하는 자'라는 것이 아니라 하나님의 백성의 정체성을 말한다.

우리가 누구인가? 하나님이 사랑하는 자이다. 이것은 최고의 지위이며 영광스러운 역사이다. 우리들에게 여러 가지 부족함이 있어도 하나님은 나의 아버지가 되시고 우리는 그의 것이 된다는 놀라운 역사가 우리의 존재 가치를 확증한다. 우리들이 이 세상에서 하나님의 자녀로서의 정체성을 명확히 해야 한다. 우리는 많은 사람 가운데 하나가 아니라 하나님이 택하시고 사랑하시는 하나님의 자녀이다. 이러한 의식이 정립될 때에 우리는 하나님께 감사하며 살아가며 하나님의 영광을 드러내게 된다.

이렇다고 하여 우리들이 완전하다는 말이 아니다. 우리에게는 허물이 많다. 그럼에도 불구하고 하나님은 우리를 사랑하시고 더 좋은 것으로 함께 하시는 분이다. 이 하나님을 의지하고 살아가는 것이 우리의 본분이다. 오늘날 이것을 망각하는 사람들이 많다. 모든 것을 자기의 능력으로만 생각하는 자들이 있어 하나님의 영광보다 자기 영광을 위해 살고 있다. 그러나 우리는 이것을 경계하며 하나님의 영광을 나타내는 삶을 살아야 한다.

3. 오른손으로 구원하소서

시인은 "우리에게 응답하사 오른손으로 구원하소서" 라고 하였다. 사랑하는 자를 건지시기 위하여 하나님이 응답해 달라는 것이다. 이 말씀은 우리가 기도할 때에 하나님께서 응답하여 달라는 것이다.

하나님은 우리의 기도를 들으시는 분이다. '구하라 찾으라 두드리라'고 하였다. 그리하면 하나님께서 응답해 주신다. 우리에게 중요한 것은 하나님이 우리의 기도를 들으신다는 점이다. 부모가 자식의 호소에 귀를 기울이듯이 하나님은 자기 백성의 기도에 응답해 주신다.

시인은 '주께서 사랑하는 자들을 건지시기 위하여 우리에게 응답하사' 라고 하였다. 이것은 이스라엘 백성을 건지시기 위하여 우리가 기도할 때에 하나님이 응답해 주시기를 호소하고 있다. 역경에서 벗어나는 길은 하나님께 기도하는 것 밖에 없다. 그리하면 하나님이 응답하여 주신다.

'오른손으로 구원하소서'라고 하였다. 오른손이란 하나님의 능력을 상징한다. 그러니 이 말은 '친히' '손수'라는 뜻이다. 하나님이 친히 자기 백성을 구하여 달라는 호소이다. 하나님은 자신의 능력으로 자기 백성을 친히 건져주신다. 이렇게 구원을 받은 자는 하나님께 영광을 돌리게 된다.

하나님의 오른손 즉 하나님의 권능의 손으로 우리를 구원해 주시고 구원 받은 백성들은 영광의 찬송을 하는 믿음의 역사가 필요하다. 우리의 삶에 이것이 나타나도록 기도하고 감사하는 노력을 해야 한다. 하나님이여, 구하여 주소서라고 기도하자.

내가 기뻐하리라

시편 108:7~10

7하나님이 그의 성소에서 말씀하시되 내가 기뻐하리라 내가 세겜을 나누며 숙곳 골짜기를 측량하리라 8길르앗이 내 것이요 므낫세도 내 것이며 에브라임은 내 머리의 투구요 유다는 나의 규이며 9모압은 내 목욕통이라 에돔에는 내 신발을 벗어 던질지며 블레셋 위에서 내가 외치리라 하셨도다 10누가 나를 이끌어 견고한 성읍으로 인도해 들이며 누가 나를 에돔으로 인도할꼬

시편 108:7~10은 약속의 땅에 대한 하나님의 신탁을 노래하고 있다. 이것은 은연중에 하나님께 질문하는 내용이다. '하나님은 다윗 너를 통하여 내가 이 일을 하겠다'는 말씀이다.

하나님은 자기 백성을 통하여 위대한 역사를 이루신다. 이것은 하나님의 특별하신 섭리이며 영광을 나타내는 방법이다. 하나님은 자기 백성들에게 특별한 사명을 주셨다. 하나님은 자기 종들을 통해 하나님의 위대하신 역사를 나타내시고, 영광을 받으신다.

1. 내가 기뻐하리라

7절에서 "하나님이 그의 성소에서 말씀하시되 내가 기뻐하리라 내가 세겜을 나누며 숙곳 골짜기를 측량하리라"고 하였다. 시인의 간절한 기도에 응답하여(5절 하) 이제 하나님께서 응답하신다. 하나님께서 대답하는 형태에 대하여 학자들 사이에 논란이 있지만 중요한 것은 하나님이 선지자들을

통하여 말씀하시며 또 하나님의 거룩하심으로 말씀하신다. 우리들이 주목해야 할 것은 하나님은 자신이 한 말을 철회하거나 파기하지 않으신다는 점이다(민 23:19, 딛 1:2). 그래서 하나님은 '언약의 하나님'이시고, 우리는 그를 믿고 의지한다.

'내가 기뻐하리라'고 하였는데 그 뜻은 '내가 기뻐 뛰논다'라는 의미이다. 이 단어는 전투에서 승리할 때에 자주 사용된다(삼하 1:20, 사 23:12, 렘 15:17). 즉 하나님은 승리를 기뻐하시는 용사이시다.

이제 하나님께서는 거룩한 용사로서 자신이 정복한 땅을 그의 백성에게 나누어 주신다. 마치 여호수아가 가나안 땅을 정복하고 이스라엘 각 지파에게 기업을 나누어 주는 것과 같다(수 18:10). 하나님이 땅을 나누어 주는 방법이 구체적으로 나온다. 먼저 지리적 경계(6절 하)와 지파들(7절)과 인근 나라들(8절)의 순서를 따라 땅을 나누어 주신다.

제일 먼저 등장하는 곳이 '세겜'이다. 세겜은 북쪽 이스라엘에서 가장 중요한 장소 가운데 하나이다. 이곳은 한 때 북이스라엘의 수도였으며, 여호수아가 이곳에서 원주민들과 언약을 맺었다(수 8:30~35, 24:1, 25). 세겜을 나눈다는 것은 하나님이 이 땅의 주인이심을 보여 준다.

다음에 등장하는 땅이 '숙곳'이다. 이곳은 요단 동쪽에 있는 얍복강의 북쪽에 위치하고 있다. 하나님이 이곳을 측량한다고 하였으니 하나님이 땅을 나눈다는 의미이다. 왜 세겜과 숙곳이 등장하는지 그 이유를 알 수 없다. 아마 창세기 33장 17절 이하의 전통이 반영된 듯하다. 야곱이 옛날 밧단 아람에서 돌아올 때 숙곳을 거쳐 세겜에 이르렀다(창 33:17~18). 아마 이런 전통에 따라 이곳들이 요단 동편과 서편 전체를 가리키는 듯하다.

2. 내 것이요

8절에서 "길르앗이 내 것이요 므낫세도 내 것이며 에브라임은 내 머리의 투구요 유다는 나의 규이며"라고 하였다. 8절에서 다시 요단 동편과 서편 땅이 언급된다. 길르앗과 므낫세는 요단 동쪽의 땅 전부를 가리키고, 에브라임과 유다는 서편 땅을 가리킨다.

길르앗은 그 경계가 시대마다 달라졌지만, 남쪽으로는 아르논강, 서쪽으로는 요단 계곡, 북쪽으로는 야르묵강, 동쪽으로는 사막을 경계로 하고 있다. 길르앗은 산악 지역이며 해발 900미터나 되는 비옥한 땅이다. 길르앗의 남쪽에는 르우벤과 갓 지파가, 북쪽에는 므낫세 지파가 차지하고 있었다. 므낫세는 그 지파와 땅을 뜻한다. 므낫세 지파는 요단 서편의 에브라임의 산악 지역 북쪽과 길리드 지역의 일부를 차지하고 있었다.

에브라임도 지파와 땅을 의미한다. 에브라임은 북이스라엘의 중심 산악 지역을 차지하고 있었다. 이 시에 나오는 에브라임은 북이스라엘 전체를 가리킬 수도 있다. '에브라임은 내 머리의 투구'라고 하였는데 이것은 보호하는 자를 가리킨다.

'유다는 나의 홀'이라고 하였는데 이때의 '홀'은 군사력이나 통치권을 상징한다(창 49:10, 슥 9:13). 고대의 소유권과 존엄성은 투구와 홀로 표현된다. 하나님은 이 모든 것을 새롭게 하신다.

8절에서 하나님은 거룩한 용사의 모습을 보이고 있다. 하나님은 북쪽 이스라엘을 투구로 삼고, 남쪽 유다를 지휘봉으로 삼았다. 하나님의 나라의 방어는 에브라임이 맡고, 통치는 유다가 맡았다. 유다 지파는 다윗이 속한 통치자의 지파였다.

3. 내 신발을 벗어

9절에서 "모압은 내 목욕통이라 에돔에는 내 신발을 벗어 던질지며 블레셋 위에서 내가 외치리라 하셨도다"고 했다. 여기서는 이스라엘과 유다 주위에 있는 주요 나라들이 나타난다.

여기서는 모압, 에돔, 블레셋이 나오는데 이 나라들은 모두 이스라엘의 속국이 된다. 에브라임과 유다는 영화롭게 되고 주위의 나라들은 수치를 당한다. 모압은 교만한 나라였지만(사 16:6) 이스라엘 용사들이 전쟁터에서 돌아올 때 발 씻을 그릇이 된다. 이 말은 모압은 정복되어 발 씻는 물이나 가져오는 천한 일을 한다는 뜻이다.

'내 신을 던진다'란 말은 소유권을 상징하는 행동이다(룻 4:7-8, 신 11:24). 아니면 교만한 에돔이 신발을 관리하여 깨끗하게 하는 일을 하는 것으로도 볼 수 있다.

'블레셋아 나를 인하여 외치라'고 하였다. 요단 동쪽을 점령한 후 서쪽으로 향하고 있다. 이 말은 '나를 보고 두려워 소리를 지르라'는 뜻이다. 여기서의 '외치다'는 승리의 외침이 아니라 패배와 두려움의 외침이다. 팔레스타인에 청동기 문화를 처음 가져온 블레셋도 정복자되신 하나님을 보고 소리를 지르며, 무릎을 꿇고 경배하게 된다. 하나님의 위대한 역사가 바로 드러난다.

10절에서 "누가 나를 이끌어 견고한 성읍으로 인도해 들이며 누가 나를 에돔으로 인도할꼬"라고 하였다. 이 구절은 해석하기에 매우 어렵다. 여기서 말하는 자가 하나님인가 왕인가라는 문제가 제기되고, 견고한 성이 무엇이며, 이 구절이 시인의 탄식 인지 확신인 지에 대한 논란이다.

여러 가지 해석들이 있으나 왕의 고백으로 보고 하나님의 위대하신 역사를 강조하는 것으로 보아야 한다. 하나님은 자기 백성을 통하여 이 세상을 점령하시고 통치하신다. 이것은 하나님께서 미리 작정하신 것을 보여주는 말씀이다.

하나님은 이 세계를 지배하시고 통치하신다. 이것은 군사력으로 되어지는 것이 아니라 세상의 주인되신 하나님의 손길에 의하여 이루어진다. 아무리 강한 국가라 할지라도 하나님이 역사하시면 철저하게 멸망하고 만다.

국가의 흥망성쇠는 하나님께 있으니 우리들은 하나님의 손길을 의지하고 하나님의 통치 앞에 순복하고 찬양해야 한다. 세상을 다스리시는 하나님은 오늘도 역사하신다.

우리를 도와 대적을 치게 하소서

시편 108:11~13

11하나님이여 주께서 우리를 버리지 아니하셨나이까 하나님이여 주께서 우리의 군대들과 함께 나아가지 아니하시나이다 12우리를 도와 대적을 치게 하소서 사람의 구원은 헛됨이니이다 13우리가 하나님을 의지하고 용감히 행하리니 그는 우리의 대적들을 밟으실 자이심이로다

시인은 새롭게 시작되는 거룩한 전쟁과 승리의 확신을 노래하고 있다(시 108:7~13). 하나님께서 자기 백성을 도와 전쟁의 승리를 도모하게 하신다는 고백을 한다. 많은 사람들은 전쟁의 승리를 군사력이나 자기의 능력에서 오는 것으로 오해하고 있다. 전쟁의 승리는 군사력이 아니라 살아계신 하나님의 능력이며 섭리에서 온다. 그리하여 하나님의 백성은 하나님의 손길을 의지하고 나아가야 한다.

시인의 이러한 자세는 오늘의 우리가 배워야 할 삶의 모범이다. 하나님의 도우심에 따라 하나님의 섭리에 순복하는 믿음의 자세가 있어야 하는데 그 바탕에는 하나님을 향한 뜨거운 신앙이 있어야 한다.

1. 하나님이여 주께서

11절에서 "하나님이여 주께서 우리를 버리지 아니하셨나이까 하나님이여 주께서 우리의 군대들과 함께 나아가지 아니하시나이다"고 하였다. 여기서 '하나님이여'라는 말이 두 번 나온다. 이것은 9절에 나오는 두 가지 질

문에 대한 대답으로 볼 수 있다.

여기서는 6~9절에 나타난 확신에 넘치는 하나님의 신탁과 대조적으로 다시 한 번 '하나님의 유기' 문제가 제기된다. 그렇기 때문에 10절의 해석이 까다롭다. 10절이 애통인가, 기대인가라는 논의가 학자들 사이에 계속되고 있다.

11절에 와서 시인은 하나님의 유기를 애통하며 최종적으로 신앙을 고백하며(11 상), 간청(11 하)한다. 시인은 하나님께서 우리를 버리신 듯한 사실을 기억하고 하나님께 호소한다. "하나님이여 주께서 우리를 버리지 아니하셨나이까 하나님이여 주께서 우리의 군대들과 함께 나아가지 아니하시나이다"라고 하였다.

시인은 이와 같은 질문을 통하여 하나님의 옛 약속(6~9절)이 어디 있느냐고 묻고 있다. 하나님은 자기 백성을 버리지 아니하시고 지켜 보호하시는데 하나님의 백성이 왜 고통을 겪느냐라는 질문이다. 승리의 원천은 하나님께 있다. 하나님의 백성은 하나님의 명령에 따라 살아 왔는데 왜 이와 같은 어려움을 겪어야 하며 고통의 이유가 어디 있는지 바로 알고 하나님께서 긍휼을 베푸셔서 승리하게 해 달라는 호소이다.

하반절에 나오는 '우리의 군대들과 함께 나아가다'는 하나님께서 거룩한 용사로서, 이스라엘의 군대장관으로 선두에 나아가는 것을 말한다. 하나님은 자기 백성을 구하기 위하여 선두에서 행하시는 분이시다. 이 하나님을 의지하는 것이 하나님의 백성의 삶의 원리인데 왜 우리에게 고통이 오느냐고 시인은 호소하고 있다. 하나님의 백성은 하나님의 언약을 의지하고 살아간다. 힘들고 고통스러울지라도 하나님의 도우심을 바라보는 것이 우리의 열망이다.

2. 대적을 치게 하소서

12절에서 "우리를 도와 대적을 치게 하소서 사람의 구원은 헛됨이니이다"고 하였다. 여기서 우리가 주목해야 할 것은 '사람의 구원은 헛됨이니이다'인데, 이 말은 하나님의 개입을 구하는 동기가 된다. '우리를 도와'란 표현은 구약에서 여기만 나온다. 그러나 이런 사상은 성경에서 자주 나타난다.

시인은 하나님의 도우심을 간청한다. 하나님이 약속하신 말씀대로 에돔을 쳐서 우리의 주위가 평안하게 해 달라는 간구이다. 이것은 전투에서의 승리는 하나님의 도움 없이는 있을 수 없으며 사람의 도움을 바라보기 기다리는 것은 신기루를 쫓는 것과 같다.

하나님의 백성에게는 이러한 사상이 분명해야 한다. 우리의 무능함을 알고 났을 때에 전능하신 하나님을 의지하게 된다. 하나님의 은혜는 우리의 실체를 바로 보게 한다. 이것은 자신의 모습 즉 하나님이 함께 하시지 않으시면 아무것도 할 수 없는 하나님 절대주의의 사상이 있어야 한다. 하나님은 우리의 전부를 주관하시는 절대 주권자이다. 그는 우리의 삶과 생명을 주장하시고 우리가 가야 할 길을 인도하시는 분이다. 이 하나님이 우리를 떠나시면 우리는 아무것도 할 수가 없다.

시인은 이 원리를 정확히 하고 고백한다. 하나님이 우리를 지키지 아니하시면 우리는 아무것도 아니라는 사실을 강조한다. 이것은 옛날 시인의 고백만이 아니라 오늘의 우리의 고백이어야 한다. 일단 신앙의 바탕을 정확하게 하고 고난을 이겨 나가야 한다. 하나님이 함께 하실 때에 모든 것이 해결된다는 하나님 중심 사상이 우리에게 있어야 한다. 시인의 고백이 우리의 고백이 되도록 노력해야 한다.

3. 우리가 하나님을 의지하고

13절에서 "우리가 하나님을 의지하고 용감히 행하리니 그는 우리의 대적들을 밟으실 자이심이로다"고 하였다. 믿음의 공동체는 확신으로 시를 마무리한다. 믿음의 공동체가 하나님을 의지하고 용감히 나아간다. 우리는 기도만하고 그 자리에 있는 것이 아니라 하나님의 역사하심을 바라고 전쟁터로 용감하게 나아간다. 기도를 하고 가만히 있는 것이 아니라 하나님이 주신 능력을 의지하고 담대히 나아가야 한다.

시인은 '그가 우리의 대적을 밟으실 자이심이로다'고 하였다. 이것은 하나님의 능력과 역사를 고백하는 것으로서 중요한 의미를 가진다. 믿음의 공동체는 기도를 통하여 모든 좌절감을 딛고 일어났으며 모든 의심을 이겼다. 하나님을 의지하였을 때 새로운 힘이 솟는 것을 느끼고 하나님께 충성하였다. 이것은 단순한 역사적 사건이 아니라 오늘의 우리가 본받아야 할 중요한 명제이다. 하나님을 의지하면 모든 문제가 해결된다. 이것이 하나님 백성의 승리의 원칙이다. 인간의 힘으로 되는 것이 아니라 하나님의 역사로 되어지는 위대한 섭리를 배워야 한다.

시인은 새로운 역사적 상황에 직면하여 옛날의 말씀을 새롭게 보고 있다. 이미 지나간 말, 잊혀진 말 같으나 그 말이 주는 의미를 다시금 음미하여 하나님의 뜻을 깨닫게 한다. 하나님의 말씀은 우리의 특정한 상황에서 하나님의 뜻을 깨달아 알게 하는 힘이 된다.

하나님의 약속을 음미하여 나를 향하신 하나님의 섭리가 무엇인지를 밝히 깨달아야 한다. 7절에 보면 세겜과 숙곳이 나온다. 이 두 곳은 요단 서편과 동편의 땅이다. 시인은 이 두 곳을 통하여 하나님께서 용사로 나타나 그곳을 점령하고 통치하신다는 환상을 가지고 있다.

우리에게 중요한 것은 이러한 열망이다. 비록 우리가 힘들고 어려워도 하나님의 전능하심을 믿고 의지할 때에 하나님께서 앞서 나가 역사하신다는 사실이다. 하나님의 백성은 하나님의 전능하심을 믿을 때에 하나님의 위대하신 손길을 바라보고 나아가는 것이 필요하다. 하나님의 백성은 하나님의 영광을 위하여 존재한다. 중요한 것은 삶의 기본 목표가 하나님을 바라는 것이어야 하고, 하나님 중심주의로 나아가야 한다. 이것이 믿음의 공동체의 고백이 될 때에 하나님께서 역사해 주실 것이다.

나는 기도할 뿐이라

시편 109:1~5

1내가 찬양하는 하나님이여 잠잠하지 마옵소서 2그들이 악한 입과 거짓된 입을 열어 나를 치며 속이는 혀로 내게 말하며 3또 미워하는 말로 나를 두르고 까닭 없이 나를 공격하였음이니이다 4나는 사랑하나 그들은 도리어 나를 대적하니 나는 기도할 뿐이라 5그들이 악으로 나의 선을 갚으며 미워함으로 나의 사랑을 갚았사오니

시편 109편은 '개인 애가'의 특성을 가지고 있다. 이 시의 내용은 다양하여 '고발당한 개인의 기도'로 보기도 하지만 중심 주제는 '찬양과 감사'이다. 1절에 '나의 찬송하는 하나님이여'라고 하였고, 36절에서는 '내가 입으로 여호와께 크게 감사하며 무리 중에서 찬송하리니'라고 하였다. 그러나 이 시의 중앙 부분에는 '저주' 문제가 있다. 그래서 이 시를 '저주시'로 보는 학자들도 있으나 그것보다는 개인 애가 속에 있는 저주 기원의 요소로 보는 것이 옳을 것이다.

이 시에서 문제가 되는 것은 6~20절에서의 저주는 누구의 것이며 어떻게 해석해야 하는가? 이다. 이 저주는 시인이 그의 대적에게 하는 것인가, 아니면 시인이 그를 저주하는 대적의 말을 인용하는 것인가라는 문제이다.

1. 내가 찬양하는 하나님

1~5절은 원수에 대한 애통을 다루고 있다. 1절에서 "내가 찬양하는 하나

님이여 잠잠하지 마옵소서"라고 하였다. 여기서 '내가 찬양하는 하나님'은 원문에서 '내 찬양의 하나님'인데, 시인은 오랫동안 하나님을 찬양하여 왔다. 그래서 하나님께서 그를 도우실 것을 확신하였다.

시인은 여러 가지 어려움 속에 처해 있으나 그 어려움을 바라보지 않고 하나님을 바라보았다. 하나님은 시인의 찬송 중에 거하시며 그의 기도를 들으시는 분이시다. 그러기에 어려움과 고통이 와도 낙심하지 않고 하나님께 찬송하였다.

모세는 "그는 네 찬송이시요 네 하나님이시라"(신 10:21)고 하였다. 이것은 모세가 자기 백성들에게 요단강을 건너가서 하나님을 모시고 어떻게 살아야 하는가에 대해서 이야기 하는 중에 한 말이다. 신명기의 말씀은 그 앞에 더욱 구체적으로 나와 있다. "이스라엘아 네 하나님 여호와께서 네게 요구하시는 것이 무엇이냐 곧 네 하나님 여호와를 경외하여 그의 모든 도를 행하고 그를 사랑하며 마음을 다하고 뜻을 다하여 네 하나님 여호와를 섬기고 내가 오늘날 네 행복을 위하여 네게 명하는 여호와의 명령과 규례를 지킬 것이 아니냐"(신 10:12~13)에서 구체적으로 교훈하고 있다.

이 하나님 여호와를 찬송한다. 그것도 날마다의 생활 속에서 하나님을 의지하는데 하나님을 향하여 '잠잠하지 마옵소서'라고 하였다. 이 말은 "내게 귀를 막지 마옵소서"(시 28:1)이다. 하나님께서 더 이상 모른체 하고 계시지 말기를 구한다. '하나님께서는 잠잠하지 마시고 나를 향하여 권능을 나타내 주옵소서'라고 간절하게 호소하고 있다. 이것이 하나님의 백성의 진심어린 호소이다.

2. 그들이 악한 입으로

2절에서 "그들이 악한 입과 거짓된 입을 열어 나를 치며 속이는 혀로 내게 말하며"라고 하였다. 3절의 '또'란 자신의 현재 상황을 말하고 있다. 시인의 원수들은 악한 자들이었다. 그들은 악한 말과 거짓말로 시인을 괴롭힌다. 악한 자들은 끝없는 거짓말로 하나님의 백성을 괴롭힌다. 이것은 그들의 특성이며 장기였다. 그들은 '거짓된 혀'로 하나님의 백성에게 곤경을 주고 있다. 여기 나오는 '거짓된 혀'란 '완전한 거짓말'이라는 뜻이다.

악인의 특성은 악하고 거짓된 언어에서 나타난다. 이들의 언어는 단순한 표현이 아니라 자기 사상의 발로이기에 더욱 심각한 문제이다. 끝없고 완벽한 거짓말로 하나님의 백성을 해치려고 발버둥 치고 있다.

3절에서 "또 미워하는 말로 나를 두르고 까닭 없이 나를 공격하였음이니이다"고 하였다. 악인은 악독한 언어로 다른 사람을 공격한다. '미워하는 말'은 '증오가 가득한 말'이며 '미움으로 격동된 고발'이다. 구약에서 이런 표현은 한번 밖에 없다.

'나를 두르고'라는 말은 '나를 포위하고'라는 뜻이며, 전쟁에서 적군을 포위하듯이 대적들이 시인을 공격하는 양상으로 군사적 은유이다. 악인들은 하나님의 백성을 이와 같이 공격하는데 '무고히' 즉 아무런 이유도 없이 공격한다. 여기서 우리는 언어생활의 중요성을 배울 수 있다. 야고보서 3장 1~6절에 보면 이것을 강조하고 있다. "만일 말에 실수가 없는 자면 곧 온전한 사람이라"고 하였다.

신앙생활을 하면서도 잘못된 언어로 형제를 괴롭힐 때가 많다. 남을 비판하고 모함하는 말들을 하여 하나님의 백성을 괴롭게 할 때가 있다. 여기서 탈피하여 하나님의 백성의 향기로운 언어생활이 있어야 한다.

3. 나는 기도할 뿐이라

4절에서 "나는 사랑하나 그들은 도리어 나를 대적하니 나는 기도할 뿐이라"고 하였다. 시인은 자기에게 일어나는 일에 대하여 2~3절에서는 수동적으로 묘사하였으나 4~5절에서는 능동적으로 묘사하고 있다. '나는 사랑하나'는 깊은 우정을 의미한다. 시인은 원수들까지 사랑하지만 원수들은 그를 공격한다. '나를 대적하니'라는 말은 '고발한다'는 의미이다. 사랑에 대한 반대급부가 고발이며 대적이다.

인간의 삶이란 이와 같이 악랄하다. 나는 사랑하는데 원수들은 고발하고 악랄하게 대응한다. 이러할 때에 우리는 상처를 받고 큰 고통 중에 빠지기 쉽다. 그러나 시인의 자세는 달랐다. '나는 기도할 뿐이라'고 하였다. 원문에서는 '나는 기도이다'라는 뜻으로 나타난다. 이 말은 악한 자들이 아무리 공격한다고 하여도 나는 그들을 위해 기도하겠다는 뜻이다. 이 기도는 개인 기도라기보다 병들고 소외된 자들을 위한 공기도이다.

다윗은 '나는 기도할 뿐이니라'고 했는데 이것은 '기도가 내 생활 전체이다'라는 뜻이다. 어떤 상황에서도 하나님께 기도해야 하며 특히 원수들을 위해 기도해야 한다. 원수들은 모함하고 악한 말을 하지만 그것을 선으로 갚고 그들을 위해 기도하는 것이 하나님이 백성의 자세이다. 하나님의 백성은 미움을 사랑으로 갚고, 악을 선으로 대응한다. 이것이 바로 기도를 통해 나타난다.

5절에서 "그들이 악으로 나의 선을 갚으며 미워함으로 나의 사랑을 갚았사오니"라고 하였다. 이것은 시편에 자주 나오는 표현이다. 시인은 대적들이 고발하고 온갖 음해를 하는 것에 분노를 느끼고 있다. 원수들의 거짓말에 대응하는 것은 너무나 어리석고 헛된 것 같이 보인다.

시인은 자신이 무죄하고 악인들을 위해 기도하고, 그들을 사랑하였지만 자기에게 돌아온 것은 죽음의 위협뿐이다. 이러한 상황에서 하나님께 기도함으로써 문제를 해결하려고 한다. 하나님의 백성들의 문제 해결 방안이 바로 이것이다. 인간의 악독한 형태를 고치려고 대결하기보다 하나님이 모든 것을 해결해 주시기를 기도하는 것이 최선의 방법이다. 하나님은 우리의 간구를 들으시고 자기 백성을 지켜주시는 분이다. 이 하나님을 바로 믿고 지켜주시는 분이다. 이 하나님을 바로 믿고 의지하는 것이 우리의 길이요 꿈이다.

빌어먹게 하소서

시편 109:6~19

6악인이 그를 다스리게 하시며 사탄이 그의 오른쪽에 서게 하소서 7그가 심판을 받을 때에 죄인이 되어 나오게 하시며 그의 기도가 죄로 변하게 하시며 8그의 연수를 짧게 하시며 그의 직분을 타인이 빼앗게 하시며 9그의 자녀는 고아가 되고 그의 아내는 과부가 되며 10그의 자녀들은 유리하며 구걸하고 그들의 황폐한 집을 떠나 빌어먹게 하소서 11고리대금하는 자가 그의 소유를 다 빼앗게 하시며 그가 수고한 것을 낯선 사람이 탈취하게 하시며 12그에게 인애를 베풀 자가 없게 하시며 그의 고아에게 은혜를 베풀 자도 없게 하시며 13그의 자손이 끊어지게 하시며 후대에 그들의 이름이 지워지게 하소서 14여호와는 그의 조상들의 죄악을 기억하시며 그의 어머니의 죄를 지워 버리지 마시고 15그 죄악을 항상 여호와 앞에 있게 하사 그들의 기억을 땅에서 끊으소서 16그가 인자를 베풀 일을 생각하지 아니하고 가난하고 궁핍한 자와 마음이 상한 자를 핍박하여 죽이려 하였기 때문이니이다 17그가 저주하기를 좋아하더니 그것이 자기에게 임하고 축복하기를 기뻐하지 아니하더니 복이 그를 멀리 떠났으며 18또 저주하기를 옷 입듯 하더니 저주가 물 같이 그의 몸 속으로 들어가며 기름 같이 그의 뼈 속으로 들어갔나이다 19저주가 그에게는 입는 옷 같고 항상 띠는 띠와 같게 하소서

시인은 6~19절에서 원수에게 임해야 할 재앙을 길게 열거하고 있다. 원수가 그를 공격하였기에 시인은 원수들이 사용하는 언어로 무장하고 그들을 공격한다. 여기에는 은유가 많이 있는데, 시인은 악인에 대한 보복을 요청하고 있다. 이 부분에서 원수를 단수로 표현한 것은 원수를 특정화시켜 강도 높게 비판한 것이다. 시인은 원수에 대한 저주 기원을 통하여 하나님의 통치와 역사를 호소하고 있다. 이것은 하나님의 절대주권과 공의가 바로 나타나기를 구하는 것이며 이 세상을 통치하시는 하나님의 능력을 표현한다.

1. 악인이 그를 다스리게

6절에서 "악인이 그를 다스리게 하시며 사탄이 그의 오른쪽에 서게 하소서"라고 하였다. '악인이 그를 다스리게 하시며'란 그 표현이 모호하다. '악인'은 '비윤리적인 재판관'으로 보고 그들에게 악한 재판관을 임명하여 올바른 심판을 내리지 않게 해 달라는 호소이다. '대적'이란 앞에 나오는 '악인'과 같은 의미인데 대적은 고발자로서 피고의 오른편에 선다(슥 3:1).

7절에서 "그가 심판을 받을 때에 죄인이 되어 나오게 하시며 그의 기도가 죄로 변하게 하시며"라고 하였다. '그가 심판을 받을 때'란 그가 재판을 받을 때를 의미한다. 판단은 단순한 판결이 아니라 신적 선언을 의미한다. '죄를 지고 나오게 하시며'는 '유죄 판결을 받게 하소서'란 의미이다. 또 '그 기도가 죄로 변하게 하시며'는 어려운 표현이다. '그의 기도가 죄를 위한 것이 되게 하소서'이다. 구약에서 기도에 대해 이러한 표현을 한 곳이 없다. 기도는 항상 하나님을 향하는데 악인이 무죄를 주장하고 하나님의 이름을 부르는 것이 그의 죄를 제하게 한다는 의미이다. 왜냐하면 악인의 기도는 거짓이며 위증이기 때문이다.

8절에서 "그의 연수를 짧게 하시며 그의 직분을 타인이 빼앗게 하시며"라고 하였다. 8~11절은 악인의 목숨, 가족, 재산에 대한 악담들이 인용된다. 8~15절에는 '짜르는' 저주가 나타난다. '일찍 죽고, 후손이 사라지고, 기억이 사라지고, 집이 망하며 가난해진다.' 이러한 결정적 저주가 제시된다. '그의 연수를 짧게 하시며 그의 직분을 타인이 빼앗게 하시며'라고 하여 원수로 하여금 빨리 죽음을 당하게 하소서(시 37:35~36, 38 등). '그 직분을 타인이 취하게 하소서'는 신약에 와서 유다에게 적용된다(행 1:20). 그러니 악인의 생명과 직분과 소유를 다 취하여 달라는 호소이다.

2. 고아와 과부

9절에서 "그의 자녀들은 고아가 되고 그의 아내는 과부가 되며"라고 하였다. 9절은 8절의 결과이다. 악인이 일찍 죽음으로써 아내는 과부가 되고 자식은 고아가 된다. 악인의 심판이 아내와 자식에게까지 미치는 하나님의 철저한 징계를 호소하고 있다.

10절에서 "그의 자녀들은 유리하며 구걸하고 그들의 황폐한 집을 떠나 빌어먹게 하소서"라고 하였다. 이 말씀은 악인이 죽은 후 그의 자녀들이 당하는 상황을 부각시키고 있다. 구걸하고 유리하는 것은 고대 사회에서 인간이 당하는 비참함을 의미한다. '그 황폐한 집을 떠난다'고 했는데, 어떤 집을 의미하는지 정확하지 않지만 화려하게 살다가 황폐해진 집을 말한다. '빌어먹게 하소서'는 강한 감정이 담긴 저주이다. 고대 세계에서의 저주는 무서운 것이다.

11절에서 "고리대금하는 자가 그의 소유를 다 빼앗게 하시며 그가 수고한 것을 낯선 사람이 탈취하게 하시며"라고 하였다. 고리대금하는 자는 채권자로서 재산을 차압하고 처분할 수 있다. 이들이 재산 전부를 빼앗아 가고, 그들이 수고한 모든 것을 낯선 사람들이 빼앗아가 달라고 호소한다.

12절에서 "그에게 인애를 베풀 자가 없게 하시며 그의 고아에게 은혜를 베풀 자도 없게 하시며"라고 하였다. 사람이 죽으면 유족들에게 은혜를 베푸는 것이 일반적 관례인데, 이들에게는 은혜를 베푸는 자가 없다. 왜냐하면 하나님의 심판을 받아 죽은 자를 피하는 것이 그 시대의 관례이기 때문이다.

13절에서 "그의 자손이 끊어지게 하시며 후대에 그들의 이름이 지워지게 하소서"라고 하였다. 후사가 끊어지는 것은 한 가족의 대가 끝나는 비참한 상황이다. '그들의 이름이 지워지게' 가문의 명예가 끊어지기를 바라는 최고의 악담이다.

3. 비참한 상황

14~15절에서는 원수의 조상까지 저주에 포함시킨다. '기억하소서'와 '죄를 지워 버리지 마소서'는 '용서하지 마소서'란 뜻이다. 그러니 조상들의 죄까지 들추어 그들을 징계하고 '그들의 기억을 땅에서 끊으소서'라고 호소한다. 하나님께서 철저히 원수들을 징계해 주시기를 바라고 있다.

16절에서 "그가 인자를 베풀 일을 생각하지 아니하고 가난하고 궁핍한 자와 마음이 상한 자를 핍박하여 죽이려 하였기 때문이니이다"고 하였다.

이 말씀은 8~15절까지 저주에 대한 이유이다. 원수들은 다른 사람들에 대하여 긍휼 즉 인애를 베풀지 아니하였다. 여기에 더하여 가난하고 궁핍하며 마음이 상한 자를 죽이려고 하였다. 이들의 범죄는 반드시 저주를 받아야 하는 것으로 강조되고 있다.

17절에서 "그가 저주하기를 좋아하더니 그것이 자기에게 임하고 축복하기를 기뻐하지 아니하더니 복이 그를 멀리 떠났으며"라고 하였다. 여기서부터 은유가 나타난다. 하나님의 저주가 비가 내리듯이 임하게 해 달라고 하였고, 메뚜기가 벌판을 덮듯이 저주가 임하게 해 달라는 호소이다.

'그가 저주하기를 좋아하더니' 자신이 저주를 받는다. 또 남을 축복하기를 원치 않았기에 하나님의 복이 그에게서 떠나게 된다. 하나님의 역사는 심은 대로 거두게 한다. 저주하는 자는 저주를 받고 축복하는 자는 복을 받는다. 이러한 원리가 하나님의 백성들에게 계속되어 적용되는 사실을 늘 기억해야 한다. 이것은 하나님의 원리요 원칙이다.

18~19절에서 "또 저주하기를 옷 입듯 하더니 저주가 물 같이 그의 몸 속으로 들어가며 기름 같이 그의 뼈 속으로 들어갔나이다 저주가 그에게는 입는 옷 같고 항상 띠는 띠와 같게 하소서"라고 하였다. 18절은 해석하기 어려운 구절이다. 물과 기름은 저주에 사용된다. 무죄한 자는 물에 손을 씻는다(시 26:5, 73:13). '또 저주하기를 옷 입듯 하더니'라고 하였다. 이것은 저주가 제 2의 천성이 되었다는 말이다. 옷을 입듯이 자연스럽게 저주한다. 시인은 이러한 저주가 원수 속에 흡수되기를 기도하고 있다. '저주가 물같이 그의 몸 속으로 들어가며'라고 하였다. 물같이 기름같이 내부에 흡수되어지기를 바라고 있다.

19절은 요약이다. '옷 같고' '띠 같이' 역사하기를 바란다. 17절에서 저주가 시작되었고, 18, 19절에 이어지는데 특히 19절에서 강하게 나타난다. 저주는 벗을 수 없는 옷과 같이 되었다. 하나님을 거역하고 그 백성을 해치는 자에게 이러한 저주가 계속된다.

나는 가난하고 궁핍하여

시편 109:20~25

이는 나의 대적들이 곧 내 영혼을 대적하여 악담하는 자들이 여호와께 받는 보응이니이다 21그러나 주 여호와여 주의 이름으로 말미암아 나를 선대하소서 주의 인자하심이 선하시오니 나를 건지소서 22나는 가난하고 궁핍하여 나의 중심이 상함이니이다 23나는 석양 그림자 같이 지나가고 또 메뚜기 같이 불려 가오며 24금식하므로 내 무릎이 흔들리고 내 육체는 수척하오며 25나는 또 그들의 비방거리라 그들이 나를 보면 머리를 흔드나이다

시인은 이제 자신의 고난에 대하여 애통한다. 원수들의 계속되는 저주속에서 하나님의 역사하심을 간구하였다. 악인들이 그들의 저주를 통하여 저주를 받고, 남을 축복하기를 싫어하는 것을 통해 그들이 복에서 멀어지기를 호소하였다.

6~19절에서 악인을 향한 여러 가지 저주를 하고, 20~25절에서 자신이 당하는 고난을 애통히 여기고 있다. 고난은 다른 사람이 대신해 줄 수 없는 자기만의 것이다. 그리기에 자신이 가장 심각한 고통을 겪고 그것으로 인하여 말할 수 없는 슬픔을 당한다.

1. 내 영혼을 대적하여

20절에서 "이는 나의 대적들이 곧 내 영혼을 대적하여 악담하는 자들이 여호와께 받는 보응이니이다"고 하였다. '이는'이란 '이것은'이라는 뜻인

데 6~19절에 있는 모든 저주를 말한다. 그러니 6~19절을 한 마디로 요약한 것이다.

'대적 곧 내 영혼을 대적하여 악담하는 자'는 2~5절에 나오는 내용과 연결된다. '나에게'(2절 상), '말'(2절 하), '대적하는 자'(4절), '악담'(5절)이 모두 나타난다. 이들은 집합적 원수들이다. 다양한 모습으로 하나님의 백성을 해치는 자들을 의미한다.

'여호와께 받는 보응이니이다'고 하였다. 앞에 나오는 여러 가지 저주들이 뭉쳐 원수를 한 방에 척결시킨다는 의미이다. 악인들이 당하는 저주는 하나님의 보응이다. 하나님께서는 악인들의 저주를 악인들에게 돌려주신다. 그들이 남을 저주한 그 저주로 인해 고통을 받게 된다는 뜻이다.

2. 주의 이름을 인하여

21절에서 "주 여호와여 주의 이름으로 말미암아 나를 선대하소서 주의 인자하심이 선하시오니 나를 건지소서"라고 하였다. 시인은 저주를 마치고 하나님께 간구한다. 여기서는 하나님을 2인칭으로 언급하고 있다.

시인은 다시 한번 자신의 참담한 정황을 말한다. 그는 신체적으로 영적으로 탈진할 수밖에 없는 상황에 처하였다. 그의 마음에는 너무나 큰 상처가 있고, 슬픔이 가득하였다. 여기서 벗어나는 길은 오직 여호와 하나님을 섬기는 것 밖에 없다. 하나님께서 모두 문제를 풀어주실 것을 간구한다.

'주 여호와여'라고 하였다. 이 말은 '그러나 주 여호와여' 또는 '오 하나님 여호와여'라는 말이다. 간절한 마음으로 하나님을 부르는 것을 의미한다. 시인은 하나님을 '주'라고 하였다. '하나님은 나의 주인'이라는 뜻인데, 하나님이 나를 지으셨기 때문이다. 나를 지으신 여호와 하나님이 모든 문제를 풀어 주실 것을 믿기에 이렇게 하나님을 불렀다. 그러니 이 말은 '하나님의 구원의 능력'이라는 뉘앙스를 가지고 있다. 그것은 언약 밖에 있는 자들에게는 재앙을 의미한다. '나를 선대하시며'라는 말은 '내 편이 되소서'

란 뜻이다. 하나님이 내 편이 되면 모든 문제가 해결된다. 하나님은 우리의 문제를 해결해 주시는 근원자이시기 때문이다.

시인은 고통 중에 있는 자기를 건져 주시기를 호소하고 있다. '나를 건지소서'라고 하였는데, 그 앞에 '주의 이름으로 말미암아 나를 선대하시오니'라고 하였다. 하나님의 사랑과 선하심으로 고통 중에 있는 자기 백성을 구하여 달라는 간구이다. 여기에 시인의 핵심적 사상이 나온다. 하나님이 자기 편이 되고 모든 사랑과 선하심으로 굽어 살펴 주시면 자기 백성은 고통의 심연에서 구원받을 수 있다. 이것이 하나님의 백성의 기본된 자세이다.

22절에서 "나는 가난하고 궁핍하여 나의 중심이 상함이니이다"고 하였다. 시인은 어려운 상황에 처해 있었다. 자기의 형편을 '가난하고 궁핍하여'로 묘사하고 있다. 이것은 실제적 상황으로서 시인의 비참한 정황이다. '중심이 상함이니이다'고 하였다. 이 말은 '내 마음이 속에서 혼란스럽다'란 뜻이다. 시인은 가난할 뿐만 아니라 마음까지 혼란에 빠졌다.

21절은 16절과 짝을 이룬다. 원수들이 왜 저주를 받아야 하는가? 16절에 그 이유가 나온다. 시인은 자신의 상태를 묘사함으로써 원수의 죄와 악을 드러내었다. 원수의 저주는 원수에게로 돌아가야 한다. 고통에 빠진 하나님의 백성은 하나님의 사랑과 선하심으로 구원해 주시기를 간구한다. 이것은 하나님의 백성이 바라는 열망이며, 하나님의 영광을 드러내는 길이다. 가난하고 궁핍한 상황 속에서 마음마저 어려움을 당할 때에 여기서 벗어나는 길은 오직 하나님께 부르짖는 것 밖에 없다. '오, 주 여호와여'라고 불러 그 하나님의 도우심을 호소하는 것이 최선의 길이다.

3. 석양 그림자 같이

23절에서 "나는 석양 그림자 같이 지나가고 또 메뚜기 같이 불려 가오며"라고 하였다. 여기서 생생한 비유를 하고 있다. 시인은 자신의 가난과 사회적 소외를 잘 묘사하며 하나님으로부터 복 받기를 간절히 호소하고 있다. 22~23절은 17~19절과 평행을 이루고 있다.

'석양 그림자 같이'라고 했는데 '저녁 그림자' 같다는 뜻이다. 인생의 종말은 이렇게 묘사하였다. 석양 그림자는 조금만 있으면 사라져 버린다. 이와 같이 인생의 종말도 잠깐 있다가 없어지는 것이다. 그림자처럼 쉬 없어지는 인생이 영원히 살 것 같이 발버둥치고 있음이 얼마나 어리석은 일인가?

'또 메뚜기 같이 불려 가오며'라고 하였는데 메뚜기처럼 제거된다는 뜻이다. 불려간다는 것은 바람에 날려가는 것을 의미한다. 곡식이나 의복에 달라붙는 메뚜기를 떼는 데 그것들은 죽음에 던져진다. 이러한 인생들이 하나님의 도움이 아니고서야 어떻게 살아갈 수 있는가? 하나님이 모든 것을 주장하시고 인도하실 때에 새로운 힘과 삶을 누릴 수가 있다.

24~25절에서 "금식하므로 내 무릎이 흔들리고 내 육체는 수척하오며 나는 또 그들의 비방거리라 그들이 나를 보면 머리를 흔드나이다"고 하였다. 시인은 자발적으로 금식을 한다. 금식하며 기도함으로써 하나님의 판단을 구한다. 금식은 하나님의 백성들의 절박한 자세이다. 하나님의 역사를 바라보고 하나님의 도우심을 간구하는 처절한 자세이다. 그리하여 무릎이 약해지고, 몸이 수척해졌다.

'나는 또 그들의 비방거리'라고 하였다. 원수들은 시인이 금식하는 것을 비하하고 비방하며 또 모욕을 한다. 하나님의 은혜를 알지 못하는 자들의 태도가 이와 같다. 하나님의 백성들은 역경 속에서도 낙심하지 말고 하나님의 도우심을 구하여야 한다. 이것은 고통에서 벗어나는 최선의 길이며 하나님의 백성이 나아가야 할 자세이다.

시인은 경제적으로 어려움을 겪을 뿐만 아니라 원수들의 비난으로 인하여 고통을 겪고 있다. 이런 와중에서 하나님의 도우심을 간구하며 하나님의 사랑의 손길을 호소한다. 그의 신앙이 바로 이런 호소를 하게 하였다.

주는 내게 복을 주소서

시편 109:26~31

26여호와 나의 하나님이여 나를 도우시며 주의 인자하심을 따라 나를 구원하소서 27이것이 주의 손이 하신 일인 줄을 그들이 알게 하소서 주 여호와께서 이를 행하셨나이다 28그들은 내게 저주하여도 주는 내게 복을 주소서 그들은 일어날 때에 수치를 당할지라도 주의 종은 즐거워하리이다 29나의 대적들이 욕을 옷 입듯 하게 하시며 자기 수치를 겉옷 같이 입게 하소서 30내가 입으로 여호와께 크게 감사하며 많은 사람 중에서 찬송하리니 31그가 궁핍한 자의 오른쪽에 서서 그의 영혼을 심판하려 하는 자들에게서 구원하실 것임이로다

원수의 저주가 하나님의 백성들에게 임할지라도 하나님이 역사하시면 저주가 변하여 축복이 된다. 시인은 이것을 믿었기에 하나님께 기도한다.

하나님은 자기 백성의 기도를 들으시고 저주를 축복으로 바꾸신다. 이것은 하나님의 절대 주권의 역사이며, 인간의 삶을 주관하시는 하나님의 섭리이다. 하나님의 백성은 이 섭리를 믿어야 하나님께 기도하게 된다. 시인은 원수를 향한 저주(6~19절)와 자신의 처지를 호소(20~25절)한 뒤에 원수들의 저주를 축복으로 바꾸어 주시기를 기원하였다.

1. 나를 도우시며

26절에서 "여호와 나의 하나님이여 나를 도우시며 주의 인자하심을 따라 나를 구원하소서"라고 하였다. 시인은 21절에서 한 간구를 여기서 다시 반복한다. 21절에서 '주 여호와여 주의 이름으로 말미암아'라고 하였고, 여

기서는 '여호와 나의 하나님이여'라고 하였다. 여호와 즉 약속을 지키시는 언약의 하나님께 기도한다. 여기서 주목해야 할 것은 '나의 하나님'이라는 표현이다. 하나님과의 개인적 관계를 중요하게 묘사하고 있다. 약속은 기억하시고 지키시는 하나님이 자기를 구원해 주시기를 바라는데 그 근거가 하나님의 인자하심 즉 사랑이다.

왜 이와 같이 구원해 주셔야 하는 지에 대해 27절에서 "이것이 주의 손이 하신 일인 줄을 그들이 알게 하소서 주 여호와께서 이를 행하셨나이다"고 하였다. 시인은 보다 적극적으로 소원한다. 즉 원수들이 하나님의 심판을 알도록 구한다.

'이것이'라는 말은 20절에서 나오는 '이는'이다. '하나님이 이것을 행하셨다'는 구절의 표현과 연결된다. '이것이 주의 손이 하신 일인 줄을 알게 하소서'라고 하였는데, 여기서의 손은 시련을 당하는 자가 건짐을 받는 것은 전적으로 하나님의 손에 달렸는데 바로 그 손을 의미한다. '여호와께서 이를 행하셨나이다'고 하였는데, 여호와께서는 가난하고 궁핍한 자를 구원하시고 보호하여 주시는 역사를 말한다. 여호와께서는 이를 행하셔서 하나님의 놀라운 역사를 나타내 보이신다.

2. 내게 복을 주소서

28절에서 "그들은 내게 저주하여도 주는 내게 복을 주소서 그들은 일어날 때에 수치를 당할지라도 주의 종은 즐거워하리이다"고 하였다. 시인의 확신이 나타난다. 하나님이 복주실 것을 확신한다. 시인은 믿음으로 확신에 이른다. 이렇게 되면 모든 두려움과 의심이 사라져 버리고 전적으로 하나님만을 의지한다. 원수의 권세를 깨트리시는 하나님의 놀라운 역사를 믿기에 하나님께서 복을 주실 것을 소망한다.

'그들은 저주하여도 주는 내게 복을 주소서'라고 하였다. 시인은 원수의 저주를 무시한다. 또 두려워하지 않는다. 왜냐하면 하나님의 복이 그에게 임하기 때문이다. 하나님의 역사는 세상의 그 무엇보다 강하게 나타난다. 하나님이 역사하면 원수들의 저주도 아무런 의미가 없어진다. 시인은 이것을 확신하였다.

29절에서 "나의 대적들이 욕을 옷 입듯 하게 하시며 자기 수치를 겉옷 같이 입게 하소서"라고 하였다. 시인은 또 다시 소원한다. 시인은 은유법을 활용하여 자신의 소원을 아뢰이고 있다. '욕을 옷 입듯 하게 하시며'라는 말은 철저한 수치를 당하는 모습이다. 원수가 하는 모든 일이 그에게 수치가 되기를 빈다는 의미이다. 원수의 수치는 옷이 몸을 덮듯이 그를 덮기를 바란다는 뜻이다.

'자기 수치를 겉옷 같이 입게 하소서'라고 한 말은 완전히 그리고 공적으로 수치를 당하게 해 달라는 말이다. 원수들은 하나님의 역사로 인하여 철저히 망할 것을 소원하였다.

3. 내가 입으로

30절에서 "내가 입으로 여호와께 크게 감사하며 많은 사람 중에서 찬송하리니"라고 하였다. 이 시는 감사로 마무리 한다. 시인은 하나님께 감사하고 찬송 할 것을 확신한다.

하나님의 백성에게 찬송은 자신의 내면을 드러내는 고백이다. 시인의 표현처럼 내가 입으로 여호와께 크게 감사하며 찬송한다. 속에 두는 것이 아니라 입으로 외쳐서 고백하는 것을 말한다. 하나님의 백성들이 왜 찬송하는가? 그것은 하나님의 은혜로 건짐을 받고 또 보호함을 받았기 때문이다. 우리들이 영원히 죽을 수밖에 없는데 하나님이 구원해 주셨고, 원수들이 여러가지 모습으로 우리를 공격하지만 하나님이 그것을 막아 주시니 우리가 찬송하지 않을 수 없다.

하나님의 백성들에게는 모든 것이 감사의 조건이 된다. 왜냐하면 나의 것이라고는 하나도 없고 모든 것이 하나님의 것이기에 이것을 주신 하나님을 찬송하게 된다. 시인의 찬송은 개인적 찬송에서 공동체의 찬송으로 확산된다. '무리 중에서 찬송하리니'라고 하였다. 이제 공동체 앞으로 나아간다. 그들은 기쁨과 감사함으로 하나님께 나아가며 하나님을 찬양한다.

하나님은 가난하고 무지하며 박해받는 자의 기도를 들으셨다. 세상의 악인들은 그들을 저주하고 무시하지만 하나님은 그들의 기도를 들으셨기에 하나님의 백성들은 하나님께 찬양하고, 이 하나님을 온 세상에 증거하게 된다. 이것이 하나님의 백성의 복된 삶이다.

31절에서 "그가 궁핍한 자의 오른쪽에 서사 그의 영혼을 심판하려 하는 자들에게서 구원하실 것임이로다"고 하였다. 이제 고발자 대신에 하나님이 우편에 서신다(시 16:8, 35:10, 86:1). 지금까지 고발자가 득세한 것 같이 보였으나 이제는 하나님께서 우편에 서서서 하나님의 놀라운 역사를 보인다.

'그의 영혼을 심판하려 하는 자들에게서 구원하실 것임이로다'고 하였다. '그 영적 죄를 짓게 하는 자' 또는 '내 영혼을 쫓는 자'이다. 하나님은 이들에게서 자기 백성을 구원하신다. 하나님의 구원 역사는 놀랍고 오묘하다. 이 하나님을 의지하고 나아가는 자에게 하나님은 원수의 세력에서 구하여 주시고 보호하신다는 사실을 우리에게 강조하고 있다.

이 시편은 하나님의 백성을 향한 원수들의 다양한 거짓 고발과 여기에 대응하는 하나님의 백성의 자세를 다루고 있다. 원수들은 자기들이 동원할 수 있는 모든 것을 동원하여 하나님의 백성을 해치려고 한다. 그러나 시인은 전능하신 하나님께 기도함으로써 새로운 상황을 만들어낸다. 악인들의 저주가 그들에게 임하며 하나님의 백성에게는 도리어 복이 오는 역사를 강조한다. 그래서 저주가 원수들에게 옷 입듯이 임하게 된다.

이 본문은 원수를 사랑하고 박해하는 자를 사랑하라는 명령(마 5:44, 롬 12:14)과 연관이 된다. 그러나 이 본문에서 그런 사항이 나타나지 않는다. 시인이 원수들을 저주한 것은 개인적인 원수를 갚기 위한 것이 아니라 하나님의 공의와 이름을 위한 것이다.

새벽이슬 같은

시편 110:1~3

1여호와께서 내 주에게 말씀하시기를 내가 네 원수들로 네 발판이 되게 하기까지 너는 내 오른쪽에 앉아 있으라 하셨도다 2여호와께서 시온에서부터 주의 권능의 규를 내보내시리니 주는 원수들 중에서 다스리소서 3주의 권능의 날에 주의 백성이 거룩한 옷을 입고 즐거이 헌신하니 새벽 이슬 같은 주의 청년들이 주께 나오는도다

　　시편 110편은 7절로 된 짧은 시이지만 난해한 표현들이 많이 나온다. 시편 주석가들은 난해 구절들을 해석하기 위하여 노력하였으나 의견의 일치를 보지 못하고 있다. 특히 3절은 시편 중에서 해석하기 가장 어려운 구절이라고 한다.

　　시편 110편은 두 개의 독자적인 시로 나누어져 있다. 1~3절은 시온에 자신의 왕을 세우시는 하나님에 대하여 말씀하고, 4~7절은 제사장 왕을 세우시는 하나님에 대해 말씀하고 있다. 이러한 두 편의 시는 각기 독특성을 가지고 있으면서 서로 연결되어 있어 독자들로 하여금 깊이 생각하게 한다.

　　이 시에서 누가 누구에게 말하는가에 대해 논란이 많다. 첫째 부분은 사독이 다윗에게 말한 것이고, 둘째 부분은 다윗이 사독에게 말한 것으로 보는 학자들이 있다. 또 어떤 이들은 제의적 선지자 또는 제사장이 왕에게 하는 것으로 보기도 한다.

　　이 시의 시대적 배경도 여러 가지 논란이 있으나 시편 2편과도 같이 다윗왕의 대관식과 연관이 있는 것으로 본다. 옛날의 대관식은 상당히 복잡

하고 까다로운 절차를 거쳤는데 시편 2편과 110편이 그 일부를 묘사하고 있다.

1. 시온에 왕을 세우심

1~3절은 시온에 자신의 왕을 세우시는 하나님을 그리고 있다. 1절에서 "여호와께서 내 주에게 말씀하시기를 내가 네 원수들로 네 발판이 되게 하기까지 너는 내 오른쪽에 앉아 있으라 하셨도다"고 하였다.

여기서 '내 주'는 시인의 왕을 가리킨다. '내 주'라는 말은 구약 성경에서 존경과 경외심을 표현할 때에 사용된다. 특히 왕에게 사용되었다(창 23:6, 삼상 22:12, 왕상 1, 18:7). '내가 네 원수들로 네 발판이 되게 하기까지 너는 내 오른쪽에 앉아 있으라 하셨도다'고 하였다. 하나님은 왕에게 승리를 약속한다. 여호와가 군대의 최고 대장이시기에 여호와께서 적대적인 나라들을 정복할 것이며, 그 나라들로 다윗의 왕권을 인정하게 할 것이다. 그들은 왕의 보좌 앞에 엎드린다.

하나님은 왕에게 우편에 앉으라고 말씀한다. 이 자리는 특별한 영광의 자리이다(왕상 2:19, 마 20:21, 시 45:9). 이 표현은 단순히 높아지는 것 이상의 의미를 가진다. 시편의 표현들을 보면 왕을 하나님의 보좌 '앞'에 앉은 것이 관례이다. 그러나 본문에는 '하나님의 우편' 앉은 왕의 모습을 보여 주고 있다.

왕이 하나님의 우편에 앉는 것은 왕의 왕권을 하나님이 인정해 주신다는 뜻이다. 지상의 왕은 하늘에 계신 하나님의 합법적 대리자이다. 하나님은 왕 곁에 앉아 계시고, 왕은 하나님의 뜻을 수행하기 위하여 자신의 직무를 감당한다. 그러므로 왕에게는 존귀와 능력만이 있는 것이 아니라 의무와 책임도 있다. 하나님의 보좌 우편은 '통치의 보좌'이다. 이 세상을 하나님의 뜻에 따라 다스리시는 귀하고 위대한 자리이다. 이러한 통치권을 하나님께서는 왕에게 주셨다.

2. 시온에서 권능을 보이심

2절에서 "여호와께서 시온에서부터 주의 권능의 규를 내보내시리니 주는 원수들 중에서 다스리소서"라고 하였다. 이 말은 시인이 왕에게 하는 것이며, 하나님이 말씀하는 것이 아니다. 시인은 노래하는 자로서 자신의 소원을 말하고 있다. '시온'이란 예루살렘을 말한다. 왕이 나라를 다스리는 데는 권위가 필요한데 대관식에서 가장 중요한 것은 '규'이다. 규는 권세의 상징이다. 하나님께서 권위와 권세의 상징인 다윗 왕의 규를 잡고 있다.

'주의 권능의 규'라고 하였는데, 하나님은 그것을 시온에서부터 온 땅을 향해 뻗게 한다. 시온은 통치의 중심지이며 새로운 왕국의 수도이다. 시온에서 다윗은 하나님의 홀을 받는다. 시인은 하나님께서 자신의 왕권을 시온으로부터 뻗쳐 주시기를 기도한다. 이렇게 권세를 가진 새 왕이 원수들 가운데서 다스리기 시작한다. 하나님의 홀을 잡은 왕이 이 세상을 통치하는 위대한 역사가 일어나기를 호소한다.

하나님의 나라는 이 땅에서 영원히 뻗어나고, 하나님의 통치는 온 세상에 미친다. 하나님이 다스리는 나라의 확장이 무엇보다 필요하다. 오늘의 우리들이 이 땅에서 하나님의 나라를 확장하는 위대한 역사를 이루어야 한다. 이것은 하나님의 절대 주권적 역사이며, 우주를 다스리시는 일에서 나타난다. 하나님의 백성은 하나님의 주권 아래서 살아간다. 또 그것을 이 세상에서 선포해야 한다.

왕의 위대한 권위의 역사가 우리의 삶 속에 아름답게 이루어지도록 기도해야 한다. 하나님의 홀이 나타날 때에 하나님의 통치가 이 세계에 드러난다. 시인의 기도와도 같이 하나님의 권위를 받은 왕이 이 세상을 다스리시게 해야 한다.

3. 시온에서 즐거이 헌신하니

3절에서 "주의 권능의 날에 주의 백성이 거룩한 옷을 입고 즐거이 헌신하니 새벽 이슬 같은 주의 청년들이 주께 나오는도다"고 하였다. 3절은 아주 멋진 표현이다. 백성들이 전쟁 때에 왕을 섬길 것이라는 약속이 나온다. 대관식 때에 백성들이 모여 있다. 이들은 왕의 전쟁을 위해 헌신할 것이다.

'주의 권능의 날'은 대관식이 있는 날 즉, 왕으로서 위대한 역사를 이루시는 날이라는 의미이다. 이 날에 '주의 백성'이 주의 군대를 징집하는 날에 자원하여 헌신하게 된다. 전쟁의 승리는 하나님의 위대한 역사로 이루어지지만 백성들을 감동시켜 스스로 참여하게 해야 한다.

그들은 '거룩한 옷을 입고' 나온다. 이것은 거룩함으로 장식하고 라는 의미인데 영광과 아름다움을 드러내는 거룩한 옷이며 제사장이 입는 옷이다 (출 28:2). 이스라엘은 제사장의 나라이다. 전쟁에 나가는 용사들은 여호와의 전쟁을 위하여 특별하게 차려 입는다. 그들의 복장은 그들의 헌신을 상징한다. 하나님의 백성으로서 하나님을 위한 전쟁에 참여하는 위대한 역사이다.

전쟁에 나가는 것을 아름답게 묘사하고 있다. '새벽 이슬 같은 주의 청년들이 주께 나오는도다'고 하였다. 젊은 용사들은 거룩한 옷을 입었고, 제사장을 따라 가는 제사장의 군대와 같다. 그들은 '새벽 이슬'이라고 묘사하였다. 이슬은 아침에 신비롭게 태어나고 풍성하게 내린다.

시적(詩的) 표현으로 아름답게 묘사된 이 구절은 젊은이들의 모습을 그리고 있다. 원어에는 '아침의 모태에서' 이슬이 나온다고 한다. 이슬을 의인화시켰다. 여명의 순간에 이슬이 나온다. 그러니 새벽은 이슬의 모태이다. 이슬은 새벽에 태어나 자연을 새롭게 한다. 시인은 젊은이들을 이슬로 묘사하였다. 그들은 싱그럽고, 활기차고, 새 생명이다. 이슬로 인하여 새 힘을 받는다. '새벽 이슬' 같은 하나님의 젊은이가 일어나야 한다.

영원한 제사장이라

시편 110:4~7

4여호와는 맹세하고 변하지 아니하시리라 이르시기를 너는 멜기세덱의 서열을 따라 영원한 제사장이라 하셨도다 5주의 오른쪽에 계신 주께서 그의 노하시는 날에 왕들을 쳐서 깨뜨리실 것이라 6뭇 나라를 심판하여 시체로 가득하게 하시고 여러 나라의 머리를 쳐서 깨뜨리시며 7길 가의 시냇물을 마시므로 그의 머리를 드시리로다

시편 110편 1~3절에서 시온에서 자신의 왕을 세우시는 하나님에 대하여 노래하고 4-7절에서 제사장 왕을 세우시는 하나님에 대하여 말하고 있다. 독립된 두 개의 시이지만 하나님을 찬양하며 영화롭게 하는 점에서 공통점이 있다. 하나님은 왕을 세우시고 제사장을 세워서 이 땅을 통치하신다. 이것은 하나님의 특별한 역사시며 주권적 사역이다. 왕과 제사장은 하나님의 뜻을 이루는 도구로서 사용된다.

1. 여호와는 맹세하고

4절에서 "여호와는 맹세하고 변하지 아니하시리라 이르시기를 너는 멜기세덱의 서열을 따라 영원한 제사장이라 하셨도다"고 하였다. 하나님의 새로운 말씀이 임하는데 시인은 예언적 문체로 엄숙히 선언한다.

여기서 하나님은 맹세하신다. 맹세로 주신 칙령을 바꿀 수 없다. 하나님의 맹세는 변함이 없다. 하나님은 모든 것을 다 아시므로 그의 뜻을 바꾸지

아니한다. 하나님의 역사는 영원히 동일하며 자기 백성들을 향하여 변함없는 사랑을 베푸신다.

'너는 멜기세덱의 서열을 따라 영원한 제사장이라'고 하였다. 하나님은 왕에게 멜기세덱의 서열을 따라 영원한 제사장직은 세습적이 되게 했다. 그러나 시인은 왕에게 멜기세덱의 서열을 따른 제사장직을 준다. 이것은 깨트릴 수 없는 맹세로 이루어졌다.

멜기세덱은 원래 예루살렘에 살았던 제사장 겸 왕이었다(창 14:18). 옛날 예루살렘에서는 왕의 보좌와 제사장의 제단이 하나로 묶여 있었다. 이것이 고대 세계의 이상적인 나라 모습이었다.

창세기 14장에 보면 아브라함은 멜기세덱에게 십일조를 바친다. 멜기세덱은 '지존하신 하나님'이라는 별칭을 가진 야훼와 동일한 '엘 엘리온'의 제사장이자 살렘의 왕이다. 여기서는 이스라엘의 야훼 전승 안에서 예루살렘을 정당화하고 다윗 혈통의 왕이 제사장적 특권을 합법화 시킨다.

새로운 왕은 제정 일치의 이념을 실현시킨다. 새로 오실 왕은 고대 살렘의 왕보다 뛰어나고 귀한 분이다. 그리하여 이스라엘은 제사장 나라요 거룩한 백성이다(출 19:6). 새 왕은 이 나라의 대표로서 제사장적 성격을 가지는데 중보자적 직분을 가진다.

다윗의 혈통을 보면 제사장적 역할이 눈에 띈다. 다윗은 법궤를 다윗 성으로 가지고 올 때에 제사장의 옷을 왕복 위에 입었다(삼상 6:14). 솔로몬 역시 제사장의 기능을 하였다. 그들은 제사를 드렸고 제사장처럼 백성을 축복하였다. 솔로몬은 제사장 임명권을 행사하였고, 다윗의 아들들은 제사장이었다. 그러나 왕의 제사장직은 아론의 세습적 제사장직과 구별이 되었다. 왕의 제사장직은 멜기세덱의 서열을 따른 것이다. 다윗은 이 이념을 자신의 통치 개념 속에 포함시키고 있다. 시인은 왕의 보좌와 제사장의 제단을 묶는 것이 하나님의 뜻이라고 보았다.

2. 오른쪽에 계신 주께서

5절에서 "주의 오른쪽에 계신 주께서 그의 노하시는 날에 왕들을 쳐서 깨뜨리실 것이라"고 하였다. 여기서는 4절과 다른 새로운 사상이 나온다. 전쟁터로 그 장면이 바뀐다. 왕은 원수와 싸우기 위하여 전쟁터로 나간다. 그러나 자신의 군사력만 믿고 가는 것이 아니라 하나님께서 그의 우편에서 그를 위해 싸우시는 것을 믿는다.

'주의 오른쪽에 계신 주께서'라고 하였는데 이 말은 하나님께서 왕의 우편에서 도울 것을 말하고 있다. 고대 사람들은 전쟁하러 갈 때에 자기 신이 오른 편에서 지켜주신다고 믿고 있었다. 하나님은 왕의 오른 편에서 힘이 되시고 함께 하시는 분이시다. 이러한 하나님이 계시기에 하나님의 백성은 힘을 얻는다. '그 노하시는 날'이란 이스라엘 주변에 있는 이방 나라에 심판을 행하시는 날이다.

그 상황은 6~7절에서 상세하게 묘사된다. 이 날은 '여호와의 날'로서 하나님께서 뭇 나라를 심판하시며 이스라엘에게 큰 승리를 거두게 하시는 역사적인 날이다. 시인은 하나님께서 최종적인 전투에서 이스라엘의 원수를 다 물리치실 것으로 보고 있다. '왕들을 쳐서 깨뜨리실 것이라'고 하였다. 그리하여 이스라엘 백성들은 승리와 구원을 체험한다. 큰 심판이 세계 여러 나라에 임하였는데 이것이 후대에 와서 종말론적 사상으로 변하였다. 하나님이 온 세상을 심판하시는 종말론적인 심판이 임한다.

3. 심판하여

6~7절에서 "뭇 나라를 심판하여 시체로 가득하게 하시고 여러 나라의 머리를 쳐서 깨뜨리시며 길 가의 시냇물을 마시므로 그의 머리를 드시리로다"고 하였다. 6절의 주어는 여호와이시다. 여호와께서 전쟁을 주장하셔서 전쟁터를 시체로 가득하게 채우신다. 여러 나라의 머리 즉 통치자의 머리를

처서 파한다.

하나님의 위대한 손길은 이 땅의 왕들을 철저하게 부수신다. 이것은 하나님의 권능의 힘이며 전쟁에서 승리하는 모티브가 된다. 하나님은 자기 백성을 위하여 대신 싸우시고 전쟁에서 승리하게 하시는 분이다.

7절은 이 시의 결론이다. '길가의 시냇물을 마시므로 그의 머리를 드시리로다'고 하였다. 이 구절의 주어는 왕인데, 왕의 원수들을 급히 추격하는 모습이다. 왕이 피곤을 느끼지만 중단하지 않고 추격한다. 피곤하여 시냇물을 마시고 힘을 얻어 완전한 승리로 향해 나아간다. '그의 머리를 드시리로다'는 대승을 거둔다는 뜻이다. 하나님의 승리의 역사로 그 머리를 드신다. 이것은 하나님의 완전한 승리를 우리에게 묘사하고 있다. 하나님의 역사로 하나님의 백성이 승리하게 된다. 이스라엘은 열강에 비하여 작은 나라였고, 강한 나라가 아니었다. 다윗과 솔로몬 시대에 평화를 누린 것도 주위 열강들이 조용하였기 때문이다.

이스라엘은 스스로 살아남기 위하여 수많은 전쟁을 치루어야만 했다. 이스라엘은 안팎으로 원수의 도전을 겪으며 나라를 유지해야만 하지만 그들에게는 하나님이 함께 하신다는 언약이 있기에 이 언약을 부여잡고 나아갔다. 그러나 그들에게는 불안과 공포가 있었다.

이때에 시인을 통하여 위로와 격려를 준다. '내가 네 원수로 네 발등상이 되게 하기까지 너는 내 우편에 앉으라'고 하였다. 하나님이 주인이심을 고백하고, 하나님의 능력을 믿고, 그를 의지하여 승리하게 되었다.

시편 110편은 매우 어려운 시이지만 신약 성경에서 가장 많이 인용되었다. 예수님의 말씀(마 22:)이나 베드로의 설교(행 3:34~35), 바울의 교훈(고전 15:25), 히브리서의 교훈(히 5:6) 등에 인용되고 있다. 이를 통하여 시편 110편의 오묘한 진리를 배울 수가 있다. 하나님의 위대하신 역사를 배우고, 그것을 통하여 나타나는 승리를 볼 수 있다. 하나님은 우리의 왕이시기에 우리는 승리한다는 확신을 가진다.

여호와께서 행하시는 일들이 크시오니

시편 111:1~7 상

1할렐루야, 내가 정직한 자들의 모임과 회중 가운데에서 전심으로 여호와께 감사하리로다 2여호와께서 행하시는 일들이 크시오니 이를 즐거워하는 자들이 다 기리는도다 3그의 행하시는 일이 존귀하고 엄위하며 그의 의가 영원히 서 있도다 4그의 기적을 사람이 기억하게 하셨으니 여호와는 은혜로우시고 자비로우시도다 5여호와께서 자기를 경외하는 자들에게 양식을 주시며 그의 언약을 영원히 기억하시리로다 6그가 그들에게 뭇 나라의 기업을 주사 그가 행하시는 일의 능력을 그들에게 알리셨도다 7그의 손이 하는 일은 진실과 정의이며 그의 법도는 다 확실하니

시편 111편은 여호와의 크신 행사를 찬양하는 내용이다. '여호와께서 행하시는'(2절), '그가 행하시는 일'(3, 6절), '그의 손이 하는 일'(7절), '그의 기적'(4절)을 언급하고 있다. '여호와의 크신 행사'란 시편에 세 번 나오는데(시 107:24, 138:8), 이것은 하나님의 창조와 구원에 나타나는 놀라운 일들을 말한다.

이 시편의 시인은 하나님의 놀라운 행사를 즐거워하여 연구하는 자(2절)라고 하였다. 이와 같은 사상은 시편 1편에서 "여호와의 율법을 즐거워하여 그 율법을 주야로 묵상하는 자로다"라는 말씀과 일맥상통한다. 시인은 하나님의 놀라운 역사를 즐거워 할 뿐 아니라 연구한다. 묵상과 연구는 하나님의 백성이 누려야 할 최고의 영광이다. 율법을 즐거워하고 그것을 묵상하며 또 연구한다. 이것은 하나님의 말씀이 연구할 가치가 있고 우리에게 보람과 힘을 주기 때문이다.

시편 111편은 알파벳 시편이다. 히브리어 알파벳 22자가 10절에 모두 담

겨 있으며 이것은 교훈적 성격을 가지고 있다. 또 알파벳 시는 교육적 목적을 가지고 있다. 시편 111편부터 '할렐루야 시편'이 시작된다. 시의 시작이 '할렐루야'로 되어 있는 것으로서 우리들에게 하나님을 찬양하는 특성을 보여준다. 이 시편은 한 개인이 연중 축제 중에 부른 노래이다. 개인의 경건과 공동체의 축제가 잘 연결되어 있다.

1. 여호와께 감사하리로다

1절에서 "할렐루야, 내가 정직한 자들의 모임과 회중 가운데에서 전심으로 여호와께 감사하리로다"고 하였다. 1절은 찬양하라는 부름이다. '할렐루야'는 알파벳순에서 빠졌는데 아마 표제일 것이다. '정직한 자들의 모임'은 예배 공동체를 의미한다. 정직은 하나님을 예배하는 자들의 도덕적 자격임을 암시한다. 그들은 의로운 자들이다. '공회 중'은 회중을 의미한다. 많은 사람들이 모여서 시인의 노래를 듣기를 원하고 있다.

'전심으로 여호와께 감사하리로다'고 하였는데, '전심으로'는 '아무런 거리낌이 없이', '주저없이'를 뜻한다. 간절한 마음으로 하나님을 찬미하며 하나님께 영광을 돌린다. '여호와께 감사하리로다'고 하였는데, 이것은 하나님의 백성이 하나님께 감사하는 믿음의 자세를 말한다. 2절에서 "여호와께서 행하시는 일들이 크시오니 이를 즐거워하는 자들이 다 기리는도다"고 하였다. 시인은 찬양을 한 후 찬양의 주제를 선포한다. 시인의 주제는 고대 이스라엘이 경험한 위대한 구원 역사이다. 하나님의 역사적 행적이 주체를 이루고 있다.

'여호와의 행사'는 역사에 나타난 크신 행적을 가리킨다. 이것은 창조 사역이라기보다 구원 사역으로 보는 것이 더 적합 할 것이다. 하나님의 행사는 놀랍다. 이것은 하나님의 살아계신 역사이며 모두가 관심을 가지고 나아가는 위대한 일이다.

'이를 즐거워하는 자'는 하나님의 구원 역사에 대하여 특별히 관심을 갖는 자를 말한다. 하나님의 구원 역사를 좋아하고, 이야기 하며, 그것을 체험하기를 바라는 자들이다. 그리하여 이것을 즐거워하는데, 어떤 형식주의에 빠지는 것이 아니라 하나님의 놀라우신 역사를 나타내려는 자들이다. '다 기리는도다'고 하였다. 시인은 하나님의 역사를 공부하고 여기서 기쁨을 얻는다. 하나님에 대하여 공부하면 우리의 마음이 기뻐지고, 감사와 감격이 넘치게 된다. 또 하나님의 역사를 경험한다.

2. 그의 행하시는 일이

3절에서 "그의 행하시는 일이 존귀하고 엄위하며 그의 의가 영원히 서 있도다"고 하였다. 시인은 하나님의 행적을 말한다. '존귀하고 엄위하다'고 하였다. 이 말은 하나님의 왕권을 묘사하는 표현으로서 하나님의 역사를 가장 뚜렷이 나타내는 의미이다. 하나님의 영광만이 아니라 하나님의 '의'도 영원히 있다. 하나님의 의는 변치 않으시며 그 백성들에게 새로운 모습으로 늘 함께 하신다.

4절에서 "그의 기적을 사람이 기억하게 하셨으니 여호와는 은혜로우시고 자비로우시도다"고 하였다. 하나님의 구원과 의는 역사에만 나타나는 것이 아니라 오늘의 우리의 예배 속에 나타나시고 그것을 통해 하나님과 우리가 하나가 되도록 만들어 주신다. '사람이 기억하게 하셨으니'라고 하였는데 하나님께서는 구원사의 큰 역사를 한 때의 사건으로 종결하신 것이 아니라 이것이 역사를 통하여 전수되도록 하셨다. 이러한 하나님께 감사드리는 것이 구원받은 사람의 전통이다. 역사를 통하여 하나님의 구원 역사를 바라보게 하시는 그 섭리에 감사해야 할 것이다.

'여호와는 은혜로우시고 자비하시도다'고 하였다. 이것은 이스라엘의 신앙생활 속에서 계승된 찬양과 감사의 양태이다. 여호와는 은혜로우신 분이며 자비가 풍성하신 분이다. 이 하나님을 의지하는 것이 우리의 기본적인 삶이며 바른 방향이다.

3. 양식을 주시며

5절에서 "여호와께서 자기를 경외하는 자들에게 양식을 주시며 그의 언약을 영원히 기억하시리로다"고 하였다. 하나님은 자기를 경외하는 자 즉 충성을 하는 자에게 양식을 주신다. 여기서 양식이란 '먹이'를 의미한다. 이것의 대표적 예가 광야의 이스라엘 백성들에게 만나와 메추라기를 주신 일이다. 이것은 하나님의 은총을 의미한다. 하나님은 자기 백성을 먹이시는 구원의 주님이시다.

오늘의 우리들도 하나님을 전적으로 의지하면 하나님께서 우리들에게 일용할 양식을 부어주신다. 이것은 우리의 일상생활에서 늘 체험하며 관심을 가지는 부분이다. '그 언약을 영원히 기억하시리로다'고 하였는데, 이것은 시내산에서 자기 백성들과 언약을 맺으신 하나님의 역사를 기억하게 한다. 하나님께서 우리를 기억하시므로 우리도 하나님을 기억한다. 이것은 우리들의 예배를 통하여 날마다 구체화되는 내용이다.

6절에서 "그가 그들에게 뭇 나라의 기업을 주사 그가 행하시는 일의 능력을 그들에게 알리셨도다"고 하였다. 하나님께서 뭇 나라를 기업으로 주셨다. 그 대표적 사례가 이스라엘 백성들에게 가나안 땅을 주신 일이다.

'그의 행하시는 일의 능력'으로 가나안 백성을 내어 쫓았다. 이 말은 '하나님의 강한 능력'을 의미한다. 하나님의 강한 능력으로 가나안 족속들을 내어 쫓고 이스라엘에게 기업으로 허락하셨다. 하나님은 이스라엘 백성의 힘이다. 홍해를 육지같이 건너게 하시고, 광야에서의 여러 가지 재난을 막아 주시고, 율법을 주시고 약속의 땅 가나안을 주셨으니 이것이 하나님의 은혜이고 사랑이다.

하나님의 위대한 역사에 대한 묘사는 7절에 나온다. 하나님은 위대한 섭리의 손길을 통해 율법을 주시고 자기 백성들이 바로 살도록 인도하여 주셨다. 이 하나님을 찬미하는 것이 하나님의 백성의 삶이다.

그의 이름이 거룩하고 지존하시도다

시편 111:7~10

7그의 손이 하는 일은 진실과 정의이며 그의 법도는 다 확실하니 8영원무궁토록 정하신 바요 진실과 정의로 행하신 바로다 9여호와께서 그의 백성을 속량하시며 그의 언약을 영원히 세우셨으니 그의 이름이 거룩하고 지존하시도다 10여호와를 경외함이 지혜의 근본이라 그의 계명을 지키는 자는 다 훌륭한 지각을 가진 자이니 여호와를 찬양함이 영원히 계속되리로다

　　시편 111편은 '여호와의 행사'를 강조하고 있다. '여호와의 행사'는 놀라운 것이며 하나님의 창조와 구원이 아름다운 조화를 이룬다. 이 시는 10절의 짧은 구절 속에 히브리어 알파벳 22자를 모두 담은 이른바 '알파벳 시'이다. 알파벳 시는 다양한 형식을 가지고 있다. 알파벳과 찬양이 조화를 이루는데 대표적인 것이 시편 145편이다. 또 감사와 교훈과 지혜가 함께 표현되고 있다.

　　시편 111편 1절은 하나님을 찬양하라고 부른 후에 2~7절 상반절은 여호와의 능하신 행적을 찬양하라고 하였고, 7절 하반절에서 10절은 여호와의 언약의 규례를 찬양하라고 하였다.

1. 진실과 정의의 일

　　7절에서 "그의 손이 하는 일은 진실과 정의이며 그의 법도는 다 확실하니"라고 하였다. 하나님께서 율법을 선물로 주신 것이 드러난다. 하나님의

율법을 주신 것은 이스라엘 민족이 어떻게 살아가고 또 어떻게 믿을 것인가를 제시하는 헌장이다. 이 헌장에 따라 하나님을 섬기면 참다운 행복을 얻을 수 있음을 보여준다. 율법은 하나님의 뜻을 나타내는 것이며, 이스라엘 백성들은 이 율법을 지키며 하나님께 순복하는 삶을 살아야 한다.

'그의 손이 행하는 일은 진실과 정의며'라고 하였는데, 이것은 하나님께서 자신의 신실함을 이스라엘에게 나타내심을 의미한다. 하나님은 자신의 약속을 지키셨다. 그러나 뭇 나라는 그들의 죄로 인하여 쫓김을 당하였다.

'그의 법도'는 하나님의 주신 율법이다. 이것은 믿을만 하고 확실하다. 분명히 알아야 할 것은 율법은 하나님께서 선물로 주신 것이지 결코 짐이 아니라는 점이다. 그러나 많은 사람들은 율법을 짐으로 생각하여 귀찮고 답답하며 자신을 규제하는 것으로 잘못 생각하고 있다.

하나님의 '행사'와 '법도'는 평행을 이룬다. 이 두 가지는 하나이며 통일성을 가지고 있다. 하나님의 이러한 균형있는 교훈은 하나님의 백성으로 하여금 바른 삶을 살아가게 하는 계기를 마련해 준다.

2. 진실과 정의로 행함

8절에서 "영원무궁토록 정하신 바요 진실과 정의로 행하신 바로다"고 하였다. 하나님의 법은 일시적인 것이 아니라 영원 무궁히 정하신 것이다. 하나님의 법은 영원하다. 그러기에 하나님의 백성들은 이 법을 지켜야 한다. 세상 나라들의 법은 시대에 따라 달라진다. 정치적 목적으로 만들어진 법들은 정권이 바뀌면 폐기되고, 그 법으로 인해 박해를 받았던 사람들이 복권되고 도리어 힘을 얻는 경우들이 있다. 이것은 인간이 불완전한 작품이었기 때문이다. 그러나 하나님의 법은 영원 무궁히 정한 것이기에 하나님의 백성은 이 법을 지키며 여기서 성실을 다하여야 한다. "이 예언의 말씀을 읽는 자와 듣는 자와 그 가운데 기록한 것을 지키는 자는 복이 있나니 때가 가까움이니라"(계 1:3)는 말씀을 깊이 새겨야 한다. 하나님의 백성이 율법을 지키는 것은 짐이 아니라 복이다. 시편 1편에서 분명히 가르치고 있는데 "복 있는 사람은…오직 여호와의 율법을 즐거워하여 그 율법을 주야로 묵상하는 자로다"(시 1:1~2).

하나님의 백성은 하나님께서 영원 전부터 주신 말씀을 깊이 가슴에 간직하고 이 말씀을 지키기 위해 노력해야 한다. 이것은 하나님께 나아가는 바른 길이기에 영원부터 영원까지 지켜야 할 교훈이다. 하나님의 율법은 '진실과 정의로' 이루어졌다. 하나님의 율법은 일점일획도 틀림이 없는 진실한 것이다. 그러기에 하나님의 백성은 진실과 정의로 가득한 말씀을 지키고 그것을 삶의 푯대로 삼는 노력을 해야 한다.

9절에서 "여호와께서 그의 백성을 속량하시며 그의 언약을 영원히 세우셨으니 그의 이름이 거룩하고 지존하시도다"고 하였다. 이 말씀에서 '구속사'의 전체가 요약되고 있다. 하나님께서 자기 백성을 어떻게 구원하시는가에 대하여 말씀하시고 있다.

하나님은 자기 백성에게 구속을 베푸셨다. 이스라엘 백성들이 애굽에서 종살이 할 때에 하나님께서 그들을 구원하셨듯이 하나님이 택하신 백성들을 구속하셨다. 이것은 일시적 사건이 아니라 하나님의 지속적인 사건으로서 우리에게 중요한 교훈을 한다.

하나님의 구속 역사는 창세 전에 계획된 것이다. "찬송하리로다 하나님 곧 우리 주 예수 그리스도의 아버지께서 그리스도 안에서 하늘에 속한 모든 신령한 복을 우리에게 복을 주시되 곧 창세 전에 그리스도 안에서 우리를 택하사 우리로 사랑 안에서 그 앞에 거룩하고 흠이 없게 하시려고"(엡 1:3~4)라고 하였다.

하나님은 구원의 역사를 이루기 위해 그 언약을 영원 전부터 세우셨으니 하나님의 백성들은 이 언약을 지켜야 한다. 하나님은 자기 백성에게 언약을 세우셨다. 이것은 단순히 언약을 맺는 것이 아니라 '명령'의 의미를 가지고 있다. 왕과 신하가 약속을 하는 것과 같다. 신하가 할 일은 무조건 순종하고 따르는 것이다. 하나님의 백성들은 하나님의 말씀을 무조건 따라야 한다.

이것은 하나님의 백성들이 누리는 복이요 영광이다. 이것을 굳게 지키는 것이 중요한데, 율법을 무시하는 것은 하나님에 대한 반역이다.

3. 그의 계명을 지키는 자

10절에서 "여호와를 경외함이 지혜의 근본이라 그의 계명을 지키는 자는 다 훌륭한 지각을 가진 자이니 여호와를 찬양함이 영원히 계속되리로다"고 하였다. 시인은 하나님을 중심으로 한 하나님의 백성의 자세를 강조하고 있다. '여호와를 경외함이 곧 지혜의 근본이라'고 하였다. 살아계신 하나님을 만나는 것이 중요하다. '하나님을 경외함'이란 하나님을 겸손히 의지하고 순종하는 것을 말한다. 여기서 하나님의 실제를 인식하게 된다.

이것이 바로 지혜의 근본이다. 하나님의 실제를 깨닫고 나아가는 것이 중요하다. 시인은 하나님의 뜻에 순종하는 것을 강조하고 있다. 하나님을 경외하는 자는 하나님을 아는 자이다. 인생의 모든 과정에서 우리를 다스리는 하나님의 율법을 통하여 하나님께 가까이 나아가는 것이 중요하다.

여호와를 경외하는 자들은 참 지혜의 소유자이다. 이들은 하나님의 뜻을 분별하며 하나님을 경외하는 삶을 살아가는 자들이다. '그의 계명을 지키는 자는 다 훌륭한 지각을 가진 자이니'라고 하였다. 하나님의 계명을 실천하는 자는 가장 좋은 지혜를 가지고 있다. 이 지혜는 어느 누구도 따를 수 없는 귀한 것이다. 인간의 모든 지혜는 하나님과 연관되어 있는데, 하나님과의 관계가 단절된 지혜는 바른 지혜가 아니다.

시편 111편은 하나님께서 자기의 택한 백성을 은총으로 돌보심에 대한 찬양과 교훈을 담고 있다. 또 하나님의 구속사의 핵심을 보여주는 귀한 말씀이다.

정직한 자들의 후손에게 복이 있으리로다

시편 112:1~4

1할렐루야, 여호와를 경외하며 그의 계명을 크게 즐거워하는 자는 복이 있도다 2그의 후손이 땅에서 강성함이여 정직한 자들의 후손에게 복이 있으리로다 3부와 재물이 그의 집에 있음이여 그의 공의가 영구히 서 있으리로다 4정직한 자들에게는 흑암 중에 빛이 일어나나니 그는 자비롭고 긍휼이 많으며 의로운 이로다

시편 112편은 111편과 같은 '알파벳 시'이다. 아마 이 두 시편은 같은 시인의 작품이든지 아니면 같은 그룹에 속한 사람의 작품으로 본다. 두 시편에 나오는 단어들이 비슷하기에 더욱 이러한 해석을 강조한다. 시편 112편은 '지혜시'로 분류된다. 지혜시에는 일반적으로 네 개의 기본 주제가 있는데, 여호와를 경외함, 토라를 높임, 의인과 악인의 대조, 보응의 실재와 불가피성인데, 이 시편에서 이 모든 것이 나온다.

이 시편은 시편 1편처럼 토라 중심의 경건을 강조하지만 의인의 덕과 축복을 강조하고 있다. 시편 1편에서는 의인과 악인을 거의 비슷하게 비교하지만, 여기서는 의인을 강조하고 악인에 대해서는 짧게 말하고 있다. 이 시편의 시대적 배경에 대해서 학자들에 따라서 여러 가지 주장을 하고 있으나 분명히 어느 것을 지적하기 어렵다. 그러나 이 시편은 시편 1편, 19편, 119편 등과 같이 '토라 신앙'을 강조하고 있다.

1. 복이 있도다

1절에서 "할렐루야, 여호와를 경외하며 그의 계명을 크게 즐거워하는 자는 복이 있도다"고 하였다. 이 말씀은 시편 112편 전체의 특성을 우리에게 제시해 주고 있다. 시편 111편에서 "여호와를 경외함이 지혜의 근본이라 그의 계명을 지키는 자는 다 훌륭한 지각을 가진 자이니"(시 111:10)라고 하였는데, 시편 112편에서 계속하여 설명하고 있다.

'여호와를 경외하는 자'는 하나님을 경외하고 순종하는 자를 의미한다. 이들은 다른 것을 두려워하지 않고 하나님만 두려워한다. 여호와를 경외하는 것이 지혜의 근본이다. 하나님의 계명에 대한 신뢰와 순종이 바로 하나님을 경외하는 데서 나온다. 그러니 하나님을 경외하는 데는 '두려움'과 '기쁨'이 함께 긴장 관계를 형성하고 있다.

'그 계명을 즐거워하는 자'는 시편 1:2의 교훈과 연결된다. 하나님의 계명을 즐거워하며 하나님의 계명에 따라 인생을 살아가려고 노력하는 자들이다. 하나님의 백성들은 하나님의 계명을 크게 즐거워하는 자들이다. 이 계명에서 자신이 가야 할 방향은 설정하고 기쁨과 감사함으로 나아간다. '복이 있도다'고 하였는데 이것은 축하 형식이다. 시인은 시편 1편과 같이 격려할 뿐 아니라 축복하고 있다. 하나님의 계명을 즐거워하는 자는 복이 있으니 이 땅의 모든 백성들이 이 복을 얻어야 한다.

2. 복이 있으리로다

2절에서 "그의 후손이 땅에서 강성함이여 정직한 자들의 후손에게 복이 있으리로다"고 하였다. 하나님을 경외하는 것이 복의 근원이기에 많은 복이 제시되고 있다. 하나님을 경외하는 자들에게 하나님의 축복이 임한다. 하나님을 경외하는 자들에게 하나님은 놀라운 복을 주시는데 먼저 가정과 후손에게 주는 복이 나타난다. 하나님은 물질의 복과 의를 통해 복을 주신다. '그의 후손이 땅에서 강성함이여'라고 하였다. '땅에서 강성하다'란 말은 '전쟁에서 용감하다'라는 뜻보다 '부자가 된다' 또는 '땅을 다스릴 것'이라는 의미이다. 하나님을 섬기는 자의 후손에게 하나님은 물질의 복을 주셔서 이 땅에서 풍성하게 하여 주신다.

'정직한 자들의 후손'이란 '정직한 자의 가족'을 말하는데 이들은 반드시 후손만을 의미하는 것이 아니라 정직한 사람의 무리를 말한다. 하나님을 바로 섬기는 자와 그 후손들에게 하나님의 복이 임한다는 의미이다.

하나님의 백성들에게 역경과 고난이 오기도 하지만 하나님을 섬기는 자에게 물질의 복을 주신다. 그 대표적 사례가 욥이다. 욥을 통하여 하나님의 백성은 고난과 복을 함께 배울 수 있다. 하나님을 경외하고 그 율법을 즐거워하는 자에게는 그 자신만이 아니라 후손들에게도 놀라운 복을 주신다. 이것은 인생의 모든 것을 주관하시는 하나님의 놀라운 역사이다.

3절에서 "부와 재물이 그의 집에 있음이여 그의 공의가 영구히 서 있으리로다"고 하였다. 모든 복의 근원은 여호와를 경외하는데 있다. 인생이 누리는 모든 복은 하나님을 경외하는데 있다. 그러기에 하나님의 백성들은 하나님을 경외하는 데 모든 관심을 쏟아야 한다.

3. 복이 그의 집에 있음이여

3절에서는 물질적 복과 사회적 복이 나타난다. 의인의 번영은 혼자만의 것이 아니라 사회적 성격을 띠고 있다. 하나님의 복은 하나님을 경외하는 자에게 나타난다. 이것은 하나님께서 자기 백성에게 주시는 언약이다.

'부와 재물'은 하나님의 복의 증거이다. 구약에서 부는 하나님의 복과 구원을 상징한다(왕상 3:13, 잠 3:9~10, 16, 13:18). 성경은 이 원리를 강조하고 있다. "겸손과 여호와를 경외함의 보상은 재물과 영광과 생명이니라"(잠 22:4)는 말씀에서 분명히 드러나고 있다. 하나님은 자기 백성들에게 물질적 풍요를 주셔서 하나님의 영광을 드러내게 한다.

'그의 공의가 영구히 서 있으리로다'고 하였는데 의인에게 적용되는 말씀이다. '하나님의 공의'는 하나님께서 자신이 언약한 것에 대해 충실한 것을 말한다. 그러므로 하나님의 백성은 하나님을 닮아 이 땅에서 의를 실천하는 자들이다. 앞에 나오는 물질의 복과 뒤에 있는 의의 복은 연관이 된다. 하나님의 백성이 물질의 복을 받으면 이것을 자기 자신만을 위하여 사용하는 것이 아니라 다른 사람을 위하여 나누는 것이어야 함을 강조한다. 하나님의 백성은 섬김과 나눔의 삶을 살아간다. 온전히 하나님과 이웃을 위해 나아갈 때에 하나님께서 역사하여 주실 것을 믿는다. 우리가 받은 복을 자신만을 위해 사용하는 자가 되어서는 안 된다.

4절에서 "정직한 자들에게는 흑암 중에 빛이 일어나나니 그는 자비롭고 긍휼이 많으며 의로운 이로다"고 하였다. '흑암 중에 있다'는 것은 개인적 상황일 수도 있으나 신앙고백적인 측면에서 해석하는 것이 좋을 것이다. 의인이 어려움을 당해 흑암에 빠지는 것과 같은 상황일지라도 그를 위해 빛이 일어난다. 고통 속에서 어찌 할 바를 모를 때에 하나님의 놀라운 역사가 일어난다. '빛'은 행복과 생명에 대한 상징으로 일반적으로 사용되고 있다. 그러나 궁극적으로는 하나님을 가리킨다. 하나님의 백성들에게 고통이 오는 경우도 있다. 그러나 하나님께서 역사 하셔서 이 고통을 물리치시고 행복과 생명을 주신다. 이것으로 하나님의 위대하심과 영광이 드러난다.

'그는 자비하고 긍휼이 많으며 의로운 이로다'고 하였는데, 이것은 하나님의 속성을 가리킨다. 경건한 자는 하나님의 속성에 참예하게 된다. 이것은 하나님과의 관계가 형성되고, 하나님의 살아계심과 역사를 증거하는 산 증거이다. 하나님의 백성은 삶으로 하나님을 증거해야 한다. 이것은 신앙과 도덕적 삶으로 증거되어야 한다.

은혜를 베풀며

시편 112:5~8

5은혜를 베풀며 꾸어 주는 자는 잘 되나니 그 일을 정의로 행하리로다 6그는 영원히
흔들리지 아니함이여 의인은 영원히 기억되리로다 7그는 흉한 소문을 두려워하지 아니
함이여 여호와를 의뢰하고 그의 마음을 굳게 정하였도다 8그의 마음이 견고하여 두려
워하지 아니할 것이라 그의 대적들이 받는 보응을 마침내 보리로다

하나님의 백성들이 물질적 복과 사회적 복을 받음으로 하나님의 영광
을 들어내고 하나님의 살아계심을 선포한다. 이것은 하나님의 백성의 특
권이며 영광이다. 지혜시의 형태를 가진 시편 112편은 하나님의 백성이
어떻게 가며 삶을 통하여 하나님의 영광을 드러내는 방법을 제시한다. 특
히 하나님의 백성이 받는 복을 구체적으로 지적함으로써 바른 삶의 실체
를 보여준다.

1. 은혜를 베풀며

5절에서 "은혜를 베풀며 꾸어 주는 자는 잘 되나니 그 일을 정의로 행하
리로다"고 하였다. 5절은 4절의 의미를 구체화 하고 있다. 이 말씀은 언약
에 일치하며 의에 뿌리를 둔 삶에 대한 구체적인 표시를 제의해 준다.

의인은 은혜를 배푼다. 많은 사람들은 남에게 받기를 원하지만 하나님을
섬기는 자는 남에게 베푸는 삶을 살아간다. 이것은 하나님의 백성이 누리는

복된 삶의 형태이다. 베풂으로서 더 많은 것을 얻게 된다. 예수님은 "무엇이든지 남에게 대접을 받고자 하는 대로 너희도 남을 대접하라"(마 7:12)고 하였다. 이 말씀은 하나님의 백성들이 이 땅에서 어떤 삶을 누려야 할 것인지를 교훈한다.

은혜를 베푸는 것은 나눔의 삶이다. 이것은 하나님이 주신 은사를 다른 사람들을 위하여 사용하는 것으로 그리스도의 뜻을 실현하는 삶의 방법이다. 우리들은 이러한 삶의 원리는 바로 적용해야 한다.

'꾸어 주는 자는 잘 되나니'라고 하였는데 갑자기 고난을 당하는 자 또는 재앙을 당한 자에게 의인은 복이 된다. 그들은 가난한 사람을 불쌍히 여기고 하나님이 주신 것을 함께 나눈다. 꾸이는 것은 자기의 이익을 도모하기 위함이 아니라 가난한 자를 돌보기 위함인데, 이런 사람을 잘 된다. 즉 형통한다. 이것이 하나님의 사랑이며 은혜이다. '그 일은 정의로 행하리로다'고 하였다. 은혜를 입은 의인은 모든 사람을 공의로 대한다. 자신의 사업을 공평하게 하고 정직하게 한다. 우리 시대에 사업가들은 속임수를 하는 것이 일반화되어 있으나 하나님의 백성들은 모든 것을 공평하고 정직하게 행한다. 이것은 하나님의 법이 요구하는 것이기 때문이다.

2. 영원히 기억되리로다

6절에서 "그는 영원히 흔들리지 아니함이여 의인은 영원히 기억되리로다"고 하였다. 6절은 '단언형'으로서 확증하는 형식이다. 5절에서 말하는 것을 더욱 발전시켜 주고 있다.

'그는 영원히 흔들리지 아니함이여' 이라고 하였는데 의를 실행하고 은혜를 베푸는 자는 흔들리지 아니한다. 이것은 하나님께 함께 하시고 역사하시기 때문이며 영원한 반석이 되신 하나님의 역사이다.

하나님을 신뢰하지 않는 자들은 모래 위에 터를 닦고 집을 세운 자와 같다. 바람이 불고 홍수가 나면 무너지고 만다. 그것은 뿌리가 든든하지 못하기 때문이다. 그러나 하나님의 백성은 반석 위에 집을 지은 자와 같다. 바람이 몰아쳐서 반석되신 하나님이 지켜 주시기에 흔들림이 없는 삶을 살게 된다. '의인은 영원히 기억되리로다'고 하였는데, 이 말은 의인의 도움을 받은 사람들은 그가 죽은 후에도 기억하게 된다. 하나님의 말씀이 기억되는 것처럼 경건한 자의 행실도 기억된다.

경건한 자의 의는 스스로 증거가 된다. 히브리서 11장에 나오는 믿음의 선현들이 보여주는 삶은 매우 중요한 것을 보여 준다. 그들의 삶과 죽음 자체가 바로 우리들에게 증거가 된다. 기독교 역사를 통하여 수많은 순교자들이 하나님과 그의 교회를 위하여 피를 흘렸다. 이들은 단순히 피를 흘린 것이 아니라 그것 자체가 오고 오는 세대에 증거가 된다. 오늘의 우리들이 폴리갑의 순교를 기억하고, 죤 홋스, 주기철, 김정복, 손양원을 기억하는 것이 그러한 경고이다.

의인의 역사는 흔들리지 아니하고 영원히 기념이 되는데 이것은 하나님의 놀라운 역사를 이 땅에 나타낸다. 그러므로 오늘의 우리가 어떻게 살아가느냐란 문제는 오늘의 순간만이 아니라 오는 세대에 놀라운 역사가 된다.

3. 두려워하지 아니함이여

7절에서 "그는 흉한 소문을 두려워하지 아니함이여 여호와를 의뢰하고 그의 마음을 굳게 정하였도다"고 하였다. 여기서 '흉한 소문'이란 불길한 소식을 말한다. 의인들이 이 땅에서 살아갈 때에 어려움이 온다. 다른 사람이 겪는 시련과 고통을 겪게 되는데 이때에 어떤 자세를 가지느냐가 중요하다.

의인에게도 고통이 있다. 다른 사람의 모함을 받고 비방을 당하는 경우가 있다. 이것이 하나님의 백성들에게 오는 일상적 일이다. 우리에게 시험과 고통이 없었으면 좋겠으나 우리의 현실이 그렇지 아니하면 이때에 어떻게 해야 하는가? 시인은 "여호와를 의뢰하고 그의 마음을 굳게 정하였도다"고 했다. 하나님의 백성은 역경으로 인하여 공포에 질리는 것이 아니라 하나님을 의지하여 두려움을 이긴다. 의인이 이렇게 강하게 나아갈 수 있는 것은 하나님을 향한 믿음 때문이다.

경건한 자는 여호와를 의뢰한다. 이것은 하나님을 향한 믿음이며 바른 자세이다. 하나님을 의뢰하는 것은 단순한 삶이 아니라 자신의 전부를 하나님께 맡기는 것이다. 그러기에 하나님의 도우심을 바라고 의지한다. 이런 사람들은 '그 마음을 굳게 정하였다. 하나님을 믿기 때문에 흔들림이 없다. 흔들림 없는 하나님을 의지하는 자세가 소중하기 때문이다. 하나님 안에서 뜻을 정하는 자는 흔들리지 아니 한다.

8절에서 "그의 마음이 견고하여 두려워하지 아니할 것이라 그의 대적들이 받는 보응을 마침내 보리로다"고 하였다. '그의 마음이 견고하여'란 수동형으로 하나님께서 그 마음을 견고하게 만들어 주신다는 의미이다.

하나님을 의지하는 자는 마음이 견고하고 두려워하지 않는다. 왜냐하면 하나님이 자기와 함께 하시기 때문이다. 하나님이 우리의 힘이 되시기에(시 18:1) 우리들은 하나님을 의지하고, 어떤 고통이 와도 두려워하지 않는다. '그의 대적들이 받는 보응을 마침내 보리로다' 고 하였다. 이 말은 '결국에는 원수들에게서 승리하게 된다' 는 의미이다. 시인은 원수를 보복하려고 이런 표현을 한 것이 아니라 운명의 역전을 강조하기 위해서이다.

하나님의 백성은 선한 싸움을 싸우는 군사이다. 역경이 오고 고통이 올지라도 여기에 굴복하지 않고 하나님의 능력을 의지한다. 이것은 승리의 길이며 하나님을 기쁘시게 하는 방법이다. 전쟁 중에 있을지라도 하나님을 의지하는 믿음의 삶은 평안을 준다. 이것은 하나님의 백성이 누리는 영광이다. 시인은 이런 믿음을 철저히 묘사하고 있다. 오늘의 우리들도 하나님을 의지함으로써 고통과 역경이 올지라도 이것을 이겨야 한다. 하나님은 모든 것을 다스리시는 승리자이기에 우리도 이기게 된다.

악인들의 욕망은 사라지로다

시편 112:9~10

9그가 재물을 흩어 빈궁한 자들에게 주었으니 그의 의가 영구히 있고 그의 뿔이 영광 중에 들리리로다 10악인은 이를 보고 한탄하여 이를 갈면서 소멸되리니 악인들의 욕망은 사라지리로다

하나님의 백성이 이 땅에서 어떻게 살 것인가는 매우 심각하고도 중요한 문제이다. 하나님의 백성은 하나님의 백성으로서의 삶이 있고 길이 있기에 여기에 충실 하는 것이 무엇보다 중요하다. 시편 112편에서 시인은 하나님의 백성의 형통을 말하고 있다. 이것은 공의로우신 하나님께서 자기 백성들에게 은혜와 사랑을 베푸시는 것을 강조하며 하나님의 백성은 하나님을 섬기고 이웃을 사랑하는데 관심을 모으고 노력해야 한다.

'은혜를 베풀며 꾸어 주는 자는 잘 되나니'라고 하여 하나님의 백성들이 어떻게 잘 되는 지를 보여준다. 하나님의 백성은 베푸는 삶을 살아야 한다. 이것은 이 땅에 하나님의 뜻을 나타내는 방안이다.

1. 빈궁한 자들에게 주었으니

9절에서 "그가 재물을 흩어 빈궁한 자들에게 주었으니 그의 의가 영구히 있고 그의 뿔이 영광 중에 들리리로다"고 하였다. 9절은 5절 상반절과 6절 하반절과 연결된다. 이것은 하나님의 백성이 이 땅에서 감당해야 할 사명이

다. 하나님의 백성에게는 두 가지 큰 사명이 있다. 하나는 하나님을 경외하는 일이다. 하나님을 사랑하고 경배하며 생명의 주로 모시는 것이 무엇보다 중요하다. 사람의 제일 되는 목적은 '하나님을 영화롭게 하는 것'이다. 이 목적을 이루기 위해 우리는 노력하고 헌신하여야 한다.

다른 하나는 이웃에 대한 책임이다. 하나님은 우리들에게 '이웃을 네 몸 같이 사랑하라'고 교훈하신다. 이것은 하나님의 백성이 실천해야 할 최고의 과제이다. 이것은 그리스도인의 사회적 책임이라고 할 수 있다. 시인은 '그가 재물을 흩어 빈궁한 자들에게 주었으니'라고 하였다. 시인은 경건한 자가 가난한 자에 대한 사랑과 의를 말하고 있다. 하나님의 백성은 이 땅의 가난한 사람에 대하여 책임을 져야 한다. 왜냐하면 그들도 하나님의 형상으로 지음받은 하나님의 백성이기 때문이다. 예수님은 '선한 사마리아인 비유'에서 누가 우리의 이웃인가를 가르쳐 주고 있다. 사회적으로 명망이 있는 제사장이나 서기관보다 형제에게 사랑을 실천하는 사마리아인이 진정한 이웃임을 가르친다.

2. 인생의 의미

하나님의 백성들은 자기가 가진 재물을 자신의 유익만을 위하여 사용하는 것이 아니라 가난한 이웃을 위해 선용해야 한다. 여기서 인생의 의미를 발견할 수 있다. 하나님이 우리에게 물질을 주신 것은 소유의 개념이 아니라 선용의 개념으로 이해해야 한다.

많은 사람은 소유에 집착한다. 그래서 물질을 모으는 데 급급하지만 이것이 인생의 보람이 아니다. 우리의 재물을 소유가 아닌 선용에 초점을 맞추면 우리의 삶에는 보다 나은 역사가 일어날 것이다. 시인은 재물을 가난한 사람에게 나누어 주는 사람은 하나님께 복 받은 사람임을 강조한다. 이들은 기쁘게 나누어 주는 자들이며 하나님의 사랑을 실천하는 자들이다.

'그의 의가 영구히 있고 그의 뿔이 영광 중에 들리리로다'고 하였는데, 이 말은 그의 힘과 자존심이 높아진다는 뜻이다. 일반적으로 '뿔을 든다'는 것은 교만을 의미하나 여기서는 하나님이 뿔을 들어주셔서 그가 영화와 권세를 누린다는 의미이다.

자기가 가진 재물을 혼자서 사용하지 않고 이웃을 위하여 또 가난한 자를 위해 사용할 때에 하나님께서 그를 높이 들어 사용하시고 영화롭게 해 주신다. 이것은 하나님의 백성의 삶의 자세와 그들에게 임하는 하나님의 복을 가르친다.

오늘의 우리들도 우리의 물질을 자신만을 위해 활용하지 말고 가난한 자에게 나누어 주는 자세를 가져야 한다. 물질의 주인이 되신 하나님을 바라보고, 하나님의 백성에게 참다운 사랑을 실천하는 자가 되어야 한다. 소유보다 활용에 더 큰 의미를 두어야 하고, 이것을 통해 하나님의 역사를 이 땅에 들어내어야 한다.

3. 악인들의 욕망

10절에서 "악인은 이를 보고 한탄하여 이를 갈면서 소멸되리니 악인들의 욕망은 사라지리로다"고 하였다. 이 말씀은 9절과 좋은 대조를 이룬다. 의인은 힘을 얻고 뻗어 나가지만 악인은 수치를 당하고 무능해진다. '악인이 이를 보고'라고 하였는데, 악인은 경건한 자가 높아지는 것을 보고 질투한다. 여기서 '본다'는 말에 주목할 필요가 있다. 의인은 악인들이 멸망하고 쇠퇴하는 것을 보고, 악인은 의인이 번성함을 본다. 같이 보는 행위일지라도 보는 대상은 정반대이다. 여기서 의인과 악인의 차이가 나타난다.

'이를 갈며'라고 했는데 이는 '무기력한 분노'를 말한다. 악인들은 이를 간다. 질투심에 불타서 이를 갈지만 그것은 '소멸'한다. 즉 녹아 버린다. 자신의 질투와 분노로 인해 자기 자신이 녹아 버리고 병들어 버린다. 악인들의 모습이 여기에 묘사되어 있다. 그들이 아무리 질투할지라도 하나님을 떠난 자이기에 스스로 녹고 병들어 버린다. 이것은 악인의 종말이다. 하나님을 거역하는 자는 이렇게 망해 버린다.

악인들은 각종 악한 계획으로 하나님의 백성을 해치려고 하고, 하나님의 백성이 번성하는 것을 도저히 참고 보지 못하는 질투심을 가지고 있으나 그들은 스스로 병들어 녹아버리는 존재가 되고 만다.

'악인들의 욕망은 사라지리로다'고 하였다. 악인들은 의인의 번성을 보고 '한탄하여' 즉 '화를 내지만' 이것은 아무런 의미가 없다. 그들은 하나님의 공의가 실현되는 것을 보고 분통을 터뜨리지만 그들의 소욕 즉 '계획'은 허무하게 되어 버린다. 악인들은 자기 나름으로 계획을 세우고 하나님의 백성을 해치려고 하지만 하나님은 이 모든 계획을 헛것으로 만드신다. 의인은 번성케 되고, 악인은 멸망하는 것이 하나님의 섭리의 역사이다.

시편 112편은 하나님의 백성으로 하여금 하나님의 성품을 닮아가도록 교훈한다. 믿는 자의 성품과 윤리의 모델은 바로 하나님이시기에 이 하나님을 의지하는 것이 무엇보다 소중하다. 시편 112편은 약속과 예언의 성격을 가지고 있다. 의인들이 고통 속에 산다고 할지라도 그에게는 하나님의 약속이 있다. 하나님은 의인에게 세상에서의 복을 주시겠다고 하였고, 이것은 단순히 이 땅의 것만 아니라 영원한 미래의 약속까지 보장하는 것이다.

하나님은 자기 백성에게 영원한 소망을 주신다. 물질생활에서 복을 주시고, 사회생활에서도 함께 하신다. 물질적 복은 하나님의 백성이 누리는 필수 요건이 아닐지라도 이것을 통하여 하나님께 가까이 나아가고 하나님의 영광을 드러내는 계기가 된다. 자신이 가진 물질을 다른 사람들에게 나누는 것이 하나님의 자녀들의 사회적 책임이고 생활 윤리이다.

여호와의 이름을 찬양하라

🎵 시편 113:1~3

1할렐루야, 여호와의 종들아 찬양하라 여호와의 이름을 찬양하라 2이제부터 영원까지
여호와의 이름을 찬송할지로다 3해 돋는 데에서부터 해 지는 데에까지 여호와의 이름
이 찬양을 받으시리로다

시편 113편은 여호와를 3인칭으로 찬양하는 시이다. 이 시편은 두 개의
양식 중 명령적 찬송과 찬송적 분사들을 하나의 조화 있는 단위로 통합시킨
다. 시편 113편부터 118편까지의 6편의 시들은 '큰 할렐'로 보는데 114편과
118편을 제외하고는 모두 '할렐루야'로 시작하고 끝을 맺는다. 그래서 이
시들은 '할렐루야 시편'이라고 부른다.

이 시편의 배경은 제의적이다. 1절에서는 성전 찬양대 또는 독창자가 회
중에게 말하는 것으로 보인다. 이 시를 구분할 때 1~4절, 5~9절로 나누는 사
람도 있고, 1~3절, 4~6절, 7~9절로 나누기도 한다. 여기서는 후자를 선택하
여 세 단락으로 나누어 본다.

1. 여호와의 이름을

1~3절은 '여호와의 이름을 찬양하라'는 요청이다. 시인은 모든 하나님의
종들을 향하여 하나님을 찬양하라고 하며 시간적으로는 '이제부터 영원까
지' 찬양하라고 한다. 1절에서 "할렐루야, 여호와의 종들아 찬양하라 여호

와의 이름을 찬양하라"고 하였다. 앞에서 말한 것처럼 이 시편은 '할렐루야 시편'으로 할렐루야로 시작하고 끝을 맺는다.

'할렐루야'란 말은 우리가 익히 아는 데로 '여호와를 찬양하라' 즉 찬양을 권고하는 말이다. 하나님의 백성이 여호와를 찬양하는 것은 가장 귀하고 영광스러운 일이다. '여호와의 종들아 찬양하라'고 하였다. 여기 나오는 여호와의 종들이 누구인지에 대하여 여러 가지 논의들이 있으나 '예배 공동체 구성원', '이스라엘 전체' 또는 '성전에서 봉사하는 제사장' 등으로 해석된다. 넓은 의미에서 보면 하나님과의 언약 관계에 있는 하나님께 헌신하는 자들로 규정할 수 있다.

여호와의 종들은 하나님과 언약적 관계를 가지고 있으며 하나님의 종으로서 하나님을 찬양해야 한다. 하나님의 백성은 하나님을 찬양하는데 모든 관심을 모아야 하고, 여기에 최선을 다하여야 한다.

'여호와의 이름을 찬양하라'고 하였다. 찬양은 여호와의 이름에 초점을 맞추고 있는데, 이것은 신약에서 주님이 가르치신 기도에서 비슷한 것을 볼수 있다. '이름이 거룩히 여김을 받으시오며'라는 주기도와 이 시편의 내용이 비슷하다.

이 시편이 강조되는 것은 여호와를 찬양하고 여호와의 이름을 찬양하는데 있다. 하나님과 하나님의 이름은 찬양 받으시기에 합당하다. 여호와의 이름은 자기 스스로를 나타내는 계시이기에 이 속에 하나님의 속성과 사역이 있다. '여호와'는 언약적 관계를 강조한다. 자기 자신을 바로 나타내보이고, 자기 백성과 영원한 언약을 맺으시는 여호와이시다. 여호와는 출애굽한 이스라엘 백성들을 가나안 땅으로 인도하셨고, 그들과 언약 관계를 맺으셨다. 이 하나님은 자기 백성과 함께 하시고, 또 인도하시며 보호하신다.

이 하나님을 찬양해야 한다. 언약의 하나님이시기에 이 하나님께 영원토록 찬양하며 영광을 돌려야 한다. 시인은 하나님의 종들에게 하나님께 찬양하기를 권고하고 있다. 이 권고는 오늘의 우리들이 따라야 할 소중한 교훈이다. 여호와 하나님과 그 이름을 찬양하는 삶이 날마다 이루어져야 할 것이다.

2. 이제부터 영원까지

2절에서 "이제부터 영원까지 여호와의 이름을 찬송할지로다"고 하였다. 시인은 '이제부터 영원까지'라고 하여 찬양의 지속성을 강조하고 있다. 하나님의 백성들은 '이제부터 영원까지' 하나님을 찬양하는 삶을 살아야 한다. 찬양의 지속성은 현재적 의미를 가지고 있다. '이제부터 영원까지'라고 하였으니 오늘의 중요성이 강조된다. 하나님의 백성은 과거에 집착하는 자들이 아니라 오늘에 충실하고 그것이 영원히 계속되게 해야 한다.

하나님을 찬양하는 자는 일상의 생활 속에서 하나님의 영광을 나타내며 찬양해야 한다. 찬양은 하나님의 백성의 호흡이다. 생명 다할 때까지 계속해야 할 영광스러운 역사이기에 여호와의 이름을 찬양해야 한다. '찬송할지로다'고 하였는데 이 말의 뜻은 '복되도다'이다. 하나님을 찬양하는 것이 복된 일이기에 하나님의 종들은 이 복을 계속하여 지키고 나아가야 한다.

같은 목소리로 여러 가지 노래를 할 수 있는 것이 인간이다. 인간들은 고상한 가곡을 부르기도 하고, 유행가를 부를 수도 있고, 하나님을 찬양하는 노래를 부를 수도 있다. 하나님을 찬양하는 것이 '복된' 일이라고 시인은 말하고 있다.

오늘의 우리들도 이러한 복을 지속적으로 지켜 나가야 한다. 하나님이 주신 목소리로 하나님의 이름을 찬양하는 역사가 나타나도록 해야 한다. 이것이 하나님의 백성들이 누리는 복이다. 우리는 찬양을 하되 이제부터 영원까지 지속적으로 해야 한다. 삶을 통한 찬양이며, 하나님의 영광을 드러내는 위대한 사역이다. 그러기에 이 하나님을 의지하고 바라보게 된다.

3. 해 돋는 데서부터

3절에서 "해 돋는 데서부터 해 지는 데까지 여호와의 이름이 찬양을 받으시리로다"고 하였다. 2절에서 찬양의 시간성에 대하여 말하였는데, 3절에서는 장소성을 강조한다. '해 돋는 데서부터 해지는 데까지'란 하나님의 보편적 주권을 강조하는 말이다. 하나님은 어느 지역이나 어느 민족만을 주관하시는 분이 아니라 이 세상의 모든 곳을 주관하신다. 이러한 능력의 하나님을 의지하고 찬양하는 것이 무엇보다도 중요하다. 이러한 표현성은 하나님의 역사의 공간성을 강조하는 것이지만 여기에 더하여 인간들의 전 영역을 의미한다. 인간들의 모든 영역에서 하나님을 찬양하여야 한다.

우리들은 찬양이라고 하면 영적 문제에만 국한시키는 경우가 많다. 그러나 하나님의 역사는 삶의 모든 영역에서 나타나고 여기서 하나님께 찬양해야 한다. 우리들의 사업, 가정, 학문, 예술 등 모든 분야에서 하나님을 찬양하는 것이 중요하다. 우리들의 삶의 전 영역에서 우리가 하는 모든 것이 하나님을 찬양하는 일이 일어나야 한다. 이것은 하나님의 백성의 아름다운 삶의 자세이며 우리가 반드시 이루어야 할 길이다. 바울은 "그런즉 너희가 먹든지 마시든지 무엇을 하든지 다 하나님의 영광을 위하여 하라"(고전 10:31)고 하였다. 사람의 제일 되는 목적은 하나님을 영화롭게 하는 것이다. 그러기에 하나님의 백성들은 어떤 형편에 있을지라도 하나님의 영광을 드러내어야 한다.

이 시편은 여호와와 그 이름을 찬양하라고 권한다. 하나님의 백성들은 이제부터 영원까지 하나님을 찬양해야 하고, 해 돋는 데서 해지는 데까지에서 찬양해야 한다. 이것은 찬양의 시간성, 공간성 그리고 영역성을 강조하는 것으로서 오늘의 우리들이 계속하여 이루어야 할 사명이다. 하나님의 백성은 하나님과 그 이름을 찬양하는 백성이기에 우리의 삶이 찬양이어야 한다.

가난한 자를 먼지 더미에서 일으키시며

시편 113:4~9

4여호와는 모든 나라보다 높으시며 그의 영광은 하늘보다 높으시도다 5여호와 우리 하나님과 같은 이가 누구리요 높은 곳에 앉으셨으나 6스스로 낮추사 천지를 살피시고 7 가난한 자를 먼지 더미에서 일으키시며 궁핍한 자를 거름 더미에서 들어 세워 8지도자들 곧 그의 백성의 지도자들과 함께 세우시며 9또 임신하지 못하던 여자를 집에 살게 하사 자녀들을 즐겁게 하는 어머니가 되게 하시는도다 할렐루야

할렐루야 시편인 시편 113편은 하나님을 찬양하라고 권고한다. 1~3절에서는 여호와의 종들이 하나님의 이름을 찬양하라고 하였다. 하나님의 백성이 하나님의 이름을 찬양하는 것은 최고의 복이며 영광이다. 하나님의 백성은 이제부터 영원까지 하나님을 찬양하며, 해 돋는 데서 해지는 데까지 하나님의 이름을 찬양한다.

4절 이하에서는 찬양해야 할 이유를 구체적으로 제시하고 있다. 인생들이 왜 하나님을 찬양해야 하는가? 사람에 따라 다른 이유가 있을 수 있으나 여기서는 그 초점을 하나님께 맞추고 있다.

1. 하늘보다 높으시도다

4절에서 "여호와는 모든 나라보다 높으시며 그의 영광은 하늘보다 높으시도다"고 하였다. '여호와는 모든 나라보다 높으시며'란 말은 하나님은 모

든 나라를 무찌르시고, 하나님의 주권을 세운다는 뜻이다.

하나님은 전쟁에서 승리하신다. 하나님의 역사는 인간의 힘보다 뛰어나며 모든 것을 승리로 인도하신다. 이스라엘은 하나님의 도우심으로 모든 나라보다 높다. 이 땅의 나라들이 아무리 강하게 무장할지라도 하나님의 권능 앞에서는 아무것도 아니다. 하나님의 강하심을 믿는 것은 신앙의 산물이다. 사람들은 세상 나라의 권력을 보지만 하나님의 백성은 하나님의 위대하신 손길을 바라본다. 하나님의 전능하심이 자기 백성을 이기게 하는 승리의 원동력이다.

'그의 영광은 하늘보다 높으시도다'고 하였다. 이 말은 하늘도 하나님의 영광을 다 담을 수 없다는 뜻이다. 여기서 하나님의 주권과 초월성이 강조되고 있다. 그럼에도 불구하고 하나님의 영광은 하늘을 통해서 반영된다. 하늘이 하나님의 영광을 선포한다(시 19:11).

하나님의 위엄을 가지신 분이며 영광을 받으셔야 할 분이다. 그러니 위엄과 영광은 뗄 수 없는 관계가 있다. 하나님의 영광은 하늘 위에 있다. 이것은 이 세상 그 무엇보다 소중한 것이어서 하나님의 백성은 그 영광 앞에 경외를 드려야 한다. 하나님은 하늘에 계시면서 우리와 함께 하신다 이것은 초월성과 내재성을 아울러 보여 주는 것으로서 하나님의 독특한 성격이다.

2. 우리 하나님과 같은 이

5~6절에서 "여호와 우리 하나님과 같은 이가 누구리요 높은 곳에 앉으셨으나 스스로 낮추사 천지를 살피시고"라고 물었다. 그 대답은 '아무도 없다'이다. 이 질문은 수사의문의 형식으로서 유일성, 독특성, 절대적 힘을 나타내기 위하여 사용된다. 이것은 신앙의 확신을 표현하는 것으로서 하나님의 위대하심을 강조한다.

그가 누구인가? '여호와 우리 하나님'이시다. 이 표현은 성경에서 오직 여기에만 나오는 독특한 것이다. '여호와 우리 하나님'은 하나님과의 언약

관계를 강조할 때에 사용되는 것으로서 하나님과 자기 백성의 관계를 강조한다.

'높은 곳에 앉으셨으니'는 '높은 곳'을 뜻한다. 하나님은 높은 곳에서 모든 것을 내려다 보시며 통치하신다. 하나님은 높은 곳에 계셔서 세상 모든 사람들의 찬양을 받으시는 분이다.

'스스로 낮추사 천지를 살피시고'라고 하였는데, 하나님은 높은 곳에 계셔서 세상을 통치하시고 찬양을 받으실 뿐만 아니라 스스로를 낮추셔서 구원의 역사를 이루신다. 하나님은 지극히 높으신 분이지만 스스로 낮추시는 데 하나님의 특별하신 역사가 있다. 하나님은 스스로 낮추셔서 인간을 구원하시고 하나님의 놀라운 역사를 나타내신다.

7절에서 "가난한 자를 먼지 더미에서 일으키시며 궁핍한 자를 거름 더미에서 들어 세워"라고 하였다. 7절에서부터 하나님의 구체적인 구원 행동이 나타나고 있다. 하나님께서 자기 백성에게 역사하시는 지를 보여 준다.

'가난한 자'와 '궁핍한 자'는 이 세상에서 가장 비참하고 불쌍한 자이다. 이들은 물질적인 가난 때문에 고통을 당하는 것이 아니라 사회적 환경으로 인해 말할 수 없는 어려움을 겪는다. 가난하고 궁핍한 자는 사람들에게서 외면을 당하지만 하나님은 이들을 찾아오신다. 그 대표적 사례가 인간의 몸을 입으시고 이 땅에 오신 그리스도께서 고아와 과부를 돌보시고, 병든 자와 나그네 된 자에게 사랑을 베푸신 것에서 나타난다.

하나님은 이들을 진토 즉 흙더미와 거름 무더기에서 건지신다. 진토란 고통의 땅이며, 사람들에게 외면당하는 곳이다. 여기서 일으키시는 하나님의 역사를 기억해야 한다. '거름 무더기'는 쓰레기통이다. 한 때는 소중하게 보이던 것들도 쓰레기통에 버림 당하고, 아무런 쓸모가 없어진다. 그러니 이곳은 멸시와 버림의 자리이다. 썩고, 냄새나고, 추한 것이지만 하나님은 이것을 버리지 아니하시고 그것들에서 '일으키시고 드신다'.

우리는 여기서 하나님의 위대한 사랑을 볼 수 있다. 더럽고 천한 것에 새로운 생명을 주시고 하나님을 영화롭게 하는 도구가 되게 하신다. 이것을 누리는 우리가 하나님께 복 받은 자이며 하나님의 백성으로서의 기쁨을 누리는 자이다.

3. 함께 세우시며

8절에서 "지도자들 곧 그의 백성의 지도자들과 함께 세우시며"라고 하였다. '지도자들'은 가장 존귀한 사람들이다. 그러니 귀족이고 부자이며 권력을 가진 자들이다. 하나님은 가난한 자들을 이들과 함께 세우신다.

하나님은 가난하고 천한 자를 구원하시고 그들을 권력 있고 부한 자와 함께 하시니 이것은 하나님의 독특한 은혜의 역사이다. 이것을 바로 보는 것이 중요하다. 하나님께서 낮은 자를 높이시는 섭리에는 두 가지 특성이 있다. 하나는 영적인 것으로서 하나님의 영원한 백성의 복을 누리는 은혜이다. 다른 하나는 사회적인 것으로서 하나님께서 사회적 불평등을 없애 주신다. 하나님은 사회 계층간의 갈등을 해소시키시고, 서로 화해하고 하나가 되게 하는 변혁을 이루신다.

9절에서 "또 임신하지 못하던 여자를 집에 살게 하사 자녀들을 즐겁게 하는 어머니가 되게 하시는도다 할렐루야"라고 하였다. 이 말씀은 고대 사회의 풍속과 직결된다. 결혼을 하여도 아이를 낳지 못하는 여인은 가장 불행한 사람이었다. 그들은 하나님의 저주를 받은 것이라고 생각하였고, 삶의 보람이 없었다. 하나님은 이런 자들을 구원하셔서 '집에 살게 하신다.' 쫓겨날 뻔한 자들을 구하여 집에서 당당하게 살게 하시는 하나님이시다. 또 '자녀들을 즐겁게 하는 어머니가 되게 하시는도다'고 하였으니, 이 표현을 한나에게 적용할 수 있다. 한나는 자녀가 없는 고통을 겪었으나 이제 하나님의 큰 은혜를 입어 영원히 하나님을 영화롭게 하였다.

시인은 할렐루야로 시작하여 할렐루야로 마무리한다. 하나님의 위대한 사랑의 의미를 깨닫게 하고 이것을 통해 하나님께 영광 돌린다.

바다야 네가 도망함은 어찌함인가

시편 114:1~8

1이스라엘이 애굽에서 나오며 야곱의 집안이 언어가 다른 민족에게서 나올 때에 2유다는 여호와의 성소가 되고 이스라엘은 그의 영토가 되었도다 3바다가 보고 도망하며 요단은 물러갔으니 4산들은 숫양들 같이 뛰놀며 작은 산들은 어린 양들 같이 뛰었도다 5바다야 네가 도망함은 어찌함이며 요단아 네가 물러감은 어찌함인가 6너희 산들아 숫양들 같이 뛰놀며 작은 산들아 어린 양들 같이 뛰놂은 어찌함인가 7땅이여 너는 주 앞 곧 야곱의 하나님 앞에서 떨지어다 8그가 반석을 쳐서 못물이 되게 하시며 차돌로 샘물이 되게 하셨도다

시편 114편은 찬양시의 형식을 가지고 있으며 두 번째 애굽 할렐루야 시이다. 시인은 자기 백성을 애굽에서 건지시고 약속의 땅 가나안으로 인도하신 여호와 하나님을 찬양한다. 이 시편은 시편 105, 135편처럼 이스라엘의 역사를 통하여 하나님을 찬양하자는 표현 기법에서 드라마틱하다.

이 시의 시대적 배경에 대하여 여러 가지 논의들이 있으나 포로 이전의 작품으로 보는 경향이 있다. 유대 전통에 따르면 시편 114편은 유월절 축제 제 8일에 불려졌다. 이 시편의 내용은 1~2절, 3~4절, 5~6절, 그리고 7~8절로 구분할 수 있는데 이것은 이스라엘의 출애굽 역사와 관련이 있다.

1. 애굽에서 나오며

1~2절은 이스라엘이 애굽에서 나올 때를 묘사하고 있다. 1절에서 "이

스라엘이 애굽에서 나오며 야곱의 집안이 언어가 다른 민족에게서 나올 때에"라고 하였다. 시편 114편에서는 이스라엘의 믿음과 자기 믿음을 되돌아 본다. 애굽의 오랜 압제에서 해방되어 자유를 얻은 날 즉 출애굽 사건에서 이 시를 시작한다. 출애굽은 단순한 민족 해방이 아니라 이스라엘의 재탄생이다. 그들의 민족이 애굽에서 많은 수로 번창하였으나 진정한 민족이 되지 못하였다. 출애굽으로 인해 새로운 역사의 장으로 나아갔다.

'이스라엘'은 12지파 전체를 가리킨다. 또 '야곱의 집'은 야곱 가족을 가리킨다(창 46:23). 이들에게 하나님께서 복 주셔서 번성하게 되었다. '방언 다른 민족'은 '말하는 것을 알 수 없는 민족'이란 뜻이며 구약에서는 여기만 나온다. 일반적으로 적대국을 말할 때에 사용한다(사 28:11, 렘 5:15).

2절에서 "유다는 여호와의 성소가 되고 이스라엘은 그의 영토가 되었도다"고 하였다. 출애굽 사건은 이스라엘이 단지 정치적으로 해방된 단순한 것이 아니고 민족의 자존심을 키우는 날이 아니다. 이 해방을 통하여 하나님을 섬기게 되고, 하나님의 백성이 되며 거룩한 백성이 된다.

유다는 성소를 지키는 자가 되고, 언약 국가의 장자가 된다. '유다'와 '이스라엘'은 온 이스라엘을 구성한다. '유다'는 일부지만 전체를 뜻하며 '하나님의 백성'을 가리킨다. '그의 성소'는 '그의 거룩함'으로 번역될 수 있는 데 이것은 예루살렘 성전에 대한 암시일 수 있고, 유다가 하나님의 백성이 되는 성별을 의미하기도 한다. '이스라엘은 그의 영토'라고 하였는데, 이것은 종교적인 것과 정치적인 것을 나눈 것이 아니라 하나가 되었다는 사실을 강조 하고 있다.

2. 요단은 물러갔으니

3절에서 "바다가 보고 도망하며 요단은 물러갔으니"라고 하였다. 바다가 구체적으로 무엇을 보았는지 나와 있지 않으나 여호와를 보았을 것이다. 시인은 하나님에 대하여 구체적으로 지적하지 않고 암시하는 기법을 사용하고 있다. 시인은 이스라엘 백성이 홍해를 육지같이 건넌 사건과 가나안 땅에 들어갈 때 요단강을 건넌 사건을 연상시키고 있다. 이 때 바다가 하나님을 보고 도망하였다. 그러니 바다와 강은 혼돈 세력의 상징이다. 이들은 하나님의 그림자만 보아도 도망한다.

4절에서 "산들은 숫양들 같이 뛰놀며 작은 산들은 어린 양들 같이 뛰었도다"고 하였다. 이 말씀은 3절과 대칭된다. 하나님께서 강림하실 때에 이 세상의 혼돈 세력인 바다와 강은 두려워서 도망하였고, 가장 안정된 것을 나타내는 산도 뛰어논다. 이것은 하나님의 강림이 가져오는 가공한 위력을 말한다. 이 절에서 '산'과 '작은 산'이 짝을 이루고 있는데, 성경 여러 곳에서 이러한 표현이 있다(사 65:7, 미 6:1, 홈 1:5). 여기서 '뛰놀다'란 표현은 '춤추다' 또는 '기쁘게 뛰논다'는 뜻도 있고, 두려워서 뛰노는 것도 되는 모호한 표현이다.

5절에서 "바다야 네가 도망함은 어찌함이며 요단아 네가 물러감은 어찌함인가"라고 하였다. 시인은 수사의문의 형식을 사용한다. 과거를 현재화 하였고, 과거를 현재처럼 본다. 하나님의 행적은 늘 현재형이다. 하나님의 현존성을 믿고 따르는 것이 하나님의 백성의 삶이다.

6절에서 "너희 산들아 숫양들 같이 뛰놀며 작은 산들아 어린 양들 같이 뛰놂은 어찌함인가"라고 하였다. 시인은 과거를 현재화 하여 하나님의 역사를 강조한다. 이것은 오늘날 우리 속에 역사 하시는 하나님을 강조하고, 하나님의 현존성을 구체화 하는 위대한 역사를 보여준다. 하나님은 구원 역사는 하나님의 백성에게는 위대한 감격이요 하나님을 섬기지 않는 백성들에게는 공포이다. 오늘의 우리들이 하나님의 함께 하신다는 신앙으로 이 세상을 이겨 나가는데 이것이 바로 하나님의 능력을 생활 속에 체험하는 것이다.

3. 땅이여 너는

7절에서 "땅이여 너는 주 앞 곧 야곱의 하나님 앞에서 떨지어다"고 하였다. 앞에서는 바다와 강과 산이 하나님 앞에서 두려워 떠는 것을 묘사하고 여기서는 온 땅을 향하여 떨라고 하였다. 여기 나오는 '떨다'는 '춤추다'로 번역 할 수 있다. 앞에서는 두려워서 떨었으나 여기서는 춤을 추며 뛰게 된다. 왜 이와 같이 해야 하는가? 하나님의 영광이 온 세상에 드러나기 때문이다. 하나님께서 친히 임하시고, 하나님의 영광이 온 세상에 드러난다. 그러니 온 땅이 하나님 앞에서 춤추고 기뻐하게 된다. 하나님은 이 세상의 주인이시고 구원자이시다. 그러기에 이 하나님을 찬양하는 것이 무엇보다 귀중하다. 하나님의 백성은 하나님을 찬미해야 한다.

8절에서 "그가 반석을 쳐서 못물이 되게 하시며 차돌로 샘물이 되게 하셨도다"고 하였다. 8절은 찬양 형식이다. 그 배경에는 믿음과 감사가 있다. 하나님은 우리 믿음의 주시기에 이 하나님을 의지하는 것이 중요한다.

시인은 역사적 사건을 제시한다. 가데스에서 반석이 샘이 되었다(출 17:15 이하, 민 20:8~11, 신 8:15). 반석에서 그냥 물이 나온 것이 아니라 샘이 되어 오는 사람들이 계속하여 마시게 한다. '차돌로 샘물이 되게 하셨도다'고 했는데 어떻게 차돌에서 샘물이 나오는가? 이것은 하나님의 능력으로만 가능하다. 측량할 수 없는 하나님의 능력이 역사하시면 우리에게 큰 변화가 일어난다.

하나님은 능력의 하나님이다. 반석에서 호수가 되게 하시고, 차돌에서 생수가 나오게 하시는 하나님이다. 물을 포도주로 바꾸셨던 분이 오늘의 우리들을 하나님의 영광의 백성으로 바꾸시고, 우리들을 통해 영광 받으시기를 원하신다. 우리는 이 시편을 통하여 하나님의 위대하신 능력을 바라보게 되고 위로를 받는다. 하나님은 이 세상을 통치하시고, 우리를 그의 '성소'와 '영토'가 되게 하시기를 원하신다.

그들의 우상들은 은과 금이요

1여호와여 영광을 우리에게 돌리지 마옵소서 우리에게 돌리지 마옵소서 오직 주는 인자하시고 진실하시므로 주의 이름에만 영광을 돌리소서 2어찌하여 뭇 나라가 그들의 하나님이 이제 어디 있느냐 말하게 하리이까 3오직 우리 하나님은 하늘에 계셔서 원하시는 모든 것을 행하셨나이다 4그들의 우상들은 은과 금이요 사람이 손으로 만든 것이라 5입이 있어도 말하지 못하며 눈이 있어도 보지 못하며 6귀가 있어도 듣지 못하며 코가 있어도 냄새 맡지 못하며 7손이 있어도 만지지 못하며 발이 있어도 걷지 못하며 목구멍이 있어도 작은 소리조차 내지 못하느니라 8우상들을 만드는 자들과 그것을 의지하는 자들이 다 그와 같으리로다

시편 115편은 다양한 형식을 가진 시로서 특성이 있다. '의식적 기도문'으로 보기도 하는데 교성곡으로 불리워진 듯하다. 이 시편은 원래 기도였는데 찬양으로 변하면서 '애굽 할렐'의 하나가 되었다.

이 시편의 배경을 보면 하나님의 백성들이 외적에 의해 시련을 당하고 있으며 그들에게는 하나님의 격려가 필요하였다. 시인은 성전에서 예배하는 공동체에게 하나님의 자비와 돌보심을 확신시킨다. 이 시편의 주제는 하나님의 영광이다. 하나님의 백성이 고난을 당함으로써 하나님의 영광이 위태로워진다. 이방인들이 하나님의 이름을 모독하고 조롱하자 시인도 우상을 조롱한다. 시인의 관심은 하나님의 영광에 있다.

1. 주의 이름에만 영광돌리소서

1절에서 "여호와여 영광을 우리에게 돌리지 마옵소서 우리에게 돌리지

마옵소서 오직 주는 인자하시고 진실하시므로 주의 이름에만 영광을 돌리소서"라고 하였다. 이 시편은 '우리에게 영광을 돌리지 마옵소서'라는 돌발적 기원으로 시작된다. 이것은 강렬한 거부인데 두 번이나 나온다. '영광을 돌린다'는 것은 '이름과 평판을 높이는 것'인데, 시인은 이것을 거부한 것은 영광을 오직 하나님에게만 있기 때문이다. 인간이 영광을 받는 것은 합당치 않고 오직 하나님만이 받으셔야 한다.

시인이 왜 이러한 기도를 드렸는가? 시편 115편은 '이스라엘의 회복과 축복을 위한 기도'이기에 간구의 요소가 강하다 모든 간구의 배경에는 하나님이 영광을 받으시고 인간은 그럴 수 없음을 표현하였다.

2절에서 "어찌하여 뭇 나라가 그들의 하나님이 이제 어디 있느냐 말하게 하리이까"라고 하였다. 이방인들이 하나님을 조롱하고 있는데, 이것은 하나님의 신성을 모독하는 것이다. 이방인들은 '그들의 하나님이 이제 어디 있느냐'라고 하여 하나님의 임재와 능력에 문제를 제기한다. 하나님이 계시다면 너희가 어떻게 이런 고통을 당할 수 있느냐? 라고 하면서 하나님을 조롱한다. 악한 자들은 하나님의 존재와 역사를 부인하고 조롱하는데 여기에 대한 하나님의 백성의 반응이 3절 이하에 나온다.

2. 모든 것을 행하셨나이다

3절에서 "오직 우리 하나님은 하늘에 계셔서 원하시는 모든 것을 행하셨나이다"고 하였다. 이방인들이 '하나님이 어디 있느냐'고 빈정대자 '하늘에 계신다'고 답변하였다. 하나님이 그냥 하나님이라고 하지 않고 '우리 하나님'이라고 하였는데 이것은 하나님과의 언약관계를 강조하는 말이다.

'하나님은 하늘에 계신다'란 말은 하나님이 계신 장소를 말하는 것이 아니라 하나님과 피조물 사이의 근본적 차이를 말한다. 하나님은 하늘에 계셔서 인간들이 도저히 근접할 수 없는 존재이다. 인간들이 아무리 하나님을 조롱할지라도 하나님은 하늘에 계시고 '원하시는 모든 것을 행하신다'. 하나님은 홀로 계셔서 하나님의 뜻을 다 이루시는 분이시다.

시인은 이러한 표현은 하나님의 절대적 능력을 강조하는 것이며 우상과는 근본적으로 다르다는 사실을 보여준다. 하나님의 백성이 고통을 당한다고 하나님이 고통을 당하시는 것이 아니다. 하나님은 인간들의 모든 일들을 주장하시고 우주를 통치하시는 분이시다.

4절에서 "그들의 우상들은 은과 금이요 사람이 손으로 만든 것이라"고 했다. 우상의 실체를 규명한 표현이다. 우상은 생명이 없는 존재이다. 이런 존재의 실체에 대하여 시인은 핵심적으로 표현하고 있다. 하나님은 초월자이시며 스스로 존재하시는 분이다. 그러나 우상은 '수공물' 즉 인간의 손으로 만든 것이다. 그러기에 생명이 없고 아무런 가치도 없다. 하나님이 인간을 만드셨는데 그 인간이 우상을 만들었다. 어리석은 인간들이 이 우상을 섬기고 있다.

시인은 '그들의 우상들은 은과 금'이라고 하였는데, 이 말은 우상 전체가 은과 금으로 만들어진 것이 아니라 값싼 재료로 만들어 놓고 그것을 귀하게 보이기 위해 은과 금으로 도금하였다는 말이다. 그러니 눈속임이요 어리석은 일이라는 뜻이다. 인간들은 이런 우상을 섬기니 얼마나 비참한 일인가? 시인은 우상과 하나님을 철저히 비교하였다. 이것은 우상의 허무함을 밝히는 것으로서 인생들이 무엇을 믿고 의지해야 할 것인지를 분명히 가르쳐 주고 있다.

5절에서 "입이 있어도 말하지 못하며 눈이 있어도 보지 못하며"라고 하였다. 시인은 우상들의 모양을 묘사하고 있다. 우상은 인간과 비슷한 모양이다. 우상에게 입, 눈, 코, 손발이 있다.

그러나 입이 있어도 말하지 못하며 눈이 있어도 보지 못한다. 이런 형태를 6~7절에서 세밀히 묘사하고 있다. 인간은 우상이 듣는다고 생각하고 우상 앞에 기도를 드린다. 그러나 우상은 보지도 못하고 듣지도 못한다.

3. 우상 섬기는 자의 모습

8절에 보면 우상을 섬기는 자의 모습을 그린다. "우상들을 만드는 자들과 그것을 의지하는 자들이 다 그와 같으리로다"고 하였다. 그러니 우상이나 그것을 만드는 자나 섬기는 자가 다 같다는 말이다. 이 말은 저주의 특성을 가지고 있다. 아무것도 아닌 우상을 만들고, 그것을 의지하는 자는 우상처럼 된다.

사람보다 못한 나무나 돌 또는 쇠붙이를 섬기는 자들은 아무런 가치가 없다. 또 그 신은 자기를 따르는 자에게 무엇을 해 주는 것이 아니라 함께 망하여 버린다. 인간은 가장 똑똑한 체 하면서도 가장 미련한 자들이다. 이런 자들은 자기가 만든 우상 앞에 절하며 섬긴다.

시인은 이러한 인간의 어리석음을 지적하고 있다. 하나님을 섬기지 않고 우상에게 절하는 자들의 비참함을 그리고 있는데 이것이 인간을 향한 하나님의 경고이다. 시인은 '누가 하나님인가?'라는 문제를 제기한다. 살아계시고 역사하시는 하나님이 어떤 분이신가를 지적하고 있는데 이방인들은 하나님을 조롱하고 거역하고 있다.

참 하나님은 여호와 한 분 뿐이시다. 그는 이스라엘의 하나님이요 모든 믿는 자의 하나님이다. 여호와 하나님은 자기 백성을 붙잡으시고, 그 백성을 통하여 영광 받으시기를 원하신다. 그러나 범죄한 인간들은 우상을 섬기고, 그것에게 절을 한다. 얼마나 어리석고 가증한 일인가? 죽은 자, 아무런 쓸모가 없는 자를 귀하게 여기는 어리석은 자의 모습이 여기서 구체적으로 나타난다.

하나님의 백성은 하나님을 섬기며 영광을 돌려야 한다. 이것이 최고의 길이며, 영원한 삶으로 나아가는 요소이다. 이방인들이 하나님을 조롱할 지라도 하나님은 영원하시고 능력이 충만하신 높으신 분이시다. 이 하나님을 의지하는 신앙이 있어야 한다.

이스라엘 집에도 복 주시고

시편 115:9~15

9이스라엘아 여호와를 의지하라 그는 너희의 도움이시요 너희의 방패시로다 10아론의 집이여 여호와를 의지하라 그는 너희의 도움이시요 너희의 방패시로다 11여호와를 경외하는 자들아 너희는 여호와를 의지하여라 그는 너희의 도움이시요 너희의 방패시로다 12여호와께서 우리를 생각하사 복을 주시되 이스라엘 집에도 복을 주시고 아론의 집에도 복을 주시며 13높은 사람이나 낮은 사람을 막론하고 여호와를 경외하는 자들에게 복을 주시리로다 14여호와께서 너희를 곧 너희와 너희의 자손을 더욱 번창하게 하시기를 원하노라 15너희는 천지를 지으신 여호와께 복을 받는 자로다

　　시인은 원수들의 조롱에 대응하다가 9절 이하에서 신뢰를 요청하고 하나님의 축복을 호소하고 있다. 이것은 하나님의 백성들이 하나님의 절대주권을 믿고, 원수들의 여러 가지 공격에서 구하여 줄 것을 확신하는 데서 나온 고백이다.

　　하나님이 함께 하시면 원수들이 어떠한 모습으로 공격할지라도 능히 이것을 이길 수 있고, 도리어 하나님의 돌보심을 바라게 된다. 시인은 공동체를 향하여 여호와를 신뢰하라고 하였다. 이방인들이 '네 하나님이 어디 있느냐?'고 조롱할 때에 '그래도 우리는 하나님을 믿어야 한다'고 권면한다. 낙심하지 말고 하나님을 의지하는 것이 무엇보다 중요하다.

1. 신뢰의 요청

　　9~11절은 '신뢰의 요청'이다. 9절에서 "이스라엘아 여호와를 의지하라

그는 너희의 도움이시요 너희의 방패시로다"고 하였다. 시인은 이스라엘을 대상으로 말하고 있다. 이것은 '교성곡' 형태로 이루어진다. 이스라엘 백성을 향하여 '하나님을 의지하라'고 권한다.

이방인들은 네 하나님이 어디 있으며 무엇을 하느냐고 조롱하지만 하나님의 백성은 하나님을 의지해야 한다. 왜냐하면 하나님은 이스라엘의 '도움과 방패'이시기 때문이다. 하나님은 무능한 우상과 대조가 된다. 여기서 우리가 주목해야 할 것은 '너희'라는 단어이다. 하나님은 다른 사람의 도움이 아니라 '너희' 즉 이스라엘 백성의 도움이 되신다. 그러니 오늘의 우리들도 여호와를 의지해야 한다.

10절에서 "아론의 집이여 여호와를 의지하라 그는 너희의 도움이시요 너희의 방패시로다"고 하였다. 여기서는 '아론의 집'을 부른다. 아론의 집은 특별한 가문이요, 제사장들이며, 성전에서 수종드는 자들이다. 하나님의 거룩한 사역을 맡은 제사장들이 여호와를 의지해야 한다. 이것은 성전에서 일하는 단순한 사역이 아니라 삶의 전부를 드려 하나님을 바로 의지하는 것이 무엇보다도 중요하다.

우리들이 살아가는 이 세상에서 원수들은 하나님을 비방하고 조롱한다. 이러한 상황에서 하나님을 의지하는 것이 중요하다. 하나님은 우리를 지키시는 자이시다. 이 하나님을 바라고 의지하는 것은 우리들이 받을 최고의 복이다. 하나님은 백성들이 험악한 땅에서 신앙을 유지하고 살기 위해서는 우리의 도움이 되시고 방패가 되시는 하나님을 의지해야 한다. 이것이 우리들이 살아갈 최선의 길이다.

2. 축복의 기원

12~15절은 축복의 기원이다. 시인은 하나님의 백성이 하나님께 복을 받기를 기원하고 있다. 12절에서 "여호와께서 우리를 생각하사 복을 주시되 이스라엘 집에도 복을 주시고 아론의 집에도 복을 주시며"라고 하였다.

제사장은 이제 하나님을 의지하는 회중들에게 말하고 있다. '하나님을 의지하면 하나님이 복을 주신다'고 하였다. '여호와께서 우리를 생각하사' 즉 하나님께서 우리를 기억하신다는 뜻이다. 이럴 때에 하나님의 구원의 역사가 나타난다. 하나님이 우리를 기억하시는 것은 하나님의 구원에 대한 확신이다. 이것은 승리이며 감격이다.

하나님께서는 자기 백성에게 복을 주신다. 이스라엘 집에도 주시고 아론의 집에도 주신다. 이것은 하나님의 백성 즉 하나님을 의지하는 모든 사람들을 의미한다. 하나님이 이들에게 복을 주신다고 하였는데 그 말은 '하나님의 구원을 체험할 것'이고 또 '하나님이 우리와 함께 하실 것'을 말한다.

하나님을 의지하는 자에게 하나님의 복이 임한다. 이것은 구원의 힘이요 새로운 능력이다. 하나님의 백성들은 이러한 구원의 복을 누리게 되는데 어찌 감사하지 않을 수 있는가? 13절에서 "높은 사람이나 낮은 사람을 막론하고 여호와를 경외하는 자들에게 복을 주시리로다"고 하였다. 이 말은 '큰 자나 작은 자를 모두 포함하여'라는 뜻이다. 하나님의 복은 그를 섬기는 모든 자에게 주어진다.

사회적으로 큰 자나 작은 자를 가리지 않고 섬기는 자 모두에게 복을 주신다. 이것이 하나님이 주시는 복의 독특성이다. 인간은 어떤 평가 기준을 가지고 차별하게 된다. 그러나 하나님은 사회적 기준으로 보는 것이 아니라 하나님을 믿느냐 믿지 않느냐에 관심을 가지시는 분이다. 우리가 하나님을 의지하면 하나님께서 우리에게 복을 주신다. 이러한 원리를 분명히 하고 하나님을 바라고 의지하는 노력을 해야 한다. 이것이 우리들의 길이다.

3. 번창의 기원

14절에서 "여호와께서 너희를 곧 너희와 너희의 자손을 더욱 번창하게 하시기를 원하노라"고 하였다. 하나님의 축복은 이스라엘과 그 후손의 번창으로 나타난다. 이것은 '다산'과 관계가 있다. '번창하게 하신다'는 것은 '더하실 것'이라는 뜻으로서 자손이 번성하는 것을 의미한다. 이스라엘 민족은 자손의 번성을 간구하였다. 특히 포로기와 포로 후기에는 이스라엘 민족은 나라가 번성하고 후손들이 번창하기를 열망하였다. 하나님은 이들의 소원을 이루어 주시마고 약속하고 있다.

하나님은 인간들에게 '생육하고 번성하며 땅에 충만하라, 땅을 정복하라'(창 1:28)는 문화 명령을 주셨다. 이것은 하나님의 백성들이 받을 복과 감당해야 할 사명을 지적하였다.

이러한 복과 사명은 오늘의 우리에게도 임한다. 하나님의 백성은 이 땅에서 번성하고 하나님의 뜻을 선포하는 도구가 되어야 한다. 하나님이 복을 주시되 자손이 번성케 하셨으니 얼마나 귀한 것인가?

15절에서 "너희는 천지를 지으신 여호와께 복을 받는 자로다"고 하였다. 이스라엘 백성의 지위를 말한다. '여호와께 복을 받는 자'들이다. 여호와가 어떤 분이신가? 시인은 '천지를 지으신 여호와'라고 하였다. 하나님을 천지를 창조하신 전능하신 분이다. 이것은 구약의 일반적 묘사로서 하나님의 존귀하심을 나타낸다.

여호와 하나님은 만물의 창조자이시고, 언약의 하나님이시다. 하나님의 사랑과 신실하심은 하나님의 백성으로 하여금 축복의 하나님을 바라보게 한다. 천지를 지으신 능력의 하나님이 한번 약속한 것은 변치 않고 이루시는 하나님이 우리에게 복을 주시고, 그것으로 인하여 형통케 하신다. 시인의 이러한 기원이 우리 모두에게 소망과 힘을 준다.

죽은 자들은 여호와를 찬양하지 못하나니

시편 115:16~18

16하늘은 여호와의 하늘이라도 땅은 사람에게 주셨도다 17죽은 자들은 여호와를 찬양하지 못하나니 적막한 데로 내려가는 자들은 아무도 찬양하지 못하리로다 18 우리는 이제부터 영원까지 여호와를 송축하리로다 할렐루야

　　시인은 원수들의 비방 가운데서도 하나님의 공동체를 향하여 하나님을 의뢰하라고 한다. '너희 하나님이 어디 있느냐'라고 비웃은 그들을 향해 우상의 무의미함을 보여 주고, 살아계신 하나님의 위대하심을 강조한다. 하나님을 의뢰하는 백성들에게 복을 주시고 그들의 후손까지 번성케 하시는 분이다. 천지를 지으신 하나님이시고 영원한 역사를 이루시는 하나님이시다. 시인은 우상의 허무함과 하나님의 위대하심을 대비시키고 하나님을 의지함이 우리의 본분이라고 강조하고 있다.

　　16절 이하에서는 마지막 송영이 나온다. 하나님께로 많은 복을 받았으니 하나님께 영광을 돌리는 것이 순서이다. 하나님께 감사를 드리고 영광을 돌리는 믿음의 자세가 하나님의 백성에게 있어야 한다.

1. 하늘의 주인

　　16절에서 "하늘은 여호와의 하늘이라도 땅은 사람에게 주셨도다"고 하였다. 하나님은 하늘의 주인이시다. 하나님은 저 높은 하늘을 주관하시는데

그곳에는 하나님의 전 만 있다. 하늘에는 하나님만 계시고, 하나님의 처소만이 있다.

하늘은 하나님의 처소이지 우상들의 무대가 아니다. 믿음의 눈으로 이 세계를 바라 볼 때 하늘이 하나님의 처소임을 알게 된다. 소련의 우주인이 처음으로 우주여행을 하였을 때에 '아무리 보아도 하나님이 없었다'고 하였다. 그러나 미국의 우주인이 우주여행을 한 후에 '우주에 역사하시는 하나님을 만났다'고 고백하였다.

믿음의 눈으로 볼 때 이 세계가 하나님의 말씀으로 지음받은 것을 알게 된다(히 11:3). 하나님은 하늘의 주인이시고, 하늘은 하나님의 처소이기에 하나님을 바로 믿는 것이 무엇보다 중요하다.

'땅은 사람에게 주셨도다'고 하였다. 땅은 원래 하나님의 것이다. 하나님이 다스리는 곳이고, 하나님의 영광을 위해 존재하는 곳이다. 하나님은 인간을 대리자로 세워 이 세상을 다스리게 하셨다(창 1:28). 하나님은 인생들에게 땅을 주관하게 하셨다. 인간들은 이 땅의 주인이 아니라 주인되신 하나님의 영광을 위하여 이 땅을 활용해야 한다. 그러나 오늘의 시대에는 인간들이 자연을 훼손하여 하나님의 생태계를 파괴하였고, 그 결과 인간들은 끝없는 어려움을 겪고 있는 실정이다.

우리는 하늘은 하나님의 것이요 땅도 하나님의 것이나 하나님이 인간에게 주신 것이라는 것을 명확히 하여야 한다. 하나님의 것을 통해 하나님께 영광 돌리는 믿음의 삶이 필요하다.

시인은 16절을 통하여 그의 세계관을 보여 준다. 이것은 기독교 세계관을 출발로서 우리가 따라야 할 원리이다. 하나님이 이 세계를 창조하시고 주관하신다는 사실을 명확히 하고, 이 하나님께 영광을 돌리는 삶을 사는 것이 인생의 최고 목적이다(고전 10:31).

창조주 되시고 전능하신 하나님께 영광을 돌리기 위해 우리는 항상 하나님을 의지하는 삶을 살아야한다. 하나님을 의지하는 자에게 하나님께서 복을 주시기에 이 하나님을 바로 의지해야만 한다.

2. 죽은 자들은 찬양하지 못함

17절에 "죽은 자들은 여호와를 찬양하지 못하나니 적막한 데로 내려가는 자들은 아무도 찬양하지 못하리로다"고 하였다. 17절은 16절과 대조가된다. 죽은 자는 여호와를 찬양하지 못한다. 하나님은 죽은 자의 하나님이아니라 산 자의 하나님이시기에 죽은 자는 여호와를 찬양할 수 없다.

죽은 자들은 하나님을 찬양하는 것이 아니라 자기 처소 곧 적막한 곳, 스올에 있다(시 94:17). '적막함'이란 스올 혹은 음부를 의미한다. 그들의 생명의 처소에서 배제되었고, 죽음의 장소에 있다.

하나님이 죽음의 장소에서 찬양을 받으시지 않는다. 구약의 관점에서 보면 죽은 자는 부정하기 때문에 여호와를 하나님으로부터 격리되어 있고, 하나님을 찬양할 수 없다. 그러니 하나님은 산자의 찬양을 받으시기에 하나님의 백성은 하나님께 영광을 돌려야 한다.

시인은 죽음 건너 있는 하나님의 구속 세계를 바라본다. 죽음은 고통과좌절의 처소이지만 하나님은 그 죽음을 이기시고 영원한 세계를 바라보게만드신다. 하나님은 살아 역사하시고 자기 백성들에게 영광을 받으시기에산 자의 하나님이다.

3. 산 자의 찬양

시인은 산 자와 죽은 자를 대비하여 영광받으시는 하나님의 역사를 강조하고 있다. 하늘의 주인이신 하나님이 이 땅을 인간에게 주시고, 인간들은이 땅을 바로 다스려 하나님의 영광을 드러내어야 한다. 이것은 하나님이바라시는 것이며, 하나님의 백성이 가야 할 길이다.

하나님께로부터 격리된 자들은 하나님을 찬양하지 못한다. 이들은 스올에 있고 끝없는 고통을 겪어야만 한다. 이런 상태는 하나님에게서 유리되고격리된 모습이다. 여기서는 하나님을 찬양 할 수가 없으니 우리의 생명이 하나님과 함께 있을 때에 하나님을 찬양하고 영광을 돌려야 한다.

이 말씀은 17절과 대조를 이룬다. 시인은 하나님의 백성이 영원히 하나님을 찬양하며 영광 돌리는 것을 강조한다. 하나님의 백성이 처한 상황이 죽음의 처소에 있는 듯해도 하나님을 예비하는 자는 망하지 않는다. '우리는 이제부터 영원까지 여호와를 송축하리로다'고 하였다. 우리는 하나님의 구원을 받았고, 하나님의 백성이 되었으니 하나님을 계속하여 찬양할 것을 고백한다.

찬양한다는 것은 살아 있음의 증거이다. 살아있기에 하나님을 찬양하고 영광을 돌린다. 하나님을 찬양하지 못하는 인생은 죽은 인생이다. 우리들은 날마다 하나님을 찬양하고 영광을 돌려야 한다. 우리의 살아있음이 우리의 능력으로 된 것이 아니라 하나님의 은혜이기에 하나님께 찬양하고 감사해야 한다.

포로 후기의 이스라엘 공동체는 혹독한 상황에 처해 있었다. 민족은 흩어지고 그 수는 감소되었다. 하나님의 역사가 나타나지 않는 듯하다. 이방인들은 '너희 하나님이 어디 있느냐'고 조롱하기도 한다.

여기서 벗어나는 길이 무엇인가? 하나님께 기도하는 일이다. 하나님께 기도하면 하나님은 자기 백성의 기도를 들으시고, 자기를 의지하는 자에게 복을 주신다. 이 하나님을 우리가 의지하고 소망한다. 그러므로 우리는 '이제부터 영원토록' 하나님을 찬양해야 한다.

하나님의 존재와 역사를 찬양하고 하나님이 우리와 함께 하신다는 역사를 더욱 드러내어야 한다. 찬양은 살아있음의 변증이다. 하나님이 살아 있기에 우리는 하나님을 믿고 의지하며 또 우리들이 살게 된다. 그리하여 하나님을 찬미하게 된다.

내가 그를 사랑하는도다

시편 116:1~7

1여호와께서 내 음성과 내 간구를 들으시므로 내가 그를 사랑하는도다 2그의 귀를 내게 기울이셨으므로 내가 평생에 기도하리로다 3사망의 줄이 나를 두르고 스올의 고통이 내게 이르므로 내가 환난과 슬픔을 만났을 때에 4내가 여호와의 이름으로 기도하기를 여호와여 주께 구하오니 내 영혼을 건지소서 하였도다 5여호와는 은혜로우시며 의로우시며 우리 하나님은 긍휼이 많으시도다 6여호와께서는 순진한 자를 지키시나니 내가 어려울 때에 나를 구원하셨도다 7내 영혼아 네 평안함으로 돌아갈지어다 여호와께서 너를 후대하심이로다

시편 116편은 개인적 감사시이다. 시인은 지난날의 어려웠던 상황들을 돌아보고 하나님이 베풀어 주신 구원을 감사하며 하나님을 찬양하고 있다. 또 어려웠던 시절에 한 서원을 갚기 위하여 감사제물을 드린다(12~14, 17~19절). 이것은 감사시가 가지는 특성이다. 시인은 자신이 받은 구원을 간증하면서 하나님을 찬양한다. 이 시편은 하나님의 백성이 축제 기간에 성전 뜰에서 불렀을 것이다. 역경에서 구해 주신 하나님의 은혜를 찬양하고 감사의 제사를 드리는 것은 하나님의 백성이 누릴 최고의 복이다.

1. 사랑하는도다

1절에서 "여호와께서 내 음성과 내 간구를 들으시므로 내가 그를 사랑하는도다"고 하였다. 시인은 하나님이 먼저 사랑하여 주셨기에 자기도 하나

님을 사랑한다고 고백하였다(요일 4:19). 이 고백은 "나의 힘이신 여호와여 내가 주를 사랑하나이다"(시 18:1)란 고백과 비슷한 성격을 가진다.

하나님의 은혜와 사랑을 경험한 사람은 하나님을 사랑하는 자리에 이른다. 시인은 하나님을 사랑하는 이유를 제시하고 있다. '여호와께서 내 음성과 내 간구를 들으시므로'이다. 하나님께서 '내 간구하는 음성'을 들으셨기에 하나님을 사랑한다. 여기서 음성과 간구는 별개의 것이 아니라 합성어의 특성을 가진다. '간구하는 음성'이란 가슴에서 우러나는 기도이며 나의 전부를 드리는 기도이다. 하나님은 이 기도를 외면하지 않으시고 응답하시는 분이다.

2절에서 "그의 귀를 내게 기울이셨으므로 내가 평생에 기도하리로다"고 하였다. 여기서 '귀를 기울인다'는 말은 좀 더 가까이에서 보다 정확하게 들으려는 자세를 의미한다. 하나님은 우리가 호소할 때에 외면하지 않으시고 경청하시는 분이다. 하나님은 성실히 우리의 기도를 들으시고, 응답하시며 도와주신다.

시인은 하나님께서 기도를 경청하심으로 한 평생 기도하겠다고 고백한다. 자신이 사는 날 동안 기도하겠다고 하였으니 시인의 가슴은 뜨거워지고 그의 기도는 간절해졌다. 하나님의 응답을 체험하는 사람은 더욱 간절한 기도를 드린다. 하나님께서 응답해 주시니 이 하나님을 의지하는 것이 무엇보다 소중하기 때문이다.

2. 내가 환난과 슬픔을 만났을 때

3절에서 "사망의 줄이 나를 두르고 스올의 고통이 내게 이르므로 내가 환난과 슬픔을 만났을 때에"라고 하였다. 3절부터 시인은 자신의 어려웠던 시절을 돌아보며 그 때 드린 기도를 소개하고 있다. 고통의 때는 우리를 힘들게 하지만 영적으로는 하나님을 의지하지 않고 자신의 힘과 능력을 바라본다. 어려움을 겪을 때에 하나님을 의지하게 되니 이것은 우리에게 새로운 힘이 된다. 시인에게는 죽음의 고통이 왔다. '사망의 줄'이 자신을 두르고 있다. 이것은 사망이 저승사자처럼 포승으로 자기를 묶으려고 하는 양상의 묘사이다. 사망은 사냥꾼과 같이 잠복하고 있어 먹이를 노리고 있다.

3절에서는 '사망의 줄'과 '음부의 고통'이 평행을 이루고 있다. 사망의 줄에 매여 음부의 감옥으로 끌려가는 모습이다. 이것은 시인이 겪는 어려움을 묘사한 것으로서 가장 비참한 정황을 설명하고 있다. 시인은 '내가 환난과 슬픔을 만났을 때에'라고 하였다. 음부의 고통이 우리를 공격할 때에 환난과 슬픔을 동시에 경험하게 된다. 이것이 인생들이 겪는 최고의 슬픔이요 고통이다.

4절에서 "내가 여호와의 이름으로 기도하기를 여호와여 주께 구하오니 내 영혼을 건지소서 하였도다"고 하였다. 시인은 모든 길이 막히는 고통을 겪는다. 이때에 그가 바라볼 곳은 위 즉 하나님뿐이다.

어느 누구도 그를 음부의 세력에서 건져 줄 수 없기에 오직 하나님만을 바라보게 된다. 인생은 죽음 앞에 섰을 때에 가장 진실한 기도를 드리게 된다. 시인은 '여호와의 이름으로 기도하기를'이라고 하였다. 이 말은 '주의 이름을 부른다'는 뜻이다.

'주의 이름'은 하나님의 계시이며 하나님의 성격을 나타내 보인다. 구약에서는 '여호와의 이름'을 불렀고, 신약에서는 '예수 그리스도의 이름'을 부른다. 이것은 생명이며 영원한 세계를 향한 호소이다. 시인은 '내 영혼을 건지소서'라고 기도한다. 이 기도는 짧지만 간절하고 심오하다. 죽음 앞에 선 사람은 진정을 다해 하나님께 외치니 여기에 그의 염원이 담겨 있다.

3. 기도와 찬양

5절에서 "여호와는 은혜로우시며 의로우시며 우리 하나님은 긍휼이 많으시도다"고 하였다. 4절은 기도이고 5절은 찬양이다. '내 영혼을 건지소서'라고 기도하였는데 5절에서는 하나님의 은혜와 의와 긍휼을 찬양한다.

이렇게 세 가지가 함께 나오는 것이 독특하다.

하나님은 '은혜로우시고, 의로우시며, 긍휼하신 분' 이기에 이 하나님을 만나는 자는 하나님의 성품을 닮아 은혜롭고, 의로우며 자비한 자가 된다. 이것이 하나님의 백성이 살아가는 길이며, 하나님을 의지하는 삶의 방향이다.

6절에서 "여호와께서는 순진한 자를 보존하시나니 내가 어려울 때에 나를 구원하셨도다"고 하였다. 여기서 '어리석은 자'는 너무나 순진한 자이고, 악의가 없고, 분별력이 없어서 위험에 처하였을 때에 길을 바로 찾지 못하는 자를 말한다. 어쩌면 고지식할 정도로 진실한 자를 말한다.

하나님은 이러한 자를 버리시지 않고 보존하여 주신다. 이것은 인간을 향한 하나님의 일반적 진리를 말하는데 중요한 의미가 있다. 6절 하반절에 가서 좀 더 구체적인 경험을 말한다.

"내가 어려울 때에 나를 구원하셨도다"고 하였다. '내가 어렵게 되었다'는 것은 질병이나 어떤 심각한 사고로 비참하게 낮아지는 것을 말한다. 시인은 아마 죽을 병에 걸려 낮아진 상태에 이른 것으로 본다. 이럴 때에 하나님께서 구원하여 주셨다. 하나님은 우리를 버리지 아니하시고 구원하시는 은혜를 베푼다.

7절에서 "내 영혼아 네 평안함으로 돌아갈지어다 여호와께서 너를 후대하심이로다"고 하였다. 시인은 '내 영혼아'라고 하여 스스로를 격려한다. 모든 근심 걱정을 버리고 하나님을 믿는 믿음에서 솟아나는 편안함에 돌아가려는 의미이다.

하나님을 바라는 자들은 스스로를 돌본다. '내 영혼아 네가 어찌하여 낙심하며 어찌하여 내 속에서 불안하여 하는가 너는 하나님께 소망을 두라'(시 42:5)는 말씀대로이다.

'여호와께서 너를 후대하신다' 즉 선대하신다. 그러기에 우리는 평안을 누릴 수 있다. 하나님께서 우리를 후대하시기에 우리는 하나님을 찬양한다. "내가 여호와를 찬송하리니 이는 주께서 내게 은덕을 베푸심이로다"(시 13:6).

나의 서원을 여호와께 갚으리로다

시편 116:8~19

8주께서 내 영혼을 사망에서, 내 눈을 눈물에서, 내 발을 넘어짐에서 건지셨나이다 9내가 생명이 있는 땅에서 여호와 앞에 행하리로다 10내가 크게 고통을 당하였다고 말할 때에도 나는 믿었도다 11내가 놀라서 이르기를 모든 사람이 거짓말쟁이라 하였도다 12내게 주신 모든 은혜를 내가 여호와께 무엇으로 보답할까 13내가 구원의 잔을 들고 여호와의 이름을 부르며 14여호와의 모든 백성 앞에서 나는 나의 서원을 여호와께 갚으리로다 15그의 경건한 자들의 죽음은 여호와께서 보시기에 귀중한 것이로다 16여호와여 나는 진실로 주의 종이요 주의 여종의 아들 곧 주의 종이라 주께서 나의 결박을 푸셨나이다 17내가 주께 감사제를 드리고 여호와의 이름을 부르리이다 18내가 여호와께 서원한 것을 그의 모든 백성이 보는 앞에서 내가 지키리로다 19예루살렘아, 네 한가운데에서 곧 여호와의 성전 뜰에서 지키리로다 할렐루야

　　시인은 생명의 위협을 받은 험악한 분위기 속에서 하나님의 도우심을 간구하였다. 아마 병으로 인하여 고통을 당하였고 사람들에게 배신당하는 어려움이 있었다. 이런 상황에서 하나님의 은혜로 고침을 받고 예루살렘 성전에 나아가 감사절에 자신의 체험을 고백하며 서원을 갚으며 찬양한다.

　　시편 116편 8~19절은 두 단락으로 구성된다. 8~12절은 감사와 보답을 다루고 13~19절은 구원 보고와 서원 이행 문제를 다룬다. 하나님께 은혜를 입은 자들이 어떻게 해야 할 것인지를 명확하게 보여 주고 있다.

1. 사망에서, 눈물에서

　　8절에서 "주께서 내 영혼을 사망에서, 내 눈을 눈물에서, 내 발을 넘어짐

에서 건지셨나이다"고 하였다. 시인은 자신이 당한 고난을 보다 구체적으로 말하고 있다. 시인이 사용한 단어는 '사망·눈물·넘어짐'인데, 이것들은 시인의 현실을 묘사하는 말이다. 시편 56편 13절의 "주께서 내 생명을 사망에서 건지셨음이라 주께서 나로 하나님 앞, 생명의 빛에 다니게 하시려고 실족하지 아니하게 하지 아니하셨나이까"라는 말씀과 너무 비슷한 내용이다. 시인은 너무나 어려운 고통을 당하고 있으며 그 슬픔은 극도에 달하였고, 그 실족은 심각한 상태였다. 하나님이 여기서 구해 주시니 하나님께 감사를 드릴 수밖에 없다.

9절에서 "내가 생명이 있는 땅에서 여호와 앞에 행하리로다"고 하였다. 시인의 관심은 '사망의 땅'에서 '생명의 땅'으로 넘어간다. 지금까지 어둠과 죽음의 땅에서 고통당하다가 빛과 생명의 땅으로 넘어 왔다. 여기서 기쁨을 누리고 감사와 감격이 있고, 하나님과 바른 관계를 누린다.

시인은 '내가 생명이 있는 땅에서 여호와 앞에 행하리이다'고 하였는데 이것은 하나님의 백성들이 어떻게 살아야 하는 지를 말해준다. '여호와 앞에' 즉 신전인격자(神前人格者)의 삶이 있어야 한다. 이것은 하나님께 순종하며, 하나님의 뜻에 따라 살며 하나님의 임재를 체험하는 삶이다. 하나님을 표준으로 하는 삶이기에 하나님을 따라 하나님의 영광을 위해 나아간다. 이것이 하나님의 백성들의 삶의 자세이며, 우리가 반드시 이루어야 할 길이다.

10절에서 "내가 크게 고통을 당하였다고 말할 때에도 나는 믿었도다"고 하였다. 이 구절은 번역하기에 매우 까다로운 것으로 그 시제가 과거인지 현재인지 규명하기 어렵다. 그러나 이 말씀의 핵심은 '내가 믿는고로'이다. 하나님의 백성은 믿음을 바탕으로 한 언어생활이 필요하다. 바울은 "기록된바 내가 믿었으므로 말하였다. 한 것 같이 우리가 같은 믿음의 마음을 가졌으니 우리도 믿었으므로 또한 말하노라"(고후 4:13)고 하였다. '믿었으므로 말하는' 자세가 필요하다.

2. 내가 놀라서

11절에서 "내가 놀라서 이르기를 모든 사람이 거짓말쟁이라 하였도다"고 하였다. 10절 하반절과 11절은 시인이 겪는 절망에 대하여 말하고 있다. 그는 '놀라서' 즉 극한 상황 속에서 인간의 도움이 얼마나 기만적인지를 느꼈다 어떤 사람들은 도와준다고 하였으나 정말 도움이 필요할 때는 외면한다. 이런 인간들을 보고 '모든 사람이 거짓말쟁이'라고 하였다. 이러한 표현의 배경에는 '하나님은 진실한 분이라'는 의미가 있다. 인간들은 속이고 거짓말할지라도 하나님은 진실하셔서 한 번 맺은 약속을 지키시는 언약의 하나님이라는 말이다.

12절에서 "내게 주신 모든 은혜를 내가 여호와께 무엇으로 보답할까"라고 하였다. 질문형으로 되어 있는 이 구절은 하나님의 백성의 기본 자세를 말하고 있다. 하나님의 은혜를 무엇으로 보답할까 라고 하였다. 하나님의 은혜를 입은 하나님의 백성들은 어떤 자세로 살아야 하는가? 하나님의 은혜에 대한 감사가 있어야 한다.

13~19절은 구원 보고와 서원 이행에 대한 묘사이다. 13절에서 "내가 구원의 잔을 들고 여호와의 이름을 부르며"라고 하였다. 여기 나오는 '구원의 잔'이 무엇이냐에 대해 여러 가지 논란이 있다. 반대의 의미를 가진 '진노의 잔'과 비교할 때에 그 의미가 분명해진다. 이 잔은 하나님이 베푸신 위대한 구원을 감사하는 의식에서 하나님께 부어 드리는 잔으로서, 여러 사람이 볼 수 있도록 하나님의 구원을 전하고 잔을 부음으로써 하나님이 우리의 구원자이심을 고백한다. 시인은 이 잔을 들고 '여호와의 이름을 부른다'. 4절에서도 여호와의 이름을 불렀는데 그때는 하나님의 도움을 얻기 위해 불렀으나 지금은 하나님께서 베풀어 주신 은혜에 감사하여 하나님의 이름을 부른다.

14절에서 "여호와의 모든 백성 앞에서 나는 나의 서원을 여호와께 갚으리로다"고 하였다. 시인은 예배드리는 하나님의 백성 앞에서 지난날 어려웠을 때 드렸던 서원을 갚는다. 이것이 18절에서 다시 반복되고 있다.

3. 경건한 자의 죽음

15절에서 "그의 경건한 자들의 죽음은 여호와께서 보시기에 귀중한 것이로다"고 하였다. 15~16절은 신뢰의 고백을 담고 있는 데, 이 말은 하나님께서 언약 관계에 있는 성도들이 너무 일찍 죽는 것은 허락지 않는다는 뜻이다. 이 말의 다른 의미는 하나님의 백성이 그리스도로 말미암아 구원을 받아 새 생명을 얻게 되었으니 그리스도 안에서 죽는 죽음은 귀하다는 것이다. 하나님의 백성들이 죽는 것은 멸절이 아니라 영원한 세계로 이사 가는 것이며, 하나님의 은혜 가운데 영생을 누리는 것이기에 더욱 소중한 것이다.

16절에서 "여호와여 나는 진실로 주의 종이요 주의 여종의 아들 곧 주의 종이라 주께서 나의 결박을 푸셨나이다"고 하였다. 시인은 '나는 진실로 주의 종이다'는 독특한 고백을 하고 있다. 이 고백은 자신이 하나님께 속했다는 것을 나타내고 있는데 하나님의 백성의 기본 자세이다. 이 구절에서 '주의 종이요', '주의 여종의 아들'이 평행을 이루고 있다. 이것은 시인 스스로가 하나님의 가장 낮고 비천한 종이라는 것을 고백하는 말이다. 자기 신분을 정확히 아는 것은 하나님을 바로 의지하는 길이다.

17~19절은 감사 축제를 드리는 모습을 보여 준다. 시인은 축제의 날에 예루살렘에 올라 갔으며 여호와의 전 뜰 안으로 들어가 모든 백성들 앞에서 서원을 갚는다. 하나님이 구원해 주셨으므로 하나님께 감사 제사를 드리게 된다.

시인은 죽음의 위기 앞에 섰다. 아마 극심한 병으로 인하여 거의 죽게 되었을 것이다. 이때 사람들은 아무런 도움이 되지 못하고 오직 하나님만이 유일한 구원자이시다. 그러나 하나님께서 개입하셔서 사망의 줄을 끊고 생명을 주셨다. 이 은혜가 감사하여 하나님의 이름을 찬양하며, 하나님께 서원한 것을 갚는다. 하나님의 백성은 '이 모든 은혜를 무엇으로 보답할까?'라고 하며 헌신의 삶을 산다. 하나님의 백성은 감격에 찬 삶을 통해 하나님의 영광을 드러낸다.

306

그를 찬송할지어다

시편 117:1~2

1너희 모든 나라들아 여호와를 찬양하며 너희 모든 백성들아 그를 찬송할지어다 2우리
에게 향하신 여호와의 인자하심이 크시고 여호와의 진실하심이 영원함이로다 할렐루야

시편 117편은 2절로 되어 시편 전체에서 가장 짧은 시이다. 비록 시의 길
이는 짧지만 시편에서 가장 감동적이고 장엄한 시 중의 하나이다. 시가 짧
기 때문에 외우기 쉽고, 일상적 단어들을 시어화(詩語化) 하여 깊은 사상을
전달하고 하나님의 백성들의 가슴에 감동의 물결을 일으킨다. 시란 시인의
사상의 발로이며 문학적 표현이다. 수많은 언어들을 통하여 감동과 공감의
세계를 펼쳐 나가니 그 사상적 특성은 사람들에게 감동으로 함께 한다.

1. 찬양의 명령

시편 117편은 찬양시이다. 1절에서 "너희 모든 나라들아 여호와를 찬양
하며 너희 모든 백성들아 그를 찬송할지어다"고 하였다. 이것은 찬양의 명
령이다. 또 2절에서는 찬양의 이유를 제시하고 있는데 명령과 이유가 짝을
이루고 있다.

시인은 모든 나라와 백성들에게 하나님을 찬양하라고 명령한다. 이러한
표현은 시편에 자주 나타난다(시 22:27, 28:1, 47:1, 67:3, 5, 72:11-12, 100:1,

113:2~3). 모든 민족이 하나님을 찬양하라고 명령하였는데 이것은 이스라엘 백성들이 일반적으로 가지고 있는 선민의식을 뛰어 넘는 보편주의 사상의 표현이다.

이스라엘 백성들의 선민의식은 '하나님의 백성'이라는 긍정적 요소도 있으나 타민족을 질시하고 그들이 하나님께로부터 버림받는 것을 당연하게 생각하는 부정적 요소도 있다. 그 대표적 사례가 요나이다. 그는 니느웨 사람들이 회개하는 것을 보고 속이 상할 정도의 국수주의자였다.

하나님은 사랑의 하나님이다. 모든 인류를 향해 사랑을 펴 보이시는 위대하신 분이시다. 이 하나님의 사랑을 인간들의 선입관이나 편견으로 제한해서는 안 된다. 하나님의 사랑은 인간에게 제한받은 것이 아니기에 이 사랑이 흐르는 강물처럼 온 세상을 적시게 해야 한다. 일부 그리스도인 가운데 배타주의에 빠진 사람들이 있다. 좋게 표현하면 '성별주의(聖別主義)'라고도 할 수 있는데, 이것은 자칫하면 남을 비판하고 정죄하기 쉽다. 자신의 의로움만 강조하고 다른 사람이 받은 은혜를 인정하지 않는 문제들이 있다.

2. 찬양의 범위

시인은 '모든 나라 모든 백성'들에게 호소한다. 이것은 하나님을 찬양하고 영광돌려야 할 사람들의 범위가 전 세계적임을 강조한다. 하나님은 어느 한 민족의 하나님만이 아니다. 온 세상의 하나님이요 모든 민족의 하나님이다. 이것은 하나님의 사랑의 속성을 우리에게 보여 주는 것이다.

하나님의 사랑이 어느 한 곳에 제한해서는 안 된다. 영원토록 그 사랑이 역사하게 해야 하고 모든 민족으로 하나님의 영광을 드러내게 해야 한다. 우리로 인하여 모든 민족이 복을 받아야 하기에 우리는 축복의 통로이다. 어떤 사람들은 축복의 통로라는 개념을 정립하지 못하고 자기를 축복의 목적으로 오해하는 경우가 있다. 그 결과 다른 사람을 정죄하고 자기 의만 자랑하게 된다.

시인은 보편주의 사상에 따라 '모든 이의 하나님'을 강조한다. 하나님은 이 세계 모든 백성의 하나님이시기에 이 하나님께 영광을 돌리고 하나님의 삶을 사는 것이 무엇보다 필요하다. 이러한 삶의 자세를 권면하고 있는 시에 우리의 관심을 모아야 한다. 하나님의 백성은 찬양의 백성이다. 입으로만 찬양하는 것이 아니라 삶 전체가 하나님을 찬양하는 것이어야 하고 '모든 나라 모든 백성'이 하나님을 찬양해야만 한다.

2절에서 "우리에게 향하신 여호와의 인자하심이 크시고 여호와의 진실하심이 영원함이로다 할렐루야"라고 하였다. 이것은 찬양의 이유이다. 왜 하나님을 찬양해야 하는가? 그 이유는 하나님을 '지존자'이시기 때문이다. 하나님의 인자하심과 진실하심에 대하여 시인은 지적하고 있다.

3. 찬양의 대상

'우리에게 향하신'이라고 하여 하나님의 사랑의 대상이 누구인지를 밝히고 있다. 모든 나라, 모든 백성이 바로 '우리'이다 우리는 하나님의 사랑의 대상이다. 시인은 하나님의 인자하심이 크다고 하였다. 하나님의 사랑은 크고 놀랍다. 누구든지 이 사랑의 바다에서 살게 되며, 하나님의 영광을 드러나게 된다.

하나님의 사랑이 얼마나 큰 지 우리들은 정확하게 규정하기 어렵다. 성경의 표현으로 보면 '이처럼'(요 3:16)이다. 독생자를 이 땅에 보내신 '이처럼'의 사랑이다. 이런 하나님의 사랑이 우리에게 작용하고 있다.

하나님은 억지로 모든 것을 끌고 가시는 독재자가 아니다. 하나님은 사랑으로 인도하시는 목자이다. 목자되신 하나님이 자기 백성을 푸른 초장 잔잔한 물가로 인도하여 주신다. 하나님의 사랑 앞에 감사의 삶을 사는 것이 우리들이 깊이 생각해야 할 주제이다.

시인은 하나님의 '진실하심이 영원하기에' 하나님을 찬양해야 한다고 하였다. 하나님은 진실하신 하나님이시며, 언약의 하나님이시다. 한 번 약속한 것은 반드시 이루시는 분이시기에 우리는 그를 찬양한다. 시인은 '인자하심이 크고'라고 하였는데 여기서 '크다'란 말은 '이긴다', '압도한다'는 뜻이다. 하나님이 인자하심이 우리보다 위에 있기 때문에 우리를 압도한다. 이런 하나님을 찬양하고 감사해야만 한다.

인간은 진실하지 못할 때가 많다. 본의 아니게 거짓말하는 때도 있고, 심지어는 계획적으로 남을 속이는 경우도 있다. 하나님의 백성은 하나님의 진실하심을 닮아야 하는데 그렇지 못할 때가 있다. 그러나 하나님은 우리를 이끄시고 역사하신다.

시인은 1절에서 하나님을 찬양하라고 명령하고 2절에서 그 이유를 제시하고 있다. 우리는 하나님의 백성으로서 하나님께 찬양하며 영광 돌릴 수 있어야 한다.

바울은 시편 117편을 로마서 15:11에 인용하였다. 왜냐하면 그리스도의 은총이 온 세상에 임하였기 때문이다. 그리스도의 은총은 나라와 민족을 초월하며 하나님의 절대주권에 따라 하나님의 영광을 드러내게 한다.

우리들은 하나님의 우주적 사랑으로 선택되었고 하나님의 백성으로 축복의 삶을 살아가니 늘 하나님을 찬양하고 감사를 드려야 한다. 하나님의 구속하심이 우리들의 마음에 사랑의 훈풍을 불어 넣고, 우리들이 구원의 설레임 속에 살아가야 한다.

'모든 나라, 모든 족속'이 하나님을 찬양하기 위하여 우리는 그리스도의 복음을 땅 끝까지 선포하여야 한다. 그리하여 모든 족속이 하나님의 복음을 듣고, 그리스도의 제자가 되게 해야 한다(마 28:18~20). 짧은 이 시는 우리에게 긴 감동을 준다. 하나님의 백성이 어떻게 하나님의 영광을 드러내어야 할지를 교훈하는 음성을 듣게 한다.

여호와는 내 편이시라

시편 118:1~18

1여호와께 감사하라 그는 선하시며 그의 인자하심이 영원함이로다 2이제 이스라엘은 말하기를 그의 인자하심이 영원하다 할지로다 3이제 아론의 집은 말하기를 그의 인자하심이 영원하다 할지로다 4이제 여호와를 경외하는 자는 말하기를 그의 인자하심이 영원하다 할지로다 5내가 고통 중에 여호와께 부르짖었더니 여호와께서 응답하시고 나를 넓은 곳에 세우셨도다 6여호와는 내 편이시라 내가 두려워하지 아니하리니 사람이 내게 어찌할까 7여호와께서 내 편이 되사 나를 돕는 자들 중에 계시니 그러므로 나를 미워하는 자들에게 보응하시는 것을 내가 보리로다 8여호와께 피하는 것이 사람을 신뢰하는 것보다 나으며 9여호와께 피하는 것이 고관들을 신뢰하는 것보다 낫도다 10뭇 나라가 나를 에워쌌으니 내가 여호와의 이름으로 그들을 끊으리로다 11그들이 나를 에워싸고 에워쌌으니 내가 여호와의 이름으로 그들을 끊으리로다 12그들이 벌들처럼 나를 에워쌌으나 가시덤불의 불 같이 타 없어졌나니 내가 여호와의 이름으로 그들을 끊으리로다 13너는 나를 밀쳐 넘어뜨리려 하였으나 여호와께서는 나를 도우셨도다 14여호와는 나의 능력과 찬송이시요 또 나의 구원이 되셨도다 15의인들의 장막에는 기쁜 소리, 구원의 소리가 있음이여 여호와의 오른손이 권능을 베푸시며 16여호와의 오른손이 높이 들렸으며 여호와의 오른손이 권능을 베푸시는도다 17내가 죽지 않고 살아서 여호와께서 하시는 일을 선포하리로다 18여호와께서 나를 심히 경책하셨어도 죽음에는 넘기지 아니하셨도다

시편 118편은 루터가 좋아한 시이다. 루터는 이 시편이 자신의 형편을 직접적으로 그린 것으로 해석하고 있다. 많은 사람들은 이 시편을 통하여 자신의 삶의 의미를 찾았고 하나님께 영광 돌리는 기본적 자세를 가지게 하였다.

이 시편의 내용을 보면 믿음의 능력을 힘차게 증거해 준다. 시인은 하나님의 도움을 체험하고 자기 자신을 드리는 삶을 살아간다. 비록 사람들에게 버림을 받았으나 하나님은 기쁨의 역사를 위하여 선택하여 주셨다. 하나님은 병자, 지체 부자유자, 가난한 자, 사회에서 버림받은 자를 구하여 주신다. 하나님은 회복의 하나님으로 귀하고 아름답게 역사하신다. 이 시는 형

식으로 볼 때 감사시이다. 예배 의식에서 성도들이 행진하며 하나님의 승리에 감사하고 하나님의 인자하심을 찬송한 시이다.

1. 예배의 부름

1~4절을 예배의 부름이다. 이 시편은 교성곡으로 되어 있는데 제사장이 감격하여 하나님의 인자하심을 찬양하도록 권한다. 시의 처음부터 '그의 인자하심이 영원함이로다'가 사중적으로 사용되고 있다. 아마 찬양대 전원이 하나님께 찬양을 한 듯하다. 1절은 제사장, 2절은 이스라엘, 3절은 아론의 집, 4절은 여호와를 경외하는 자에 대하여 말하고 있다.

1절에서 "여호와께 감사하라 그는 선하시며 그의 인자하심이 영원함이로다"고 하였다. 이것은 전통적인 송축문 형식(liturgical formula)을 따르고 있는데 아마 노래의 선창자가 노래의 주제를 제시한 듯하다. 하나님이 보여 주신 선하심과 은총을 노래하고 감사하는 표현이다.

2~4절은 세 그룹을 구체적으로 제시하고 있다. 이스라엘, 아론의 집, 여호와를 경외하는 자들이 나오는데 이들은 하나님의 선하심을 경험하고 하나님께 영광을 돌린다. '그 인자하심이 영원하다 할지로다'고 노래한다. 하나님의 백성은 자신이 경험한 은총의 역사로 인하여 하나님을 찬양하며 감사한다. 이것은 바른 삶의 고백이며 하나님을 영화롭게 하는 길이다.

2. 시련과 구원에 대한 보고

5~18절은 시련과 구원에 대한 보고이다. 아마 성전 문 밖에서 의식이 거행되었고, 시인은 하나님의 구원을 요약하여 설명하고 하나님께 찬양할 것을 서원한다. 5절에서 "내가 고통 중에 여호와께 부르짖었더니 여호와께서 응답하시고 나를 넓은 곳에 세우셨도다"고 하였다. 시인은 자신의 체험을 정확하게 표현하고 있다. '내가 고통 중에'라고 하였다. 그는 고통 중에서 하나님께 부르짖었고, 또 응답을 받았다. 그가 받은 고통이 어떤 것인지 정

확하게 나타나 있지 않으나 그는 하나님의 응답에 감사하고 있다. '나를 넓은 곳에 세우셨도다'란 '하나님께서 내게 넓은 곳으로 응답하셨다'는 뜻이다. 막다른 골목에 쫓겨 고통을 당하였으나 하나님께서 넓은 곳으로 인도하여 자유롭게 하셨다는 뜻이다.

6절에서 "여호와는 내 편이시라 내가 두려워하지 아니하리니 사람이 내게 어찌할까"라고 하였다. 하나님이 내 편이 되셔서 내게 두려움이 없다. 하나님은 중립적이거나 외면하는 분이 아니라 내 편이 되셔서 역사하신다. 그러니 얼마나 감사한 일인가? 하나님이 우리 편이 되시면 우리에게 두려움이 없다. 이것은 하나님의 보호하심을 체험하는 하나님의 백성들의 고백이니 얼마나 감사해야 하는가? 그러니 사람들이 어찌 할 것인가? 시인은 하나님을 전적으로 의지하고 하나님을 찬양한다.

7절에서 "여호와께서 내 편이 되사 나를 돕는 자들 중에 계시니 그러므로 나를 미워하는 자들에게 보응하시는 것을 내가 보리로다"고 하였다. 시인은 하나님이 내 편이 되는 것을 노래하며 '나를 돕는 자들 중에 계신다'고 하였다. 이 말은 하나님이 나를 돕는 자들 중의 한 분이라는 뜻이 아니라 하나님은 나를 도우시는 성격을 가졌다는 뜻이다. '나를 미워하는 자'는 열국을 가르친다. 뭇 나라와 그 왕들이 시인을 제거하기 위해 악한 계교를 꾸미지만 하나님이 함께 하셔서 '보응' 즉 '승리'하게 하신다.

8~9절은 짤막한 지혜의 말씀이다. "여호와께 피하는 것이 사람을 신뢰하는 것보다 나으며 여호와께 피하는 것이 고관들을 신뢰하는 것보다 낫도다"고 하였으니 하나님은 우리들에게 힘의 근원이 되시고 모든 도움의 원천이 되신다. 이 세상의 어느 누구를 신뢰하기보다 하나님을 신뢰하는 것이 최선의 일이다.

3. 심화된 위기

10~13절은 심화된 위기를 말하고 있다. 10~18절에서 시인은 자신의 체험을 말하고 있다. 이것은 시간대 별로 서술한 것이 아니지만 하나님이 어

떤 분이신 지를 밝혀 보여 주고 있다. 사람들이 위협할지라도 하나님께서 구하여 주심을 대조시킨다.

10절에서 "뭇 나라가 나를 에워쌌으니 내가 여호와의 이름으로 그들을 끊으리로다"고 하였다. 이방 나라들이 포위하고 공격할지라도 하나님의 이름으로 승리하게 됨을 보여준다.

11~13절에서도 같은 방법으로 노래한다. 원수들의 세력이 아무리 공격을 해도 하나님이 함께 하시면 승리한다는 것을 우리에게 보여준다. 하나님이 함께 하심으로 우리가 승리한다는 것 자체가 바로 은혜요 복이다.

14~18절은 승리의 찬양이다. 시인은 '여호와의 오른손'을 강조한다. 여호와의 오른손은 능력과 위엄을 상징한다. 시인은 자기가 구원받은 것이 자신의 힘이나 능력 때문이 아니라 하나님의 능력에서 온 것을 강조한다.

14절에서 "여호와는 나의 능력과 찬송이시요 또 나의 구원이 되셨도다"고 하였다. 하나님은 나의 힘의 원천이시라고 하였으니 '하나님은 나에게 구원을 주시는 분'이 되셨다고 찬양한다.

15~16절에는 '여호와의 오른손'이 계속 나온다. 이 노래들은 모세가 홍해를 건넌 후에 부른 바다의 노래(출 15장)의 일부이다. 모세가 하나님을 용사의 모습으로 그린 것처럼 시인도 이러한 표현을 하고 있다. 하나님은 승리의 용사이시고 그를 믿고 따르는 자는 승리한다.

17절에서 "내가 죽지 않고 살아서 여호와께서 하시는 일을 선포하리로다"고 하였다. 아마 시인은 절박한 상황에 처한 듯하다. 죽음과 같은 어려움 앞에 있으나 죽지 않고 살아서 하나님의 행사를 선포하기를 원하였다. 이것은 하나님의 능력을 믿었기 때문이다. 하나님의 백성은 죽지 않고 살아서 하나님의 영광을 드러내어야 한다. 이것은 우리의 사명이며 복이다. 하나님의 백성만이 할 수 있는 위대한 역사이다.

18절에서 "여호와께서 나를 심히 경책하셨어도 죽음에는 넘기지 아니하셨도다"고 하였다. 하나님의 백성에게 고통과 어려움이 있을지라도 하나님이 이들을 버리시지 않음을 말한다. 징계는 비록 고통스러우나 하나님의 백성을 더욱 연단시키는 방안이기 때문이다.

머릿돌이 되었나니

시편 118:19~24

19내게 의의 문들을 열지어다 내가 그리로 들어가서 여호와께 감사하리로다 20이는 여호와의 문이라 의인들이 그리로 들어가리로다 21주께서 내게 응답하시고 나의 구원이 되셨으니 내가 주께 감사하리이다 22건축자가 버린 돌이 집 모퉁이의 머릿돌이 되었나니 23이는 여호와께서 행하신 것이요 우리 눈에 기이한 바로다 24이 날은 여호와께서 정하신 것이라 이 날에 우리가 즐거워하고 기뻐하리로다

감사시의 형태를 가진 시편 118편은 하나님께서 시인에게 주신 승리를 감사하며 하나님의 인자하심을 찬송한다. 하나님께서 자기 백성에게 놀라운 사랑을 베푸시고 하나님이 주신 은혜에 감격하여 영광을 돌린다.

19~24절은 '감사 의식'을 노래하였는데 19~21절은 입장 의식이고, 22~24절은 구원의 의미를 선포한 내용이다. 하나님의 은혜에 대하여 감격하며 사는 시인의 모습이 그려져 있다.

1. 입장 의식

19~21절은 입장 의식인데 19절의 '의의 문'과 20절의 '여호와의 문'이 짝을 이룬다. 오직 의인만이 그리로 들어갈 수 있는데 이제 시인은 이 문을 지나서 성전 안으로 들어간다.

19절에서 "내게 의의 문들을 열지어다 내가 그리로 들어가서 여호와께

감사하리로다"고 하였다. '의의 문'이란 오직 의인이 들어가는 문이다. 학자들에 따라서는 성전은 의로우신 하나님이 계신 곳이므로 성전 문을 '의의 문'이라고 부르는 사람도 있다.

바벨론에는 성전 문이 여러 개 있었고 그 문마다 각기 이름이 있었다고 한다. 그러나 거기에는 '의의 문'이 없었다. 여기서 이방 종교와 유일신교가 다름을 보여 준다. 하나님이 주시는 의로 인하여 생명을 얻게 되고, 이것이 구속의 역사로 나타난다. 시인은 의의 문으로 들어가서 여호와께 감사하겠다고 하였다. 이것은 하나님의 구속 은총을 체험한 사람의 고백이다. 하나님의 전에 들어가서 하나님께 감사하는 자세가 필요하다.

20절에서 "이는 여호와의 문이라 의인들이 그리로 들어가리로다"고 하였다. 이 구절은 성 문 안에 있는 제사장이 순례자에게 주는 답변 같다. '여호와의 문'은 앞에 나오는 '의의 문'과 같은 뜻이다. 성전에는 의로우신 하나님만 계시기에 오직 의로운 삶을 사는 하나님의 백성만이 그곳으로 들어갈 수 있다. 이 문 안에 들어가는 것은 의인의 회중에 포함된다는 의미이다.

하나님의 백성들이 하나님을 의지하며 살아갈 때에 우리에게 의롭다함을 주신다. 하나님의 백성은 의로운 백성으로서의 삶을 살며 영원한 하나님의 자녀가 된다. 오늘의 우리들은 하나님의 백성이 되어 의로운 사람이 되었다. 이것은 우리의 능력으로 된 것이 아니라 하나님의 놀라우신 은혜로 되어졌다. 그러하기에 우리들은 하나님께 영광을 돌리는 삶을 산다. 우리는 '의의 문' '여호와의 문'으로 들어가야 한다. 이것은 영생의 문이며 영화의 문이다. 오직 하나님이 영화를 받으시는 곳이기에 하나님의 백성은 이 길에 나아가야 한다.

21절에서 "주께서 내게 응답하시고 나의 구원이 되셨으니 내가 주께 감사하리이다"고 하였다. 시인은 이제 성전 안으로 들어간다. 그 곳에서 하나님께 감사를 드리는데 그것을 하나님께서 기도를 들으사 응답하여 주셨기 때문이다.

시인은 성전에서 응답받는 것이 감사하여 하나님께 영광을 돌렸다. 하나님의 백성에게 응답이란 하나님이 우리와 함께 하신다는 징표이다. 이 응답을 통하여 우리의 믿음이 성숙해지고 하나님을 더욱 의지하게 된다. 하나님께서 응답하셔서 구원을 주셨으니 이 하나님께 감사하는 것이 중요하다. 오늘의 우리들도 감사의 역사 속에서 살아가야 하며, 하나님의 영광을 더욱 드러내게 해야 한다.

하나님의 백성은 믿음으로 기도할 때에 하나님의 응답을 체험한다. 하나님은 믿고 구하는 자에게 그 소원을 들어 주시는 분이며 이것을 통하여 하나님의 영광을 드러나게 하신다.

2. 구원 의미의 선포

22~24절은 구원 의미의 선포이다. 시인은 성전 안에 들어왔다. 그는 축제의 잔치에 동참하고 있다. 하나님의 놀라운 역사로 인하여 모든 백성이 즐거워하고 기뻐한다. 특히 24절에서 '이 날'이 강조되고 있는데 이것은 축제의 현장성을 나타낸다.

22절에서 "건축자가 버린 돌이 집 모퉁이의 머릿돌이 되었나니"라고 하였다. 이 표현은 건축할 때에 쓰이는 것으로서 쓸모없던 버린 돌이 머릿돌이 되는 영광의 자리에 놓이게 된 것을 강조하는데, 이것은 은유법을 통해 중요한 진리를 전달하고 있다. 이러한 은유는 시인의 삶을 표현하는 것으로 중요한 의미가 있다. 시인은 전에는 거의 죽음의 자리에 던져졌다. 죽음의 소용돌이가 그를 감싸고 있었고 원수들의 공격을 끝없이 계속되었다. 그러나 이제는 하나님께 구원을 받고 승리자가 되었으니 이것이 소중하고 영광스럽다.

버림받은 돌이 건축물의 머릿돌이 되었으니 이것은 놀라운 변화이며 모든 것의 기초가 된다. 옛날에는 버림 받은 돌이었으나 이제는 머릿돌이 되어 모든 벽돌을 이어주고 건물을 완성시키는 돌이 되었다. 이것은 하나님의 은혜를 입은 자의 변화를 의미한다. 죽을 수 밖에 없고, 사람들에게 버린 바된 것 같은 존재였으나 하나님이 놀라운 은혜를 주셔서 머릿돌이 되고 중요한 핵심이 되었다. 이 돌이 빠지면 건물이 무너질 수밖에 없는 귀하고 소중한 존재가 되었다. 이것이 구원받은 하나님의 백성의 모습이다.

3. 여호와의 은혜

23절에서 "이는 여호와께서 행하신 것이요 우리 눈에 기이한 바로다"고 하였다. '이는 여호와의 행하신 것'이니 시인이 구원받은 것은 전적으로 하나님의 은혜로 되어진 것임을 나타낸다. 버림받은 자가 구원받고 하나님의 특별한 자리에 앉게 되었으니 이것이 '기이한' 일이다.

하나님의 행하신 일은 인간의 눈에 기이하게 보일 때가 많다. 하나님은 인간의 계획과 방법을 초월하여 특이한 역사를 보여 주시는데 이것이 바로 기이한 일이다. 예수님께서 십자가의 고난을 당하시고 사흘 만에 부활하신 것은 하나님이 행하신 일이요 참으로 '기이한 일'이다. 이러한 하나님의 역사는 인간의 머리로 이해할 수 없는 신비하고 기이한 일이다. 그러기에 우리는 하나님을 우러러 영광을 돌린다.

24절에 "이 날은 여호와께서 정하신 것이라 이 날에 우리가 즐거워하고 기뻐하리로다"고 하였다. '이 날'은 여호와께서 정하신 날이다. 하나님의 뜻과 계획 가운데 특별히 구별하신 날이다. 이 날은 구원의 날이요 영광의 날이다. 하나님이 우리에게 새 생명을 주신 날이기에 하나님의 영광을 나타내는 날이다.

이 날에 우리들은 즐거워하고 기뻐해야 한다. 우리를 향하신 하나님의 기이한 일을 체험하였기에 이 하나님의 역사 앞에 감사하며 살아가야 한다. 우리들이 거의 죽게 되었으나 우리를 건지셔서 영광의 도구로 삼으신 하나님의 기이한 일을 기억하며, 감사하며 찬양해야 한다. 건축장의 버린 돌이 이제는 머릿돌이 되듯이 죽음의 자리에서 건짐받아 영화로운 존재가 되었으니 하나님께 찬양드려야 한다.

너희를 축복하였도다

시편 118:25~29

25여호와여 구하옵나니 이제 구원하소서 여호와여 우리가 구하옵나니 이제 형통하게 하소서 26여호와의 이름으로 오는 자가 복이 있음이여 우리가 여호와의 집에서 너희를 축복하였도다 27여호와는 하나님이시라 그가 우리에게 빛을 비추셨으니 밧줄로 절기 제물을 제단 뿔에 맬지어다 28주는 나의 하나님이시라 내가 주께 감사하리이다 주는 나의 하나님이시라 내가 주를 높이리이다 29여호와께 감사하라 그는 선하시며 그의 인자하심이 영원함이로다

시편 118편은 교성곡으로 이루어져 있으며 제사장이 감격하여 하나님의 인자하심을 찬양하도록 권한다(1~4절). 성전 문 밖에서(5~8절) 의식이 거행되고 하나님의 구원을 요약하여 설명하고 하나님을 찬양하기를 서원한다. 시인은 자신을 대적하는 세력들에 대하여 말하고 있다. 시인은 백성의 지도자였고 왕직을 가지고 있었다. 하나님께서 그를 어떻게 구원하셨는 지를 말하며 승리의 노래를 부른다. 건축장의 버린 돌 같은 존재를 택하여 건축물의 모퉁이 돌이 되게 하는 놀라운 은혜를 주셨으니 하나님께 영광의 찬양을 드리게 된다.

25~29절은 축사이다. 제사장은 하나님께서 왕의 승리를 통해 시작된 새 질서를 완성하시도록 구한다. 제사장은 왕에게 축복을 선언하고 함께 예배하도록 부른다. 왕은 찬양으로 응답하고 회중은 그와 함께 부른다.

1. 여호와여

25절에서 "여호와여 구하옵나니 이제 구원하소서 여호와여 우리가 구하옵나니 이제 형통하게 하소서"라고 하였다. 시인은 '여호와여'라고 부른다. 이것은 신앙 고백이요 하나님의 약속을 신뢰하는 표현이다. 여호와 하나님께 기도하는데 '이제 구원하소서'라고 하였다. 이 말은 '호산나'라는 뜻이다.

구약에서 '호산나'는 여러 가지 의미로 사용되고 있다. 하나님의 도움을 구할 때에 사용되기도 하고, 질병 가운데서, 죽음 앞에서, 전쟁터에서, 또는 가뭄에서 하나님의 도움을 구하며 '호산나'라고 외쳤다. 그러나 신약 시대에 와서 '호산나'는 환호성이 되었다. 하나님의 역사에 대한 감격이며 마음 속에 있는 열망을 담아 하나님께 외쳤다.

이 시편은 메시야적 대망을 가지고 있기에 '호산나'도 단순한 외침이 아니라 영원한 왕되신 예수 그리스도를 향한 것이다. 예수님께서 유월절에 예루살렘에 입성하실 때에 많은 사람들이 모여 호산나를 부르며 환호하였다 (요 12:13). 메시야 되신 예수 그리스도를 영화롭게 하는 믿음의 자세였으나 백성들은 메시야를 영접하지 아니 하였다.

시인은 '이제 형통케 하소서'라고 기도하였다. 이 말은 '성공하게 하소서' 또는 '우리로 번성하게 하소서'라는 뜻인데 하나님의 백성의 간절한 소원을 담은 호소이다. 하나님의 백성이 번성케 되는 것은 하나님의 나라를 확장하고 하나님께 영광 돌리는 길이다.

2. 복이 있음이여

26절에서 "여호와의 이름으로 오는 자가 복이 있음이여 우리가 여호와의 집에서 너희를 축복하였도다"고 하였다. 이 말씀은 입장 의식과 연관된 의식적 요소이다. 성전 안으로 들어가는 자는 누구나 제사장의 축복을 받는다(민 6:23~27). 시인은 '여호와의 이름으로'라고 하였다. 이 말은 하나님께서 모든 축복의 궁극적 원천이 됨을 의미한다. 하나님의 이름은 복의 근원이다. 하나님의 이름으로 하나님의 백성이 삶을 얻고 영원한 생명으로 나아간다. '여호와의 이름으로'란 '여호와의 권위로'라고 번역할 수 있는데 이것은 하나님의 궁극적 역사를 보여 준다. '오는 자'는 후대 유대교에서 메시야 칭호가 되는 것인데 오실 그리스도를 예표한다. 여호와의 이름으로 오는 자가 복이 있다. 이것은 하나님의 특별한 구속의 축복을 의미한다.

'우리가 여호와의 집에서 너희를 축복하였다'고 하였다. 여기서 '우리'는 '제사장들'을 의미하는데, 진정한 축복은 사람으로 되어지는 것이 아니라 하나님으로부터이다. 이 하나님을 의지하는 것이 복의 근원이 된다. 비록 인간 제사장이 축복할지라도 이것은 인간의 힘이 아니라 그들을 통하여 역사하시는 하나님을 통해서이며 하나님의 영광을 드러내는 도구에 불과함을 보여 준다.

3. 빛을 비추셨으니

27절에서 "여호와는 하나님이시라 그가 우리에게 빛을 비추셨으니 밧줄로 절기 제물을 제단 뿔에 맬지어다"고 하였다. '여호와는 하나님이시라'는 '야훼는 엘 샤다이'인데 그 뜻은 그가 가장 높으신 하나님이시다. 하나님은 가장 위대하시고 높으신 분이다. 이 하나님으로 인해 하나님의 백성이 복을 받고 하나님의 영광을 위한 존재가 된다.

'우리에게 비춰셨으니'는 아론의 축복을 암시한다(민 6:24 이하). 하나님은 어둠 속에 있는 자들에게 빛을 주시며 생명의 역사를 일으키신다. 하나님이 주시는 빛은 영원하고 하나님의 백성들이 늘 감사해야 할 생명의 원천이다. 여호와께서 우리에게 빛을 주시면 우리는 생명의 길로 나아간다. 이것은 하나님의 백성만이 가지는 독특한 은혜이며 영원을 사모할 위대한 진리를 교훈한다.

'밧줄로 절기 제물을 제단 뿔에 맬지어다'고 하였는데 여러 해석이 나오는 난해한 구절이다. '제단 뿔'은 정방형으로 된 제단 모퉁이에 튀어나온 것인데, 이 뿔은 제단에서 가장 거룩한 부분이다. 그러나 이 말이 무엇을 의미하는지 정확하지 않다. '매다'는 축제에 동참하고 함께 춤을 추는 것으로 볼 수 있다. 순례자들이 '순례의 축제'에 참가하고 제단 주위를 돌면서 춤을 춘다. 이것은 하나님의 특별한 사람을 체험한 자의 뜨거운 고백이다. '여호와는 하나님이시라'는 고백은 단순한 고백이 아니다. 모든 신앙의 바탕이 되고 우리 고백의 근거가 된다. 이것으로 인하여 하나님의 귀하신 뜻이 나타난다.

28절에서 "주는 나의 하나님이시라 내가 주께 감사하리이다 주는 나의 하나님이시라 내가 주를 높이리이다"고 하였다. 시인은 반복하여 '주는 나의 하나님이시라'고 하였다. 이것은 하나님을 향한 최고의 고백이다. 하나님은 나의 하나님이시니 내가 하나님께 감사하고 하나님을 높인다. 우리는 일상에서 '주는 나의 하나님이시라'는 고백이 있어야 한다. 이것은 우리의 삶을 정의하는 것이요 하나님의 영광을 나타내는 바탕이 된다. 그리하여 주께 감사하고 주를 높이는 자리에 나아가게 된다.

29절에서 "여호와께 감사하라 그는 선하시며 그의 인자하심이 영원함이로다"고 하였다. 시인은 이제 시를 마무리한다. 1절의 주제를 다시 인용하여 이 시의 마지막을 말한다. 하나님은 선하시며 그 인자하심이 영원하다. 그러기에 하나님께 감사하는 믿음의 삶을 살아야 한다.

시인은 하나님의 돌보심을 감사하며 영원히 그를 찬양한다. 예수 그리스도는 우리 인생의 모퉁이 돌이 되었다. 건축장의 버림받은 돌 같으나 하나님의 은혜로 기초석이 되었다. 우리는 머릿돌 되신 그리스도를 인하여 하나님 안에서 영원한 생명을 얻게 된다.

이제 우리도 모퉁이 돌이 되어 진정한 생명의 역사를 나타내고 다른 사람을 살리는 자리에 서야 한다. 버림받은 돌이지만 하나님의 은혜로 새로운 존재가 되었으니 감사하며 나아가야 한다. 이는 자기만 사는 것이 아니라 다른 사람에게 생명의 역사를 나타내는 빛의 사명이다.

복이 있음이여

시편 119:1~8

1행위가 온전하여 여호와의 율법을 따라 행하는 자들은 복이 있음이여 2여호와의 증거들을 지키고 전심으로 여호와를 구하는 자는 복이 있도다 3참으로 그들은 불의를 행하지 아니하고 주의 도를 행하는도다 4주께서 명령하사 주의 법도를 잘 지키게 하셨나이다 5내 길을 굳게 정하사 주의 율례를 지키게 하소서 6내가 주의 모든 계명에 주의할 때에는 부끄럽지 아니하리이다 7내가 주의 의로운 판단을 배울 때에는 정직한 마음으로 주께 감사하리이다 8내가 주의 율례들을 지키오리니 나를 아주 버리지 마옵소서

시편 119편은 모든 시편 가운데 가장 특성이 있는 작품이다. 사람들의 가슴 속에 끝없는 공감을 불러일으키는 시의 특성을 통하여 하나님의 위대하신 역사와 시인의 정교한 표현을 읽을 수 있다. 이 시편은 시편 가운데서 가장 긴 시로서 반복적이라는 인상을 주기도 하지만 반복을 통하여 우리에게 확신을 주고, 일관성 속에서 다양성을 체험하게 한다. 그래서 많은 사람들은 이 시편을 통하여 감사를 고백하고, 하나님의 진리에 대한 뜨거운 감동을 가지게 한다.

이 시는 여러 가지 특성을 가지고 있다.

첫째, 이 시는 알파벳 시이다. 히브리어 알파벳 22자를 따라서 쓴 시인데, 한 알파벳이 8행으로 되어 있어 모두 176절로 되어 있다. 다른 알파벳 시들보다 정교하고 긴 시이다. 알파벳에 따라 쓰여졌기에 어떻게 보면 인위적인 것 같고, 시상(詩想)의 흐름이 단순하게 보이지만 각 연마다 중심 사상

이 있고 독특한 표현법을 사용하고 있다.

둘째, 이 시는 하나님의 율법 즉 토라를 주제로 한다. 그러나 토라를 여러 개의 단어로 증거하고 있는데 말씀, 약속, 계명, 규례, 판단, 규범, 증거 등으로 율법을 다양하게 표현하고 있다. 이러한 8개의 단어는 하나님의 말씀을 구체적으로 표현하는 중요한 표현 기법이다.

셋째, 다양한 표현을 통하여 이 모든 것을 '여호와의 율법'과 '하나님의 계명'에 통합한다. 여호와의 법과 계명은 인생의 전부를 통괄하는 것으로서 율법의 영원성, 완전성, 신실성 그리고 진실성을 나타낸다. 인생의 모든 것이 하나님의 율법에 집약되고 있음을 강조한다.

넷째, 이 시는 다양한 문학적 표현법을 사용한다. 감사, 기도, 죄 고백, 신앙 고백, 지혜 등이 나타난다. 다양한 시 형태를 통하여 인생의 희비애락을 보여주고 있으며, 이것은 절제된 언어로 표현하였다. 이 시는 찬양, 애가, 기도, 지혜 등의 특성을 가진 '종합시'라고 할 수 있다.

이 시편의 저자가 누구일까에 대한 논의가 많다. 다윗의 시가 아니고 또 모세의 시도 아니다. 그러나 이 시는 모세와 다윗의 시를 닮았다. 그러나 이 시를 쓴 시인은 모세의 머리와 다윗의 가슴을 가진 사람이라고 할 수 있다. 고난 속에서도 하나님을 소망하고 그의 정성을 다하여 하나님께 외치는 삶을 나타낸다. 이 시인이 언제 사람인지 정확히 알 수 없으나 바벨론 포로 후기나 포로 후의 제사장일 것이다.

1. 복이 있음이여

1~8절은 '알렙'이다. 히브리 알파벳 첫 자에서 출발한다. 1절에서 "행위가 온전하여 여호와의 율법을 따라 행하는 자들은 복이 있음이여"라고 하였다. '행위가 완전하여'란 책망할 것이 없는 인생을 사는 자이다. '여호와의 법에 행하는 자'란 하나님의 율법에 순종하고 하나님의 언약을 지키는 자를 말한다. 하나님의 가르침을 지키는 자가 복이 있는 자이다. 여기서

'법'으로 번역된 히브리어 '토라'는 '방향' 또는 '가르침'을 의미한다. 구체적으로는 율법을 의미하는데, 이스라엘 백성이 지켜야 할 의무들을 묶어 제시한 것이다.

2절에서 "여호와의 증거들을 지키고 전심으로 여호와를 구하는 자는 복이 있도다"고 하였다. '증거'는 출애굽기 31:18에 나오는데 두 돌판을 가리킨다. 하나님이 직접 쓰신 십계명을 의미하는데 하나님의 백성이 반드시 지켜야 할 계명이다. 이 계명들을 '전심'으로 지키는 자가 복이 있다. 하나님은 우리들에게 계명을 주시고, 하나님의 백성은 전심으로 이것을 지켜야 한다. 이것은 억지로 되어지는 것이 아니라 하나님을 사랑하는 마음에서 생기는 것이다. 이런 자들이 복이 있고, 하나님의 영광을 나타낸다.

2. 주의 도를 행하는도다

3절에서 "참으로 그들은 불의를 행하지 아니하고 주의 도를 행하는도다"고 하였다. 여기서 불의란 일반적인 잘못을 말한다. 불의란 악한 것이며 법정에서 사용되는 용어이기도 하지만 일상생활에서의 잘못된 것을 의미한다. '참으로'는 '그러나'라는 의미인데 불의를 행치 아니하고 하나님의 도를 지키는 자가 복이 있다고 하였다. 이것은 신앙생활의 근본적 요소인데 일상적인 잘못을 범하지 않고 도리어 하나님의 법을 즐거워하고 지키는 자가 복이 있다. 이것은 신앙생활의 기본적 형태이다. 악을 미워하고 하나님의 말씀을 사랑하는 생활이 일상적으로 이루어져야 한다.

4절에서 "주께서 명령하사 주의 법도를 잘 지키게 하셨나이다"고 하였다. '법도'는 시편에만 나오는 시어(詩語)로서 '교훈, 훈계, 금지령'이란 의미이다. 하나님의 법도는 하나님의 교훈이며 금지령이기에 하나님의 백성이 어떻게 살아야 하는지를 보여주는 것이다. 하나님의 백성은 이 말씀을 성실히 지키고 하나님의 뜻을 이루어 나가야 한다.

3. 내 길을 굳게 하사

5절에서 "내 길을 굳게 정하사 주의 율례를 지키게 하소서"라고 하였다. '율례'란 기록되고 새겨진 말씀을 말하는데 하나님의 분명한 말씀이다. 이 말씀은 '여호와의 특별한 칙령'을 의미한다. 하나님이 직접 주신 말씀이기에 하나님의 백성이 반드시 지켜야 할 규례이다. 시인은 하나님께 호소하기를 자기의 마음을 굳게 하여 이 말씀을 지키게 해 달라고 하였다. 하나님이 함께 하지 아니하시고 하나님이 역사하지 아니하시면 인생들은 스스로의 힘으로 하나님의 말씀을 지킬 수 없음을 보여준다.

6절에서 "내가 주의 모든 계명에 주의할 때에는 부끄럽지 아니하리이다"고 하였다. '계명'은 사람이 권위있게 내리는 명령을 말한다. 또 하나님께서 명하시거나 금하시는 것도 계명이다. 이 계명을 '주의한다'고 하였는데 이 말은 '조심스럽게 지속적으로 관찰한다'는 뜻이다. 하나님의 계명을 계속적으로 지킬 때에 부끄럽지 아니한다고 하였는데 이것은 도덕적 특성만이 아니라 종교적인 면에서도 하나님께서 버리시지 않음을 의미한다. 하나님의 말씀대로 살면 도덕적으로나 신앙적으로 부끄러움을 당하지 않는다는 것을 보여준다.

7절에서 "내가 주의 의로운 판단을 배울 때에는 정직한 마음으로 주께 감사하리이다"고 하였다. '주의 의로운 판단'은 여러 가지 의미가 있으나 '재판의 결정'으로 권위가 있으며, 선례가 되기도 한다. 그러니 판례법이기도 하고 공동체의 관습이기도 하다. 시인은 하나님의 판단을 바로 배울 때에 정직한 마음으로 하나님께 감사한다고 하였다. 즉 지속적으로 하나님의 가르침을 받을 때에 순전한 마음으로 지속적으로 하나님께 감사한다는 말이다.

8절은 5절과 비슷하여 '내가 주의 율례들을 지키오리니 나를 아주 버리지 마옵소서'라고 하였다. 고통이 와도 낙심하지 않게 자기를 버리지 말라고 호소한다.

청년이 무엇으로 행실을 깨끗하게 하리이까

시편 119:9~16

9청년이 무엇으로 그의 행실을 깨끗하게 하리이까 주의 말씀만 지킬 따름이니이다 10내가 전심으로 주를 찾았사오니 주의 계명에서 떠나지 말게 하소서 11내가 주께 범죄하지 아니하려 하여 주의 말씀을 내 마음에 두었나이다 12찬송을 받으실 주 여호와여 주의 율례들을 내게 가르치소서 13주의 입의 모든 규례들을 나의 입술로 선포하였으며 14내가 모든 재물을 즐거워함 같이 주의 증거들의 도를 즐거워하였나이다 15내가 주의 법도들을 작은 소리로 읊조리며 주의 길들에 주의하며 16주의 율례들을 즐거워하며 주의 말씀을 잊지 아니하리이다

시편 119편은 외형적으로는 단순하게 보이나 끝없는 사색과 성찰을 하게 하는 특성을 가지고 있다. 알파벳 시로서 단어 하나하나를 중심하여 시를 엮어 나가고 다양한 방법으로 하나님의 율법을 설명하고 있다. 율법은 계명이요 율례며 법도이기에 하나님의 백성이 지켜야 할 원리이다. 이러한 토라는 하나님의 백성이 계속하여 지켜야 하고 그것으로 인하여 기쁨을 누려야 한다. 그러나 많은 사람들은 이 토라에서 떠나려고 하기에 문제가 생긴다.

9~16절은 히브리어 알파벳의 '베트'로 구분된다. 시인은 지혜를 구하는 문제로 시작된다. 청년들이 어떻게 살아야 하느냐라는 문제를 제기한다. 하나님의 백성들의 삶의 자세가 무엇인지를 보여 주는 것으로서 중요한 의미를 가진다.

1. 청년이 무엇으로

9절에서 "청년이 무엇으로 그의 행실을 깨끗하게 하리이까 주의 말씀만 지킬 따름이니이다"고 하였다. 여기서 '청년'이란 젊은이를 의미하는데 지혜문학에 나오는 '내 아들'과 비슷하다 이 땅의 젊은이들이 어떻게 살아야 하는가는 매우 중요한 질문이다. 젊은이들은 단순히 젊다는 것만이 아니라 민족과 국가의 장래를 의미하는 것이기 때문이다.

'그의 행실을 깨끗하게 하리이까'라고 했는데, 젊은이들의 행실이 깨끗하게 되었다는 차원이 아니라 죄 없이 지낼 수 있는가라는 의미이다. 젊은이들이 죄를 멀리하여 사는 길이 무엇인지 분명히 하여야 하는데 여기에 진정한 소망이 있다.

시인은 그 방법을 제시한다. '주의 말씀만 지킬 따름이니이다'라고 하였다. 주의 말씀이란 하나님께서 자기 뜻을 계시하신 것으로 바로 '말씀'을 의미한다. 시인은 하나님의 말씀에 따라 살면 죄에서 떠난 삶을 살 수 있음을 제시한다. 이것은 우리들이 깊이 음미하고 지켜야 할 말씀이다. 젊은이들이 죄악을 멀리하고 살 수 있는 길은 하나님의 말씀을 따르는 것이다.

오늘의 우리들에게도 이 원리가 그대로 적용되어야 한다. 죄를 떠난 삶을 위해서는 하나님의 말씀을 가까이 하고 그 말씀대로 사는 노력을 해야 한다.

10절에서 "내가 전심으로 주를 찾았사오니 주의 계명에서 떠나지 말게 하소서"라고 하였다. 시인은 강한 어조로 호소하고 있다. '떠나지 말게 하소서'라고 하였다. 이 말은 방황하여 곁길로 간다는 뜻이다. 하나님의 말씀에 순종치 않으면 방황하여 곁길로 가고 하나님의 뜻을 떠나 인간의 생각대로 살아갈 수밖에 없다. 하나님을 떠난 사람은 하나님의 진리의 말씀에서 떠나고 자기 마음대로 살아간다. 시인은 그렇게 되지 않기를 호소하였다. 이런 간구가 우리의 기도가 되어야 한다. 하나님의 말씀에서 떠나면 방황하고 곁길에 빠지니 그렇게 되지 않기를 기도해야 한다.

2. 주의 말씀을 내 마음에

11절에서 "내가 주께 범죄하지 아니하려 하여 주의 말씀을 내 마음에 두었나이다"고 하였다. 의인의 충성심이 나온다. 마음 가장 깊은 곳에 하나님의 말씀을 둔다. 이것은 하나님의 백성이 가져야 하는 중요한 자세이다. 하나님의 말씀이 내 속에 뿌리를 내리고 내면화되는 상황이다.

시인은 주께 범죄하지 아니하려고 하나님의 말씀을 순종하고 그것을 마음에 깊이 새겨 두었음을 고백한다. 이것이 하나님의 백성의 바른 자세이다. 죄악의 물결이 우리를 공격할지라도 우리가 하나님의 말씀을 굳게 잡고 있으면 죄악에 휩싸이지 않는다. 시인은 이와 같은 고백을 통하여 하나님을 영화롭게 한다.

12절에서 "찬송을 받으실 주 여호와여 주의 율례들을 내게 가르치소서"라고 하였다. 하나님은 '찬송받으실 여호와'이시다. 이것은 찬양 형식으로서 하나님은 모든 것 위에 뛰어 나서서 찬양을 받으신다는 뜻이다.

'주의 율례들을 내게 가르치소서'라고 하였는데, 이것은 명령형 어법이다. 약간 이상하게 보이기도 하지만 이 말씀은 하나님께서 찬양 받으실 이유가 무엇인지를 제시한다. 하나님의 율례를 가르쳐 주시면 하나님의 백성은 하나님을 찬양하는 삶을 산다는 뜻이다.

하나님의 율례를 알게 되면 저절로 하나님을 찬양하게 된다. 하나님의 오묘하신 진리를 알게 되었기에 하나님의 백성은 하나님께 찬양 드리고 영광을 돌리는 삶을 살아가게 된다.

3. 나의 입술로 선포하며

13절에서 "주의 입의 모든 규례들을 나의 입술로 선포하였으며"라고 하였다. 이 말은 여러 가지 해석들이 있으나 '주의 의로운 규례' 즉 하나님의 말씀을 입술로 낭송하고 선포한다는 뜻으로 볼 수 있다. 하나님의 백성들은 하나님의 말씀을 낭송한다. 이것은 신앙생활의 한 패턴으로서 우리들이 말씀을 가까이 하며 생활 속에서 구체화 할 것을 강조하고 있다.

우리들의 입술에서 하나님의 말씀이 떠나지 아니하는 삶이 계속되어야 한다. 우리의 입술로 말씀을 선포하는 역사가 나타날 때에 하나님의 뜻을 바로 구현 할 수 있다.

14절에서 "내가 모든 재물을 즐거워함 같이 주의 증거들의 도를 즐거워하였나이다"고 하였다. 하나님의 말씀의 존귀성을 비교법으로 설명하고 있다. 사람들은 재물을 좋아하고 소중히 여긴다. 이것보다 하나님의 말씀이 더 소중하고 귀하다는 사실을 강조한다.

우리들은 일상생활에서 물질의 중요성을 절감한다. 물질이 없으면 우리의 생활이 제대로 되지 못함을 안다. 하나님의 말씀은 이것보다 더 하다. 존귀하고 영광스러우며 우리들에게 생명의 길이 된다. 이 말씀은 귀하게 여기는 것이 하나님의 백성의 영광스러운 길이다.

15~16절에서 "내가 주의 법도들을 작은 소리로 읊조리며 주의 길들에 주의하며 주의 율례들을 즐거워하며 주의 말씀을 잊지 아니하리이다"고 하였다. 이것은 시인의 간절한 자세를 말한다. 하나님의 법도를 묵상하고, 주의하며, 즐거워하고 잊지 않는다고 하였다.

이것은 하나님의 백성이 말씀에 대해 어떤 자세를 가질 것인가를 보여준다. 주의 율례를 묵상하고, 잊지 않는다. 여기 나오는 '잊는 것'은 망각이나 기억 상실을 말하는 것이 아니라 의도적으로 잊어버리는 것을 말한다. 이렇게 되면 하나님을 떠나게 되고 하나님의 말씀이 아닌 이방신의 가르침을 따르게 되어 멸망의 길로 나아간다. 그러기에 하나님의 백성은 하나님의 말씀을 늘 기억하고 잊지 않으려는 노력을 해야 한다.

하나님의 백성은 하나님의 말씀 속에 산다. 이것이 진정한 기쁨이요 하나님을 영화롭게 하는 길이다. 하나님의 백성은 하나님의 말씀을 가슴에 새기고 입술에 두어 선포하고 머리로는 잊지 않으려는 노력을 해야 한다. 이것이 하나님의 백성의 바른 자세이고 영원히 따라야 할 길이다.

땅에서 객이 되었사오니

시편 119:17~24

17주의 종을 후대하여 살게 하소서 그리하시면 주의 말씀을 지키리이다 18내 눈을 열어서 주의 율법에서 놀라운 것을 보게 하소서 19나는 땅에서 나그네가 되었사오니 주의 계명들을 내게 숨기지 마소서 20주의 규례들을 항상 사모함으로 내 마음이 상하나이다 21교만하여 저주를 받으며 주의 계명들에서 떠나는 자들을 주께서 꾸짖으셨나이다 22내가 주의 교훈들을 지켰사오니 비방과 멸시를 내게서 떠나게 하소서 23고관들도 앉아서 나를 비방하였사오나 주의 종은 주의 율례들을 작은 소리로 읊조렸나이다 24주의 증거들은 나의 즐거움이요 나의 충고자니이다

이 부분은 히브리어 알파벳 '김믈'에 해당한다. 강한 불평을 나타내고 있으며 애통과 간청이 구조를 이루고 있다. 시인은 자신의 힘이 약해지고 있음을 고백하며 하나님의 도우심을 통하여 생기를 얻도록 구하고 있다.

하나님의 말씀에 순종하여 사는 것은 하나님의 백성들의 바른 삶의 길이요 감사 행위이다. 하나님의 지켜 주시면 하나님의 법도대로 살겠다고 다짐하며 하나님께 순종을 약속한다.

시인은 하나님께 두 가지 기도를 하고 있다. 구원을 간청하고 율법에 계시 된 하나님의 뜻에 깊은 통찰을 가지기를 간구한다. 이것은 이중적 기도인데 하나님의 백성이 취해야 할 삶의 자세를 말한다. 하나님의 구원 역사를 체험하고 하나님의 말씀에 대한 깊은 통찰력을 가짐으로써 하나님의 백성이 바른 길을 갈 수 있다.

시인은 하나님의 길을 배우기 위해서는 하나님의 은총이 필요하다고 하

였다. 지금 자신이 어려움을 겪어 극도로 약화되었으나 하나님의 돌보심을 통해 새로운 힘을 얻는 것이 무엇보다도 중요하다고 보았다. 어려울 때에 하나님의 돌보심을 바라는 것이 필요하며 이 하나님으로 인하여 더욱 강하게 살아가야 한다.

1. 살게 하소서

17절에서 "주의 종을 후대하여 살게 하소서 그리하시면 주의 말씀을 지키리이다"고 하였다. '주의 종을 후대하여'는 '주의 종을 건지시어'라는 의미이다. 고통 속에 있는 자를 하나님이 건져 주시는 것은 후대 하는 일이다. 시인은 '살게 하소서'라고 하였는데 이것은 영원히 사는 것을 말하는 것이 아니라 '충만한 인생'을 말한다. 약속의 땅에서 언약 백성들과 함께 사는 것을 말한다.

하나님께서 하나님의 종을 어려움에서 구원해 주시고 언약 백성들과 함께 살게 하시는 것은 하나님의 은총의 결과이다. 하나님의 백성은 이러한 은총이 역사 앞에 순복하며 하나님께 영광을 돌린다. 시인은 '그리하시면 주의 말씀을 지키리이다'고 하였다. 이것은 서원이며 고백이다. 하나님의 백성은 구원의 은총에 감사하여 하나님의 말씀을 지킨다. 이 지킴은 억지가 아니라 자발적인 순종이다. 너무나 감사하여 하나님의 말씀을 지키는 하나님의 백성의 자세이다.

18절에서 "내 눈을 열어서 주의 율법에서 놀라운 것을 보게 하소서"라고 하였다. 시인은 자신의 눈이 열리도록 하나님께 구하였다. 영적 눈이 열리는 것은 인간의 수양이나 노력으로 되어지는 것이 아니라 하나님의 은혜로만 가능하다. 하나님의 은혜로 영적 눈을 열어 주기를 구하였는데 이것은 하나님의 백성이 진심으로 구하는 간구이다. 하나님이 눈을 열어 주셔서 '주의 율법에서 놀라운 것을 보게 하소서'라고 하였다. 여기서 '놀라운 것'이란 하나님이 지으신 세상과 구원의 역사이다. 즉 하나님의 창조 사역과 구원 사역을 말하는데 이것은 인간의 지혜로 되어지는 것이 아니라 하나님의 '놀라운' 역사이다. 하나님의 은혜로 영적 눈이 열리면 창조와 구원의 실체를 보게 된다. 이것은 하나님이 주시는 은혜이며 하나님의 백성만이 체험할 수 있는 위대한 역사이다. 시인은 이것을 하나님께 구하였다.

2. 나그네 되었사오니

19절에서 "나는 땅에서 나그네가 되었사오니 주의 계명들을 내게 숨기지 마소서"라고 하였다. 이스라엘 백성은 하나님의 땅에서 사는 객이다. 시인은 스스로를 '나그네'라고 하였다. 인생은 이 땅의 나그네요 객이다. 나그네는 땅을 가질 수가 없고 그냥 자고 갈 뿐이다(창 12:10, 19:9, 21:23). 그러나 시인은 이 땅에서 자고 갈 자리를 찾지 않고 하나님의 말씀을 구한다. '주의 계명을 내게 숨기지 마옵소서'라고 하였다.

시편에 보면 하나님께서 자신을 숨기지 않기를 기도하는 내용들이 많이 나오지만 여기서는 '계명'을 숨기지 않도록 구한다. 하나님의 말씀을 구하는 시인의 자세가 여기 있다. 그의 최대 관심사는 하나님의 놀라운 역사이며 하나님의 말씀이다.

사람들은 이 땅에 관심을 가지고 자기의 거처에 남다른 애착을 가진다. 그래서 기도의 주제도 하나님께서 물질적인 복을 주시기를 구한다. 그러나 시인은 하나님의 말씀에 관심을 모우고 하나님의 돌보심에 집중하고 있다.

20절에서 "주의 규례들을 항상 사모함으로 내 마음이 상하나이다"고 하였다. '주의 규례'란 '하나님의 뜻에 대한 지식'을 말한다. 또 '내 마음이 상하나이다'란 말은 예레미야 애가 3장 10절과 여기에만 나오는 것으로 '산산조각 나다, 부수어지다'란 뜻이다. 시인은 하나님의 말씀을 너무나 사모하여 마음이 산산조각이 날 정도였다. 말씀을 단순히 그리는 정도가 아니라 너무나 사모하였기에 그 마음이 아파 조각이 날 정도였다. 이것은 시적 표현이기도 하지만 하나님의 백성들이 어떻게 말씀을 사모해야 하는 지를 보여 주고 있다.

3. 주께서 꾸짖으셨나이다

21절에서 "교만하여 저주를 받으며 주의 계명들에서 떠나는 자들을 주께서 꾸짖으셨나이다"고 하였다. 이 구절은 해석하기 어려운 내용이다. 시인은 사면에서 고통을 당하고 있다. '교만한 자'는 시편에 자주 나오는 표현인데 이들은 시인을 조롱하고, 음해하고, 올무를 놓는 간악한 자들이다. 이들에게 저주가 온다. 그것은 하나님이 주시는 것이다. 하나님은 은밀한 죄도 그대로 버리시지 않고 철저하게 응징하시는데, 하나님은 이들을 꾸짖으시고 징계하신다.

22절에서 "내가 주의 교훈들을 지켰사오니 비방과 멸시를 내게서 떠나게 하소서"라고 하였다. 시인은 하나님께 순종하다가 고난을 당하고 있다. 그에게는 훼방과 멸시가 있고 교만한 자들의 비방이 따른다. 이러한 것들을 '떠나게 하소서'는 '물러 가게 하소서'라는 뜻인데 하나님께서 모든 것을 둘둘 말아서 굴러가게 해달라는 말이다. 하나님이 모든 문제의 해결자라는 사실을 확실히 믿을 때에 이러한 기도가 가능하다.

23절에서 "고관들도 앉아서 나를 비방하였사오나 주의 종은 주의 율례들을 작은 소리로 읊조렸나이다"고 하였다. 시인은 방백들 앞에서 재판을 받아야 했다. 방백들은 여러 계층의 지도자들을 말하는데 이들이 시인을 재판한다. 그러나 시인은 그 재판보다 하나님의 율례를 묵상하였다. 이것은 어려움을 겪는 하나님의 백성들이 기본된 자세이다. 역경이 와도 하나님을 바라는 믿음이 있어야 한다.

24절에서 "주의 증거들은 나의 즐거움이요 나의 충고자니이다"고 하였다. 시인은 역경 속에서도 하나님의 말씀을 기뻐하고 거기서 바른 가르침을 얻는 것을 고백한다. 이것이 하나님의 백성이 가져야 할 말씀에 대한 바른 자세이다.

주께서 내 마음을 넓히시면

시편 119:25~32

25내 영혼이 진토에 붙었사오니 주의 말씀대로 나를 살아나게 하소서 26내가 나의 행위를 아뢰매 주께서 내게 응답하셨사오니 주의 율례들을 내게 가르치소서 27나에게 주의 법도들의 길을 깨닫게 하여 주소서 그리하시면 내가 주의 기이한 일들을 작은 소리로 읊조리리이다 28나의 영혼이 눌림으로 말미암아 녹사오니 주의 말씀대로 나를 세우소서 29거짓 행위를 내게서 떠나게 하시고 주의 법을 내게 은혜로이 베푸소서 30내가 성실한 길을 택하고 주의 규례들을 내 앞에 두었나이다 31내가 주의 증거들에 매달렸사오니 여호와여 내가 수치를 당하지 말게 하소서 32주께서 내 마음을 넓히시면 내가 주의 계명들의 길로 달려가리이다

시인은 계속하여 애가를 부르고 있다. 인생이 겪는 구체적인 아픔과 고통을 노래하고 있는데 이것은 다른 사람이 경험하지 못하는 자기만의 아픔이다. 이러한 체험적 고통 속에서 내가 어떻게 하여야 할 것인가는 하나님의 백성들에게 매우 귀중한 주제이다.

시인은 여기서 이중적 기도를 드린다. 하나님께 충성을 하고 하나님의 도우심을 간구한다. 이것은 하나님만이 자신을 바로 세운다는 것을 믿고 그 믿음을 근거하여 하나님께 호소한다. 시인은 하나님의 말씀이 주는 약속을 분명히 믿고 하나님께 기도하였다.

1. 주의 말씀대로

25절에서 "내 영혼이 진토에 붙었사오니 주의 말씀대로 나를 살아나게

하소서"라고 하였다. 시인은 자신의 영혼이 '진토'에 붙었다고 하였는데, 여기서 진토란 음부에 대한 상징적 표현이고, 또 '돌아오지 못하는 곳', '온 땅', '무덤' 등의 의미를 가지고 있다. 자신이 이와 같은 처절함을 겪고 있음을 고백하고 있다.

'주의 말씀대로 나를 살아나게 하소서'라고 하였는데 '주의 말씀'은 '구원의 신탁'이며 '나를 살아나게 하소서'는 원수의 위협이나 다른 시련들이 없는 충만한 삶을 살게 해 달라는 뜻이다. 이것은 스올에서 건짐을 받는 것과 같고 죽음의 자리에서 구원받는 것이다.

시인은 죽을 것만 같은 고통의 자리에서 하나님의 돌보심을 간구하며 하나님으로 인하여 자신이 안락한 삶을 누릴 수 있음을 고백하고 호소했다. 이것이 하나님의 백성들이 취해야 할 삶의 길이다. 우리가 어려움을 겪을 때에 하나님이 구하여 주시기를 간구하는 자세를 가져야 한다. 하나님께서 모든 어려움에서 구하여 주심을 믿고 그 하나님을 의지해야 한다.

26절에서 "내가 나의 행위를 아뢰매 주께서 내게 응답하셨사오니 주의 율례들을 내게 가르치소서"라고 하였다. 여기서 '나의 행위'는 '나의 시련' 또는 '나의 운명'을 뜻한다. 과거의 경험일 수 있다. 시인은 지난날 어려움을 겪을 때에 하나님께 기도하였고, 그 기도에 하나님이 응답하셨다.

시인은 지난날의 체험을 바탕으로 하여 하나님께 기도한다. 고통의 와중에서 하나님께 구하였더니 하나님이 응답해 주신 그 역사를 바라보며 위기와 고통 속에서 오직 피할 길은 하나님 밖에 없음을 믿고 간구한다. 오늘의 우리들이 고통을 당하고 말로 표현할 수 없는 고난 속에 있을지라도 하나님이 우리와 함께 하시고 이끌어 주실 것을 믿고 간구해야 한다. 하나님께서는 그 율례로 우리를 가르쳐서 우리가 어떻게 살 것인지를 바로 배우게 하신다.

2. 주의 법도들의 길을 깨닫게 하여 주소서

27절에서 "나에게 주의 법도들의 길을 깨닫게 하여 주소서 그리하시면 내가 주의 기이한 일들을 작은 소리로 읊조리이다"고 하였다. 하나님은 율법을 통하여 우리를 가르치시는 스승이다. 하나님이 우리를 가르쳐 하나님의 길을 바로 일깨워 주서야 한다. 이 땅의 선생도 중요하지만 하나님은 우리를 가르치시는 위대한 선생이다. 하나님의 가르침을 받은 자는 하나님의 기사를 묵상한다. 하나님의 기사는 말씀으로 천지를 만드신 것과 택한 백성을 구원하신 구원 사역이다. 하나님의 가르침을 받은 자는 하나님의 세계를 본다.

오늘날 우리들이 사용하고 있는 '세계관'이 바로 이런 의미이다. 모든 것을 하나님의 관점에서 보고 판단하는 자세인데, 이를 위해서는 하나님께서 우리를 깨닫게 해 주시고 영적 눈을 열어 주서야 한다. 시인은 하나님이 주시는 깨달음을 통하여 하나님의 기사를 묵상하였다.

28절에서 "나의 영혼이 눌림으로 말미암아 녹사오니 주의 말씀대로 나를 세우소서"라고 하였다. 시인은 자기 영혼이 놀림으로 녹는다고 하였다. 이 말은 쉼이 없다는 뜻이고 잠을 이루지 못한다는 말이다. 시인은 고통으로 인하여 쉬지 못하고 잠을 이루지 못한다. 다른 사람들이 이해할 수 없는 고통이 자신에게 오고 있는데 여기서 살아나갈 길은 오직 하나님의 말씀을 부여잡는 것 뿐이다. 그래서 '주의 말씀대로' 자신을 세워 주시기를 구한다.

어려움 속에서 극도의 고통을 겪을 때에 여기서 벗어나는 길은 하나님을 의지하는 것 밖에 없다. 하나님이 살려 주시고 세워 주서야 모든 것이 해결된다. 하나님의 백성은 이것을 믿고 하나님의 역사를 바로 보아야 한다. 잠 못 이루는 고통의 밤에도 하나님이 나와 함께 하시면 이 고통에서 벗어날 수 있다.

3. 내게 은혜를 베푸소서

29절에서 "거짓 행위를 내게서 떠나게 하시고 주의 법을 내게 은혜로이 베푸소서"라고 하였다. 여기 나오는 '거짓 행위'와 '주의 법'은 대조가 된다. 시인은 거짓 행위에서 떠나게 해 달라고 호소한다. 거짓 행위는 뿌리가 없기 때문에 망하고 만다. 그러기에 하나님의 백성은 말씀의 터전 위에 굳게 서야 된다.

'주의 법을 내게 은혜로이 베푸소서'는 여러 가지로 번역되지만 '주의 법을 바로 가르쳐 주옵소서'라고 할 수 있다. 즉 거짓 행위가 떠나가고 그 자리에서 하나님의 법이 자리잡는 역사가 있기를 호소하였다.

30절에서 "내가 성실한 길을 택하고 주의 규례들을 내 앞에 두었나이다"고 하였다. 시인은 자신의 마음을 고백한다. 그는 하나님의 성실하심을 따라 자기도 성실한 길로 나아가고 하나님의 말씀의 가르침대로 살아갈 것을 고백한다. 하나님의 백성은 성실한 길로 나아가야 한다. 이것은 하나님의 성실하심을 그대로 반영하는 위대한 삶의 모습이다. 하나님이 성실하듯 우리도 성실하여야 하며, "여호와의 의뢰하고 선을 행하라 땅에 머무는 동안 그의 성실을 먹을 거리로 삼을지어다"(시 37:3)라는 가르침대로 살아야 한다.

31절에서 "내가 주의 증거들에 매달렸사오니 여호와여 내가 수치를 당하지 말게 하소서"라고 하였다. 시인은 하나님의 말씀에 매달림 즉 달라붙어 있다고 하였다. 이것은 하나가 된다는 의미이다. 부부가 하나가 되고, 하나님과 하나가 되며, 하나님의 말씀과 하나가 되는 것을 말한다. 하나님의 말씀과 하나가 되면 하나님께서 수치를 당하게 하지 않으신다. 하나님이 모든 것을 주관하시기에 하나님의 뜻대로 되어지기 때문이다.

32절에서 "주께서 내 마음을 넓히시면 내가 주의 계명들의 길로 달려가리이다"고 하였다, '마음'은 '지성의 자리'이다. 넓은 마음은 '큰 깨달음, 큰 이해력'을 뜻한다. 하나님께서 하나님의 말씀을 크게 깨닫게 하시면 이 계명의 길로 달려가게 된다. 하나님이 우리의 마음을 열어 주시고 하나님의 뜻을 분명히 드러내면 우리는 그 길에 순종하고 달려가는 삶을 살게 된다. 이것이 하나님의 백성이 취해야 할 길이다.

나로 하여금 깨닫게 하여 주소서

시편 119:33~40

33여호와여 주의 율례들의 도를 내게 가르치소서 내가 끝까지 지키리이다 34나로 하여금 깨닫게 하여 주소서 내가 주의 법을 준행하며 전심으로 지키리이다 35나로 하여금 주의 계명들의 길로 행하게 하소서 내가 이를 즐거워함이니이다 36내 마음을 주의 증거들에게 향하게 하시고 탐욕으로 향하지 말게 하소서 37내 눈을 돌이켜 허탄한 것을 보지 말게 하시고 주의 길에서 나를 살아나게 하소서 38주를 경외하게 하는 주의 말씀을 주의 종에게 세우소서 39내가 두려워하는 비방을 내게서 떠나게 하소서 주의 규례들은 선하심이니이다 40내가 주의 법도들을 사모하였사오니 주의 의로 나를 살아나게 하소서

이 부분은 히브리어 알파벳 '헤'에 해당한다. 사역형 '헤'로 시작하여 하나님께 간구한다. 하나님께 드리는 간구를 중심으로 시를 구성한다. 시인은 하나님께서 인간사 속에 들어오셔서 역사하여 주시기를 기도하고 있다. 인간들이 안고 있는 도덕적 문제, 사회적 문화 등으로부터 구원하여 주시기를 원하고 있다.

사람들이 이 세상을 어떻게 보느냐에 따라 삶의 방식이 달라진다. 하나님의 말씀의 원리에 따라 바른 가치관을 가지는 것이 무엇보다 귀중하다. 이것은 하나님의 방법대로 이 세상을 사는 것이며 하나님의 중심으로 사는 자세를 표현한다. 시인은 하나님의 상급과 헛된 탐욕을 대조하고 있다. 이 것은 하나님의 백성이 무엇을 중심으로 살 것이냐 하는 매우 중요한 근거를 제시해 준다. 하나님의 백성은 하나님의 상급을 바라보고 살아간다. 이 땅에서의 삶이 비록 힘들고 어려워도 하나님이 주시는 상급의 영원함을 바라

는 자세를 가진다. 시인은 박해받는 상황에서 하나님께 기도하며 그 기도가 응답받음으로써 하나님의 백성은 영원한 세계를 사모하며 나아간다.

1. 가르치소서

33절에서 "여호와여 주의 율례들의 도를 내게 가르치소서 내가 끝까지 지키리이다"고 하였다. 시인은 '여호와여'라고 부른다. 이것은 하나님의 약속을 신뢰하는 하나님의 백성의 호소이다. '내게 가르치소서'라고 하여 하나님을 자신의 교사로 고백한다.

하나님은 선지자와 사도들을 통하여 가르치는 일을 계속한다. 오고 오는 세대 속에서 하나님의 가르침은 변함이 없고 언제나 그 뜻을 이루신다. 이 것이 하나님의 백성의 특성있는 삶의 자세이다. 시인은 하나님이 하나님의 율례와 도를 가르쳐 주시면 '끝까지' 지키겠다고 하였다. 여기 나오는 '끝까지'의 의미에 대하여 여러 가지 해석들이 있지만 '상급'으로 이해하는 것이 무난하다.

하나님의 가르침에 따라 끝까지 지키는 자세가 하나님의 백성에게 있어야 하는데 시인은 이것을 강조하여 하나님의 역사하심과 뜻을 나타낸다. 하나님이 가르쳐 주신 것을 끝까지 지키는 것이 하나님의 백성의 자세이다.

2. 깨닫게 하여 주소서

34절에서 "나로 하여금 깨닫게 하여 주소서 내가 주의 법을 준행하며 전심으로 지키리이다"고 하였다. 이 말씀은 33절과 연결된다. '가르치소서'와 '깨닫게 하소서'가 같은 의미를 가지고 있다. 하나님께서 깨닫게 해 주시면 '전심으로' 지키겠다고 하였다. '전심'이란 '있는 힘을 다하여'란 뜻이다. 하나님이 가르쳐 주시면 있는 힘을 다하여 이 말씀을 지키겠다고 하였다. 하나님의 백성은 자기가 가진 모든 힘을 다해 이 말씀을 지켜야 한다.

하나님의 백성은 철두철미하게 하나님 중심으로 살아야 하며 하나님이 가르쳐 주신 말씀을 있는 힘을 다하여 지켜야 한다. 이것은 하나님의 백성의 늘 지켜야 하는 원리이다.

35절에서 "나로 하여금 주의 계명들의 길로 행하게 하소서 내가 이를 즐거워함이니이다"고하였다. 이 말씀은 잠언 4:11~19과 비슷하다. '주의 계명들의 길'은 계시된 하나님의 뜻을 따라 순종하는 행동을 말한다. 하나님이 가르쳐주신 길로 행하는 것이 하나님의 백성들이 가야 할 길이다.

'내가 이를 즐거워함이니이다'고 하였는데 하나님의 말씀을 따라 행하는 것이 하나님의 백성들이 즐거워해야 할 일이다. 하나님의 말씀을 따르는 것은 억지로 하는 것이 아니라 하나님의 백성들이 기쁨으로 또 자원하는 마음으로 해야 할 일이다. 시인은 이것을 노래하였고 자신의 고백적 삶을 말하고 있다.

36절에서 "내 마음을 주의 증거들에게 향하게 하시고 탐욕으로 향하지 말게 하소서"라고 하였다. 시인의 굳건한 자세가 표현되어 있다. '마음'은 '전인(全人)'을 의미한다. 전인격적 존재로서의 마음이다. 이러한 인간의 마음이 주의 증거로 향하기를 원한다. 이것은 하나님을 전적으로 의지하는 자세를 말한다. 전인격적으로 하나님을 바라는 신앙인의 모습이다.

시인은 하나님의 백성이 금해야 할 것을 말하였는데, '탐욕으로' 향하지 말게 해 주시기를 구하였다. '탐욕으로'란 '이익으로' 또는 '불의한 소득으로'라는 뜻이다. 그러니 하나님을 바라지 않고 탐욕에 치우치는 삶을 살지 않게 해 달라고 호소하였다. 시인의 기도는 매우 간단하지만 인생이 취해야 할 길이 무엇인지를 분명히 보여 주고 있다. 인생은 탐욕을 좇지 말고 주의 증거를 바라보며 살아가야 한다는 기본적 자세가 묘사되어 있다. 쉬 없어지는 것이 모든 것을 거는 자세가 아니라 영원한 생명을 열망하여야 한다.

3. 살아나게 하소서

37절에 "내 눈을 돌이켜 허탄한 것을 보지 말게 하시고 주의 길에서 나를 살아나게 하소서"라고 하였다. '내 눈'은 나 자신을 말한다. 자신을 돌이켜 허탄한 것을 보지 말게 해 달라고 간구하는데 허탄한 것이란 실제로 존재하지 않는 것 즉 없는 것, 텅빈 것과 도덕적으로 건전하지 않는 것 즉 거짓된 것, 신실하지 못한 것을 의미한다.

허탄한 것의 대표적인 것은 우상이다. 우상이란 실제로 존재하지 않는 거짓된 것이고 도덕적으로도 신실하지 못한 것이다. 이것을 바라보지 않고 '주의 길'을 따르게 해 달라는 기도이다. 주의 도란 주님께 순종하는 길이요 하나님께서 자기 백성을 인도하는 길이다. 이러한 길을 걷는 자는 하나님 앞에서 풍성함을 체험한다.

38절에서 "주를 경외하게 하는 주의 말씀을 주의 종에게 세우소서"라고 하였다. '주를 경외하게 하는 것'은 하나님을 경외하는 자에게 주신 약속이다. 주님을 경외케 하는 주의 말씀 즉 주님의 약속을 주의 종에게 채워 주시기를 기도하고 있다. 시인은 하나님의 말씀으로 가득하게 채워서 하나님을 따라가는 삶을 살기를 원하고 있다.

39절에서 "내가 두려워하는 비방을 내게서 떠나게 하소서 주의 규례들은 선하심이니이다"고 하였다. 시인은 여러 가지 어려움을 겪고 있었다. 이 고통으로 인하여 원수들에게서 조롱을 받았다. 시인은 이것을 '훼방'이라고 하였고 이것이 떠나기를 원하였다. '주의 규례는 선하심이니이다'고 하였는데, 규례는 원수들에 대한 하나님의 판단이다. 그러니 이 규례가 선하다고 하였으니 옳다는 말이다.

40절에서 "내가 주의 법도들을 사모하였사오니 주의 의로 나를 살아나게 하소서"라고 하였다. 이 말씀은 39절과 평행을 이룬다. 시인은 하나님의 도움을 구한다. '주의 법도'를 사모하였고, 주의 공의로 인하여 소생시켜 주시기를 호소한다. 시인은 하나님의 돌보심으로 자신이 회복되기를 호소한다. 이것이 하나님의 백성이 취해야 할 바른 삶의 길이다. 하나님이 소생시켜 주심을 바라는 자세가 있어야 한다.

주의 계명들을 향하여 내 손에 들고

315 *Meditation on Psalms*

시편 119:41~48

41여호와여 주의 말씀대로 주의 인자하심과 주의 구원을 내게 임하게 하소서 42그리하시면 내가 나를 비방하는 자들에게 대답할 말이 있사오리니 내가 주의 말씀을 의지함이니이다 43진리의 말씀이 내 입에서 조금도 떠나지 말게 하소서 내가 주의 규례를 바랐음이니이다 44내가 주의 율법을 항상 지키리이다 영원히 지키리이다 45내가 주의 법도들을 구하였사오니 자유롭게 걸어갈 것이오며 46또 왕들 앞에서 주의 교훈들을 말할 때에 수치를 당하지 아니하겠사오며 47내가 사랑하는 주의 계명들을 스스로 즐거워하며 48또 내가 사랑하는 주의 계명들을 향하여 내 손을 들고 주의 율례들을 작은 소리로 읊조리리이다

시인은 의인이 악한 세력과 싸우는 모습을 명확하게 그리고 있다. 하나님이 구원의 말씀으로 인자함을 약속하고(41절) 악한 자들이 더욱 악랄하게 행동할지라도 박해받는 자는 하나님을 바라보게 된다. 시인은 개인적으로 받은 하나님의 말씀이 하나님의 율법의 기본 원리와 관계가 있음을 강조한다. 하나님의 말씀을 단순한 명령이 아니라 하나님의 백성들이 지켜야 할 원리이며 이것을 통하여 하나님의 놀라운 역사가 나타난다.

1. 주의 구원을 내게

41절에서 "여호와여 주의 말씀대로 주의 인자하심과 주의 구원을 내게 임하게 하소서"라고 하였다. 시인은 '여호와여 주의 말씀대로'라고 하였다. 이것은 우리 믿음의 근본을 말하는 것으로서 모든 것이 주의 말씀대로 이루

어져 나감을 말한다.

하나님의 말씀이 강조되는 것이 무엇인가? 그것은 주의 인자하심 즉 사랑과 주의 구원이다. 하나님의 사랑과 구원은 하나님의 말씀의 기본이며 하나님을 통하여 이루어진다. 시인은 그 역사가 내게 임하여지기를 호소하고 있다. 하나님의 약속대로 하나님의 사랑과 구원이 시인에게 임하기를 기도하는데 이것은 하나님의 백성이 따라야 하는 최고의 명령이요 특권이다. 시인은 이것을 호소하였다.

42절에서 "그리하시면 내가 나를 비방하는 자들에게 대답할 말이 있사오리니 내가 주의 말씀을 의지함이니이다"고 하였다. 하나님이 약속하신대로 사랑과 구원을 보여 주시면 원수들에게 대답할 말이 있다고 하였다. 여기서 대답할 말은 단순히 질문에 대하여 대답하는 것이 아니라 원수들의 주장에 반대하는 것이다.

시인은 많은 원수들에게 에워 쌓여 있었다. 그들은 하나님의 백성을 조롱하고 하나님을 모욕하는 말을 하였다. 그러한 가운데 하나님께서 사랑과 구원을 보여주심으로 원수들의 궤변에 대해 대답할 말이 있다. 이것은 하나님이 개입하셔서 답을 주신 것이다.

'내가 주의 말씀을 의지함이니이다'고 하였으니 하나님께서는 약속하는 것을 반드시 이루신다는 것을 확신하는 데서 나온 말이다. 하나님은 말씀하신 것을 반드시 이루시는 분이다. 하나님의 백성을 이것을 믿기 때문에 모든 것을 하나님 중심으로 풀어나간다.

43절에서 "진리의 말씀이 내 입에서 조금도 떠나지 말게 하소서 내가 주의 규례를 바랐음이니이다"고 하였다. '진리의 말씀'은 하나님의 성실하심을 기록한 것이다. 시인은 이 말씀이 자신의 입에서 조금도 떠나지 말게 해주시기를 호소하였다. 시인은 하나님의 진리의 말씀을 전적으로 의지하고 그 말씀이 자기에게서 떠나지 않기를 바랐다. 이것은 하나님의 말씀에 대한 전폭적인 지지를 말하는데, 이 말씀을 부여잡고 하나님께 순복하는 삶을 말한다. '내가 주의 규례를 바랐음이니이다'고 하였는데 이 말은 하나님의 의로운 심판을 기다린다는 뜻이다. 하나님께서 이 세상을 심판하실 것을 믿기에 하나님의 백성은 공의로우신 하나님을 의지한다. 우리들이 하나님의 말씀에서 조금도 떠나지 아니하면 하나님은 선하신 역사를 통하여 자기 백성을 보호하고 악인들을 심판하신다. 이러한 하나님을 믿는 것이 하나님의 백성의 기본 자세이며 영원을 사모하는 생명의 길이기도 하다.

2. 영원히 지키리이다

44절에서 "내가 주의 율법을 항상 지키리이다 영원히 지키리이다"고 하였다. 시인은 주의 율법을 지키는 것을 강조하고 있는데 이것은 하나님의 백성의 순종의 자세를 말한다. 그런데 우리들이 진심을 가진 표현들이 있다. '항상' '영원히' '끝없이'라는 말이다. 모두가 같은 뜻이며 중복 강조를 나타낸다,

하나님의 백성들은 하나님의 율법을 항상, 영원히, 그리고 끝없이 지켜야 한다. 시인의 아름다운 표현은 하나님의 백성이 말씀에 대하여 취해야할 자세를 절묘하게 그렸다. 하나님의 백성은 '항상, 영원히, 끝없이' 하나님의 말씀을 사모하고 지켜야 한다.

45절에 "내가 주의 법도들을 구하였사오니 자유롭게 걸어갈 것이오며"라고 하였다. 시인은 하나님을 예배하거나 하나님의 말씀을 얻기 위하여 하나님께 구한다. 이렇게 구하게 되면 넓은 곳에서 자유롭게 다니게 된다. 자유롭게 다니는 자는 어떤 속박을 받지 않고 넓은 곳에서 행복을 누리게 된다. 어려운 자에게 '넓은 곳'을 준다는 것은 고통에서 건진다는 말이다. 하나님의 은혜로 풍성한 삶을 누리는 것이 무엇보다 소중하다. 학자들 가운데는 이 구절이 가나안 복지에서 평화롭게 지나는 것으로 해석하기도 한다. 우리는 고통의 자리에서 벗어나 하나님의 사랑을 통하여 넓고 평안한 삶을 살게 되는 복을 받았다. 그러기에 우리는 이 은혜에 감사하고 하나님의 영광을 드러내어야 한다.

3. 주의 교훈을 말할 때에

46절에서 "또 왕들 앞에서 주의 교훈들을 말할 때에 수치를 당하지 아니하겠사오며"라고 하였다. 여기서 '왕들'은 반드시 왕이라고 보기보다 시적 표현으로 이 땅의 능력자들이라고 볼 수 있다. 어쨌든 왕이든 능력자이든 이들 앞에서 주의 법을 말하게 된다. 이것은 자발적으로 말하는 것인지 아니면 강압적으로 끌려가서 말하는 것인지 분명치 않으나 하나님의 말씀은 증거하는 것은 분명하다. 이때에 '수치를 당하지 아니하겠사오며'라고 하였는데, 이 말은 자기가 수치를 당한다는 것이 아니라 '내가 당신의 증거를 부끄럽게 여기지 않겠습니다'라는 뜻이다. 하나님의 말씀은 부끄럽게 생각지 않고 당당히 전하겠다는 것을 확실히 나타낸다.

47절에서 "내가 사랑하는 주의 계명들을 스스로 즐거워하며"라고 하였다. '내가 사랑하는'이란 전인격적 사랑을 말한다. 감정과 의지 그리고 지성이 어우러져 하나님을 사랑하는 자세이다. 시인은 '주의 계명을 스스로 즐거워한다' 하나님의 말씀을 전인격적으로 사랑하고 이 사랑을 통하여 하나님의 말씀을 즐거워하는 것이다. 하나님에 대한 사랑은 감정으로만 되어지는 것이 아니라 전인격적 사랑의 역사로 이루어진다. 나의 모든 것을 드려 하나님을 사랑하는 자세가 정립될 때에 다른 부분도 해결되어진다.

48절에서 "또 내가 사랑하는 주의 계명들을 향하여 내 손을 들고 주의 율례들을 작은 소리로 읊조리리이다"고 하였다. '내 손을 들고'는 기도하는 자세를 말한다. 시인은 하나님의 말씀을 사랑하고 그 말씀을 귀하게 여기고 묵상한다고 하였다. 하나님의 백성은 하나님의 말씀을 묵상하는 삶을 산다. 이것은 하나님의 말씀이 우리 삶의 기본이 되며 그것으로 인하여 하나님의 뜻을 분별하고, 사랑과 구원을 노래한다. 이러한 삶의 태도가 우리의 일상생활에게 구체화 되도록 노력해야 한다.

주의 종에게 하신 말씀을 기억하소서

시편 119:49~56

49주의 종에게 하신 말씀을 기억하소서 주께서 내게 소망을 가지게 하셨나이다 50이 말씀은 나의 고난 중의 위로라 주의 말씀이 나를 살리셨기 때문이니이다 51교만한 자들이 나를 심히 조롱하였어도 나는 주의 법을 떠나지 아니하였나이다 52여호와여 주의 옛 규례들을 내가 기억하고 스스로 위로하였나이다 53주의 율법을 버린 악인들로 말미암아 내가 맹렬한 분노에 사로잡혔나이다 54내가 나그네 된 집에서 주의 율례들이 나의 노래가 되었나이다 55여호와여 내가 밤에 주의 이름을 기억하고 주의 법을 지켰나이다 56내 소유는 이것이니 곧 주의 법도들을 지킨 것이니이다

이 부분은 히브리어 알파벳 일곱 번째인 '자인'을 바탕으로 쓰여졌다. 여기서도 '애가' 형태가 특성을 이루고 있다. 시인은 하나님을 향하여 '기억하소서'라고 호소하고 있다. 시인은 지난날 하나님께서 선언하신 '판단'에 위로 받고 있다. 하나님께서 지난날 지켜 주신 것같이 지금도 지켜 주실 것을 믿고 이 하나님을 바라본다. 시인은 기도로 시작한다. 이것은 단순한 호소가 아니라 하나님을 영화롭게 하는 길이요 최선의 방법이다.

1. 하신 말씀을 기억하소서

49절에서 "주의 종에게 하신 말씀을 기억하소서 주께서 내게 소망을 가지게 하셨나이다"고 하였다. 하나님께서 하신 말씀을 하나님이 기억해 주

시기를 호소하였는데, 이로써 자신이 해야 할 일이 무엇인지를 분명히 밝히고 있다. 시인은 자신이 '하나님의 종'으로서 하나님을 섬기며 하나님의 뜻을 이 땅에 실천하는 자신의 처지를 분명히 하고 있다.

'주의 종에게 하신 말씀을 기억하소서'라고 하였다. 주의 종에게 하신 말씀이 무엇인가? 하나님께서 사랑하고 구원하신다는 말씀이다. 41절 이하에서 '말씀대로'를 강조하고 있다. '기억하소서'란 하나님이 잊으셨다는 말이 아니라 하나님의 역사가 지금도 강하게 나타나며 그것이 하나님의 존재의 증거가 되었다는 의미이다.

'주께서 내게 소망을 가지게 하셨나이다' 고 하였다. 이것은 문법적으로 사역형으로서 하나님의 백성으로 하여금 소망을 가지게 한다. 하나님의 말씀이 우리들에게 귀하게 나타나기에 우리들은 하나님을 소망한다. 좌절과 고통의 날이 계속될지라도 하나님이 우리와 함께 하실 때에 이것이 소망이다.

50절에 "이 말씀은 나의 고난 중의 위로라 주의 말씀이 나를 살리셨기 때문이니이다" 고 하였다. 시인은 곤란을 겪고 있었고 자신이 무엇을 해야 할지 알지 못하는 자리에 있었다. 이러한 곤란 중에 하나님의 말씀은 위로가 된다. '곤난 중에 위로라'는 말은 우리에게 힘과 소망을 준다. 아무리 힘들고 어려워도 하나님의 말씀을 생각하면 모든 고통이 사라지고 위로를 받는다. 이것은 하나님의 말씀을 사모하는 사람에게 임하는 하나님의 위대한 역사이다.

시인은 왜 이러한 고백을 하는가? '주의 말씀이 나를 살리셨기 때문이니이다' 고 하였다. 하나님의 말씀은 고치는 능력이 있다. 영적으로 또는 육신의 병든 자를 하나님의 말씀이 고친다. 이것은 치유하시는 하나님의 역사를 의미한다.

고통 중에 있을 때에 하나님의 말씀을 통하여 고침을 받았으니 이것이 시인에게 위로가 되고 힘이 된다. 하나님의 역사는 이러한 능력으로 임한다. 고치시는 하나님의 역사이기에 늘 감사하며 역경을 이기고 나아간다.

2. 주의 법도를 떠나지 아니하였나이다

51절에서 "교만한 자들이 나를 심히 조롱하였어도 나는 주의 법을 떠나지 아니하였나이다"고 하였다. 시인의 주변에는 교만한 자들이 많아 시인을 조롱하였다. 그들은 하나님을 섬기지 아니하고 자기도취 속에 살아간다. 이런 자들의 조롱 속에서도 시인은 '주의 법을 떠나지 아니하였다.' 하나님의 말씀이 너무나 소중하기에 누가 아무리 조롱한다고 하여도 하나님의 말씀을 부여잡고 살아간다. 이것이 하나님의 백성의 놀랍고 강한 믿음의 산물이다.

조롱하는 자들은 자기 중심으로 살아가고 하나님을 거역한다. 그리하여 하나님의 말씀보다 자기 뜻을 소중하게 여긴다. 그러나 하나님의 백성은 말씀이 능력을 체험하였기에 하나님의 법도를 기억하고 이 하나님을 의지한다.

52절에서 "여호와여 주의 옛 규례들을 내가 기억하고 스스로 위로하였나이다"고 하였다. 여기서 '주의 규례'는 단지 법적인 이상의 것이다. 시인은 '주의 옛 규례' 즉 하나님의 구원의 역사를 기억하였고, 이것으로 인하여 스스로 위로를 받는다. 하나님은 말씀을 통하여 스스로를 힘있게 하신다. 아무리 힘들고 고통스러워도 하나님이 주시는 힘을 얻게 되고 여기서 낙심하거나 좌절하는 일이 없게 된다. 하나님이 나와 함께 하시고 하나님의 말씀을 통해 힘을 얻고 위로를 받기 때문이다.

53절에서 "주의 율법을 버린 악인들로 말미암아 내가 맹렬한 분노에 사로잡혔나이다"고 하였다. 악인들은 어떤 자인가? 주의 율법을 버린 자들이다. 주의 율법의 핵심은 사랑인데 악인들은 사랑을 배반하고 외면하는 자들이다. 이런 저들이 이 땅에서 설치고 다닐지라도 그들의 결국은 멸망이다.

시인은 악인들로 인하여 '맹렬한 분노'에 사로잡혀 있다. 이것은 떨림을 의미하는데 하나님을 거역하고 하나님의 율법을 무시하는 자들로 인해 맹렬한 분노를 느끼고 있다는 말이다. 이것은 공의의 분노이며 하나님을 대적하는 자들로 인한 노여움이다.

3. 나의 노래가 되었나이다

54절에서 "내가 나그네 된 집에서 주의 율례들이 나의 노래가 되었나이다"고 하였다. '나그네 된 집'은 이 땅을 가리킨다. 하나님의 백성은 나그네와 행인 같은 삶을 산다. 시인은 나그네로서 살아가는데 이 땅에 목표를 두는 것이 아니라 하나님의 나라에 목표를 두고 살아간다. 시인은 여호와의 율례가 나의 노래가 되었다고 하였다. 여기서의 노래는 단순한 노래가 아니라 찬양이라고 볼 수 있다. 나그네와 같은 삶을 살아가면서 좌절하거나 낙망하지 않고 하나님의 율법이 우리의 찬양이 되기를 열망하는 시인의 모습이 오늘의 우리들에게서 구체화 되어져야 한다. 나그네의 삶은 고통과 위험이 도사리고 있으며 외로움으로 인해 다른 사람이 알지 못하는 어려움을 겪고 있다. 그럼에도 불구하고 하나님의 말씀으로 찬양하는 삶이 이루어져야 한다.

55절에서 "여호와여 내가 밤에 주의 이름을 기억하고 주의 법을 지켰나이다"고 하였다. 여기서 '밤'이란 시간적 의미가 아니라 '두려움과 걱정의 때'(욥 24:14~17, 36:20)이다. 이러한 어려움의 때에 하나님의 임재를 구하는 신앙의 자세를 보여준다.

걱정과 근심의 때에 하나님의 임재와 역사를 구하는 것은 하나님의 백성이 취해야 할 자세이다. 우리에게 어려움이 올 때에 그 고통을 이기기 위하여 하나님의 돌보심을 의지하는 것이 신앙인의 태도이다.

56절에서 "내 소유는 이것이니 곧 주의 법도들을 지킨 것이니이다"고 하였다. 시인은 자신의 소유가 이것이라고 분명히 말하고 있는데 '주의 법도를 지키는 것'이라고 하였다.

우리의 소유가 무엇이냐고 물으면 많은 사람들은 동산과 부동산을 말할 것이지만 시인은 '하나님의 말씀'이라고 말하고 있다. 이것은 시인의 신앙고백이며 삶의 단면이다. 하나님의 말씀이 내 재산일 때에 우리의 삶은 말씀을 중심으로 이루어져 나간다. 이러한 기본적 고백을 통하여 바른 소유관을 가질 수 있다.

317 *Meditation on Psalms*

여호와는 나의 분깃이시니

시편 119:57~64

57여호와는 나의 분깃이시니 나는 주의 말씀을 지키리라 하였나이다 58내가 전심으로 주께 간구하였사오니 주의 말씀대로 내게 은혜를 베푸소서 59내가 내 행위를 생각하고 주의 증거들을 향하여 내 발길을 돌이켰사오며 60주의 계명들을 지키기에 신속히 하고 지체하지 아니하였나이다 61악인들의 줄이 내게 두루 얽혔을지라도 나는 주의 법을 잊지 아니하였나이다 62내가 주의 의로운 규례들로 말미암아 밤중에 일어나 주께 감사하리이다 63나는 주를 경외하는 모든 자들과 주의 법도들을 지키는 자들의 친구라 64여호와여 주의 인자하심이 땅에 충만하였사오니 주의 율례들로 나를 가르치소서

시편 119편 전체가 하나님의 말씀을 찬양하는 데 하나님께서 어떤 은혜를 베풀어 주시는 지를 분명히 밝히고 있다. 57~64절은 히브리어 알파벳 여덟 번째 글자는 '헤트'를 중심으로 쓰여졌는데, 애통과 고백이 많이 나온다.

이 부분에서는 레위인의 모습이 반영되고 있는데 그들은 땅을 가지지 못하며 오직 여호와를 그들의 분깃으로 여긴다. 이러한 레위인의 고백은 영적으로 의인들에게 적용된다. 하나님만을 자신의 분깃으로 하여 살아가는 그 자세가 중요하다.

1. 나의 분깃이시니

57절에서 "여호와는 나의 분깃이시니 나는 주의 말씀을 지키리라 하였나이다"고 하였다. 시인은 신앙고백을 분명히 하고 있다. '분깃'이란 '상속'을 의미하고 '기업'을 말한다. 시편에는 '여호와는 나의 분깃'이라는 표

현이 여러 번 나온다(16:5, 73:26, 142:5). 여호와는 하나님의 백성의 분깃이다. 민수기에 보면 레위인에게는 땅이 없음을 분명히 하였다. "여호와께서 또 아론에게 이르시되 너는 이스라엘 자손의 땅의 기업도 없겠고 그들 중에 아무 분깃도 없을 것이니(민 18:20)라고 하였다. 하나님께서는 레위인에게 땅을 주지 아니하였으나 하나님께서 레위인의 분깃이 되셨다.

이러한 원리가 하나님의 백성들에게 적용된다. 하나님은 우리의 '전부'이다. 우리의 모든 것이 하나님의 것이기에 하나님이 '나의 분깃'이라고 고백하며 살아간다. 이것이 하나님의 백성의 최고의 영광이며 지향점이다.

58절에서 "내가 전심으로 주께 간구하였사오니 주의 말씀대로 내게 은혜를 베푸소서"라고 하였다. 57절에서 "여호와는 나의 분깃이시니 나는 주의 말씀을 지키리라 하였나이다"고 하여 자신이 하나님을 의지하고 살아갈 것을 고백하고 다시 하나님께 기도하였다. '내가 주의 은혜를 구하였사오니'라고 하였는데 이 표현은 말라기 1장 9절에도 나타난다. 말라기 시대에는 불평과 불만 가운데서 구하였으나 시편의 시인은 하나님의 역사하심을 믿고 구하였다.

시인은 '내가 전심으로 주의 은혜를 구하였사오니'라고 하였다. 하나님께서 우리의 약속하신 것을 모두 믿고 그 은혜를 간구한 것이다. '주의 말씀대로 나를 긍휼히 여기소서'라고 하였다. 자기에게 무슨 능력이 있어서 구하는 것이 아니라 하나님의 긍휼하심 즉 하나님의 사랑으로 불쌍히 여겨 주시기를 호소하였다.

2. 주의 증거들을 향하여

59절에서 "내가 내 행위를 생각하고 주의 증거들을 향하여 내 발길을 돌이켰사오며"라고 하였다. 여기서 '내가 내 행위를 생각하고'는 '내가 주의 행사를 생각하고'라는 뜻이다. 사람들이 아무리 계획할지라도 그것은 이루는 분은 하나님이시라는 생각하고, 시인이 자기의 인생을 계획하였으나 그것을 이루시는 분은 하나님이시기에 이 하나님을 의지하는 것이 무엇보다도 중요하다. 자기 자신을 돌아 볼 때에 자랑할 것이 없는 인간들이지만 하나님의 말씀대로 모든 것이 이루어진다는 사실을 생각하여 하나님께 영광을 돌리는 것이 무엇보다 중요하다.

60절에서 "주의 계명들을 지키기에 신속히 하고 지체하지 아니하였나이다"고 하였다. 시인은 간절한 마음으로 하나님의 말씀을 지킨다. 사람들은 악을 행하기에 신속하지만 하나님의 백성은 하나님의 말씀을 지키기에 신속하다. 하나님의 백성은 하나님의 말씀을 지키는 것은 어떤 명분이나 논리가 아니라 자신의 삶의 실체이며 근거이다. 즉 하나님의 백성은 존재 이유가 말씀에서 나타난다. 하나님의 말씀을 통하여 하나님의 뜻을 분별하고 자신의 존재 의미를 확인한다.

61절에서 "악인들의 줄이 내게 두루 얽혔을지라도 나는 주의 법을 잊지 아니하였나이다"고 하였다. '악인들의 줄'은 원수들이 시인을 잡으려고 만든 올무이다. 그들은 사냥꾼처럼 올무를 놓고 목표물을 기다린다. 악인들은 하나님의 백성을 해치기 위하여 이러한 방법을 사용한다. 그들은 다양한 방법으로 의인들을 해치지만 하나님의 백성은 하나님의 법을 잊지 아니한다. 이것은 하나님의 백성의 고백이며 삶의 목표이다.

악인들은 온갖 음모를 꾸미지만 하나님의 약속은 변치 않으며, 반드시 이루신다. 하나님은 자기 백성을 다양한 방법으로 지키는데 하나님의 백성들은 이것을 믿어야 한다. 우리들이 살아가는 현실에는 여러 가지 어려움이 있다. 특히 악인들의 음모로 인하여 우리가 어려움을 겪을 때가 많다. 그럼에도 불구하고 우리는 하나님의 약속을 믿는다. 하나님은 자기 백성을 구원하고 사랑하신다.

3. 밤중에 일어나

62절에 "내가 주의 의로운 규례들로 말미암아 밤중에 일어나 주께 감사하리이다"고 하였다. 시인은 하나님의 옳으신 규례를 믿고 있기에 '밤중' 즉 '한밤' 또는 '자정'에 일어나 하나님께 감사를 드린다. '밤'은 성경에서 심판의 때로 묘사될 때가 많다(욥 27:19-20, 24:10, 눅 10:20, 살전 5:2). 유월절의 밤(출 12:29)은 심판의 분수령이었다. 바로와 그 종들은 밤중에 일어나 장자의 죽음으로 인하여 애곡하였으나(출 12:30) 하나님의 종들은 하나님께 감사를 드린다.

이것이 분명한 분별로 우리들에게 교훈된다. 하나님의 징벌과 자기 백성의 구원인데 하나님의 백성은 밤중에 일어나 하나님께 감사 기도를 한다. 이것이 하나님의 전통이 되어 이스라엘 공동체 속에 남아 있다. 특히 쿰란 공동체는 매일 밤 3경에 일어나 성경을 읽고 연구하였다. 하나님의 백성은 밤중에 일어나 하나님께 감사 기도를 드리는 삶의 자세를 가져야 한다. 이것으로 인하여 하나님만 의지하는 삶을 살게 된다.

63절에서 "나는 주를 경외하는 모든 자들과 주의 법도들을 지키는 자들의 친구라"고 하였다. 시인은 하나님의 은혜를 체험하고 나니 다른 사람을 생각하게 된다. 여기서 '동무'라고 하였는데 이것은 인위적 조직원이 아니라 공동체 혹은 단원이다. 은혜 받은 자의 관심은 넓어진다. 다른 사람을 생각하고 그들의 평안을 기도한다. 이것은 영적 관계를 말하는데 하나님의 백성들은 하나의 공동체를 형성하고 하나님의 뜻을 이룬다.

64절에서 "여호와여 주의 인자하심이 땅에 충만하였사오니 주의 율례들로 나를 가르치소서"라고 하였다. 시인은 '여호와여'라고 불러 하나님과의 언약 관계를 말한다. 하나님의 인자하심이 언약 관계 안에만 머물지 않고 온 땅에 충만하다. 여기서 시인은 하나님의 보편적 은총을 강조하고 있다. 이러한 하나님의 역사를 믿기에 '주의 율례로 나를 가르치소서'라고 기도하였다. 하나님이 나를 가르쳐 주셔야 하나님의 뜻을 이 땅에 바로 나타낼 수 있기에 이것을 호소하고 있다. 하나님의 백성은 하나님의 은총 속에서 살아가기에 하나님의 뜻을 앙망하는 삶을 살아야 한다.

주의 종을 선대하셨나이다

시편 119:65~72

65여호와여 주의 말씀대로 주의 종을 선대하셨나이다 66내가 주의 계명들을 믿었사오니 좋은 명철과 지식을 내게 가르치소서 67고난 당하기 전에는 내가 그릇 행하였더니 이제는 주의 말씀을 지키나이다 68주는 선하사 선을 행하시오니 주의 율례들로 나를 가르치소서 69교만한 자들이 거짓을 지어 나를 치려 하였사오나 나는 전심으로 주의 법도들을 지키리이다 70그들의 마음은 살져서 기름덩이 같으나 나는 주의 법을 즐거워하나이다 71고난 당한 것이 내게 유익이라 이로 말미암아 내가 주의 율례들을 배우게 되었나이다 72주의 입의 법이 내게는 천천 금은보다 좋으니이다

이 본문은 히브리어 알파벳 '토브'로 시작된다. 65절 이하에서는 여러 가지 형식이 뒤섞이고 있는데, 65절은 '감사시'의 형식이다. 하나님의 종이 하나님의 축복에 감사하는 내용이다. 그러나 66절에서는 바로 간청을 하고 있다. 하나님의 백성이 이 땅에 사는 동안 여러 가지 고난을 겪을 때가 있다. 이 고난을 이기는 길이 바로 하나님의 말씀이며 기도이다. 말씀을 통하여 하나님과의 관계를 정확히 하고, 기도로 자신의 소원을 아뢰는 삶을 산다. 이러한 과정을 통하여 고통을 이기고 하나님의 영광을 드러낸다.

1. 주의 종을 선대하셨나이다

65절에서 "여호와여 주의 말씀대로 주의 종을 선대하셨나이다"고 하였

다. 시인은 '여호와여'라고 하여 '약속의 하나님'을 부른다. 이것은 단순한 호칭 같으나 하나님을 향한 고백이요, 자신의 신앙을 나타내는 길이다. '주의 말씀대로 주의 종을 선대하셨나이다'고 하였는데, 시인은 하나님의 성실하심을 인정하였다. 그는 하나님께 충실하였고, 하나님의 약속하신 말씀대로 시인에게 복을 주셨다(신 30:15~16).

하나님은 선하신 분이다. 하나님은 자기에게 나아오는 자를 선대하시는 분이다. 이것은 '주의 말씀대로' 언약하신 것이며, 그것을 믿는 자에게 역사하시는 하나님이심을 분명히 보여 준다. 우리가 고난 중에서도 하나님을 믿고 의지하면 하나님께서 그 백성을 선대하시고 좋은 것으로 채워 주신다. 이 하나님을 믿는 것이 하나님의 백성의 길이다.

66절에서 "내가 주의 계명들을 믿었사오니 좋은 명철과 지식을 내게 가르치소서"라고 하였다. 시인은 '주의 계명들을 믿는다'고 고백하였다. 이 말씀은 주의 종을 선대하는 것을 믿었다. 시인은 이것을 '주의 계명'이라고 하였으니 하나님의 입에서 나오는 말씀은 모두가 계명이요 우리가 준수해야 할 말씀이다.

'명철'이란 '판단' 혹은 '분별력'을 말하는데 '깨닫는 능력'이다. 하나님의 말씀을 들으면서 이 말씀이 나에게 주는 교훈이 무엇인지 깨닫는 능력이다. '지식'은 단순히 무엇을 많이 알고 암기하는 것이 아니라 사물, 사건, 사람에 대해 친숙해져서 특별한 관계를 갖는 것이다. 단순한 정보가 아니라 책임을 가지며 또 하나님과의 관계를 의미한다. 하나님과의 관계에서 바른 지식이 온다. '여호와를 경외하는 것이 지식의 근본'이라고 하신 말씀처럼 하나님을 경외함으로 바른 지식을 얻을 수 있다. 그래서 시인은 '내게 가르치소서'라고 간청하였다.

하나님의 가르침을 통하여 하나님을 믿고 하나님께 나아가야 한다. 시인이 이것을 구하였듯이 우리들도 하나님께 바른 간구를 해야 한다.

2. 주의 말씀을 지키나이다

67절에서 "고난 당하기 전에는 내가 그릇 행하였더니 이제는 주의 말씀을 지키나이다"고 하였다. 이것은 시인의 개인적 고백이며 현재의 상황을 그대로 묘사하고 있다. 시인이 어떤 고난을 당하는 지는 분명하지 않다. 아마 원수들의 조롱과 훼방일 것이다. 이러한 시련을 통하여 자신의 모습을 보게 되고 하나님께 의지하게 된다. '내가 그릇 행하였더니'라고 하였다. 이것은 비의도적인 죄를 말한다. 시인은 자신의 고난은 죄 때문에 오는 하나님의 징계로 이해하였다.

이러한 과정을 통하여 '이제는 주의 말씀을 지키나이다'고 고백한다. 역경 속에서 하나님의 말씀을 바로 깨닫고 우리를 향하신 하나님의 섭리가 무엇인지 아는 것은 매우 중요한 일이다. 이것을 경험한 사람들을 하나님의 말씀을 지키게 된다. 우리들에게 고난이 올 때 우리를 돌아보아야 한다. 그것은 하나님의 뜻이 무엇인지 분별하는 기회가 되고, 하나님을 더욱 신뢰하게 된다.

68절에서 "주는 선하사 선을 행하시오니 주의 율례들로 나를 가르치소서"라고 하였다. '주는 선하사'는 하나님을 찬양하는 형식이다(시 25:8, 34:8, 73:1). 시인은 하나님을 선하다고 하였을 뿐만 아니라 선을 행한다고 하였다. 하나님은 선을 실천하시는 분이다. 그기에 이 하나님의 역사를 소중히 여겨야 한다. 시인은 '주의 율례들로 나를 가르치소서'라고 하였다. 하나님의 선하심을 역동적이어서 늘 역사하시기에 시인은 하나님의 말씀으로 가르쳐 주기를 바라고 있다. 하나님이 가르침을 받는 것이 무엇보다 소중하다.

3. 주의 법도를 지키리이다

69절에서 "교만한 자들이 거짓을 지어 나를 치려하였사오나 나는 전심으로 주의 법도들을 지키리이다”고 하였다. 교만한 자들은 스스로 높아지고 자기가 모든 것의 주인인양 행동한다. 이런 자들이 ‘거짓을 지어’ 즉 거짓말로 흑색선전을 하여 하나님의 백성을 괴롭힌다.

악한 자들은 각종 거짓을 만들어낸다. 그러한 과정을 통하여 하나님을 백성을 괴롭히지만 하나님의 백성은 전심으로 하나님의 법도를 지킨다. 하나님의 말씀을 지키는 것은 하나님의 백성의 바른 자세요 삶의 길이다.

70절에 “그들의 마음은 살져서 기름덩이 같으나 나는 주의 법을 즐거워하나이다”고 하였다. ‘살져서 기름덩이 같으나’는 구약에 한 번 밖에 나오지 않는다(욥 33:25과 사 6:10에 비슷한 내용이 있다). 그들이 마음이 살쪄 즉 ‘마음이 둔하여’ 하나님을 섬기지 못하고 있다. 이들의 생각과 행동은 절제되지 못하였고, 자기 마음대로 행하여 하나님의 말씀을 알지 못하게 된다. 이것이 하나님을 거역하는 자의 비극이다. 자신에게 너무 치우쳐 하나님에 대한 생각이 없어졌다. 그러나 하나님의 백성은 ‘주의 법을 즐거워한다.’ 하나님의 말씀을 가까이 하는 것이 복의 근원이 된다.

71절에서 “고난 당한 것이 내게 유익이라 이로 말미암아 내가 주의 율례들을 배우게 되었나이다”고 하였다. ‘고난 당하는 것이 내게 유익이라’고 한 것은 강한 믿음의 선언이다. 하나님의 섭리를 믿는 것으로 고난도 하나님의 은총이라는 사실을 믿는다. 고난은 힘들고 괴로운 것이다. 그러나 그 고난 뒤에 역사하시는 하나님의 섭리를 믿는 것은 하나님의 율례를 배푸시는 길이다.

72절에서 “주의 입의 법이 내게는 천천 금은보다 좋으니이다”고 하였다. ‘주의 입의 법’은 ‘주의 법’이다. ‘천천 금은’은 가장 많은 화폐 단위로서 최상의 표현이다. 엄청난 양이라는 뜻이다. 하나님의 말씀은 이 땅의 어떤 재물보다 귀하고 소중하며, 이것을 소유한 자는 이 땅에서 가장 풍요로운 자라는 말이다. 하나님의 백성은 이렇게 풍성한 자가 되어야 한다.

주의 손이 나를 만들고

시편 119:73~80

73주의 손이 나를 만들고 세우셨사오니 내가 깨달아 주의 계명들을 배우게 하소서 74 주를 경외하는 자들이 나를 보고 기뻐하는 것은 내가 주의 말씀을 바라는 까닭이니이 다 75여호와여 내가 알거니와 주의 심판은 의로우시고 주께서 나를 괴롭게 하심은 성 실하심 때문이니이다 76구하오니 주의 종에게 하신 말씀대로 주의 인자하심이 나의 위 안이 되게 하시며 77주의 긍휼히 여기심이 내게 임하사 내가 살게 하소서 주의 법은 나의 즐거움이니이다 78교만한 자들이 거짓으로 나를 엎드러뜨렸으니 그들이 수치를 당하게 하소서 나는 주의 법도들을 작은 소리로 읊조리리이다 79주를 경외하는 자들이 내게 돌아오게 하소서 그리하시면 그들이 주의 증거들을 알리이다 80내 마음으로 주의 율례들에 완전하게 하사 내가 수치를 당하지 아니하게 하소서

시인은 하나님을 창조주로 고백한다(시 139:14). 하나님의 말씀이 길을 보이시고 있음을 강조한다. 75절에서 '심판의 송영'을 나타내고 있으며, 하 나님이 의로우심과 심판하시는 분이심을 강조한다. 시인은 다시 한 번 자신 이 받는 고난이 하나님의 징계임을 고백하고 다시 한 번 간구한다(76~77 절). 이러한 강조는 통하여 하나님의 위대하심과 인생의 보잘 것 없음이 대 비되고 있으며, 주의 계명을 배우게 해 달라고 호소한다.

1. 주의 계명을 배우게 하소서

73절에서 "주의 손이 나를 만들고 세우셨사오니 내가 깨달아 주의 계명

들을 배우게 하소서"라고 하였다. 시인의 기도는 창조주 하나님을 강조한다. '주의 손'이란 '주의 능력'을 말한다. 주님이 나를 만드셨으니 자신은 하나님의 자녀라는 고백이다.

시인은 자신의 모든 근원이 하나님이심을 고백하고 있다. 이러한 깨달음을 통하여 하나님께 기도하게 된다. 하나님과의 관계가 정립되지 않으면 기도를 드릴 수 없다. 하나님을 자신의 조성자로 믿고 고백할 때에 하나님을 아버지로 고백한다. '세우셨사오니'라고 하였다. 하나님은 만들뿐만 아니라 세우셔서 바로 서게 하신다. '세우셨다'란 '남들 앞에 나타낸다'는 뜻이다. 하나님께서는 자기 백성을 세우셔서 하나님의 자녀로 살게 하셨다. '내가 깨달아 주의 계명들을 배우게 하소서'라고 하였다. 하나님의 백성은 하나님에게서 지음받는 것으로 족하지 않고 하나님께 교훈을 받아야 한다. '내가 깨달아'는 중요한 의미를 가진다. 자신이 하나님의 자녀라는 의식과 하나님이 주신 능력으로 하나님의 자녀의 길을 걸을 수 있음을 깨닫는 것이 중요한데 이것을 위해 하나님께 기도한다.

'주의 계명들을 배우게 하소서'는 바른 자녀의 삶을 위한 길을 배우는 것이다. 하나님의 자녀로 지음을 받은 후, 하나님께 가까이 나아가기 위하여 하나님의 계명은 여러 가지 이지만 '사랑'으로 압축할 수 있다. 하나님을 사랑하고 이웃을 사랑하는 것으로 요약된다. 이것을 배워서 하나님의 백성으로서 바로 살 수 있기를 원한다.

74절에서 "주를 경외하는 자들이 나를 보고 기뻐하는 것은 내가 주의 말씀을 바라는 까닭이니이다"고 하였다. '주를 경외하는 자들이 나를 보고'란 하나님의 구원의 역사가 혼자만의 것이 아니라 신실한 자들이 구원 역사에 동참한다는 의미이다. 하나님의 백성은 홀로 지내는 것 같으나 하나님께서는 믿음의 동지들을 예비해 두시고 그들로 하여금 힘을 얻게 하신다. 시인도 역경 중에서 홀로 살아가는 것 같지만 하나님께서 믿음의 백성을 예비해 주심을 고백한다. 고통당하는 자의 구원은 그가 주의 말씀을 바라는 것과 연관한다. '내가 주의 말씀을 바라는 까닭이니이다'고 하였다.

하나님의 말씀을 사모할 때에 위대한 변화가 일어나고 신앙공동체가 형성된다.

2. 주의 심판은 의로우시고

75절에 "여호와여 내가 알거니와 주의 심판은 의로우시고 주께서 나를 괴롭게 하심은 성실하심 때문이니이다"고 하였다. 시인은 고통 가운데서 하나님의 인자하심과 의로우심을 노래하였다. '주의 심판은 의로우시고'라고 하였는데 하나님께서 지금까지 나를 다스려 주실 때에 반드시 의롭고 바른 길을 가도록 다스려 주셨다는 의미이다. 하나님이 도우심과 보응은 인위적인 것이 아니다. 하나님은 모든 것을 공평하게 처리하신다. 자기 백성들에게 복을 주실만할 때에 복 주시는 분이다.

'주께서 나를 괴롭게 하심'은 시인은 자기가 받은 심판이 공정하고 합당함을 인정한다. 하나님은 기분에 따라 심판하시는 분이 아니라 성실함으로 일관성 있게 심판하신다. 하나님의 '성실하심'은 하나님의 언약으로 나타난다. 변함이 없는 하나님의 언약은 하나님의 백성으로 하여금 꾸준히 하나님을 의지하게 만든다. 그러니 말씀에 순종하는 자는 축복을 받고, 말씀에 순종하기를 게으르게 한 자는 저주를 받는다.

76절에 "구하오니 주의 종에게 하신 말씀대로 주의 인자하심이 나의 위안이 되게 하시며"라고 하였다. '구하오니' 즉 기도하오니 라고 하였는데 '주의 종에게 하신 말씀대로' 이루어지기를 호소한다. 기도는 우리의 생각을 말하는 것이 아니라 하나님의 말씀에 맞추어 드려야 한다. '주의 인자하심이 나의 위안이 되게 하시며'라고 하였는데 하나님의 변함이 없는 사랑이 위안이 되게 해 달라는 것이다. 하나님의 사랑으로 위안을 받는 것은 하나님의 백성들이 가슴 깊이 느끼며 배워야 할 일이다. 하나님의 사랑이 우리와 함께 할 때에 우리는 위안을 받는다.

3. 주의 법은 나의 즐거움이니이다

77절에 "주의 긍휼히 여기심이 내게 임하사 내가 살게 하소서 주의 법은 나의 즐거움이니이다"고 하였다. '긍휼히 여기심이 내게 임하사'는 긍휼하심은 하나님의 행동이며 구원하시는 행동이다. 이것이 내게 임하셔서 죽을 수밖에 없는 자들을 살려 주시기를 호소하고 있다. 시인은 '주의 법은 나의 즐거움이니이다'고 하였다. 하나님의 사랑을 체험할 때에 하나님의 말씀은 짐이 아니라 즐거움이요 감격이다. 이것은 하나님의 뜨거운 사랑에서 나온 것으로 하나님의 백성이 의지해야 할 일이다.

78절에 "교만한 자들이 거짓으로 나를 엎드러뜨렸으니 그들이 수치를 당하게 하소서 나는 주의 법도들을 작은 소리로 읊조리리이다"고 하였다. '거짓'은 '사실이 아니'라는 뜻이다. 악한 자들은 거짓을 꾸며 시인의 정당함을 왜곡시켰다. 이런 자들이 이 땅에 수치를 당하기를 호소하고 있다. 이것은 교만한 자에게 악한 감정을 가졌기 때문이 아니라 이것이 인생의 법칙이기 때문이다. 남을 억압하는 자가 하나님의 억압을 받아야 한다. 그러나 시인은 '주의 법도를 묵상'한다. 하나님의 말씀을 바라보고 하나님이 어떻게 역사하는 지를 바라고 하나님의 돌보심을 소망한다.

79절에 "주를 경외하는 자들이 내게 돌아오게 하소서 그리하시면 그들이 주의 증거들을 알리이다"고 하였다. 시인은 '내게로 돌아오게 하소서'라고 하였는데, 경건한 자들까지도 시인이 어려움을 겪을 때에 멀리하였다. 누구의 잘못인지 분명치 않으나 이제 하나님께서 그들을 돌아오게 하시고, 그렇게 되면 주의 증거를 알 수 있다고 하였다.

80절에 "내 마음으로 주의 율례들에 완전하게 하사 내가 수치를 당하지 아니하게 하소서"라고 하였다. 하나님의 율례에 비추어 책망할 것이 없는 사람은 하나님의 뜻을 행하는 자이다. 이런 사람은 하나님에 의해 버림을 받지 않고 수치를 당치 않는다. 시인은 말씀을 기준한 하나님의 백성의 삶을 우리들에게 교훈한다.

주의 구원을 사모 하기에 피곤하오나

시편 119:81~88

81나의 영혼이 주의 구원을 사모하기에 피곤하오나 나는 주의 말씀을 바라나이다 82나의 말이 주께서 언제나 나를 안위하실까 하면서 내 눈이 주의 말씀을 바라기에 피곤하니이다 83내가 연기 속의 가죽 부대 같이 되었으나 주의 율례들을 잊지 아니하나이다 84주의 종의 날이 얼마나 되나이까 나를 핍박하는 자들을 주께서 언제나 심판하시리이까 85주의 법을 따르지 아니하는 교만한 자들이 나를 해하려고 웅덩이를 팠나이다 86주의 모든 계명들은 신실하니이다 그들이 이유 없이 나를 핍박하오니 나를 도우소서 87그들이 나를 세상에서 거의 멸하였으나 나는 주의 법도들을 버리지 아니하였사오니 88주의 인자하심을 따라 나를 살아나게 하소서 그리하시면 주의 입의 교훈들을 내가 지키리이다

이 부분은 역경 가운데서 하나님의 말씀을 더욱 사모하는 시인의 열망이 그려져 있다. 시의 흐름은 애통으로 가득하다. 하나님께 순종하는 종은 원수에게 박해를 받아 힘을 거의 잃어 버렸고, 하나님의 은혜로 소생케 되기를 바라고 있다. 많은 사람들은 역경에 처하면 하나님을 의지하기보다 시험에 빠져 말씀을 멀리하고 기도를 하지 않는 것이 일반적 양상이지만 시편의 시인은 역경 속에서 하나님을 의지하고 말씀을 가까이 하였으니 우리들이 사모하고 나아가야 할 자세이다.

1. 주의 말씀을 바라나이다

81절에서 "나의 영혼이 주의 구원을 사모하기에 피곤하오나 나는 주의

말씀을 바라나이다"고 하였다. 시인은 '주의 구원을 사모하기에 피곤하였
는데' 이것은 '주의 구원을 바라느라고 힘이 다 빠졌다'는 뜻이다. 하나님의
구원의 응답이 너무 늦어져서 이것을 기다리느라고 지쳐 있는 상태이다. 이
러한 상태에서 절망하지 않고 '나는 주의 말씀을 바라나이다'고 하였다. 구
원은 이 땅의 그 무엇에 있는 것이 아니라 하나님께 있으니 그 하나님을 바
라는 것이 시인의 자세였다.

시인은 하나님의 말씀을 소망하였다. 이 땅의 어떤 것을 바라기보다 하
나님의 말씀에 힘이 있기에 그것을 열망하였다. 이것은 하나님의 백성들이
취해야 하는 자세다. 하나님을 통하여 위로와 힘을 얻어야 한다.

82절에서 "나의 말이 주께서 언제나 나를 안위하실까 하면서 내 눈이 주
의 말씀을 바라기에 피곤하니이다"고 하였다. 여기서 '나의 말이'란 '내가
묻기를'이라는 뜻이다. 시인은 하나님께 묻기를 '주께서 언제나 나를 안위
하실까?'라고 한다. 그는 피곤하고 지친 상태이다. 그러나 자신을 위로하시
는 하나님을 바라본다. '내 눈이 피곤하다'고 하였다. 이것은 자신의 힘이
점점 없어진다는 의미이다. 고통이 심하여지자 더 이상 버티기 어려운 지경
에 빠지게 된다. 시인은 이런 상태에서 하나님을 소망하고 하나님의 도우심
을 구하는 역사를 호소하고 있다.

2. 주의 율례를 잊지 아니하나이다

83절에서 "내가 연기 속의 가죽 부대 같이 되었으나 주의 율례들을 잊지
아니하나이다"고 하였다. 이것은 시인이 내려갔던 자리를 말한다. 처참한
자신의 형편을 말하고 있다. '연기 속의 가죽 부대'란 술 부대가 연기 가운
데 있어서 시꺼멓게 변하여 보기 싫게 된 모습이다. 볼품없는 존재가 된 것
을 말한다. 시인은 현재 자기가 처하여 있는 상황을 이와 같이 묘사하였다.
아무것도 아닌 존재, 쭈그러져서 볼품없게 된 모습이다.

그러나 '주의 율례를 잊지 아니하나이다'고 하였다. 앞이 캄캄한 지경에

서 하나님의 말씀을 바라보는 것은 하나님의 백성의 독특한 소망이다. 도저히 희망이 없는 것 같은 자리에서 하나님을 바라보고 '위로를 바라는 것이 신앙인의 자세이다.' 우리들이 역경을 당할 때에 어떻게 하여야 하는가? 좌절하고 낙망할 것인가? 아니면 앞이 보이지 않는 캄캄한 자리에서 하나님을 바라 볼 것인가? 여기에 대하여 바른 응답을 해야만 한다.

84절에서 "주의 종의 날이 얼마나 되나이까 나를 핍박하는 자들을 주께서 언제나 심판하시리이까"라고 하였다. 시인은 자신이 살 날이 얼마 남지 않았음을 알고 자기가 살아있을 때에 하나님이 개입하고 보응해 주기를 호소하고 있다. 하나님이 돌보아 주시지 않으면 자기가 죽음의 길에 서는 것과 같다는 고백을 하면서 하나님께서 나서서 핍박하는 자를 심판해 달라고 하였다. 시인은 자신의 어려운 처지에 초점을 맞춘 것이 아니라 하나님의 능력에 초점을 맞추고, 하나님의 구원의 역사를 이루어 주시기를 호소하고 있다.

85절에서 "주의 법을 따르지 아니하는 교만한 자들이 나를 해하려고 웅덩이를 팠나이다"고 하였다. 교만한 자란 불경건한 자이다. 하나님의 법을 따라 살지 않는 자들이다. 교만한 자들이 올무를 놓아 하나님의 백성을 해치려고 하였다. 이것은 악인들의 일반적인 행동 패턴이다. 하나님의 백성을 해치기 위하여 다양한 방법을 동원한다. 이것은 옛날이나 오늘날이나 동일하다. 악인들의 방법에 대하여 하나님의 백성은 어떻게 대응해야 하는가? 하나님의 백성은 하나님의 도우심을 바라며 하나님께서 직접 나서서 역사하여 주기를 간구해야 한다.

3. 주의 계명은 신실하니이다

86절에서 "주의 모든 계명들은 신실하니이다 그들이 이유 없이 나를 핍박하오니 나를 도우소서"라고 하였다. '주의 모든 계명들은 신실하니이다'고 하였는데 하나님의 계명은 진리이며 믿을만 하다는 뜻이다. 이것은 하나님의 속성을 바로 드러낸 것으로서 하나님의 계명 안에 있는 축복과 저주는 때가 되면 드러난다는 말이다.

'그들이 이유 없이 나를 핍박하오니'라고 하였는데 원수들은 아무런 이유도 없이 시인을 괴롭게 한다. 이것은 원수들의 특성이다. 하나님의 백성을 괴롭히는 것이 그들의 특기이며 일상적 태도이기에 시인은 '나를 도우소서'라고 호소한다. 하나님은 고아와 과부를 도우시고 고난 가운데 있는 자들을 도우신다. 그러기에 시인은 '나를 도우소서'라고 하였다. 악인들의 공격이 거세어도 하나님이 도우시면 모든 것이 해결된다.

87절에서 "그들이 나를 세상에서 거의 멸하였으나 나는 주의 법도들을 버리지 아니하였사오니"라고 하였다. 악인들은 시인을 세상에서 발붙일 곳이 없도록 만들었다. 사울은 다윗을 세상 끝까지 추격할 정도였고, 다윗은 더 이상 숨을 곳이 없을 정도였다.

시인은 너무도 비참한 상태에 이르렀다. 하나님이 없으면 이 세상은 그 무엇과도 비교할 수 없는 자리에 빠지게 되었다. 이러한 때에 '주의 법도를 버리지 아니하였다' 이것은 하나님의 언약을 받고 그것을 따르는 자세이다.

악인들의 공격으로 역경에 빠져 있으나 하나님을 의지하는 그 믿음으로 고통을 이긴다. 하나님의 백성에게는 이것이 힘이며 능력이다. 악인들이 거의 죽을 것 같은 자리로 몰아내었을지라도 하나님을 바라는 것이 이 땅에서 살아가는 최선의 길이다.

88절에 "주의 인자하심을 따라 나를 살아나게 하소서 그리하시면 주의 입의 교훈들을 내가 지키리이다"고 하였다. 시인은 '주의 인자하심을 따라'라고 하였다. 이것은 그가 잘하여서 된 것이 아니라 하나님의 긍휼과 사랑 그리고 은혜로 내가 새롭게 되었다는 뜻이다. '그리하시면 주의 입의 증거를 내가 지키리이다'고 하였다. '주의 입의 교훈'은 하나님의 법 전체를 말한다. 하나님의 사랑으로 나를 살려 주시면 하나님의 모든 말씀을 내가 지키겠다고 하였다. 이것은 은혜받은 백성의 열망이며 서원이다. 너무나 큰 은혜이니 하나님의 법에 순종을 서원한다.

영원히 하늘에 굳게 섰사오며

🌿 시편 119:89~96

89여호와여 주의 말씀은 영원히 하늘에 굳게 섰사오며 90주의 성실하심은 대대에 이르나이다 주께서 땅을 세우셨으므로 땅이 항상 있사오니 91천지가 주의 규례들대로 오늘까지 있음은 만물이 주의 종이 된 까닭이니이다 92주의 법이 나의 즐거움이 되지 아니하였더면 내가 내 고난 중에 멸망하였으리이다 93내가 주의 법도들을 영원히 잊지 아니하오니 주께서 이것들 때문에 나를 살게 하심이니이다 94나는 주의 것이오니 나를 구원하소서 내가 주의 법도들만을 찾았나이다 95악인들이 나를 멸하려고 엿보오나 나는 주의 증거들만을 생각하겠나이다 96내가 보니 모든 완전한 것이 다 끝이 있어도 주의 계명들은 심히 넓으니이다

시인은 찬양의 문제로 이 부분을 시작한다. 하나님의 말씀은 영원히 견고히 선 것으로 찬양한다. 시인은 '세상의 창조'를 주제로 하여 하나님께서 이 세상을 돌보시고 있음을 노래한다. 하나님의 심판은 악인을 심판하고 의인을 구원하는 것으로 이 세상을 유지한다. 모든 피조물은 하나님의 것이기에 이들은 창조주 하나님을 섬겨야 한다. 이것은 하나님의 말씀의 근본이며 우리가 따라야 할 삶의 원리이다.

1. 영원히 하늘에 굳게 섰사오며

89절에서 "여호와여 주의 말씀은 영원히 하늘에 굳게 섰사오며"라고 하였다. 시인은 하나님을 '여호와여'라고 불렀다. 이것은 '스스로 계신 분'이며, 그렇기에 그는 영원하신 분이다. 여호와 하나님이 영원하시기에 하나님

의 말씀도 영원하다. '주의 말씀이'라고 하였는데 이것은 하나님의 뜻과 의향을 모두 표현한 것이며, 후대에는 기록된 말씀으로 이해되어지고 있다. 하나님의 말씀은 일부분만이 아니라 전부가 하나님의 뜻이며 그 말씀이 영원하다.

'굳게 섰사오며'란 견고하게 있는 상태를 강조하는 것이 아니라 '서 있는' 상태를 강조한다. 하나님의 말씀은 굳게 서 있다. 그리하여 사람들이 그것을 보고 위로를 받으며 하나님께 가까이 나아간다. 누구든지 그 말씀을 의지하면 위로를 받고 하나님의 영원한 세계를 바라보게 된다. 역경이 올지라도 하나님을 바라보는 믿음의 자세가 여기 있다.

90절에서 "주의 성실하심은 대대에 이르나이다 주께서 땅을 세우셨으므로 땅이 항상 있사오니"라고 하였다. 시인은 '하나님의 성실하심'을 땅의 창조와 연결하여 설명하고 있다. 주의 성실하심은 대대에 이른다. 아브라함과 이삭과 야곱에게 언약하신 하나님은 내게도 그 언약을 이루어 주심을 믿는 것을 고백한다.

세상은 변하여도 하나님의 말씀은 변하지 않는다. 아브라함의 하나님이 야곱의 하나님이고 또 나의 하나님이시기에 이 하나님을 믿고 의지하는 것이 가장 소중한 일이다. '주께서 땅을 세우셨으므로'란 하나님이 물 위에 땅을 세우신 것을 말하며(시 24:2), '땅이 항상 있사오니'는 땅이 지속된다는 뜻이다. 하나님이 세우셨기에 땅이 유지되고 그것을 통하여 하나님의 역사를 나타낸다.

2. 천지가 오늘까지 있음은

91절에 "천지가 주의 규례들대로 오늘까지 있음은 만물이 주의 종이 된 까닭이니이다"고 하였다. '천지가 주의 규례들대로' 즉 주님께서 정하신대로 오늘까지 존재한다. 이 세상의 모든 것은 하나님의 규례에 따라 존재한다. 이것은 하나님의 창조 역사를 말하는 것으로서, 만물이 오늘까지 존재하게 되었다. 그러므로 만물은 하나님의 계획과 섭리에 따라 존재한다. 만물을 만드신 하나님께서 만물을 통치하시기에 이것을 믿고 나아가는 것이 무엇보다 중요하다.

'만물이 주의 종이 된 까닭이니이다'는 '만물이 주를 섬기리이다'란 말이다. 만물이 하나님을 섬긴다. 하나님은 만물의 주인이시기에 세상의 모든 것이 하나님을 섬겨야 한다. 이것은 하나님의 절대 주권을 강조하는 말이다. 하나님은 이 세상을 통치하신다.

92절에 "주의 법이 나의 즐거움이 되지 아니하였더면 내가 내 고난 중에 멸망하였으리이다"고 하였다. 시인은 주의 법을 즐긴다. 하나님의 법을 지키는 데서 즐거움을 누리고 살아간다. 만약 그렇지 아니하였더라면 그가 고난 중에서 멸망하였을 것이라고 하였다. 이것은 하나님을 섬기는 신앙인의 고백이다. 하나님의 말씀을 즐거워하고 그 말씀을 지키지 아니했다면 원수들의 핍박으로 인하여 멸망하였을 것은 하나님의 말씀을 인함이라는 의미이다.

93절에서 "내가 주의 법도들을 영원히 잊지 아니하오니 주께서 이것들 때문에 나를 살게 하심이니이다"고 하였다. 시인은 주의 법도를 영원히 잊지 않겠다고 하였다. 그 이유는 그 말씀이 나를 살리셨기 때문이다. 하나님의 말씀에 순종하는 것이 참된 생명을 얻는 것이기에 하나님의 말씀을 잊지 않겠다고 하였다. 이것은 하나님의 백성이 이 땅에서 살아가는 원리이다. 우리가 하나님의 말씀을 지키면 우리의 생명이 유지되고 하나님을 영화롭게 하게 된다. 하나님의 말씀은 단순히 예배의 경전이 아니라 우리가 살아가는 삶의 길이요 하나님의 역사를 드러내는 위대한 힘이다. 그러기에 우리는 이 말씀에 순종하고 거기서 힘을 얻어 살아가야 한다.

3. 나는 주의 것이오니

94절에서 "나는 주의 것이오니 나를 구원하소서 내가 주의 법도들만을 찾았나이다"고 하였다. 시인의 고백 중 '나는 주의 것이오니'는 가장 귀하고 멋있는 표현이다. 그는 하나님께 속하였기에 하나님의 것이다. '나를 구원하소서'라고 하였다. 이것은 역경에서 건져달라는 말이다. 하나님의 것이니 하나님의 백성으로 하여금 역경에서 건져달라고 호소하는 것이다. 하나님은 자기 백성을 보호하신다. 이것은 하나님의 위대한 손길이다.

시인은 '내가 주의 법도들만 찾았나이다'고 하였다. 어렵고 고통을 당할지라도 하나님의 법도를 바라고 의지하는 것은 하나님의 백성들에게 소중하다. 우리는 이 시인과 같은 고백을 해야 한다. '나는 주의 것이니'라고 고백하며 하나님의 돌보심을 의지하는 믿음의 자세를 가져야 한다. 우리는 주의 것이다. 주의 말씀을 사모하고 주께 나아가야 한다.

95절에서 "악인들이 나를 멸하려고 엿보오나 나는 주의 증거들만을 생각하겠나이다"고 하였다. 악인은 하나님의 백성을 멸하려고 온갖 계교를 다 부린다. 악인은 사탄의 조종을 받으며 하나님의 백성을 해치는 것을 목적으로 한다. 악인은 하나님의 백성을 멸하려고 엿보는데 즉 숨어서 기다린다. 이러한 위기의 상황에서 하나님의 백성은 하나님의 증거를 생각한다. 즉 지킨다. 악인과 의인의 비교가 여기 있다. 악인이 의인을 멸하려고 해도 의인은 하나님의 법도를 지킴으로써 그 위기를 극복한다.

96절에서 "내가 보니 모든 완전한 것이 다 끝이 있어도 주의 계명들은 심히 넓으니이다"고 하였다. 이 말은 이 세상의 모든 것은 끝이 있어도 하나님의 말씀은 끝이 없다는 뜻이다.

이 세상의 권력, 재물, 건강 등 모든 것이 끝이 있다. 인간의 생명도 끝이 있어 어느 날 바람과 같이 사라진다. 그러나 하나님의 말씀은 영원하고 끝이 없어 누구든지 그것을 바라는 자에게 힘과 소망을 준다. 우리는 '변하는 세상과 변치 않는 하나님의 말씀'을 기억한다. 이것은 하나님의 영원성을 우리에게 교훈하는 것으로 중요한 의미가 있다. 우리는 주의 것이니 주의 말씀을 바라보자.

주의 법을 어찌 그리 사랑하는지요

시편 119:97~104

97내가 주의 법을 어찌 그리 사랑하는지요 내가 그것을 종일 작은 소리로 읊조리나이다 98주의 계명들이 항상 나와 함께 하므로 그것들이 나를 원수보다 지혜롭게 하나이다 99내가 주의 증거들을 늘 읊조리므로 나의 명철함이 나의 모든 스승보다 나으며 100주의 법도들을 지키므로 나의 명철함이 노인보다 나으니이다 101내가 주의 말씀을 지키려고 발을 금하여 모든 악한 길로 가지 아니하였사오며 102주께서 나를 가르치셨으므로 내가 주의 규례들에서 떠나지 아니하였나이다 103주의 말씀의 맛이 내게 어찌 그리 단지요 내 입에 꿀보다 더 다니이다 104주의 법도들로 말미암아 내가 명철하게 되었으므로 모든 거짓 행위를 미워하나이다

시인은 하나님의 말씀을 사랑하고 말씀이 주는 승리를 체험한다. 시인은 고백과 지혜의 가르침을 통하여 나아가는 삶이 무엇인지를 우리들에게 제시해 주고 있다. 하나님의 말씀은 하나님의 뜻과 계획을 우리들에게 제시하는 것이며, 그것을 통하여 하나님의 섭리를 이 땅에 나타낸다. 하나님의 백성들은 하나님의 법을 사모하며 이것을 삶의 현장에 구현하기 위해 노력해야 한다.

1. 어찌 그리 사랑하는지요

97절에서 "내가 주의 법을 어찌 그리 사랑하는지요 내가 그것을 종일 작은 소리로 읊조리나이다"고 하였다. 여기서 '주의 법'이란 하나님의 말씀을

의미한다. 하나님의 백성들이 지켜야 할 삶의 자세를 교훈한다.

신명기 17장에 보면 왕에 대한 기록들이 나온다. 왕을 세울 때 주의해야 할 것은 말을 많이 두지 말고, 여자를 많이 두지 말고, 은금을 쌓지 말라(신 17:16~17)고 하였다. 이어서 "그가 왕위에 오르거든 이 율법서의 등사본을 레위 사람 제사장 앞에서 책에 기록하여 평생에 자기 옆에 두고"(신 17:18 ~19) 읽으라고 하였다.

이렇게 하면 "그의 마음이 그 형제 위에 교만하지 아니하고 이 명령에서 떠나 좌로나 우로나 치우치지 아니하리니 이스라엘 중에서 그와 그의 자손이 왕위에 있는 날이 장구하리라"(신 17:20)고 하였다. 이것은 하나님의 말씀을 사모해야 할 이유와 그렇게 되면 어떤 결과가 온다는 것을 보여 준다. 왕이 경계해야할 것과 지켜야 할 것을 분명히 구별함으로써 하나님의 백성들에게 바로 모범을 보여준다.

시인은 '내가 주의 법을 어찌 그리 사랑하는지요'라고 하였다. 시인은 진심으로 하나님의 말씀을 사랑하였다. 이것은 모든 것의 근거가 된다. '사랑했다'는 것은 사모하였다는 말이다. 시인은 말씀을 곁에 두고 읽고 묵상하며 그 가르침을 배웠다.

98절에서 "주의 계명들이 항상 나와 함께 하므로 그것들이 나를 원수보다 지혜롭게 하나이다"고 하였다. 시인은 하나님의 말씀을 늘 읽고 묵상하였기에 말씀과 함께 하는 삶을 산다. 말씀이 모든 삶을 이끌어 나가고 하나님의 뜻에 순종하게 한다. 하나님의 말씀을 가까이 하면 원수보다 지혜로워진다. 사탄의 지혜도 매우 놀라운 것이나 하나님의 말씀은 모든 지혜의 근원이 되기에 원수들이 어떠한 계교를 꾸밀지라도 하나님의 지혜를 이길 수 없다.

하나님의 백성은 말씀을 항상 가까이 해야 한다. 이것은 우리들이 어떻게 살아야 하는 지를 명확하게 보여주며 바른 길을 안내해 준다. 하나님의 말씀을 항상 가까이 하는 사람은 지혜로운 자이고 하나님의 뜻에 따라 살아가는 자이다. 우리들이 이 땅에서 말씀을 가까이 하는 생활을 영위할 때에 세상의 그 누구도 침범하지 못하며 하나님이 주시는 역사를 깨닫게 된다.

2. 나의 모든 스승보다 나으며

99절에서 "내가 주의 증거들을 늘 읊조리므로 나의 명철함이 나의 모든 스승보다 나으며"라고 하였다. 시인은 하나님의 말씀과 동행하면서 하나님의 말씀을 묵상하였다. 묵상이란 단순히 생각하는 것이 아니라 적용이 뒤따른다. 하나님의 말씀을 생각하고 이것을 생활에 적용할 때에 세상의 지혜로운 어떤 스승보다 더 지혜롭게 된다. 왜냐하면 말씀이 지혜의 근원이기에 세상의 모든 것보다 하나님의 지혜가 존귀하고 우월한 것을 가르치고 있다

우리는 여기서 참다운 지혜를 얻는 길이 무엇인지를 배우게 된다. 학교 공부를 많이 하고 책을 많이 읽어서 지혜롭게 되는 것이 아니라 "여호와를 경외하는 것이 지식의 근본"(잠 1:7)임을 밝히게 된다.

100절에서 "주의 법도들을 지키므로 나의 명철함이 노인보다 나으니이다"고 하였다. 99절에는 '모든 스승보다 나으니이다'고 하였고, 여기서는 '노인보다 나으니이다'고 하였다.

시인은 '주의 법도를 지킨다'고 하였다. 하나님의 말씀을 지키므로 '명철'이 생긴다. 명철이란 지식이 아니라 지식을 적용하는 '능력'이다. 하나님의 말씀을 삶에 적용시키는 힘이 생기기에 하나님의 뜻을 깨닫게 된다. '노인'은 삶의 풍부한 경험을 가지고 있다. 지난 세월들의 경험들이 노인을 지혜롭게 한다. 그러나 하나님의 말씀은 노인들의 경험보다 더 귀하고 존귀한데, 이것은 하나님의 말씀이 주는 참 지혜이다.

3. 발을 금하여

101절에서 "내가 주의 말씀을 지키려고 발을 금하여 모든 악한 길로 가

지 아니하였사오며"라고 하였다. 시인은 하나님이 주시는 지혜를 깨닫게 되니 자기가 무엇을 해야 할 것인지를 알게 된다. 자신의 발을 금하여 가야 할 길과 아니 해야 할 길을 알고 그것을 따라 행하게 된다. 하나님의 말씀을 우리에게 도로 표지판과 같은 역할을 한다. 자기가 해야 할 일과 하지 말아야 할 일을 분명히 보여 주고 있다. 하나님의 백성들은 이 표지판에 따라 살아야 하고 행하고 금하는 것을 분명히 해야 한다.

102절에서 "주께서 나를 가르치셨으므로 내가 주의 규례들에서 떠나지 아니하였나이다"고 하였다. 시인은 하나님의 말씀을 부여잡고 살아가는데 이것은 자신의 노력으로 되어지는 것이 아니라 '주께서' 가르쳐 주신 것이다. 하나님은 자기 백성을 가르쳐 주시고 인도하여 주신다. 하나님의 가르침을 받는 사람은 하나님의 말씀에서 떠나지 아니하고 하나님의 인도하심을 받는다. 우리도 이러한 삶을 살아야 한다.

103절에서 "주의 말씀의 맛이 내게 어찌 그리 단지요 내 입에 꿀보다 더 다니이다"고 하였다. 하나님의 말씀이 달고 꿀보다 더 달다고 하였다. 시편 19편에서는 '송이꿀보다 더 달도다'고 하였다. 이것은 하나님의 말씀을 체험한 자만이 할 수 있는 고백이다. 즉 먹어 본 자만이 그 맛을 아는 것과 동일한 이치이다. 시인은 하나님의 말씀의 맛을 체험하여 그 맛을 황홀함에 감격한다. 하나님의 백성은 하나님의 말씀의 참 맛을 알아야 하고, 그것을 바로 실천해야 한다.

104절에서 "주의 법도들로 말미암아 내가 명철하게 되었으므로 모든 거짓 행위를 미워하나이다"고 하였다. 하나님의 말씀을 통하여 적응의 지혜를 배우면 그것이 생활에 구체적으로 나타난다. 시인은 '모든 거짓 행위를 미워한다'고 하였다. 거짓 행위는 마귀에게서 나온다(요 8:44). 하나님의 백성은 말씀을 통하여 의와 진리를 배우게 되고 하나님을 바라는 믿음의 삶을 살게 된다. 거짓과 악을 미워하고 말씀대로 사는 지혜를 얻어야 한다. 이것이 삶에 적용될 때에 하나님의 향기가 드러난다.

내 발에 등이요

시편 119:105~112

105주의 말씀은 내 발에 등이요 내 길에 빛이니이다 106주의 의로운 규례들을 지키기로 맹세하고 굳게 정하였나이다 107나의 고난이 매우 심하오니 여호와여 주의 말씀대로 나를 살아나게 하소서 108여호와여 구하오니 내 입이 드리는 자원제물을 받으시고 주의 공의를 내게 가르치소서 109나의 생명이 항상 위기에 있사오나 나는 주의 법을 잊지 아니하나이다 110악인들이 나를 해하려고 올무를 놓았사오나 나는 주의 법도들에서 떠나지 아니하였나이다 111주의 증거들로 내가 영원히 나의 기업을 삼았사오니 이는 내 마음의 즐거움이 됨이니이다 112내가 주의 율례들을 영원히 행하려고 내 마음을 기울였나이다

　　시편 119편은 하나님의 말씀에 대한 찬양으로 가득하다. 오늘의 본문은 우리가 너무나 잘 아는 구절이다. 105절의 "주의 말씀은 내 발에 등이요 내 길에 빛이니이다"고 하여 하나님의 백성의 바른 신앙에 대하여 말씀하고 하나님의 인도를 어떻게 받을까? 라는 문제에 바른 해답을 준다. 우리가 이 땅에서 누구의 인도를 받아야 하는가? 능력있고 힘있는 자의 인도도 중요하지만 우리의 모든 것을 주장하시는 하나님의 역사를 늘 체험하며 살아야 한다.

1. 내 발의 등이요

　　시인은 105절에서 "주의 말씀은 내 발의 등이요 내 길에 빛이니이다"고 하였다. 이 말씀은 하나님의 말씀은 모든 것을 해결하는 지침이라는 뜻이

다. 즉 나침반과 같다. 항해를 하는 배에 나침반이 없으면 방향을 잡지 못하고 혼돈을 겪게 된다. 그것처럼 하나님의 백성들이 말씀의 인도를 받아 나아가야 고통과 어려움이 있을지라도 이기고 나가게 된다.

'주의 말씀은 내 발의 등이요'라고 하였다. 내 발에 앞을 비추는 등불이라는 말이다. 인간들은 한 치 앞을 보지 못하고, 자기 발 앞의 일도 보지 못하는 '존재'이다. 왜 우리들이 앞을 보지 못하는가? 빛이 없고 어둠만이 있기 때문이다.

하나님은 '내 발의 등'이다. 하나님이 비춰 주시는 빛에 따라 걸음을 옮겨야 하는 것이 하나님의 백성의 기본된 자세이다. 그래서 시인은 '내 길에 빛이다'고 고백하였다. 하나님은 우리의 인도자이며 나침반이시기에 이 하나님의 인도하심에 순종하며 나가는 것이 하나님의 백성들의 삶에 바른 힘이 된다.

106절에서 "주의 의로운 규례들을 지키기로 맹세하고 굳게 정하였나이다"고 하였다. 하나님의 말씀은 우리에게 빛이 되시며 '의로운 규례'이다. 하나님의 말씀은 '옳은 말씀'이기에 이 말씀을 지키기로 맹세하였다. 하나님의 말씀을 바로 알고 그것을 지키는 노력이 하나님의 백성에게 있어야 한다. 이것은 일회적으로 되어지는 것이 아니라 계속하여 지키는 노력을 해야 한다. 이것이 하나님의 백성의 바로 된 자세이다.

2. 나를 살아나게 하소서

107절에서 "나의 고난이 매우 심하오니 여호와여 주의 말씀대로 나를 살아나게 하소서"라고 하였다. 하나님의 말씀을 순종하려는 시인에게 막심한 고난이 온다. 여기서 '매우 심하다'란 내 힘으로 감당치 못하겠다는 말이다. 하나님의 백성들이 하나님의 말씀에 순종하려고 할 때 마귀의 역사도 강하게 일어나다. 이것을 이기는 일은 하나님께서 함께 해 주셔서 '주의 말씀대로' 소생시켜 주시는 것뿐이다.

우리들이 살아갈 때에 힘든 일들을 많이 겪는다. 여기서 벗어나기 위하여 발버둥치지만 진정한 해방은 하나님으로부터 온다. 하나님의 역사하심을 바라는 것이 하나님의 백성의 바른 길이다.

108절에서 "여호와여 구하오니 내 입이 드리는 자원제물을 받으시고 주의 공의를 내게 가르치소서"고 하였다. '입의 자원제물'이란 너무 감사하고 감격하여 감사의 찬양과 기도를 드리겠다는 말이다. '자원제물'이란 기쁨으로 드리는 '자원제'를 의미한다. 시인은 또 '주의 공의를 내게 가르치소서'라고 기도하였다. 하나님의 말씀으로 가르쳐 바른 길을 갈 수 있게 해 달라는 말이다. 감사의 제사를 드리고 하나님의 인도를 받는 것이 하나님의 백성의 바른 자세이다.

109절에서 "나의 생명이 항상 위기에 있사오나 나는 주의 법을 잊지 아니하나이다"고 하였다. 시인은 위험 속에서 살아가는 인간의 모습을 그리고 있다. 인간은 한 치 앞을 알 수 없는 위험 속에서 살아가기에 전능하신 하나님을 의지하고 살아야 한다. 시인은 극심한 위험 속에서도 주의 법을 잊지 않고 있다고 하였으니 비록 자기에게 위험이 와 죽게 될지라도 하나님을 의지하는 삶을 살아가겠노라고 고백한다. 이것이 하나님의 백성의 바른 신앙이다. 어떠한 위험 속에서도 하나님을 나의 주로 고백하고 사는 것이 진정한 믿음이다.

110절에서 "악인들이 나를 해하려고 올무를 놓았사오나 나는 주의 법도들에서 떠나지 아니하였나이다"고 고백하였다. 악인은 하나님의 백성을 해치기 위하여 올무를 놓는다. 이것이 마귀의 수법이다. 마귀는 사자 같이 위협하고, 뱀 같이 속이는 방법으로 하나님의 백성을 공략한다. 이러한 상황에서도 하나님의 백성은 '주의 법도에서 떠나지 아니한다' 올무에 빠지지 않는 길을 하나님의 법도를 따라 계속 나아가는 것뿐이다. 하나님의 법도는 우리를 바른길(正道)로 가게 하기에 우리가 넘어지거나 실패하지 않는다. 하나님의 백성에게 유혹과 시험이 올 때가 많다. 우리는 거기에 빠지지 않기 위하여 하나님의 말씀만 부여잡고 나가야 한다.

이것이 바른 삶의 길이다.

3. 내가 영원히 나의 기업을

111절에 "주의 증거들로 내가 영원히 나의 기업을 삼았사오니 이는 내 마음의 즐거움이 됨이니이다"고 하였다. 이것은 시인의 고백이다. 하나님의 말씀을 영원히 있는 재산으로 삼았다고 하였다. 하나님의 말씀은 변치 아니하고 우리에게 바른 복을 가르쳐 주신다.

우리가 이 땅에서 아무런 상속을 받지 않고 하나님의 말씀만 상속받아도 이것이 승리의 삶의 원천이 된다. 미국 대통령 아브라함 링컨이 이것을 경험하였다. 오늘의 우리들도 말씀의 유산을 소유하기 위해 노력해야 한다.

왜 이렇게 되는가? 시인은 '이는 내 마음의 즐거움이 됨이니이다'란 말에서 설명된다. 하나님의 말씀대로 살면 하나님께서 모든 것을 해결해 주시니 이것이 나의 즐거움이란 뜻이다.

우리들도 하나님의 말씀을 영원한 유산으로 삼아 살아가자. 이것이 하나님의 백성의 바른 삶이요 바른 길이다. 이 원리를 지킬 때에 우리들의 마음에 즐거움이 온다.

112절에서 "내가 주의 율례들을 영원히 행하려고 내 마음을 기울였나이다"고 하였다. 시인은 하나님의 말씀을 지키는 자세를 말하고 있다. '영원히', '끝까지'라고 하였는데, 하나님의 말씀을 그대로 지키기 위하여 '내 마음을 기울였다'고 하였다. 인간에게 마음은 매우 중요하다. 어디에 관심을 두느냐에 따라 다르다. 시인은 하나님의 말씀을 지키려고 자기의 마음을 쏟았다. 사람들은 자기의 관심사에 모든 것을 집중한다. 운동을 좋아 하는 사람은 운동에, 어떤 이는 도박에, 또는 수집에 자기 마음을 모은다.

하나님의 백성은 하나님의 말씀에 마음을 모아야 한다. 그래야 그 말씀을 우리의 것으로 하고 그것을 지키기 위해 최선을 다한다. 하나님의 백성은 내 발의 등이요 내 길의 빛이다.

주는 나의 은신처요

시편 119:113~128

113내가 두 마음 품는 자들을 미워하고 주의 법을 사랑하나이다 114주는 나의 은신처요 방패시라 내가 주의 말씀을 바라나이다 115너희 행악자들이여 나를 떠날지어다 나는 내 하나님의 계명들을 지키리로다 116주의 말씀대로 나를 붙들어 살게 하시고 내 소망이 부끄럽지 않게 하소서 117나를 붙드소서 그리하시면 내가 구원을 얻고 주의 율례들에 항상 주의하리이다 118주의 율례들에서 떠나는 자는 주께서 다 멸시하셨으니 그들의 속 임수는 허무함이니이다 119주께서 세상의 모든 악인들을 찌꺼기 같이 버리시니 그러므 로 내가 주의 증거들을 사랑하나이다 120내 육체가 주를 두려워함으로 떨며 내가 또 주의 심판을 두려워하나이다 121내가 정의와 공의를 행하였사오니 나를 박해하는 자들에게 나를 넘기지 마옵소서 122주의 종을 보증하사 복을 얻게 하시고 교만한 자들이 나를 박해하지 못하게 하소서 123내 눈이 주의 구원과 주의 의로운 말씀을 사모하기에 피곤하니이다 124주의 인자하심대로 주의 종에게 행하사 내게 주의 율례들을 가르치소서 125나는 주의 종이오니 나를 깨닫게 하사 주의 증거들을 알게 하소서 126그들이 주 의 법을 폐하였사오니 지금은 여호와께서 일하실 때이니이다 127그러므로 내가 주의 계 명들을 금 곧 순금보다 더 사랑하나이다 128그러므로 내가 범사에 모든 주의 법도들을 바르게 여기고 모든 거짓 행위를 미워하나이다

하나님의 백성은 하나님의 말씀을 따라 살아간다. 말씀은 나침반이요 등 불이며 빛이다. 말씀의 인도를 받게 된다. 하나님의 은혜를 입으면 하나님 이 누구이신 줄을 깨닫게 된다. 시인은 '주는 나의 은신처다.' 즉 나의 숨을 곳이라고 하였다. 이것은 하나님의 은혜를 입은 자의 고백이다. 우리에게 환란의 바람이 불어 올 때에 우리가 어디에 피해야 할 것인가에 대한 정확 한 답이 이 시편에 나온다. 하나님께 숨는 것이 무엇보다 중요하다.

1. 주의 법을 사랑하나이다

113절에서 "내가 두 마음 품는 자들을 미워하고 주의 법을 사랑하나이

다"고 하였다. '두 마음을 품는 것'에 대한 성경의 교훈은 많다. 열왕기상 18장 21절에는 엘리야가 이스라엘 백성을 갈멜산에 모아 놓고 "여호와가 만일 하나님이시면 그를 따르고 바알이 만일 하나님이면 그를 따를지니라 하니"고 하였다. 여기서 두 마음의 실체가 나타난다. 하나님과 바알을 함께 믿는 자들의 모습이다.

야고보서 1장에도 두 마음이 나온다. 8절에 "두 마음을 품어 모든 일에 정함이 없는 자로다"고 하였다. 두 마음을 품는 것은 사탄의 유혹 때문이다. 사탄은 하나님의 백성에게 유혹의 영을 주어 두 마음을 가지게 한다. 시인은 '내가 두 마음을 품는 자를 미워하고' 라고 하였다. 이 말은 하나님의 뜻에 따라 같은 보조로 나가겠다는 말이다. 여기서 더 나아가 하나님의 법을 따르겠다고 하였다. 두 마음을 미워하고 하나님의 법을 사랑하겠다고 하였다.

114절에 "주는 나의 은신처요 방패시라 내가 주의 말씀을 바라나이다"고 하였다. 하나님의 법을 사랑하면 나에게 고통의 바람이 불어 올 때에 하나님의 그늘에 쉬게 되는데 이 때 하나님은 나의 은신처가 된다.

시인은 하나님을 자신의 '방패'라고 고백한다. 여기서의 방패는 손 방패를 말하는 것이 아니라 큰 방패를 말한다. 하나님께서 큰 방패가 되셔서 훼방자들의 화살을 다 막아 주시고 우리로 하여금 평안을 누리게 한다. '내가 주의 말씀을 바라나이다'고 하였다. 하나님의 말씀의 가르침에 따라 살아가는 믿음의 고백이다. 주의 말씀의 인도를 받아 살아가기 위하여 말씀을 사모하는 역사가 필요하다.

115절에서 "너희 행악자들이여 나를 떠날지어다 나는 내 하나님의 계명들을 지키리로다"고 하였다. 시인은 강하게 원수에게 도전한다. '너희 행악자들이여 나를 떠나라'고 한다. 너희들이 나에게 도전하면 너는 반드시 죽고 만다는 말이다. 사탄의 세력들이 두 마음을 품도록 유혹하지만 시인은 행악자를 내어 쫓고 '나는 내 하나님의 계명을 지키리로다'고 하였다. 이것은 결단이요 고백이다. 둘 사이에서 우왕좌왕 하는 것이 아니라 사탄의 세력을 내어 쫓고 하나님만 의지하게 된다.

2. 내 소망이 부끄럽지 않게 하소서

116절에서 "주의 말씀대로 나를 붙들어 살게 하시고 내 소망이 부끄럽지 않게 하소서"라고 하였다. 시인의 기도이며 호소이다. 자기가 원수의 세력을 물리치는 것은 자기 힘으로 되어지는 것이 아니라 하나님의 능력으로만 가능하다. 그래서 시인은 주의 말씀대로 살게 해 주시기를 기도한다. 시인의 소망이 무엇인가? 하나님이 은혜를 주시기를 바라는 것이다. 하나님의 은혜로 더욱 귀하게 살아가고 두 마음을 품지 않고 하나님만 의지하겠다는 열망이다.

117절에 "나를 붙드소서 그리하시면 내가 구원을 얻고 주의 율례들에 항상 주의하리이다"고 하였다. '나를 붙드소서'라고 기도한다. 하나님이 붙잡아 주셔야 모든 것이 해결된다. 즉 하나님의 나의 보호자가 되시면 우리가 구원을 얻고 주의 말씀에 항상 주의하게 된다.

118~120절도 같은 원리를 우리에게 제시하고 있다. 하나님께서는 자기를 섬기는 자를 귀하게 여겨 보호하시고 거역하는 자는 징계하신다. 하나님의 백성은 오직 주를 바라보고, 하나님의 말씀을 지켜야 한다.

121절에서 "내가 정의와 공의를 행하였사오니 나를 박해하는 자들에게 나를 넘기지 마옵소서"라고 하였다. 시인은 자신이 정의와 공의를 행하였다고 하였다. 하나님이 기뻐하시는 삶을 살았기에 압박자에게 내어 주어 고통을 당하게 하지 말기를 기도한다.

122절에서 "주의 종을 보증하사 복을 얻게 하시고 교만한 자들이 나를 박해하지 못하게 하소서"라고 하였다. 앞에 나온 말씀과 연결된다. 원수들에게 붙이지 말고 하나님이 보증해 달라는 것이다. 그리하면 복을 얻게 된다. 이 기도는 하나님의 백성의 절박한 호소이다. 원수들에게 내어 놓지 말고 하나님의 보증해 주어 복을 얻고 이것으로 인해 원수들이 압박하지 못하게 해달라는 것이다.

3. 말씀을 사모하기에 피곤하니이다

123절에 "내 눈이 주의 구원과 주의 의로운 말씀을 사모하기에 피곤하니이다"고 하였다. 시인의 절절한 심정을 호소하고 있다. 주의 구원과 말씀을 사모하기에 피곤하다고 했다. 여기서 피곤이란 영적 피곤 또는 심령의 피곤이다. 이것을 극복하기 위하여 하나님께 기도하였다.

124~125절에는 하나님의 종을 깨닫게 하여 하나님의 말씀을 바로 알게 해 주시기를 호소한다. 하나님이 알게 하셔야 문제가 해결되고 하나님의 말씀을 배우게 된다.

126절에서 "그들이 주의 법을 폐하였사오니 지금은 여호와께서 일하실 때이니이다"고 하였다. 원수들이 하나님의 법을 폐한다. 말씀대로 살아 보아야 아무런 의미가 없다고 생각하고 주의 법을 폐한다. 이러한 상황에서 '여호와께서 일' 하셔야 한다. 하나님의 능력이 나타나고 하나님의 기적적 역사가 일어나야 한다. 그래서 하나님을 하나님으로 섬기고 하나님의 위대하심을 보아야 한다. 오늘의 시대에도 하나님의 위대하신 역사가 무엇보다 필요하다. 하나님의 말씀을 폐하는 자들이 계속하여 일어나기에 하나님이 일어나서서 큰 역사를 나타내어야 한다.

127절에서 "그러므로 내가 주의 계명들을 금 곧 순금보다 더 사랑하나이다"고 하였다. 시인의 신앙고백이다. 원수들은 주의 말씀을 폐하지만 시인은 하나님의 계명을 금 곧 정금보다 귀하게 여긴다고 하였다. 금보다 귀한 것이 무엇인가? 그것은 생명이다. 말씀이 생명을 주시기에 더욱 귀히 여긴다.

128절에서 "그러므로 내가 범사에 모든 주의 법도들을 바르게 여기고 모든 거짓 행위를 미워하나이다"고 하였다. 하나님의 백성의 삶의 자세이다. 하나님의 말씀을 사랑하고 거짓 행위를 미워한다. 오늘의 우리들도 가장 보편적인 이 원리를 배워야 한다. 말씀을 사랑하고 거짓을 미워하는 신앙의 자세를 키워 나가야 한다.

주의 말씀을 열면

시편 119:129~136

129주의 증거들은 놀라우므로 내 영혼이 이를 지키나이다 130주의 말씀을 열면 빛이
비치어 우둔한 사람들을 깨닫게 하나이다 131내가 주의 계명들을 사모하므로 내가 입을
열고 헐떡였나이다 132주의 이름을 사랑하는 자들에게 베푸시던 대로 내게 돌이키사
내게 은혜를 베푸소서 133나의 발걸음을 주의 말씀에 굳게 세우시고 어떤 죄악도 나를
주관하지 못하게 하소서 134사람의 박해에서 나를 구원하소서 그리하시면 내가 주의
법도들을 지키리이다 135주의 얼굴을 주의 종에게 비추시고 주의 율례로 나를 가르치
소서 136그들이 주의 법을 지키지 아니하므로 내 눈물이 시냇물 같이 흐르나이다

시인은 오늘의 본문에서 하나님께서 주의 말씀을 열어 주시기를 기도하
였다. 왜냐하면 그를 통하여 우둔한 자가 구원을 받기 때문이다. 하나님의
말씀을 밝히 해석해 주시면 구원의 도리를 깨닫게 되고, 우둔한 자가 진리
의 실체를 바로 배우게 된다. 시인은 하나님의 백성들의 삶의 원리가 하나
님의 말씀에 있음을 믿고, 하나님의 말씀을 밝히 이해하는 역사가 있어야
함을 강조한다. 이것은 오늘의 우리들에게도 중요한 교훈이 된다.

1. 내 영혼이 이를 지키나이다

129절에서 "주의 증거들은 놀라우므로 내 영혼이 이를 지키나이다"고
하였다. 시인은 하나님의 말씀을 '증거'라고 하였다. 증거란 사실을 말해
주는 것이다. 성경은 하나님의 역사에 대하여 사실을 증거해 준다. 창세기

부터 계시록까지의 기록이 모두 사실이다. 하나님이 천지를 창조하셨다고 기록하였는데 이것이 사실이다. 죽으셨다가 사흘만에 다시 사신다고 하셨는데 그것도 사실이다. 승천하시고 다시 오신다고 하셨는데 이것도 사실이다.

성경은 모두 사실을 기록한 책이다. 허구가 아니라 하나님의 산 역사를 기록한 것이기에 너무나 기이하다. '정말 이럴 수가 있을까?'라고 할 정도로 기이하다. 하나님의 말씀이 기이하므로 내 영혼이 이 말씀을 지킨다. 왜냐하면 이 말씀이 너무나 신기하고 정확하기 때문이다. 성경의 진리들은 오늘날 고고학의 발달로 더욱 분명하게 입증되고 있다. 하나님의 역사를 굴러다니는 돌들이 증거하고 있기에 우리는 하나님의 신기한 역사에 감사하고, 그 말씀을 지키게 된다.

130절에서 "주의 말씀을 열면 빛이 비치어 우둔한 사람들을 깨닫게 하나이다"고 하였다. 여기서 '열면'이란 '해석한다'는 의미이다. 즉 하나님의 말씀을 읽고 그것을 해석한다는 뜻이다. 하나님의 일꾼은 '주의 말씀을 열므로' 즉 해석해 주므로 말씀의 원리를 분명히 하고 이것을 통해 새로운 역사가 일어난다. 하나님의 말씀을 바로 해석하여 그것을 깨닫게 되고 하나님을 바로 믿게 만든다.

우리가 하나님의 말씀을 바로 해석하기 위하여 성령의 역사가 있어야 한다. "우리는 이 일에 증인이요 하나님이 자기를 순종하는 사람에게 주신 성령도 그러하니라 하더라"(행 5:32)는 말씀이 보여 주는 것 같이 하나님의 영이 우리에게 역사하여 주셔야 우리들이 하나님의 말씀을 바로 해석할 수 있다.

130절의 말씀이 우리에게 교훈하듯이 하나님의 말씀을 바로 해석하므로 이것이 우둔한 자로 깨닫게 한다. 하나님의 말씀은 사람을 바르게 교훈하는 것이기에 조심하여 해석해야 한다. 성경 해석의 원리는 '성경은 성경으로' 또 '성경은 성령으로'가 기준이다.

2. 주의 계명을 사모하므로

131절에서 "내가 주의 계명들을 사모하므로 내가 입을 열고 헐떡였나이다"고 하였다. 시인은 129절에 고백한대로 하나님의 말씀이 너무나 기이하여 감격하였고 그 말씀을 순종할 때에 놀라운 체험을 하게 되었다. '입을 열고 헐떡였다'란 말은 숨이 찰만큼 감격하고 말씀을 사랑하였고, 입을 열고 간절히 기도하였다는 의미이다. 시인은 말씀을 사모하고 그 말씀대로 살고자 하는 열망을 가졌다. 이를 위해 하나님께 기도하였다. 오늘의 우리들도 말씀을 사모해야 하며, 이 말씀대로 살기 위해 하나님께 기도해야 한다. 하나님의 역사가 없이는 안 되기 때문이다. 인간의 힘으로는 이 말씀을 모두 해석할 수가 없음을 알아야 한다.

132절에서 "주의 이름을 사랑하는 자들에게 베푸시던 대로 내게 돌이키사 내게 은혜를 베푸소서"라고 하였다. 시인은 믿음의 삶을 살아가면서 하나님의 계속적인 도움을 구한다.

'주의 이름을 사랑하는 자들에게 베푸시던 대로'라고 하였다. 이것은 '제가 부족하지만 주의 이름을 사랑합니다'란 말이다. 하나님의 은혜를 체험하고 보니 하나님은 은혜로우신 분임을 뼈저리게 느낀다.

시인은 은혜를 입은 후에 하나님께서 긍휼히 여겨 주시기를 구하였다. 하나님께서 주를 사랑하는 자를 불쌍히 여겨 달라고 기도한다. 이것은 주님의 사랑을 깨닫고 그것을 더욱 소중히 간직하기 위하여 하나님의 도우심을 필요하며 하나님의 긍휼을 입어야 한다.

133절에서 "나의 발걸음을 주의 말씀에 굳게 세우시고 어떤 죄악도 나를 주관하지 못하게 하소서"라고 하였다. 시인은 '행보' 즉 자기가 걸어가는 길이 하나님의 말씀 위에 굳게 세워 주시기를 기도한다. 우리가 어떤 길로 걸어가느냐는 매우 중요한 문제이다. 하나님의 말씀의 가르침에 따라 살고, 말씀이 인도하는 대로 가는 것이 중요하다. 출애굽한 이스라엘 백성들이 불기둥과 구름 기둥의 인도를 받듯이 우리도 하나님의 말씀의 인도를 받아야 한다.

'어떤 죄악도 나를 주장하지 못하게 하소서'라고 하였다. 하나님의 말씀대로 살면 마귀가 역사하지 못한다. 죄악이 침노하지 못하고 마귀의 유혹에 빠지지 않는다. 하나님이 지켜 주시기에 가능하다.

3. 박해에서 나를 구원하소서

134절에서 "사람의 박해에서 나를 구원하소서 그리하시면 내가 주의 법도들을 지키리이다"고 하였다. 하나님의 백성에게 마귀의 시험은 계속된다. 그리하여 시인은 '사람의 박해에서' 구하여 주시기를 호소한다. 하나님의 능력으로 마귀의 세력을 이긴다. '그리하시면 내가 주의 법도들을 지키리이다'고 하였다. 하나님의 보호를 받는 사람은 하나님의 말씀을 지키며 살아간다.

135절에 "주의 얼굴을 주의 종에게 비취시고 주의 율례로 나를 가르치소서"라고 하였다. 앞에서는 인도하여 달라고 하였고 여기서는 가르쳐 달라고 하였다. '주의 얼굴을 주의 종에게 비취시고'란 말은 하나님께서 '내가 네 앞에 있다'란 뜻이다. 하나님이 주목하여 나를 지켜 주신다는 말씀이다. '주의 율례로 나를 가르치소서'라고 하였으니 하나님의 말씀으로 나의 삶과 믿음을 가르쳐 달라는 호소이다. 우리는 하나님의 말씀의 인도와 가르침을 받아야 한다.

136절에서 "그들이 주의 법을 지키지 아니하므로 내 눈물이 시냇물 같이 흐르나이다"고 하였다. 시인은 자신의 받은 복에 감사하지만 이웃이 하나님의 법을 지키지 아니한 것을 안타깝게 생각하고 그들을 위하여 눈물을 흘린다. 이웃의 멸망을 가슴 아파하는 시인의 따스한 마음이 여기 있다. 시인은 하나님의 역사가 모든 사람에게 나타나기를 호소하며 그들을 위해 눈물을 흘린다. 오늘의 우리들도 믿지 않는 자를 위해 눈물을 흘리는 뜨거운 사랑의 마음을 가져야 한다.

주의 말씀이 심히 순수하므로

시편 119:137~144

137여호와여 주는 의로우시고 주의 판단은 옳으니이다 138주께서 명령하신 증거들은 의롭고 지극히 성실하니이다 139내 대적들이 주의 말씀을 잊어버렸으므로 내 열정이 나를 삼켰나이다 140주의 말씀이 심히 순수하므로 주의 종이 이를 사랑하나이다 141내가 미천하여 멸시를 당하나 주의 법도를 잊지 아니하였나이다 142주의 의는 영원한 의요 주의 율법은 진리로소이다 143환난과 우환이 내게 미쳤으나 주의 계명은 나의 즐거움이니이다 144주의 증거들은 영원히 의로우시니 나로 하여금 깨닫게 하사 살게 하소서

시인은 하나님의 말씀을 찬미한다. 존귀하고 아름다운 하나님의 말씀은 모든 것이 증거 즉 사실이기에 기이 하며 감동과 감격을 준다. 하나님은 은혜를 체험한 시인은 이 은혜가 다른 사람에게도 임하기를 바랐으나 그렇지 못한 현실로 인하여 가슴 아파하며 하나님께 눈물로 기도하였다. 그리하여 하나님께서 더욱 은혜를 주시고 힘을 주시기를 구하였다.

오늘의 본문에는 '하나님의 말씀이 심히 순수하므로 주의 종이 이를 사랑한다'고 하였다. 이것은 시인의 신앙고백이며 말씀에의 사랑이다. 하나님의 말씀은 단순한 기록이 아니라 하나님의 위대한 역사에 대한 대서사시이다.

1. 주의 판단은 옳으니이다

137절에서 "여호와여 주는 의로우시고 주의 판단은 옳으니이다"고 하였

다. 시인은 하나님을 '여호와여'라고 불렀다. 이것은 '언약하신 것은 반드시 지키시는 분'이라는 의미이다. 이 말은 하나님과 그 백성의 관계를 말할 때에 많이 사용된다.

시인은 '주는 의로우시고 주의 판단은 옳으니이다'고 하였다. 하나님의 속성을 설명하고 있다. 하나님이 의로우시기 때문에 하나님의 판단도 의로우시다는 것이다. 하나님의 또 다른 속성은 사랑이다. 그러기에 하나님의 행동도 사랑의 행동이다. 하나님의 판단은 정직하다. 개인적인 이해관계나 감정이 개입된 것이 아니라 하나님의 선하신 기준에 따라 판단하시기에 정직하고 올바르다.

138절에서 "주께서 명령하신 증거들은 의롭고 지극히 성실하니이다"고 하였다. 여기서 '증거'란 하나님의 말씀을 가르킨다. 증거는 사실을 말한다. 하나님의 말씀은 모든 것이 사실이다. 하나님의 말씀은 의롭고 완전하며 지극히 성실하다. 137절에서 '정직'과 138절의 '성실'은 같은 의미이지만 사용되는 방법이 조금씩 다르다. 이것은 하나님의 백성들이 하나님의 말씀을 귀하게 여기고 그 말씀의 정직과 성실을 우리의 것으로 하여야 한다.

의로우신 말씀은 가슴에 새기며 하나님의 공정한 판단에 따라 믿음의 삶을 살아가는 것이 우리에게 귀하고 소중하다는 사실을 일깨워 주신다.

2. 내 열정이 나를 삼켰나이다

139절에서 "내 대적들이 주의 말씀을 잊어버렸으므로 내 열정이 나를 삼켰나이다"고 하였다. 인간은 '하나님의 말씀'을 잊어버렸다. 그러기에 하나님 앞에서 범죄하였고, 하나님의 영광을 가리웠다. 시인은 원수들이 하나님의 말씀에서 떠나 자기 마음대로 행동하는 것을 보고 심히 고통을 당하였다. 그리하여 '내 열정이 나를 삼켰다'고 하였다.

이 말은 바른 해석이 필요하다. 지금까지는 자신의 능력, 자신의 생각, 자신의 고집을 내세웠지만 이제는 하나님의 말씀을 기억하고, 그 말씀에 순종하며, 그 말씀을 자랑하고 증거한다. 그러니 자기를 버리고 하나님의 말씀만을 따른다는 것을 '나를 소멸하였다'고 표현하였다. 원수들이 하나님의 말씀을 잊어버리고 하나님을 거역하는 행동을 할 때에 하나님의 종들은 도리어 자리를 비우고 하나님의 말씀만을 전적으로 의지하는 믿음의 삶을 살아간다.

140절에서 "주의 말씀이 심히 순수하므로 주의 종이 이를 사랑하나이다"고 하였다. 매우 특이한 표현이 나오는데 하나님의 말씀이 심히 순수하다고 하였다. '순수'란 맑고 깨끗하다는 뜻이다.

자신의 생각과 능력을 버리고 하나님의 말씀만을 의지하기로 하였을 때에 새로운 사실을 깨닫게 된다. 하나님의 말씀이 맑고 깨끗하다는 것을 알게 된다. 하나님의 말씀에는 불순물이 없는 순도 100%의 순수함이다. 그러기에 시인은 '주의 종이 이를 사랑하나이다'고백하였다. 하나님의 말씀은 티나 불순물이 없다. 처음부터 끝까지 하나님의 역사와 뜻이 기록되어 하나님의 백성으로 하여금 믿고 따르게 한다. 하나님의 종들은 이 말씀을 사랑한다고 고백한다.

141절에서 "내가 미천하여 멸시를 당하나 주의 법도를 잊지 아니하였나이다"고 하였다. 시인은 중요한 고백을 한다. 하나님을 섬기니 물질적 축복과 건강의 축복을 받았다고 말한다. 그러나 이것은 높은 수준의 신앙이 아니다. 시인은 이와 반대로 하나님을 믿다가 어려움을 겪고 비천한 자리에 처해진다고 해도 하나님의 말씀을 잊지 않겠다고 하였다.

바른 믿음이 여기에 있다. 번성만이 아니라 고난도 하나님의 뜻임을 믿는 믿음이 필요하다. 하나님의 백성에게도 고통과 어려움은 힘든 일이다. 그러나 이것을 통하여 하나님의 섭리를 깨닫고 하나님께 가까이 나아가게 된다. 하나님의 백성들은 하나님의 인도하심에 전적으로 순종하며 살아야 한다. 비록 비천하여 멸시를 당한다고 하여도 하나님이 역사해 주실 것을 믿고 나아가야 한다.

3. 주의 율법은 진리로소이다

142절에서 "주의 의는 영원한 의요 주의 율법은 진리로소이다"고 하였다. 여기서 시인의 믿음의 확실함이 나온다. 자기가 비천한 자리에 처할지라도 하나님의 말씀을 부여잡고 살겠다는 것이다. '주의 의는 변경되는 것이 아니다'란 뜻이다. 하나님의 계획과 역사는 변경되지 않고 영원하다는 말씀이다. 시인은 '주의 율법은 진리다'고 하였다. 진리는 '참된 이치'를 말한다. 이것은 하나님의 말씀에 대한 절대 신뢰를 의미한다. 하나님의 법은 진리이기에 하나님의 백성들이 이 말씀을 신뢰한다.

143절에 "환난과 우환이 내게 미쳤으나 주의 계명은 나의 즐거움이니이다"고 하였다. 시인에게 환난과 우환이 왔다. 이 세상의 어느 누구가 환난과 우환을 좋아 하겠는가? 이것은 고통스럽고 괴로운 일이다. 그러함에도 불구하고 시인은 하나님의 말씀으로 힘을 얻는다고 하였다. 역경을 당할 때에 실망하고 좌절하기 쉽다. 그러나 진정한 신앙을 가진 사람은 하나님을 바라보고 역경을 벗어나기 위해 노력한다. 주의 말씀을 부여잡고 고난을 이기는 힘을 주시기를 기도한다. 시인에게 환난과 우환이 왔다. 그러나 좌절하고 낙망하지 않고 하나님의 돌보심을 바라는 것이 참된 믿음의 역사이다.

144절에서 "주의 증거들은 영원히 의로우시니 나로 하여금 깨닫게 하사 살게 하소서"라고 하였다. 환난과 우환이 있기에 하나님의 증거를 바로 알지 못하여 낙망하지 않도록 나로 '깨닫게' 해 달라고 호소한다. 시인은 '살게 하소서'라고 기도한다. 하나님의 말씀을 의지하여 살기를 원하고, 고통과 우환을 이기며 살기를 원한다. 의로우신 하나님께서 영원히 다스리시고 역사해 주시기를 바란다. 시인은 고통 중에서도 하나님의 말씀만을 의지하였다. 순수하고 아름다운 하나님의 말씀을 믿고 순종하며 자랑하고 가르치기를 바라며, 하나님 중심의 삶을 사는 우리가 되어야 한다.

주의 규례들을 따라 나를 살리소서

시편 119:145~152

145여호와여 내가 전심으로 부르짖었사오니 내게 응답하소서 내가 주의 교훈들을 지키리이다 146내가 주께 부르짖었사오니 나를 구원하소서 내가 주의 증거들을 지키리이다 147내가 날이 밝기 전에 부르짖으며 주의 말씀을 바랐사오며 148주의 말씀을 조용히 읊조리려고 내가 새벽녘에 눈을 떴나이다 149주의 인자하심을 따라 내 소리를 들으소서 여호와여 주의 규례들을 따라 나를 살리소서 150악을 따르는 자들이 가까이 왔사오니 그들은 주의 법에서 머니이다 151여호와여 주께서 가까이 계시오니 주의 모든 계명들은 진리니이다 152내가 전부터 주의 증거들을 알고 있었으므로 주께서 영원히 세우신 것인 줄을 알았나이다

　　시인은 시편 119편을 통하여 하나님의 말씀의 존귀함을 찬양한다. 하나님의 말씀은 순수하고 아름다워 하나님의 백성으로 하여금 새 힘을 가지게 하며 하나님을 앙망하게 한다. 하나님의 말씀은 살았고 운동력이 있으며 우리를 새롭게 한다. 이것은 하나님의 말씀은 역사하는 말씀이다. 그러기에 이 말씀이 나를 살리고 새롭게 만들어 주신다.

1. 내게 응답하소서

　　145절에 "여호와여 내가 전심으로 부르짖었사오니 내게 응답하소서 내가 주의 교훈들을 지키리이다"고 하였다. 시인의 간절한 소원이 나온다. '내가 전심으로 부르짖는다'고 하였다. 이 말은 자신의 모든 것을 내어 놓고

기도에 전념하겠다는 뜻이다. 여기서 '전심'이란 내 인격, 내 삶의 전부를 의미하기도 하고, 다르게는 나의 최고의 것을 의미하기도 한다.

시인은 어떤 상황에서도 하나님을 의지하며 자신의 전부를 드려 하나님께 기도한다. 이것은 전인격의 기도이며 가장 간절한 심정으로 드리는 호소이다. 시인은 '전심으로' 기도하였는데 이것은 전적으로 하나님만을 의지하겠다는 뜻이다. 하나님의 백성은 이 땅에서 하나님을 전적으로 의지하여야 한다. 이것은 '전심'으로 의지하는 자세이다. 하나님의 백성은 하나님의 원리에 따라 살아가며, 하나님의 도우심을 간구해야 한다.

시인은 '나를 구원하소서'라고 하였다. 여기에 구원은 우리들이 영적으로 구원받아 천국에 가는 것이 아니다. 우리는 이미 구원을 받았다. 그러나 우리들이 살아갈 때에 고통과 어려움이 오는데 여기에서 구함을 받는 것을 말한다. 일상생활 속에서 당하는 역경에서 구하여 주시기를 바라는 것이다.

우리들이 기도할 때에 하나님께서는 그 역경에서 구하여 주실 것을 믿는다. 그 믿음이 하나님의 자녀로서의 긍지를 가지게 하며 하나님께 감사와 서원을 하게 한다. '내가 주의 증거를 지키리이다'고 하였다. 앞에서는 '주의 율례를 지키리이다'고 하였고, 여기서는 '주의 증거를 지킨다'고 하였다. 율례란 '하나님의 말씀이 항상 일정하다'는 의미를 강조하고, 증거는 '하나님의 말씀은 정확하다. 사실이다'란 의미를 강조한다. 하나님의 백성은 기도의 응답을 받은 후에 이 말씀을 지킨다. 또 지키기 위하여 노력한다. 이것이 하나님의 백성의 기본된 자세이다.

2. 주의 말씀을 바랐사오며

147절에서 "내가 날이 밝기 전에 부르짖으며 주의 말씀을 바랐사오며"라고 하였다. '밝기 전'이란 '깊은 밤에 부르짖었다'는 뜻이다. 깊은 밤에 새벽이 오기를 기대하며 간절히 기도하였다. 이 말은 시간적 의미만이 아니라 상황적 의미 즉 '아주 어려울 때'라는 뜻을 가지고 있다.

하나님의 백성은 어려움이 올 때에 하나님께 기도함으로써 문제를 해결하여야 한다. 하나님은 우리의 문제를 풀어 주시는 분이시기에 깊은 밤에 하나님을 향하여 부르짖어야 한다. '주의 말씀을 바랐사오며'라고 하였다. 간절히 기도한 후에 하나님께서 기도의 응답을 말씀으로 확인시켜 주시기를 바랐다. 이것은 '정확한 응답'이라는 뜻이다.

시인은 깊은 밤, 아무도 방해하지 않는 시간에 하나님께 매달리며 하나님께 부르짖었다. 하나님의 응답의 역사를 바라보는 신앙을 가지고 있었다. 이것이 우리의 신앙이 되어져야 한다.

148절에서 "주의 말씀을 조용히 읊조리려고 내가 새벽녘에 눈을 떴나이다"고 하였다. 기도의 응답은 말씀을 통하여 우리에게 오기에 하나님의 뜻을 분별하기 위하여 하나님의 말씀을 묵상한다.

묵상이란 읽고 생각하고, 생각하고 읽는 것을 반복하는 것이다. 이 말씀이 나에게 어떤 의미를 주는가 깊이 생각하고, 그것을 생활에 실천하는 것이다. 단순히 말씀의 뜻을 깨닫는 것으로 그치는 것이 아니라 깨달아 삶에 적용하여야 한다. '내가 새벽녘에 눈을 떴나이다'고 하였다. 하나님의 말씀을 묵상하려고 밤중에 일어났다. 이렇게 사모하는 마음이 있기에 그 말씀의 응답을 열망하였다. 우리들은 말씀을 읽고 묵상하며 거기서 기도의 제목을 찾고, 기도의 응답을 받도록 해야 한다.

3. 나를 살리소서

149절에서 "주의 인자하심을 따라 내 소리를 들으소서 여호와여 주의 규례들을 따라 나를 살리소서"라고 하였다. 시인은 기도한 후에 '주의 인자하심을 따라 내 소리를 들으소서'라고 하였다. 이것은 내가 자격이 있어서 나의 기도에 응답하시는 것이 아니라 주의 인자하심 즉 주의 사랑 때문에 나의 기도를 들어 주시기를 기도하였다.

우리의 기도가 응답되는 것은 우리의 능력이다. 의로움 때문이 아니라 하나님의 인자하심 때문이다. 우리는 이것을 믿고 하나님의 놀라운 역사에 감사하여야 한다. '여호와여 주의 규례들을 따라 나를 살리소서'라고 하였다. 즉 하나님의 약속대로 구하여 달라는 말이다. "환난 날에 나를 부르라 내가 너를 건지리니 네가 나를 영화롭게 하리로다"(시 50:15)고 하였다. 우리가 하나님께 구하면 하나님이 응답해 주신다(마 7:7-12).

150절에 "악을 따르는 자들이 가까이 왔사오니 그들은 주의 법에서 머니이다"고 하였다. 시인이 이렇게 열심히 말씀을 묵상하고 기도하는 이유가 무엇인가? '악을 쫓는 자가 가까이 왔기' 때문이다. 하나님의 백성의 주위에는 마귀의 역사가 늘 있다. 이들은 하나님의 백성을 미혹하기 위하여 온갖 계교를 다 부린다. 이들의 특성이 무엇인가? '그들은 주의 법에서 머니이다'고 하였다. 말씀과는 거리가 먼 자들이고, 하나님을 등지고 사는 자들이다. 이런 자들이 가까이 와서 미혹하기에 여기에 빠지지 않기 위해 기도하고 말씀을 묵상한다.

151절에 "여호와여 주께서 가까이 계시오니 주의 모든 계명들은 진리니이다"고 하였다. 하나님은 멀리 계신 분이 아니라 늘 우리와 함께 계신다. 그래서 하나님의 이름이 '임마누엘'이다. 우리들은 이 하나님을 믿고 하나님의 돌보심을 간구한다. 시인은 '주의 모든 계명들은 진리니이다'고 하였다. 하나님과 가까이 하는 삶을 살아가고 보니 하나님의 모든 말씀이 진리임을 고백한다. 하나님의 말씀은 일점일획도 틀림이 없는 진리임을 깨닫고 고백한다.

152절에서 "내가 전부터 주의 증거들을 알고 있었으므로 주께서 영원히 세우신 것인 줄을 알았나이다"고 하였다. '알고'란 '연구'라는 뜻이다. 하나님의 말씀을 깊이 연구하고 또 연구하니 하나님의 말씀은 '영원히 세우신 것' 즉 '가다가 변함이 없는 것'임을 알게 된다. 사람의 말은 상황에 따라 변하지만 하나님의 말씀은 변함이 없다. 어제나 오늘이나 영원토록 변함이 없다. 이 말씀을 주신 것을 감사하며 늘 가슴에 새기는 믿음의 삶이 필요하다. 이것이 신앙인의 복이요 감사의 조건들임을 기억해야 한다.

하루 일곱 번씩

시편 119:153~168

153나의 고난을 보시고 나를 건지소서 내가 주의 율법을 잊지 아니함이니이다 154주께서 나를 변호하시고 나를 구하사 주의 말씀대로 나를 살리소서 155구원이 악인들에게서 멀어짐은 그들이 주의 율례들을 구하지 아니함이니이다 156여호와여 주의 긍휼이 많으오니 주의 규례들에 따라 나를 살리소서 157나를 핍박하는 자들과 나의 대적들이 많으나 나는 주의 증거들에서 떠나지 아니하였나이다 158주의 말씀을 지키지 아니하는 거짓된 자들을 내가 보고 슬퍼하였나이다 159내가 주의 법도들을 사랑함을 보옵소서 여호와여 주의 인자하심을 따라 나를 살리소서 160주의 말씀의 강령은 진리이오니 주의 의로운 모든 규례들은 영원하리이다 161고관들이 거짓으로 나를 핍박하오나 나의 마음은 주의 말씀만 경외하나이다 162사람이 많은 탈취물을 얻은 것처럼 나는 주의 말씀을 즐거워하나이다 163나는 거짓을 미워하며 싫어하고 주의 율법을 사랑하나이다 164주의 의로운 규례들로 말미암아 내가 하루 일곱 번씩 주를 찬양하나이다 165주의 법을 사랑하는 자에게는 큰 평안이 있으니 그들에게 장애물이 없으리이다 166여호와여 내가 주의 구원을 바라며 주의 계명들을 행하였나이다 167내 영혼이 주의 증거들을 지켰사오며 내가 이를 지극히 사랑하나이다 168내가 주의 법도들과 증거들을 지켰사오니 나의 모든 행위가 주 앞에 있음이니이다

시인은 '언약의 책'인 하나님의 말씀을 존귀하게 여기고 이 말씀의 가르침에 따라 기도하고 생활하면 하나님의 응답해 주실 것을 확신하였다.

시인은 119편 153~160절에서 '살리소서'라고 호소하고 있다. 이것은 하나님의 백성도 이 땅에서 삶을 통해 고통과 역경을 체험하며 좌절하는 경우도 있다. 이러한 때에 하나님께서 소생시켜 주시기를 구한다. 또 161~168절은 '주의 법을 사랑하는 자에게' 하나님의 역사가 임한다는 것을 강조한다. 우리의 믿음이 약해질 때 하나님의 놀라운 역사가 임하기를 기도해야 하며 그 기도의 응답을 통해 하나님께 감사해야 한다.

1. 나를 건지소서

153절에서 "나의 고난을 보시고 나를 건지소서 내가 주의 율법을 잊지 아니함이니이다"고 하였다. 시인의 '나의 고난을 보시고'라고 하였다. 이 말은 내가 고난을 당할 때에 주께서 보고 계신다는 뜻이다. 하나님이 우리에게 고난을 허락하시지만 우리가 감당할 정도만 허락하신다. 하나님은 우리를 외면하시는 것이 아니라 우리의 고난을 보시고 구원의 손을 펴 주신다.

시인은 하나님의 건지심을 호소하였다. 시인은 '내가 주의 법을 잊지 아니함이니이다'고 하였는데, 이 말은 하나님의 언약을 잊지 않고 있다는 뜻이다. "환난 날에 나를 부르라 내가 너를 건지리니 네가 나를 영화롭게 하리로다"(시 50:15)고 하였다. 우리가 환난 날에 부르짖어 기도하면 하나님께서 우리를 건져 주실 것을 우리는 믿는다. 그러므로 하나님의 언약을 믿고 고통에서 구하여 주시기를 기도해야 한다.

154절에 "주께서 나를 변호하시고 나를 구하사 주의 말씀대로 나를 살리소서"라고 하였다. '나를 변호하시고'라고 하였는데 시인의 원한이 무엇인가? 악한 자들이 일어나서 하나님의 말씀을 대적하는 것을 보고 시인의 마음이 아팠다. 이것이 바로 시인의 원한이다. 대적들이 하나님의 말씀을 폐하고 조롱하였기에 이러한 원한이 생겼다. 주님께서 나의 원한을 살펴보시고 어려움에서 구원하여 말씀대로 소성케 해주시기를 구하였다. 하나님께서 자기 백성을 새롭게 해 주시는 위대한 역사를 간구하였다.

155절에서 "구원이 악인들에게서 멀어짐은 그들이 주의 율례들을 구하지 아니함이니이다"고 하였다. 155절은 앞 절의 말씀과 대조를 이룬다. 여기서는 악인의 문제를 거론하고 있다. 악인들은 주의 율례를 구하지 않고 있다. 이들은 성경의 가르침대로 믿지 않고 또 따르지도 않는다. 시인은 하나님의 백성과 악인을 대조했다. 하나님의 백성은 말씀대로 살기를 노력하지만 악인은 말씀을 멀리하였다.

2. 나를 살리소서

156절에 "여호와여 주의 긍휼이 많으오니 주의 규례들에 따라 나를 살리소서"라고 하였다. 시인은 자기의 자격을 분명히 하였다. 자기가 능력이 있어서 그런 것이 아니라 '주의 긍휼'로 인하여 역사해 주시기를 호소하였다. 하나님께 나아가기만 하면 하나님이 반드시 소생시키신다. 시인은 이것을 믿었다. 하나님은 긍휼하신 하나님이시기에 하나님의 백성은 그 역사를 믿고 나아가야 한다.

157절에서 "나를 핍박하는 자들과 나의 대적들이 많으나 나는 주의 증거들에서 떠나지 아니하였나이다"고 하였다. 사람들은 핍박하는 자가 많을 때에 하나님을 바라보기보다 그들을 볼 때가 많다. 그러나 시인은 하나님의 돌보심을 믿고 하나님만 바라보는 믿음의 삶을 살았다. 이것이 하나님의 백성의 진정한 삶이다.

158절에서 "주의 말씀을 지키지 아니하는 거짓된 자들을 내가 보고 슬퍼하였나이다"고 하였다. 시인은 하나님의 말씀을 지키지 아니하는 교만한 자, 악한 자, 거짓말하는 자들을 보고 슬퍼하였다. 우리는 여기서 중요한 것을 배운다. 자기만 하나님의 말씀을 지키는 것으로 끝나는 것이 아니라 다른 사람들의 삶에까지 관심을 가지고 기도해야 한다.

159절에서 "내가 주의 법도들을 사랑함을 보옵소서 여호와여 주의 인자하심을 따라 나를 살리소서"라고 하였다. 시인은 자신의 하나님의 말씀을 사랑함을 보옵소서 라고 하였는데 여기서 하나님의 말씀을 '지킨다'고 하지 않고 '사랑한다'고 한 것에 주목해야 한다. 사랑하면 순종한다. 하나님의 말씀을 사랑함을 보시고 하나님께서 사랑을 베풀어 나를 소생시켜 주소서 라는 뜻이다. 이것은 자기가 말씀을 사랑하는 것이 조건이 아니라 하나님의 사랑에 근거하여 역사해 주시기를 호소한다.

160절에서 "주의 말씀의 강령은 진리이오니 주의 의로운 모든 규례들은 영원하리이다"고 하였다. 하나님의 말씀은 '진리'임을 강령으로 선포한다.

이것은 조금도 변함이 없고 또 절대로 변해서는 안 되는 진리라는 뜻이다. 하나님의 말씀은 진리이기에 영원히 우리들의 규례가 된다.

3. 나를 인도하소서

161절에서 "고관들이 거짓으로 나를 핍박하오나 나의 마음은 주의 말씀만 경외하나이다"고 하였다. 고관들이 무고히 핍박한다. '고관들'이라고 하였으니 핍박의 세력은 매우 크다. 그러나 시인은 하나님의 말씀만 경외한다. 하나님의 말씀은 모든 힘의 근거가 되시기 때문이다.

162절에서 "사람이 많은 탈취물을 얻은 것처럼 나는 주의 말씀을 즐거워하나이다"고 하였다. 162절은 161절에 연결된다. 사람들이 남의 것을 빼앗아 희희낙락한다. 이것은 악한 자의 일반적 특성이다. 그러나 시인은 하나님의 말씀을 즐거워한다. 왜냐하면 하나님의 말씀은 분명히 승리하고 성취되기 때문이다.

163절에는 "나는 거짓을 미워하며 싫어하고 주의 율법을 사랑하나이다"고 하였다. 시인의 삶의 자세를 보여준다. '거짓을 미워하고 싫어한다.' 왜냐하면 하나님의 말씀만이 진리이기에 이 말씀을 사랑한다.

164절에 "주의 의로운 규례들로 말미암아 내가 하루 일곱 번씩 주를 찬양하나이다"고 하였다. '주의 의로운 규례'는 '옳은 하나님의 말씀'이란 뜻이다. 시인은 하나님의 은혜를 입어 하루에 일곱 번씩 찬양한다. 얼마나 귀하고 아름다운 신앙인지 모른다. 찬양은 공개된 고백이다. 하루에 일곱 번씩 찬양하는 믿음의 삶이 이루어져야 한다. 오늘의 우리가 본받아야 할 삶이다.

165~168절에는 '주의 법을 사랑하는 자에게' 임할 역사를 강조한다. 큰 평안이 있고, 장애물이 없다(165절). 하나님의 백성은 하나님의 말씀을 사랑하고 이것을 지키기 위해 노력한다.

오늘의 우리들이 날마다 하나님의 임재를 체험하며 하나님께 감사하며 찬송해야 한다. 원수들이 아무리 공격할지라도 하나님의 백성은 하나님을 바라고, 하나님의 말씀을 사랑하는 삶을 살아야 한다.

나를 깨닫게 하소서

☼ 시편 119:169~176

169여호와여 나의 부르짖음이 주의 앞에 이르게 하시고 주의 말씀대로 나를 깨닫게 하소서 170나의 간구가 주의 앞에 이르게 하시고 주의 말씀대로 나를 건지소서 171주께서 율례를 내게 가르치시므로 내 입술이 주를 찬양하리이다 172주의 모든 계명들이 의로우므로 내 혀가 주의 말씀을 노래하리이다 173내가 주의 법도들을 택하였사오니 주의 손이 항상 나의 도움이 되게 하소서 174여호와여 내가 주의 구원을 사모하였사오며 주의 율법을 즐거워하나이다 175내 영혼을 살게 하소서 그리하시면 주를 찬송하리이다 주의 규례들이 나를 돕게 하소서 176잃은 양 같이 내가 방황하오니 주의 종을 찾으소서 내가 주의 계명들을 잊지 아니함이니이다

176절이나 되는 긴 시편 119편의 마지막 부분이다. 하나님의 말씀은 하나님의 은혜로 깨닫게 된다. 성령께서 우리의 마음에 역사하셔서 하나님의 말씀을 바로 깨달을 수 있도록 역사해 주셔야 한다. 하나님의 말씀을 알면 이 세상을 바로 보게 되고, 마귀의 역사를 바로 보고 여기에 대처하는 능력을 얻게 된다. 신앙의 눈으로, 하나님의 눈으로 보게 되기 때문이다.

1. 시인의 기도

169절에서 "여호와여 나의 부르짖음이 주의 앞에 이르게 하시고 주의 말씀대로 나를 깨닫게 하소서"라고 하였다. 시인은 하나님의 말씀을 깨닫고 여기에 순종하며, 말씀대로 살려고 하나님께 기도했다.

이 기도는 단순한 기도가 아니라 '부르짖음'이다. 이것은 목소리의 문제가 아니라 열정적으로, 간절하게, 전심을 다하여 기도하는 것이다. 시인은 하나님 앞에 부르짖어 기도하였다. 시인의 간절한 자세가 이렇게 표현되어 있다. '부르짖음이 주 앞에 이르게' 되기를 바랐다. 하나님 앞에 기도가 상달되었다는 증거를 보여 주기를 호소한 것이다. 하나님께 상달되면 모든 것이 해결된다.

'주의 말씀대로 나를 깨닫게 하소서'라고 하였다. 하나님께 기도하여 응답을 받는 것은 자기의 유익을 위한 것이 아니라 하나님의 말씀대로 자신을 깨닫게 해 달라는 것이다. 모든 일이 하나님의 뜻대로 된다는 것을 깨닫게 해 주기를 간구했다.

170절에서 "나의 간구가 주의 앞에 이르게 하시고 주의 말씀대로 나를 건지소서"라고 하였다. 170절은 169절과 같은 의미이다. 169절에서는 '부르짖음'이라고 하였고, 170절에서는 '간구'라고 하였는데 같은 의미이다. 하나님께 드리는 간절한 기도로 '나를 건져 주시기'를 바랐다. 하나님이 건져 주시기를 소원하는 마음이 시인의 가슴 속에 가득하였다.

171절에 "주께서 율례를 내게 가르치시므로 내 입술이 주를 찬양하리이다"고 하였다. 하나님께서 깨닫게 해 주시기를 소원하였고, 그것이 응답되어 하나님의 역사를 깨닫게 된다. 그러하니 너무 감격하여 찬송을 발하게 된다. 우리의 마음에 감사와 감격이 있으면 하나님께 찬송을 하게 된다. 하나님의 뜻을 깨달을 때에 찬송을 하게 되는 것은 너무나 정한 이치이다. 우리의 마음에 감격이 넘치고 하나님의 은혜를 찬송해야 한다.

2. 시인의 노래

172절에서 "주의 모든 계명들이 의로우므로 내 혀가 주의 말씀을 노래하리이다"고 하였다. 시인은 하나님의 계명을 살펴보았다. 그 계명들은 의로우시기에 더 감격한다. 하나님의 말씀은 구절구절이 옳고 하나님의 오묘한 뜻이 들어 있다. 하나님의 말씀은 의로워서 거짓이 없다. 모두가 의롭기에 전폭적으로 믿어야 하고 따라야 한다. 이러한 은혜를 체험한 사람은 노래하는데 특별히 말씀을 노래한다. 우리는 하나님의 말씀을 노래해야 한다. 스코틀랜드 교회나 미국의 개혁장로교회, 일본의 개혁장로교회들이 〈시편 찬송〉을 부르는 아름다운 전통을 우리 교회들이 본받아야 한다.

173절에서 "내가 주의 법도들을 택하였사오니 주의 손이 항상 나의 도움이 되게 하소서"라고 하였다. '내가 주의 법도를 택했다'는 말은 어떠한 상황에 처하든지 '말씀이 가르치는 쪽으로 가게 되었다'는 뜻이다. 사람들이 무슨 일을 결정할 때에 이럴까 저럴까 결정하지 못하는 경우가 있다. 그러나 시인은 분명하다. '주의 법도'를 택하였으니 하나님의 말씀의 가르침을 따르고, 말씀이 지시하는 방향으로 나아간다.

오늘의 우리들도 말씀 중심의 원리를 배워야 한다. 하나님이 지시하는 쪽으로 말씀이 가르치는 방향으로 나아가야 한다. '주의 손이 항상 나의 도움이 되게 하소서'라고 하였다. '주의 손'이란 하나님의 직접적인 간섭을 말한다. 이것은 섭리적인 간섭이다. 왜 '손'이라고 하였는가 하면 '손수', '직접'이라는 뜻을 가지고 있기에 하나님이 직접 간섭하셨다는 의미이다.

우리가 이 세상에서 하나님을 택하고 하나님의 가르침을 따르면 하나님께서 직접적으로 역사하시고 이끌어 주신다. 하나님은 자기 백성들의 삶을 주장하시고 하나님의 섭리적 간섭으로 이끌어 주신다.

174절에서 "여호와여 내가 주의 구원을 사모하였사오며 주의 율법을 즐거워하나이다"고 하였다. '주의 구원을 사모하는 것'은 천국 가기 위하여 구원을 사모하는 것이 아니라 이미 영원한 구원을 받았으나 아직도 어려움이 있기에 이 어려움에서 구원해 달라는 말이다. 시인은 하나님의 말씀을 믿고 의지하니 하나님의 뜻대로 모든 것이 해결되는 것을 체험하고 '주의 법을 즐거워 한다.' 말씀대로 믿고 나아가면 하나님께서 모든 것을 응답하신다. 우리들의 삶에서 이 말씀을 믿는 신뢰의 삶이 있어야 한다.

3. 시인의 찬송

175절에서 "내 영혼을 살게 하소서 그리하시면 주를 찬송하리이다 주의 규례들이 나를 돕게 하소서"라고 하였다. 여기서 '영혼'이라고 하였는데 이 말은 '마음'이란 뜻이다. 시인은 마음에 깊은 상처를 입은 상태이다. 이러한 영혼 즉 마음을 하나님이 살려 주시기를 호소한다. 하나님이 마음의 상처를 치유해 주시면 내가 주를 찬송하겠다고 하였다. 심령이 새롭게 되면 모든 것이 하나님의 능력인줄 깨닫고 하나님을 찬송하게 된다. 내 마음에 하나님의 역사가 함께 하기에 감사와 찬송이 나올 수밖에 없다. '주의 규례들이 나를 돕게 하소서'라고 하였다. 하나님의 말씀대로 하면 이렇게 되는구나라고 깨닫도록 해 달라는 말이다. 이것이 바로 주의 규례가 나를 돕는 것이다.

176절에서 "잃은 양 같이 내가 방황하오니 주의 종을 찾으소서 내가 주의 계명들을 잊지 아니함이니이다"고 하였다. 이 말씀은 시인이 왜 이러한 기도를 하였는지 그 이유를 설명하고 있다. '잃은 양같이 내가 방황하오니'라고 했으니 시인은 목자 없는 양같이 되었다는 말이다. 시인은 인간적으로 매우 외로운 상황에 처해 있었다. 그래서 하나님의 말씀을 붙잡고 기도하였다. 그 기도가 이루어질 때에 감사하고 감격하여 하나님께 찬양하였다.

시인은 '하나님이여 주의 종을 찾으소서'라고 하였으니 '하나님이 같이 계시는 증거를 달라'는 뜻이다. 하나님이 항상 곁에 있음을 느끼게 해 달라는 말이다. '내가 주의 계명들을 잊지 아니함이니이다'고 하였다. 하나님의 말씀을 붙잡고 말씀대로 살아가기를 노력한다. 이것이 시편 119편의 주제이다. 시인의 이러한 고백이 우리의 것이 되어야 한다.

나는 화평을 원할지라도

시편 120:1~7

1내가 환난 중에 여호와께 부르짖었더니 내게 응답하셨도다 2여호와여 거짓된 입술과 속이는 혀에서 내 생명을 건져 주소서 3너 속이는 혀여 무엇을 네게 주며 무엇을 네게 더할꼬 4장사의 날카로운 화살과 로뎀 나무 숯불이리로다 5메섹에 머물며 게달의 장막 중에 머무는 것이 내게 화로다 6내가 화평을 미워하는 자들과 함께 오래 거주하였도다 7나는 화평을 원할지라도 내가 말할 때에 그들은 싸우려 하는도다

시편 120편부터 134편까지는 '성전에 올라가는 노래'라는 표제가 붙어 있다. 여기서 '올라간다'는 말에 대하여 여러 가지 해석들이 있으나 예루살렘을 순례를 하는 순례자들이 불렀던 노래라고 보는 것이 타당하다. 이 시편은 순례에 대하여 직접적으로 말하고 있지 않으나 감사가 있는 것이 이미 성전에 올라갔다는 것을 말해 준다.

1. 기도의 응답

1절에서 "내가 환난 중에 여호와께 부르짖었더니 내게 응답하셨도다" 하였다. 시인의 기도가 응답되고 고통에서 건짐을 받았기에 감사한다. 시인은 이방 땅에서 나오고 서원을 갚는다. 그는 지난날의 어려웠을 때를 되돌아본다. 시인은 '환난 중에'라고 하였는데 어떤 환난인지 구체적으로 알 수가 없다. 그러나 고통이 심하고 어려움 속에서 번민한 것으로 보인다. 이러

한 고통의 자리에서 여호와께 부르짖는다.

'여호와께 부르짖었더니'는 과거형이다. 하나님께 과거부터 계속하여 기도하였다. 그랬더니 '내게 응답하셨도다'고 하였으니 이것은 현재형이다. 하나님께서 내게 응답하신다. 우리에게 고통의 바람이 몰려 올 때 여기서 벗어나는 유일한 길은 여호와께 부르짖는 것이다. 하나님께 간절히 호소하면 하나님이 응답하셔서서 모든 문제를 해결하여 주신다.

2절에서 "여호와여 거짓된 입술과 속이는 혀에서 내 생명을 건져 주소서"라고 하였다. 2절의 기도의 내용이라고 할 수 있다. 시인은 지난날의 고통을 다시 한 번 반복하면서 하나님께 기도한다. '거짓된 입술'은 거짓말쟁이이다. 이들 거짓된 말로 다른 사람을 속이고 고통을 준다. '속이는 혀'는 '거짓된 혀'이다. 즉 속임수와 이중성으로 가득한 혀이다. 이 땅에서 거짓된 혀로 사람을 이간질하고 사람을 해치는 자들이 많다. 이것은 악인의 특성이다. 거짓말과 참소 그리고 비방이 가득한 오늘의 시대에서 바른 혀의 소중함을 느낀다.

2. 기도의 언약

3절에서 "너 속이는 혀여 무엇을 네게 주며 무엇을 네게 더할꼬"라고 하였다. '속이는 혀'는 거짓된 혀를 말하는데, 이것은 하나님과의 언약을 근거로 하고 있다. 시인은 원수에 대한 복수의 마음이 가득한 것이 아니라 하나님과의 언약은 반드시 이루어야 한다는 것을 전제한다.

'무엇을 네게 주며'라고 하였는데, 거짓된 혀에 대한 보응을 말한다. 악독의 보응을 받아야 한다. 하나님과의 언약을 무시한 거짓된 혀에게 무엇을 주어야 하는가? 또 '네게 더할꼬'라고 했으니 같은 내용을 강조하고 있다. 거짓말은 반드시 보응을 받는다. 특히 하나님과의 언약관계에서 거짓말은 더 큰 보응을 받는다. 거짓말이 일상화 되고 있는 오늘의 시대 상황 속에서 하나님이 주신 말의 중요성을 바로 알고 사용해야 한다.

언어란 하나님이 주신 복이다. 그러나 잘못 사용하면 다른 사람을 죽이는 독이 된다. 하나님의 백성들은 바른 언어를 통하여 하나님의 영광을 드러내고 그리스도의 복음을 선포해야 한다.

4절에서 "장사의 날카로운 화살과 로뎀 나무 숯불이리로다"고 하였다. 여기에 '장사의 날카로운 화살'이라는 군사적 은유가 나타난다. 그 이유는 혀가 너무나 무서운 무기이기 때문이다.

악인들은 그들의 혀를 칼과 활처럼 사용하여 다른 사람에게 거짓말을 하였기에 그들도 같은 보응을 받아야 한다. 그들은 자기 말로 인하여 상처를 입는다. 거짓말이라는 자기 무기 때문에 패배를 당한다. 악인들은 자기가 쏜 화살에 자기가 맞는다. 그들은 다른 사람에 대하여 적대감으로 평화를 깨트렸기 때문에 그 적대감으로 심판을 받는다. 하나님은 공의의 하나님이시기에 다른 사람을 해치는 그 해침으로 자기가 고통을 겪도록 하신다.

'로뎀나무 숯불이로다'고 하였는데 로뎀나무는 흰 꽃이 피는 나무로서 12자까지 자란다고 한다. 이 나무는 땔감으로 아주 좋고 숯불로도 좋다. 이 나무는 화력이 강하고 오래 탄다고 한다. 이와 같이 악인들도 불과 같이 오래 타고 심판을 받는다. 원수들의 입에서 나오는 말은 맹렬한 불과 같기에 원수들은 불로 보응을 받는다. 이것이 하나님의 원리이며 보응하시는 방법이다.

3. 기도의 열매

5절에서 "메섹에 머물며 게달의 장막 중에 머무는 것이 내게 화로다"고 하였다. '메섹'은 흑해 근처 소아시아에 있는데 사람이나 나라를 가리킨다. 이스라엘에서 볼 때 제일 먼 북쪽이다. '게달'은 이스마엘의 둘째 아들이다 (창 25:15). 시리아와 아라비아 광야에 거하는 아랍 족속의 조상의 이름이다 (사 21:13~17, 42:11). 이들은 유목민들이며, 이스라엘 동쪽에 위치해 있다. 이들의 장막은 그들이 거하는 곳이다.

이러한 곳에 '머물다'고 했다. 이것은 시인이 살았던 정황을 말해 준다. 그는 나그네의 신분으로 이곳에 살았고 고통 속에서 지냈다. 이러한 장소에 대하여 여러 가지 해석들이 있지만 시적 은유로 볼 수 있다. 시인은 이방인으로 살았는데 그 위치가 어디인지 정확히 알 수 없으나 메섹과 게달 같은 적대적 원수들이 시인을 해치고 괴롭게 한다.

6절에서 "내가 화평을 미워하는 자들과 함께 오래 거주하였도다"고 하였다. 여기서 '화평을 미워하는 자'는 단수지만 집합적으로 사용된다. 그러니 화평을 깨는 자들이 하나뿐이 아니라 여러 그룹이 있고 지속적으로 해치는 일을 하고 있다.

'오래 거주하였도다'고 했는데 이것은 과거를 돌아보고 하는 말이다. 시인의 지난날은 하나님을 거역하고 화평을 깨는 야만족들과 오래 살았다. 이것이 괴로운 일이요 큰 고통이었다.

우리들이 이 땅에서 살아갈 때에 선한 이웃이 있어야 하고, 선한 우방이 있어야 한다. 그렇지 못할 때는 괴로움이 있고, 살아가는 자체가 어려움이 된다. 하나님의 백성들이 자신만이 아니라 이웃과 이웃나라들을 위해 기도해야 한다 하나님의 백성들은 이 땅의 '샬롬'을 위해 기도하고 화평을 구하여야 한다.

7절에서 "나는 화평을 원할지라도 내가 말할 때에 그들은 싸우려 하는도다"고 하였다. 시인은 화평을 원하였다. 하나님이 주시는 화평이 이 땅에 이루어지기를 바랐다. '내가 말할 때에'는 '내가 화평을 말할 때에'라는 뜻인데, 시인은 평화를 말하고 원수들은 분쟁하며 싸우려고 한다. 이것이 이 세상의 속성이다. 하나님의 백성은 화평을, 이방인들은 분쟁을 원한다. 시인은 이방에서 나그네로 외롭게 살았다. 그 원수들은 적대적이었다. 그 속에서 하나님의 은혜에 감사하고 하나님의 영광을 드러내기 원하였다. 우리는 하나님의 역사를 바라보며 이 땅이 하나님의 평화를 정착시키자.

나의 도움이 어디서 올까

1내가 산을 향하여 눈을 들리라 나의 도움이 어디서 올까 2나의 도움은 천지를 지으신 여호와에게서로다

시편 121편은 순례자의 노래 가운데 대표적이며 우리들이 애송하는 시 가운데 하나이다. 시편 23편에 비교할 수 있는데 순수한 언어들을 통하여 우리의 심정을 울려준다. 이 시의 형태는 대화체이기에 누가 누구와 대화한 것이냐는 문제가 제기된다. 그러나 중요한 것은 1~2절은 원리이며, 3~8절은 적용이라고 본다.

이 시편은 하나님의 도움과 축복을 약속하고 있기 때문에 '신뢰의 시'라고도 할 수 있고 학자들에 따라서는 '용서의 시'라고 부르기도 한다. 순례자가 하나님의 역사를 바라보고 하나님께 기도하며 찬양하는 내용이기에 우리들의 일상에 구체적으로 적용할 필요가 있다.

1. 나의 도움이 어디서 올까

1절에서 "내가 산을 향하여 눈을 들리라 나의 도움이 어디서 올까"라고 하였다. 시인은 대화체의 시에서 먼저 문제를 제기하고 있다. '내가 산을 향하여 눈을 들리라'고 하였다. 이 산이 어떤 산이냐에 대한 논란들이 계속

된다. 여러 가지 해석들이 있으나 예루살렘 산들이라고 볼 수 있다. 주님께서 거하신 산을 바라보며 자신에게 도움이 어디서 어떻게 올 것인지를 묻고 있다. 시인은 예루살렘 주변의 산들을 바라본다.

'눈을 들리라'고 하였는데 이 말은 '간절히 보리라'는 뜻이다. 시인이 눈을 든다고 했으니 어떤 방향을 바라보는 것이 아니라 간절히 갈망한다는 뜻이다. 시인은 산들을 간절한 마음으로 바라본다. 어디서 어떻게 도움이 올 것이지를 갈망한다. '나의 도움이 어디서 올까'라고 하였으니 시인이 산을 바라보는 것은 단순한 바라보는 것이 아니라 간절한 마음으로 갈구한다. 우리들이 이 땅에서 살 때에 여러 가지 어려움들이 있다. 누구의 도움이 필요하고 도와줄 손길이 필요하다. 그러나 우리의 현실은 힘들고 어렵다.

어느 누구가 우리를 도와줄 것인가? 아무도 우리에게 도움의 손길을 펴지 않는다. 이것이 인생의 모습이다. 도움이 절실하지만 도와줄 자 없는 상황에서 좌절하고 낙망하기 쉽다. 시인이 눈을 들어 예루살렘 산들을 바라보며 간절히 도움을 요청하듯이 우리도 사방을 바라보며 도움을 구한다. 이것이 인생의 모습이다. 힘들고 어려울 때에 우리를 도와줄 자가 누구인지 찾아본다. 옛말에 나라가 어지러울 때에 충신이 필요하고, 가정이 어려울 때 효자가 필요하다는 말이 있다. 이것은 곤경에 빠진 인간들이 도움의 손길이 필요하다는 것을 보여준다.

2. 여호와에게서로다

시인은 1절에서 질문을 하였고 2절에서 그 해답을 제시한다. "나의 도움은 천지를 지으신 여호와에게서로다"고 하였다. 나의 도움이 어디서 올 것이냐에 대한 대답이다.

1절과는 다른 분위기를 보여준다. 모든 도움은 하나님에게서 온다는 사실을 보여준다. 시인은 '나의 도움'이라고 하여 개인적 경험을 제시한다. 시인은 하나님에게서 도움이 오는데 그 하나님을 구체적으로 표현하고 있다.

'천지를 지으신' 하나님이다. 이것은 포로기 이전의 근원적 시기이다. 이것은 예루살렘의 전통으로서 이스라엘의 창조 신앙을 보여준다.

"태초에 하나님이 천지를 창조하시니라"(창 1:1)는 창조 신앙의 근거를 제시한다. 하나님이 천지를 창조하셨다는 것은 단순한 신앙이나 선포가 아니라 우리들의 사상과 삶의 기본을 이룬다.

하나님이 천지를 창조하셨기에 이 세상이 존재하고 또 우리들이 하나님의 역사를 앙망한다. 창조 신앙은 우리들의 신앙의 출발점이다. 하나님이 천지를 창조하셨다는 그 신앙을 바탕으로 이 세계를 바라 볼 때에 모든 것이 바로 이해된다. 기독교 세계관의 기본 원리로 창조·타락·구속을 든다. 여기서도 출발점이 창조이다. 하나님의 창조는 초과학이며 초역사이다. 인간의 이해를 초월한 하나님의 역사이다.

만물이 하나님의 작품이다. 그래서 이 세계를 통하여 하나님의 음성을 듣고 하나님께 가까이 나아가게 된다. 하나님은 만물을 창조하시고 또 섭리하시기 때문에 모든 것이 하나님으로 말미암아 되어진다. 구약의 창조관은 우주의 기원에 대한 논의가 아니다. 우리들이 살아가는 현실에서 어떻게 살 것인가라는 문제를 해결하는 원리이다. 하나님이 천지를 지으셨고 모든 것을 통치하시기에 하나님의 역사를 믿고 따르는 것이 무엇보다 중요하다.

3. 하나님의 백성의 원리

'천지를 지으신' 하나님은 오늘의 우리들을 지키시고 인도하신다. 그리하여 이 하나님을 믿고 의지하며, 삶의 제일 원리로 삼아 나가는 것이 하나님의 백성의 원리이다. 시인은 하나님을 '여호와'라고 불렀다. '여호와'는 하나님의 이름으로 널리 불리운다. '스스로 계신 분'이요, 언약을 반드시 지키시는 하나님이라는 의미이다.

우리들 하나님의 언약을 분명히 믿는다. 하나님은 자기 백성을 지키신다고 언약하셨다. 하나님은 그 언약을 반드시 지키신다. 그 외에도 수많은 약속들이 있는데 하나님께서는 그 약속을 반드시 이루신다.

고통과 역경 중에 있는 하나님의 백성을 누가 돌보아 주시는가? 시인의 질문처럼 '나의 도움이 어디서 올까'라고 하였을 때에 2절에서 그 도움의 출처가 있다. '천지를 지으신 여호와'가 우리를 지켜 주시고 도와주신다. 하나님은 언약의 하나님이시기에 자기 백성을 돌보시겠다고 하신 약속은 반드시 이루시는 분이다. 우리는 이 하나님을 믿고 살아간다.

나그네 같은 우리의 삶에서 누가 우리를 도울 것인가? 산을 바라보고 간절한 마음으로 앙망할 지라도 어느 누구도 우리를 도우지 않는다. 도리어 우리에게 해를 준다. 그러나 하나님, 천지를 지으신 하나님, 또 스스로 계시고 언약은 반드시 지키시는 여호와 하나님에게서 도움이 온다. 이 하나님을 믿고 나아가며 도우심을 바라자.

우리들은 하나님의 도움을 받기 위해 하나님께 기도해야 한다. 하나님은 구하는 자에게 주시고 또 꾸짖지 않고 후히 주신다. 이 하나님을 믿는 것이 우리의 신앙이요 삶이다. 하나님의 도우심이 없이는 우리는 한순간도 살 수 없다. 우리의 존재 자체가 하나님에게서 오기에 이 하나님을 의지하고 나가는 것이 무엇보다 중요하다.

산을 향하여 눈을 들어 갈망해 보라. 어느 누구가 우리를 도와줄 것인가? 아무도 우리를 도와줄 자가 없다. 다만 하나님 즉 천지를 지으신 여호와께로부터 도움이 온다. 이것을 믿고 하나님을 앙망하는 것이 우리의 삶이요 믿음이다. 하나님의 도우심의 손길을 오늘도 바라보자.

여호와는 너를 지키시는 이시라

시편 121:3~8

3여호와께서 너를 실족하지 아니하게 하시며 너를 지키시는 이가 졸지 아니하시리로다 4이스라엘을 지키시는 이는 졸지도 아니하시고 주무시지도 아니하시리로다 5여호와는 너를 지키시는 이시라 여호와께서 네 오른쪽에서 네 그늘이 되시나니 6낮의 해가 너를 상하게 하지 아니하며 밤의 달도 너를 해치지 아니하리로다 7여호와께서 너를 지켜 모든 환난을 면하게 하시며 또 네 영혼을 지키시리로다 8여호와께서 너의 출입을 지금부터 영원까지 지키시리로다

많은 그리스도인의 애송시인 시편 121편은 우리들에게 하나님의 세계와 역사를 바라보게 한다. 시인은 산들을 바라보며 '나의 도움이 어디서 올까'라고 자문하고 '천지를 지으신 여호와'에게서 도움이 온다고 답한다.

이것은 가장 간단한 질문과 대답 같으나 하나님의 백성의 삶의 원리를 제시한다. 우리들의 삶에서 도움이 필요할 때가 많으나 진정으로 우리를 도와줄 자는 아무도 없다. 오직 여호와 하나님 즉 천지를 지으신 여호와께서 우리의 도움이 되신다.

3~8절은 1~2의 원리를 구체적으로 적용하는 내용이다. 하나님의 역사를 우리의 삶에 적용하고 하나님의 도움 속에서 살아가는 우리가 되어야 한다.

1. 여호와께서 너를

3절에서 "여호와께서 너를 실족하지 아니하게 하시며 너를 지키시는 이가 졸지 아니하시리로다"고 하였다. 제사장이 위로와 격려의 말씀을 준다. 하나님께서 함께 하시기 때문에 순례자의 발이 실족하지 아니한다.

순례의 길은 힘든 길이다. 고통이 있고 어려움이 있어서 넘어지기 쉽다. 그러나 순례자에게는 하나님이 함께 하신다. 이 시편에서는 시편 23편의 '목자 영상'을 볼 수 있다. 하나님이 우리의 목자이시기에 우리들은 하나님의 인도함을 받는다. 푸른 초장과 쉴만한 물가로 인도하시는 목자처럼 하나님은 자기 백성을 넘어지지 않도록 보호하신다.

'너를 실족하지 아니하게 하시며'는 제사장이 확신과 축복을 주는 구절이다. 하나님께서는 자기 백성을 지키시는 분이시다. 성경에는 실족에 대한 표현들이 여러 가지로 나온다. 군사적 측면에서 보면(시 18:37 이하) 전쟁에서 한 번 실족하면 죽음으로 직결된다. 이러한 실족에서 구하여 주기를 호소하고 있다.

'너를 지키시는 자'는 '너를 세심하게 돌본다' 혹은 '보호한다'는 뜻이다. 시편 121편의 핵심 단어(keyword)가 '지킨다'이며 여기서만 6번이 나온다. 지키는 것은 파수꾼이 늘 깨어 있는 것 같은 모습이다. 그런데 우리가 주목해야 할 단어는 '너'라는 목적어이다. 하나님이 너를 지켜주신다. 하나님은 모든 이스라엘을 지키시는 것이 아니라 '너'를 지키신다. 이것이 하나님의 백성이 받은 복이다. 나를 지키시는 하나님의 은혜에 감사해야 한다.

'졸지 아니하시리로다'고 하였다. 이 표현은 논쟁적인 성격을 가지고 있다. 하나님은 자연신들과 다르다. 계절마다 자는 신이 있으나(왕상 18:27) 하나님은 늘 깨어 계신다. 하나님은 늘 깨어 우리를 지키신다. 사람이 보기에는 외면하고 자는 듯 하지만 하나님은 실상 늘 깨어서 우리를 지키시고 보호하시는 분이다.

2. 이스라엘을 지키시는 이는

4절에서 "이스라엘을 지키시는 이는 졸지도 아니하시고 주무시지도 아니하시리로다"고 하였다. 여기서 새로운 시상(詩想)이 나온다. '하나님은 이스라엘을 지키시는 이'(시 121:4)라고 표현하고 있다.

앞에서는 '천지를 지으신 하나님'이라고 하였으나 여기서는 '이스라엘을 지키시는 이'로 표현하고 있다. 이러한 호칭에는 구속사에 대한 암시가 있다. 하나님께서 이스라엘 백성을 애굽에서 구원하여 가나안 땅으로 인도하실 때에 분명히 졸지도 아니하시고 주무시지도 아니 하신 것을 알 수 있다. 시인은 하나님의 구원 역사의 위대한 손길을 음미하면서 하나님께서 자기 백성을 지키시고 인도하시는 것을 강조한다. 지난날 지켜 주신 하나님께서 지금도 지켜 주시고 또 앞으로 지켜 주신다.

우리는 이 시에서 '이스라엘을 지키시는 이'라는 표현에 주목해야 한다. 하나님은 이스라엘의 목자가 되시고 시인의 목자가 되신다. 하나님은 자기 백성 한 사람, 한 사람을 지켜 주시며, 이를 통하여 하나님의 영광을 드러낸다. 졸지도 아니하고 주무시지도 아니하는 하나님의 위대하신 보호가 있기에 우리는 감사하며 나아간다.

5절에서 "여호와는 너를 지키시는 이시라 여호와께서 네 오른쪽에서 네 그늘이 되시나니" 라고 하였다. 4절에서 하나님의 구원에 대하여 말한 후에 여기서는 더욱 구체적으로 '너를 지키시는 이'라는 표현이 나온다. 하나님은 우리를 창조하시고 구속하셨을 뿐만 아니라 지키시는 하나님이다. 하나님은 이스라엘 백성을 지키시고 나를 지키신다. 아버지가 어린 아이를 지키듯이 우리를 지키신다. 이것은 하나님의 위대한 섭리이며 사랑이다.

하나님은 '네 오른쪽에서 네 그늘이 되신다'고 하였다. '네 그늘'이란 너를 보호하신다는 뜻이다. 여기서 '오른쪽'이란 도움과 지원을 하는 곳이다(시 16:8, 109:31). 어떤 해도 미치지 못하는 보호하는 장소이다. 팔레스타인의 여름은 너무나 덥고 햇빛이 뜨겁기 때문에 그늘로 지켜주는 것은 최고의 보호요 사랑이다.

6절에서 "낮의 해가 너를 상하게 하지 아니하며 밤의 달도 너를 해치지 아니하리로다"고 하였다. 하나님의 보호가 있으면 그 무엇도 두렵지 않다. 재난과 위험이 와도 하나님의 보호를 받기에 이것을 이기고 나갈 수 있다. '낮의 해가 너를 상하게 하지 아니하며'라고 하였는데 작열하는 태양열은 여행자에게 치명적이다. 엘리야의 기사 중에 해가 너무 뜨거워 어린 아이가 죽는 이야기가 나온다(왕하 4:18~37). 이 아이는 일사병에 죽었다. 이 정도로 이스라엘의 햇빛은 무섭다.

또 '밤의 달'도 무섭다. 달의 찬 기운으로 인하여 각종 질병이 생기고 사람들이 고통당하는 경우들이 있다. 우리는 여기서 '낮의 뜨거움'과 '밤의 차가움'이 대조되고 있는 것에 주목해야 한다. 이것은 인생이 겪는 모든 어려움을 집약한다.

7절에서 "여호와께서 너를 지켜 모든 환난을 면하게 하시며 또 네 영혼을 지키시리로다"고 하였다. 7절은 3~6절의 내용을 강조한다. '지킨다'란 단어가 1~6절에 3번, 7~8절에 3번 나온다. 여기서는 하나님이 지키시는 영역이 확장된다. '모든 환난'을 면케 하여 준다고 하였다. 하나님은 자기 백성의 모든 환난을 면케 하여 주시고 또 그 영혼을 지켜 주신다. 히브리어에서 '환난'과 '악'이 같은 단어로 사용되고 있음을 주목할 필요가 있다. 하나님은 자기 백성을 지켜 하나님의 영광을 드러나게 한다.

8절에서 "여호와께서 너의 출입을 지금부터 영원까지 지키시리로다"고 하였다. 여기서 '너의 출입'은 '네가 떠나고 또 돌아오는 것'을 말한다. 이것은 이스라엘 백성들의 삶을 말하는데 '출입'은 일상생활의 전부이다. 하나님께서는 자기 백성의 일상생활을 지금부터 영원까지 지키신다. 이것은 지속적으로 지키심을 말하고 미래 지향적으로 지키심을 의미한다. 여호와께서 우리를 지켜 주시기에 여호와를 바라보고 살아야 한다.

평안을 구하라

시편 122:1~9

1사람이 내게 말하기를 여호와의 집에 올라가자 할 때에 내가 기뻐하였도다 2예루살렘 아 우리 발이 네 성문 안에 섰도다 3예루살렘아 너는 잘 짜여진 성읍과 같이 건설되었 도다 4지파들 곧 여호와의 지파들이 여호와의 이름에 감사하려고 이스라엘의 전례대로 그리로 올라가는도다 5거기에 심판의 보좌를 두셨으니 곧 다윗의 집의 보좌로다 6예루 살렘을 위하여 평안을 구하라 예루살렘을 사랑하는 자는 형통하리로다 7네 성 안에는 평안이 있고 네 궁중에는 형통함이 있을지어다 8내가 내 형제와 친구를 위하여 이제 말하리니 네 가운데에 평안이 있을지어다 9여호와 우리 하나님의 집을 위하여 내가 너 를 위하여 복을 구하리로다

시편 122편은 '성전에 올라가는 노래' 가운데 하나이다. 이 시편의 형식 을 보면 '시온의 노래'이다(2절 이하). 이 시는 시온을 향한 순례를 강조한 다. 예루살렘의 영광을 노래하며, 신자 공동체의 균형을 이루고 여러 지파 와 형제자매들을 등장시킨다. 이것은 시인의 따뜻한 신앙심의 발로이다. 따 뜻한 마음을 가진 사람은 자신의 문제만 구하는 것이 아니라 이웃과 다른 사람의 평안도 구한다. 이러한 사람의 자세로 인하여 하나님의 백성은 하나 님의 영광을 드러낸다.

1. 여호와의 집에 올라가자

1절에서 "사람이 내게 말하기를 여호와의 집에 올라가자 할 때에 내가

기뻐하였도다"고 하였다. 이 말씀은 순례에 대한 전형적 초대이다. 시인은 순례 여행에 동행하도록 초대를 받았을 때를 회상하며 그때의 기쁨을 말한다.

'사람이 내게 말하기를'은 순례하는 자들이 시인에게 권하는 내용이다. '그들이 말할 때'라는 의미도 있다. 사람들이 '여호와의 집에 올라가자'고 권한다. '여호와의 집'이란 성전을 가리킨다. 이곳은 하나님의 영광이 거하는 곳(시 26:8)이며, 아름다운 곳이다(시 65:4). '올라가자'고 하였으니 이 말은 성전을 방문하는 것에 대한 일반적 형식이며 또 격려하는 형식이다. '내가 기뻐하였도다'고 하였다. 시인은 사람들과 함께 순례의 길을 떠난 것을 회상한다. 순례의 길은 흔히 있는 것이 아니기에 매우 소중하다. 시인은 그 때를 생각하고 기뻐하였다.

2절에서 "예루살렘아 우리 발이 네 성문 안에 섰도다"고 하였다. 시인은 성으로 들어가며 자신의 기쁨을 토로한다. 너무나 기쁘고 감격하여 사람에게 인사하듯이 예루살렘에게 말한다. 예루살렘을 이인칭으로 말한다.

꿈에도 그리던 예루살렘에 들어서니 예루살렘과 대화를 한다. '우리 발이 네 성문 안에 섰도다'고 환호한다. 드디어 예루살렘에 발을 디딘다는 환호의 소리이다. 하나님의 백성의 감격이 여기에 나타난다. 예루살렘에 내 발을 디디니 우리는 하나님의 역사에 동참하였다는 고백이다.

3절에 "예루살렘아 너는 잘 짜여진 성읍과 같이 건설되었도다"고 하였다. 시인은 예루살렘 성이 견고하게 건설된 것을 기뻐하였다. 튼튼한 성벽이 있으며 그 안의 여러 건물들이 아름답게 조화를 이룬다. 절묘한 도시로 형성되어 균형과 질서가 있다.

이러한 예루살렘 즉 시온은 하나님께서 직접 건설하였고, 하나님의 은총으로 지어진 성이다. 그러므로 이 성은 무너지지 않을 것이며 온갖 공격에서 보호를 받는다. 시인은 이러한 영광의 도시를 돌아보고 감격한다. '조밀한 성읍 같이 건설되었다'고 하였다. 예루살렘 성이 짜임새 있게 건설되었음을 강조한다. 시인은 이와 같이 감탄을 통하여 예루살렘의 힘과 권세를 강조하고 있다. 하나님의 은혜로 지어진 이 성은 크고 단단하다. 여기에 하나님의 임재와 역사가 있다.

2. 여호와의 이름에 감사하며

4절에서 "지파들 곧 여호와의 지파들이 여호와의 이름에 감사하려고 이스라엘의 전례대로 그리로 올라가는도다"고 하였다. 시인은 여기서 예루살렘의 영적 의미를 강조하고 있다. 시온은 신앙생활의 중심지이고 온 이스라엘을 하나로 묶어 준다. 시인은 이스라엘을 제의 공동체로 본다. 시온은 12지파의 영적 중심지이며, 여러 지파들이 자신의 경계를 초월하여 모인다. 그래서 '여호와의 지파들'이라고 하였으니 이스라엘의 모든 지파를 말하는데 아주 특이한 표현이다.

여호와의 지파들이 '이스라엘의 전례대로' 예루살렘에 올라온다. 이 전례는 예루살렘의 특권이다. 이스라엘의 전통에 따르면 이스라엘 백성들은 매년 세 번 성소로 올라가야 한다(출 21:14~17, 신 16:16~17). 이러한 전례를 따라 예루살렘으로 올라간다. 시인은 예루살렘으로 가는 이유를 제시하였다. '여호와의 이름에 감사하려고' 간다고 하였다. 단순한 순례가 아니고 관광여행도 아니다. 하나님의 집에 가서 하나님의 이름에 감사하려는 것이 목적이다. 그러니 신앙의 순례요 감사의 순례이다.

5절에 "거기에 심판의 보좌를 두셨으니 곧 다윗의 집의 보좌로다"고 하였다. 시온에서는 공의가 집행된다. 하나님의 판결 보좌가 예루살렘에 있다. 하나님의 다윗의 왕조를 통하여 공의를 시행하신다. 왕은 하나님의 대리자로서 권위를 가진다. 예루살렘은 성소가 있는 신앙의 도시요, 왕권이 있는 정의의 도시이다.

다윗 왕은 최고의 법적 지위를 가진다. 12지파를 통치하면서 하나님의 공의를 나타낸다. 다윗 왕권은 다윗의 통치만 말하는 것이 아니라 그의 후손에서 영원한 왕이 나실 것을 보여 주신다. '판단의 보좌'는 왕권과 통치에 대한 비유이다. 하나님은 자신의 판단을 다윗 집을 통하여 실천하신다. 다윗은 예루살렘에 판단의 보좌를 가지고 이스라엘을 통치하며 12지파를 하나로 묶는다.

3. 평안을 구하라

6절에서 "예루살렘을 위하여 평안을 구하라 예루살렘을 사랑하는 자는 형통하리로다"고 하였다. 6~8절에 '평안'이 세 번 나온다.

'예루살렘을 위하여 평안을 구하라'고 말하는 자는 예루살렘에 대하여 한없는 애정을 가지고 있다. '평안'은 인간의 모든 영역을 말한다. 구원과 안전과 건강을 뜻한다. 미래의 안녕과 번영 그리고 평안이 모두 포함된다. 예루살렘에 이러한 평안이 오기를 열망한다.

'예루살렘을 사랑하는 자는 형통하리로다'고 하였다. '사랑하는 자'란 예루살렘에 있는 모든 가정(욥 12:6)을 뜻한다. 이들이 형통하는데 평안하고 안정하게 된다. 예루살렘을 사랑하는 자에게 이런 복이 임한다.

7~9절에서 "네 성 안에는 평안이 있고 네 궁중에는 형통함이 있을지어다 내가 내 형제와 친구를 위하여 이제 말하리니 네 가운데에 평안이 있을지어다 여호와 우리 하나님의 집을 위하여 내가 너를 위하여 복을 구하리로다"고 하였다. 7절의 '네 성'은 '너의 성벽'을 의미하고, '네 궁중'은 '망대'를 뜻한다. 예루살렘 성에 평강과 형통이 있기를 바란다. 8절에서는 예루살렘 성에 살고 있는 모든 사람에게 평화가 있기를 기원한다. 형제와 친구들에게 평강이 있어서 하나님을 기쁘게 한다.

9절은 시인의 기도이다. "여호와 우리 하나님의 집을 위하여 내가 너를 위하여 복을 구하리로다"고 하였다. 중요한 것은 '여호와 우리 하나님의 집을 위하는' 것이다. 이것이 우리들의 기도의 목적이다. 하나님은 예루살렘에 거하시고, 예루살렘에는 모든 족속이 모인다. 이곳에서 하나님의 공의가 다윗 왕조를 통해 나타나고 하나님의 샬롬이 풍성하게 임하기를 기도한다.

우리의 눈이 여호와 우리 하나님을 바라보며

시편 123:1~4

1하늘에 계시는 주여 내가 눈을 들어 주께 향하나이다 2상전의 손을 바라보는 종들의 눈 같이, 여주인의 손을 바라보는 여종의 눈 같이 우리의 눈이 여호와 우리 하나님을 바라보며 우리에게 은혜 베풀어 주시기를 기다리나이다 3여호와여 우리에게 은혜를 베푸시고 또 은혜를 베푸소서 심한 멸시가 우리에게 넘치나이다 4안일한 자의 조소와 교만한 자의 멸시가 우리 영혼에 넘치나이다

시편 123편은 짧은 시로서 애가 형태를 가지고 있다. 1절은 개인 애가이나 2~4절은 공동체 애가로 바뀐다. 이렇게 바뀌는 것은 이 시가 교성곡적 성격을 가지고 있기 때문이다. 시인은 하나님을 향하여 자신의 소망을 아뢰고 하나님이 구하여 주실 것을 간구한다. 그는 멸시와 조롱 속에서 살았고 역경 속에서 지나 왔다. 이러한 그를 구할 자가 하나님 한 분 뿐이심을 믿고 이 하나님을 의지하는 고백을 하고 있다. 우리의 삶에 역경이 있을 때에 우리는 좌절하기 쉽다. 그러나 그 고통 속에서 하나님을 의지하는 것이 하나님의 백성이 누릴 수 있는 최고의 복이요 영광이다.

1. 내가 눈을 들어

1절에서 "하늘에 계시는 주여 내가 눈을 들어 주께 향하나이다"고 하였다. '하늘에 계신 주'는 '하늘에 좌정하신 주'이다. 시인은 시의 첫 시작에서

하나님을 '하늘에 계신 주'라고 부른다. 이 하나님은 전지전능하시고 무소부재하신 분이시다. 주님께서 가르치신 기도에도 '하늘에 계신 우리 아버지'라고 하였다. 하늘에 계신 전능하신 분, 언제나 어디서나 함께 계시는 분이라는 의미이다. 그렇게 되면 모든 것이 해결된다. 하나님은 하늘의 보좌에 계신다. 하나님의 보좌는 영원부터 하늘에 세워졌다(시 93:2). 그러나 현실 역사에서는 예루살렘 성전에 있는 법궤가 하나님의 보좌가 된다. 시인은 하늘의 왕을 바라본다. 인간이 무능할 때에 하늘의 왕의 권세를 의지한다. 그래서 '하늘에 계신 주여'라고 부르며 하나님의 위대한 역사를 사모한다.

시인은 '내가 눈을 들어 주께 향하나이다'고 하였다. 이것은 소망을 가지고 바라는 자세이다. 개인 기도를 설명할 때에 몸 동작으로 그 형태를 설명하는 경우들이 있다. '눈을 들어 주께 향하는 것'은 간절하고, 기다리는 자세를 말한다.

시인은 역경 중에서 하늘 향하고 하나님을 바라본다. 이것이 하나님의 백성의 최고의 자세이다. 우리에게 어려움이 올 때 낙망하기 쉬우나 하나님을 바라보고 도움을 구하는 것이 무엇보다 중요하다. 하나님을 의지하는 것이 우리 문제의 근본적 해결책이기에 이것이 중요하다.

2절에서 "상전의 손을 바라보는 종들의 눈 같이, 여주인의 손을 바라보는 여종의 눈 같이 우리의 눈이 여호와 우리 하나님을 바라보며 우리에게 은혜 베풀어 주시기를 기다리나이다"고 하였다. 시인은 자신의 하나님을 바라는 것을 한 폭의 수채화 같이 그리고 있다. 종과 여종은 주인 앞에 겸손하고 순종하여야 한다. 종에게는 인권이나 소유권이 없었고 주인의 소유물에 불과하였다. 종들은 주인에게서 모든 것을 공급받는다.

종은 상전의 손을 바라본다. 종은 상전의 움직임에 자신의 전부가 달려 있다. 상전이 도와주기를, 상전이 사랑해 주기만을 바라본다. 주모는 상전의 부인이고 살림의 모든 권세를 가지고 있다. 이들이 돌보아 주면 모든 것이 해결되기에 그 손길을 바라본다.

시인은 이와 같이 비유를 통하여 자신의 열망을 토로한다. '우리의 눈이 여호와 우리 하나님을 바라며'라고 하였다. 여호와란 '약속의 하나님' '사랑의 하나님'이라는 뜻이다. 이 하나님을 바란다. 시인은 자신을 종으로 보았고, 종으로서의 겸손과 순종을 나타낸다. 하나님을 바라는 것은 단순한 주목이 아니라. 열망과 순종이 함께 있는 진실한 고백이다.

'우리에게 은혜 베풀어 주시기를 기다리나이다'고 하였다. 은혜란 사랑하며 불쌍히 여기는 것이다. 그냥 불쌍히 여기는 것이 아니라 사랑이 바탕에 깔려 있음을 강조한다. 바울은 "긍휼에 풍성하신 하나님이 우리를 사랑하신 그 큰 사랑을 인하여"(엡 2:4)라고 하였다.

시인은 하나님의 긍휼을 기다렸다. 하나님께서 모든 것을 해결해 주시고 이끌어 주시기를 바라는 열망 속에서 하나님을 바라본다. 이것은 주인을 두려워하며 긍휼을 구하고, 공경하고, 복종하는 태도이다. 이러한 자세가 있어야 하나님의 뜻을 이루게 된다. 시인은 자신을 종에 비유하였다. 남종과 여종이 상전과 주모의 손을 바라보듯이 우리는 우리의 영원한 주인되신 하나님을 바라보아야 한다. 하나님의 손길에 따라 우리가 살기도 하고 죽기도 하기 때문이다. 이러한 자세를 가지고 하나님께 호소할 때에 하나님이 응답해 주신다.

2. 은혜를 베푸시고 베푸소서

3절에서 "여호와여 우리에게 은혜를 베푸시고 또 은혜를 베푸소서 심한 멸시가 우리에게 넘치나이다"고 하였다. 그러니 하나님께 긴급 구조를 요청한다.

그들은 오랫동안 멸시 속에서 살았고 멸시에 뒤덮여 있었다. 이러한 우리를 긍휼히 여겨 주시기를 하나님께 호소한다. 이것이 하나님의 백성들의 근본적 호소이다.

우리들이 이 땅에 살아갈 때에 생각지도 않은 위기를 당한다. 위급한 상황에 '119구조대'에 도움을 요청하는 것이 일반적인 양상인데 하나님의 백성은 하나님께 기도하여 도움을 바라며 하나님의 놀라운 역사를 기대한다.

'여호와여 우리에게 은혜를 베푸시고 또 은혜를 베푸소서'란 호소는 우리의 절박한 상황과 뜨거운 심정을 그대로 나타내고 있다. 우리들은 하나님의 도우심을 바라며 하나님을 의지하는 삶을 살기 위해 늘 하나님을 바라야 한다. 시인이 겪는 멸시는 구체적으로 어떤 것인지 정확히 모르나 '심한 멸시'라고 하였으니 매우 심각하고 어려운 것이라고 볼 수 있고 4절에서 좀 더 구체적으로 나온다.

3. 조소와 멸시가

4절에서 "안일한 자의 조소와 교만한 자의 멸시가 우리 영혼에 넘치나이다." 여기서 안일한 자는 '부자'인데 이들은 교만하고 안일하게 살아가는 자들이다. 부자들은 다른 사람의 말에 관심을 가지지 않고 특히 가난한 사람들을 외면하고 자신의 안락을 위해 자기만을 생각하는 자들이다. 이들이 하나님의 백성을 조소한다. 자신의 능력만을 믿는 자들이 볼 때 하나님을 의지하는 자는 어리석기 짝이 없게 보인다.

'교만한 자'는 약자의 권리를 무시하는 자들이다. 이들은 하나님의 권위도 거부하고 자기만이 최고라고 생각하는 자들이다. 이들이 하나님의 백성을 멸시한다. 하나님을 의지하는 자를 미련하게 보고 자기들의 뜻대로 하려고 한다. '내 영혼에 넘치나이다'고 하였으니 이 말은 '충분히 넘쳤습니다'는 말이다. 시인의 절박한 사정을 이렇게 묘사하고 있다. 시인은 간절하고 애절하게 호소한다. 종처럼 여종처럼 주인을 바라본다. 하나님의 긍휼이 나타나기를 호소하는 개인 기도이며 공동체 기도이다.

이스라엘은 이제 말하기를

시편 124:1~8

1이스라엘은 이제 말하기를 여호와께서 우리 편에 계시지 아니하셨더라면 우리가 어떻게 하였으랴 2사람들이 우리를 치러 일어날 때에 여호와께서 우리 편에 계시지 아니하셨더라면 3그 때에 그들의 노여움이 우리에게 맹렬하여 우리를 산 채로 삼켰을 것이며 4그 때에 물이 우리를 휩쓸며 시내가 우리 영혼을 삼켰을 것이며 5그 때에 넘치는 물이 우리 영혼을 삼켰을 것이라 할 것이로다 6우리를 내주어 그들의 이에 씹히지 아니하게 하신 여호와를 찬송할지로다 7우리의 영혼이 사냥꾼의 올무에서 벗어난 새 같이 되었나니 올무가 끊어지므로 우리가 벗어났도다 8우리의 도움은 천지를 지으신 여호와의 이름에 있도다

시편 124편은 공동체 애가이다. 하나님의 백성들이 하나님 앞에 자기들의 고통을 호소한다. 하나님의 은혜의 역사가 아니었으면 구원받을 수 없음을 말하고 하나님의 은혜와 사랑에 감사를 드린다. 지난날 주셨던 은혜는 단순한 과거사가 아니라 하나님의 백성들이 어떻게 하나님께 감사하며 살 것인가를 제시한다. 일반적으로 시편들은 1절에 그 시의 중심 주제가 나오지만 124편의 경우는 마지막 8절의 '우리의 도움은 천지를 지으신 여호와의 이름에 있도다'에 있다. 이것은 시인의 신앙고백이며, 이스라엘 공동체들이 함께 불러야 하는 고백이다.

1. 시인의 고백

1절에서 "이스라엘은 이제 말하기를 여호와께서 우리 편에 계시지 아니하셨더라면 우리가 어떻게 하였으랴"라고 하였다. '이스라엘은 이제 말하기를'이란 의식적인 초대 형식이다. 이스라엘은 하나님이 택한 백성이며 하나님의 영광을 드러내기 위한 민족이다. 이들이 하나님 앞에 고백해야 한다. '하나님을 의지하고 자기를 완전히 내어버린 너희들은 이제 이렇게 고백하라'는 말이다. 이들이 고백해야 할 것은 '여호와께서 우리 편에 계시지 아니하고'인데 이것은 가정법으로 말하는 것이다. 1절과 2절에 두 번 반복되는 것은 이것을 강조하기 위한 강조법의 표현이다.

하나님의 백성들은 하나님의 은혜에 감사해야 한다. 여호와께서 우리 편에 계시기 때문에 우리가 보호를 받고 이 땅에서 생명을 유지할 수 있기 때문이다. 하나님이 우리 편에 계시지 않으면 우리들은 망할 수밖에 없다. 그러나 하나님이 우리 편에 계시기에 우리는 보존되고 승리한다.

2절에서 "사람들이 우리를 치러 일어날 때에 여호와께서 우리 편에 계시지 아니하셨더라면"이라고 하였다. 이 말씀도 가정법이다. 1절과 2절은 연속적으로 읽어야 한다. '여호와께서 우리 편에 계시지 아니하셨더라면' 어찌되었을까? 이것은 큰 문제였고 치명적이었다. 원수들이 치려고 일어났기에 하나님이 나서서 막아 주시지 아니하였다면 우리들은 망할 수밖에 없었을 것이다.

'사람들이 우리를 치러 일어날 때에'라고 하였는데 여기서 '사람들'이란 집합적 표현이다. 많은 사람들이 뭉쳐서 하나님의 백성을 치려고 달려든다. 이 때 하나님이 우리와 함께 계시지 아니하였더면 우리들이 망할 수밖에 없었다. 그러니 하나님이 우리와 함께 하는 것이 얼마나 귀하고 아름다운 것인가?

예수님께서 "세상에서 너희가 환난을 당하나 담대하라 내가 세상을 이기었노라"(요 16:33)고 하신 말씀을 기억하며 하나님으로 인하여 승리하는 하나님의 백성의 기쁨을 누려야 한다. "세상을 이기는 승리는 이것이니 우리의 믿음이니라"(요일 5:4)는 말씀을 주목해야 한다.

2. 시인의 역경

3절에서 "그 때에 그들의 노여움이 우리에게 맹렬하여 우리를 산채로 삼켰을 것이며"라고 하였다. 하나님이 우리 편이 아니었으면 어떻게 되었을 것인지를 보여준다.

이 표현은 야수가 먹이를 먹는 영상에서 나왔다. 원수들은 야수와 같은 존재여서 하나님의 백성을 산 채로 삼키는 자들이다. 그들은 끊임없이 하나님의 백성을 노리고 공격하는 자들이기에 이와 같은 악행을 한다.

시인은 하나님이 우리 편이 아니면 우리가 어떻게 될 것이냐에 대해 이와 같은 가정법으로 설명한다. 그 배후에 는 하나님이 우리 편이기에 원수들이 절대로 공격하지 못할 것이라는 믿음의 전제가 깔려 있다. 하나님의 백성은 망하지 않는다. 그것은 우리의 능력 때문이 아니라 하나님이 우리 편이 되셔서 우리를 지켜 주시기 때문이다.

4~5절에서 "그 때에 물이 우리를 휩쓸며 시내가 우리 영혼을 삼켰을 것이며 그 때에 넘치는 물이 우리 영혼을 삼켰을 것이라 할 것이로다"고 하였다. 4~5절은 원수의 세력을 홍수에 비유하였고 또 같은 내용을 반복하며 강조하고 있다. 홍수로 인하여 '우리 영혼을 삼켰을 것'이라고 하였으니 악인의 세력은 강하고 우리는 의지없는 존재들임을 알 수 있다.

하나님이 함께 하지 아니 하시면 우리의 영혼까지 홍수에 빠져 망할 수밖에 없다. 이러한 정황에서 하나님의 백성들은 하나님의 영광을 찬미하며 감사해야 한다. 시인이 강조하는 것은 하나님이 내 편이 되셨다는 점이다. 우리의 승리는 하나님이 나와 함께 있을 때에 분명해진다. 하나님이 이 세상을 이기고 사탄의 세력을 정복하셨기에 우리는 승리의 백성이 된다.

3. 시인의 찬송

6절에서 "우리를 내주어 그들의 이에 씹히지 아니하게 하신 여호와를 찬송할지로다"고 하였다. 이 말은 원수가 하나님의 백성을 입에 넣어 씹지 못하도록 하나님께서 그 입을 꼼짝하지 못하게 하셨다는 말이다. 아무리 강한 자가 우리를 삼키고 아무리 악한 자가 우리를 해치려고 해도 하나님이 우리 편이 되시면 모든 문제가 해결된다.

6절의 영상은 다니엘에게서 이루어진다. 다니엘은 이 시편이 기록된 것보다 수 백 년 후의 사람이지만 그 기록이 그대로 이루어졌다. 하나님이 사자의 입을 봉하시니 사자가 다니엘을 해칠 수 없었다. 이 시가 단순한 기록이 아니라 시이면서 역사의 예언이라고 볼 수 있다.

7절에서 "우리의 영혼이 사냥꾼의 올무에서 벗어난 새 같이 되었나니 올무가 끊어지므로 우리가 벗어났도다"고 하였다. 이 말씀에서 '새'는 방어할 수 없는 백성을 가리킨다. 새 사냥꾼이 새를 잡을 때에 올무를 쓴다. 그 올무를 잘 보이지 않는 곳에 설치하여 새를 잡는다. 하나님께서 우리의 영혼을 그런 상황에서 벗어나게 하셨다 '올무가 끊어지므로 우리가 벗어났도다'고 하였으니 하나님이 그 올무를 끊으셨다. 원수들이 잔악한 방법으로 하나님의 백성을 공격하지만 하나님께서 자기 백성을 지키시고 원수들의 올무를 끊으시면 우리들이 승리하게 된다.

8절에서 "우리의 도움은 천지를 지으신 여호와의 이름에 있도다"고 하였다. 시인은 이제 겸손하고 의지하는 마음으로 하나님을 찬양한다. 우리의 도움이 어디서 오는가? 천지를 지으신 하나님에게서 온다. 시인은 하나님의 역사를 선포하며 하나님께 감사한다. 자신의 무력함을 인정하고 하나님의 능력을 믿고 신뢰한다. 시인은 자신의 무력함을 알았기에 하나님을 의지하며 감사와 찬송을 드린다. 하나님이 우리 편이 아니면 우리는 망할 수밖에 없다. 그러나 하나님이 우리 편이시기에 우리는 승리하고 감사하며 찬양한다.

산들이 예루살렘을 두름과 같이

336 *Meditation on Psalms*

시편 125:1~5

1여호와를 의지하는 자는 시온산이 흔들리지 아니하고 영원히 있음 같도다 2산들이 예루살렘을 두름과 같이 여호와께서 그의 백성을 지금부터 영원까지 두르시리로다 3악인의 규가 의인들의 땅에서는 그 권세를 누리지 못하리니 이는 의인들로 하여금 죄악에 손을 대지 아니하게 함이로다 4여호와여 선한 자들과 마음이 정직한 자들에게 선대하소서 5자기의 굽은 길로 치우치는 자들은 여호와께서 죄를 범하는 자들과 함께 다니게 하시리로다 이스라엘에게는 평강이 있을지어다

이 시편의 형식을 '공동체 애가'로 보는 사람도 있고 신년 축제 때의 '기도 의식'으로 보는 사람도 있다. 시인은 하나님의 보호를 확신하고 하나님의 역사를 강조하고 있다. 이 시가 쓰여진 시기를 포로 후기로 보는 사람들이 있다. 이때 이스라엘은 이방인의 지배를 받으며, 성전 예배 때에 하나님이 약속하신 땅에 대해 기도하였을 것이다. 그래서 '시온의 노래들'이 계속하여 나온다.

시인은 고난 중에서도 하나님을 의지하며 하나님을 통하여 승리를 얻게 됨을 강조한다. 하나님을 의뢰하면 어떤 고통이 와도 이길 수 있음을 우리에게 제시한다.

1. 시온산이 흔들리지 아니하고

1절에서 "여호와를 의지하는 자는 시온산이 흔들리지 아니하고 영원히 있음 같도다"고 하였다. '여호와를 의지하는 자'는 '자기 힘을 의지하는 자'와 비교가 된다. '여호와를 의지하는 것'은 여러 가지 고통과 위기 속에서 하나님만을 바라보고 하나님으로부터 구원이 올 것을 바라보는 자를 말한다. 이러한 사람은 하나님이 모든 것을 붙잡고 통치하심을 믿으며 하나님의 승리가 자신의 승리임을 확신하는 자를 말한다. 이들은 하나님의 진정한 승리를 믿는다.

이들은 '시온산이 흔들리지 아니하고 영원히 있음 같도다'. 시온산은 영원히 흔들리지 않으며 사라지지도 않는 것을 상징한다. 하나님의 백성이 고통과 어려움을 당하여도 시온산처럼 흔들리지 않는다. 왜냐하면 하나님이 시온산처럼 흔들리지 않기 때문이다. 이 세상은 변하고 사람은 변할지라도 하나님은 변함이 없다. 그 하나님을 믿는 하나님의 백성은 흔들리지 않고 하나님을 바라보며 나아간다.

2절에서 "산들이 예루살렘을 두름과 같이 여호와께서 그의 백성을 지금부터 영원까지 두르시리로다"고 하였다. 여호와를 의지하는 자가 왜 요동치 아니하는지 그 이유를 설명하고 있다.

2절은 1절에 계속하여 산에 둘러쌓인 예루살렘 이미지를 강조한다. 시온산은 스코푸스산, 올리브산, 멸망자의 산, 서쪽 산 등 여러 산으로 둘러 싸여 있다. 그리하여 시온산은 견고한 산성과 같이 보인다. 시온산은 성도의 견고함을 상징하고 그 주변의 산들은 하나님이 둘러싸고 있는 것으로 상징된다. 마귀의 세력이 아무리 강하게 공격할지라도 하나님의 보호를 받는 하나님의 백성은 안전하다. '여호와께서 그 백성을 지금부터 영원까지' 보호해준다고 하였다. 하나님은 자기 백성을 견고하게 지키셔서 그 어느 쪽에서도 공격하지 못하게 하신다. 그래서 '지금부터 영원까지' 하나님의 백성을 보호하신다.

2. 의인들의 땅에서는

3절에서 "악인의 규가 의인들의 땅에서는 그 권세를 누리지 못하리니 이는 의인들로 하여금 죄악에 손을 대지 아니하게 함이로다"고 하였다. 하나님께서 자기 백성을 지키시면 어떤 일들이 일어나는가? 하나님께서 우리를 보호하신다고 우리에게 어려움이 없는 것은 아니다. 말로 다할 수 없는 고통이 우리에게 온다. 악한 자들은 더욱 악하여져서 하나님의 백성을 다양한 방법으로 공격한다.

시인은 '악인의 규가 의인들의 땅에서는 그 권세를 누리지 못하리니' 라고 하였다. '악인의 규' 는 '악의 홀' 로서 '악인의 왕권' 을 말한다. 이것은 '메시야의 공평한 홀' 과 대조를 이루는데 악의 지배를 상징한다. 악한 자의 통치는 자기 성취를 위하여 수단과 방법을 가리지 않고 강압적으로 나타난다.

이러한 악인들이 '의인의 땅' 을 노린다. '의인의 땅' 은 지파나 가족의 제비를 뽑아 얻은 땅으로 하나님이 주신 것이다. 하나님은 자기 백성들에게 땅을 기업으로 주셨다. 여기 나오는 '의인의 땅' 은 땅만 의미하지 않고 인격, 명예, 지위, 자유 등등을 포함한다. 이 말은 악인들이 하나님의 백성을 해치려고 발버둥칠지라도 하나님이 함께 하시면 그들은 별 수 없게 된다. 왜 하나님께서 '의인의 땅' 을 지켜 주시는가? '이는 의인으로 죄악에 손을 대지 않게 함이로다'고 대답한다. 의인들이 악인에게 공격을 당하여 지치고 낙심하며 범죄하는 자리에 빠지기가 쉬운데 이렇게 되지 않도록 하나님이 지켜 보호해 주신다.

3. 선대하소서

4절에서 "여호와여 선한 자들과 마음이 정직한 자들에게 선대하소서" 라고 하였다. 시인은 의인에 대하여 말하고 있다. 의인이란 '선인'이고 '마음이 정직한 자'이다. 이들은 하나님의 말씀을 따라 하나님께 충성하며 정직하게 살려고 하는 자들이다. 하나님을 의지하고 하나님이 주신 기업을 영원히 소유하려는 자들을 말한다.

시인은 이들을 위하여 기도한다. '선을 행하소서'라고 하였다. 정직한 자가 손해 보는 세상이지만 하나님께서 정직한 자에게 선을 베풀어 주실 것을 간구하고 있다.

하나님은 공의로우신 분이다. 악인이 번성하고 악인이 모든 것을 주장하시는 것을 허락하지 않으시고 하나님의 공의를 반드시 이루신다. 악한 자의 악을 뿌리채 뽑으시고 선한 것으로 가득하게 채워주신다. 오늘의 우리들이 이 땅에서 살 때에 악인들의 번성을 보고 상처받을 때가 있다. 그러나 그들의 결국은 멸망이기에 우리는 하나님의 공의를 믿으며 하나님을 바라보아야 한다.

5절에서 "자기의 굽은 길로 치우치는 자들은 여호와께서 죄를 범하는 자들과 함께 다니게 하시리로다 이스라엘에게는 평강이 있을지어다"고 하였다. 의인의 길과 악인의 길은 다르다. 의인은 곧은 길이요 악인은 굽은 길이다. 여기서 굽은 길이란 산길처럼 꼬불꼬불하고 험한 길이다. 이들은 하나님이 주신 바른 길을 버리고 자기 마음대로 행하여 치우치는 자이다. 이들은 옆 길로 가는 자이다. 바른 길을 버리고 자기 마음대로 행하는 자이다. 이들의 길은 결국에 가서 죄악을 걷는 자의 길이 된다. 그들은 악행자가 되고 하나님과 단절된 삶을 살게 되니 결국은 망하게 된다. 이들에게는 하나님의 공의로운 심판이 올 수밖에 없다.

'이스라엘에게는 평강과 긍휼이 있을지어다'고 하였다. 제사장의 마지막 축복 기도이다. 이 기도는 시편의 핵심을 이룬다(갈 6:16). 성전에 올라가는 노래는 이스라엘의 평강을 구하는 것으로 끝난다. 이 시들이 부정적으로 끝나지 않고 이스라엘을 축복하므로 끝난다. 하나님이 우리를 보호 하신다. 산들이 예루살렘을 두름같이 하나님이 우리를 지켜 주시기에 원수의 공격이 와도 두렵지 않다. 우리는 늘 감사하고 기도하며 하나님의 나라와 하나님의 백성의 평강을 기도해야 한다.

울며 씨를 뿌리러 나가는 자는

시편 126:1~6

1여호와께서 시온의 포로를 돌려 보내실 때에 우리는 꿈꾸는 것 같았도다 2그 때에 우리 입에는 웃음이 가득하고 우리 혀에는 찬양이 찼었도다 그 때에 뭇 나라 가운데서 말하기를 여호와께서 그들을 위하여 큰 일을 행하셨다 하였도다 3여호와께서 우리를 위하여 큰 일을 행하셨으니 우리는 기쁘도다 4여호와여 우리의 포로를 남방 시내들 같이 돌려 보내소서 5눈물을 흘리며 씨를 뿌리는 자는 기쁨으로 거두리로다 6울며 씨를 뿌리러 나가는 자는 반드시 기쁨으로 그 곡식 단을 가지고 돌아오리로다

이 시편은 이스라엘 백성의 역사와 깊은 연관이 있다. 이스라엘 백성이 바벨론에서 70년간 포로 생활을 하다가 하나님의 은혜로 해방을 맞는다. 그들 중에 먼저 돌아온 사람들이 너무 감격하여 하나님께 감사와 찬송을 돌렸다. BC 606년에 바벨론에 포로로 잡혀 가서 BC 536년에 첫 귀환을 하였다. 이때 스룹바벨과 유대인 42,360명이 돌아오고 총 7,337명과 찬양대 200명이 돌아왔다. BC 457년에 에스라와 1,754명의 장정이 두 번째로 돌아왔고 BC 444년에는 느헤미야를 비롯한 사람들이 세 번째로 돌아왔다.

첫 번째 돌아온 사람들이 자기들이 일찍 돌아와 하나님 앞에 감격하였다. 아직도 돌아오지 못한 사람들이 많았다. 이들은 하나님 앞에서 남은 자들을 속히 돌려 보내주시기를 기도하였다. 하나님께서 '남방 시냇물같이 이들을 돌려주옵소서'라고 기도하며 하나님의 놀라운 역사를 앙망하였다. 이것이 하나님의 백성의 소원이요 형제에 대한 사랑의 표현이다.

이 시는 두 부분으로 되어 있는데 1~3절과 4~6절이 그 단락이다. 이 시편은 장막절 가을 추수 때에 사용되었을 것이다. 시에 나오는 심는 것, 거두는 것, 비 등이 그 특성을 보여주고 있다.

1. 꿈꾸는 것 같았도다

1절에서 "여호와께서 시온의 포로를 돌려보내실 때에 우리는 꿈꾸는 것 같았도다"고 하였다. 시인은 하나님께서 과거에 행하신 일과 그 결과를 말하고 있다. 하나님은 시온의 운명을 바꾸시는 것은 하나님께서 그 백성에게 돌아오심으로 이루어진다. '시온의 포로를 돌려보내실 때'는 시온의 운명을 바꾸시는 것이며, 새로운 장면으로 넘어가는 역사의 전환이다. 여기서는 하나님의 백성들이 '이스라엘의 구원이 시온에서 나오기를' 바라고 있다. 포로로 잡혀간 사람들이 해방을 맞아 시온으로 돌아오는 장면을 그리고 있다. 이것은 하나님의 놀라운 역사이며 하나님께서 모든 것을 바꾸심을 보여주고 있다.

2절에서 "그 때에 우리 입에는 웃음이 가득하고"라고 하였는데, 이것은 기쁨이 넘치는 사람들의 모습이다. 그들은 웃음으로 가득했다. 이들은 포로 생활에서 모진 고생을 하였다. 이방인들은 그들을 박해하였고, 그들이 믿는 하나님을 조롱하였다. 이러한 역경 속에서도 하나님이 해방을 주실 것을 기대하고 그 날을 소망하였다. 하나님의 역사를 바라는 자의 모습이다.

1절에서 보면 포로에서 해방된 그들의 심정을 '우리가 꿈꾸는 것 같았도다'고 하였다. 꿈인지 생시인지 알 수 없을 정도의 놀라운 기적을 그들이 경험하게 된다. 이렇게 해방된 자들의 얼굴에는 웃음이 가득하고 혀로는 찬양을 하게 된다. 하나님의 은혜로 구원받은 자들은 그 은혜가 감사하여 하나님을 찬양하고 영광을 돌린다.

이런 역사를 본 여러 나라들이 '여호와께서 우리를 위하여 큰일을 행하셨다 하였도다'고 하였다. 이방 나라들도 이것은 하나님의 역사이지 인간들의 노력의 결과가 아님을 알고, '여호와께서 큰 일을 행하였다'고 고백하게 된다. 이것은 하나님의 역사를 나타내는 위대한 솜씨이다. 세상 모든 나라들이 하나님의 기적적 역사 앞에 두려워 떨게 된다.

3절에서 "여호와께서 우리를 위하여 큰 일을 행하셨으니 우리는 기쁘도다"고 하였다. 이 말씀은 2절을 강조해 준다. 하나님께서 개입하셔서 이와 같은 기적적인 일이 생겼으니 이것이 큰 일 아니고 무엇인가?

2. 우리를 위하여

2절에서는 열국들이 하나님의 큰 일을 말하였고, 여기서는 이스라엘 백성들이 고백한다. 앞에서는 '그들을 위하여'라고 하였고 여기서는 '우리를 위하여'라고 하였다. 이것을 볼 때에 하나님의 역사는 하나님의 택한 백성을 대상으로 하고 있음을 안다. 1절에서는 '꿈꾸는 것 같았도다'고 했는데 여기서는 '우리는 기쁘도다'고 하였다. 이 말은 '우리의 기쁨이 넘쳤다'는 뜻이다. 하나님께서는 자기 백성을 중심으로 역사를 이끌어 가신다. 역사의 핵심은 하나님이시고, 그 대상은 하나님의 택한 백성들이다. 하나님 중심의 역사 세계가 이렇게 형성되고 유지되어 간다.

4절에서 "여호와여 우리의 포로를 남방 시내들 같이 돌려 보내소서"라고 하였다. 4절부터 새로운 내용이 전개된다. 여러 가지 해석들이 있으나 아직도 해방되지 못한 남은 포로들을 해방시켜 주시기를 기도하는 것이다.

'남방 시내들'은 유대 남부에 있는 네게브 광야를 말한다. 이곳은 이스라엘에서 가장 건조한 곳이다. 사막 같은 곳에도 폭우가 내리면 갑자기 시내가 만들어진다. '남방 시내처럼' 된다는 것은 메마른 곳에 강물이 흐르고, 죽음의 땅이 생명의 땅으로 역전되는 것을 말한다. 하나님의 구원은 남방 시내와 같다. 갑자기 강이 생기는 것 같이 포로들이 하나님의 역사로 해방되는 것을 말한다. 죽음의 들판에 하나님의 생명의 역사가 일어난다.

시인은 하나님께서 갑자기 또 완전히 변화시켜 주시기를 기도한다. 하나님이 역사하시면 이런 변화는 가능하기 때문이다.

3. 기쁨으로 단을 거두리로다

5절에서 "눈물을 흘리며 씨를 뿌리는 자는 기쁨으로 거두리로다"고 하였다. 시인은 농사짓는 일을 통하여 변화의 모티브를 찾고 있다. 이 문장을 보면 좋은 대조가 나온다. '눈물을 뿌리며'와 '거두리로다'가 대조적이며 '씨를 뿌리는 것'과 '거두는 것'이 대조를 이룬다.

씨 뿌림의 수고가 가을의 풍성한 결실과 비교할 수가 없다. 고통 속에서 일할 지라도 나중에는 풍요로운 결과를 얻을 것이니 이것을 기대한다.

그러면 왜 눈물을 흘리며 씨를 뿌리는지 그 이유를 알아야 한다. 여기에 대하여 학자들에 따라 다양한 해석을 한다. 그러나 여기 나오는 슬픔은 고역의 은유이다. 씨를 뿌릴 때와 거둘 때가 대조를 이루는 것을 찾을 수 있다.

6절에서 "울며 씨를 뿌리러 나가는 자는 반드시 기쁨으로 그 곡식 단을 가지고 돌아오리로다"고 하였다. 5절에 이어서 '울며 씨 뿌리는 자'가 나온다. 여러 가지 해석들이 있다. 씨 뿌리는 것은 기대에 찬 행동이지만 여러 가지 악조건으로 울 수밖에 없는 경우도 있다. 하나님의 백성은 포로에서 해방되었으나 아직은 일부이고, 그들은 위기에 처해 있다. 하나님께서 남은 백성들은 남방 시내들처럼 갑자기 해방시켜 주시고 역사의 방향을 바꾸어 주시기를 소원한다. 울며 씨를 뿌리는 자는 기쁨의 추수를 기대한다. 하나님의 백성들은 이런 자세로 나아가야 한다.

여호와께서 아니하시면

시편 127:1~2

1여호와께서 집을 세우지 아니하시면 세우는 자의 수고가 헛되며 여호와께서 성을 지키지 아니하시면 파수꾼의 깨어 있음이 헛되도다 2너희가 일찍이 일어나고 늦게 누우며 수고의 떡을 먹음이 헛되도다 그러므로 여호와께서 그의 사랑하시는 자에게는 잠을 주시는도다

시편 127편은 '성전에 올라가는 노래'이다. 시편 120편부터 계속하여 '성전에 올라가는 노래'가 나온다. 이것은 하나님의 백성의 찬양이며 고백이다. 하나님의 백성들이 하나님의 성호를 찬양하며 하나님의 영광을 드러낸다.

127편 1~2절은 '모든 가치의 기준'이 되는 하나님의 역사를 말하고 있다. 이것은 기독교 세계관(Christian Worldview)을 가르치고 있는 말씀으로써 하나님의 백성들이 바로 인식하고 지켜야 하는 명제이다. '하나님이 함께 하시면' 모든 것이 해결된다고 하는 사상의 기조가 있어야 믿음의 삶이 영위된다. 오늘의 우리들이 이 말씀을 깊이 새겨야 하고 삶의 원리로 삼아야 한다.

1. 여호와께서 아니하시면

1절에서 "여호와께서 집을 세우지 아니하시면 세우는 자의 수고가 헛되

며 여호와께서 성을 지키지 아니하시면 파수꾼의 깨어 있음이 헛되도다"라고 하였다. 이 말씀은 솔로몬의 지혜시의 형태를 가장 정확하게 표현하고 있다. 고도의 비유법을 통하여 삶의 바른 원리를 제시하고 있다.

솔로몬은 '여호와께서'라고 하여 모든 사고의 중심에 하나님을 두고 있다. '여호와'란 '스스로 계신 분'이며, 약속의 하나님이시다. 이 하나님은 세계를 창조하시고 보존하시는 분이다. 하나님이 세계의 중심이며 핵심이기에 하나님 중심의 사고와 행동이 있어야 한다. '여호와께서 집을 세우지 아니하시면 세우는 자의 수고가 헛되다'고 하였다. 솔로몬은 성전 건축의 경험이 있는 사람이다. 아버지 다윗이 그렇게 열망하던 성전 건축이 아들 솔로몬에 의하여 이루어졌다. 인간의 노력으로 되는 것이 아니라 모든 것이 하나님의 섭리로 되어진다.

솔로몬은 잠언에서 이것을 분명히 표현하고 있다. "마음의 경영은 사람에게 있어도 말의 응답은 여호와께로부터 나오느니라 사람의 행위가 자기 보기에는 모두 깨끗하여도 여호와는 심령을 감찰하시느니라 너의 행사를 여호와께 맡기라 그리하면 네가 경영하는 것이 이루어지리라"(잠 16:1~3)고 하였다.

2. 하나님이 허락하지 아니하시면

사람들이 집을 세우려고 아무리 계획할지라도 하나님이 허락하지 아니하시면 모든 것이 허사이다. 그러기에 '너의 행사를 여호와께 맡기라'고 하였다. 여호와께서 집을 세우지 아니하시면 사람들이 아무리 수고하고 노력하여도 이것은 허사가 되고 만다. 하나님의 주장과 역사가 있어야 모든 것이 이루어지기에 하나님 중심의 원리를 가지고 나아가야 한다.

이와 같은 원리가 계속된다. '여호와께서 성을 지키지 아니하시면 파수꾼의 깨어 있음이 헛되도다'고 하였다. 집을 짓는 것은 개인적 역사라고 할 수 있고 여기서 한 걸음 더 나아가 성 즉 도시의 문제가 제기된다. 우람한

성곽을 세우고 파수꾼이 교대로 경비할지라도 하나님이 지켜주지 아니하시면 모든 것이 허사이다.

성이나 도시는 무력으로 지켜지는 것이 아니라 하나님이 함께 하시고 보호해 주셔야 안전하다. 오늘날 세계 도처에서 무력 충돌이 있고, 나라와 나라 사이의 전쟁이 끝없이 있다. 여기서 승리하기 위하여 살상과 파괴를 일삼지만은 진정한 승리는 하나님에게서 나온다. 솔로몬은 1절의 말씀을 통하여 기독교 세계관의 원리를 제시하였다. 하나님이 모든 것을 주장하시고 보호하시기에 이 하나님을 바로 의지하며 나아가는 것이 하나님의 백성의 기본이다.

우리들이 살아가는 이 땅에는 하나님 중심보다 인간중심주의가 판을 치고 또 거기서 파생되는 물신주의(物神主義)가 팽배해 있다. 우리는 이러한 사상의 오류에서 벗어나야 한다. 창조주 하나님을 통하여 모든 것이 이루어지는 역사를 바라보아야 한다.

3. 헛되도다

2절에서 "너희가 일찍이 일어나고 늦게 누우며 수고의 떡을 먹음이 헛되도다 그러므로 여호와께서 그의 사랑하시는 자에게는 잠을 주시는도다"고 하였다. 이 말씀은 인간의 실상을 정확하게 보여준다. 새벽에 별을 보고 나가서 저녁에 별을 보고 들어올지라도 또는 가게를 24시간 365일 하루도 쉬지 않고 열지라도 하나님이 함께 해 주시지 않으면 소용이 없다.

사람들은 자기 능력을 의지하고 모든 것이 자기 능력의 결과로 되어진다고 잘못 생각하고 자기중심주의에 빠지는 경우가 많다. 그러나 솔로몬의 말처럼 '수고의 떡을 먹음이 헛되도다'. 우리의 삶에 우리의 노력이 필요하다. 우리들이 맡은 일에 최선을 다해 노력해야 한다. 그러나 이것은 인간의 노력만으로 되어지는 것이 아니라 여호와 하나님께서 함께 하시고 인도해 주셔야 한다.

솔로몬은 세 가지 사실 즉 집을 세우는 것, 성을 지키는 것, 열심히 일하는 것에 하나님이 함께 하셔야 한다고 강조하였다. 인간의 노력도 중하지만 하나님이 함께 하셔야 모든 것이 순조롭게 된다. 이것이 '임마누엘 신앙'이다. 하나님이 함께 하실 때에 모든 것이 순조롭게 된다.

'그러므로 여호와께서 그의 사랑하시는 자에게는 잠을 주시는도다'고 하였다. 하나님의 위대한 역사가 여기 나타난다. '여호와께서 그 사랑하시는 자' 즉 하나님을 의지하는 자를 하나님은 사랑하신다. 하나님은 자기의 부족을 인정하고, 하나님을 의지하는 자를 사랑하신다.

하나님의 사랑은 위대하고 순수하다. 타산적인 것이 아니라 모든 것을 초월한 절대적 역사이며 무조건적 사랑이다. 하나님은 자기를 의지하고 순종하는 자를 사랑하신다. 그 사랑이 구체적으로 나타난다.

'잠을 주시는도다'고 하였다. 이것은 육신의 잠만 말하는 것이 아니라 하나님이 주시는 '평안'을 의미한다. 예수님은 "수고하고 무거운 짐진 자들아 다 내게로 오라 내가 너희를 쉬게 하리라"(마 11:28)고 하였다.

하나님께서는 자기 백성에게 평강의 복을 주신다. 이것은 하나님을 의지하는 자의 삶의 축복이다. 비록 힘들고 어려울지라도 하나님이 함께 해 주실 때에 평강이 온다. 평화의 근원이신 하나님이 함께 하시기에 우리들의 가슴 속에 안식의 역사가 일어난다.

우리들은 하나님이 주시는 평강을 바라고 의지해야 한다. 이것은 하나님의 주권적 역사이며 하나님에게서 나오는 위대한 힘이다. 병들고 고통 받을 때에 하나님이 함께 하심을 더욱 체험하고 이 하나님을 바라는 신앙적 삶이 있어야 한다.

하나님이 함께 하지 않으시면 아무것도 소용이 없다. 재산, 지위, 건강 이 모든 것이 아무것도 아니다. 우리는 하나님의 임마누엘을 믿고, 거기서 오는 평강을 우리의 것으로 해야 한다. '평강의 하나님이 함께 하시리라'는 복된 메시지를 계속하여 체험해야 한다. 하나님이 함께 하시지 않으면 모든 것이 헛되다. 그러나 하나님이 함께 하시면 모든 것이 복되다.

여호와의 기업이요

시편 127:3~5

3보라 자식들은 여호와의 기업이요 태의 열매는 그의 상급이로다 4젊은 자의 자식은 장사의 수중의 화살 같으니 5이것이 그의 화살통에 가득한 자는 복되도다 그들이 성문에서 그들의 원수와 담판할 때에 수치를 당하지 아니하리로다

솔로몬은 '성전에 올라가는 노래'를 통하여 자녀의 소중성과 교육의 원리를 제시하였다. 시편 127편 3~5절은 이스라엘 백성의 교육 문제에 대한 중요한 전거가 된다. 하나님의 백성들이 자녀들을 어떻게 교육할 것인가에 대한 바른 가르침을 제시한다.

이 말씀은 '이스라엘의 교육헌장'이라고 할 수 있는 신명기 6장 4~9절과 연결된다. "이스라엘아 들으라 우리 하나님 여호와는 오직 하나인 여호와이시니 너는 마음을 다하고 성품을 다하고 힘을 다하여 네 하나님 여호와를 사랑하라 오늘날 내가 네게 명하는 이 말씀을 너는 마음에 새기고 네 자녀에게 부지런히 가르치며 집에 앉았을 때던지 길에 행할 때던지 이 말씀을 강론할 것이며 너는 또 그것을 네 손목에 매어 기호를 삼으며 네 미간에 붙여 표를 삼고 또 네 집 문설주와 바깥문에 기록할지니라". 하나님의 백성들이 자녀를 어떻게 양육해야 하며, 그들의 삶을 어떻게 인도해야 할 것인지에 대해 깊은 성찰이 필요하다.

1. 여호와의 기업

3절에서 "보라 자식들은 여호와의 기업이요 태의 열매는 그의 상급이로 다"고 하였다. 이 말씀은 자녀의 존재 가치를 정확하게 제시한다. 3절의 히 브리어 원문은 '보라'로 시작한다. 한글 개역 개정판도 이 표현을 하였다. '보라'는 주의를 환기시키는 뜻으로 사용되고 있다.

'자식'과 '태의 열매'는 서로 연결되어 있다. 솔로몬의 '자식은 여호와의 주신 기업'이라고 하였다. 여기서 '기업이란' 'heritage'라는 뜻이다. 자녀는 부모의 소유물이 아니라 하나님이 주신 선물이며, 하나님과 부모의 공동 소 유물이다.

사람들은 자식을 자기 소유물로 여겨 자기 마음대로 하려고 한다. 심지어 는 자녀와 동반 자살을 하는데 이것은 '내 자식이니 내 마음대로 한다'는 잘 못된 의식에서 나온 것이다. 내가 낳은 자식이라 할지라도 나의 소유물이 아 니라 하나님의 것이며, 하나님으로 말미암아 존귀성을 가지게 된다. '자식은 여호와께서 주신 기업'이다. 하나님으로 말미암아 우리에게 주어진 자녀를 우리는 소중히 여겨야 하고 하나님의 영광을 위한 존재가 되게 해야 한다.

솔로몬은 '태의 열매는 그의 상급'이라고 하였다. '상급'이란 심오한 의 미를 가지고 있다. 상급이란 기쁨과 존중의 가시적 증거로서 주어진 어떤 것을 말한다. 그러니 하나님이 자기 사랑을 나타내는 아주 개인적인 기념물 이다. 이것은 하나님의 선물이며, 하나님의 사랑의 표이다. 자녀를 통하여 하나님의 사랑을 볼 수 있고, 하나님의 역사를 나타낸다.

우리는 자녀의 소중함을 늘 생각해야 한다. 하나님의 우리를 사랑하며, 사랑의 징표로 자녀를 주셨으니 우리는 이 자녀의 소중함을 가슴 깊이 생각 하여야 한다. 어떤 이들은 자녀의 소중함을 망각하고 하지 말아야 할 짓을 한다. 태중의 아기를 죽이는 이른바 낙태를 서슴없이 하여 한 해에도 수백 만 명의 아기들이 이 세상의 빛을 보지 못하고 죽어가는 데 여기에 대한 대 책이 필요하다.

2. 장사의 수중의 화살

4절에서 "젊은 자의 자식은 장사의 수중의 화살 같으니"라고 하였다. 자식의 가치를 은유법으로 표현하였다. '전통의 화살'은 가족의 안녕을 지키는데 사용된다. 화살은 공격용의 무기만이 아니라 방어를 위한 도구로도 귀하게 사용된다. 우리들의 자녀가 가정과 가족을 지키는 도구로서 아름답게 양육되게 해야 한다. 이것은 자녀들의 소중함을 다시 한번 느끼게 하고, 하나님의 영광을 위한 존재로 자라게 해야 한다.

5절에서 "이것이 그의 화살통에 가득한 자는 복되도다 그들이 성문에서 그들의 원수와 담판할 때에 수치를 당하지 아니하리로다"고 하였다. 이 말씀은 자녀의 가치를 적극적으로 묘사한 것이다. '성문'이란 재판정을 의미한다. 어떤 일로 재판을 해야 할 때에 자녀들이 힘이 되고 방패가 되어 수치스러운 일을 면하게 된다. 자녀들은 위기 상황에서 가족을 보호하는 힘이 되기에 그 자녀들을 소중히 여겨야 한다.

오늘날 많은 젊은이들은 자녀 낳기를 기피한다. 그리하여 우리나라가 세계 최저 출산국이 되는 불명예를 안게 되었다. 출산 기피에는 여러 가지 이유들이 있다. 양육비와 교육비가 너무 많이 들어서 이것을 감당하기 어려운 것이 문제가 된다. 또 자녀로 인한 육아 기간이 길고 부모들이 자신의 재능을 발휘하기에 어려움이 있기에 기피하는 경우도 있다. 어쨌던 이러한 생각의 바탕은 하나님 중심주의 보다 인간 중심주의가 도사리고 있다.

3. 하나님의 선물

우리는 자녀를 소중히 여기고 그 자녀로 인하여 하나님의 영광을 드러내는 역사가 있어야 한다. 자녀는 하나님의 선물이기에 이 자녀로 인해 하나님의 사랑을 체험하고 하나님의 함께 함을 느껴야 한다.

이 시편에서 자녀를 화살에 비유한 것을 주목할 필요가 있다. 화살은 스스로 날아가는 것이 아니라 쏘는 방향대로 날아간다. 그러기에 자녀들은 하나님 중심의 길로 쏘아야 한다. 이것이야 말로 부모의 책무이다. 화살과 같은 우리의 자녀가 의의 길로 나아가며 하나님을 영화롭게 하는 삶의 살게 하기 위해서 자녀들을 바로 교육해야 한다.

우리의 자녀로 인하여 우리가 기쁨을 누리고 하나님의 영광을 드러내는 위대한 역사가 일어나기 위하여 우리들은 바른 교육을 해야 한다. 이 교육은 지식만의 교육이 아니라 하나님의 전인교육(全人敎育)이며, 하나님의 영광을 드러내는 도구가 되게 해야 한다.

여호와의 주신 기업인 우리 자녀들을 사랑과 감사의 눈으로 바라보자. 이것은 하나님의 사랑의 징표이며 하나님을 영화롭게 하는 도구이기에 그 소중함을 더욱 느껴야 한다.

우리의 자녀가 하나님의 선물이기에 이들을 귀하고 소중하게 키우는 것이 중요하다. 한 그루 나무를 소중하게 키우는 원정처럼 하나님이 주신 꽃송이를 곱게 키워야 한다.

부모와 자녀가 사랑으로 둘러 않은 우리의 가정이 이 땅의 천국이 되게 하기 위하여 하나님의 사랑에 감사하며 살아가야 한다. 우리의 자녀들은 하나님이 주신 기업이다. 이들을 바로 양육하자.

340 *Meditation on Psalms*

복이 있도다

⟨⟨⟨ 시편 128:1~6

1여호와를 경외하며 그의 길을 걷는 자마다 복이 있도다 2네가 네 손이 수고한 대로 먹을 것이라 네가 복되고 형통하리로다 3네 집 안방에 있는 네 아내는 결실한 포도나무 같으며 네 식탁에 둘러 앉은 자식들은 어린 감람나무 같으리로다 4여호와를 경외하는 자는 이같이 복을 얻으리로다 5여호와께서 시온에서 네게 복을 주실지어다 너는 평생에 예루살렘의 번영을 보며 6네 자식의 자식을 볼지어다 이스라엘에게 평강이 있을지로다

시편 128편도 '성전에 올라가는 노래' 가운데 하나이다. 시편 120편부터 134편까지 '성전에 올라가는 노래'인데 이들 대부분은 가정 문제를 다루고 있다. 하나님을 섬기는 데 가정생활의 중요성이 강조되고 있으며, 가정에서 하나님을 어떻게 섬기느냐가 신앙생활과 일상생활의 중요한 요소가 됨을 강조한다.

시편 128편은 하나님의 은혜로 구원을 받은 백성들이 하나님을 찬송하며 주께 나아가는 것에 대하여 말씀하고 있다. 구원을 받았으나 아직도 고통의 질곡에서 벗어나지 못하고 있는 사람도 있다. 하나님의 백성들은 하나님을 찬송하며 하나님께 나아가야 한다. 우리는 예수 그리스도로 말미암아 구원을 받았다. 구원의 감격 속에서 하나님을 찬양하는 믿음의 행진이 필요하다.

1. 복이 있도다

1절에서 "여호와를 경외하며 그의 길을 걷는 자마다 복이 있도다"고 하였다. 시인은 '여호와를 경외하는 자'를 강조하였다. 여기서 '경외'란 '경건'이라는 말과 비슷한 의미를 가지고 있는데 '하나님께 대한 바른 자세'를 말한다. 경외는 '절대 복종'과 '전적 신뢰'라는 두 가지 특성을 가지고 있다.

하나님이 나의 창조자이시므로 이 하나님께 절대 복종하며, 이 하나님이 나를 지켜 주시기에 전적으로 신뢰하여야 한다는 뜻이다. 이렇게 경외의 삶을 살기 위해서는 '하나님의 말씀을 행하는 것' 즉 실천하는 것이 필요하다. 하나님의 말씀을 지키는 자가 복이 있다 시편 1편에서 복있는 자의 삶이 어떤 것임을 말씀과 연결하여 설명하고 있다.

하나님의 도 즉 말씀을 지키기로 노력하는 자에게 복을 주신다. "이 예언의 말씀을 읽는 자와 듣는 자와 지키는 자가 복이 있다"(계 1:3)고 하신 것을 생각할 때, '하나님을 경외하고 그 말씀을 지키는' 자에게 하나님의 복이 있다.

2. 형통하리로다

2절에서 "네가 네 손이 수고한 대로 먹을 것이라 네가 복되고 형통하리로다"고 하였다. 하나님께서 주시는 복에 대하여 구체적으로 제시하고 있다. '네 손이 수고한 대로 먹을 것'이라고 하였는데 이것은 일의 복이다.

하나님께서 인간에게 문화 창조의 한 영역으로서 일을 주셨다. 이 일은 인간의 범죄로 인하여 저주가 되었으나 예수 그리스도로 인하여 회복되었다. 일은 하나님이 주신 복이며, 문화 사명을 감당하는 방안으로 중요한 의미를 가지고 있다. 일할 것이 없는 사람은 참으로 비참하다. 자신의 재능과 힘을 활용할 곳이 없게 되기에 정말로 고통스럽다. 우리가 땀 흘려 일할 수 있음을 감사해야 한다.

'수고한 대로 먹을 것'이라고 하였는데 이것은 수고의 결과가 풍성하게 하여 그것을 취하게 한다는 말이다. 이것이 하나님의 은혜로 사랑이다. 이러한 자는 '형통'의 복을 받는다. 형통이란 자기 뜻대로 하는 것이 아니라 하나님의 뜻대로 일이 잘 되어 가고 내 마음 속에 감사가 넘쳐 동참하는 것이다. 하나님을 경외하고 그 말씀을 지키는 자에게 복이 임한다.

3절에서 "네 집 안방에 있는 네 아내는 결실한 포도나무 같으며 네 식탁에 둘러앉은 자식들은 어린 감람나무 같으리로다"고 하였다. 여기서 다른 복이 제시되는데 가정을 통한 복이다. '네 집 내실에 있는 네 아내'는 여성의 위치를 말한다. 아내의 존재에 대하여 말하고, 아내가 서야 할 위치에 대하여 말한다. 가정의 평안을 위하여 아내의 역할이 얼마나 중요한 것인가를 보여준다. 아내는 '결실한 포도나무 같다'고 하였다 포도나무는 재목이나 화목으로 사용되지 않고 오직 포도를 맺음으로 그 존재 가치를 나타낸다. 이와 같이 아내들은 가정을 위하여 풍성한 열매를 맺음으로 그 가치를 드러내게 된다.

이어서 자녀들에 대해 나온다. '네 상에 둘린 자식은 어린 감람나무 같다'고 하였다. 왜 감람나무에 비유하였을까? 성전 안에는 일곱 가지 등잔이 나오는데 그 등잔불은 감람나무 기름으로 밝힌다. 이와 같은 하나님을 경외하는 자의 자녀들은 세상을 밝히는 빛으로 살아간다. 오늘날 잘못된 자녀관으로 인해 학교 성적 제일주의가 판을 치고 바른 인성교육이 무시되고 또 하나님을 섬기는 참 교육이 이루어지지 못하고 있다. 이러한 때에 하나님을 경외하고 그 도를 행하는 자에게 하나님이 복 주신다는 사실을 기억해야 한다. 자녀의 복은 귀하고 소중하다. 그 자녀가 이 세상에서 감람기름 같은 역할을 할 뿐 아니라 대를 이어 신앙을 지키는 위대한 역사를 계승하게 된다.

3. 복을 얻으리로다

4절에서 "여호와를 경외하는 자는 이같이 복을 얻으리로다"고 하였다.

이것은 앞에서 말한 일의 복과 가정의 복을 다시 한번 음미하게 한다.

5~6절에서 "여호와께서 시온에서 네게 복을 주실지어다 너는 평생에 예루살렘의 번영을 보며 네 자식의 자식을 볼지어다 이스라엘에게 평강이 있을지로다"고 하였다. 시인은 구체적으로 복에 대하여 말하고 있다. 여호와께서 '시온'에서 복을 주신다고 하였다. 여기서 시온이란 예루살렘을 말하며, 은유적으로 교회를 의미한다. 시온과 예루살렘은 같은 곳이다. 여기서 하나님의 복을 받게 된다.

'너는 평생에 예루살렘의 복을 보며'라고 하였으니 하나님의 교회를 통하여 복을 받되 평생토록 받는다고 하였다. 우리는 여기서 교회의 소중함을 알아야 한다. 하나님의 교회는 단순한 건물이 아니라 하나님이 임재하는 곳이며, 시온이며 예루살렘이다. 여기서 평생토록 복을 누려야 한다.

시인은 계속하여 복을 설명한다. '네 자식의 자식을 본다'고 하였다. 이것은 장수의 복과 자손의 복이다. 하나님을 경외하는 자에게 장수와 자손의 복이 임하니 이것을 귀하게 여기고 그 복을 주심이 감사해야 한다.

'이스라엘에게 평강이 있을지어다'고 하였다. 하나님의 백성인 이스라엘에게 평강의 하나님이 평강을 주신다. 하나님이 주시는 평강은 이 세상이 주는 것과 같지 아니하기에(요 14:27) 하나님이 주시는 평강을 소유해야 한다. 하나님의 백성은 평강의 백성이다. 우리의 수양이나 노력으로 평강이 오는 것이 아니라 하나님이 평강을 주시기에 그 평강을 통하여 하나님의 뜻과 사랑을 깨닫게 된다.

여호와를 경외하고 그 도를 지키면 이러한 복을 받게 된다. 하나님은 자기 백성에게 사랑의 역사를 이루시기를 원하시기에 우리는 그것에 감사하며 하나님의 뜻에 따라 살아가야 한다.

하나님은 자기 백성을 향하여 '복이 있도다'고 선언하신다. 이 선언을 통하여 하나님의 백성의 존귀성을 깨닫고 하나님께 감사드리는 감격의 삶을 살아야 한다.

지붕의 풀과 같을지어다

시편 129:1~8

1이스라엘은 이제 말하기를 그들이 내가 어릴 때부터 여러 번 나를 괴롭혔도다 2그들이 내가 어릴 때부터 여러 번 나를 괴롭혔으나 나를 이기지 못하였도다 3밭 가는 자들이 내 등을 갈아 그 고랑을 길게 지었도다 4여호와께서는 의로우사 악인들의 줄을 끊으셨도다 5무릇 시온을 미워하는 자들은 수치를 당하여 물러갈지어다 6그들은 지붕의 풀과 같을지어다 그것은 자라기 전에 마르는 것이라 7이런 것은 베는 자의 손과 묶는 자의 품에 차지 아니하나니 8지나가는 자들도 여호와의 복이 너희에게 있을지어다 하거나 우리가 여호와의 이름으로 너희에게 축복한다 하지 아니하느니라

시편 129편은 그 양식에서 시편 125편과 비슷하다. 이 시편은 1~4절과 5~8절로 두 단락으로 나눌 수 있다. 첫 부분은 공동체의 감사의 요소가 나타나기도 하지만 신뢰의 요소도 있다. 이스라엘의 역사를 요약하며 역경과 난관 속에서도 하나님은 자기 백성을 자유롭게 하심을 노래한다. 둘째 부분에서는 원수에 대한 저주와 심판을 위한 기도가 있다. 그래서 이것을 보복시라고도 한다.

1. 나를 괴롭혔도다

1절에서 "이스라엘은 이제 말하기를 그들이 내가 어릴 때부터 여러 번 나를 괴롭혔도다"고 하였다. 여기서 '이스라엘은 이제 말하기를'이란 말은

의식에 참여하라는 부름이다(시 118:2, 124:1). 이스라엘은 1인칭 단수로 말한다. 하나님의 백성들이 1인칭 단수로 노래하는 경우가 많다(사 12:1 이하. 61:10, 렘 10:19, 미 7:7). 여기서는 이스라엘의 역사를 한 개인의 인생사로 말하고 있는데 역사적 반성이라고 볼 수 있다.

이스라엘의 역사는 수난의 역사이다. '그들이 내가 어릴 때부터'라고 하였는데 고통의 역사가 점철되고 있음을 보여준다. 이스라엘의 고통의 역사는 애굽에서 시작되었다(출 1:11~12). 그들은 수 없는 고통을 당하였고, 삶자체가 고난이었다.

2절에서 "그들이 내가 어릴 때부터 여러 번 나를 괴롭혔으나 나를 이기지 못하였도다"고 하였다. 이것은 1절의 반복인데 새로운 요소가 나온다. 즉 '나를 이기지 못하였도다'(애 3:22 이하)이다.

원수들이 공격하고 고통을 주었으나 이스라엘은 멸망하지 않았다. 도리어 박해한 나라들보다 더 오래 유지되었다. 애굽, 블레셋, 바벨론 등 여러 강국들이 무너져도 이스라엘은 유지되었다. 여러 번 고통당하여 쓰러져도 완전히 망하지 않았다. 이것은 하나님의 신실하심을 나타내는 것으로 역사의 주관자 되신 하나님의 위대하심을 보여 준다.

3절에서 "밭가는 자들이 내 등을 갈아 그 고랑을 길게 지었도다"고 하였다. 이스라엘 백성은 학대 당하는 짐승과 같았다. 매를 맞으면서 밭을 갈아 밭고랑을 만들었지만 그의 등이 찢어져 밭고랑처럼 되었다. 여기서 '밭가는 자'란 잔혹한 억압에 대한 은유이다. 감독자가 채찍으로 때려 등에 밭고랑 같은 상처가 생겼다. 원수들의 잔혹함을 말할 때에 이러한 은유들이 사용되는 경우들이 있다(사 51:23, 미 3:12). '그 고랑을 길게 지었도다'란 말은 너무 거칠게 또 심하게 다루었다는 의미이다. 이스라엘의 고통과 상처투성이의 모습을 보여 주는 것으로서 고난의 백성들의 모습을 알게 한다.

2. 악인의 줄을 끊으셨도다

4절에서 "여호와께서는 의로우사 악인들의 줄을 끊으셨도다"고 하였다. 시인은 하나님의 '의로우신 여호와'라고 하였는데 이 말은 '하나님은 자신의 언약에 충실하다'는 뜻이다. 악인들이 아무리 강할지라도 원수들이 이기도록 허락하지 않았다는 말이다. '악인의 줄'은 악인의 멍에나 지배에 대한 비유법이다. 이스라엘이 마치 멍에를 멘 짐승처럼 대우를 받았다는 것을 말해준다(욥 39:10). 하나님은 이 줄을 끊으셨다. 그러기에 하나님의 백성은 자유를 얻게 되었고 진정한 해방을 체험하게 된다. 하나님의 백성들이 고통을 당할지라도 하나님은 약속을 지키시는 분이시기에 결국에 가서 승리하게 하신다. 이 하나님을 믿고 의지하는 것이 하나님의 백성의 복이다.

3. 확신의 고백

5절에서 "무릇 시온을 미워하는 자들은 수치를 당하여 물러갈지어다"고 하였다. 이 시편의 둘째 부분인 5~8절은 확신의 고백이다. 하나님께서 이스라엘에게 승리를 주기 위하여 개입하신다. 그러므로 이스라엘 공동체는 확신에 차서 노래하며 고백한다. '시온을 미워하는 자'란 구약에서 단 한번 나온다. 일반적으로 이들은 외적들이다. 이들이 이스라엘에게 고통을 주기 위하여 공격할지라도 하나님이 지켜 주시고 개입하시면 아무런 결과를 얻을 수 없다.

'수치를 당하여 물러갈지어다'고 하였다. 하나님을 거역하고 하나님의 백성을 핍박하는 자는 결국에 가서 망하고 만다. 이것이 하나님의 섭리의 역사이며, 자기 백성을 향한 구원의 손길이다.

지붕 위에 흙을 바르고 그 위에 갈대나 가지를 깐다. 그것들은 뿌리가 없는 풀이다. 사막의 뜨거운 바람이 동쪽에서 불어오면 순식간에 말라 버린다. 그러니 악인들이 아무리 흥왕하여도 하나님의 바람 앞에는 흔들리는 잡초와 같다. 시인의 확신과 소원이 우리 것이 되어야 한다. 악한 자들이 아무리 강하게 공격할지라도 하나님이 우리와 함께 하시면 우리는 승리하리라는 확신을 가져야 한다. 하나님의 함께 하심이 가장 큰 힘이 된다.

7절에서 "이런 것은 베는 자의 손과 묶는 자의 품에 차지 아니하나니"라고 하였다. '품에 차지지 않다'는 말은 '한 줌에 차지 않는다'는 뜻인데, 추수하는 농부가 한 손으로 잡고 낫으로 벤다. 귀를 베고, 대는 그대로 두며, 후에 다 태워버린다. 추수하는 과정에서 변화가 있었을 것이다.

'품을 채운다'는 말은 귀를 짜르기 위해 잡는 것이다. 이 때에 알곡과 가라지를 구분한다. 가라지는 태워 버리는데 지붕 위의 풀도 이와 같이 무가치하다. '묶는 자의 품에 차지 아니하나니'라고 하였는데 이것은 추수하는 모습으로 곡식을 단으로 묶는 것을 말한다. 베는 자가 윈 손에 한 줌을 잡아 이삭을 자르고 품에 모으는 모습니다.

원수들이 아무리 강할지라도 한 줌이 되지 못하니 우리들이 두려워 할 것이 아니다.

8절에서 "지나가는 자들도 여호와의 복이 너희에게 있을지어다 하거나 우리가 여호와의 이름으로 너희에게 축복한다 하지 아니하느니라"고 하였다. 8절은 6~7절의 연속이다. 추수가 없는 자에게는 추수의 축복이 없다. 악인에게는 추수가 없다.

8절은 제사장의 축복이다. 예배하는 공동체에 축복한다. 이스라엘은 어려서부터 고난과 박해를 받았다. 그 와중에서 하나님을 믿고 신뢰한다. 하나님은 원수들이 이기도록 허락하지 않으시고 자기 백성에게 궁극적인 해방과 자유를 주셨다.

내가 깊은 곳에서

시편 130:1~8

1여호와여 내가 깊은 곳에서 주께 부르짖었나이다 2주여 내 소리를 들으시며 나의 부르짖는 소리에 귀를 기울이소서 3여호와여 주께서 죄악을 지켜보실진대 주여 누가 서리이까 4그러나 사유하심이 주께 있음은 주를 경외하게 하심이니이다 5나 곧 내 영혼은 여호와를 기다리며 나는 주의 말씀을 바라는도다 6파수꾼이 아침을 기다림보다 내 영혼이 주를 더 기다리나니 참으로 파수꾼이 아침을 기다림보다 더하도다 7이스라엘아 여호와를 바랄지어다 여호와께서는 인자하심과 풍성한 속량이 있음이라 8그가 이스라엘을 그의 모든 죄악에서 속량하시리로다

시편 130편은 성도들의 애송시 가운데 하나이다. 어거스틴이 이 세상을 떠나기 직전 고통 속에서 이 시편의 4절을 벽에 붙여 놓고, 그 말씀을 읽으며 위로를 받았다고 한다. 어거스틴은 초대교회의 전통을 따라 이 시편을 참회시로 보며, 자신의 죄를 고백하며 하나님의 사유하심을 앙망하였다.

종교개혁자 마틴 루터는 이 시편을 '바울 시편'이라고 불렀고, 이 시편에 나타나는 하나님의 은총과 사죄의 은혜를 깨달았다. 그래서 1절에서 은혜를 받아 내가 깊은 곳에서 주를 불러 아노니(21세기 찬송가 363장)라는 찬송가를 지었다.

이 시편은 시편 32편과 함께 초대교회 때부터 참회시로 분류되었다. 시인은 절망에 빠졌는데 그 절망의 원인은 죄이다. 그러기에 시인은 자신의 죄와 백성의 죄를 고백한다. 시의 형태를 보면 개인 애가이며 개인 기도의

특성을 가진다.

이 시편은 네 단락으로 되어 있다. 하나님께 도움을 간청(1~2절), 죄를 간접적으로 고백(3~4절), 신뢰를 고백(5~6절), 온 이스라엘로 구원을 바라게 함(7~8절)이다.

1. 내가 깊은 곳에서

1절에서 "여호와여 내가 깊은 곳에서 주께 부르짖었나이다"고 하였다. '깊은 곳에서'가 이 시편의 제목이 되었는데, 이것은 보편적인 절망과 상실감을 나타내는 표현이다. 여기서는 역경과 시련에 대한 은유적 표현이다. '깊은 곳'이란 사람이 겪을 수 없는 괴로운 상황, 위험, 고통 등을 의미한다.

이러한 어려움 속에서 주께 부르짖는다. 인간으로서는 아무런 희망도 보이지 않을 때에 하나님을 바라본다. 이것은 인간들이 위기 탈출의 최선의 길이다. 하나님만이 우리의 힘이 되시고 구원자가 되심을 믿으며 하나님을 의지하는 신앙의 자세이다.

2절에서 "주여 내 소리를 들으시며 나의 부르짖는 소리에 귀를 기울이소서"라고 하였다. 시인은 아무도 구원해 주지 않는 비참한 상황에서 하나님을 찬양하여 손을 펴고 구원해 주시기를 호소한다.

'내 소리를 들으시며'란 겸손히 그리고 간절히 구하는 기도이다. 믿음의 기도는 역사하는 힘이 있다. 인간의 머리로 이해할 수 없는 하나님의 역사가 나타나며 믿고 구하는 자에게 하나님의 응답이 온다. 이 시인처럼 고통의 바람이 불어 올 때에 하나님께 기도해야 한다. '나의 간구하는 소리'는 '크게 은총을 구하는 소리'이다. 온 정성을 다하여 하나님의 은총을 간구한다. 시인은 '귀를 기울이소서'라고 하였다. 자기 백성을 사랑하는 하나님의 은총을 호소하며, 하나님께서 불쌍히 여겨 주시기를 호소하였다.

2. 주여 누가 서리이까

3절에서 "여호와여 주께서 죄악을 지켜보실진대 주여 누가 서리이까"라고 하였다. 시인은 죄를 고백한다. 하나님 앞에 설 자가 아무도 없으며 자기 공로로 설 자 없음을 고백한다. '죄악을 지켜보실진대'라는 말은 '엄격하게 죄를 계산한다면'이란 뜻이다. 하나님께서 각자의 죄를 엄격하게 계산하시면 아무도 감당할 수 없다. 우리들에게는 의로움이 없고 아무런 공로가 없다. 죄로 인하여 하나님과 단절되었고, 이 세상에서 버림받았다. 감히 하나님을 바라보지 못하였다. '누가 서리이까'라고 하였는데 범죄한 인간이 감히 하나님 앞에 어떻게 설 수 있는가? 하나님 앞에 서는 것은 큰 축복이다. 하나님의 임재를 체험하며 살기에 큰 복이다.

4절에서 "그러나 사유하심이 주께 있음은 주를 경외하게 하심이니이다"고 하였다. 시인은 여기서 '있다'란 표현을 한다. 그것도 삼중적 표현을 하였는데 '사유하심이 주께 있다'(4절). '인자하심이 주께 있다'(7절) '풍성한 구속이 주께 있다'(7절)고 하였다.

시인은 우리의 죄를 용서하시는 하나님을 바라본다. 우리의 죄를 용서하심을 바라본다. 우리의 죄를 용서하심을 받는 것은 하나님의 은혜요 사랑이다. 하나님은 용서하시는 분이다. "사유하심이 주께 있다"(시 103:3). 이러한 사죄의 은총을 받은 것이 하나님의 백성의 복이다.

하나님이 우리의 죄를 용서하시는 목적은 하나님을 경외하게 함에 있다. 죄사함을 받고 새로운 피조물이 되었을 때에 하나님의 영광을 나타내고 하나님을 경외하게 한다. '주를 경외하게 하심이니이다'는 '주께서 더욱 공경을 받으시기 위하여'라는 뜻이다. 우리들은 죄사함을 받을 때에 더욱 하나님을 의지하고 경외하게 된다.

5절에서 "그러나 사유하심이 주께 있음은 주를 경외하게 하심이니이다"고 하였다. 1~4절에서 개인기도가 끝나고 5절 이하에서는 회중 앞에서 고백한다. 기다림은 하나님의 백성의 기본 자세이다. '내 영혼이 여호와를 기다리며'는 강조법이다. 간절히 하나님을 기다리는데, '내가 그 말씀을 바라는도다'고 하였으니 하나님의 말씀을 기다리는 것이다. 하나님의 응답을 기다리는 간절한 자세가 있어야 한다.

3. 파수꾼이 아침을 기다림보다

6절에서 "파수꾼이 아침을 기다림보다 내 영혼이 주를 더 기다리나니 참으로 파수꾼이 아침을 기다림보다 더하도다"고 하였다. 파수꾼은 밤을 세워 지키는 자이다 새벽 먼 동이 트면 새 날을 맞는다. 시인의 자신의 처지를 파수꾼에 비유하였다. 밤새도록 깨어 있던 시인은 새벽에 성소에서 제사를 드린다(시 3:45, 4:8, 5:3). 위험과 고통에서 완전히 벗어나지 않았으나 먼동이 트면 살 수 있을 것이다. '내 영혼이 주를 더 기다리나니'는 시인의 간절한 소망을 보여준다. 하나님을 바라는 그 마음이 시인으로 하여금 새 소망을 준다.

7절에서 "이스라엘아 여호와를 바랄지어다 여호와께서는 인자하심과 풍성한 속량이 있음이라"고 하였다. 시인은 개인적인 사죄 체험을 자기 것으로만 하지 않고 이스라엘 공동체에 믿음을 증거한다. '여호와를 바랄지어다'고 하였다. 하나님의 은총은 인간의 죄를 초월한다. 이스라엘은 가만히 은총을 기다리는 것이 아니다. 하나님을 바란다. 왜냐하면 하나님에게 은총이 있기 때문이다. 이스라엘은 풍성한 구속을 바라는 것이 아니라 풍성한 구속이 있는 여호와 하나님을 바란다. 시인은 죄 사함부터 구하지 않고, 죄를 사하는 권세가 있는 주님을 구하였다. 이것이 바른 기도의 순서이다.

8절에서 "그가 이스라엘을 그의 모든 죄악에서 속량하시리로다"고 하였다. 시인은 죄의 구속을 바라본다. 하나님께서 이것을 모든 사람에 적용하심을 보여 준다. 하나님은 나를 우리를 '구속하시리로다' 그 이름을 부르는 자를 구속하신다. 우리가 힘들고 어려운 상황에 있을지라도 하나님의 풍성한 구속을 믿으며 그 하나님을 바라야 한다. 역경 속에서 하나님을 바라고 그의 돌보심을 간구하는 삶을 살자.

343

Meditation on Psalms

젖 뗀 아이가 그 어미 품에 있음 같게

시편 131:1~3

1여호와여 내 마음이 교만하지 아니하고 내 눈이 오만하지 아니하오며 내가 큰 일과 감당하지 못할 놀라운 일을 하려고 힘쓰지 아니하나이다 2실로 내가 내 영혼으로 고요하고 평온하게 하기를 젖 뗀 아이가 그의 어머니 품에 있음 같게 하였나니 내 영혼이 젖 뗀 아이와 같도다 3이스라엘아 지금부터 영원까지 여호와를 바랄지어다

시편 131은 3절로 된 짧은 시이지만 매우 아름다운 시이다. 이 시의 주제는 '애통'인데 그 바탕에는 하나님에 대한 신뢰와 확신이 있다. 구원의 역사는 신앙 공동체뿐만 아니라 각자 개인에게도 새로운 희망을 준다. 시편 131편은 130편에서 파수꾼이 새 날을 간절히 기다리듯 젖 뗀 아이처럼 평안한 가운데 하나님을 기다린다.

이 시편은 하나님을 향한 신뢰가 바탕이 된다. 하나님을 의지하기에 이 땅에서 고통과 어려움이 와도 하나님의 돌보심을 기다리게 된다. 이것은 하나님의 백성이 추구해야 할 중요한 명제이다.

1. 내 마음이 교만하지 아니하고

1절에서 "여호와여 내 마음이 교만하지 아니하고 내 눈이 오만하지 아니하오며 내가 큰 일과 감당하지 못할 놀라운 일을 하려고 힘쓰지 아니하나이다"고 하였다. 시인은 자신의 믿음을 하나님께 고백한다. 시인은 자랑할 것

이 없다. 그에게는 명예, 권세, 부가 없고, 원수를 정복한 일도 없다. 그러니 철저히 가난한 자이다. 바리새인들은 자신의 의를 내세우지만 시인은 자신의 연약함을 고백한다.

이 땅의 사람들은 자기 능력을 내세우고 다른 사람보다 더 높은 자리에 앉기를 원한다. 바리새인의 자세가 그 바닥에 깔려 있다. 그러나 시인은 하나님 앞에서 자신의 연약함과 부족함을 고백함으로써 하나님의 위대한 손길을 앙망한다. 이것이 우리들이 본받아야 할 신앙이다.

'내 마음이 교만하지 아니하고'는 '내 마음을 높이지 아니한다'는 뜻이다. 또 '내 눈이 높지 아니하오며'는 '나는 거만하지 않았다'는 뜻이다. 시인은 '기이한 일' 즉 '너무 어려운 일'이나 너무 높은 일 너무 큰 일을 기대하지 않았다고 고백한다.

'힘쓰지 아니하나이다'고 하였는데 이 말을 '걷지 않는다'는 뜻이다. 시인은 불가능한 일에 대한 야심과 계획 속에서 걷지 않겠다고 고백한다. 이것은 시인의 겸손을 의미한다. 시인은 아무 일도 하지 않겠다는 말이 아니라 교만하여 자기 분수에 지나친 일을 하지 않겠다는 것이다.

오늘의 우리에게도 겸손의 자세가 필요하다. 자기 능력을 넘어선 교만으로 인해 정도 이상의 것을 추구하다가 결국은 망하게 된다. 시인은 오직 하나님의 능력을 의지하고 그것만 바라므로 하나님의 역사를 기대한다. 우리에게도 이러한 믿음의 자세가 있어야 한다. 하나님만 의지하는 역사를 이루어야 하고 하나님의 뜻을 바라는 자세를 가져야 한다.

2. 젖 뗀 아이가

2절에서 "실로 내가 내 영혼으로 고요하고 평온하게 하기를 젖 뗀 아이가 그의 어머니 품에 있음 같게 하였나니 내 영혼이 젖 뗀 아이와 같도다"고 하였다. 이 말씀은 시인의 신앙을 보여 주는 것으로, 조용하고 아늑하고 담담한 신앙의 '특성'이다. 여기에는 걱정이 없다. 뜨거운 불길이나 강렬한 폭포가 아니라 고요히 흐르는 강물과 같은 모습이 그려져 있다. 시인은 어머니의 품에 안긴 어린 아이의 모습을 그리고 있다. 어린이는 만족하고 또 어머니를 신뢰한다. 가장 순수하고 소중한 자세이다. 이것이 바로 믿음의 자세이다. 시인은 조용히 하나님을 바라본다.

이러한 신앙이 이루어지는 것은 쉬운 일이 아니다. 우리가 흔히 '마음을 비운다'고 하는데 이것은 쉬운 일이 아니다. 자신의 죄악을 버리고, 명예와 권세를 버리며 교만한 마음을 버리는 것은 쉽게 되어지지 않는다. 하나님께서 은혜를 주셔야 가능한 일이다. 꿈을 버리고 야심을 버리는 것은 특별한 은혜의 역사이다. 그것보다 더 큰 것이 있기에 못한 것을 버리게 된다. 실상이 있을 때에 허상을 버리게 되듯이 시인은 하나님이 주시는 평안이 있기에 이 땅의 것을 버리게 되었다.

하나님을 의지하면 하나님께서 평안을 수신다. 이것은 인간의 이해를 초월한 평강이다. '그리하면 모든 지각에 뛰어난 하나님의 평강이 그리스도 예수 안에서 너희 마음과 생각을 지키시리라'(빌 4:7)는 바울의 고백과도 같다.

여기서 '젖 뗀 아이'란 '어머니 곁에 있는 젖 뗀 아이'라는 말이다. 이스라엘의 아이들은 세 살 까지 젖을 먹였다고 한다. 일찍 젖을 떼는 경우도 있으나 늦은 아이들은 세 살까지 젖을 먹였다. '젖 뗀 아이'는 만족의 상징이다. 젖을 떼기 전에는 아이가 많이 울지만 여기서는 조용하다. 어머니 곁에 평안하고 조용한 모습을 보여준다.

시인은 자신의 모습을 젖 뗀 아이의 모습에 비추었다. 하나님의 품에서 아무런 욕심도 없고 평안과 감사만이 있었다. 어머니는 아이에게 무엇이 필요한지 알기에 미리 준비하여 준다. 그것처럼 하나님께서도 자기 백성에게 무엇이 필요한지를 아시고 예비하시며 돌보아 주신다. 하나님의 백성은 하나님을 의지한다. 모든 사고의 중심에 하나님이 계시기 때문에 하나님만 의지하여 자신의 능력이나 힘을 의지하지 않는다.

2. 지금부터 영원까지

3절에서 "이스라엘아 지금부터 영원까지 여호와를 바랄지어다"고 하였다. 시인의 개인적 고백에서 공동체의 고백으로 관심을 돌린다. 이스라엘은 예배 공동체이며 언약 공동체이고 제의 공동체이다. 이들에게 하나님을 바랄 것을 권고하고 있다. 시인의 호소처럼 하나님의 백성은 '지금부터 영원까지' 하나님을 바라야 한다. 이것이 하나님의 백성의 최고의 열망이다. 오늘의 우리들이 지난날의 신앙생활만을 자랑할 것이 아니라 지금과 미래의 역사를 바라보며 하나님을 의지하고 바라는 삶을 살아야 한다. 이런 자세를 하나님께서 주셨기에 더욱 감사하게 된다.

시편 131편은 매우 짧은 시이지만 우리들에게 봄기운과 같이 부드럽고 훈훈한 감정을 준다. 참 신앙이 무엇이며 성숙한 신앙이 무엇인지를 깨닫게 한다.

이 시편에 나오는 신앙은 불과 같이 뜨거운 것도 아니고 폭포와 같이 박력 있는 것도 아니다. 열정보다 따스함이, 능력보다 평안함이 있다. 여기에는 겸손이 있고, 하나님을 의지하는 신뢰가 있으며 흐르는 강물 같은 평화가 있다.

시인의 신앙이 우리들에게 아름다운 모습으로 다가오고 있다. 교만과 야망을 버리고 하나님이 돌보아 주심에 대하여 감사하는 믿음의 자세가 있다. 우리는 이것을 배우고 하나님께 나아가야 한다. 어머니 곁에 있는 젖 뗀 아이처럼 우리도 하나님 곁에서 평안을 누려야 한다.

그의 모든 겸손을 기억하소서

시편 132:1~10

1여호와여 다윗을 위하여 그의 모든 겸손을 기억하소서 2그가 여호와께 맹세하며 야곱의 전능자에게 서원하기를 3내가 내 장막 집에 들어가지 아니하며 내 침상에 오르지 아니하고 4내 눈으로 잠들게 하지 아니하며 내 눈꺼풀로 졸게 하지 아니하기를 5여호와의 처소 곧 야곱의 전능자의 성막을 발견하기까지 하리라 하였나이다 6우리가 그것이 에브라다에 있다 함을 들었더니 나무 밭에서 찾았도다 7우리가 그의 계신 곳으로 들어가서 그의 발등상 앞에서 엎드려 예배하리로다 8여호와여 일어나사 주의 권능의 궤와 함께 평안한 곳으로 들어가소서 9주의 제사장들은 의를 옷 입고 주의 성도들은 즐거이 외칠지어다 10주의 종 다윗을 위하여 주의 기름 부음 받은 자의 얼굴을 외면하지 마옵소서

이 시편은 두 개의 중요한 주제를 다루고 있다. 하나님께서 다윗을 선택하신 것과 시온을 선택하신 것을 하나로 묶어 하나님을 찬양하고 있다. 이것은 역사적 사건과 연결된다. 사무엘하 6장과 7장의 사건이 하나가 되는 사건이다. 다윗이 법궤를 예루살렘에 안치한 후(삼하 6장) 하나님께서 다윗에게 영원한 왕조를 주셨다(삼하 7장). 하나가 되었는데 성전과 언약이 하나가 되는 것을 말한다. 그러니 오늘날 이것은 생활과 예배가 하나가 되는 것과 같다.

시편 132편이 이 두 가지가 하나가 되어 조화를 이루는 것을 보여줌으로써 생기는 비극적 요소들을 극복하는 자세가 필요하다.

이 시편은 두 단락으로 되어 있다. 1~10절과 11~18절로 나누이는데 두 단락은 '맹세'라는 공통점을 가지고 있다. 첫째 단락은 '다윗의 맹세'이며, 둘째 단락은 '하나님의 맹세'이다.

첫 연(1~10절)은 자체의 통일성을 가지고 있다. 다윗과 기억 그리고 야곱의 전능자가 계속하여 나온다.

1. 겸손을 기억하소서

1절에서 "여호와여 다윗을 위하여 그의 모든 겸손을 기억하소서"라고 하였다. 이 시의 서두는 하나님께 간청하는 것이다. 간구로 시를 시작하였는데 다른 기도와는 다른 양상을 보이고 있다. '다윗을 위하여'라고 하였다. 이 말은 다윗 왕조를 위하여, 다윗 왕국을 위하여 라는 뜻이다. '다윗이 근심한 것을 기억하소서'라고 하였다. '기억하소서'는 애가의 언어이다. 다윗과 솔로몬 시대는 정복과 통일과 번영의 시대였으나 지금은 원수들의 공격이 심하고, 여러 가지 고통이 계속되는데 이런 어려움 속에서 하나님의 약속을 새롭게 확인하기 위하여 그 옛날 다윗의 역사를 상기시킨다. '그의 모든 근심'이라고 하였는데 '근심'은 어감이 좋지 않기에 '고생', '노고', '겸손' 등으로 번역할 수 있다.

2절에서 "그가 여호와께 맹세하며 야곱의 전능자에게 서원하기를"이라고 하였다. 다윗은 하나님께 맹세하고 서원하였다. 여기서 '맹세'와 '서원'이 함께 나오는데 맹세는 '변할 수 없는 결심'을 말하며 서원은 '어떤 일이 이루어 질 때까지 금욕적인 삶을 살 것을 다짐하는 것'이다.

여기에 나오는 '맹세'와 '서원'은 그 다음에 나오는 하나님의 이름과 관계가 있음을 주목해야 한다. 다윗은 여호와께 맹세하고, 야곱의 전능자에게 서원하였다. 여호와는 언약의 하나님을 말한다. 하나님과의 언약 관계 속에서 맹세한다. '야곱의 전능자'는 '야곱의 하나님'(창 49:24)을 말한다. 야곱은 벧엘에서 꿈에 하나님을 만났고 서원하였다(창 28:10-22).

시편 132편에서 다윗을 말하다가 야곱에 대해 말한다. 야곱에게서 12지파가 나왔는데 '야곱의 전능자'를 말한 것은 12지파의 통일성에 관심을 가진 것으로 보인다.

2. 장막 집에 들어가지 않게 하소서

3~4절에서 "내가 내 장막 집에 들어가지 아니하며 내 침상에 오르지 아니하고 내 눈으로 잠들게 하지 아니하며 내 눈꺼풀로 졸게 하지 아니하기를"이라고 하였다. 3~4절은 4행으로 되었으나 한 문장이다. 3절에 보면 '장막에 들어가지 않겠다'고 하였고 구체적으로 침상에 오르지 않겠다고 하였다.

4절은 더욱 흥미롭게 표현하였다. 시인은 자신의 눈을 잠들게 아니하고, 초점을 강하게 잡고, 눈꺼풀로 떨어지지 않게 하겠다고 하였다. 이것은 격언의 표현이다(잠 6:4). 이 말은 정신 차리고 애쓸 것을 말한다.

5절에서 "여호와의 처소 곧 야곱의 전능자의 성막을 발견하기까지 하리라 하였나이다"고 하였다. 시인은 자기 집을 버리고 하나님의 집을 찾고 있다. 하나님의 집에 대한 열망이 있으며, 하나님이 계신 곳을 찾고 있다.

6절에서 "우리가 그것이 에브라다에 있다 함을 들었더니 나무 밭에서 찾았도다"고 하였다. '에브라다'는 다윗의 고향이다(룻 4:11, 미 5:1). 6절에서 다윗이 법궤를 찾은 것을 설명한다. 아마 그때에 다윗은 용사들과 함께 에브라다에 앉아 있는 듯하다. 그는 이스라엘 백성들이 블레셋에 빼앗긴 법궤가 유다에 속한 기럇 여아림에 있다는 소식을 듣고 여아림으로 가서 법궤를 가져 온다.

처음 법궤를 가져 올라올 때 온 이스라엘이 다 기뻐하며 함께 행진하였다. 시인은 과거를 되살려 현재화한다. 회중들은 의식 속에서 옛날을 기억하고 그것이 오늘의 현실에서 구체화되는 것처럼 보고 듣고 참여한다.

7절에서 "우리가 그의 계신 곳으로 들어가서 그의 발등상 앞에서 엎드려 예배하리로다"고 하였다. 이 말씀은 권유형으로서 '우리가 들어가서 함께 경배하자'라는 의미이다. 하나님의 발등상으로 상징된 법궤 앞에서 경배하자고 권한다. '성막'은 성전을 말하는데 이미 성전이 지어진 것을 뜻한다. 성전에 들어가서 하나님을 경외하기를 권고하는데 이것은 예배의 소중성을 우리에게 제시하고 있다.

3. 평안한 곳으로 들어가게 하소서

8절에서 "여호와여 일어나사 주의 권능의 궤와 함께 평안한 곳으로 들어가소서"라고 하였다. 8~10절은 다윗의 기도로 보여진다. 이제 왕이 등장하여 기도를 인도하고 있다. 예배의식 중의 기원인데 성막에 들어와 경배하는 사람들과 찬양대가 이 기원을 드린다. 이 기원은 민수기 10장 35~16절을 연상시킨다.

시편 132편에서는 법궤에 하나님의 임재가 있었음을 말해 준다. 하나님의 백성들은 하나님께서 '법궤와 함께 평안한 곳으로 들어가소서'라고 기도한다. 여기서 '평안한 곳'은 시온산을 가리키며(대상 28:2) 좀 더 구체적으로는 시온산의 성전을 가리킨다.

9절에서 "주의 제사장들은 의를 옷 입고 주의 성도들은 즐거이 외칠지어다"고 하였다. 제사장들은 축제 때에 의의 옷을 입는다. 의는 여러 가지로 해석할 수 있으나 여기서는 '구원'의 뜻이다(대하 6:41). 구원을 받는 것은 새로운 옷을 입는 것이다. 제사장의 입을 통하여 주의 이름의 구원이 선포된다. '주의 성도들'은 행진하는 예배자이다. 하나님의 말씀을 믿고, 말씀에 헌신하며 경건한 삶을 사는 자들이다. 이들이 즐거이 소리지르고 하나님을 찬양한다.

10절에서 "주의 종 다윗을 위하여 주의 기름 부음 받은 자의 얼굴을 외면하지 마옵소서"라고 하였다. 시인은 '다윗의 얼굴을 보시고 왕을 물리치지 마소서'라고 기도한다. '얼굴을 물리친다'는 것은 그가 구하는 것을 거절하거나 은총을 외면하는 것으로서 결국은 외면한다는 말이다. 시인은 역사적 사건을 현재화 하여 하나님의 백성으로 하여금 하나님의 임재를 깨닫고 하나님께 영광돌리기를 호소한다.

345

Meditation on Psalms

여호와께서 시온을 택하시고

시편 132:11~18

11여호와께서 다윗에게 성실히 맹세하셨으니 변하지 아니하실지라 이르시기를 네 몸의 소생을 네 왕위에 둘지라 12네 자손이 내 언약과 그들에게 교훈하는 내 증거를 지킬진 대 그들의 후손도 영원히 네 왕위에 앉으리라 하셨도다 13여호와께서 시온을 택하시고 자기 거처를 삼고자 하여 이르시기를 14이는 내가 영원히 쉴 곳이라 내가 여기 거주할 것은 이를 원하였음이로다 15내가 이 성의 식료품에 풍족히 복을 주고 떡으로 그 빈민 을 만족하게 하리로다 16내가 그 제사장들에게 구원을 옷 입히니 그 성도들은 즐거 이 외치리로다 17내가 거기서 다윗에게 뿔이 나게 할 것이라 내가 내 기름 부음 받은 자를 위하여 등을 준비하였도다 18내가 그의 원수에게는 수치를 옷 입히고 그에게는 왕관이 빛나게 하리라 하셨도다

시편 132편은 다윗 언약과 시온의 선택을 다룬다. 1~10절은 다윗의 맹세 이며, 11~18절은 하나님의 맹세이다. 11~12절을 보면 하나님도 다윗에게 맹세한다. 다윗은 주님의 처소, 성막, 쉴 곳을 찾으려고 서원한다. 13~14절 에서 주님은 '내가 시온을 택했다'고 하며 '나의 영원히 쉴 곳'이라고 하였 다. 하나님의 종의 기도가 응답되어 다윗에게 승리와 그 왕관의 빛날 것을 약속한다(17~18절).

이러한 바탕 속에서 다윗의 맹세와 하나님의 맹세가 조화를 이룬다. 하 나님께서는 기도에 응답하시고 하나님의 놀라운 역사를 보여 주신다. 그러 기에 하나님의 백성은 하나님을 의지하는 삶을 살아야 한다.

1. 다윗 언약

11~12절에서 "여호와께서 다윗에게 성실히 맹세하셨으니 변하지 아니하실지라 이르시기를 네 몸의 소생을 네 왕위에 둘지라 네 자손이 내 언약과 그들에게 교훈하는 내 증거를 지킬진대 그들의 후손도 영원히 네 왕위에 앉으리라 하셨도다"고 하셨다.

11~18절에서 하나님께서는 왕이 구한 기도를 하나씩 응답하신다. 하나님은 다윗을 기억할 것이며 시온을 선택하였고, 백성과 제사장을 축복할 것이다. 첫째 연(1~10절)에서는 다윗이 맹세하였으나 여기서는 하나님이 맹세하신다. 이 맹세는 '성실한 맹세'이며, 진실한 맹세이기에 믿을 수 있다.

11~12절은 다윗 언약을 요약하고 있다. 하나님은 다윗과 맺은 언약을 통하여 다윗에게 '씨'(소생)와 '보좌'를 약속하셨다. 이 약속은 사무엘하 7장과 시편 89편에서도 잘 나타나고 있다.

11절은 왕조의 지속을 주제로 한다. 하나님의 약속이 변치 아니하기에 다윗의 소생이 왕위를 제승하는 왕조의 지속성이 말씀된다. 12절은 이 무조건적 약속 안에 있는 다윗 왕의 의무에 대하여 말하고 있다. 다윗의 후손은 이 약속에 이루어지도록 하나님의 언약을 지키고 주님이 교훈하는 증거를 지켜야 한다. 여기서 언약과 증거가 짝을 이루고 있다. 하나님의 백성은 은혜로 구원을 받았으나 순종이 필요하다. 왕은 하나님의 율법에 순종해야 하고 이스라엘에게 주신 언약에 순종해야 한다.

2. 시온의 선택

13절에서 "여호와께서 시온을 택하시고 자기 거처를 삼고자 하여 이르시기를"이라고 하였다. 시인은 다윗과 그 왕조를 선택한 것에서 '시온의 선택'으로 주제를 바꾸고 있다. 13절은 고백으로 보아야 한다. 다윗의 선택과 시온의 선택은 같은 뿌리를 가지고 있다. 13절에서 2개의 동사가 나오는데 하나는 '선택하다'이고, 다른 하나는 '원했다, 사랑했다'이다. 하나님이 선택하신 배후에는 '사랑과 원함'이 있음을 보여준다. 하나님은 우리를 그냥 택하신 것이 아니라 우리를 원하고 사랑하여 택하신 것이다. 이 택함에 대하여 감사하며 나아가는 것이 무엇보다 귀중하다.

14절에서 "이는 내가 영원히 쉴 곳이라 내가 여기 거주할 것은 이를 원하였음이로다"고 하였다. 14~15절은 시온산에 대한 말씀이다. 하나님께서는 '여기가 나의 영원히 쉴 곳'이라고 하였다. 하나님께서는 시온을 선택하신 것은 하나님의 마음이 끌렸기 때문이다. 하나님은 열정과 사랑을 가지고 다윗과 시온을 선택하였다. 그러니 선택이란 하나님의 사랑의 결과이다.

'쉴 곳'이란 '보좌가 있는 곳'이라는 뜻이다. 이곳은 하나님이 다스리는 곳이다. 즉 보좌가 있고, 평화로우며 방해 받지 않는 곳이다. 그곳에서 복이 흘러 나오는데 15~18절에 그 복이 나오는데 백성(15절), 제사장(16절), 왕(17~18절)에게 임하는 복이다. 하나님의 다스림으로 이러한 역사가 일어난다.

3. 축복의 근원

15절에서 "내가 이 성의 식료품에 풍족히 복을 주고 떡으로 그 빈민을 만족하게 하리로다"고 하였다. 하나님께서 거하시는 성소는 축복의 근원이다. 여호와 하나님께서 그곳에 계시기 때문에 하나님이 풍족한 복을 주신다. 그리하여 가난한 자들까지 만족하게 하신다.

팔레스타인에게는 기근이 늘 있었다. 땅이 메말랐고, 물이 부족하였다. 여기에 하나님께서 복을 주시고, 그 복이 보좌에서부터 흘러넘치게 하셨다. 하나님의 백성들이 이와 같은 풍성한 복을 받는다. 그 복으로 인하여 하나님께 감사하고 영광 돌리게 된다.

16절은 제사장들이 받는 복이다. "내가 그 제사장들에게 구원을 옷 입히리니 그 성도들은 즐거이 외치리로다"고 하였다. 또 그들의 사역을 받아 주시고, 이끌어 주신다. 제사장들이 구원을 체험하였고 그 구원을 체험하였고 그 구원을 선포할 때에 경건한 성도들이 즐거움으로 외치게 된다.

우리는 여기서 교회 사역의 교훈을 얻을 수 있다. 하나님께서 사역자들에게 먼저 복을 주시고 은혜를 주셔야 한다. 은혜를 입은 사역자들이 구원의 도리를 선포할 때에 백성들이 은혜를 받고 감사의 찬송을 높이 부르게 된다. 이러한 원리가 바로 서야 하나님의 귀한 사역이 이 땅에 나타난다. 제사장에게 주시는 복은 다른 사람을 바로 이끄는 힘이 되기에 사역자들이 먼저 은혜를 체험해야 한다.

17~18절은 왕에게 주시는 복이다. 17절에서 "내가 거기서 다윗에게 뿔이 나게 할 것이라 내가 내 기름 부음 받은 자를 위하여 등을 준비하였도다"고 하였다. 여기서 '뿔이 난다'는 것은 군사적인 승리를 뜻한다. 뿔은 동물 세계에서 힘의 이미지를 가지고 있다. 하나님은 다윗의 후손을 다시 일으키시고 그들을 다윗의 보좌에 앉힐 것이다. 그들이 모든 원수를 정복하고 승리한다. 이것이 바로 메시야에 대한 기대이다.

또 하나님께서는 '등'을 예비하신다. 등은 계속 타고 있으며 생명이 유지된다는 은유이다. 다윗에게 등을 주신다고 하였는데 이것은 그의 왕조가 지속된다는 의미이다. 등은 생명의 표시이다. 17절에는 뿔을 통하여 왕권이 주어지고, 등을 통하여 생명이 주어진 것이 묘사되고 있다. 이것은 절묘한 시적 표현으로서 우리들에게 참 원리를 가르친다.

18절에서 "내가 그의 원수에게는 수치를 옷 입히고 그에게는 왕관이 빛나게 하리라 하셨도다"고 하였다. 하나님께서는 원수들에게 패배 즉 수치를 주신다. 여기서 '면류관'이란 왕관을 의미하기도 하고 대제사장의 관을 말하기도 한다. 이 말씀은 다윗의 후손이 왕과 대제사장의 위엄을 가질 것을 상징한다.

시편 132편은 제왕시의 형태를 가지고 있다. 다윗 왕조와 시온산이 함께 있고, 하나님을 영화롭게 하는 삶의 모습을 그리고 있다. 하나님은 뿔과 등을 주시고, 면류관을 주셨는데, 이것은 예수 그리스도로 말미암아 성취되었고 그 백성들도 찬송하게 된다.

형제가 연합하여 동거함이

시편 133:1~3

1보라 형제가 연합하여 동거함이 어찌 그리 선하고 아름다운고 2머리에 있는 보배로운 기름이 수염 곧 아론의 수염에 흘러서 그의 옷깃까지 내림 같고 3헐몬의 이슬이 시온의 산들에 내림 같도다 거기서 여호와께서 복을 명령하셨나니 곧 영생이로다

시편 133편은 하나님의 율법을 아는 자가 얼마나 복이 있는지를 보여 준다. 이것은 격언적 형식으로 되어 있는데, 지혜시의 특성을 가지고 있다. '형제가 연합하여 동거한다'고 하였는데 그 의미를 다양하게 해석할 수 있다. 이스라엘의 풍속에는 대가족이 함께 살며 거기서 혈연 공동체를 유지한다. '형제'에 대한 해석은 여러 가지이다. 이스라엘 전체를 형제로 보는 경우도 있고, 제의적 개념으로 보는 경우도 있다.

이 시는 3절로 된 짧은 것이지만 주제를 분명히 보여 준다. 이 시는 '형제'로 시작하여 '영생'으로 끝이 난다. 원어에서 '형제'와 '영생'은 발음에서 비슷한데 이것은 형제의 사랑이 있는 곳에 활력과 사랑이 넘친다는 의미이다.

1. 어찌 그리 선하고 아름다운고

1절에서 "보라 형제가 연합하여 동거함이 어찌 그리 선하고 아름다운고"라고 하였다. 원문에는 '볼지어다'가 있는데 이 말은 지혜의 말을 시작

할 때에 사용하는 문구이다(시 127:3). 사람들의 시선을 끄는 표현인데 이것은 지혜문학의 특징이다. 시인은 이상적 가정을 바라고 있다. 형제가 연합하여 동거하는 것이 이 세상에서 가장 아름답고 귀한 것이다.

형제들은 가정의 공통된 목적을 위하여 산다. 형제는 혈통으로 연결되어 있기에 다른 사람이 알지 못하는 화목과 우애가 있다. 서로의 개성이 있지만 연결되는 연대성이 있다. 시인은 이스라엘 백성의 혈연 공동체를 통하여 영적 특성을 말하고 있다. 형제란 단순히 피를 나눈 존재를 말하는 것이 아니라 영적 특성을 나타내는 말이다. 시인은 이스라엘의 고대 관습을 강조하면서 그 속에 살아있는 영적 존귀성을 말한다.

그러면 여기서 '형제'가 누구인가? 라는 문제가 제기된다. 여러 가지 해석들이 나오는데, 가정, 마을 공동체, 예배 공동체 등으로 해석되기도 한다. 고대 근동 아시아에서는 아버지가 세상을 뜨기 전에는 재산을 나누지 않았다. 가족 질서가 엄격하여 형제들이 함께 살았다. 아브라함과 룻, 에서와 야곱처럼 함께 사는 동안 갈등을 겪기도 하였다. 그러나 이 시에서는 형제는 단순히 혈육의 형제만을 가리키는 것이 아니라 대가족을 가리키며, 또 신앙 공동체와 온 나라를 의미하기도 한다. 이들 사이에 끈이 있으며 사람들이 이해하지 못하는 연결의 고리가 있다.

오늘날과 같이 가정의 해체, 형제의 갈등이 심각해지는 때에 형제의 연합은 우리가 바라야 할 아름다운 모습이다. 그것은 혈연의 영역을 넘어 신앙을 통한 일치를 도모하는 데서 생겨난다. 신앙은 형제를 하나로 묶어주는 고리이다. 이 고리는 사회를 새롭게 하는 바탕이 된다. 우리들의 일상에서 형제애의 회복을 시도할 필요가 있다.

2. 머리에 있는 보배로운 기름이

2절에서 "머리에 있는 보배로운 기름이 수염 곧 아론의 수염에 흘러서 그의 옷깃까지 내림 같고"라고 하였다. 여기에 두 가지 영상이 나오는데 하나는 아론의 대제사장 임직식의 영상이다. 이 때에 거룩한 기름이 수염을 타고 흘러내린다. 기름 붓는 의식은 하나님이 명하신 것(삼상 9:1)이다. 하나님의 축복이 중보자를 통하여 온 나라에 흘러간다.

일반적으로 기름은 기쁨과 축제의 상징이다(시 45:7). 여기서 '보배로운 기름'이라고 하였으니 '향내나는 기름'이었을 것이다. 이 기름은 대제사장의 위임식 기름이다. 일반 제사장들을 물만 뿌리는데 대제사장은 성별을 의미하는 기름을 뿌리고 그것이 수염을 타고 내려와 그의 어깨와 가슴을 적신다. 그의 가슴에는 12지파의 이름이 있다.

하나님은 대제사장을 성별함으로써 이스라엘을 성별한다. 기름의 향기가 사방에 퍼지고 이스라엘 백성으로 하여금 거룩의 자리에 나아가게 한다. 이와 같이 형제가 동거하는 것도 아름다운 향기를 드러낸다. 예루살렘에 살고 있는 형제들은 거룩한 기름과 같다.

'아론의 수염'이라고 하였는데, 여기서 아론이란 아론 개인을 말하는 것이 아니라 대제사장직의 창시자라는 뜻이다. 이것은 아론을 통해 대제사장직의 임직식을 보여준다. '하나님의 백성의 거룩함이 이 세상을 향한 향기로 나타날 때'에 이 세상도 더욱 거룩하여진다. 하나님의 백성들이 이 세상을 향하여 향기로운 냄새를 보낼 때에 우리 사회는 더욱 귀하고 아름다워질 것이다.

우리들은 가정의 존귀성을 다시 한번 가슴에 새겨야 한다. 가정이란 단순한 혈연 공동체가 아니라 사랑으로 엮어진 하나님의 공동체이다. 이러한 가정의 의미를 바로 아는 것이 무엇보다 중요하며 그것을 지키는 노력을 해야 한다.

3. 곧 영생이로다

3절에서 "헐몬의 이슬이 시온의 산들에 내림 같도다 거기서 여호와께서 복을 명령하셨나니 곧 영생이로다"고 하였다. 시인은 새로운 영상을 말하는데 헐몬산을 통한 자연계 영상이다. 헐몬은 시리아에 있는 산이다(시 42:6). 그러니 '헐몬의 이슬이 시온산들에 내림'은 그 표현에서 어색하다. 그러니 '헐몬의 이슬'은 '많은 이슬'로 보는 것이 타당하다. 헐몬산은 높고 장엄하여 사철 눈에 덮여 있다. 그래서 많은 이슬이 내린다.

이슬이란 신선함 또는 새롭게 함의 상징이다(호 14:5~7). 형제 사이의 우애는 단순히 그들만의 문제가 아니라 마치 이슬이 식물과 채소에 내려 자라게 하듯이 영향을 준다. 이슬은 여름에 내리는데 더위로 메마른 땅을 밤 사이에 내린 헐몬의 이슬로 적셔준다. 여기서 신선함이 있고 생명이 있다. 또 이슬의 영롱함은 진정한 아름다움이 무엇인지를 보여주는 특성을 가지고 있다. 이슬이 시온에 내린다. 시온은 하나님이 거하시는 곳으로써 축복의 원천이 된다. 하나님은 자기 백성들에게 복을 내리시겠다는 약속을 하였다. 하나님이 임재하시는 곳은 거룩한 곳이므로 여기에 생명과 축복이 있다. 시온에서 하나님은 복을 명하신다. 시온에서 이스라엘 백성들이 언약의 축제를 거행하며 하나님께 새로운 헌신을 드린다. 언약이 계승되고 그것을 계속하여 지키는 노력이 있다.

하나님이 '복'을 명하셨는데 이 복은 생활을 신장시키며 높이는 것을 말한다. 그 복은 영생이다. 영생이란 개인적 불멸이며 가정의 영속성이다. 하나님의 백성들이 질 높은 삶을 살며, 가정을 통하여 그 복을 계승한다. 여기서 영원한 생명이 임하고 하나님이 주시는 복이 임한다. 오늘의 시대에 가정 해체로 인한 고통이 심해지고 있을 때에 형제 우애를 통하여 바른 가정을 유지하는 것이 무엇보다 중요하다. 가정의 힘은 연대성이다. 가정은 이 세상의 기초이기에 하나님이 주신 축복의 출발점이다. 가정의 변화는 하나님이 축복의 열매이다. 우리는 이것을 지키기 위하여 믿음 안에서 손을 잡자.

밤에 여호와의 성전에 서있는 여호와의 모든 종들아

시편 134:1~3

1보라 밤에 여호와의 성전에 서 있는 여호와의 모든 종들아 여호와를 송축하라
2성소를 향하여 너희 손을 들고 여호와를 송축하라 3천지를 지으신 여호와께서
시온에서 네게 복을 주실지어다

　　시편 134편은 '성전에 올라가는 노래' 가운데 마지막 노래이다. 시편 120
편부터 '성전에 올라가는 노래'가 계속된다. 각 노래마다 특성들이 있으나
가정의 존귀함을 노래한 것이 많다. 가정에서 하나님의 뜻대로 살 때에 성
전에서도 영광의 찬송을 할 수 있다.

　　시편 134편은 3절로 된 짧은 시이다. 1~2절은 제사장 혹은 예배자에게
하나님을 찬양하도록 부른다. 하나님께서 우리들의 생명과 승리의 원천이
심을 인정하고 고백하게 한다.

　　3절은 제사장의 축복이다. 하나님의 축복이 언약 공동체에서 그의 종들
에게 넘어간다. 하나님께서 축복하시기로 선택한 시온에서 하나님을 믿고
예배드리는 자에게 하나님의 축복이 임한다.

1. 여호와를 송축하라

1절에서 "보라 밤에 여호와의 성전에 서 있는 여호와의 모든 종들아 여호와를 송축하라"고 하였다. 이 구절은 '보라'로 시작한다. '밤에 여호와의 성전에 서 있는'이라고 하였다. 여기서 '밤'이란 '매일 밤'이라는 뜻보다 '특별한 밤'으로 보는 것이 타당하다. 아마 장막절 저녁 예배이거나 유월절 밤 예배일 것이다.

시인은 여기서 '밤'을 강조하는데 이 말의 배경에는 '낮에는 말할 것도 없고'라는 사상이 있다. 하나님의 종들이 하나님을 찬양하는 것은 낮에는 말할 것도 없고 밤에도 찬양하고 영광을 돌린다는 의미이다,

'여호와의 성전'은 성소를 가리킨다. 이곳에 있는 '여호와의 모든 종들'은 제사장이나 예배자를 가리킨다. 이들이 성전에 모여서 하나님을 찬양한다. 시인은 "여호와를 송축하라"(시 104:1)고 하였다. 이것은 특별한 기도 형식으로 하나님을 찬양하라는 말씀이다. 하나님의 집에 있는 예배자들은 하나님을 찬양해야 한다. 이것은 하나님의 백성의 특권이요 축복이다. 이때에 하나님의 위대한 역사가 일어난다.

그 대표적 사례가 빌립보 감옥에 갇힌 바울의 경우이다(행 16장). 바울은 빌립보에서 전도를 하다가 점치는 여종을 고쳤다. 그러자 그녀를 고용하여 돈을 벌던 주인이 바울을 고소하였다. 바울은 심한 매를 맞고 감옥에 갇혔다. 바울은 자기가 가진 로마 시민권을 자랑하지 아니하고 하나님께 기도하며 찬미하였다. 하나님께서 은혜를 베풀어서 바울과 실라의 착고가 풀리게 하고 간수장에게 전도하는 놀라운 역사가 일어났다.

하나님의 백성들이 믿고 기도할 때에 기적적 사건이 일어나며, 하나님을 찬미할 때에 하나님의 돌보심의 역사가 생긴다. 하나님의 백성은 이러한 은혜를 바라며 하나님을 찬미해야 한다. 하나님을 찬미할 수 있음이 우리들에게 큰 축복이다. 광풍이 불고 험한 파도가 우리를 엄습할지라도 하나님의 백성은 하나님을 믿기에 하나님을 찬양한다.

이것은 낮에는 말할 것 없고 어둠이 깃든 밤에도 하나님을 찬양하는 삶이다. 오늘의 우리들에게 고통의 바람이 불어올지라도 하나님을 찬양할 수 있음이 얼마나 큰 축복인지 알 수 있다. 시인의 부름처럼 '밤에 여호와 집에 섰는 여호와의 모든 종들'은 여호와를 송축해야 한다. 우리들에게 고통의 바람이 불어올지라도 하나님을 찬양하는 믿음의 역사가 있어야 한다.

2. 성소를 향하여 너희 손을 들고

2절에서 "성소를 향하여 너희 손을 들고 여호와를 송축하라"고 하였다. '성소'는 하나님의 임재를 상징하는 장소이다. 그곳을 향하여 찬송을 하되 손을 들고 찬송하라고 하였다. 여기서 우리가 주목해야 할 것은 '손을 드는' 모습이다. 여기에는 깊은 의미가 있다. 손을 드는 것은 하나님께 굴복하고 순종한다는 의미와 복이 위로부터 내린다는 의미이다. 우리들이 하나님께 예배하라는 것은 하나님께 굴복한다는 의미이다. 하나님의 뜻과 역사에 순종하겠다는 의지를 나타내는 것이다.

시인은 '손을 들고' 하나님을 찬양하라고 하였다. 이것은 하나님의 능력에 절대 순복하고 하나님의 영광을 드러낸다는 고백의 자세이다. 오늘의 우리들은 이러한 외형을 따를 때가 많다. 중요한 것은 외형이 아니라 우리의 마음 자세이다. 다윗은 "내 영혼아 여호와를 송축하라 내 속에 있는 것들아 다 그의 거룩한 이름을 송축하라"(시 103:1)고 하였다. 전인격으로 하나님을 찬양하라고 하였다. 하나님을 찬양하는 데는 아름다운 음률보다 하나님을 향한 전인격의 찬양이 필요하다. 우리들은 우리의 정성을 다하여 손을 들고 기도하고 찬양해야 한다.

실제로 손을 드는 것도 중요하지만 우리의 전부를 드리는 자세가 있어야 한다. 온몸으로, 온 마음으로 하나님을 찬양하는 헌신의 자세가 필요하다. 우리들의 믿음의 생활 속에 하나님을 향한 바른 찬양이 있어야 한다. 하나님의 존재와 역사를 찬송하고, 그 존귀하심과 거룩하심을 더욱 새롭게 나타내어야 한다.

3. 네게 복을 주실지어다

3절에서 "천지를 지으신 여호와께서 시온에서 네게 복을 주실지어다"고 하였다. 이 말씀은 결론이고 제사장의 축도이다. 시인은 하나님을 '천지를 지으신 여호와'라고 불렀다. 이것은 단순하지만 심오한 고백이다. 하나님이 누구시라는 것을 고백하였다.

'천지를 지으신' 하나님은 전능하신 하나님이다. 말씀으로 모든 만물을 지으신 위대하신 하나님이다. 이 하나님을 믿고 의지하는 것이 우리들의 신앙의 기본이다. 또 '여호와'라고 하였다. 이 말은 '스스로 계신 분'이며 언약의 하나님을 나타낸다. 이 하나님이 우리를 구속하여 주셨기에 우리들은 하나님의 영광을 나타내며, 그 하나님을 찬양해야 한다.

'시온에서 네게 복을 주실지어다'고 하였다. 시온은 하나님의 축복의 장소이다. 하나님의 복이 시온에서 흘러내린다. 제사장은 하나님의 축복이 시온산에서 모든 예배자에게 임하기를 빈다. 하나님의 복이 시온에서 흘러 넘쳐 생명의 강을 이루고 누구든지 그 은혜를 체험하면 은혜의 복을 누린다. 시온은 하나님의 집이다. 여러 가지 상징적 의미가 있으나 교회도 그 하나이다.

오늘날 하나님께서는 교회를 통하여 복을 주신다. 손을 들고 하나님을 찬양하는 하나님의 백성들에게 이러한 역사가 일어난다. 그러기에 우리는 시온을 소중히 여기고 하나님의 시온소를 아름답게 지켜야 한다. 우리는 낮이나 밤이나 하나님을 찬양해야 한다. 하나님의 능력의 역사를 바라고 손을 들고 찬양해야 한다. 우리의 마음과 정성을 다하여 찬양할 때에 하나님의 기적적 역사가 일어난다. 우리가 찬양할 수 있음이 놀라운 은혜요 복이다. 여호와 즉 천지를 지으신 여호와를 찬양하자.

그의 이름을 찬양하라

시편 135:1~21

1할렐루야 여호와의 이름을 찬송하라 여호와의 종들아 찬송하라 2여호와의 집 우리 여호와의 성전 곧 우리 하나님의 성전 뜰에 서 있는 너희여 3여호와를 찬송하라 여호와는 선하시며 그의 이름이 아름다우니 그의 이름을 찬양하라 4여호와께서 자기를 위하여 야곱 곧 이스라엘을 자기의 특별한 소유로 택하셨음이로다 5내가 알거니와 여호와께서는 위대하시며 우리 주는 모든 신들보다 위대하시도다 6여호와께서 그가 기뻐하시는 모든 일을 천지와 바다와 모든 깊은 데서 다 행하셨도다 7안개를 땅 끝에서 일으키시며 비를 위하여 번개를 만드시며 바람을 그 곳간에서 내시는도다 8그가 애굽의 처음 난 자를 사람부터 짐승까지 치셨도다 9애굽이여 여호와께서 네게 행한 표적들과 징조들을 바로와 그의 모든 신하들에게 보내셨도다 10그가 많은 나라를 치시고 강한 왕들을 죽이셨나니 11곧 아모리인의 왕 시혼과 바산 왕 옥과 가나안의 모든 국왕이로다 12그들의 땅을 기업으로 주시되 자기 백성 이스라엘에게 기업으로 주셨도다 13여호와여 주의 이름이 영원하시니이다 여호와여 주를 기념함이 대대에 이르리이다 14여호와께서 자기 백성을 판단하시며 그의 종들로 말미암아 위로를 받으시리로다 15열국의 우상은 은금이요 사람의 손으로 만든 것이라 16입이 있어도 말하지 못하며 눈이 있어도 보지 못하며 17귀가 있어도 듣지 못하며 그들의 입에는 아무 호흡도 없나니 18그것을 만든 자와 그것을 의지하는 자가 다 그것과 같으리로다 19이스라엘 족속아 여호와를 송축하라 아론의 족속아 여호와를 송축하라 20레위 족속아 여호와를 송축하라 여호와를 경외하는 너희들아 여호와를 송축하라 21예루살렘에 계시는 여호와는 시온에서 찬송을 받으실지어다 할렐루야

시편 135편은 하나님의 이름을 찬양하는 것으로 가득하다. 이 시편은 찬양의 표준 구조를 따른다. 1~3절은 찬양하도록 부르며, 4절에는 찬양의 이유가 제시되어 있다. 5~18절은 본론으로서 하나님을 찬양하며, 19~21절은 하나님을 다시 찬양하는 것으로 구성되어 있다.

이 시에는 하나님의 이름이 많이 나오는데 서론에서 일곱 번, 결론에서

일곱 번 나온다. 이 시편은 큰 축제 때에 사용한 것으로 보이며, 다른 시편에 비하여 언약 사상이 강하게 나타나고 있다. 시인은 '여호와의 선하심'을 찬양하고 있는데 여기서 하나님의 성호의 영광스러움을 강조한다.

1. 여호와의 이름을 찬송하라

1~3절에서 "할렐루야 여호와의 이름을 찬송하라 여호와의 종들아 찬송하라 여호와의 집 우리 여호와의 성전 곧 우리 하나님의 성전 뜰에 서 있는 너희여 여호와를 찬송하라 여호와는 선하시며 그의 이름이 아름다우니 그의 이름을 찬양하라"고 하였다. 시인은 모든 하나님의 종들을 향하여 찬송하라고 한다. 큰 축제를 맞아 하나님의 백성들이 하나님의 집 즉 성전에 모여 들었다. 이들이 모여, 하나님의 이름을 찬양한다. 시인은 하나님의 이름을 찬양해야 할 것을 거듭 강조하고 있다.

4절에서는 찬양의 이유가 나온다. "여호와께서 자기를 위하여 야곱 곧 이스라엘을 자기의 특별한 소유로 택하셨음이로다"고 하였다. 하나님께서는 이스라엘을 자기의 특별한 소유로 선택하셨다. 여기서 하나님과 이스라엘 사이의 특별한 언약 관계가 강조된다. 하나님과 이스라엘은 단순한 관계가 아니라 하나님의 언약을 드러내는 불가분리의 관계이다. 이것은 이스라엘을 향한 하나님의 특별한 사랑이며 축복의 역사이다.

2. 새로운 역사

5절부터 새로운 역사가 강조된다. 하나님의 구원의 역사가 나타나고 개인적 고백이 나온다. 5~7절에 "내가 알거니와 여호와께서는 위대하시며 우리 주는 모든 신들보다 위대하시도다 여호와께서 그가 기뻐하시는 모든 일을 천지와 바다와 모든 깊은 데서 다 행하셨도다"고 하였다.

시인은 5절에서 "내가 알거니와"라고 하여 개인을 부각시킨다. 그는 자신의 신앙을 바탕으로 하여 하나님의 위대하심을 찬양한다. '우리 모든 신보다 높으시도다'고 하여 지극히 높으신 하나님을 찬양한다. 여호와 하나님은 광대하시고 세상의 모든 신보다 높으신 분이다. 이 하나님을 찬양하는 것이 하나님의 백성의 바른 자세이다.

이러한 사상은 6절에서도 계속된다. 하나님은 모든 깊은 데서 역사하셨으니 이것은 하나님의 창조를 드러내는 표현이다. 여호와는 단순한 신이 아니라 만물을 창조하신 창조주 하나님이시다.

7절에서는 하나님의 능력을 묘사하였다. 하나님은 비를 주시고 번개와 폭풍을 만드시는 분이다. 하나님은 만물을 만드셨을 뿐만 아니라 다스리시는 분이다. 여기서 재미있는 표현은 '곳간'이다. 바람, 비, 안개, 번개 등 모든 것이 '하나님의 곳간'에 있다. 필요할 때에는 언제든지 사용하시는 하나님의 능력을 나타낸다. 하나님을 믿고 그 하나님을 찬양하는 것은 하나님의 백성의 바른 자세이다. 이것은 하나님의 능력과 은혜에 감격한 하나님의 백성의 가장 기본 되는 자세이다.

8~12절에서는 하나님의 큰 역사 세 가지를 말하고 있다. 첫째는 9절의 재앙이다. 하나님께서는 이스라엘의 처음 난 자를 사람부터 짐승까지 모두 죽이셨다(8절). 또 애굽을 향하여 하나님의 위대하신 역사를 바로 보라고 한다(9절). 둘째는 10~11절의 열국을 패망시키는 것이다. 하나님은 많은 나라를 징벌하신다. 아모리 왕, 바산 왕, 가나안의 모든 왕들을 패하셨다. 이 것은 하나님의 위대한 역사를 말한다. 셋째는 12절의 이스라엘에게 땅을 주시는 것이다. "그들의 땅을 기업으로 주시되 자기 백성 이스라엘에게 기업으로 주셨도다"고 하였으니 하나님의 사랑이 구체적으로 나타난다.

3. 주의 이름이 영원하시니이다

13절에서 "여호와여 주의 이름이 영원하시니이다 여호와여 주를 기념함이 대대에 이르리이다"고 하였다. 시인은 너무 감사하여 감탄사를 발한다. 하나님의 이름이 영원하시다. 하나님의 약속하신 것은 어제나 오늘이나 변함없이 이루어진다. 그래서 하나님이 주신 기업이 영원하다.

14절에서 "여호와께서 자기 백성을 판단하시며 그의 종들로 말미암아 위로를 받으시리로다"고 하였다. 이 말씀은 신명기 32장 6절과 비슷하다. 신명기는 미래를 말하지만 여기서는 현재를 말한다. 하나님은 영원한 재판장으로서 이스라엘을 판단하시고 이스라엘을 불쌍히 여기신다.

15~18절은 우상의 무익함을 말한다. 이 말씀은 시편 115편과 4-8절과 비슷하다. "열국의 우상은 은금이요 사람의 손으로 만든 것이라 입이 있어도 말하지 못하며 눈이 있어도 보지 못하며 귀가 있어도 듣지 못하며 그들의 입에는 아무 호흡도 없나니 그것을 만든 자와 그것을 의지하는 자가 다 그것과 같으리로다"고 하였다. 이 말씀은 우상에 대한 풍자이다. 그들은 인간이 만든 것으로 허망한 것이다. 우상에게는 아무런 능력이 없는데 그것을 믿고 의지하는 자의 어리석음이 강조된다. 시인은 우상의 허망함을 강조함으로써 하나님의 위대하심을 보여준다. 창조주와 피조물을 완전하게 구별함으로써 우상의 허망과 그것을 믿는 자의 말로를 보여준다.

19~21절은 결론적인 송축이다. "이스라엘 족속아 여호와를 송축하라 아론의 족속아 여호와를 송축하라 레위 족속아 여호와를 송축하라 여호와를 경외하는 너희들아 여호와를 송축하라 예루살렘에 계시는 여호와는 시온에서 찬송을 받으실지어다 할렐루야." 시인은 이스라엘의 모든 족속, 하나님을 섬기는 모든 족속에게 하나님을 송축하라고 하였다. 여기에 여러 족속들이 나오는데 이들은 바로 하나님의 백성을 말한다. 하나님의 백성은 하나님을 찬양한다. 이것이 가장 기본적 삶의 자세이다.

21절을 보면 이러한 찬양을 받으시는 하나님은 예루살렘에 거하시고 시온에서 찬송을 받으신다. 예루살렘과 시온은 같은 곳이다. 여기서 하나님이 자기 백성의 찬송을 받으신다.

오늘의 우리들도 여호와를 찬양해야 한다. 예루살렘에 거하시는 그 하나님은 오늘도 우리의 찬양을 받으시기를 원하신다. 그러므로 우리들은 모든 정성을 모아 여호와를 찬양해야 한다. 시인은 '여호와의 이름을 찬양하라'고 하였다. 오늘의 삶에서 하나님을 찬양하는 영광의 역사가 계속되도록 날마다 노력하는 하나님의 백성이 되어야 한다.

감사하라, 감사하라

시편 136:1~26

1여호와께 감사하라 그는 선하시며 그 인자하심이 영원함이로다 2신들 중에 뛰어난 하나님께 감사하라 그 인자하심이 영원함이로다 3주들 중에 뛰어난 주께 감사하라 그 인자하심이 영원함이로다 4홀로 큰 기이한 일들을 행하시는 이에게 감사하라 그 인자하심이 영원함이로다 5지혜로 하늘을 지으신 이에게 감사하라 그 인자하심이 영원함이로다 6땅을 물 위에 펴신 이에게 감사하라 그 인자하심이 영원함이로다 7큰 빛들을 지으신 이에게 감사하라 그 인자하심이 영원함이로다 8해로 낮을 주관하게 하신 이에게 감사하라 그 인자하심이 영원함이로다 9달과 별들로 밤을 주관하게 하신 이에게 감사하라 그 인자하심이 영원함이로다 10애굽의 장자를 치신 이에게 감사하라 그 인자하심이 영원함이로다 11이스라엘을 그들 중에서 인도하여 내신 이에게 감사하라 그 인자하심이 영원함이로다 12강한 손과 펴신 팔로 인도하여 내신 이에게 감사하라 그 인자하심이 영원함이로다 13홍해를 가르신 이에게 감사하라 그 인자하심이 영원함이로다 14이스라엘을 그 가운데로 통과하게 하신 이에게 감사하라 그 인자하심이 영원함이로다 15바로와 그의 군대를 홍해에 엎드러뜨리신 이에게 감사하라 그 인자하심이 영원함이로다 16그의 백성을 인도하여 광야를 통과하게 하신 이에게 감사하라 그 인자하심이 영원함이로다 17큰 왕들을 치신 이에게 감사하라 그 인자하심이 영원함이로다 18유명한 왕들을 죽이신 이에게 감사하라 그 인자하심이 영원함이로다 19아모리인의 왕 시혼을 죽이신 이에게 감사하라 그 인자하심이 영원함이로다 20바산 왕 옥을 죽이신 이에게 감사하라 그 인자하심이 영원함이로다 21그들의 땅을 기업으로 주신 이에게 감사하라 그 인자하심이 영원함이로다 22곧 그 종 이스라엘에게 기업으로 주신 이에게 감사하라 그 인자하심이 영원함이로다 23우리를 비천한 가운데에서도 기억해 주신 이에게 감사하라 그 인자하심이 영원함이로다 24우리를 우리의 대적에게서 건지신 이에게 감사하라 그 인자하심이 영원함이로다 25모든 육체에게 먹을 것을 주신 이에게 감사하라 그 인자하심이 영원함이로다 26하늘의 하나님께 감사하라 그 인자하심이 영원함이로다

시편 136편은 '여호와께 감사하라'로 시작되며 '감사하라'를 삼중적으로 강조하고 있다. 이 시는 유대인의 전통에서 '큰 할렐'로 불리운다. 시편 113~118편은 애굽형 할렐이라고 불러 136편과 구별된다.

이 시는 감사시로서 삼중적 감사요청이 나오고 있으며 시 전체를 통하여

하나님의 백성이 감사해야 할 것을 보여준다. 시인은 감사의 조건을 여러 가지로 제시하며 하나님께 감사의 삶을 살 것을 강조한다. 이 시는 맥추절이나 추수절과 연관이 되어 있고, 아마 포로 후기의 작품으로 볼 수 있다. 시 전체를 통하여 하나님의 백성이 감사의 삶을 살아야 함을 보여 준다.

1. 하나님께 감사하라

1~3절은 '신들 중에 뛰어나신 하나님께 감사하라'고 하였다. "여호와께 감사하라 그는 선하시며 그 인자하심이 영원함이로다 신들 중에 뛰어나신 하나님께 감사하라 그 인자하심이 영원함이로다 주들 중에 뛰어나신 주께 감사하라 그 인자하심이 영원함이로다"고 하였다. 이 시는 회중들에게 '감사하라'는 삼중적 권면으로 시작된다. 하나님이 어떤 분이신가? 그 하나님께 감사하는 것이 하나님의 백성의 삶의 자세임을 강조한다. 1절이 강조하는 것은 '하나님은 선하시다'이다. 하나님은 선하시므로 그 인자하심이 영원하다. 즉 하나님의 인자하심은 하나님의 선하심에서 나온다. 선하시고 인자하신 하나님께 감사하는 것은 하나님의 백성의 기본적 자세이다.

2~3절에서도 계속하여 같은 논리를 펴고 있다. 이 땅의 신들이 있고, 주가 있지만 이것들은 아무것도 아니고 오직 하나님만이 최고의 신이시요 주이시다. 하나님은 다른 신이나 왕들과 비교가 되는 존재가 아니다. 하나님은 절대자이시고 세상의 어느 누구도 따르지 못하는 최고의 신이시다. 이러한 하나님을 우리가 믿기에 하나님께 감사하며 영광을 돌려야 한다.

하나님께 감사해야 할 이유들이 구체적으로 나온다. 4~9절은 '창조에 나타난 하나님의 인자하심을 감사하라'는 주제이다. 시인은 4~9절에서 하나님의 인자하심을 하늘과 땅(4-6절), 낮과 밤(7~9절)이라는 구도로 찬양하고 있다.

5절에서는 하늘을 지으신 하나님에 대하여 말하고, 6절에서는 땅을 지으신 하나님을 찬양한다. 하나님은 자연계를 만드실 때에 단순하게 만드신 것이 아니라 하나님의 위대한 계획 속에서 만드셨다. 이것은 하나님의 절대적 역사이며, 하나님을 영화롭게 하는 하나님의 백성의 길이다.

2. 하나님께 감사하는 역사

7~8절에서는 낮을, 9절에서는 밤을 만드신 하나님을 찬양한다. 이것은 하나님의 위대하심을 우리에게 보여 주는 것으로서 하나님의 손길에 대한 경이로움을 가지게 한다. 이것은 과학의 차원을 넘어 초과학적인 역사의 하나로 우리들에게 감사와 감동을 주고 있다. 하나님은 하늘과 땅을 만드시고 또 낮과 밤을 만들어서 이 세상을 통치하신다. 그래서 이 세상의 모든 것이 하나님의 장중에 있기에 하나님의 백성은 하나님께 감사하며 살도록 인도하신다.

하나님께 감사해야 할 또 다른 이유는 '역사에 나타난 하나님의 인자하심에 감사하는 것'이다(10~22절). 시인은 이스라엘의 역사에 주신 하나님의 인자하심을 말한다. 역사는 사람이 움직이는 것 같아도 역사의 궁극적 통치자는 하나님이시다. 시인은 역사의 중심이 되는 세 가지 사건을 제시한다. 하나는 출애굽과 홍해를 건넌 사건이다(10~15절). 하나님은 애굽의 장자를 치셨다. 이것은 단순한 징벌이 아니라 이스라엘 백성에게는 구원의 행위이다. 하나님은 애굽에서 종살이 하던 이스라엘 백성을 구원하셨다.

13~15절은 홍해에서 일어난 기적을 다루고 있다. 혼돈의 바다를 가르시고 새 길을 내시며, 이스라엘을 구원하시고 애굽 군대를 삼키는 위대한 역사를 보여 주셨다. 이것은 하나님의 능력이며 이 세상 어느 누구도 흉내 낼 수 없는 역사이다.

16절은 광야에서 보전됨을 말한다. "백성을 인도하여 광야를 통과하게 하신 이에게 감사하라 그 인자하심이 영원함이로다"고 하였다. '광야 통과'라는 한 마디 말에서 이스라엘 백성의 광야 40년은 연단의 시기였음을 알 수 있다. 그러나 하나님께서는 그 어려움 속에서 자기 백성을 지키시고 역사하여 주셨으니 이 하나님의 인자하심에 감사해야 한다.

17~22절은 왕들을 정복하고 기업을 얻게 하신 하나님께 감사하라는 내용이다. 17~18절은 이스라엘 백성이 가나안 땅에 들어가 서편 땅에 이르기

까지의 승리를 말한다. 19~20절에서는 두 왕에 대하여 말하고 있다. 21~22
절은 가나안 땅을 이스라엘의 기업으로 주신 하나님께 감사하라고 한다. 우
리는 역사를 통하여 하나님의 위대한 손길을 볼 수 있다. 하나님은 역사의
주인이시며 통치자이다. 하나님의 이러한 역사에 우리들이 순복하여 감사
하는 것이 무엇보다 중요하다.

3. 하나님께 감사할 이유

23~26절은 '모든 육체에게 먹을 것을 주신 이에게 감사하라'고 감사의
이유를 보여준다. 시인은 이 시를 마무리 하면서 다시 원점으로 돌아가 우
리들이 감사해야 할 이유들을 직시한다.

23절에서는 '우리를 비천한 가운데서' 구하여 주신 것을, 24절은 '우리
를 우리 대적에게서 건지신 것'을, 25절은 '모든 육체에게 먹을 것을 주신
것'을 감사하라고 하였다. 하나님은 이스라엘 백성을 먹이실 뿐만 아니라
이 땅 위의 모든 사람들을 먹이시고 돌보신다. 이것은 하나님의 인자하심에
서 오는 것이다. 우리에게 일용할 양식을 주는 것은 단순한 공급이 아니라
하나님의 인자하심의 결과이다. 우리는 이 하나님께 감사해야 한다. 우리들
에게 일용할 양식을 주시는 하나님의 사랑을 다시 한번 생각하고 이 하나님
을 영화롭게 하는 신앙의 자세가 필요하다.

26절에서 "하늘의 하나님께 감사하라 그 인자하심이 영원함이로다"고
하였다. 이것은 송영과 같은 의미이다 '하늘의 하나님'이란 표현은 시편에
서 여기만 나온다. 하나님의 위대하신 역사를 강조하는 함축된 시어(詩語)
이다.

우리들이 이 땅에 살지만 하늘의 은총을 받아 살아간다. 그 은총의 소나
기 속에서 날마다 삶을 영위하는데 이것은 하나님이 주시는 위대한 축복이
다. 우리는 이 하나님께 감사하고, 감사하며, 또 감사해야 한다. 하나님의
역사를 가슴에 새기며 저 푸른 하늘을 우러러 보아야 한다.

버드나무에 수금을 걸었나니

시편 137:1~9

1우리가 바벨론의 여러 강변 거기에 앉아서 시온을 기억하며 울었도다 2그 중의 버드나무에 우리가 우리의 수금을 걸었나니 3이는 우리를 사로잡은 자가 거기서 우리에게 노래를 청하며 우리를 황폐하게 한 자가 기쁨을 청하고 자기들을 위하여 시온의 노래 중 하나를 노래하라 함이로다 4우리가 이방 땅에서 어찌 여호와의 노래를 부를까 5예루살렘아 내가 너를 잊을진대 내 오른손이 그의 재주를 잊을지로다 6내가 예루살렘을 기억하지 아니하거나 내가 가장 즐거워하는 것보다 더 즐거워하지 아니할진대 내 혀가 내 입천장에 붙을지로다 7여호와여 예루살렘이 멸망하던 날을 기억하시고 에돔 자손을 치소서 그들의 말이 헐어 버리라 헐어 버리라 그 기초까지 헐어 버리라 하였나이다 8 멸망할 딸 바벨론아 네가 우리에게 행한 대로 네게 갚는 자가 복이 있으리로다 9네 어린 것들을 바위에 메어치는 자는 복이 있으리로다

시편 137편은 우리의 가슴에 큰 감동으로 다가오고 있다. 시적 감동을 주면서 시인의 고통과 정서를 바로 느끼게 한다. 시인은 시온이 무너진 날을, 나라가 정복된 날을 생각하며 바벨론에서의 포로 생활에 대한 고통의 날들을 되새긴다. 그래서 그의 마음 속에는 고향에의 그리움이 있고, 황폐한 시온성을 생각하며 울분에 쌓인다. 포로 생활의 고통은 육적인 것 보다 마음의 것이 더 아프다. 원수들은 하나님의 백성을 조롱할 뿐 아니라 하나님을 모욕한다. 시인은 격정에 쌓이고 무너진 시온을 생각하고 망향의 노래를 부른다.

이 시편은 '시온의 노래'인데 애가 형태를 띠고 있다. 시온의 노래는 공동체의 노래(시 46, 48, 76, 87편)와 개인의 노래(84, 112편)로 나누이지만

이 시편은 다른 시온의 노래와는 다른 특성을 가지고 있다.

1. 시온을 기억하며 울었도다

1절에서 "우리가 바벨론의 여러 강변 거기에 앉아서 시온을 기억하며 울었도다"고 하였다. 1절은 이 시편의 배경을 잘 보여주고 있다. 이스라엘 백성들은 주전 587년에 예루살렘이 느부갓네살에게 함락된 후 바벨론에 포로로 잡혀 갔다. 이스라엘 백성들은 나라를 잃었고, 성전을 잃었으며 언어와 자유를 빼앗겼다. 이러한 고통의 삶의 처참함을 1절은 그리고 있다. '바벨론 강변에서 울었도다'고 하였으니 이 한 마디에 포로 생활의 실상이 나타난다. 여기에 나그네의 삶이며 묶인 자의 고통이 있다.

'바벨론 여러 강변'이란 바벨론을 가로지르는 여러 수로를 말한다. 시인은 그 중의 한 수로에 갔을 것이다. '거기에 앉아서'라고 하였는데 그냥 앉았다는 의미도 있고, '거기에 살았다'는 의미도 있다. 시인은 1절에서 비통한 이스라엘의 모습을 그리고, 고통 가운데서 시온이 하늘을 바라보고 눈물을 흘린다. 이 이미지는 한국의 가곡 '가고파'를 연상케 한다. '내 고향 남쪽 그 파란 물결 눈에 보이네 꿈엔들 잊으리요…'의 이미지가 이 시에서 나타난다.

2절에 "그 중의 버드나무에 우리가 우리의 수금을 걸었나니"라고 하였다. 버드나무는 포푸라이다. 바람이 불면 이리 저리 흔들리는 모습이 이스라엘 백성의 삶과 비슷하다. 비애를 상징하는 버드나무처럼 이스라엘은 눈물 속에 살아간다. '우리의 수금을 걸었다'고 하였는데 수금이란 기쁨을 노래하는 악기이다(창 31:27, 욥 30:31, 사 24:8). 기쁨을 노래하는 수금이 슬픈 버드나무에 걸렸으니 그 수금에서 슬픈 노래가 들리는 듯하다.

시인은 이러한 이미지를 통하여 이스라엘의 고통을 묘사한다. 기쁨의 노래를 연주해야 할 악기가 슬픔의 노래를 부르는 그 비극의 역사가 바로 여기 있다.

2. 시온 노래 중 하나를

3절에서 "이는 우리를 사로잡은 자가 거기서 우리에게 노래를 청하며 우리를 황폐케 한 자가 기쁨을 청하고 자기들을 위하여 시온의 노래 중 하나를 노래하라 함이로다". 이 말씀은 원수들이 하나님과 하나님의 백성을 조롱하는 뜻이다. 시온의 노래는 사람을 즐겁게 하는 노래가 아니라 하나님을 향한 노래이다. 이 노래를 부르도록 원수들이 청하니 이것은 하나님과 그 백성을 조롱하는 것이다. '우리를 사로잡은 자'는 여기만 나온다. 이 표현의 뒤에는 감정이 깔려 있다. 사로잡은 자들은 하나님의 백성들은 짐승처럼 대하였고, 온갖 박해를 다 가하였다. 이 표현에는 그들을 향한 감정이 묻어 있다.

'우리에게 노래를 청하였다'. 포로들은 절망감 속에서 고통을 당하고 있는데 그들에게 기쁨의 노래를 부르라고 요구한다. 이것은 철저한 박해이며 하나님의 백성에 대한 모욕이다. 원수들은 '너희 하나님이 어디 있느냐?'고 조롱하면서 노래를 청한다. 원수들은 철저하게 하나님과 그 백성을 모욕한다.

4절에서 "우리가 이방 땅에서 어찌 여호와의 노래를 부를까"라고 하였다. 원수들의 요청에 대한 시인의 반응이다. 시인은 '시온의 노래를 어찌 너희들 앞에서 부를 수 있느냐'라고 응답한다. 이방에서 어찌 하나님의 영광을 나타내는 노래를 부를 수 있는가? '이방'이란 부정한 땅이다. 음식이나 생활 풍습이 모두 부정하다. 여기서 어찌 하나님의 노래를 부를 수 있는가?

3. 내가 너를 잊을진대

5절에서 "예루살렘아 내가 너를 잊을진대 내 오른손이 그의 재주를 잊을지로다"고 하였다. 시인은 자신을 저주하는 형식으로 말한다. '내가' 즉 시인이 주어가 되어 원수들의 조롱에 격노하며 강한 맹세를 한다. '내가 너를 잊을진대'는 '내 충성심을 바꿀진대'라는 뜻이다. '내 오른손이 그의 재주를 잊을지로다'고 하였다. 이 말은 만약 시온에 대한 나의 충성심이 바뀌면 내 오른손의 중요한 기능을 잃어 버려도 좋다는 의미이다. 이 말은 결단이요 맹세이다.

6절에서 "내가 예루살렘을 기억하지 아니하거나 내가 너를 제일 즐거워하는 것보다 더 즐거워하지 아니할진대 내 혀가 내 입천장에 붙을지로다"고 하였다. 시인은 무서운 표현을 하고 있다. 자기가 예루살렘을 기억치 아니하거나 예루살렘보다 다른 것을 더 좋아하면 내가 벙어리가 되어도 좋다는 말이다. 시인이 저주를 자청한 것은 단순한 시적 표현이 아니라 예루살렘을 향한 뜨거운 열정을 말한다.

5~6절은 맹목적 애국심이나 국수주의를 말하는 것이 아니라 하나님과의 언약에 대한 충성심을 의미한다. 자기가 벙어리가 될지라도 시온을 사랑하는 마음을 버릴 수 없다는 뜻이다.

7~9절은 원수에 대한 저주가 나온다. 이 시편은 이중적 저주로 마무리된다. 시인의 저주는 에돔과 바벨론을 향한다. 예루살렘은 철저히 망하였고, 그 상처는 너무나 깊었다.

7절에서 에돔인들은 '헐어 버리라 헐어 버리라'고 외친다. 이들은 이스라엘이 다시는 일어나지 못하도록 철저히 망하기를 원하였다.

8절에서 '멸망할 딸 바벨론아'라고 하였다. 여기서는 바벨론을 의인화하였다. 시인은 보복을 말한다. '네가 우리에게 행한 대로 네게 갚는 자가 복이 있으리로다'고 했으니 이스라엘의 보복 방식을 그대로 적용하였다.

9절은 "네 어린 것들을 바위에 메어치는 자는 복이 있으리로다"고 하였으니 어찌 보면 지나친 증오같다. 구약에는 이와 비슷한 사례들이 있다(왕하 8:12, 사 13:16, 호 10:14, 13:16 등).

시인의 격정 속에서 말한다. 이것은 편협된 민족주의가 아니라 하나님의 나라에 대한 열정으로 말한다. 구약의 성도들은 종말론적 심판보다 즉각적 보응을 바랐다. 고향 시온을 사모하는 포로된 사람들은 눈물을 흘리며 꿈의 고향을 기억한다. 이방에서 시온의 노래를 부를 수 없기에 하나님의 도우심을 열망하며 살아간다.

전심으로 주께 감사하며

〰️ **시편 138:1~8**

1내가 전심으로 주께 감사하며 신들 앞에서 주께 찬송하리이다 2내가 주의 성전을 향하여 예배하며 주의 인자하심과 성실하심으로 말미암아 주의 이름에 감사하오리니 이는 주께서 주의 말씀을 주의 모든 이름보다 높게 하셨음이라 3내가 간구하는 날에 주께서 응답하시고 내 영혼에 힘을 주어 나를 강하게 하셨나이다 4여호와여 세상의 모든 왕들이 주께 감사할 것은 그들이 주의 입의 말씀을 들음이오며 5그들이 여호와의 도를 노래할 것은 여호와의 영광이 크심이니이다 6여호와께서는 높이 계셔도 낮은 자를 굽어살피시며 멀리서도 교만한 자를 아심이니이다 7내가 환난 중에 다닐지라도 주께서 나를 살아나게 하시고 주의 손을 펴사 내 원수들의 분노를 막으시며 주의 오른손이 나를 구원하시리이다 8여호와께서 나를 위하여 보상해 주시리이다 여호와여 주의 인자하심이 영원하오니 주의 손으로 지으신 것을 버리지 마옵소서

시편 138편은 개인 감사시로 분류된다. 또 어떤 이들은 '공동체 감사시'로 보기도 한다. 시인은 하나님의 은혜에 대하여 감사를 선포하고 하나님의 백성의 삶의 모든 영역에서 감사드리도록 권면한다. 감사는 하나님의 백성들의 특성이다. 바울은 '범사에 감사하라'고 하였는데 우리들의 삶의 현장에서 감사가 계속되기 위해 하나님의 영광의 역사를 바라야 한다.

1. 주께 감사하며

1절에서 "내가 전심으로 주께 감사하며 신들 앞에서 주께 찬송하리이다"고 하였다. 시인은 하나님 앞에서 자신의 신앙을 고백한다. '내가 전심으로 주께 감사하며'라고 하였다. 이것은 하나님의 역사를 고백하며, 하나

님의 기적을 증거하는 것으로 매우 귀하다.

시인은 '전심으로' 주께 감사를 드린다. 관례나 형식적인 감사가 아니라 진심으로 자신의 마음을 다하여 하나님께 감사하는 태도를 말한다. 우리는 마음과 뜻을 다하여 하나님을 바라고 하나님의 역사를 노래한다. '신들 앞에서'라는 말은 여러 가지 해석이 있다. 학자들에 따라서 천사들, 왕들 또는 방백들 등으로 번역하기도 하고, 가나안의 신들이나 천상의 영물들로 보기도 한다. 이 신들 앞에서 하나님을 찬미하니 하나님의 영광이 더욱 분명히 드러난다.

2절에서 "내가 주의 성전을 향하여 예배하며 주의 인자하심과 성실하심으로 말미암아 주의 이름에 감사하오리니 이는 주께서 주의 말씀을 주의 모든 이름보다 높게 하셨음이라"라고 하였다. 시인은 하나님의 성전을 향하여 경배한다. 여기서 '경배'란 '무릎을 꿇고'라는 뜻이다. 하나님의 전을 향하여 무릎을 꿇었으니 시인의 진실된 자세를 알 수 있다.

하나님께 경배하는 자는 외형이 아니라 하나님을 향한 진심으로 해야 한다. 하나님은 우리의 마음을 감찰하시는 분이시기에 우리가 전심으로 경배하면 우리의 경배를 열납하시고 우리에게 풍성한 은혜를 베풀어 주신다. 하나님은 인자하시고 성실하시기에 하나님의 백성은 하나님의 이름으로 감사하고 영광돌린다. 하나님은 사랑의 하나님이시고 성실하신 분이시다. 하나님의 백성은 그 은혜에 감사하여 늘 하나님을 바라본다.

2. 주께서 응답하시고

3절에서 "내가 간구하는 날에 주께서 응답하시고 내 영혼에 힘을 주어 나를 강하게 하셨나이다"고 하였다. 시인은 하나님께 기도한다. 기도할 때에 하나님이 응답하신다. 이 원리가 하나님의 백성의 삶에서 구체적으로 나타나야 한다. 우리가 기도할 때에 하나님은 응답하여 주신다. 그리스도께서는 '구하라 그리하면 얻으리라'고 하셨는데 이것이 우리의 삶에서 철저하게 나타나야 한다. '내 영혼에 힘을 주신다'고 하였다. 하나님은 우리의 영혼이 잘 되도록 격려하며 힘을 주신다. 하나님이 힘을 주시면 내가 담대해지고 용감해진다. 하나님이 주시는 힘은 우리들이 나아가는 참다운 길이 된다. 이 길을 가기 위하여 하나님의 백성은 최선의 노력을 해야 한다. 하나님이 힘을 주시면 우리들은 모든 것을 감당할 수 있다. '능력 주시는 자 안에서 능치 못할 일이 없다.' 우리의 삶에서 하나님이 능력 주시기를 바라고 이 하나님께 영광을 돌리는 것이 무엇보다 중요한 우리의 삶의 자세이다.

4절에서 "여호와여 세상의 모든 왕들이 주께 감사할 것은 그들이 주의 입의 말씀을 들음이오며"라고 하였다. '세상의 모든 왕'은 열국을 다스리는 자이다. 시인은 온 세상이 하나님을 찬양할 것을 소망한다. 열국을 다스리는 왕들이 하나님의 능력과 말씀을 보고 놀란다. '그들이 주의 입의 말씀을 들음이오며'라고 하였다. 주의 말씀은 하나님의 약속이다. 하나님의 약속은 개인에게 미칠 뿐만 아니라 온 세상에 미친다. 열 왕들이 하나님의 말씀을 듣고 놀라며 하나님께 감사한다.

5절에서 "그들이 여호와의 도를 노래할 것은 여호와의 영광이 크심이니이다"고 하였다. 왕들이 하나님의 도를 노래한다. 여기서 '하나님의 도'는 하나님께서 이스라엘에게 베푸시는 은총이다. 왕들이 하나님의 말씀과 능력을 체험하고 난 후에 하나님께 영광을 돌리게 된다. 이것은 은혜를 체험한 자의 삶의 자세이다. 하나님의 은혜는 우리로 하여금 하나님의 영광을 드러내게 만든다. 세상의 모든 왕들도 하나님의 역사 앞에 머리를 숙인다. 하나님의 위대하신 역사를 체험하면 모든 영광을 하나님께 드러내는 것이 은혜의 법칙이다. 오늘의 우리들도 이러한 삶의 자세를 가지고 하나님을 영화롭게 해야 한다.

3. 주께서 높이 계서도

6절에서 "여호와께서 높이 계서도 낮은 자를 굽어살피시며 멀리서도 교만한 자를 아심이니이다"고 하였다. 이것은 하나님의 위대하신 능력을 말한다. 하나님은 지극히 높으시지만 미약한 자를 돌보신다. 여기서 '굽어살피시며'란 말은 '은혜로 돌본다'는 뜻이다. 하나님은 저 높은 보좌에 계시지만 낮은 자를 세밀히 돌보신다. '멀리서도 교만한 자를 아신다'고 하였다. '아심이니이다'란 말은 '낮추다'라는 듯이다. 하나님은 멀리 계시는 것 같아도 교만한 자를 깎아 낮추신다. 이 짧은 말씀이 하나님의 돌보심의 역사를 보여준다. 낮은 자를 돌보시고 교만한 자를 낮추시는 하나님의 역사를 기억해야 한다.

7절에서 "내가 환난 중에 다닐지라도 주께서 나를 살아나게 하시고 주의 손을 펴사 내 원수들의 분노를 막으시며 주의 오른손이 나를 구원하시리이다"고 하였다. 시인은 '내가 환난 중에 다닐지라도'라고 하였다. 구체적으로 어떤 환난인지 알 수 없으나 포로 생활의 어려움이라고 볼 수 있다. 이런 어려움 속에서 하나님의 소생케 하여 주신다. 이것이 하나님의 백성의 믿음이다. 고통의 바람이 불어올지라도 하나님의 힘을 주셔서 이기게 하시는 그 역사를 믿는 것이다. 이러한 믿음이 오늘의 우리들에게도 있어야 한다.

'주의 손을 펴사 내 원수들의 분노를 막으시며 주의 오른손이 나를 구원하리이다'고 하였다. 원수들의 분노가 몰아쳐도 하나님의 손이 이것을 막으시고, 주의 오른손 즉 능력의 손이 구하여 주신다. 이것이 우리의 믿음이고 고백이다.

8절에서 "여호와께서 나를 위하여 보상해 주시리이다 여호와여 주의 인자하심이 영원하오니 주의 손으로 지으신 것을 버리지 마옵소서"라고 하였다. '나를 위하여'란 '내게 관계된 것'이다. 하나님께서는 시인을 위하여 하나님의 백성을 위하여 모든 것을 완전케 하신다. 즉 하나님은 하나님의 목적을 반드시 이루신다.

하나님은 주의 손으로 지으신 것 즉 하나님의 백성들을 버리지 아니하시고 하나님의 역사를 이루신다. 하나님의 백성들은 하나님의 돌보심을 가슴 깊이 생각하고 전심으로 하나님께 감사해야 한다.

나를 아시나이다

1여호와여 주께서 나를 살펴 보셨으므로 나를 아시나이다 2주께서 내가 앉고 일어섬을 아시고 멀리서도 나의 생각을 밝히 아시오며 3나의 모든 길과 내가 눕는 것을 살펴 보셨으므로 나의 모든 행위를 익히 아시오니 4여호와여 내 혀의 말을 알지 못하시는 것이 하나도 없으시니이다 5주께서 나의 앞뒤를 둘러싸시고 내게 안수하셨나이다 6이 지식이 내게 너무 기이하니 높아서 내가 능히 미치지 못하나이다

시편 139편은 찬양시로서 간구, 무죄, 호소, 애통, 감사, 신뢰, 지혜 등의 여러 요소들이 있다. 그러나 이 시는 하나님의 위대하신 역사에 촛점을 맞추고 있으며, 이것을 네 연으로 나누어 설명하고 있다.

1~6절은 나를 아시는 하나님(전지하신 하나님), 7~12절은 내가 피할 수 없는 하나님(편재하신 하나님), 13~18절은 나를 만드신 하나님(창조주 하나님), 19~24절은 내 진실을 아시는 하나님(거룩하신 하나님)에 대하여 말하고 있다. 제 1연인 1~6절은 '나를 아시나이다'로 시작하여 '이 지식'으로 끝이 난다. '알다'라는 단어가 4회 나오고, '지식'이라는 핵심 단어를 통하여 '전지하신 하나님'을 노래하고 있다.

1. 나를 아시나이다

1절에서 "여호와여 주께서 나를 살펴 보셨으므로 나를 아시나이다"고

하였다. '여호와'란 우리가 잘 아는 대로 언약의 하나님을 지칭한다. 하나님은 한 번 약속하신 것은 반드시 이루시는 분이시기에 이 하나님을 향하여 '여호와여'라고 부르고 호소한다. '나를 감찰하시고'라고 하였는데 '조사한다' '정찰한다'는 뜻을 가지고 있다. 이 말은 '꿰뚫어 본다'는 뜻을 가지고 있는데 하나님은 우리의 내면을 꿰뚫어 보시고 우리의 진정한 모습을 아신다.

시인은 원수들에게서 비방과 고발을 당하고 있기에 하나님께서 꿰뚫어 보시고 나의 무죄함을 밝혀달라는 호소이다. 자신의 마음을 아시는 하나님께서 모든 것을 명명백백하게 밝혀 주시기를 호소하고 있다. 시인은 1절에서 하나님께서 모든 것을 다 아신다는 것을 밝히고 2절 이하에서 무엇을 아시는지 그 내용을 설명하고 있다.

2절에서 "주께서 내가 앉고 일어섬을 아시며 멀리서도 나의 생각을 밝히 아시오며"라고 하였다. 시인은 '주께서'라고 강조하였다. 이 말은 '주님만이'라는 뜻이다. 오직 주님만이 나의 모든 것을 아신다는 말이다. 하나님이 나의 앉고 일어섬을 아신다. '앉고 일어섬'은 단순한 육체적 한 과정이 아니라 인생살이의 모든 것을 의미한다. '앉는 것'은 쉬는 것이고, '일어섬'은 일하는 것이다. 이것이 인간 행동의 모든 영역을 말한다. 이것은 한 순간만이 아니라 지속적인 모든 행동을 의미하는데 우리의 습관적 일상사 전부를 말하고 있다.

하나님은 '멀리서도 나의 생각을 밝히 아신다'. 이 말은 하나님께서는 나의 의도, 계획, 목적 등 모든 것을 아시는데 '밝히 아신다.' 이 말은 '분간한다, 잘 안다'는 뜻이다. 하나님은 멀리서도 나의 전부를 아신다. 이 말은 하나님의 초월성을 강조하는 것으로써 하나님의 전지하심을 시적 표현으로 그리고 있다. 하나님은 나의 생각, 나의 삶을 아신다. 그것도 꿰뚫어 보시고 놀라울 정도로 분석하시는 하나님의 역사이다. 이 역사 앞에 우리는 순복하며 나아가야 한다.

2. 모든 행위를 익히 아시오니

3절에서 "나의 모든 길과 내가 눕는 것을 살펴 보셨으므로 나의 모든 행위를 익히 아시오니"라고 하였다. 하나님이 아시는 부분을 매우 구체적으로 그리고 있다. '나의 모든 길'은 나의 공적 생활을 말하며, 눕는 것은 개인적 생활을 말한다. 하나님은 인간들의 공사간의 모든 것을 '감찰하신다'. 이 말의 뜻은 '채로 거르다'는 것인데 하나님의 우리 생활의 전부를 채로 거르듯이 밝히시는 분이시다. 시인은 하나님의 전지하심을 구체적으로 묘사하고 있다. '나의 모든 행위를 익히 아신다', '익히 안다'는 것은 친밀하게 안다는 뜻이다. 하나님은 우리의 모든 행위를 아시는데 친밀하게 아시고 우리를 이끌어 주신다.

4절에서 "여호와여 내 혀의 말을 알지 못하시는 것이 하나도 없으시니이다"고 하였다. 1~4절을 자세히 살펴보면 발전된 시적 이미지를 찾을 수 있다.

하나님께서 나를 아시는데 나의 앉고 일어남을 아시고, 생각을 아시고 이제는 혀의 말 즉 나의 언어까지 아신다. 하나님은 내 입술에 있는 말까지도 아시기에 우리로 하여금 하나님을 바라고 의지하도록 만든다. 하나님이 우리를 아시는 것은 단순한 지식의 산물이 아니다. 하나님의 전지하신 속성에서 나온 것이기에 그것을 통하여 세상의 모든 것을 아시며 우리의 심령과 골수까지 헤아리시는 하나님이시다. 하나님의 전지하심을 우리가 믿고 의지할 때에 우리에게도 하나님의 지식이 임하고 모든 것을 분간하게 된다. 이러한 하나님의 역사를 더욱 분명하게 해야 한다.

3. 나의 앞뒤를 둘러 싸시고

5절에서 "주께서 나의 앞뒤를 둘러싸시고 내게 안수하셨나이다"고 하였다. 시인은 하나님께서 멀리 계신다고 하다가 여기서는 가까이 계신 하나님으로 묘사하고 있다. 하나님은 시인을 둘러싸고 있다. '앞뒤를 둘러싸다'는 말은 '포위하다'는 의미인데 여기서는 적대 행위가 아니라 둘러싸서 보호하신다는 뜻이다. 하나님은 시인을 공기처럼 둘러 보호하신다. '안수하다'는 말은 축복할 때의 행동인데 하나님이 사랑으로 돌보신다는 의미이다.

이 말씀은 우리들에게 큰 힘을 준다. 하나님은 우리를 아실뿐만 아니라 공기처럼 빛처럼 우리를 보호하여 주신다. 이러한 하나님의 사랑이 있기에 우리들은 하나님의 위대하신 손길을 의지하게 된다. 우리의 속까지 아시고 우리로 하여금 그 사랑에 감격하게 하시는 하나님의 위대한 역사가 있기에 우리는 하나님께 감사하게 된다.

6절에서 "이 지식이 내게 너무 기이하니 높아서 내가 능히 미치지 못하나이다"고 하였다. 여기서 '지식'이란 무엇을 의미하는 지에 대하여 살펴보아야 한다. 시편 139편의 흐름을 하나님께서 나의 행동, 생각, 말까지 모두 아신다는 지식이다. 이것이 시인에게 너무나 기이하여 알기 힘들다는 의미이다. 인간의 지식으로 하나님의 오묘하고 신묘막측한 지식을 어떻게 알 수 있는가? 그러나 하나님께서 우리에게 지혜를 주시면 내가 알 수 있다.

시인은 하나님의 전지하심에 대하여 놀라움을 나타낸다. 하나님이 모든 것을 알고 계시다는 것은 그에게는 '너무 기이하다.' 여기서 하나님의 지식과 인간 지식의 간격이 나타난다. 인간의 지혜로움이 하나님의 우매함을 따르지 못한다. 시인은 하나님의 지식을 도저히 이해 할 수 없어서 오직 감탄할 따름이다. 이것이 인간들이 전지하신 하나님을 바라보는 자세이다. 우리의 모든 것을 아시는 하나님을 바라보고 의지하자. 이것이 우리의 지혜로 새롭게 하는 길이요 방법이다. 전지하신 하나님이 나와 함께 하고 있음을 느끼고 감사하자.

주의 앞에서 어디로 피하리이까?

시편 139:7~12

7내가 주의 영을 떠나 어디로 가며 주의 앞에서 어디로 피하리이까 8내가 하늘에 올라 갈지라도 거기 계시며 스올에 내 자리를 펼지라도 거기 계시니이다 9내가 새벽 날개를 치며 바다 끝에 가서 거주할지라도 10거기서도 주의 손이 나를 인도하시며 주의 오른 손이 나를 붙드시리이다 11내가 혹시 말하기를 흑암이 반드시 나를 덮고 나를 두른 빛 은 밤이 되리라 할지라도 12주에게서는 흑암이 숨기지 못하며 밤이 낮과 같이 비추이 나니 주에게는 흑암과 빛이 같음이니이다

시편 139편은 놀라우신 하나님의 역사를 노래하고 있다. 1~6절은 '전지 하신 하나님'에 대해 말씀하고, 7~12절은 '내가 피할 수 없는 하나님' 즉, '편재하신 하나님'에 대해 노래한다.

제 2연인 7~12절은 '내가 어디로 가며 어디로 피하리이까?'라는 의문으 로 시작된다. 하나님은 어디나 계시기 때문에 시인이 피할 수 없음을 고백 한다. 7절에서는 '피하다'로 시작하고 12절에서는 '숨기지 못하다'로 마무 리 한다.

1. 어디로 피하리이까?

우리와 늘 함께 하시는 하나님을 우리들이 어떻게 피할 것인가? 이것은 불가능한 일이며 도저히 상상할 수 없는 일이다. 그러기에 하나님께 복종하 고 하나님의 인도하심을 따를 수밖에 없다. 7절에서 "내가 주의 영을 떠나

어디로 가며 주의 앞에서 어디로 피하리이까" 라고 하였다. 1~6절에서 모든 것을 아시는 하나님에 대하여 말하다가 7절에 와서 갑자기 달라진다. 여기서 문제가 되는 것은 왜 시인이 하나님에게서 떠나 도망하려고 하는가이다. 그러나 시인이 하나님에게서 도망하려는 것이 목적이 아니라 어디서나 계시는 하나님을 통하여 자신의 형편을 나타내려고 한다.

시인의 의도는 하나님에게서 도망하는 것이 아니라 어느 누구도 하나님에게서 도망할 수 없음을 강조하는 것이다. 시인은 '주의 앞'과 '주의 얼굴'을 말하고 있다. 이것은 인격적인 하나님을 강조한다. 이 세상 그 누구도 하나님을 피할 수 없음을 나타내므로 세상 어디에나 계시는 하나님을 부각시키고 있다.

8절에서 "내가 하늘에 올라갈지라도 거기 계시며 음부에 내 자리를 펼지라도 거기 계시니이다"고 하였다. 여기에 대칭적 장소가 나온다. 하늘은 세상에서 가장 높은 곳이며 음부는 가장 낮은 곳이다. 이 두 가지 장소가 대조를 이루고 있다.

하늘은 하나님이 임재하는 곳으로 상징된다. 하나님은 하늘에 계시며 이 세상을 통치하신다. 시인이 그곳에 올라갈지라도 하나님은 거기 계신다. 이와 반대로 음부에 내려갈지라도 하나님이 그곳에 계신다. 구약의 일반적 사상은 음부란 하나님에게서 떠난 것을 의미한다. 하나님의 사랑이 음부에서는 나타나지 않으며(시 6:5), 음부에 떨어진 자는 하나님의 사랑을 얻지 못한다. 음부는 하나님의 임재를 나타내는 곳이 아니다.

그러면 시인이 왜 이렇게 말하였는가? 이것은 하나님의 보편적 왕권을 말하고 있다. 가나안 왕들은 어디를 가나 강대국 바로의 통치 아래 있다고 생각하였지만 하나님의 백성은 어디를 가나 하나님 앞에 있음을 강조한다. 하나님의 백성은 저 높은 하늘이나 저 깊은 음부에서도 하나님의 통치를 벗어날 수 없다. 이것은 하나님께서 어디에나 계시고, 그 하나님이 임마누엘이시기 때문이다. 우리들에게 이러한 믿음이 필요하다. 어디나 계시는 하나님을 의지하는 믿음이다.

2. 새벽 날개를 치며

9절에서 "내가 새벽 날개를 치며 바다 끝에 가서 거주할지라도"라고 하였다. 이 표현에는 시적 묘미가 있다. 시인의 가슴에는 '새벽 날개를 치고' 세상 끝으로 날아가고 싶은 뜨거움이 있다. 어쩌면 이것은 뜨거움이면서도 외로움이라고 볼 수 있다. 여명의 새벽을 날아 머나먼 곳으로 가고 싶은 마음은 인간의 외로움이다.

이 구절을 현실적인 측면에서 이해하면 장소 개념으로 볼 수 있다. '바다 끝'은 서쪽 끝이기에 '새벽 날개'는 동쪽 끝이다. 그러니 동쪽 끝에서 서쪽 끝까지 어디를 가도 하나님이 거기 계신다. 8절의 하나님과 음부가 수직적 대칭을 이루었다면 9절의 동쪽과 서쪽은 수평적 대칭을 이룬다. 이것은 세상 모두를 의미한다. 이 세상 어디에도 하나님이 계시기에 하나님을 피한 자 아무도 없음을 강조한다.

10절에서 "거기서도 주의 손이 나를 인도하시며 주의 오른손이 나를 붙드시리이다"고 하였다. 하나님의 보호를 노래한다. '주의 손'과 '주의 오른손'이 조화를 이룬다. '주의 손'은 왼손을 말하지 않고 포괄적 의미로서의 손을 말한다. '주의 오른손'은 하나님의 힘찬 손을 말하는데 하나님의 능력을 나타낸다.

하나님은 하늘과 음부, 동쪽과 서쪽, 그 어디서도 자기 백성을 강하신 손길로 지키신다. 10절에는 '인도'와 '붙드신다' 즉 보호라는 단어가 있다. 이것은 하나님의 놀라운 사랑을 나타내는 표현이다. 하나님은 자기 백성을 인도하시고 보호하신다. 그 대표적 사례가 이스라엘 백성들을 애굽에서 해방시켜 가나안 복지로 인도하신 일이다. 하나님은 광야 생활 40년 동안 이스라엘 백성을 인도하시고 보호하셨다.

하나님은 오늘도 자기 백성을 인도하시고 보호하신다. 이것이 하나님의 백성들이 받는 놀라운 복이다. 하나님의 인도와 보호를 통하여 하나님의 사랑을 체험하고 감사하는 삶을 살아가야만 한다.

3. 흑암이 정녕 나를 덮고

11절에서 "내가 혹시 말하기를 흑암이 반드시 나를 덮고 나를 두른 빛은 밤이 되리라 할지라도"라고 하였다. 이 구절은 번역이나 해석에 어려움이 있다. 흑암이 나를 덮고, 빛이 밤처럼 되는 상황인데 이것은 큰 두려움을 의미한다. 사람들이 이 세상을 살 때에 생각지도 않은 어려움이 올 때가 있다. 흑암이 나를 덮고, 빛이 갑자기 캄캄하게 되는 상황이다. 이때에 우리는 두려움에 떨고 어찌할 바를 알지 못한다. 우리들이 위기의 상황에 처할 때에 여기서 벗어나는 길이 무엇인가? 그것은 우리의 피난처되신 하나님을 의지하는 것 밖에 없다.

12절에서 "주에게서는 흑암이 숨기지 못하며 밤이 낮과 같이 비취이나니 주에게는 흑암과 빛이 같음이니이다"고 하였다. 여기에 하나님의 위대한 역사가 나타난다. 시인은 어둠이 나를 휩싸고 빛이 어두워져서 캄캄하게 될지라도 하나님에게는 아무런 소용이 없다고 하였다. 그 이유는 하나님에게는 빛과 어둠이 다 같은 것이기 때문이다.

하나님에게는 어둠이 그 무엇을 감출 수 없고 빛이 있다고 하며 무엇이 달라지지 않는다. 하나님은 빛과 어둠을 모두 주관하시기에 어둠 속에서도 꿰뚫어 보고, 밝음 속에서 그 속마음까지 다 아신다. 우리는 어디에서나 하나님을 피할 수가 없다. 하늘에 가고 음부에 내려가며, 동쪽으로 피하고 서쪽으로 도망할지도 하나님은 그곳에 계시고 우리를 사랑으로 '인도'하시고 '보호'하신다.

이 하나님을 믿고 나아가는 것이 하나님의 백성의 바른 길이다. 피할 수 없는 하나님이시기에 도리어 하나님께로 피하는 것이 우리들이 살아가는 최선의 길이다.

나를 지으심이 심히 기묘하심이라

시편 139:13~18

13주께서 내 내장을 지으시며 나의 모태에서 나를 만드셨나이다 14내가 주께 감사하옴은 나를 지으심이 심히 기묘하심이라 주께서 하시는 일이 기이함을 내 영혼이 잘 아나이다 15내가 은밀한 데서 지음을 받고 땅의 깊은 곳에서 기이하게 지음을 받은 때에 나의 형체가 주의 앞에 숨겨지지 못하였나이다 16내 형질이 이루어지기 전에 주의 눈이 보셨으며 나를 위하여 정한 날이 하루도 되기 전에 주의 책에 다 기록이 되었나이다 17하나님이여 주의 생각이 내게 어찌 그리 보배로우신지요 그 수가 어찌 그리 많은지요 18내가 세려고 할지라도 그 수가 모래보다 많도소이다 내가 깰 때에도 여전히 주와 함께 있나이다

시편 139편은 13~18절에서는 하나님의 창조를 노래하고 있다. 하나님이 자신을 중심으로 하여 말한다. 하나님이 시인을 창조하였다는 주제이다. 14~15절은 자신이 창조된 과정이 '기이하다'고 하였고, 17~18절은 하나님의 은혜에 감격한 시인이 하나님께 드리는 찬양이다.

제 3연(13~18절)은 이 시편의 절정이다. 하나님의 은혜에 감격하여 찬양하는데, 그것을 자신이 지음받았다는 사실과 연결하여 노래한다. 내가 하나님의 피조물이라는 것은 단순한 신학적 표현이 아니라 내 삶의 전부를 주장하는 가장 귀한 고백이다. 그래서 시인의 표현처럼 '주의 지으심이 심히 기묘하심이라'고 할 수 있다.

1. 하나님의 백성의 고백

13절에서 "주께서 내 내장을 지으시며 나의 모태에서 나를 만드셨나이다"고 하였다. 이 구절은 이 시의 중심 사상이다. '하나님께서 나를 지으셨습니다'라는 고백은 하나님의 백성의 최고의 고백이다.

하나님은 우리의 모든 것을 다 아시고, 하늘에서 음부까지, 동에서 서까지 어디에나 계시는 분이시다. 이 하나님이 바로 천지의 창조자이시다. 창조주 하나님은 이 세계를 섭리하시고 통치하신다. 하나님의 이러한 손길에 따라 우리들은 나날이 삶을 영위하고 있다.

'주께서 내 내장을 지으시며'라고 하였는데 여기서 '내장'이란 매우 포괄적인 단어이다. 오장육부보다 더 넓은 것으로써 신체만 말하는 것이 아니라 정서와 의지까지 포함한 우리의 전인격을 말한다. 하나님께서 나의 모든 것을 지으셨다는 것은 창조신앙의 출발점이다. 하나님이 지으셨기에 하나님의 영광을 위하여 살아가야 한다.

'나의 모태에서 나를 만드셨나이다'고 하였다. '만드셨다'는 셈어에서 '창조하다'는 뜻이 있다. 하나님께서 우리를 지으신 것은 하나님의 철저한 설계에 의하여 주어진 것이며, 우리의 신경, 장부, 혈관 등 모든 부분을 정밀하게 만드셨다. '오 하나님, 주님이 나를 지으셨습니다'라는 고백을 통하여 하나님의 백성의 기본 된 자세를 정립할 수 있다. 하나님을 바로 믿고 바로 고백하는 것이 중요하다.

2. 기묘하심이라

14절에서 "내가 주께 감사하옴은 나를 지으심이 심히 기묘하심이라 주께서 하시는 일이 기이함을 내 영혼이 잘 아나이다"고 하였다. 시인은 하나님의 놀라운 창조를 보고 감사를 드린다. 자기 생명을 창조하신 하나님을 찬양한다. 시인은 '나를 지으심이 심히 기묘하심이라'고 하였다. 최고의 감탄사이다. 나를 지으신 하나님의 솜씨가 너무나 놀랍고 감탄스럽다는 말이다. 누가 이렇게 만들 수 있을까? 하나님이 아니면 어느 누구도 흉내 낼 수 없는 신비한 역사가 여기 나타나 있다.

우리들의 일상생활에서 내 몸의 구조가 신비하다는 것을 느낄 때가 있다. 예를 들면 바람이 불어 먼지가 일면 나도 모르는 사이에 눈을 깜빡여서 먼지를 막고, 혹시 눈에 먼지가 들어갔으면 눈물이 나와 그것을 씻어버리는 것을 체험한다. 누가 이렇게 만들었는가? 하나님의 역사가 아니면 도저히 상상할 수 없는 것이기에 시인의 표현처럼 '기묘하심'이라고 할 수 있다. 너무나 기가 막히고 놀라워서 도저히 상상할 수 없는 창조이다.

15절에서 "내가 은밀한 데서 지음을 받고 땅의 깊은 곳에서 기이하게 지음을 받은 때에 나의 형체가 주의 앞에 숨겨지지 못하였나이다"고 하였다. 15절은 14절과 연결된다. 14절 마지막의 '내 영혼이 잘 아나이다'라는 말은 15절과 연결되어 그 뜻을 더욱 분명히 나타낸다.

'내가 은밀한 데서 지음을 받고'라고 했는데 '은밀한 데'는 모태에 대한 비유이다. '땅의 깊은 곳'도 같은 의미이다. 이것들은 빛이 없는 곳 즉 어두운 방을 의미한다고 볼 수 있다. 우리의 '형체' 즉 뼈가 모태에서 자라고 있는 것을 하나님이 보고 계신다. 하나님은 우리의 생명을 시작부터 조직하시고 지키시는 분이시다. 이 하나님의 놀라운 역사를 우리가 기억하며 나가야 한다.

3. 어찌 그리 보배로운지요

15절에서 "내가 은밀한 데서 지음을 받고 땅의 깊은 곳에서 기이하게 지음을 받은 때에 나의 형체가 주의 앞에 숨겨지지 못하였나이다"고 하였다. 여기서 '형질'이란 태아를 의미한다. 모태에서 태아가 완전히 이루기 전에 하나님께서 다 보셨다. 하나님은 모든 것을 보시며 앞으로 일어날 일까지를 다 보시는 분이시다. '나를 위하여 정한 날'은 시인의 출생일인지 죽는 날인지 정확하지 않으나 이 시의 문맥으로 보아 출생일로 보는 것이 자연스럽다. 하나님은 태아가 하나의 인간으로 형성되는 모든 과정을 책으로 기록하였다는 뜻이다.

하나님이 우리의 태어나는 모든 과정을 아시고 주관하시는 것은 우리의 생명이 우리의 것이 아니라 하나님의 것이라는 사실을 강조하고 있다. 그러나 인간들은 범죄로 인하여 인간의 생명을 경시한다. 그 중 하나가 낙태이다. 정부의 발표에 의하면 한 해 동안 약 35만 건의 낙태수술이 행해진다고 한다. 기혼 여성 3명중 1명이 수술 경험이 있고, 낙태 시술자의 42%가 미혼여성이라고 한다. 이것은 하나님 주권적 역사에 도전하는 것이며, 범죄 행위이다. 생명은 하나님의 것이기에 사람의 마음대로 할 수 없음을 일깨워야한다.

17절에서 "하나님이여 주의 생각이 내게 어찌 그리 보배로우신지요 그 수가 어찌 그리 많은지요"라고 하였다. 시인은 감격에 싸인다. '주의 생각이 내게 어찌 그리 보배로우신지요'라고 감탄한다. 하나님의 행사를 보고 너무나 놀라워 탄성을 지른다. 하나님의 역사가 이렇게 신기하다는 것을 알게 될 때에 감탄의 소리를 발한다. 은혜를 체험한 사람은 하나님의 사랑에 감격하여 감사의 소리를 발한다. 그것은 체험자만의 독특한 고백이며 찬탄이다. 오늘의 우리들도 하나님을 향해 감탄의 소리를 발하자.

18절에서 "내가 세려고 할지라도 그 수가 모래보다 많도소이다 내가 깰 때에도 여전히 주와 함께 있나이다"고 하였다. 시인은 다시 한번 탄성을 지른다. 하나님의 생각이 너무나 보배롭고, 너무나도 많아서 헤아릴 수 없다는 말이다. 여기서 '모래'가 나오는 것은 너무 많아 셀 수 없음을 비유한다. 그러나 하나님은 모든 것을 다 세시고 아신다.

'내가 깰 때에도 여전히 주와 함께 있나이다'고 하였다. 시인이 하나님을 생각하며 잠이 들었고, 다시 깰 때에 하나님 앞에 있기를 바라는 열망을 나타낸다. 하나님이 나를 지으신 것이 너무나 놀랍고 감사하여 하나님께 감탄의 소리를 발하는 시인의 자세가 우리의 것이 되어야 한다.

나를 영원한 길로 인도하소서

시편 139:19~24

19하나님이여 주께서 반드시 악인을 죽이시리이다 피 흘리기를 즐기는 자들아 나를 떠날지어다 20그들이 주를 대하여 악하게 말하며 주의 원수들이 주의 이름으로 헛되이 맹세하나이다 21여호와여 내가 주를 미워하는 자들을 미워하지 아니하오며 주를 치러 일어나는 자들을 미워하지 아니하나이까 22내가 그들을 심히 미워하니 그들은 나의 원수들이니이다 23하나님이여 나를 살피사 내 마음을 아시며 나를 시험하사 내 뜻을 아옵소서 24내게 무슨 악한 행위가 있나 보시고 나를 영원한 길로 인도하소서

하나님의 놀라운 역사를 노래하는 시편 139편은 각 연마다 독특성을 지니고 있다. 19-24절은 '내 진실을 아시는 하나님' 즉 '거룩하신 하나님'을 다루고 있다. 이 연은 '악인'으로 시작하여(19절) '악한 행위'로 마무리 한다(24절). 이 부분을 주의해서 보면 하나님의 이름이 세 가지로 다르게 나온다. 19절에서 하나님이여(Ieloah), 20절에서 여호와여(yhwh), 23절에서 하나님이여(Iel)이라고 부른다.

이러한 특성 속에서 거룩하신 하나님에 대하여 말하고 있다. 시인은 자신의 무죄와 악인의 유죄를 강하게 주장한다. 시인은 악인에게서 큰 고통을 당하였는데 여기에 대한 심판을 하나님이 해 주시기를 바라고 있다.

1. 시인의 문제

19절에서 "하나님이여 주께서 반드시 악인을 죽이시리이다 피 흘리기를

즐기는 자들아 나를 떠날지어다"고 하였다. 시인은 현실의 문제를 다루고 있다. 하나님께서 악인을 죽이신다고 하였는데 여기서 '악인'이란 하나님의 도덕적 목적을 철저히 거부하는 자들이다. 이러한 악인을 하나님이 죽이신다. 악인들의 비도덕적 행동은 '피 흘리는'행동으로 이어진다. 악인들은 폭력을 자행하고 하나님의 백성들을 괴롭히는 것을 즐긴다. 이러한 행동은 결과적으로 고통을 가져온다.

이 시를 쓴 다윗의 주변에는 피 흘리기를 즐기는 자들이 있었다. 특히 군대장관 요압같은 사람이 대표적 사례이다. 폭력은 폭력을 불러오고, 피는 피를 부른다. 개인적인 복수는 새로운 복수의 연결 고리를 만들기에 이것을 끊고 하나님의 평화를 심는 것이 무엇보다 중요하다.

'피 흘리기를 즐기는 자들이' 주변에서 떠나고 진정한 평화가 오기를 바라는 마음이 하나님의 은혜요 사랑이다. 시인은 그들이 주를 대하여 악하게 말하며 주의 원수들이 헛되이 주의 이름을 맹세한다고 하였다. 시인은 이 열망을 가지고 하나님께 호소한다.

20절에서 "그들이 주를 대하여 악하게 말하며 주의 원수들이 주의 이름으로 헛되이 맹세하나이다"고 하였다. 원수들도 외형적으로는 하나님을 믿는다고 하지만 속에는 악이 가득하다. 철저히 이중적인 자세이다. 이 세상의 악인 가운데는 하나님의 이름을 부르는 자들이 있다. 이들은 헛되이 하나님을 부르고 있으며 속으로는 하나님을 거역한다. 이런 자들이 있으니 문제가 생긴다.

시인은 원수들이 '주를 대하여 악하게 말하며'라고 했는데 이 말은 '주를 거역했다'는 뜻이다. 겉과 속이 다른 거짓 신자들이다. 오늘날도 이와 같은 자들이 있다. 주일에는 교회에 나오지만 그 마음에 하나님을 의지하지 아니하고 도리어 하나님을 거역하는 자들이 있다.

이러한 자들은 하나님의 징벌을 받는다. 하나님은 이와 같은 악인들의 죄악을 벌하시고 하나님의 공의로움이 바로 선포될 수 있도록 하신다.

2. 시인의 생각

21절에서 "여호와여 내가 주를 미워하는 자들을 미워하지 아니하오며 주를 치러 일어나는 자를 미워하지 아니하나이까"라고 하였다. 시인은 수사의문을 통하여 자신의 생각을 분명히 밝히고 있다. 21절에서는 '미워한다'는 말이 강조되고 있다. 시인은 '주를 미워하는 자를 내가 미워하지 않습니까?'라는 의문형을 통하여 '내가 원수를 미워합니다'를 강조한다. 시인은 하나님을 높이는 자를 높이고, 하나님을 미워하는 자를 미워한다. 시인은 '주를 치러 일어나는 자를 미워한다'고 하였다. 여기서 '미워한다'는 말은 '역겨워 한다'는 뜻이다. 악인들을 생각하면 마음이 상하고 역겨워서 토할 것 같다는 말이다. 시인은 하나님을 거역하고 거짓으로 신자 행세를 하는 자들을 미워하고 또 역겨워 한다. 이것은 악인 개인에 대한 감정이 아니라 하나님을 거역하는 자가 하나님을 모욕하는 것에 대한 신앙적 반발이다.

22절에서 "내가 그들을 심히 미워하니 그들은 나의 원수들이니이다"고 하였다. 여기서 시인의 자세가 나온다. 시인은 주의 원수를 '나의 원수'라고 하였다. 하나님을 거역하는 자는 바로 나를 거역하는 자이다. 시인이 주의 원수를 미워할 때에 개인적인 감정이나 적개심을 가지는 것이 아니다. 그들을 인신공격하고 개인적으로 매도하는 것이 아니다. 그들의 잘못된 원리와 방향을 미워하는 것이며 그들이 바로 서기를 바라는 마음이다.

시인은 악인을 미워하고 그들을 '나의 원수'로 여긴다. 이것은 하나님을 내 삶의 중심으로 여기고 하나님 제일주의로 사는 삶의 자세에서 나온 것이다. 하나님을 거역하고 모욕하는 것이 바로 자기를 모욕하는 것이라는 자세이다.

3. 시인의 고백

23절에서 "하나님이여 나를 살피사 내 마음을 아시며 나를 시험하사 내 뜻을 아옵소서"라고 하였다. 시인은 1~3절에서도 같은 주제를 다루고 있다. 이 시의 종결 부분에서 같은 문제를 말한다. 하나님은 지금까지 시인을 시험하고 감찰하셨다. 이제 계속하여 자기를 감찰하고 조사해도 좋다고 고백한다. 이것은 하나님이 자신을 시험하여 자신의 뜻을 알아주시기를 구한다.

시인의 이와 같은 고백은 오만의 산물이 아니다. 모든 것을 하나님의 판단에 맡기겠다는 자세이며 자신의 무죄함은 하나님이 알아서 판단해 주시기를 바라는 자세이다.

하나님 앞에서 의롭게 되기를 바라는 시인의 자세는 하나님의 백성들이 따라야 할 자세이다. 하나님의 백성은 하나님 중심의 기준으로 살아야 한다.

24절에서 "내게 무슨 악한 행위가 있나 보시고 나를 영원한 길로 인도하소서"라고 하였다. 이것은 시인의 마지막 기도이다.

시편에는 두 가지 길이 나온다. 특히 시편 1편에서 강조되는 것으로서 선한 길과 악한 길 즉 영원한 길과 멸망의 길이 있다. 하나님의 백성은 선한 길, 영원한 길, 생명의 길을 사모하며 살아간다. 시인은 하나님께 기도하기를 '내가 무슨 악한 행위가 있나 보시고'라고 하였다. 자기를 감찰하여서 자기에 무슨 악한 일이 있는지를 찾아보시고 영원한 길 즉 생명의 길로 인도해 달라고 하였다.

시인의 이러한 기도는 하나님의 백성의 기도이다. 모든 것을 하나님의 판단에 맡기는 자세이다. 하나님의 뜻에 따라 하나님을 의지하는 삶을 바라고 있다. 시인은 원수들에게서 고발당하여 큰 고통을 겪고 있다. 원수들의 모함과 비방에 대응하여 재판장이신 하나님의 역사를 구하고 있다. 하나님께서는 인간의 속마음을 아시며, 모든 계획까지 아신다. 이 하나님의 역사를 바로 체험하는 것이 중요하다. 모든 것을 아시는 하나님이 우리와 함께 하시고 우리를 지켜 주시기를 바라며 하나님의 역사하심을 소망하며 승리의 삶을 살아가야 한다.

악인에게서 나를 건지시며

시편 140:1~13

1여호와여 악인에게서 나를 건지시며 포악한 자에게서 나를 보전하소서 2그들이 마음속으로 악을 꾀하고 싸우기 위하여 매일 모이오며 3뱀 같이 그 혀를 날카롭게 하니 그 입술 아래에는 독사의 독이 있나이다 (셀라) 4여호와여 나를 지키사 악인의 손에 빠지지 않게 하시며 나를 보전하사 포악한 자에게서 벗어나게 하소서 그들은 나의 걸음을 밀치려 하나이다 5교만한 자가 나를 해하려고 올무와 줄을 놓으며 길 곁에 그물을 치며 함정을 두었나이다 (셀라) 6내가 여호와께 말하기를 주는 나의 하나님이시니 여호와여 나의 간구하는 소리에 귀를 기울이소서 하였나이다 7내 구원의 능력이신 주 여호와여 전쟁의 날에 주께서 내 머리를 가려 주셨나이다 8여호와여 악인의 소원을 허락하지 마시며 그의 악한 꾀를 이루지 못하게 하소서 그들이 스스로 높일까 하나이다 (셀라) 9나를 에워싸는 자들이 그들의 머리를 들 때에 그들의 입술의 재난이 그들을 덮게 하소서 10뜨거운 숯불이 그들 위에 떨어지게 하시며 불 가운데와 깊은 웅덩이에 그들로 하여금 빠져 다시 일어나지 못하게 하소서 11악담하는 자는 세상에서 굳게 서지 못하며 포악한 자는 재앙이 따라서 패망하게 하리이다 12내가 알거니와 여호와는 고난당하는 자를 변호해 주시며 궁핍한 자에게 정의를 베푸시리이다 13진실로 의인들이 주의 이름에 감사하며 정직한 자들이 주의 앞에서 살리이다

시편 140편은 개인 애가의 특성을 가지고 있다. 시인은 여러 사람들에게 고발을 당하고 있고 어려움을 겪는다. 이 고통 속에서 하나님의 판단을 구하며 하나님께 간청한다. 이 시를 자세히 보면 그가 왜 고통을 당하는 지에 대한 설명이 없다. 단지 말할 수 없는 어려움을 겪고 하나님의 도우심의 손길을 앙망할 뿐이다.

이 시편은 4개의 단락으로 되어 있다. 1~5절, 6~7절, 8~11절, 12~13절이 하나의 단락이 되어 각기 특별한 메시지를 전한다. 하나님께서 나서서서 모든 원수들을 징벌해 주실 것을 소원한다.

1. 보호를 위한 간구

1~5절은 '무고하게 비방하는 자에 대한 불평과 보호를 위한 간구'이다. 1절에 보면 "여호와여 악인에게서 나를 건지시며 포악한 자에게서 나를 보전하소서"라고 하였다. 시인은 '여호와여'라고 부른다. 이것은 그의 신앙이요 소망이다. '악인에게서 나를 건지소서'라고 하였다. 시인은 악을 행하는 자 곧 광포한 자에게서 건져 주시기를 호소한다. 여기서 '포악한 자'란 독특한 의미가 있다. 그 뜻은 '특별히 포악한 자'인데, 이들은 사회의 밑바닥 계층이 아니라 지도적 입장에 있는 사람들이다. 이들이 시인을 고발하고 여러 가지 악영향을 주고 있다.

2~3절에서 "그들이 마음속으로 악을 꾀하고 싸우기 위하여 매일 모이오며 뱀 같이 그 혀를 날카롭게 하니 그 입술 아래에는 독사의 독이 있나이다 (셀라)"고 하였다. 악인들의 모습을 적나라하게 그리고 있다. 그들은 '마음속으로 악을 꾀한다.' 즉 은밀하게 계획을 짜고, 큰 고통을 가져오는 모의를 한다. 생각의 모든 것이 남을 해치려는 것으로 발상 자체가 악하다. 이들은 '싸우기 위하여 매일 모인다.' 남을 해치고 다른 사람을 공격하기 위해 지속적으로 모이고 있다. 시인은 악인들의 비방을 그리고 있는데 그들의 혀는 독사의 독처럼 무섭고 사람을 해치는 데 사용한다. 모든 것을 동원하여 다른 사람을 해치려고 하는 악인들이다.

4~5절에서 하나님께 기도한다. "여호와여 나를 지키사 악인의 손에 빠지지 않게 하시며 나를 보전하사 포악한 자에게서 벗어나게 하소서 그들은 나의 걸음을 밀치려 하나이다 교만한 자가 나를 해하려고 올무와 줄을 놓으며 길 곁에 그물을 치며 함정을 두었나이다 (셀라)"라고 하였다. 악인들의 공격과 그들이 처놓은 함정에 빠지지 않도록 하나님이 지켜 주시기를 호소한다. 5절에서는 악인들의 간교한 모습들이 묘사되고 있다. 악인들의 올무에서 건져주시기를 호소한다.

2. 하나님을 신뢰함

6~7절은 '왕이 하나님을 신뢰함'을 그리고 있다. 6절에서 "내가 여호와께 말하기를 주는 나의 하나님이시니 여호와여 나의 간구하는 소리에 귀를 기울이소서 하였나이다"고 하였다. 시인은 '내가 여호와께 말하기를'이라고 하여 새로운 고백을 한다. 시인은 시인의 간절한 소원이요 하나님을 의지하는 자세이다.

'주는 나의 하나님이시니'라고 하였다. 이것은 시인의 절박한 고백이요, 하나님을 향해 최고의 호소를 하는 내용이다. 시인은 하나님으로 신뢰한다. 그리하여 하나님께 가까이 나아가고 진정한 호소를 한다. 시인은 신앙고백을 통하여 자신의 신앙을 확인하고 새로운 헌신을 다짐한다. 하나님이 나의 하나님이시기에 그분을 의지하고 모든 것을 맡기는 믿음의 삶을 산다.

7절에서 "내 구원의 능력이신 주 여호와여 전쟁의 날에 주께서 내 머리를 가려 주셨나이다"고 하였다. 시인은 원수들의 고발로 인해 큰 고통을 겪으며 그가 피할 곳은 능력과 구원을 주시는 하나님 한 분뿐이심을 고백한다.

시인은 '내 구원의 능력이신 주 여호와여'라고 하였다. '내 구원의 능력'이란 '나의 강한 구원자'라는 뜻이다. 이런 표현은 구약에서 여기만 나온다. 하나님은 '전쟁의 날' 즉 심판이 임하는 날에 머리를 가려 주셨으니 방패와 투구가 된다는 뜻이다. 시인은 자기가 피할 곳이 하나님뿐이심을 고백한다. 심판의 날에도 하나님은 방패가 되시고 투구가 되어 자기 백성을 지키심을 노래한다.

3. 간구의 내용

8~11절은 '하나님의 심판을 간구하는' 내용이다. 8절에 보면 "여호와여 악인의 소원을 허락하지 마시며 그의 악한 꾀를 이루지 못하게 하소서 그들이 스스로 높일까 하나이다 (셀라)"고 하였다. 시인은 '악인의 소원'이 좌절

되기를 간구한다. 악인의 꾀가 이루어지지 않기를 호소하는데 그 이유는 그들이 '자고할까' 염려되기 때문이다. 악한 자의 계획이 다 이루어지면 그들은 하나님을 부인하고 스스로 높아져 마음대로 행동한다. 이런 일들이 일어나지 않도록 하나님께서 그들의 계획을 꺾어달라는 호소이다.

9절에서 "나를 에워싸는 자들이 그들의 머리를 들 때에 그들의 입술의 재난이 그들을 덮게 하소서"라고 하였다. '머리를 든다'는 것은 앞에 나온 '스스로 높인다'와 연결된다. 시인은 거짓말하는 자들이 이겨서는 안 된다고 한다. 그들의 계획이 무너져야 한다. 시인은 악인들이 온갖 못된 말로 하나님의 백성을 해하려고 하지만 이것이 그들에게 돌아가야 함을 호소한다. 독을 품고 다른 사람을 해쳤으니 자기도 그 독을 먹어야 한다.

11절에서 "악담하는 자는 세상에서 굳게 서지 못하며 포악한 자는 재앙이 따라서 패망하게 하리이다"라고 하였다. 악인들이 불을 품었기 때문에 그 불이 그들에게 임하여 그들을 태우기를 바라고 있다. 그들이 함정을 팠기 때문에 그들이 '깊은 웅덩이'에 빠져야 한다.

12~13절은 네 번째 단락으로서 '의로운 자가 영원히 칭찬 받을 것을 확신'하는 내용이다. 12절에서 "내가 알거니와 여호와는 고난 당하는 자를 변호해 주시며 궁핍한 자에게 정의를 베푸시리이다"고 하였다. 여기서 '내가 알거니와'라고 한 것은 시인의 견고한 확신을 말한다. 시인은 하나님의 언약을 의지하며, 하나님이 베푸시는 사랑을 기억한다. 하나님은 자기 백성의 삶에 개입하시는 분이다. 이 하나님의 개입으로 하나님의 백성이 승리한다.

13절에서 "진실로 의인이 주의 이름에 감사하며 정직한 자들이 주의 앞에서 살리이다"고 하였다. 하나님의 백성은 하나님 앞에서 예배하며 영원한 삶을 살게 된다. 악인은 망하여도 하나님의 백성은 살고 하나님께 예배하게 된다. 시인은 고난을 당하고 있다. 그 고난 속에서 하나님을 의지하고 절망의 상황에서 소망의 줄을 잡는다. 그리하여 하나님 앞에서 하나님께 예배하여 영원한 삶을 산다. 이것이 하나님의 백성이 누릴 복이다.

내 입에 파수꾼을 세우시고

시편 141:1~10

1여호와여 내가 주를 불렀사오니 속히 내게 오시옵소서 내가 주께 부르짖을 때에 내 음성에 귀를 기울이소서 2나의 기도가 주의 앞에 분향함과 같이 되며 나의 손 드는 것이 저녁 제사 같이 되게 하소서 3여호와여 내 입에 파수꾼을 세우시고 내 입술의 문을 지키소서 4내 마음이 악한 일에 기울어 죄악을 행하는 자들과 함께 악을 행하지 말게 하시며 그들의 진수성찬을 먹지 말게 하소서 5의인이 나를 칠지라도 은혜로 여기며 책망할지라도 머리의 기름 같이 여겨서 내 머리가 이를 거절하지 아니할지라 그들의 재난 중에도 내가 항상 기도하리로다 6그들의 재판관들이 바위 곁에 내려 던져졌도다 내 말이 달므로 무리가 들으리로다 7사람이 밭 갈아 흙을 부스러뜨림 같이 우리의 해골이 스올 입구에 흩어졌도다 8주 여호와여 내 눈이 주께 향하며 내가 주께 피하오니 내 영혼을 빈궁한 대로 버려 두지 마옵소서 9나를 지키사 그들이 나를 잡으려고 놓은 올무와 악을 행하는 자들의 함정에서 벗어나게 하옵소서 10악인은 자기 그물에 걸리게 하시고 나만은 온전히 면하게 하소서

시편 141편은 개인 애가이다. 시인은 원수들의 공격과 악의 유혹에서 건져 주시기를 간구한다. 또한 시인은 의인으로서 한 평생 실수없이 살기를 구하고 악인과의 교제를 피한다.

이 시편은 시편 1편, 119편과 비슷한데 악인의 위험에 대하여 독특한 표현을 하고 있다. 악인들은 달콤한 말과 맛있는 음식으로 시인은 유혹한다. 그들의 마음에는 악한 계획이 가득하고 의인을 해치기 위한 계교를 꾸민다. 시인은 엄격한 보상을 구하고, 악인의 시험에서 이기기를 구한다. 의인은 하나님의 말씀에 순종하고 하나님의 뜻을 순복하는 삶을 살기를 원한다.

1. 도움을 호소

1절에서 "여호와여 내가 주를 불렀사오니 속히 내게 오시옵소서 내가 주께 부르짖을 때에 내 음성에 귀를 기울이소서"라고 하였다. 시인은 위기 가운데 있기에 하나님의 도움이 절실하였다. 시인은 '내가 주를 불렀사오니', "속히 내게 오시옵소서"라고 하였다. 이것은 사태의 긴박성을 강조한다. 사태가 너무나 긴박하기에 하나님께서 속히 임하여 달라는 호소이다. 이러한 호소의 바탕에는 당면한 문제를 해결할 길은 하나님 밖에 없다는 신앙이 깔려 있다.

2절에서 "나의 기도가 주의 앞에 분향함과 같이 되며 나의 손 드는 것이 저녁 제사 같이 되게 하소서"라고 하였다. 시인은 자신의 기도가 하나님께 상달되기를 호소하는데 하나님께 드리는 제사처럼 되기를 간구한다. '분향함'이란 제물을 태워 바치는 것이나 '향'을 가리킨다. 여기서는 번제의 향이라고 보는 학자들이 많이 있다. 자기의 기도가 단순한 소리가 아니라 하나님께 드리는 번제와 같기를 바란다. 여기서는 제사 용어들이 나온다. 분향과 저녁 제사들이 나오는데 이것은 피 없는 제사이다(레 2:1 등). 포로 후기에는 기도를 하루 세 번 드렸는데, 저녁 제사는 간구의 시간이다. 시인은 저녁 제사 때에 하나님께 간구하였다. 하나님의 백성의 기도는 향에 비유된다. 하나님께 기도와 찬양으로 제사를 드린 것을 보여 준다. 하나님의 백성들은 향내 나는 기도의 제사를 드림으로써 하나님께 호소한다.

3절에서 "여호와여 내 입에 파수꾼을 세우시고 내 입술의 문을 지키소서"라고 하였다. 시인은 하나님 앞에서 말의 실수를 피하기를 호소하고 있다. 하나님의 백성은 언어생활에서 다른 사람과 다르다. 혀에 재갈을 물리고, 포악한 말을 피하며, 아름다운 말을 한다.

하나님의 백성은 부드럽고 따뜻한 말을 하며 다른 사람을 비방하는 것이 아니라 감싸주고 세워주는 말을 해야 한다. 시인은 자신이 말의 실수를 하지 않기를 간구한다. 시인은 '입에 파수꾼을 세우시기를' 구한다. 이것은 그의 입에서 악하고 나쁜 말이 나가지 않도록 조심하겠다는 의미이다. 또 '입술의 문을 지키소서'라고 하였는데 이것은 하나님께서 생각과 말을 지켜 주시기를 바라는 표현이다.

2. 마음을 지키기를

4절에서 "내 마음이 악한 일에 기울어 죄악을 행하는 자들과 함께 악을 행하지 말게 하시며 그들의 진수성찬을 먹지 말게 하소서"라고 하였다. 시인은 한 걸음 더 들어가 마음을 살핀다. 자기의 마음이 악한 일에 기울어지지 않기를 기도한다. 인간은 늘 무엇을 의존한다. 하나님을 의존하고 악한 말과 행동을 하지 않기를 바라고 있다. 죄악을 행하는 자와 악을 행치 않게 해 주시기를 호소한다. '그들의 진수성찬을 먹지 말게 하소서'라고 하였는데, 이것은 악인과 교제를 나누는 것을 말한다. 악인들이 의인을 미혹하기 위하여 여러 가지 선한 일을 하는 듯한 경우가 있다. 이것은 진정으로 선한 것이 아니라 하나님의 백성을 미혹하는 일이다.

5절에서 "의인이 나를 칠지라도 은혜로 여기며 책망할지라도 머리의 기름 같이 여겨서 내 머리가 이를 거절하지 아니할지라 그들의 재난 중에도 내가 항상 기도하리로다"고 하였다. 이 말씀은 바른 가르침에 순종하는 것이 귀하고 소중함을 가르친다. '의인이 나를 칠지라도 은혜로 여기며'라고 하였으니 잘못을 고쳐 주는 것이 자신에게 유익하다는 뜻이다.

6절에서 "그들의 재판관들이 바위 곁에 내려 던지웠도다 내 말이 달므로 무리가 들으리로다"고 하였다. 여기 와서는 지금까지의 흐름과 다른 표현이 나온다. 여러 가지 해석들이 나오지만 하나님의 심판을 암시한다. 바위 곁에서 아래로 던져지는 심판이 있다.

7절에서 "사람이 밭 갈아 흙을 부스러뜨림 같이 우리의 해골이 스올 입구에 흩어졌도다"고 하였다. 하나님의 심판의 모습을 그렸다. 사람이 밭을 갈 때에 흙덩이를 부스러뜨림 같이 하나님께서 철저히 심판하신다. 사람들의 해골이 '스올 입구'에 흩어진다는 것은 가족묘의 문을 열 때에 뼈 조각들이 가득한데 이것은 지난날의 장례 의식이 무가치하고 무의미한 것을 나타낸다. 이것은 개인이 가문의 불명예요 치욕이다. 하나님은 악의 세력을 이와 같이 철저히 응징하신다. 하나님의 심판으로 인해 이 땅에 하나님의 공의가 드러나고 하나님의 역사가 구체화 된다.

3. 하나님을 향한 열정적 호소

8절에서 "주 여호와여 내 눈이 주께 향하며 내가 주께 피하오니 내 영혼을 빈궁한 대로 버려두지 마옵소서"라고 하였다. 악인들의 정체가 드러나는데 그들은 하나님의 백성을 유혹할 뿐 아니라 핍박한다. 이런 상태에서 하나님을 향한 열정적 호소가 나온다. '내 눈이 주께 향하며', '내가 주께 피하오며', '버려두지 마옵소서'라고 호소한다. 이것은 단순한 기도가 아니라 절규이며, 자신의 전부를 바쳐 하나님께 기도하는 뜨거움의 절정이다.

9절에서 "나를 지키사 그들이 나를 잡으려고 놓은 올무와 악을 행하는 자들의 함정에서 벗어나게 하옵소서"라고 하였다. 시인은 하나님께서 자기를 지켜 주셔서 악인의 올무와 함정에서 벗어나기를 호소하고 있다. 하나님이 지켜 주셔야 모든 시험과 유혹에서 승리할 수 있다. 시인은 이것을 믿기에 하나님께 기도하고 또 뜨거운 심정으로 호소하고 있다.

10절에서 "악인은 자기 그물에 걸리게 하시고 나만은 온전히 면하게 하소서"라고 하였다. 시인은 악인에 대한 심판과 자신의 구원을 앙망하며 이 시를 마치고 있다. 악인은 종국에 가서 멸망할 수밖에 없으나 하나님의 백성은 구원을 받는다.

시인은 하나님의 도우심을 갈망한다. 그리하여 성전에 나아와 제사를 드리고 자신의 기도가 향처럼 올라가기를 열망한다. 주변의 악인들은 감언이설과 진수성찬으로 유혹한다. 이들의 달콤한 유혹에 빠지지 않고 하나님의 도우심을 소망한다. 오늘날 우리도 악인의 유혹에 빠지기 쉽다. 그러나 하나님을 바라고 의지하는 것이 최선의 길이다.

358 *Meditation on Psalms*

내 원통함을 그의 앞에 토로하며

시편 142:1~7

1내가 소리 내어 여호와께 부르짖으며 소리 내어 여호와께 간구하는도다 2내가 내 원통함을 그의 앞에 토로하며 내 우환을 그의 앞에 진술하는도다 3내 영이 내 속에서 상할 때에도 주께서 내 길을 아셨나이다 내가 가는 길에 그들이 나를 잡으려고 올무를 숨겼나이다 4오른쪽을 살펴 보소서 나를 아는 이도 없고 나의 피난처도 없고 내 영혼을 돌보는 이도 없나이다 5여호와여 내가 주께 부르짖어 말하기를 주는 나의 피난처시요 살아 있는 사람들의 땅에서 나의 분깃이시라 하였나이다 6나의 부르짖음을 들으소서 나는 심히 비천하니이다 나를 핍박하는 자들에게서 나를 건지소서 그들은 나보다 강하니이다 7내 영혼을 옥에서 이끌어 내사 주의 이름을 감사하게 하소서 주께서 나에게 갚아 주시리니 의인들이 나를 두르리이다

시편 142편은 개인 애가의 형태를 가지고 있다. 이 시편은 무고하게 고발된 사람들의 기도이며, 박해받는 자의 애통이다. 이러한 어려움 속에서 하나님의 판단을 구하는 간절함이 녹아 있다. 이 시의 표제에 '다윗이 굴에 있을 때에 지은 마스길 곧 기도'라고 되어 있다. 다윗이 있었던 굴은 아둘람 굴(삼상 22:1)이나 엔게디(삼상 24장)로 볼 수 있다. 이 시는 다윗이 도망을 다니다가 굴에 숨어 있을 때에 지은 '마스길' 곧 '교훈적 시'이다. 다윗이 사울의 미움을 받아 블레셋 땅으로 도망하였고 그곳에서 큰 수치를 당하였고, 미치광이 노릇을 하여 겨우 살아났다. 그 후 유다 땅으로 다시 올라 갈 때에 이 시를 썼다.

1. 내가 소리내어

1절에서 "내가 소리 내어 여호와께 부르짖으며 소리 내어 여호와께 간구하는도다"고 하였다. 이 구절은 이중강조법을 사용하고 있다. 시인은 '소리 내어 부르짖는다'고 하였다. 이스라엘 사람들은 간절히 기도할 때에 소리 내어 부르짖었다. 시인은 어렵고 고통스러운 자리에 처해 있다. 자기 힘으로 문제를 해결할 수 없기 때문에 하나님께 간구한다. 여기서 '간구한다'는 말은 '은총을 구한다'는 뜻이다. 하나님의 백성은 하나님의 은총을 구하여 새로운 힘을 가지게 된다.

2절에서 "내가 내 원통함을 그의 앞에 토로하며 내 우환을 그의 앞에 진술하는도다"고 하였다. 시인의 비참한 상황이 그려져 있다. 그는 원수에게 쫓겨 굴속에 숨어 있는 비참한 상황이다. 이 원통함을 누구에게 토로할 것인가? 하나님 외에는 어느 누구에게도 말할 곳이 없기에 하나님께 기도한다. 또 '내 우환을 그의 앞에 진술하는도다'고 하였다. 그가 겪는 고통과 근심을 하나님께 호소하고 토로한다는 말이다. 인생의 고통이 얼마나 큰지 겪는 자만이 알 수 있다. 이것을 누구에게 토로할 것인가? 하나님 외에는 다른 길이 없다.

우리는 이 말씀에서 고통에 직면한 인간이 취해야 할 길이 무엇인지를 볼 수 있다. 원통함과 우환을 하나님께 호소하는 것이 무엇보다도 중요함을 교훈한다. 하나님을 의지하고 하나님께서 모든 문제를 해결해 주실 것을 믿는 자세가 무엇보다 필요하다.

2. 내 길을 아셨나이다

3절에서 "내 영이 내 속에서 상할 때에도 주께서 내 길을 아셨나이다 내가 가는 길에 그들이 나를 잡으려고 올무를 숨겼나이다"고 하였다. 시인은 자신의 고통에 대하여 말하다가 자신의 신뢰를 고백한다. '주께서 내 길을 아셨나이다'고 하였는데 이것은 은유로서 인생의 길 또는 도덕적 방향을 말한다. 그의 '영이 내 속에서 상할 때'란 그의 마음이 약해진다는 뜻이다. 마음이 약해지고 힘이 없을 때에 하나님께서는 그의 길을 아시고 그가 가야할 길을 제시해 준다는 말이다. 우리들이 어려움을 당하고 고통 중에 있을 때에도 하나님은 우리를 이해하시고 우리가 가야 할 길을 제시하신다. 시인은 하나님을 단순하게 믿었다. 이러한 순수함이 시인의 특성이다. '나의 행할 길에'라고 하였는데 이것은 악인들의 행위를 말한다. 악인들은 올무를 놓아 하나님의 백성들을 해치려고 한다. 이러한 고통의 자리에서도 하나님께서 모든 것을 아시고 이끌어 주실 것을 소원한다.

4절에서 "오른쪽을 살펴 보소서 나를 아는 이도 없고 나의 피난처도 없고 내 영혼을 돌보는 이도 없나이다"고 하였다. 시인의 상황을 묘사한 말이다. 시인은 절망에 빠져 있고 어느 누구도 그를 돕지 않았다. 그는 철저히 혼자이다. '오른쪽을 살펴보소서'라고 하였는데 '오른쪽을 본다'는 것은 도울 자를 찾는다는 뜻이다. 시인은 사방을 보면서 도울 자를 찾는데 어느 누구도 그를 돕지 않는다. 그가 혼자라는 사실이 묘사되었다. '나를 아는 이도 없고'란 나를 친구로 인정해 주는 자가 없다는 말이다. '피난처도 없고'는 피할 곳이 없다는 뜻이다. '내 영혼을 돌보는 이도 없나이다'고 하였는데 '돌아보다'는 '찾다, 구하다'는 뜻인데 '보살피다'는 의미를 가지고 있다. 시인은 혼자뿐이고 철저히 버림받는 처지이다. 어디를 보아도 그를 돌보아줄 자가 없는데 오직 하나님만이 그를 도우신다.

3. 하나님께 부르짖음

5절에서 "여호와여 내가 주께 부르짖어 말하기를 주는 나의 피난처시요 살아있는 사람들의 땅에서 나의 분깃이시라 하였나이다"고 하였다. 5절은 1절의 표현과도 같다. 하나님께 부르짖는다. 또 하나님께 신뢰를 고백한다. '주는 나의 피난처시요'라고 했는데 성소가 피난처이다. 시인은 성소를 피난처로 삼았다. '살아있는 사람들의 땅에서'란 '이 세상에서'라는 뜻이다. 살아있는 이 세상에서 하나님이 '나의 분깃'이라고 하였다. 레위인은 땅을 분깃으로 받지 못하고 하나님이 그들의 분깃이었다. 이들은 땅에서 농사를 지어 사는 것이 아니라 하나님을 의지하여 살았다. 이것이 레위인의 영적 특권이다. 하나님의 백성은 이 땅의 경작이 그들의 재산이 아니라 하나님을 의지하며 사는 것이 분깃이다. 오늘의 우리들도 나그네 같은 삶을 살면서 하나님을 의지하는 것이 무엇보다 중요하다.

6절에서 "나의 부르짖음을 들으소서 나는 심히 비천하니이다 나를 핍박하는 자들에게서 나를 건지소서 그들은 나보다 강하니이다"고 하였다. 시인은 6~7절에서 하나님께 간청한다. '하나님이여 나를 도와주소서'라고 호소하고 매달린다. 시인의 마음 속에는 자기를 돌보아 줄자는 하나님 밖에 없다고 생각한다. 자기는 매우 비천하고 원수들은 강한데 여기서 건져 줄자가 누구인가? 하나님만이 나를 구원하실 수 있다. 이러한 간구의 배경에는 하나님을 의지하는 간절함이 있다.

7절에서 "내 영혼을 옥에서 이끌어 내사 주의 이름을 감사하게 하소서 주께서 나에게 갚아 주시리니 의인들이 나를 두르리이다"고 하였다. 시인은 '내 영혼을 옥에서 이끌어 내사'라고 하였는데 이것은 실제로 감옥에 갇힌 것이거나 아니면 영적으로 해석할 수 있다. 시인은 역경에 처해 있는 것이 분명하고 하나님이 구해 주실 것을 바란다.

'주의 이름을 감사하게 하소서 주께서 나에게 갚아 주시리니 의인들이 나를 두드리이다'고 하였는데 그 의미를 정확하게 찾기 어렵다. 하나님께서 역사하셔서 옥에서 무죄 석방되어 하나님의 보호를 받는다. 그리하면 '주의 이름을 감사하게' 된다. 이러한 역사를 통하여 하나님의 백성은 하나님의 손길을 의지하고 하나님을 바라게 된다. 시인은 철저하게 고통을 겪고 있었고, 핍박자들의 강한 음모 속에서 절망에 빠진다. 그 속에서 하나님을 의지하고 하나님의 도우심을 간구한다. 우리들이 외롭고 큰 고통을 당할 때에 누구를 의지해야 하는가? 하나님만이 우리의 도움이요 힘이시다

내가 옛날을 기억하고

시편 143:1~12

1여호와여 내 기도를 들으시며 내 간구에 귀를 기울이시고 주의 진실과 의로 내게 응답하소서 2주의 종에게 심판을 행하지 마소서 주의 눈 앞에는 의로운 인생이 하나도 없나이다 3원수가 내 영혼을 핍박하며 내 생명을 땅에 엎어서 나로 죽은 지 오랜 자 같이 나를 암흑 속에 두었나이다 4그러므로 내 심령이 속에서 상하며 내 마음이 내 속에서 참담하니이다 5내가 옛날을 기억하고 주의 모든 행하신 것을 읊조리며 주의 손이 행하는 일을 생각하고 6주를 향하여 손을 펴고 내 영혼이 마른 땅 같이 주를 사모하나이다 (셀라) 7여호와여 속히 내게 응답하소서 내 영이 피곤하니이다 주의 얼굴을 내게서 숨기지 마소서 내가 무덤에 내려가는 자 같을까 두려워하나이다 8아침에 나로 하여금 주의 인자한 말씀을 듣게 하소서 내가 주를 의뢰함이니이다 내가 다닐 길을 알게 하소서 내가 내 영혼을 주께 드림이니이다 9여호와여 나를 내 원수들에게서 건지소서 내가 주께 피하여 숨었나이다 10주는 나의 하나님이시니 나를 가르쳐 주의 뜻을 행하게 하소서 주의 영은 선하시니 나를 공평한 땅에 인도하소서 11여호와여 주의 이름을 위하여 나를 살리시고 주의 의로 내 영혼을 환난에서 끌어내소서 12주의 인자하심으로 나의 원수들을 끊으시고 내 영혼을 괴롭게 하는 자를 다 멸하소서 나는 주의 종이니이다

시편 143편은 개인 애가의 형태를 가지고 있으며, 시편에 나타나는 일곱 개의 참회시 가운데 마지막 시이다. 이 시편에는 회개에 대한 명백한 진술은 없으나 이 시의 바탕에는 하나님을 향한 참회가 깔려 있다. 우리는 이 시편을 통하여 우리와 함께 하시는 하나님의 역사를 배울 수 있고 하나님께 가까이 나아갈 때에 참된 위로와 역사가 가득함을 알 수 있다.

시인은 원수에게 쫓기는 절박한 상황에서 심각한 위기를 느끼고 있다. 그는 원수들의 공격을 받으며 그 핍박 속에서 말할 수 없는 어려움을 겪는다. 이러한 자에게 하나님은 구원자가 되시고 위로자가 되신다.

1. 시인의 간구

1절에서 "여호와여 내 기도를 들으시며 내 간구에 귀를 기울이시고 주의 진실과 의로 내게 응답하소서"라고 하였다. 시인의 간구가 있다. 시인은 '주의 진실과 의'를 구하고 있는데 이것은 하나님께서 구원을 베풀어 주시기를 호소하는 것이다. 하나님은 진실하시고 의로우신 분이다. 우리가 하나님께 나아가는 것은 바로 여기에 근거한다. 하나님은 우리의 기도를 들으시는 분이시기에 하나님께서 역사하여 주시기를 간구한다.

2절에서 "주의 종에게 심판을 행하지 마소서 주의 눈 앞에는 의로운 인생이 하나도 없나이다"고 하였다. 이 말씀은 다른 시편에 비하여 독특하다. 흔히 자기의 무죄를 주장하지만 여기서는 하나님 앞에서 모두가 죄인이라는 사실을 강조한다. '주의 종에게 심판을 행하지 마소서'라고 하였는데 이 말은 '엄격한 검사를 하지 마소서'라는 뜻이다. 인간은 죄인이기에 하나님 앞에 설 수 없다. 하나님께서 심판하지 아니하셔서 나로 하여금 하나님 앞에 설 수 있게 해 주시기를 구한다. 하나님 앞에서는 어느 누구도 의로울 수 없다. 하나님의 기준으로 판단하시면 모두가 죄인이요 바로 설 수 없는 존재이기에 하나님의 구속의 역사를 간구하게 된다.

2. 시인의 애통

3절에서 "원수가 내 영혼을 핍박하며 내 생명을 땅에 엎어서 나로 죽은 지 오랜 자 같이 나를 암흑한 속에 두었나이다"고 하였다. 여기서부터 시인의 실제적인 애통이 나타난다. '원수가 내 영혼을 핍박한다'. 그 이유에 대해서는 정확한 내용이 나오지 않지만 원수들이 목숨을 노리고 있다. '내 생명을 땅에 엎어서'라고 하였는데 '내 생명을 부순다'는 뜻이다. 또 죽은지 오래된 자 같이 부수고 핍박한다. 그러니 시인은 어둠의 세계에 사는 것 같고 어쩔 수 없는 고통을 겪고 있음을 그리고 있다.

4절에서 "그러므로 내 심령이 속에서 상하며 내 마음이 내 속에서 참담하니이다"고 하였다. 시인은 '내 심령이 속에서 상하는' 상태 즉, 기력을 잃는 상태이며 절망의 상태에 처해 있다.

'내 마음이 내 속에서 참담하나이다'고 하였는데 구약애서는 단 한번 여기만 나오는 표현이다. 그 뜻은 '내 마음이 괴롭다'는 것으로서 너무나 큰 어려움을 겪기에 고통을 당하고 있음을 보여 준다.

5절에서 "내가 옛날을 기억하고 주의 모든 행하신 것을 읊조리며 주의 손의 행하는 일을 생각하고"라고 하였다. 시인은 너무나도 힘들고 어려운 상황에 처해 있다. 거기서 '옛날을 생각하는데' 이것은 과거를 돌아본다는 말이다. 시인은 하나님의 구원의 역사를 통하여 위로를 받는다. 지난날 하나님께서 구원의 위대한 역사를 이루어 주셨는데 이것은 인간의 힘이 아니라 하나님의 역사로 되어진다.

시인은 '주의 모든 행하신 것을 읊조린다'. 여기서 '읊조린다'와 앞에 나오는 '기억'이 평행을 이룬다. 시인은 하나님이 하신 모든 역사를 기억하고 이 하나님께 영광을 돌린다.

6절에서 "주를 향하여 손을 펴고 내 영혼이 마른 땅 같이 주를 사모하나이다 (셀라)"고 하였다. '주를 향하여 손을 펴고'란 철저히 하나님을 의지하는 모습이다. 하나님을 향해 간절히 호소하는 자세이다. 시인의 영혼은 마른 땅 같이 하나님을 의지한다. 이것은 절박한 상태를 나타내는 것으로서 하나님의 위대하심을 바라보는 시인의 자세이다.

3. 시인의 호소

7절에서 "여호와여 속히 내게 응답하소서 내 영이 피곤하니이다 주의 얼굴을 내게서 숨기지 마소서 내가 무덤에 내려가는 자 같을까 두려워하나이다"라고 하였다. 7~12절은 시인의 지속적 기도이다. 어렵고 고통스러운 상황에서 하나님께서 도와주시기를 간구하는데 시인의 입술에서 기도가 터져 나온다. 너무 늦기 전에 하나님께서 응답해 주시기를 호소하고 있다. '내 영이 피곤하니이다'고 하였는데 이것은 구약에서 여기만 나오는 것으로서 '내 힘을 다 사용하여 버렸습니다'라는 뜻이다. 그래서 '주의 얼굴을 내게서 숨기지 마소서'라고 호소하고 있다.

8절에서 "아침에 나로 하여금 주의 인자한 말씀을 듣게 하소서 내가 주를 의뢰함이니이다 내가 다닐 길을 알게 하소서 내가 내 영혼을 주께 드림이니이다"고 하였다. '아침'이란 하나님의 구원 역사가 아침에 임하는 것을 교훈한다. 아침에 하나님의 말씀을 듣고 하나님의 역사가 나타난다. '내가 다닐 길을 알게 하소서'라고 하였는데 하나님께서 날마다 새 힘을 주지 아니하시면 나아갈 수 없음을 표현하고 하나님의 모든 힘의 근거이심을 고백한다.

9절에서 "여호와여 나를 내 원수들에게서 건지소서 내가 주께 피하여 숨었나이다"고 하였다. 이것은 하나님만이 나를 피할 길이심을 강조하는 내용이다.

10절에서 "주는 나의 하나님이시니 나를 가르쳐 주의 뜻을 행하게 하소서 주의 영은 선하시니 나를 공평한 땅에 인도하소서"라고 하였다. 시인은 하나님을 향하여 보다 깊은 간구를 하고 있다. 하나님의 특별하신 인도를 호소한다. 여기서 '뜻'이란 '은총', 등의 의미를 가지고 있다. '주의 영이 선하시니 나를 공평한 땅에 인도하소서'라고 하였다. 하나님은 선하신 분이시며 그 선하신 뜻에 따라 하나님의 역사가 나타난다.

11~12절에서 하나님께서 '주의 이름을 위하여' 살려주시고 환난에서 이끌어 주시기를 호소한다. 그래서 원수들의 공격에서 끊으시고 원수들을 다 멸해 달라고 호소한다. 시인은 '나는 주의 종이다'고 고백한다. 이것은 시인의 기본자세를 보여 주는 것으로 중요한 의미를 가지고 있다. 우리는 주의 종이기에 하나님이 우리를 건지시고 보호해 주시기를 호소한다. 역경에서 우리를 구할 자 하나님 한 분 뿐이시다. 이 하나님을 바로 의지하며 나아가야 한다.

이러한 백성은 복이 있나니

시편 144:1~15

1나의 반석이신 여호와를 찬송하리로다 그가 내 손을 가르쳐 싸우게 하시며 손가락을 가르쳐 전쟁하게 하시는도다 2여호와는 나의 사랑이시요 나의 요새이시요 나의 산성이 시요 나를 건지시는 이시요 나의 방패이시니 내가 그에게 피하였고 그가 내 백성을 내게 복종하게 하셨나이다 3여호와여 사람이 무엇이기에 주께서 그를 알아 주시며 인생이 무엇이기에 그를 생각하시나이까 4사람은 헛것 같고 그의 날은 지나가는 그림자 같으니이다 5여호와여 주의 하늘을 드리우고 강림하시며 산들에 접촉하사 연기를 내게 하소서 6번개를 번쩍이사 원수들을 흩으시며 주의 화살을 쏘아 그들을 무찌르소서 7위에서부터 주의 손을 펴사 나를 큰 물과 이방인의 손에서 구하여 건지소서 8그들의 입은 거짓을 말하며 그의 오른손은 거짓의 오른손이니이다 9하나님이여 내가 주께 새 노래로 노래하며 열 줄 비파로 주를 찬양하리이다 10주는 왕들에게 구원을 베푸시는 자시요 그의 종 다윗을 그 해하려는 칼에서 구하시는 자시니이다 11이방인의 손에서 나를 구하여 건지소서 그들의 입은 거짓을 말하며 그 오른손은 거짓의 오른손이니이다 12우리 아들들은 어리다가 장성한 나무들과 같으며 우리 딸들은 궁전의 양식대로 아름답게 다듬은 모퉁잇돌들과 같으며 13우리의 곳간에는 백곡이 가득하며 우리의 양은 들에서 천천과 만만으로 번성하며 14우리 수소는 무겁게 실었으며 또 우리를 침노하는 일이나 우리가 나아가 막는 일이 없으며 우리 거리에는 슬피 부르짖음이 없을진대 15이러한 백성은 복이 있나니 여호와를 자기 하나님으로 삼는 백성은 복이 있도다

시편 144편은 '왕의 간구시'로서 시편 18편과 주제, 구조, 형식에서 너무나 비슷하다. 하나님의 백성에게 임하는 구원의 역사가 계속하여 전승됨을 보여주고 있다. 이스라엘 백성들은 예배 시간에 아름다운 시를 노래하고 영적 풍성함을 소유하였다.

하나님을 향한 믿음의 이스라엘 백성을 유지시키는 힘이요 근거였기에 시편 전체를 통하여 하나님의 역사가 드러나고 있으며 이스라엘 구원의 근거가 되고 있다. 이 시편은 모두 다섯 부분으로 되어 있다. 서론적 찬양(1~2절),

인간의 연약함을 묵상함(3~4절), 하나님께서 전쟁에 간섭해 주시기를 간청함(5~8절), 서원과 감사(9~11절), 하나님의 축복(12~15절)으로 되어 있다.

1. 서론적 찬양

1~2절은 서론적 찬양이다. "나의 반석이신 여호와를 찬송하리로다 그가 내 손을 가르쳐 싸우게 하시며 손가락을 가르쳐 전쟁하게 하시는도다 여호와는 나의 사랑이시요 나의 요새시요 나의 산성이시요 나를 건지는 자시요 나의 방패이시니 내가 그에게 피하였고 그가 내 백성을 내게 복종하게 하셨나이다"고 하였다. 시인은 '나의 반석 여호와를 찬송하리로다'고 하였는데 이것은 시편 18편 46절의 표현과 비슷하다. 하나님은 살아계신 분이요 반석이 되셔서 찬송을 받으시는 분이다. '그가 내 손을 가르쳐 싸우게 하시며'라고 하였는데 하나님께서 손가락에 힘을 주셔서 활 시위를 잡고 있음을 표현한다. 여기서 하나님은 용사로 묘사되고 있다. 하나님은 용사 중의 용사인 자기 종 다윗에게 전쟁의 기술을 가르친다. 이 전쟁을 이 땅의 전쟁을 의미하기도 하고, 거룩한 전쟁을 뜻하기도 한다. 왕은 하나님의 전쟁을 대신하는 자이기에 하나님께서 이 세상의 모든 것을 주장하신다.

2절에서는 하나님에 대한 신앙고백이 절절이 나온다. 여러 가지 은유법을 통하여 하나님의 실체를 노래하고 있는데 이것은 시인의 가슴 속에 하나님의 선하심에 대한 묵상으로 가득함을 보여준다.

2. 인간의 연약함에 대한 묵상

3~4절은 인간의 연약함에 대한 묵상이다. "여호와여 사람이 무엇이기에 주께서 그를 알아주시며 인생이 무엇이기에 그를 생각하시나이까 사람은 헛것 같고 그의 날은 지나가는 그림자 같으니이다"고 하였다. 사람이 무엇인가? 이것은 시편 8편 4절을 상기시켜준다.

시인은 하나님의 위대하심과 인간의 연약함을 대조시킨다. 우리는 보잘 것 없고 아무것도 아닌 존재이지만 하나님이 우리를 알아주시고 보호해 주시기에 우리들이 보다 귀한 존재로 살 수 있게 된다. 시인은 사람은 헛것 같다고 하였다. 여기서 '헛것'이란 '한숨' '숨결'과 같은 의미이다. 실체를 찾아보기 어려운 사라지는 그림자와 같은 존재이다. 아무리 이 땅에서 귀하고 능력 있어도 하나님이 보시기에는 아무것도 아닌 존재가 바로 인간이다.

5~8절은 하나님께서 전쟁에 간섭해 주시기를 간청하는 내용이다. 5절에서 "여호와여 주의 하늘을 드리우고 강림하시며 산들에 접촉하사 연기를 내게 하소서"라고 하였다. 이와 같은 표현이 시편 18:9, 104:32에도 나온다. 이것은 왕의 기도이다. 하나님께서 역사하셔서 놀라운 역사가 일어나기를 소원하고 있다. 6절에서는 "번개를 번쩍이사 원수들을 흩으시며 주의 화살을 쏘아 그들을 무찌르소서"라고 하였다. 하나님께서 도와주셔야 전쟁에서 승리한다는 의미이다. 하나님이 역사하시고 주장하셔서 원수들을 격파시켜 주실 것을 구한다.

7~8절에서는 원수들의 모습에 대한 묘사이다. 원수들이 여러 가지 문제를 일으키고 온갖 궤사를 행할지라도 하나님이 그들을 쳐 주시기를 간구하고 있다. 원수들을 막기 위해서는 하나님이 역사해 주셔야 한다. 하나님이 전쟁에 개입하시면 진정한 승리가 있다는 사실을 보여 준다.

9~11절에서는 서원과 감사가 나온다. 왕은 기도를 끝내면서 찬송으로 서원한다. 하나님께서 그에게 승리를 주실 것에 대해 감사하고 하나님께서 그를 구출해 주실 것이라 기도한다.

9절에서 "하나님이여 내가 주께 새 노래로 노래하며 열 줄 비파로 주를 찬양하리이다"고 하였다. 새 노래란 하나님의 구원을 찬양하며 드리는 찬양시이다. 시인은 자기가 받은 구원에 감사하고 감격한다. 그리하여 열줄 비파로 하나님을 찬양한다.

10절에서 "주는 왕들에게 구원을 베푸시는 자시요 그의 종 다윗을 그 해하려는 칼에서 구하시는 자시니이다"고 하였다. 여호와는 왕에게 구원 즉 승리를 주신다. 이 구원은 다윗에게만 아니라 그 후손에게 계속하여 주실 것을 가르친다.

3. 기도의 반복

11절에서 "이방인의 손에서 나를 구하여 건지소서 그들의 입은 거짓을 말하며 그 오른손은 거짓의 오른손이니이다"고 하였다. 이 말씀은 7~8절에 나오는 기도의 반복이다. 악한 자들이 여러 가지 방법으로 하나님의 백성을 해치려고 할지라도 하나님의 큰 역사로 인하여 하나님의 백성을 구원하여 주신다.

마지막 연인 12~15절은 하나님의 축복에 대하여 말하고 있다. 시인은 여호와의 보호와 축복 속에서 이스라엘이 형통할 것을 묘사한다. 나라가 부강하기 위해서는 후손이 번창하고, 곡식이 풍성하고, 육축이 번성해야 한다. 이것은 하나님의 은혜로만이 가능한 일이다. 12절에서 "우리 아들들은 어리다가 장성한 나무들과 같으며 우리 딸들은 궁전의 양식대로 아름답게 다듬은 모퉁잇돌들과 같으며"고 하였다. 아들들은 번성한 나무같고 딸들은 잘 다듬어지고 꾸며진 존재와 같으니 이것이 하나님의 축복이다.

13절에서 "우리의 곳간에는 백곡이 가득하며 우리의 양은 들에서 천천과 만만으로 번성하며"고 하였다. 하나님께서 곡식의 복을 주시고 양들을 번성케 하셨다. 이것은 하나님께서 자기 백성을 돌보시는 모습을 그리고 있다.

14절에서 "우리 수소는 무겁게 실었으며 또 우리를 침노하는 일이나 우리가 나아가 막는 일이 없으며 우리 거리에는 슬피 부르짖음이 없을진대"라고 하였다. 이 구절은 해석하기가 어렵다. 그러나 하나님께서 지켜주시고 보호해 주심을 나타낸다.

15절에서 "이러한 백성은 복이 있나니 여호와를 자기 하나님으로 삼는 백성은 복이 있도다"고 하였다. 하나님이 주신 복을 모두 받은 자들이 복이 있다. 여호와를 자기 백성으로 모신 백성들은 이러한 복을 받는다. 우리는 여기서 민족의 복을 받는 길이 무엇인지를 배울 수 있다. 여호와를 자기 하나님으로 삼아야 한다. 이것이 하나님의 백성으로서 최선의 길이다. 이 하나님을 믿고 사랑하며 따라가는 삶을 살아야 한다.

주의 나라는 영원한 나라이니

시편 145:1~21

1왕이신 나의 하나님이여 내가 주를 높이고 영원히 주의 이름을 송축하리이다 2내가 날마다 주를 송축하며 영원히 주의 이름을 송축하리이다 3여호와는 위대하시니 크게 찬양할 것이라 그의 위대하심을 측량하지 못하리로다 4대대로 주께서 행하시는 일을 크게 찬양하며 주의 능한 일을 선포하리로다 5주의 존귀하고 영광스러운 위엄과 주의 기이한 일들을 나는 작은 소리로 읊조리리이다 6사람들은 주의 두려운 일의 권능을 말할 것이요 나도 주의 위대하심을 선포하리이다 7그들이 주의 크신 은혜를 기념하여 말하며 주의 의를 노래하리이다 8여호와는 은혜로우시며 긍휼이 많으시며 노하기를 더디 하시며 인자하심이 크시도다 9여호와께서는 모든 것을 선대하시며 그 지으신 모든 것에 긍휼을 베푸시는도다 10여호와여 주께서 지으신 모든 것들이 주께 감사하며 주의 성도들이 주를 송축하리이다 11그들이 주의 나라의 영광을 말하며 주의 업적을 일러서 12주의 업적과 주의 나라의 위엄 있는 영광을 인생들에게 알게 하리이다 13주의 나라는 영원한 나라이니 주의 통치는 대대에 이르리이다 14여호와께서는 모든 넘어지는 자들을 붙드시며 비굴한 자들을 일으키시는도다 15모든 사람의 눈이 주를 앙망하오니 주는 때를 따라 그들에게 먹을 것을 주시며 16손을 펴사 모든 생물의 소원을 만족하게 하시나이다 17여호와께서는 그 모든 행위에 의로우시며 그 모든 일에 은혜로우시도다 18여호와께서는 자기에게 간구하는 모든 자 곧 진실하게 간구하는 모든 자에게 가까이 하시도다 19그는 자기를 경외하는 자들의 소원을 이루시며 또 그들의 부르짖음을 들으사 구원하시리로다 20여호와께서 자기를 사랑하는 자들은 다 보호하시고 악인들은 다 멸하시리로다 21내 입이 여호와의 영예를 말하며 모든 육체가 그의 거룩하신 이름을 영원히 송축할지로다

시편 145편은 알파벳 시편이다 찬양시의 형태를 가지고 있으며 하나님의 왕권과 하나님의 축복을 노래하고 있다. 하나님의 백성들은 하나님의 나라와 그 영원한 의를 노래하며 하나님께 영광을 돌린다. 초대교회에서는 이 시편을 점심 식사시간에 낭송하였다고 한다. 이것은 신앙 공동체의 믿음을 나타내며 하나님을 영화롭게 하고 찬양하는 특성이 시의 행간을 통하여 나타난다.

1. 시인의 신앙고백

1절에서 "왕이신 나의 하나님이여 내가 주를 높이고 영원히 주의 이름을 송축하리이다"고 하였다. 시인은 자기 자신을 향하여 하나님을 영원히 찬양하도록 권면한다. 시인은 하나님을 '왕'이라고 불렀다. '왕이신 나의 하나님이여'라고 하여 자신의 신앙을 고백한다. '내가 주를 높이고'는 찬양의 서문이다. 시인은 왕이신 하나님을 높인다. 왕은 다스리는 자이다. 이 하나님을 '나의 하나님'이라고 한 것은 하나님의 언약을 마음에 두고 한 고백이다. '영원히 주의 이름을 송축하리이다'고 하였는데, 하나님을 찬양하는 것은 영원히 지속되어야 한다. 우리의 찬양이 일시적인 것이 아니라 영원히 계속되어 하나님을 영화롭게 해야 한다.

2절에서 "내가 날마다 주를 송축하며 영원히 주의 이름을 송축하리이다"고 하였다. 여기서 '날마다'란 시간으로서의 날보다 지속적이라는 뜻을 가지고 있다. 학자들에 의하면 유대인들은 하루 세 번 회당에서 이 시편을 노래하였다고 한다. 하나님의 백성은 이 땅에서 여호와의 이름을 영원히 그리고 지속적으로 찬양해야 한다. 이것은 하나님의 백성이 누리는 복이며 영원한 신앙의 표현이다. '그의 위대하심을 측량하지 못하리이다'고 하였는데 하나님의 위대하심은 인간의 지혜로 이해할 수 없는 특별하고 고귀한 것이다.

2. 하나님의 구원역사

4절에서 "대대로 주께서 행하시는 일을 크게 찬양하며 주의 능한 일을 선포하리로다"고 하였다. '주께서 행하시는 일'이란 하나님의 구원의 역사를 말한다. 하나님의 백성들이 찬양과 감사로 하나님께 영광을 돌린다. 하나님에 대한 찬양은 개인적인 역사만이 아니라 대대로 행해져야 할 일이다. 제의 공동체는 이 전통을 이어가야 한다. 하나님의 백성이 가지고 있는 아름다운 전통이 날마다 소중하게 계승되어져야 한다.

5절에서 "주의 존귀하고 영광스러운 위엄과 주의 기이한 일들을 나는 작은 소리로 읊조리이다"고 하였다. 시인은 하나님이 베푸신 구원의 역사를 노래하고 찬양하리라고 고백한다.

6~7절은 하나님을 찬양해야 할 두 번째 근거를 제시하고 있다. 사람들이 하나님의 위대하신 역사를 말할 때에 시인은 하나님의 광대하심을 선포한다. 7절에 나오는 대로 "그들이 주의 크신 은혜를 기념하여 말하며 주의 의를 노래하리이다"고 하였는데 이것은 우리가 찬양해야 할 이유이다. 하나님의 은혜와 의를 노래해야 한다. 8절에서 "여호와는 은혜로우시며 긍휼이 많으시며 노하기를 더디 하시며 인자하심이 크시도다"고 하였다. 이 말씀은 시편 103:8을 약간 변형한 것이다. 하나님의 속성과 은총을 포괄적으로 제시하여 하나님의 계시의 중심 성격을 제시한다. 9절에서 "여호와께서는 모든 것을 선대하시며 그 지으신 모든 것에 긍휼을 베푸시는도다"고 하였다. 모든 것은 '우주'를 말하는데, 우주를 하나님이 만드셨다. 하나님은 우주 만물을 선대하시고 긍휼과 사랑을 베풀어 주신다. 하나님의 은혜와 사랑을 보다 넓게 제시하며 우리가 하나님을 찬양해야 할 이유를 보여 준다. 10절에서도 '주의 성도'가 주를 찬양할 수밖에 없음을 보여준다.

3. 하나님을 향한 찬양

11~13절은 이 시의 중심 내용으로서 창조물과 경건한 자들의 공동체가 하나님을 찬양해야 할 것에 대하여 말하고 있다. "그들이 주의 나라의 영광을 말하며 주의 업적을 일러서 주의 업적과 주의 나라의 위엄 있는 영광을 인생들에 알게 하리이다 주의 나라는 영원한 나라이니 주의 통치는 대대에 이르리이다"고 하였다. '그들이 주의 나라의 영광'이라고 하였는데 여기서의 나라는 여호와의 나라와 왕권을 가리킨다. 그러니 신약에서 교훈하는 '하나님의 나라'를 제시한다.

12절에 나오는 '인생'은 사람의 아들들이다. 인간들에게 하나님의 나라의 위엄을 알리어 그들이 하나님을 의지하여 살도록 교훈한다. 13절에서는 더 구체적인 내용이 나온다. 하나님의 통치는 시간과 공간을 초월한다. 이 세상의 모든 역사가 하나님의 통치 아래 있다. 하나님의 나라는 '영원한 나라'이다. 하나님의 통치는 과거, 현재, 미래를 통하여 구체적으로 나타난다. 그러므로 하나님의 백성은 하나님의 영원한 나라를 찬양하고 하나님의 귀한 뜻을 이 땅에 나타내어야 한다. 이것이 바로 우리가 받은 복이다. 14절에서 "여호와께서는 모든 넘어지는 자들을 붙드시며 비굴한 자들을 일으키시는도다"고 하였다. 시인은 하나님의 사랑을 노래하고 있다. '모든 넘어지는 자' 즉, 고통을 당하고 어려움 속에 있는 자를 하나님께서는 버리시지 않고 세워 주신다. 하나님의 사랑은 모든 자에게 귀하게 나타난다. 넘어지고 비굴하게 된 자를 일으키셔서 하나님을 의지하게 하시고 찬양하게 한다. 이러한 역사는 하나님의 사랑에서 나온 것으로서 우리들이 사랑에 감사해야 한다.

15~16절에서 "모든 사람의 눈이 주를 앙망하오니 주는 때를 따라 그들에게 먹을 것을 주시며 손을 펴사 모든 생물의 소원을 만족하게 하시나이다". 이것은 영적 굶주림을 하나님의 은총으로 채워 주신다는 뜻이다.

17절에서 "여호와께서는 그 모든 행위에 의로우시며 그 모든 일에 은혜로우시도다"고 하였다. 여기서 하나님의 속성이 나온다. 하나님은 의로우시고 은혜로우신 분이다.

18~19절에서는 기도에 응답하시는 하나님의 사랑을 노래한다. 간구를 들으시고 경외하는 자의 소원을 들으시고, 부르짖음을 들으신다. 하나님의 응답을 삼중적으로 강조하고 있다. 20절에서 "여호와께서 자기를 사랑하는 자들은 다 보호하시고 악인들은 다 멸하시리로다"고 하였다. 여기서 인생이 선택해야 할 두 길이 나온다. 하나님을 사랑하면 생명이 있고 하나님을 거역하면 죽음이 온다. 이것이 이 세상의 철칙이다.

21절에서 "내 입이 여호와의 영예를 말하며 모든 육체가 그의 거룩하신 이름을 영원히 송축할지로다"고 하였다. 시인은 다시 첫 주제로 돌아간다. '모든 육체'가 하나님의 이름을 노래한다.

시편 145편은 하나님의 나라에 대한 노래이다. 영원하고 생명이 가득한 그 나라를 사모하고 하나님께 영광 돌리는 것이 귀하고 아름답다.

여호와께서 나그네들을 보호하시며

시편 146:1~10

1할렐루야 내 영혼아 여호와를 찬양하라 2나의 생전에 여호와를 찬양하며 나의 평생에 내 하나님을 찬송하리로다 3귀인들을 의지하지 말며 도울 힘이 없는 인생도 의지하지 말지니 4그의 호흡이 끊어지면 흙으로 돌아가서 그 날에 그의 생각이 소멸하리로다 5 야곱의 하나님을 자기의 도움으로 삼으며 여호와 자기 하나님에게 자기의 소망을 두는 자는 복이 있도다 6여호와는 천지와 바다와 그 중의 만물을 지으시며 영원히 진실함을 지키시며 7억눌린 사람들을 위해 정의로 심판하시며 주린 자들에게 먹을 것을 주시는 이시로다 여호와께서는 갇힌 자들에게 자유를 주시는도다 8여호와께서 맹인들의 눈을 여시며 여호와께서 비굴한 자들을 일으키시며 여호와께서 의인들을 사랑하시며 9여호와께서 나그네들을 보호하시며 고아와 과부를 붙드시고 악인들의 길은 굽게 하시는도다

시편 146편은 알파벳 시편으로서 찬양시의 형태로 되어 있다. 시인은 두 번에 걸쳐 하나님을 찬양하라고 권면하고 있다. 이 시편은 창조주로서의 하나님의 위대하심과 구속주로서의 하나님의 은혜로우심을 찬양한다. 시인은 우리의 찬양이 일시적인 것이 아니라 평생토록 찬양이 있어야 하고, 인간을 의지하지 말고 하나님만 의지하라는 권면을 한다. 여호와 하나님은 사랑이 풍성하신 분이어서 이 땅에서 고통당하고 어려움을 겪는 사람들은 일으키시고 새 힘을 주신다.

시편 146~150편은 할렐루야 찬양으로서 매일 회당의 아침 기도로 사용되는데 하나님의 나라와 그 왕권에 대한 찬양이다.

1. 여호와를 찬양하라

1~2절에서 "할렐루야 내 영혼아 여호와를 찬양하라 나의 생전에 여호와

를 찬양하며 나의 평생에 내 하나님을 찬송하리로다"고 하였다. 시편 146편은 마지막 할렐루야 시편에 속한다. 시인은 자기 자신에 대하여 스스로 격려하여 하나님을 찬양하게 한다. '내 영혼아 여호와를 찬양하라'는 격려는 시인의 영적 특성을 보여 준다.

2절은 개인 감사시 형식이다. '나의 생전에' '나의 평생에' 하나님을 찬양하려고 서원한다. 이것은 하나님의 무한한 은혜에 대한 감사이다. 그래서 그의 평생에 하나님을 찬양하며 감사를 드린다.

3절에서 "귀인들을 의지하지 말며 도울 힘이 없는 인생도 의지하지 말지니"라고 하였다. 시인은 사람을 의지하지 말라고 한다. 방백들은 백성의 지도자로서 탁월한 자이다. 그러나 이들이 도덕적으로 탁월한 자가 아니다. 이들의 실체는 도울 힘이 없는 존재이다. 이 땅의 인간들은 이러한 사람을 의지하고 모든 것을 기대한다. 그러나 이들은 자신의 문제로 인하여 더욱 힘들어 하고 이 땅에서는 희망이 없는 자이니 그들의 인도를 받고자 함이 얼마나 비참한 일인가?

4절에서 "그의 호흡이 끊어지면 흙으로 돌아가서 그 날에 그의 생각이 소멸하리로다"고 하였다. 하나님께서 우리의 호흡을 거두시면 우리는 죽게 되고 흙으로 돌아가 버린다. 그러니 지금까지 계획하고 하였던 일이 허사가 된다. 이것이 인생이다.

2. 하나님께 소망 두는 자

5절에서 "야곱의 하나님을 자기의 도움으로 삼으며 여호와 자기 하나님에게 자기의 소망을 두는 자는 복이 있도다"고 하였다. 시인은 인간을 의지하지 말라고 부정적인 권면을 한 후에 긍정적인 권면을 한다. 하나님을 믿고 의지하라는 적극적 권면이다. '야곱의 하나님'은 이스라엘의 하나님이다. 자기 백성을 구원하시고 인도하시는 하나님이다. 이 하나님을 자기의 도움으로 삼는 자는 복이 있다고 하였다. 사람은 다른 사람을 도울 수가 없다. 오직 하나님만이 이스라엘을 도우실 수가 있다. '여호와 자기 하나님에게 자기의 소망을 두는 자'라고 하였다. 이 땅에서 우리 하나님만이 우리의 소망이 되신다. 인간은 변하고 배신하지만 하나님은 옛날이나 지금이나 동일하신 분이다. '여호와' 하나님은 능력의 하나님이며 언약의 하나님이다.

6절에서 "여호와는 천지와 바다와 그 중의 만물을 지으시며 영원히 진실함을 지키시며"라고 하였다. 시인은 여호와 하나님을 창조주로 노래한다. 천지와 바다, 그리고 만물을 지으신 권세를 가지신 분이다. 이 하나님은 진실하셔서 변함이 없으시고, 한 번 약속한 것은 반드시 지키시는 분이시다.

7절에서 "억눌린 사람들을 위해 정의로 심판하시며 주린 자들에게 먹을 것을 주시는 이시로다 여호와께서는 갇힌 자들에게 자유를 주시는도다"라고 하였다. 이 구절은 찬양 형식으로 되어 있으며 엄숙하게 서술하고 있다.

시인은 하나님을 의지해야 하는 내적 이유를 제시한다. 하나님은 이상적인 왕으로서 인생의 모든 부분을 판단하신다. 하나님은 우리의 삶에 개입하셔서 우리를 이끌어 주신다. 여기서 하나님의 관심 영역이 나타난다. 갇힌 자, 배고픈 자, 병든 자, 의지할 곳 없는 자, 나그네, 고아, 과부를 돌보시는 하나님이시다. 인간이 의지해야 할 자가 누구인가? 오직 살아계신 하나님만이 우리의 의지자이시다. 그러기에 우리는 이 하나님을 바라고 의지하며 나아간다.

3. 의인을 사랑하시며

8절에서 "여호와께서 맹인들의 눈을 여시며 여호와께서 비굴한 자들을 일으키시며 여호와께서 의인들을 사랑하시며"라고 하였다. 여기서 우리가 주목 할 수 있는 것은 '맹인들의 눈을 여시며'이다. 이것은 실제로 맹인의 눈을 여시는 것으로 볼 수 있고, 맹인과 같은 역경을 겪는 자에게 하나님이 힘을 주심을 보여 준다.

우리들이 이 세상을 살 때에 생각지도 않은 역경이 올 때가 있다. 낙심하기 쉬운 상황에 처할 때에 우리에게 관심을 가지는 대상이 누구인가? 오직 하나님 한 분만이 우리에게 힘을 주시고 소망을 가지게 한다. '여호와께서 비굴한 자들을 일으키시며'라고 하였다. 하나님은 넘어져서 비참하게 된 자를 일으켜 세우신다. 인간은 넘어진 자를 밟고 넘어뜨리시는데 하나님은 그들의 연약함을 아시고 바로 세워 주신다. 우리는 여기서 하나님의 사랑을 배울 수 있다. 하나님은 연약한 자기 백성을 일으켜 세워 하나님의 영광을 위하여 살게 하신다. 이 하나님의 역사를 바로 믿고 나아가는 것이 중요하다.

9절에서 "여호와께서 나그네들을 보호하시며 고아와 과부를 붙드시고 악인들의 길은 굽게 하시는도다"고 하였다. 하나님의 사랑의 역사를 구체적으로 묘사하였다. 하나님은 의인을 사랑하신다. 하나님을 섬기고 의지하는 자를 더욱 사랑하신다. 하나님은 이 사회에서 도움을 받지 못하는 자들을 돌보신다. 나그네, 고아, 과부들은 가장 외롭고 비참한 자들이다. 하나님은 이들을 돌보시고 사랑하신다.

'악인들의 길은 굽게 하시는도다'고 하였으니 악인들이 여러 가지 악한 계획을 할지라도 하나님이 이 모든 것을 허사로 돌리신다. 인간의 삶이 무엇인가? 하나님의 역사가 아니면 아무것도 할 수 없는 존재인데 이들이 하나님보다 인간을 의지하는 것이 얼마나 어리석은 일인가?

10절에서 "시온아 여호와는 영원히 다스리시고 네 하나님은 대대로 통치하시리로다 할렐루야"라고 하였다. 이것은 중요한 결론이다. 하나님의 절대 주권이 대대에 영원히 나타나는 것을 강조한다.

하나님은 우리를 통치하시되 영원히 대대에 통치하신다. 하나님을 의지하는 것은 우리로 하여금 영원한 미래를 바라보게 하고, 하나님의 절대 주권을 이 땅에 나타난다. 시인은 창조주 하나님, 구속주 하나님을 찬양하라고 한다. 하나님은 '왕'이시다. 우리는 약하고 악한 인간을 의지할 것이 아니라 우리를 지켜 주시고 사랑하시는 하나님만을 의지해야 한다. 이것이 우리가 가야 할 길이다.

찬송하는 일이 아름답고 마땅하도다

시편 147:1~20

1할렐루야 우리 하나님을 찬양하는 일이 선함이여 찬송하는 일이 아름답고 마땅하도다 2여호와께서 예루살렘을 세우시며 이스라엘의 흩어진 자들을 모으시며 3상심한 자들을 고치시며 그들의 상처를 싸매시는도다 4그가 별들의 수효를 세시고 그것들을 다 이름대로 부르시는도다 5우리 주는 위대하시며 능력이 많으시며 그의 지혜가 무궁하시도다 6여호와께서 겸손한 자들은 붙드시고 악인들은 땅에 엎드러뜨리시는도다 7감사함으로 여호와께 노래하며 수금으로 하나님께 찬양할지어다 8그가 구름으로 하늘을 덮으시며 땅을 위하여 비를 준비하시며 산에 풀이 자라게 하시며 9들짐승과 우는 까마귀 새끼에게 먹을 것을 주시는도다 10여호와는 말의 힘이 세다 하여 기뻐하지 아니하시며 사람의 다리가 억세다 하여 기뻐하지 아니하시고 11여호와는 자기를 경외하는 자들과 그의 인자하심을 바라는 자들을 기뻐하시는도다 12예루살렘아 여호와를 찬송할지어다 시온아 네 하나님을 찬양할지어다 13그가 네 문빗장을 견고히 하시고 네 가운데에 있는 너의 자녀들에게 복을 주셨으며 14네 경내를 평안하게 하시고 아름다운 밀로 너를 배불리시며 15그의 명령을 땅에 보내시니 그의 말씀이 속히 달리는도다 16눈을 양털 같이 내리시며 서리를 재 같이 흩으시며 17우박을 떡 부스러기 같이 뿌리시나니 누가 능히 그의 추위를 감당하리요 18그의 말씀을 보내사 그것들을 녹이시고 바람을 불게 하신즉 물이 흐르는도다 19그가 그의 말씀을 야곱에게 보이시며 그의 율례와 규례를 이스라엘에게 보이시는도다 20그는 어느 민족에게도 이와 같이 행하지 아니하셨나니 그들은 그의 법도를 알지 못하였도다 할렐루야

시편 147편은 자연과 인간을 돌보아 주시는 하나님의 크신 사랑을 노래하고 있다. 이 시편에서 하나님의 구체적인 행동이 나타난다. 하나님은 흩어진 이스라엘 백성을 모으시고, 무너진 예루살렘 성을 재건하시며, 상처받은 백성들의 상한 심령을 고쳐 주시는 사랑의 주님이시다 시편 147편은 찬

양시의 특성을 가지고 있다. 하나님의 백성들에게 하나님의 귀한 사랑을 깨닫게 하고 돌보시는 하나님을 찬양하게 한다. 이 시의 구분에 대해서는 여러 가지 논의들이 있다.

1. 할렐루야

1절에서 "할렐루야 우리 하나님을 찬양하는 일이 선함이여 찬송하는 일이 아름답고 마땅하도다"고 하였다. 이 시편은 할렐루야로 시작하여 할렐루야로 마치는 '할렐루야 시편'이다 우리 하나님께 찬양함이 선하다고 하였으니 이 땅의 모든 것 가운데 하나님을 의지하고 바라는 것이 가장 소중하다.

'찬송하는 일이 아름답고 마땅하도다'고 하였는데 '아름답다'란 것은 '유쾌하다'는 뜻이다. 하나님을 찬송하는 것이 기쁘고, 즐거우며, 유쾌한 일이 아닌가? 선함과 기쁨과 아름다움이 조화를 이루니 우리들이 이것을 소중히 여겨야 한다. '마땅하도다'고 하였으니 하나님을 찬양하는 것은 하나님의 백성이 마땅히 하여야 할 일이다. 우리들은 마땅히 행할 일을 하지 못하고 하지 말아야 할 것을 하는 어리석음에 빠지기 쉽다. 하나님을 찬양함이 마땅하기에 우리는 이것을 반드시 해야 한다.

2절에서 "여호와께서 예루살렘을 세우시며 이스라엘의 흩어진 자들을 모으시며"라고 하였다. 여기서부터 하나님의 행적을 말한다. 하나님께서는 자기 백성들에게 특별한 은혜를 베푸시는데 이것을 시로 승화시켰다. '여호와께서 예루살렘을 세우시며'라고 하였는데 이것은 '재건한다'는 의미를 가지기도 한다. 이스라엘 백성은 바벨론 포로에서 해방되어 고국으로 돌아와 예루살렘을 재건한다. 여기서 포로 후기의 이스라엘 공동체가 형성된다. 이것은 하나님의 은총과 사랑을 증거하는 것이다.

'이스라엘의 흩어진 자들을 모으시며'라고 하였다. 포로에서 귀환하는 것을 가리킬 수 있다. 이스라엘의 흩어진 자들은 이 세상에서 가장 슬프고 비참한 자들이다. 하나님은 이들을 모으시고 거룩한 하나님의 가족으로 부르신다.

2. 상심한 자를 고치시며

3절에서 "상심한 자들을 고치시며 그들의 상처를 싸매시는도다"고 하였다. 이것은 치료하시는 하나님의 역사를 강조하는 말이다. 이 땅에서 상처받고 어려움을 겪는 사람들이 하나님으로 말미암아 치유함을 받고 위로를 받는다. 하나님은 고통당하는 자들을 치료하시고 그들을 위로하신다. 이것은 하나님의 참 사랑이 무엇인지를 우리에게 보여 주는 것으로서 하나님의 은총을 다시 한번 깨닫게 한다.

4절에서 "그가 별들의 수효를 세시고 그것들을 다 이름대로 부르시는도다"고 하였다. 시인은 하나님의 역사를 다른 방향으로 표현한다. 우주적 능력을 가지신 하나님에 대해 말한다. 하나님은 우주의 하나님이다. 창조주 하나님의 역사가 우주에 가득하다. '별들의 수효를 세시고'는 하나님이 별의 수효를 다 헤아린다는 의미이지만 하나님께서 그 숫자를 다 아신다는 뜻도 있다. 이것은 사람의 지혜로서는 도저히 감당할 수 없으나 하나님만이 하실 수 있는 일이다. '그것들을 다 이름대로 부르시는도다'고 하였는데 이것은 온 세상을 다스리시는 하나님의 절대주권을 말하고 있다. 고대 근동지방에서는 별을 믿는 자들이 있었다. 그러나 이 별들도 하나님의 주권 아래 있음을 분명히 해야 한다.

5절에서 "우리 주는 위대하시며 능력이 많으시며 그의 지혜가 무궁하시도다"고 하였다. 이제는 하나님의 능력과 지혜를 찬양한다. 하나님은 많은 능력을 가지고 계신다. 창조의 능력, 구원의 능력을 가지고 계시는 '우리 주님'이시다. 6절에서 "여호와께서 겸손한 자들은 붙드시고 악인들은 땅에 엎드러뜨리시는도다"고 하였다. 하나님은 교만한 자를 물리치시고 겸손한 자를 붙드신다. 여기서 '붙드신다'는 말은 '도운다'는 뜻을 가지고 있다. 반대로 악인은 땅에 엎드러뜨리시는 하나님이다. 악한 자가 교만하여 자기 마음대로 행할지라도 하나님이 역사하시면 그들이 망할 수밖에 없다. 이 하나님을 찬양하는 것이 무엇보다 귀하고 소중하다.

3. 감사함으로 여호와께 노래하며

7절에서 "감사함으로 여호와께 노래하며 수금으로 하나님께 찬양할지어다". 8~9절은 자연계와 동식물을 자라게 하시고 보호하시는 하나님을 찬양한다. 하나님의 창조 역사는 자연계에 미친다. 구름과 비, 산과 들, 들짐승과 까마귀 새끼까지 보호하시고 인도하시는 하나님이시다.

10절에서 "여호와는 말의 힘이 세다 하여 기뻐하지 아니하시며 사람의 다리가 억세다 하여 기뻐하지 아니하시고"라고 하였다. 여기서 전쟁 개념이 나온다. 그것도 거룩한 전쟁이다. 이 세상의 왕들은 말의 힘 즉 군사력에 관심을 가지고 이것이 강하면 힘이 많다고 자랑한다. 또 '사람의 다리' 즉, 용사들의 수를 자랑한다. 그러나 하나님이 보실 때는 이것이 아무것도 아니다. 하나님의 절대권능이 나타나면 이들은 다 허망하게 된다.

11~12절은 하나님의 백성들로 하여금 하나님을 찬양하기를 권면한다. 하나님께서 신앙공동체에 복을 주시고 생명을 주시기에 하나님을 찬양해야 한다. 13~17절에는 하나님이 주시는 역사를 구체적으로 설명하고 있다. 자녀에게 복을 주시고(13절), 경내를 평안하게 하시고(14절), 말씀을 주시고 또 팔레스타인에는 없는 눈과 우박을 주신다. 이 모든 것이 하나님의 특별하신 역사이다. 하나님의 백성은 이것을 귀하게 여기며 하나님께 감사하고 찬송하여야 한다.

18절에서 "그의 말씀을 보내사 그것들을 녹이시고 바람을 불게 하신즉 물이 흐르는도다"고 하였다. 자연계를 통치하시는 하나님의 역사이다. '그의 말씀을 보내사'란 말씀이 하나님의 사신이 되심을 보여준다.

19~20절에서 하나님의 초월성을 말하고 이스라엘이 선택되었음을 강조한다. 하나님은 자연신이 아니라 이 세상에 초월해 있는 신이다. 하나님은 초월해 있으면서도 내재하셔서 역사하시는 분이다. 하나님은 이스라엘을 모든 민족 가운데서 선택하셨다. 이 하나님을 믿는 것이 이 땅에서 받는 최고의 복이다. 하나님은 창조사역과 구원사역을 통하여 하나님의 역사를 나타낸다. 그러기에 우리는 이 하나님을 찬양하는 것이 무엇보다 소중하다.

높은 데서 그를 찬양할지어다

시편 148:1~14

1할렐루야 하늘에서 여호와를 찬양하며 높은 데서 그를 찬양할지어다 2그의 모든 천사여 찬양하며 모든 군대여 그를 찬양할지어다 3해와 달아 그를 찬양하며 밝은 별들아다 그를 찬양할지어다 4하늘의 하늘도 그를 찬양하며 하늘 위에 있는 물들도 그를 찬양할지어다 5그것들이 여호와의 이름을 찬양함은 그가 명령하시므로 지음을 받았음이로다 6그가 또 그것들을 영원히 세우시고 폐하지 못할 명령을 정하셨도다 7너희 용들과 바다여 땅에서 여호와를 찬양하라 8불과 우박과 눈과 안개와 그의 말씀을 따르는 광풍이며 9산들과 모든 작은 산과 과수와 모든 백향목이며 10짐승과 모든 가축과 기는 것과 나는 새며 11세상의 왕들과 모든 백성들과 고관들과 땅의 모든 재판관들이며 12총각과 처녀와 노인과 아이들아 13여호와의 이름을 찬양할지어다 그의 이름이 홀로 높으시며 그의 영광이 땅과 하늘 위에 뛰어나심이로다 14그가 그의 백성의 뿔을 높이셨으니 그는 모든 성도 곧 그를 가까이 하는 백성 이스라엘 자손의 찬양 받을 이시로다 할렐루야

시편 148편은 전형적인 찬양시이다. 하나님을 찬양하라는 부름을 통하여 하나님께 영광을 돌린다. 찬양은 인간만의 것이 아니라 온 우주가 하나님을 찬양해야 한다. 이 시편은 두 단락으로 되어 있는데 1-6절은 '하늘에서 주를 찬양하라' 는 것이며 7~14절은 '땅에서 주를 찬양하라' 는 것이다. 그러니 하늘과 땅에서 하나님을 찬양해야 하는 것 즉 온 우주가 하나님을 찬양해야 한다. 이 시편은 피조물의 모두가 하나님을 찬양하는 것으로 채워져 있다.

1. 하늘에서 찬양하며

1절에서 "할렐루야 하늘에서 여호와를 찬양하며 높은 데서 그를 찬양할

지어다"고 하였다. 할렐루야 시편인 이 시는 할렐루야로 시작하여 할렐루야로 마친다. '하늘에서'는 7절의 '땅에서'와 대조를 이룬다. 그러니 이 두 가지 표현은 찬양이 가능한 모든 영역을 말하고 있다. 하늘과 땅에서 여호와를 찬양하는 것은 자연세계의 의무이며 특성이다. 시인은 '여호와를 찬양하라'고 부르고 있다. 높은 데서 하나님을 찬양하기에 하나님의 백성은 영원토록 찬양한다.

2절에서 "그의 모든 천사여 찬양하며 모든 군대여 찬양할지어다"고 하였다. 여기서는 천군 천사들이 하나님을 찬양하라고 한다. 천군 천사들은 하나님의 영광을 드러내는 것이 그들의 임무이며 특별히 찬양으로 영광 돌린다.

3절에서 "해와 달아 그를 찬양하며 밝은 별들아 다 그를 찬양할지어다"고 하였다. 이제 해와 달과 별들로 하나님을 찬양하게 한다.

4절에서 "하늘의 하늘도 그를 찬양하며 하늘 위에 있는 물들도 그를 찬양할지어다"고 하였다. 여기서 '하늘의 하늘'은 하늘에 대한 복수형 표현인지 하늘의 여러 층을 말하는 것인지 분명하지 않다. '하늘 위에 있는 물들'은 궁창 위에 있는 바다로서 비의 원천이다. 그러니 4절은 천상 세계의 특성을 강조하며 그것들도 하나님을 찬양하라고 한다.

2. 찬양의 이유들

5절에서 "그것들이 여호와의 이름을 찬양함은 그가 명령하시므로 지음을 받았음이로다"고 하였다. 이 세상의 모든 것은 스스로 존재한 것이 아니라 '그가 명령하시므로' 즉 하나님의 명령에 의하여 지음을 받았다. 이것은 하나님의 위대하신 창조 능력을 묘사한 것이다.

6절에서 "그가 또 그것들을 영원히 세우시고 폐하지 못할 명령을 정하셨도다"고 하였다. 하나님께서 모든 피조물들을 창조하시고 그것들이 흔들리지 않도록 세워 주신다. '폐하지 못할 명령'이란 일반적으로 규례를 말한다. 시인은 아마 변할 수 없는 자연법에 대하여 말하고 있는 듯하다. 하나님께서는 자연계를 만드시고 이것을 다스리신다. 이들이 움직이는 길을 확실히 정하셔서 어느 누구도 그것을 변경시킬 수 없게 하셨다. 이것이 하나님의 통치이다. 하늘에서 여호와를 찬양하는데 이것은 피조세계의 특성이다. 하늘의 해, 달, 별들이 하나님을 찬양한다. 모든 세계가 소리 높여 찬양한다.

7절에서 "너희 용들과 바다여 땅에서 여호와를 찬양하라"고 하였다. 여기서부터 두 번째 내용이 나온다. '땅에서 여호와를 찬양하라'고 하신다. 앞에 나온 '하늘의 물들'에 대칭되는 바다가 나오고 또 용이 나온다. 이것은 시의 섬세한 표현으로 대칭법을 통해 문제를 바로 보게 한다. '땅에서 여호와를 찬양하는 것'은 여러 가지 의미를 함축하고 있다. 하나님을 찬양하는 것은 하늘과 땅의 구별이 없다. 피조세계 모두가 하나님을 찬양해야 한다.

8절에서 "불과 우박과 눈과 안개와 그의 말씀을 따르는 광풍이며"라고 하였다. '불'은 번개이며, 우박과 눈이 함께 내리고, 안개가 있고 바람이 분다. 이 모든 것은 자연 현상을 나타내는 것으로서, 피조물들이 하나님을 찬양하는 것을 보여준다.

9절에서 "산들과 모든 작은 산과 과수와 모든 백향목이며"라고 하였는데 '산들과 모든 작은 산'은 모든 땅을 뜻하고 '과목과 모든 백향목'은 모든 식물을 뜻한다. 그러니 땅과 거기에 있는 식물들이 하나님을 찬양하여야 한다. 시인은 자연계의 여러 현상들을 다양하게 표현하면서 이것들이 하나님을 찬양해야 할 것을 보여주고 있다. 하늘, 땅, 바다, 그 속의 모든 것이 하나님을 찬양해야 하는데 이것은 하나님께서 자연의 모든 것을 만드시고 다스리시기 때문이다.

10절에서 "짐승과 모든 가축과 기는 것과 나는 새며"라고 하였는데, '기는 것'은 모든 파충류와 벌레들을 말하고, 자연계의 모든 것을 절묘하게 묘사하고 있다. 기는 것과 나는 것이 모두 하나님을 찬양한다. 이것은 하나님의 우주적 역사이다.

3. 모든 인간들의 찬양

11~12절에서 "세상의 왕들과 모든 백성과 고관들과 땅의 모든 재판관들이며 총각과 처녀와 노인과 아이들아"라고 하였다. 시인은 인간에 대하여 언급하고 있다. 인간 창조는 하나님의 창조 사역의 절정이기에 인간에 대한 논의는 가장 중요하다. 하나님을 찬양하는 데는 신분의 차이가 없다. 왕이나 백성들, 방백과 사사들이 하나님을 찬양한다. 세상의 신분에 상관없이 모든 인간들은 하나님을 찬양해야 한다. 또 하나님을 찬양하는 데는 세대의 차이가 있을 수 없다. 청년 남자와 노인과 아이 할 것 없이 모두가 하나님을 찬양하여야 한다. 인간들이 가장 귀할 때가 바로 하나님을 찬양할 때이다. 모든 정성을 모아 하나님을 찬양해야 하니 이것이 소중하다. 우리 모두가 정성을 다하여 하나님을 찬양해야 한다.

13절에서 "여호와의 이름을 찬양할지어다 그의 이름이 홀로 높으시며 그의 영광이 하늘과 땅 위에 뛰어나심이로다"고 하였다. 이 세상의 모든 것이 다 하나님 여호와의 이름을 찬양한다. 하나님의 이름에서 하나님의 임재가 나타나기 때문이다.

'그의 이름이 홀로 높으시며'라고 하였는데 하나님의 행적은 어느 누구와도 비교할 수 없는 일이다. 오직 하나님만이 역사하신다. 또 하나님의 이름은 앞에 나온 모든 것들 보다 높으시고 뛰어나신다.

14절에서 "그가 그의 백성의 뿔을 높이셨으니 그는 모든 성도 곧 그를 가까이 하는 백성 이스라엘 자손의 찬양 받을 이시로다 할렐루야"라고 하였다. '뿔을 높이셨다'는 것은 하나님께서 자기 백성에 새 힘과 용기를 주셨다는 말이다. 하나님이 새 힘을 주시니 하나님을 친근히 하는 이스라엘 백성들이 하나님을 찬양한다. 찬양은 하나님이 힘을 주셔야 가능하다. 그러므로 우리가 찬양할 수 있음이 영광이다. 시인은 하늘에서의 찬양과 땅에서의 찬양을 강조한다. 모든 피조세계가 다 하나님을 찬양해야 하며, 이를 통하여 하나님의 영광을 땅 끝까지 선포하게 된다.

춤추며 그의 이름을 찬양하며

시편 149:1~9

1할렐루야 새 노래로 여호와께 노래하며 성도의 모임 가운데에서 찬양할지어다 2이스라엘은 자기를 지으신 이로 말미암아 즐거워하며 시온의 주민은 그들의 왕으로 말미암아 즐거워할지어다 3춤 추며 그의 이름을 찬양하며 소고와 수금으로 그를 찬양할지어다 4여호와께서는 자기 백성을 기뻐하시며 겸손한 자를 구원으로 아름답게 하심이로다 5성도들은 영광 중에 즐거워하며 그들의 침상에서 기쁨으로 노래할지어다 6그들의 입에는 하나님에 대한 찬양이 있고 그들의 손에는 두 날 가진 칼이 있도다 7이것으로 뭇 나라에 보수하며 민족들을 벌하며 8그들의 왕들은 사슬로, 그들의 귀인은 철고랑으로 결박하고 9기록한 판결대로 그들에게 시행할지로다 이런 영광은 그의 모든 성도에게 있도다 할렐루야

시편 149편은 찬양시이다. 시인은 4절에서 승리를 주시는 하나님을 찬양한다. 이 시는 하나님의 구속사에 근거하는데 두 단락으로 나눌 수 있다.

1~4절은 '출애굽에 근거한 승리의 새 노래'이다. 출애굽과 모세의 승리의 노래를 암시한다. 창조주 하나님께서 이스라엘을 출애굽 시켰고 미리암과 여인들이 소고 치며 찬양한 역사적 사건을 바탕으로 한다. 새 노래에서는 바벨론에서의 귀환을 두 번째 출애굽으로 이해하고 있다.

5~9절은 '정복에 근거한 승리의 새 노래'이다. 5절은 앞부분과 뒷부분을 잇는 연결고리 역할을 하며, 새 노래에서는 이스라엘을 만드신 이가 자기 백성에게 구원과 승리를 주신다고 하였다.

1. 새 노래로 여호와께 노래하며

1절에서 "할렐루야 새 노래로 여호와께 노래하며 성도의 모임 가운데에

서 찬양할지어다"고 하였다. 다른 시편처럼 회중들을 예배에로 부르는 것으로 시작한다. 이들이 예루살렘 성전에 모였다. '성도의 모임'은 예배공동체를 말한다. 이들이 하나님 앞에 나아와 새 노래로 찬양한다.

하나님의 백성들이 하나님을 영화롭게 하기 위하여 새 노래로 찬양한다. 이것은 하나님의 위대하신 역사를 나타내기 위함이다. 바벨론의 포로에서 해방시키는 것으로 구원의 역사를 의미한다.

2절에서 "이스라엘은 자기를 지으신 이로 말미암아 즐거워하며 시온의 주민은 그들의 왕으로 말미암아 즐거워할지어다"고 하였다. 이스라엘과 시온의 아들은 같은데, 이들은 의인의 무리이다. 여기서는 하나님을 창조주로 묘사하고 있다. 즉 이스라엘을 지으신 자요 시온의 왕이시다. 하나님에 대한 묘사는 이스라엘 백성의 신앙고백이다. 창조주요 왕이신 하나님을 믿는 것이 무엇보다 중요하다. 그가 우리를 죽음의 자리에서 건지셨으니 이 하나님을 찬양해야 한다. 오늘의 우리들도 이러한 믿음의 자세를 가지고 나아가야 한다.

3절에서 "춤추며 그의 이름을 찬양하며 소고와 수금으로 그를 찬양할지어다"고 하였다. 여기서 출애굽한 이스라엘 백성의 찬양을 볼 수 있다. 미리암과 이스라엘의 여인들이 소고를 치며 하나님께 찬양하였다. 그것처럼 하나님의 백성들이 구원의 역사를 노래하여야 한다.

하나님의 백성의 특성은 찬양이다. 이것은 단순한 노래가 아니라 구원에 대한 찬양이다. 죽음의 자리에서 건져 주신 하나님을 노래한다. 영혼의 노래이며 감격의 노래이다. 이러한 노래가 우리의 삶을 지배하여야 한다.

2. 자기 백성을 기뻐하시며

4절에서 "여호와께서는 자기 백성을 기뻐하시며 겸손한 자를 구원으로 아름답게 하심이로다"고 하였다. 여기서는 하나님을 찬양해야 할 이유가 제시한다. 하나님의 사랑으로 우리가 하나님의 백성이 되었다. 우리는 두려움과 겸손으로 하나님께 나아간다. 하나님은 겸손한 자를 택하여 구원하신다. 이러한 이유들로 인하여 하나님을 찬양하여야 한다. 찬양은 단순한 우리들의 음악이 아니라 구원하신 하나님의 역사를 높이고 하나님께 영광을 돌리는 것이다.

5절에서 "성도들은 영광 중에 즐거워하며 그들의 침상에서 기쁨으로 노래할지어다"고 하였다. 성도들은 존귀하시고 영광스러운 하나님을 찬양한다. 그리하여 영광중에서 즐거워하게 된다. 또 '그들의 침상에서' 노래하라고 하였는데 침상이 어디냐에 대하여 여러 가지 논의가 있지만 예배자가 경배하던 곳이라고 볼 수 있다.

하나님의 백성은 하나님을 찬양한다. 이것은 최고의 복이며 특권이다. 이 복을 받았으니 하나님의 영광을 드러내며 찬양한다. 하나님의 백성을 '성도'라고 불렀다. 이것은 최고의 칭호이다. 성도는 하나님의 백성으로 하나님을 영화롭게 하는 사명을 가지고 있다. 이들은 '침상'에서조차 하나님을 찬양하고 존귀를 노래해야 한다.

6절에서 "그들의 입에는 하나님에 대한 찬양이 있고 그들의 손에는 두 날 가진 칼이 있도다"고 하였다. 시인은 구원에 대한 다른 측면을 제시하는데 이방인들에 대한 심판이다. 여기서도 하나님의 통치를 드러낸다. 하나님의 통치를 영광스럽게 하기 위하여 찬양과 칼이 같이 나타난다. 하나님을 영광스럽게 하고, 하나님의 심판의 칼이 있을 때에 더 큰 역사가 나타난다. 하나님은 자기 백성을 구원하시고 이방인은 심판하신다. 이것은 하나님의 사랑과 공의를 보여 주는 것으로서 하나님의 백성이 하나님을 어떻게 섬겨야 할 것인지를 보여준다.

3. 거룩한 영적 전쟁

7절에서 "이것으로 뭇 나라에 보수하며 민족들을 벌하며"라고 하였다. 여기서 시편의 전쟁 용어들이 나오는데, 이것은 이스라엘 민족을 위한 전쟁이 아니라 거룩한 영적 전쟁이다. 시인은 영적 전쟁의 전통을 계승하여 하나님의 승리를 노래한다. 성경에는 이스라엘 백성들을 '용사'로 표현한 일들이 많다. 용사요 군사인 이들은 자기 민족을 위한 거룩한 전쟁을 한다. 이 전통이 하나님의 백성에게 계승되어 하나님을 찬양한다. 오늘의 우리들도 영적 전쟁의 전투병이다. 하나님을 찬양하며 거룩한 전쟁에서 승리하는 자가 되어야 한다. 하나님이 승리하시니 우리도 승리해야 한다.

8절에서 "그들의 왕들은 사슬로, 그들의 귀인은 철고랑으로 결박하고"라고 하였다. 이 세상 왕들의 패배를 말한다. '그들의 귀인'은 높은 귀족들이니, 왕과 귀족이 모두 멸망하게 된다. 하나님의 심판의 역사가 임하면 하나님을 믿지 않던 자들은 철저히 망하게 되는 모습을 그리고 있다.

9절에서 "기록한 판결대로 그들에게 시행할지로다 이런 영광은 그의 모든 성도에게 있도다 할렐루야"라고 하였다. '기록한 판결대로'에서 그 기록이 무엇이냐에 대해 논란이 있다. 아마 천상의 책이라고 볼 수 있다. 인간의 모든 행위가 기록되었다. 이스라엘의 역사를 보면 가나안 백성에 대한 심판이 이미 있었다.

이제 다시 하나님께서 이방을 심판하시고 하나님의 영광이 나타나기를 구하고 있다. 이것은 하나님의 백성의 소원이며 이 땅에서 이루어야 할 사명이다. '이런 영광은 그의 모든 성도에게 있도다'고 하였는데 하나님의 백성은 이방의 패망으로 인하여 하나님께 영광을 돌리고 또 영광을 받는다. 그리하여 성도는 '영광의 백성'이다.

이 시편은 하나님의 왕권을 찬양하는 노래이다. 경건한 자들의 공동체가 예배시간이나 축제에서 하나님의 이름을 찬양하였다. 시인은 찬양해야 할 이유(1~4절)를 제시함으로써 하나님의 백성의 바른 자세를 보여준다. 하나님께서는 자기 백성을 용서하시고 비천한 자들을 높이셨기에 이 하나님을 찬양해야 한다. 오늘의 우리도 우리를 구원하시고 높여 주신 하나님을 삶으로, 입술로 찬양하자.

할렐루야

시편 150:1~6

1할렐루야 그의 성소에서 하나님을 찬양하며 그의 권능의 궁창에서 그를 찬양할지어다 2그의 능하신 행동을 찬양하며 그의 지극히 위대하심을 따라 찬양할지어다 3나팔 소리로 찬양하며 비파와 수금으로 찬양할지어다 4소고 치며 춤 추어 찬양하며 현악과 퉁소로 찬양할지어다 5큰 소리 나는 제금으로 찬양하며 높은 소리 나는 제금으로 찬양할지어다 6호흡이 있는 자마다 여호와를 찬양할지어다 할렐루야

시편의 마지막 시이다. 위대하신 하나님을 찬양하는 시이다. 이 시에서는 '여호와를 찬양하라'고 계속하여 말하고 있는데 이 시편은 시편 148편과 구조와 주제면에서 비슷하다. 또 이 시편은 시편 전체의 송영으로서 온 우주를 향하여 하나님을 찬양하라고 권한다. 시편 150편은 명령형 찬양으로서 '주를 찬양하라'고 권면하고 있다.

이 시편은 두 단락으로 구성된다. 1~3절은 천상의 만물을 찬양하게 하며, 4~6절의 땅의 만물들이 하나님을 찬양하라고 한다. 모든 사람이 모든 악기를 동원하여 하나님을 찬양하라고 한다. 이 세상의 모든 것은 창조주 되신 하나님을 찬양해야 한다. 하나님은 만물의 주재자 되시고 통치자 되시기에 이 하나님을 찬양하는 것이 무엇보다도 중요하다.

1. 성소에서 찬양하며

1절에서 "할렐루야 그의 성소에서 하나님을 찬양하며 그의 권능의 궁창

에서 그를 찬양할지어다"고 하였다. 시인은 '하나님' 즉 '엘'이라고 부르는데 이것은 우주를 창조하신 하나님의 역사와 연관된 이름이다. '그의 성소에서'는 천상의 장소를 가리키는데 시인은 하늘 성소에 초점을 둔다. 이 땅의 성전은 하나님의 천상 처소의 상징이다. 이 성소는 하늘과 땅이 만나는 곳이다. 그러기에 천상의 세계가 계속하여 하나님을 찬양한다. 찬양은 하늘과 땅을 연결하는데 우리가 하나님을 찬양하여 영광을 돌린다. '그 권능의 궁창에서'라는 표현은 구약에서 여기만 나오는 독특한 것이다. 하나님의 궁창을 통치하시기에 여기서도 하나님을 찬양하게 된다.

2절에서 "그의 능하신 행동을 찬양하며 그의 지극히 위대하심을 따라 찬양할지어다"고 하였다. 하나님의 능하신 행동이란 하나님의 창조, 구원, 보전을 뜻한다.

하나님은 말씀으로 이 세상을 창조하셨다. 이것은 하나님의 위대하신 역사이다. 하나님의 위대한 창조를 통하여 우주를 만드시고 하나님의 역사를 이루시기에 하나님의 위대하심을 찬양해야 한다.

하나님은 구원의 역사를 이루신다. 타락한 인간이 범죄하여 영원한 죽음의 자리에 빠졌다. 하나님께서 예수 그리스도의 희생을 통하여 구원 역사를 이루셨는데 이 하나님을 우리가 찬양해야 한다. 하나님은 이 세상의 모든 것을 보전하신다. 창조하고 그대로 버려두신 것이 아니라 피조 세계가 바로 돌아가도록 하나님께서 보전하여 역사하신다. 이 하나님을 우리가 찬양해야 한다. 하나님의 '능하신 행동'을 우리가 찬양하며 하나님께 영광을 돌려야 한다. 이것이 하나님의 백성의 바른 자세이다.

2. 나팔소리로 찬양하며

3절에서 "나팔 소리로 찬양하며 비파와 수금으로 찬양할지어다"고 하였다. 여기서부터 악기들이 등장된다. '나팔'은 구약에서 중요하게 사용되는데 일반적으로 제사장이 분다. '비파와 수금'은 레위인이 가끔 사용한다. 수금은 가볍고 높은 음을 내기에 소리가 아름답고 감미롭다. 수금의 음색은 공명이 잘 되어 사람들의 가슴에 감동을 준다. 비파는 고대의 바이올린이라고 이해하면 된다. 하나님을 찬양함에 여러 가지 악기들이 동원된다. 이것은 악기들의 특색을 통하여 하나님의 영광을 드러내고 하나님을 찬양한다. 이것은 찬양하는 자가 바로 은혜에 참예하게 된다.

4절에서 "소고 치며 춤 추어 찬양하며 현악과 퉁소로 찬양할지어다"고 하였다. '현악'은 시편 45:8과 여기에만 나온다. 소고는 동녀들이 춤추며 연주하는 악기이고, '퉁소'는 어둔 공명이 섞인 소리가 난다. 그런데 현악과 퉁소는 종교적 축제와는 상관이 없는 것으로 특이한 것이다. 하나님을 찬양하는 데는 사람이나 악기의 구분이 없다. 모든 것으로 하나님을 찬양해야 하여 하나님을 기쁘시게 하는 역사를 이루어야 한다. 어떤 악기를 사용하든지 모두가 하나님의 영광을 위한 것이어야 한다.

5절에서 "큰 소리 나는 제금으로 찬양하며 높은 소리 나는 제금으로 찬양할지어다"고 하였다. 여기서 제금이 반복되어 나온다. 제금은 가장 큰 소리가 나는 악기이다.

시인은 여러 가지 악기를 제시하여 이 모든 것으로 하나님을 찬양해야 함을 강조한다. 이것은 이 세상 피조물의 존재 목적이 하나님을 찬양하는데 있음을 강조한다. 우리는 우리의 삶을 통하여 하나님을 찬양하고, 하나님의 역사를 우주에 선포해야 한다.

3. 여호와를 찬양하라

6절에서 "호흡이 있는 자마다 여호와를 찬양할지어다 할렐루야"라고 하였다. '호흡이 있는 자'는 '모든 호흡' 즉 '모든 생명'을 말하는데 인간을 가리킨다. 일부에서는 동물에 대하여 말하기도 하지만(창 7:22) 여기서는 인간을 중심으로 말하고 있다. 시인은 호흡이 있는 모든 인간들아 우리 하나님 여호와를 찬양하라고 외친다. 이것은 인간이 가야 할 길이 무엇인지를 보여 주는 것으로서 우리가 깊은 관심이 필요하다.

인간들은 생명이 다할 때까지 하나님을 찬양하여야 한다. 우리의 생명이 하나님을 찬양하는데 집중되어야 한다. 우리의 생명 있음은 하나님을 찬양하고 영광을 돌려야 한다.

시편 150편의 마지막은 '할렐루야'이다. 이것은 찬양의 극치이며 우리들이 드릴 최고의 영광이다. 이 땅과 하늘에 있는 모든 것과 모든 악기들로 하나님을 찬양하여야 한다. 하나님을 찬양하는 것이 이 우주의 목적이다. 모든 공동체가 하나님을 찬양하며 할렐루야를 불러야 한다. 하나님의 백성은 찬양의 백성이다. 예배 때의 찬양은 말할 것도 없고 우리의 삶이 하나님을 찬양하는 것이어야 한다. '호흡이 있는' 하나님의 백성은 영원토록 하나님을 찬양해야 한다. 이것이 하나님의 뜻이며 우리의 본분이다.

시편은 1편부터 150편까지 전체를 통하여 하나님을 찬양하는데 집중된다. 하나님의 백성은 하나님을 찬양하는 영광을 누리는데 시인은 여러 가지 방법을 통하여 하나님을 찬양한다.

시편들은 내용이나 구조면에서 여러 가지로 구분할 수 있지만 우리들이 관심을 가져야 할 것은 하나님을 향한 인간의 고백이라는 점이다. 시편은 고백이요 감사이며 찬탄이다. 이것은 하나님의 은혜의 역사 속에서 아름답게 솟아나는 영혼의 샘물이다.

우리는 〈시편 묵상〉을 통하여 옛 시인들의 처절하고 간절한 목소리를 들어야 한다. 오직 하나님 한 분만을 바라보고 그 하나님이 도와주시고 인도해 주시기를 앙망하는 자세를 배워야 한다. 옛 시인의 노래가 오늘의 우리들의 노래가 되기 위하여 강처럼 흐르는 은혜의 역사를 체험하며 하나님께 나아가야 한다. '내 맘에 한 노래 있어' 주를 찬양하고, 감사하고, 호소하고, 서원하며 영광을 돌려야 한다. 그러기에 우리의 마지막 말은 '할렐루야 할렐루야'이다.

「시편 묵상·1」 차례

|지은이| **김남식 박사**

김남식 박사는 일본 와까야마에서 출생하였으며, 고신대학교, 단국대학교 문리대, 중앙대학교 대학원, 총신대학교 신학대학원에서 교육을 받았고, 미국 리폼드 신학대학원(Reformed Theological Seminary)에서 선교학을 전공하여 선교학 석사와 선교학 박사 학위를 받았다. 또 남아프리카 공화국 스텔렌보쉬 대학교(University of Stellenbosch)에서 선교학을 전공하여 신학박사 학위를 받았다.

김 박사는 미국장로교(PCA)에서 목사장립을 받고 미국 윌밍톤 한인장로교회, 인천 청농교회, 서대문장로교회, 카바난트 일본인 교회에서 시무하였다.

「기독신문」편집국장과 주필을 역임하였으며, 계간전문학술지 「상담과 선교」를 간행하였고, 지금은 주간 「크리스챤 타임」과 「기독신보」 논설고문으로 섬기고 있다.

현재 국제성시화운동본부 고문, 일본복음선교회 고문, 중화복음선교회 회장으로 선교사역에 헌신하며, 일본 고베신학교 초빙교수, 캐나다 Trinity Western University의 Northwest Baptist Seminary 초빙교수, 미국 킹스대학교 방문교수로 사역하고 있다.

저서로는 「한국장로교신학사상사」를 비롯한 84권의 저서와 「칼빈주의 예정론」 외 38권의 역서가 있다.

김 박사는 한국장로교사학회 회장으로 기독교역사의 정립에 노력하고 있으며, 또 순교자 김정복 목사 기념사업회 이사장, 한국교회역사자료 박물관 이사장으로 섬기고 있다. 목양문학회 회장, 총신문학회 회장을 역임하였고, 「출판문화상 저술상」과 「목양문학상」과 「총신문학상」을 수상하였다.

그의 저서 「40년의 벽을 넘어, 보수신학자와 진보운동가의 역사대화」가 '2006년도 문화관광부 우수도서'에 선정되었다.

그는 다양한 영역에서 '하나님 나라운동'을 전개하고 있다. 신학자, 전도자, 저술가, 언론인, 시인 그리고 문명비평가로서 끝없는 사역을 하고 있다.